전남대학교 철학연구교육센터 근대호남유학연구 저·역서 1

외필논쟁(猥筆論爭) 자료집 1

1878-1903

전남대학교 철학연구교육센터 근대호남유학연구 저·역서 1

외필논쟁(猥筆論爭) 자료집 1
1878-1903

인 쇄 2021년 6월 21일
발 행 2021년 6월 25일

편저자 이향준
발행인 정성택
발행처 전남대학교출판문화원

등 록 1981. 5. 21. 제53호
주 소 61186 광주광역시 북구 용봉로 77
전 화 (062) 530-0571～2
마케팅 (062) 530-0573
팩 스 (062) 530-0579
홈페이지 http://www.cnup.co.kr
이메일 cnup0571@hanmail.net

값 30,000 원

ISBN 978-89-6849-822-0 (93800)

이 저서는 2019년 대한민국 교육부와 한국연구재단의 지원을 받아 수행된 연구임
(NRF-2019S1A5C2A02082534)

전남대학교 철학연구교육센터 근대호남유학연구 저 · 역서 ❶

1878-1903

외필 논쟁 자료집 1

猥筆論爭

근대호남유학연구단

이향준 엮음 · 옮김

차례

제1부 1878—1901

제2부 1902

제3부 1903

해제

1.

이 책은 전남대학교 철학연구교육센터의 '근대호남유학연구단'에서 간행하는 「근대호남유학 저·역서」 가운데 하나인 「외필논쟁(猥筆論爭) 자료집」 1이다.[1] 연구단은 2019년 9월부터 한국 연구재단의 지원을 받아 노사(蘆沙) 기정진(奇正鎭, 1798~1879)을 주축으로 형성된 노사학파(蘆沙學派)를 대상으로 인물, 행적 및 사상, 유물유적 등을 광범위하게 탐구하고 있다. 자연스럽게 조사와 연구의 성과물을 일련의 총서로 발간해야 할 필요성이 제기되었다. 우리는 그 가운데 하나로서 기정진의 만년 저술인 「외필(猥筆)」에서 야기된 외필논쟁(猥筆論爭)의 원전 자료를 시기별로 편집해서 일종의 편집서이면서 번역서인 2권의 책으로 만들기로 결정했다. 이 책은 제1권에 해당하는데, 1878년부터 1903년 사이에 생산된 외필논쟁 자료 101편을 모아서 짤막한 해제와 함께 역주

1 이 글은 이미 발표한 세 편의 논문을 재구성한 것이다. 부분적으로 보충이 있었지만, 전체적으로 이미 발표된 글의 내용을 대부분 그대로 가져왔기 때문에 표현과 내용의 중복은 피할 수 없는 일이었다. 독자들의 양해를 바란다. 논문의 출처는 다음과 같다. 이향준, 「외필(猥筆)의 외침」, 『유학연구』 51집(충남대 유학연구소, 2020), 129~156쪽·「외필(猥筆)의 외침—기사(騎士)는 죽었는가—」, 『유학연구』 54집(충남대 유학연구소, 2021), 213~242쪽·「외필(猥筆), 1902—외필논쟁(猥筆論爭)의 시작」, 『범한철학』 100집(범한철학회, 2021), 91~126쪽 참조.

번역하고 있다. 제2권은 1904년에서 대략 1941년에 이르는 시기에 생산된 자료를 다룰 예정이다.

하나의 저술이 논쟁의 대상이 된다는 것은 그 안에 담긴 사유의 내용이 동시대의 학문적 전범과 어떤 긴장 관계를 가진다는 뜻이다. 따라서 이 책의 의의를 해명하려면 '「외필」이 논쟁적이었다면 과연 그것은 무엇 때문이었을까?'라는 질문을 먼저 제기하고 대답해야 할 필요가 있다. 19세기 후반 조선 후기라는 사상사적 지평을 배경으로 할 때 그 때는 이미 3, 400년에 걸친 성리학적 사유가 켜켜이 얽힌 채로 전해지고 있었던 시점이었다. 그러므로 논쟁적인 저술로서 「외필」과 여기에서 파생된 외필논쟁을 이해하려면 19세기가 아니라, 훨씬 더 멀리 내다보아야 할 필요가 있다.

2.

기정진은 1878년 가을에서 겨울 사이에 여섯 문단 1,700여자로 이루어진 「외필」을 저술했다. 1798년에 태어난 기정진은 당시 81세였고, 이듬해인 1879년 12월 29일에 세상을 떠났다. 즉 「외필」은 기정진이 가장 말년에 저술한 철학적 텍스트인 셈이다. '理學의 六大家'[2]라는 표현을 통해 기정진의 유학사적 위상을 정립한 현상윤의 평가를 돌이켜보면, 이 성리학의 대가가 삶의 마지막 순간에 토해낸 철학적 사유의 내용이 평범치 않으리라는 것은 어느 정도 예상할 수 있을 것이다. 실제로 「외필」의 내용은 상당한 파격적 어조로 시작했다.

> '음양의 움직임과 고요함'은 바깥에서 언뜻 보면 스스로 움직이다

2 현상윤, 『조선유학사』(서울, 현암사, 1982), 368쪽.

가 스스로 멈추는 것 같지만, 그 실상을 깊이 탐구하면 한결같이 천명이 그렇게 시킨 것이다. 천명이 그런 까닭에 그렇게 하지 않을 수 없는데, 이것을 소이연(所以然)이라고 하니, 천명 밖에 따로 소이연이 있는 것이 아니다. 이제 "그 기틀이 저절로 그런 것이다[其機自爾]"라고 한다면 "저절로 그렇다[自爾]"라는 것은 강요한다는 뜻이 없음을 말한다. 그러나 (이 표현은) 이미 자기에게서 말미암지 다른 곳에서 말미암지 않는다는 뜻을 포함한다. 또한 "시키는 것이 있지 않다[非有使之者]"라고 거듭 말하였으니 "저절로 그렇다"라고 할 때는 말이 오히려 허황되었으나, "시키는 것이 있지 않다"라고 해서 그 말뜻이 명확해졌고, 정말로 음과 양이 말미암는 것이 없이 스스로 움직이고 스스로 그치는 것 같다. 그러나 이 두 구절만은 내 얕은 식견으로 이해할 수가 없다.[3]

기정진은 분명하게 '기자이(機自爾)'와 '비유사지(非有使之)'라는 두 구절을 자신의 성리학적 사유로는 곧이곧대로 받아들일 수 없다고 말했다. 심지어 그는 '의심의 여지가 있다'거나 '재고의 여지가 있다'라는 온건한 표현을 회피한 채 '이해할 수 없다'라고 확고하게 단언했다. 문제는 이 단언의 대상이 되는 구절들의 출처였다. 이이(李珥, 1536～1584)가 성혼(成渾, 1535～1598)에게 보낸 편지의 일부분이었기 때문이다. 이이는 자신이 주장했던 기발이승(氣發理乘)의 의미를 성혼에게 설명하는 과정에서 이렇게 말했다.

'기가 발하면 이가 탄다[氣發而理乘]'는 것은 무슨 뜻입니까? 음양의 고요함과 움직임은 (기의) 기틀이 저절로 그런 것이지 따로 시키는 것이 있지 않습니다.[機自爾也, 非有使之者也.] 양이 움직이면 리는 움직

3 奇正鎭, 『蘆沙集』 권16(표점영인 한국문집총간 vol.310), 「猥筆」, 370쪽.

임에 타지, 리 자신이 움직이는 것은 아니며, 음이 고요하면 리는 고요함에 타지 리 자신이 고요해지는 것은 아닙니다. 그러므로 주자(朱子)는 "태극은 본연의 묘리이고, 동정(動靜)은 이것이 타는 기기(氣機)다"라고 했습니다. 음이 고요하고 양이 움직이는 것은 기기가 스스로 그러한 것이고, 음이 고요하고 양이 움직이는 소이(所以)는 리입니다. 그러므로 주자(周子)는 "태극이 움직여 양을 낳고 고요해서 음을 낳는다"고 말한 것입니다.[4]

그러니까 기정진은 19세기 후반의 시점에서 16세기 중후반에 나타나 율곡학파라는 거대한 사상적 흐름을 만들어낸 장본인이었던 이이의 핵심적 주장 가운데 하나를 문제삼았던 것이다. 게다가 기정진 자신이 율곡학파의 일원이었다. 기정진의 대표적인 제자 가운데 한 사람이었던 정재규(鄭載圭, 1843～1911)는 "선사(先師) 노사선생에게 율곡선생은 원래 가학의 연원이 유래한 분이어서, 평생 그 도를 존중하고 믿었으며, 그 학문을 강론하고 밝혔다"[5]고 공언했다. 그가 '가학의 연원'이라는 표현을 쓴 이유는 기정진의 5대조인 기정익(奇挺翼, 1627～1690)이 송시열(宋時烈, 1607～1689)의 제자였다는 점을 염두에 둔 것이었다. 이것은 「외필」에 발문을 썼던 김평묵(金平默, 1819～1891)에게도 마찬가지였다. 그래서 그는 "근세에 선정을 존중하는 이로 기(奇: 기정진)·이(李: 李恒老) 두 선생만한 이가 없다"[6]라고 말했다. 「외필」의 존재는 19세기 율곡학파 내부에서 이이 성리학의 어떤 핵심적 측면에 대한 내적 비판이 나

4 李珥, 『栗谷全書』 권10(표점영인 한국문집총간 vol.44), 「答成浩原」, 211쪽.

5 鄭載圭, 『老柏軒集』 권29(경상대 문천각, 古(우천)D3B 정72ㄴ v.1-2 전자자료 jpg), 「辨誣文示諸同志」, 32～33쪽.

6 金平默, 『重菴集』 권8(표점영인 한국문집총간 vol.320), 「書蘆沙奇先生猥筆後」, 628쪽.

타났다는 것을 의미한다.

이것이 19세기 율곡학파의 주변에 적지 않은 파문을 가져오리라는 것은 거의 자명한 일이었다. 실제로 기정진 자신도 이러한 점을 우려하고 있었다. 그는 「외필」의 후반부에서 "80년 동안 애타는 생각을 마음에 품었으면서도 입을 열어 분명히 말하지 못했다. 이제 늘그막에 다른 온갖 생각들은 다 재처럼 식어버렸지만, 이 한 가지 일은 애타는 걱정으로 여전히 남아있다"[7]라고 함으로써 자신의 견해가 이이의 주장과 대립함으로써 나타날 논란을 상당히 의식하고 있다는 사실을 숨기지 않았다. 외필논쟁의 발생과 그 변화 추이는 그의 우려가 틀리지 않았음을 증명했다. 그렇다면 그는 왜 이런 우려에도 불구하고 「외필」을 써야만 했는가?

3.

이유와 원인이라는 두 측면에서 생각해 볼 수 있다. 말하자면 유리창을 깨트린 것이 무엇인가라는 질문에 날아온 돌멩이에 맞았기 때문이라고 대답하는 것이 원인이다. 이와 달리 돌멩이의 강도가 유리보다 더 강했기 때문이라고 대답하는 것이 이유다. 「외필」의 저술 과정에도 이유와 원인이 뒤얽혀 있는데, 먼저 알아보기 쉬운 것은 저술을 자극한 직접적인 원인이다.

기정진의 「연보」에는 1878년 8월 조목에 "「외필」을 작성해서 문인 조성가(趙性家, 1824~1904)에게 보여주었다"라고 한 다음 '조성가가 태극(太極)과 동정(動靜), 소승지기(所乘之氣)를 질문하면서 '기자이'의 문제를 언급하게 되었기' 때문에 선생이 「외필」을 지어 보관했다고 짤막하

7 기정진, 『노사집』 권16(표점영인 한국문집총간 vol.310), 「猥筆」, 372쪽.

게 보고하고 있다.[8] 조성가가 스승에게 이런 질문을 하게 된 것은 그가 이 해 초가을 무렵 주변의 누군가에게서 들었던 어떤 비판 때문이었는데, 그것은 이이뿐만 아니라 율곡학파 전체를 비난하는 것이 분명해 보였다. 그는 기정진에게 다음과 같이 물었다.

> 어떤 사람에게 듣기로는 누군가 율곡(栗谷)의 "음양의 움직임과 고요함은 그 기틀[機]이 저절로 그런 것이지 그렇게 시키는 것이 있지 않다"[9]라는 두 구절을 지적하면서 '율옹이 이미 주기(主氣)의 폐단을 열었다'라고 했다는데, 생각해보면 그렇지 않은 것 같습니다. 이 말은 그 기틀[機]의 자연스러움을 형용할 뿐이지, 리(理)와 관계가 없다고 말하는 것이 아닙니다. 그렇게 된 까닭을 살펴보면 '저절로 그러한 곳[自爾處]'이란 곧 리가 그렇게 시키는 것입니다. 그러므로 (율곡이) 곧이어 다시 풀이하면서 "그 음이 고요하고 양이 움직이는 까닭은 리다"라고 했으니, 이 한 구절만 보더라도 알 수 있습니다. '시키는 것이 있지 않다'라고 했다는 이유로 '기(氣)가 스스로 주장한다'라고 한다면, 이 말은 또한 무엇을 말하겠습니까? 또 율옹의 평소 의론에 어찌 일찍이 주기의 뜻이 있었겠습니까?[10]

표면적으로만 본다면 연관된 문제는 그렇게까지 복잡하지 않다. 익명의 비판자는 굳이 나누자면 둘로 보이지만 사실은 하나의 질문이라고 할 수 있는 논점을 명확하게 표명했다. 가장 선명한 목소리는 '율옹

8 기정진, 『노사집·부록』 권1(표점영인 한국문집총간 vol.310), 「年譜」, 630~631쪽.

9 이이, 『율곡전서』 권10(표점영인 한국문집총간 vol.44), 「答成浩原」, 211쪽.

10 趙性家, 『月皐先生文集』 권6(국립중앙도서관, 古3648-72-103-6), 「上蘆沙先生(戊寅)」, 22~23면.

이 주기(主氣)의 폐단을 열었다'라는 표현 속에 담겨 있다. 이것은 두 말할 나위 없이 이이를 주기론자로 간주한다는 뜻이다. 둘째 이런 비판의 고리가 바로 '기자이'와 '비유사지'라는 표현 때문이라는 것이다. 실제로 '기자이'와 '비유사지'에 근거해서 율곡학파를 주기론으로 판정하는 것은 퇴계학파의 율곡학파에 대한 매우 전형적인 공격 방식이었다. 조성가가 마주한 비판은 우연하게 나타난 것이 아니었다. 왜냐하면 이 비판은 이미 1650년 영남 유생들이 이이와 성혼의 문묘종사를 반대하는 연명 상소에서 공식적으로 제기했던 것이기 때문이다. 조성가가 마주친 것은 거의 230여년 전에 나타났던 것의 반복이었다. 이것은 「외필」의 저술 이유가 '이이가 주기론자'라는 비판 및 이와 연관된 퇴계학파와 율곡학파의 학술-정치적 대립과 뗄 수 없는 관계를 맺고 있다는 것을 가르쳐준다.

조성가는 이이를 옹호해야 한다고 생각했기 때문에 즉각적으로 '기자이'의 표면적 의미를 재해석했다. 그는 '기틀이 저절로 그렇다'라는 말은 운동 계기의 자연스러움을 묘사하는 것일 뿐, 리와 상관없는 기 운동을 암시하는 것이 아니라고 여겼다. 그는 운동의 까닭이라는 점을 논하자면 필연적으로 기 운동은 리와 연관되어야 한다고 생각했다. 다음 구절에서 조성가는 기정진의 평생에 걸친 성리학적 문제의식을 건드리는 낱말을 사용했다. 기의 운동에 개입하는 리의 방식을 '리가 그렇게 시키는 것[理使之然]'이라고 표현했던 것이다.

기자이의 문제를 기 자체의 문제가 아니라 리와 연관된 것으로 간주하는 것은 '이기불상리(理氣不相離)'를 전제하는 주자학 혹은 율곡학파의 기본적인 입장과 아무런 차이가 없다. 문제는 그 다음이었다. 이이는 '기자이'와 '비유사지'가 포함된 구절에 바로 뒤이어서 "동정은 (리가) 타는 기틀이다. 음양의 고요함과 움직임은 그 기틀이 저절로 그런 것이지만 음양이 고요하고 움직이는 소이(所以)는 리이다"[11]라고 말했다. 이이에 의하면 기 운동에 관여하는 리를 표현하는 방식은 소이(所以), 즉 소이연(所以然)으로서의 리 개념인 것이다. 그런데 동일한 전제에서 출발한 조성가는 이이가 주기론의 선하라는 것을 반박하기 위해 '리가 그렇게 시키는 것'이라는 논법을 제안했다. 그리고 「외필」의 첫 구절에는 조성가의 어휘와 사실상 다르지 않아 보이는 표현이 등장한다. 즉 '천명이 그렇게 시킨다[天命使之然]'는 표현이 그것이다. 이이는 기 운동의 소이로서 리 개념을 주장하는 반면에 조성가와 기정진은 기 운동의 '사지연'으로서 리와 천명을 제안한다. 거꾸로 말하자면 기정진은 「외필」을 통해 이이의 진술인 '기자이'를 리의 '사지연'의 관점에서 해석하자고 제안하고 있는데, 그것은 이미 조성가의 편지에서 암시되고 있다. 조성가에게 그것은 일회적인 표현의 문제일지 모르지만 적어도 기정진에게는 그보다 훨씬 더 심각한 것이었다.

일차적으로 「외필」의 저술 원인이 조성가의 편지라면, 표면적인 저술 이유는 '기자이'를 리의 '소이연'과 '사지연' 사이에서 어떻게 해석할 것인가의 문제라고 할 수 있다. 하지만 이것은 결국 이런 해석의 뿌리가 되는 리 개념의 새로운 이해를 통해 기존의 이기론, 특히 자신의 학술적 기반인 율곡학파의 이기론을 재구성하는 것에 관한 문제의식이다. 따라서 조성가의 편지는 「외필」 저술의 원인이라고는 할 수 있지만, 「외필」이 담고 있는 철학적 사색의 내용은 어느 날 제자의 편지 한 통 때문에 생겨난 것이 아니다. 한 통의 편지를 넘어 한창 거슬러 올라가는 조선 유학사에 나타난 하나의 비판, 즉 이이의 성리학적 사유가 주기론적이라는 목소리와 관련이 있다.

---

11 "動靜者, 所乘之機也. 陰靜陽動, 其機自爾, 而其所以陰靜陽動者, 理也." 이이, 『율곡전서』 권10(표점영인 한국문집총간 vol.44), 「答成浩原」, 211쪽.

4.

이 목소리는 어떻게 나타날 수 있었는가? 두 가지 측면에서 살펴볼 수 있다. 하나는 '기자이'라는 철학적 어휘의 성립 과정 자체에 내재해 있다. 다른 하나는 정치와 학술이 뒤범벅이 된 조선 학술사의 특징적인 담론인 주리-주기 이분법의 한 용례 속에 담겨 있다. 먼저 '기자이'라는 어휘 자체에 담긴 계보학적 특징을 살펴보기로 하자.

'기자이(機自爾)' 자체는 대략 두 가지 지적 기원으로 소급된다. 먼저 주돈이(周敦頤, 1017~1073)는 「태극도설(太極圖說)」에서 "태극이 움직여 양을 낳고, 고요해서 음을 낳는다"라고 말했다. 이 구절은 동정과 음양의 인과관계를 언급했을 뿐만 아니라, 태극을 리로 간주하는 성리학적 이해가 정착되어감에 따라 리로서의 태극과 음양으로서의 기, 이 양자의 상호관계를 언급하는 핵심적인 진술로 취급되었다. 이 진술의 중요성이 강조되는 것에 반비례해서, 이면에 내재된 원초적 난점도 그 모습을 드러냈다. 형이상으로 간주되는 리와 형이하로 간주되는 기라는 존재론적 성격이 다른 실재들이 어떻게 상호 작용을 할 수 있고, 그 상호 작용의 양상을 묘사하는 어휘란 도대체 무엇이란 말인가? 이것은 「태극도설」의 성리학적 이해에 내재된 곤란일 뿐만 아니라, 일반적인 형이상학적 사고 그 자체의 문제였기 때문에, 주돈이의 진술을 둘러싼 체계적 이해는 결코 쉬운 것이 아니었다. 심지어 「태극도설」을 백세 도술의 두뇌로 간주했던 주희(朱熹, 1130~1200)에게도 이것은 골치 아픈 문제였다. 결국 주희는 모호한 해결책을 제시했다. 그는 「태극도설해」에서 이 구절을 해석하면서 "태극은 본연의 묘리이고, 동정(動靜)은 이것이 타는 기틀[機]이다"라고 풀이했다. 이이가 기자이(機自爾)라고 했을 때의 '기(機)'가 성리학적 의미를 획득한 것은 바로 이 해석을 통해서였다.

'자이(自爾)'는 이와 상당히 다른 지적 배경을 가지고 있었다. 기(機)와 분리된 채로 '자이'라는 낱말이 철학적 의미를 가지게 된 것은 일반적으로 곽상(郭象, 252~312)의 『장자주(莊子注)』로 알려져 있다. 『장자주』에서는 '자이'라는 표현이 모두 51회 등장한다. 가장 전형적인 표현들은 "저절로 그러하도록 놓아둔다[放之自爾]"[12], "저절로 그러하도록 맡겨둔다[委之自爾]"[13], "저절로 그러하도록 붙여둔다[付之自爾]"[14], "인위적으로 하지 않고 저절로 그렇게 한다[不爲而自爾]"[15] 등이다. 사실상 이런 구절들에서 '자이'의 용례는 도가철학의 표어라고 할 수 있는 '무위자연(無爲自然)' 가운데 '자연(自然)'의 의미와 다르지 않다. 즉 '자이'는 노자의 '자연'을 곽상이 자신의 어휘로 약간 변용한 것일 뿐이다. 이 때문에 『장자주』에서는 그 자체로 독립적인 '기자이'라는 표현은 발견되지 않는다. 대신 유사한 표현으로 "천기가 저절로 그러하다[天機自爾]"[16]거나 "이치가 저절로 그러하다[理自爾]"[17]라는 표현이 발견될 뿐이다.

주희와 상관없이 두 어휘가 서로 결합한 용례는 양시(楊時, 1053~1135)에게서 발견된다. 『예기집설(禮記集說)』에는 『중용』 비은장을 풀이하면서 다음과 같은 양시의 말을 수록하고 있다.

> 매서운 추위와 더위, 비가 내리는 등의 변화는 그 기틀이 저절로 그렇기 때문에[其機自爾], 천지가 크다고 해도 그 절기를 바꿀 수 없다. 위대한 도를 변화시킬 수 없는 것이 이와 같기에, 사람이 유감을 가

---

12 郭象 注, 『莊子注』 권1((景印)文淵閣四庫全書 vol.1056, 商務印書館, 1988), 17쪽.
13 같은 책, 같은 곳.
14 곽상 주, 『장자주』 권2((景印)文淵閣四庫全書 vol.1056), 28쪽.
15 곽상 주, 『장자주』 권3((景印)文淵閣四庫全書 vol.1056), 46쪽.
16 곽상 주, 『장자주』 권1((景印)文淵閣四庫全書 vol.1056), 19쪽.
17 곽상 주, 『장자주』 권2((景印)文淵閣四庫全書 vol.1056), 31쪽.

> 진다고 해도 도는 본시 그대로일 뿐이다.[18]

여기에서 기틀[機]은 계절의 변화에 따른 자연 현상의 규칙적인 변화 계기들을 뜻하는 의미로 쓰였다. 성리학적인 의미에서 태극과 음양을 매개하는 용례는 아직 발견되지 않는 것이다. 주희에 이르러 기틀이라는 낱말은 성리학적 의미를 획득했는데, 그는 다시 한 번 '소승지기(所乘之機)'라는 표현을 언급함으로써, 성리학적인 의미에서의 기자이에 내재된 또 다른 가정 하나를 보여주었다.

> 「태극도설해」에서 "움직이고 고요한 것은 타는 기틀이다"라고 했는데, 기틀은 기의 기틀[氣機]을 말한다.[19]

이 구절은 『주자어류』 권94의 52조목인데, 여기에 이르러서 기틀은 명확하게 성리학의 이기론에 고유한 표현으로서 기기(氣機)라는 용례를 확립했다. 그리고 '소승(所乘)'이라는 표현을 통해 기기라는 발상이 또 다른 성리학적 진술과 얽혀 있다는 것이 드러난다. 즉 '탄다[乘]'라는 표현이 기자이라는 낱말의 의미 형성에 관련되어 있는 것이다. 이 '탄다'는 어휘의 용례는 어디에서 온 것일까?

> 태극은 리다. 움직임과 고요함은 기다. 기가 유행하면 리도 역시 유행한다. 리와 기는 언제나 서로 의존하면서 분리되지 않는다. 비유하자면 태극은 사람, 움직임과 고요함은 말과 같다. 말은 사람을 태우는 것이요, 사람은 말을 탄다. 말이 한 번씩 드나들면 사람도 역시

---

18 衛湜, 『禮記集說』 권127((景印)文淵閣四庫全書 vol.120), 104쪽.

19 朱熹, 『朱子全書』 vol.17(上海古籍出版社·安徽教育出版社, 2002), 『주자어류』 권94, 3129쪽.

말과 함께 한 번씩 드나든다. 움직임과 고요함이 반복적으로 전개되면 태극의 오묘함은 언제가 거기에 있는 것이다.[20]

이 조목은 '소승지기'라는 표현의 아래에 어떤 사고가 전제되어 있는지를 잘 보여준다. 기본적으로 「인승마」 은유라고 불리는 독특한 사유방식에 뿌리를 두고 있는 것이다. 그리고 이것은 기기(氣機)라는 모호한 낱말의 성리학적 의미를 주희가 어떤 방식으로 생각하고 있었는지를 드러내고 있다. "리는 기를 타고서 운행한다."[21] 마치 사람이 말을 타듯이. 따라서 이제 리와 기의 관계는 기수와 말의 관계와 유사한 어떤 것이 되었다.

그러나, 아직 주희의 이런 사유 속에서도 기(機)와 자이(自爾)의 결합이라는 발상은 떠오르지 않고 있었다. 이것은 한국 성리학에서 기자이가 나타나기 위해서는 「인승마」 은유 이상의 어떤 것이 더 필요했다는 뜻이다. 즉 이이는 이 어휘를 주희에게서 발견한 것이 아니었다. 그는 자신보다 앞선 독창적인 유학자 한 사람에게서 이 낱말을 발견했다. 그리고 이것이 이이의 성리학을 주기론이라고 비판하게 만들었던 한 계기를 제공했다.

5.

서경덕(徐敬德, 1489~1546)은 「원리기(原理氣)」에서 이렇게 말했다.

담담한 태허는 형체가 없다. 이것을 선천이라고 부른다. (태허의) 바깥도 없고, (태허 이전의) 시작이란 없으니, 어디에서 왔는지 탐구할

20 같은 책, 같은 글, 3128~3199쪽.

21 위의 책, 위의 글, 3218쪽.

수도 없다. 담담하고 텅 비고 고요한 (태허는) 기의 근원이다.…그 담담한 본체를 말하자면 일기(一氣)라고 한다.…움직임과 고요함이 없을 수 없고, 열렸다 닫히는 일이 없을 수 없으니, 어째서인가? 기틀이 저절로 그렇기[機自爾] 때문이다.[22]

이것은 한 가지를 가르쳐 준다. 한국 성리학이 기자이란 어휘를 개발한 것은 주돈이와 주희, 노자와 곽상의 계열을 따라서가 아니었다. 그것은 오히려 노자 혹은 곽상의 어휘와 장재(張載, 1020～1077)와 서경덕으로 이어지는 기론(氣論)의 상호 혼성이었다. 이 기론을 배경으로 할 경우 기자이는 두 가지 의미를 가진다. 무엇보다 기(機)는 하나로서의 기(氣), 즉 일기(一氣)의 운동 계기를 뜻한다. 이 계기는 그 자체로 기에 내재적이다. 왜냐하면 세계 전체와 그 세계의 총체적 변화가 기 운동의 한 양상일 뿐이기 때문이다. 그래서 서경덕은 이렇게도 말했다.

삶과 죽음, 사람과 귀신은 기의 모이고 흩어짐일 뿐이다. (기가) 모이고 흩어짐이 있을 뿐, 있다가 없어지는 것이란 없다. 기의 본체가 그렇기 때문이다. 담담하고 하나이며, 맑고 텅 빈 기는 바깥이 없는 허공을 가득 채우고 있다. 크게 모인 것은 천지가 되고, 적게 모인 것들은 만물이 된다.[23]

서경덕이 말하고자 하는 것은 기론적 사고에서는 그리 낯선 것이 아니다. 기의 항구적인 실재성을 받아들이기만 한다면, 모든 것은 단일한 기를 배경으로 하는 현상이라는 의미를 갖게 된다. 그리고 이 현상의

22 徐敬德, 『花潭集』 권2(표점영인 한국문집총간 vol.24), 「原理氣」, 305쪽.
23 서경덕, 『화담집』 권2(표점영인 한국문집총간 vol.24), 「鬼神死生論」, 307쪽.

다양성은 다시 기 운동의 다양성으로 환원된다. 이 다양성을 함축하는 표현이 곧 '모이고 흩어짐'이다. 기론에 기초한 「귀신사생론」의 독특한 발상이 여기에서 드러난다. 개별 사물들은 두 가지 측면에서 서술될 수 있다. 상식적인 관찰에 의하면 그것들은 있다가 없어지는[有無] 것처럼 보인다. 그러나 기론의 시각에서 보자면 그것들은 있다가 없어지는 것이 아니다. 기가 모였다 흩어지는[聚散] 것일 뿐이다. 시각적인 은유를 사용하자면 모인 기가 가시적이 되면 그것을 있다[有]라고 하고, 흩어져서 비가시적이 되면 없다[無]라고 하는 식이다. 즉 있다가 없어지는 것은 사실상 기가 모였다 흩어지는 것을 뜻하는 또 다른 발화의 방식일 뿐이다.

이런 사고 속에서 '기틀이 저절로 그렇다'라는 진술은 매우 자연스럽다. 실재로서의 기 개념을 받아들이는 한 기 운동의 내재적 계기는 기 이외의 것에서 찾을 수 없다는 것은 너무 당연한 귀결이기 때문이다. 문제는 이것이 주희가 아닌 장재의 방식이라는 점이다. 그리고 주희는 장재가 강조했던 기 개념을 정호(程顥, 1032~1085)·정이(程頤, 1033~1107) 형제의 천리론(天理論)과 혼성함으로써 이기론(理氣論)이라는 형이상학적 기초를 마련했다. 그는 이 바탕 위에서 전통적인 유가의 심성론(心性論)과 수양론(修養論)을 중심으로 하는 각종 체계들을 재구축함으로써 성리학이라고 불리는 혁신적인 유학 사조의 중심이 될 수 있었다.

이이가 서경덕에게서 기자이를 받아들였을 때, 주희가 장재의 기 개념에 했던 것이 고스란히 반복되었다. 즉 이이는 주희의 리 개념을 이용해 서경덕의 기자이를 성리학적 이기론의 일부분으로 포함시켰다. 이이에게 그것은 구체적으로 서경덕의 기 개념을 소이연으로서의 리에 결부된 것으로 간주하는 것이었다. 그리고 이것이 이이가 서경덕의 기 개념을 다음과 같이 비판한 성리학적 기초였다.

리는 변함이 없으나 기(氣)는 변함이 있어 원기(元氣)가 서로 나서 쉬지 않고 가는 것은 지나가 버리고, 오는 것은 잇게 되어 이미 지나간 기는 벌써 있는 곳이 없는데, 화담은 "하나의 기가 오래 존재하여 가는 것도 지나가지 않고, 오는 것도 잇지 않는다." 하였으니, 이것은 화담에게 기를 리(理)로 인식하는 병폐가 있기 때문입니다.[24]

같은 기라는 낱말을 둘러싸고 서경덕과 이이 사이에 존재론적 위상의 차이가 있다는 것을 쉽게 알 수 있다. 서경덕은 '맑고 텅 빈 기가 허공을 가득 채우고 있다'라고 주장한다. 이이는 불변하는 실재로서의 위상을 리에 부여하고, 기는 가변적인 실재로서 생겼다 사라지는 것이라고 간주한다. 서경덕의 관점과 대비하자면 이이는 주장은 두 가지 차이를 갖는다. 첫째 서경덕에게 기는 항구적인 실재다. 이제 이이에게 항구적인 실재는 리다. 둘째 서경덕에게 기는 항구적인 실재일 뿐만 아니라 내적 계기에 의해 스스로 운동하는 실재다. 이 운동의 다양성은 첫 번째 전제, 즉 기가 항구적이라는 속성에 의해 '생겼다 사라지는' 것이 아니라, '모였다 흩어지는' 것으로 여겨진다. 그러나 이이에게는 다르다. 항구성이 리에 주어졌기 때문에 기는 가변적이어야 하고 기의 가변성은 기를 생겼다 사라지는 것으로 만들었다. 바로 이런 전제 위에서 이이는 서경덕이 항구적인 실재성을 리가 아닌 기에서 찾으려고 했다고 비판했다. 그것을 함축하는 표현이 바로 이이가 사용했던 '인기위리(認氣爲理)', 즉 기를 리로 인식한다는 비판이었다.

24 이이, 『율곡전서』 권10(표점영인 한국문집총간 vol.44), 「答成浩原」, 217쪽.

6.

이이는 주희를 따르는 이기론적 전통에서 서경덕의 기론에 비판적이었기 때문에, 서경덕의 어휘를 차용하는 데 문제가 없었다. 기론에 바탕한 기자이와 이기론에 바탕한 기자이의 이해는 분명한 차이를 가졌다. 그러나 이이의 적대자들에게 이것은 그렇게 간단하게 받아들여지지 않았다. 서경덕과 이이가 사용하는 어휘의 표면적 동질성은 그들에게 이이를 서경덕과 같은 계열의 철학자로 공격하는 이론적 배경 가운데 하나였다. 그리고 이런 관점에서 이이가 서경덕을 비판했던 '인기위리'는 이제 퇴계학파가 이이와 그의 후학들을 비판하는 낱말로 변모했다. 게다가 이 낱말은 동일한 의도를 가진 또 다른 두 낱말, 주기(主氣), 사물(死物)로서의 리와 삼각편대를 이루고 있었다. 이 삼각형은 또 어떻게 나타났는가?

아이러니하게도 인기위리라는 표현이 '주기'와 거의 동의어로 간주되기 시작한 것은 율곡학파 내부에서 먼저 나타났다. 김간(金榦, 1646~1732)의 다음 진술은 바로 이런 사례를 보여준다.

> 나중에 선생의 문집을 구해서 저술들과 주장을 살펴보았는데 대부분 주기(主氣)의 학이었다. 예를 들어 「원리기」·「이기설」·「태허설」·「귀신사생론」 등에서는 모두 기를 리로 간주했다. 그는 "담연한 본체를 일기라고 하고, 혼연한 작용을 태일이라고 한다. 염계는 여기에서 어쩔 수 없었기에 다만 '무극이태극'이라고 했을 뿐이다"고 했다. 이것은 기의 담연함과 혼연함을 가리키면서 태극이라고 여긴 것이다. 또한 "리는 기에 앞서지 않으니, 기에 시작이 없기에 리도 진실로 시작이 없다. 만일 리가 기에 앞선다고 한다면, 이것은 기에 시작이 있는 것이다."고 했다. 이것은 리와 기를 한 가지 것으로 모호하게 뒤섞어. 간략하게 앞뒤가 없다고 여긴 것이다. 주자가 리가 앞서고 기가

나중이라는 주장과는 다르다.[25]

김간은 박세채(朴世采, 1631~1695)와 송시열(宋時烈, 1607~1689)에게 수학했기 때문에, 서경덕을 평가하는 율곡학파의 전형적 인식을 잘 보여준다. 그는 이이가 이미 사용했던 용어인 인기위리라는 사고방식이 바로 주기론의 특징이라고 간주하고 있다. 그의 용례 자체는 이이와 다를 것이 없다. 그러나 인기위리를 주기론으로 연결시키는 논리의 전개는 김간 자신이 의도하지 않았던 방향으로 나아갔다. 왜냐하면 퇴계학파에서 똑같은 논법을 이이와 이이의 성리학에 적용했기 때문이다.

효종 1년인 1650년 정경세(鄭經世, 1563~1633)의 제자였던 유직(柳稷, 1602~1662)을 소두(疏頭)로 삼은 영남 유생 900여 명이 이이와 성혼의 문묘종사를 반대하는 상소를 올렸다. 소두는 유직이었지만, 실제로 이 상소문을 쓴 당사자는 이구(李榘, 1613~1654)였다. 이구는 사실 퇴계학파의 학맥에서 보자면 그다지 저명한 성리학자는 아니었다. 그의 학맥을 굳이 찾아보자면 유성룡(柳成龍, 1542~1607)의 제자 가운데 한사람이었던 황시간(黃時幹, 1558~1642)의 외손자라는 점 정도일 뿐이다. 그런데 그는 이 인기위리와 주기를 이이와 연관시키는 논법을 구사했다.

> 이이의 학문은 오로지 기(氣) 자를 주장하면서 기를 리로 인식합니다. 그러므로 리와 기를 일물로 여기면서 다시는 분별하지 않습니다. 심지어는 '마음이 기'라고 여기고, 사단과 칠정이 모두 기의 발현이라고 합니다. 이것은 그 병폐의 뿌리가 육가(陸家: 육구연)의 도와 기를 구분하지 않는 주장에서 나온 것입니다. 이러한 주장의 폐해는 불교에서 '작용이 성이다'라고 하는 주장으로 귀결됩니다.[26]

---

25 金榦, 『厚齋集』 권40(표점영인 한국문집총간 vol.156), 「題花潭先生集後」, 91쪽.

김간이 서경덕을 비판했던 그 논법이 고스란히 이이를 반대하는 논변으로 이용되고 있다는 것을 알 수 있다. 이제 '인기위리'는 학문적인 어휘일 뿐만 아니라 정치적인 수사의 하나로 변질되어, 이이와 율곡학파의 성리설을 주기론으로 판정하기 위한 논리적 도구로 사용되고 있는 것이다. 그래서 이이의 성리학은 육구연(陸九淵, 1139~1192)에게 근거를 두고 있고, 그 폐해가 불교와 같다고 하는 극단적인 주장까지 나오게 되었다. 다시 말해 '이이=주기=육구연 및 불교=이단'이라는 논리적 고리가 주장되고 있다. 표면적으로 여기에서 주기에 대비되는 '주리(主理)'라는 낱말은 명시적으로 드러나지 않고 있지만, 이 글이 이이와 성혼의 문묘종사를 반대하기 위한 상소라는 점을 떠올려보면 발언되지 않고 있는 주리가 이황의 성리학적 경향을 함축한다는 것을 손쉽게 유추할 수 있을 것이다.

심지어 정시한(丁時翰, 1625~1707)이 명백하게 율곡의 성리학을 염두에 두고서 주기라는 표현을 넘어서 '기학(氣學)'이라는 용어를 사용했을 때, 그는 이 모든 현상이 이황의 사후에 발생한 일이라고 함으로써 이런 함축을 노골적으로 표면화했다.

> 퇴계가 세상을 떠난 후 이단의 학설이 넘쳐나고 세상의 유자들은 오로지 기학만을 숭상하면서 리를 천리의 주재로 여기지 않았다. 이 때문에 (학문의) 올바른 길이 황폐해졌고, 세교는 무너졌으니, 이것은 참으로 우리 유학의 불행이다.[27]

다시 말해 이구의 글에서 나타나는 '이이=주기'라는 주장의 이면에는

26 李榘, 『活齋集』 권1(표점영인 한국문집총간 속 vol.32), 「嶺南儒生論牛溪栗谷不合從祀疏」, 430쪽.

27 丁時翰, 『愚潭集』 권10(표점영인 한국문집총간 vol.126), 「敍述」, 329쪽.

'이황=주리=정학'의 논리가 깔려 있었던 것이다. 게다가 이 비판은 다시 하나의 낱말로 이어졌는데 그것이 바로 리를 지칭하는 표현인 '사물(死物)'이다. 이현일(李玄逸, 1627~1704)의 외증손이자, 이재(李栽, 1657~1730)의 외손자인 이상정(李象靖, 1711~1781)은 18세기 퇴계학파의 주요 인물 가운데 한사람이었는데, 그에 이르러 율곡학파에 대한 공격은 가장 고조된 어조를 보여준다.

> 근세에 이기설을 주장하는 사람들이 '불상리(不相離)'를 위주로 하면, 이(理)는 마른 나무나 죽은 물건이고 무릇 동정과 개합(開闔)은 모두 기기(氣機)가 스스로 그렇게 한 것이라고 거의 인식하니, 진실로 크게 잘못된 것입니다.[28]

리를 언급하면서 이상정이 '죽은 물건[死物]'이란 표현을 사용하는 데는 이미 선행하는 사례가 있었기 때문이다. 이미 오래 전에 이황이 자신의 사단칠정론을 언급하면서 이렇게 말한 적이 있었다.

> 과거에는 단지 본체에 아무런 작위가 없다는 것만을 알고 신묘한 작용이 드러나 실현될 수 있다는 것을 몰랐습니다. 이것은 거의 리를 죽은 물건으로 여기는 것이니[殆若認理爲死物] 이만저만 도에서 벗어난 것이 아닙니다.[29]

이황의 어법 속에 이미 '사물'로서의 리가 무작위를 특징으로 하는 리 개념을 배경으로 한다는 것이 나타나 있다. 하지만 이상정에게서는 같은 낱말이 자기반성적 어조를 통해서가 아니라, 율곡학파의 성리설

---

28 李象靖, 『大山集』 권6(표점영인 한국문집총간 vol.226), 「答權淸臺」, 135쪽.
29 李滉, 『退溪集』 권18(표점영인 한국문집총간 vol.29), 「答奇明彦·別紙」, 467쪽.

에 대한 비판의 무기로 사용되고 있다. 결국 이상정에 이르러서 퇴계학파의 율곡학파에 대한 공격 논리는 인기위리, 주기, 리의 사물화(死物化)라는 삼각축을 완성했다. 그래서 훗날 이진상(李震相, 1818~1886)은 이상정과 동일한 어투로 "도간(倒看)하면…리는 기를 빌려 타는 죽은 물건이 된다"[30]라고 말할 수 있었다.

이상정의 주장은 한 가지를 더 말해준다. 서경덕을 인기위리라고 주장했던 이이의 비판은 리의 실재성을 기의 실재성으로 간주했다는 점에 초점이 맞춰져 있었다. 이제 이이의 성리학을 인기위리라고 부르는 이들은 실재성이 아니라, 그것이 가지고 있는 작위성의 유무를 문제 삼는다. 즉 이황은 무작위의 실재로서 리를 사물(死物)이라고 언급하는데, 공교롭게도 이이의 리 개념은 무위(無爲)로서의 리이다. 이이는 분명하게 "리는 무형이고 기는 유형이며, 리는 무위이고 기는 유위이다"라고 단언했다.[31] 성리학적 사유에서 기의 유위성이 증대될수록 리의 무위성이 도드라진다. 반대로 리의 유위성이 도드라질수록 기의 유위성은 그 의미가 축소된다. 그리고 이 기의 유위성에 대한 가장 강한 목소리 가운데 하나가 바로 '기자이'라는 표현 그 자체이다. 여기에는 표면적으로 리에 대한 언급이 전혀 없기 때문이다.

이렇게 해서 문제는 다시 '기자이'라는 이이의 언급으로 되돌아간다. 그리고 이것이 바로 조성가에게 전달되었던 어떤 이가 "음양의 고요함과 움직임은 기틀이 저절로 그런 것이지 그렇게 시키는 것이 있지 않다"라는 구절을 매개 삼아 이이를 비판할 수 있었던 지성사적 배경의 대강이다. 「외필」이 처음부터 이 표현을 문제시 한 것은 이렇게 역사적으로 누적된 비판의 축적이 있었기 때문이다. 외필적 사유는 최소한 그

---

30 李震相, 『寒洲集』 권33(표점영인 한국문집총간 vol.318), vol.167~168쪽.
31 이이, 『율곡전서』 권10(표점영인 한국문집총간 vol.44), 「답성호원」, 210쪽.

이전에 인기위리, 주기, 사물로서의 리라는 율곡학파에 가해진 세 가지 비판의 지평 위에 서있는 것이다.

「외필」이 이처럼 유학사적으로 전해 내려오는 율곡학파를 전반적으로 공격하는 논리에 대응하는 글이라면 이 짧은 글은 두 가지 특징을 갖는다. 첫째 「외필」은 처음부터 비판의 비판, 즉 재비판이라는 성격을 가진다. 다시 말해 「외필」은 아무 것도 없는 추상 공간에서 특정한 주장을 내세우기 위해 쓴 것이 아니다. 그것은 이미 역사적으로 누적되어 온 기존의 비판에 대한 비판으로 등장했다. 기자이는 이 비판의 고리일 뿐이다. 둘째 외필적 사유의 방향은 표면적으로 이이 성리학의 수정을 주장하고 있다. 리의 무위로부터 사역의 주체로 리 개념의 의미를 이동해가려고 하기 때문이다. 그런데 이러한 수정은 퇴계학파의 이이 성리학설 비판을 배경으로 나타났으면서도, 일종의 사역 주체라는 점에서 이황식의 리 개념에 접근해 간다. 이러한 사정을 감안하면 기정진의 이이 비판은 이중적 의미를 갖게 된다. 이이 성리학설의 비판이 이황적 사유로의 접근을 포함하는 동시에 여전히 어떤 측면에서는 이이적 사유 방향의 옹호나 확장을 위한 것이라는 지향성을 유지하고 있기 때문이다. 이 때문에 이들 사이의 철학적 사유의 거리가 측량되어야 할 필요가 있다.

7.

이이와 기정진, 그리고 이황 사이의 철학적 거리를 시각화 해보자. 먼저 이이와 기정진의 다음 두 구절을 대조시켜 보자.

> 한 번 움직이고 한 번 고요한 것은 기요, 움직이고 고요하게 하는 것은 리다.…그렇게 하는 것은 기이고, 그렇게 되는 까닭은 리다.[32]

> 움직이고 고요한 것은 기(氣)이고 움직이게 하고 고요하게 하는 것은 이(理)이니, 움직이게 하고 고요하게 하는 것은 시켜서 그러한 것이 아니고 무엇이겠는가?[33]

이이에게 소이연(所以然)으로 충분했던 서술이 기정진에게는 사지연(使之然)으로 변했다. 리의 위상이 더욱 강화된 것이다. 율곡학파 내부에서 리는 무위(無爲)라는 대전제를 유지하면서 주재와 소이연이라는 서술을 통해 이해하는 것이 지배적인 해석인데 반해서 기정진은 이제 리를 사역의 주체로 간주하고 있다.[34] 그렇다면 이것은 이이의 전제를 부정하는 것인가? 이것은 이발을 인정했던 이황과 유사한 방향으로 기정진이 나아가고 있다는 뜻인가? 상황은 그렇게 간단하지 않다. 이황과 기정진의 대조를 선명하게 보여주는 다음 두 구절을 비교해보자.

> 기(氣)가 이(理)를 따라 발함을 이(理)의 발이라 한다면, 이것은 기를 이로 인식하는 병폐를 벗어나지 못하는 것입니다.[35]

---

32 이이, 『율곡전서』 vol.14(표점영인 한국문집총간 vol.44), 「易數策」, 306~307쪽.

33 기정진, 『노사집』 5, 박명희 외(경인문화사, 2018), 「외필」, 68쪽.

34 리무위에 근거해서 주장되는 '리의 주재'와 '소이연'을 사지연(使之然)의 의미로 해석할 수 있는가는 율곡학파 내부에서 지속적으로 제기되던 질문이었다. 전우는 심세희(沁世熙)와 송시열 사이에 있었던 문답을 인용하면서 이 문제가 어떻게 또 다른 논쟁적 어휘인 '인기위리'와 연결되는지를 다음과 같이 서술하고 있다. "우옹(尤翁)은 심명중(沈明仲: 沈世熙)이 '움직이게 하고 고요하게도 한다고 하니 어떻게 조작이 없다고 하겠습니까'라는 질문에 대답하면서 '이 또한 저절로 그렇다고 말하는 것에 불과할 뿐, 음양과 오행이 운용하는 것과는 다르다'라고 했다. 지금 노사의 견해는 바로 심씨와 같으니, 어찌 기를 리로 인식하는 데로 귀결되지 않겠는가?" 田愚, 『艮齋集·前編』 권13(표점영인 한국문집총간 vol.333), 「猥筆辨」, 79~80쪽.

> 기(氣)가 이(理)를 따라 발현하는 것이 기발(氣發)이니 곧 이발(理發)이요, 이(理)를 좇아 운행하는 것이 기행(氣行)이니 곧 이행(理行)이다.[36]

이황에 따르면 기발은 순리(順理) 여부와 상관없이 기발일 뿐이다. 이렇게 보면 율곡학파로서 퇴계학파의 어휘인 '이발'을 수용하려는 기정진의 입장은 인기위리의 잘못을 되풀이하는 것이다. 기발이 곧 이발이라는 기정진의 문법은 확실히 이황과 상반된다. 사실 기정진의 진술에서는 두 가지 생각이 드러난다. 하나의 운동에서 운동하는 것과 운동하게 만드는 것을 구분하고, 이 양자를 동일시하려고 하기 때문이다. 사실 이것은 운동하는 것을 운동하게 만드는 것으로 대신한다는 은유적 사고의 변형이다. 이황은 거기에 반대하는 반면 기정진은 이 은유적 사고를 받아들인다. 또 하나는 기정진의 어법에 나타나는 사유의 일방성이다. 기정진은 결코 '이발이 기발이다'는 순서로 말하고 있지 않다. 그는 사실 '기발이 이발이나 마찬가지다'라고 말하고 있을 뿐이다.[37] 이 어법이 의미가 있는 이유는 기정진이 이렇게 말할 때 이이의 기발이승일도라는 주장을 전제하고 있기 때문이다. 기발을 이발과 마찬가지로 해석할 수 있다면, 기발이승일도설과 이기호발설 사이의 이론적 간극은 줄어들 수밖에 없다. 나아가 그의 부연설명은 율곡학파적 정체성의 유지와 리 개념의 강화라는 이중적 목적이 「외필」의 핵심이라는 것을

---

35 이황, 『퇴계집』 권17(표점영인 한국문집총간 vol.29), 「答奇明彦」 432쪽.

36 기정진, 『노사집』 권16(표점영인 한국문집총간 vol.310), 「외필」, 371쪽.

37 「외필」에 비판적이었던 전우조차 '리가 근저라는 측면에서 말한다'는 조건으로 '기발 또한 이발이라고 말할 수 있다'는 주장에 동의한다. 다시 말해 이 논리는 퇴계학파의 비판에 대한 율곡학파의 대응 논리 가운데 하나인 것이다. "蓋從理爲根柢上說, 則氣爲理之用, 故雖氣發, 亦可謂之理發." 전우, 『간재집·전편』 권13(표점영인 한국문집총간 vol.333), 「猥筆辨」, 81쪽.

다시 한 번 보여준다.

> 리는 조작하여 스스로 준동하지 못하므로 그 발현과 운행은 분명히 기의 작용인데도 이발·이행이라 하는 것은 무엇 때문인가? 기의 발현과 운행은 실제로는 이에게서 명령을 받은 것이니….[38]

여기에 이르면 「외필」에 의한 이이 성리학의 수정이 어떤 지점에 도달했는지를 알 수 있다. 기정진은 여전히 리의 무위 개념을 수용한다. 이런 점에서 그는 기본적으로 이이와 견해를 같이 한다. 그러나 이런 배경을 공유하면서 무위로서의 리에 보다 '강한 힘'을 부여할 수 있는 수정안을 제시한다. 리에 '조종하는 힘[操縱之力]'이라는 용어를 사용한다는 사실이 명확한 증거다.[39] 물론 여기에서도 미묘한 의미 차이를 가져오는 것은 '힘'이라는 낱말의 앞에 있는 '조종한다'라는 낱말이다. 즉 기정진은 결코 리가 스스로 활동한다는 발상으로 건너가지 않는다. 그래서 그는 "리에는 반드시 그렇게 되는 묘용이 있을 뿐 그렇게 할 수 있는 힘[能然之力]은 없다"[40]라고 말했고, 이최선(李最善, 1825~1883)은 이 표현을 기정진 성리학의 핵심이라고 강조했다.[41] 긍정되는 '조종하는 힘'과 부정되는 '그렇게 할 수 있는 힘'의 공존은 기정진의 성리학이 한국 성리학사에서 어떤 이론적 지점에 놓여 있는 지를 잘 보여준다. 사역의 주체로서의 리는 무위의 주재로서 이이식의 리 개념에서 한 걸음 더 역동적으로 나아간다. 그러나 '그렇게 할 수 있는 힘'이 없는 리

38 기정진, 『노사집』 권16(표점영인 한국문집총간 vol.310), 「외필」, 371쪽.

39 같은 책, 같은 글, 372쪽.

40 "但有必然之妙, 非有能然之力." 기정진, 『노사집』 권16(표점영인 한국문집총간 vol.310), 「答人問」 제3, 360쪽.

41 李最善, 『石田集』 권2, 「讀猥筆」, 68후면.

개념은 스스로 발동할 수 있다는 이황식의 개념과는 결코 일치하지 않는다. 이렇게 볼 때 이와 가장 유사한 것을 동·서양의 철학적 전통에서 찾아보자면 아리스토텔레스적인 '부동(不動)의 동자(動者)'라는 개념에 이르게 된다. 나는 사단칠정론의 논쟁적 어휘였던 발(發)의 의미를 '움직임'과 '드러남'으로 해석할 경우를 분석하면서 이렇게 말한 적이 있었다.

> 전자는 자기 운동하는 자기원인적 존재를 시사하고, 후자는 다른 것을 운동하게 만들면서 자기 자신은 운동하지 않는 아리스토텔레스식의 '부동不動의 동자動者'라는 개념에 근접해 간다.…'발'을 '움직임'이나 '드러남'으로 해석할 것인가의 문제가 아니다. 해석의 차이는 리가 힘을 갖는다는 것에 있지 않고, 그 힘을 어떻게 해석할 것인가에 있을 뿐이기 때문이다.[42]

기정진이 「외필」에서 추구하고 있는 것이 바로 리 개념에 이런 내용을 덧붙이려는 것이다. 그에게는 리가 갖는 '힘을 어떻게 해석할 것인가'하는 것이 문제시된다. 중요한 것은 이런 문제의식 자체가 이미 이황의 이발설 속에 잠재적으로 내포된 것이라는 점이다. 이것을 받아들이면 기정진의 리에 대한 이해를 왜 동시대 율곡학파의 구성원들이 문제삼는 지를 이해할 수 있다. 기정진의 관점에 이끌리면 이끌릴수록 이황식의 성리학적 사유에 근접해가기 때문이다. 긍정이든 부정이든 기정진 성리학에서 문제가 되는 것은 '힘'의 존재와 그 힘의 성격이다. 이렇게 해서 기정진의 리 개념은 두 가지 질문을 동시에 해결하려는 시도라는 것을 알 수 있다. 즉, 리의 무위성을 보존하면서 어떻게 리에

42 이향준, 『조선의 유학자들 켄타우로스를 상상하며 리와 기를 논하다』(예문서원, 2011), 305~306쪽.

'힘'의 주체라는 성격을 부여할 수 있는가?

이 이중성이야말로 율곡학파의 내외부에서 「외필」을 둘러싼 논쟁, 즉 외필논쟁을 낳았던 근본 이유였을 것이다. 넓은 의미에서 율곡학파에 속한다는 자의식을 가지고 있던 성리학자들은 이렇게 물었다. 과연 이이가 '기자이'와 '비유사지'라고 말한 것의 의미를 이렇게 이해해도 좋은가? 이것은 이이 성리학의 한 귀결인가? 아니면 하나의 일탈인가? 리 개념을 둘러싼 하나의 진부한 타협인가? 아니면 과거의 불철저한 철학에 새로운 생명력을 부여하는 창조적 재구성인가? 나아가 19세기 후반 조선이라는 역사적 배경 위에서 이 저술이 의미하는 것은 무엇인가? 성리학적으로나 역사적으로나 이것은 하나의 진보인가? 후퇴인가?

그러므로 「외필」이 하나의 불꽃이라는 점은 분명했다. 남은 것은 언제 장작에 옮겨 붙어 활활 타오를 것인가의 문제였다.

8.

외필논쟁이 1902년에 본격화되었다는 것은 알려져 있다. 그 계기 또한 1902년 경남 산청군 단성면의 신안정사(新安精舍)에서 기존의 『노사집』을 목판본으로 중간하는 과정에서 「외필」을 비롯한 기정진의 성리학이 영남지역 노론계에 유포되면서부터라는 것도 분명하다.[43] 당시

---

43 『노사집』의 두 번째 판본이 장성의 담대헌에서 간행된 것은 1898년이었다. 이상돈(李相敦)은 이미 1900년 부근에 영남 지역의 노사학파 문인들 사이에서 『노사집』을 단성의 강루(江樓), 즉 신안정사에서 다시 간행하자는 논의가 있었다고 보고하고 있는데, 실제로 이 계획은 1901년 5월 기우만이 산청을 방문해서 정재규와의 논의를 거친 후에 구체화되었다. 정재규의 「연보」는 상세한 경과를 보여주는데 이에 따르면 5월에 기우만·최숙민·조성주(趙性宙) 등과 신안정사에서 『노사집』의 중간을 논의했다. 6월에서 신안정사에서 도회(道會)를 개

신안정사는 영남 노론계의 이념적 중심지였기에 이곳에서 『노사집』을 중간한다는 것은 율곡학파의 내부에서 기정진의 확술적 위상을 확고하게 하는 상징적 사건이었다. 외필논쟁 또한 이 시기를 배경으로 시작되었을 뿐만 아니라, 1902～1904년에 이르는 짧은 3년 동안 많은 인물들이 다양한 의견을 주장했다. 그리고 현재까지 알려진 것에 의하면 1941년까지 외필논쟁으로 범주화할 수 있는 관련 자료들이 생산되고 있었다.[44]

논쟁에 관련된 성리학파는 대략적으로 노사학파, 간재학파(艮齋學派), 연재학파(淵齋學派), 화서학파(華西學派) 및 영남 노론계와 한주학파(寒洲學派)의 일부가 포함된다. 논쟁의 범위도 애초에는 「외필」에 나타난 철

최해서 백여 명에 달하는 사람들이 모여 『노사집』의 간행을 위한 재정 계획을 확립했고, 7월에 실제로 신안정사에 간역소(刊役所)를 설치했다. 그리고 이듬해인 1902년 4월 완료되었다. 내용이 불충분한 이전의 두 판본을 목판본으로 대체하자는 것이 세 번째 『노사집』 간행의 가장 큰 이유였고, 여기에는 「답문류편」을 합본하는 문제, 그리고 직전제자군이 생존해 있는 동안 『노사집』을 완정한 체계를 갖추어 출간하자는 문제의식 등이 얽혀 있었다. 이 과정에 주도적으로 참여한 주요 인물들은 정재규의 「연보」에 의하면 정재규·최숙민·기우만·조성주 등이었다. 한편 정재규의 제자인 치당(恥堂) 심상복(沈相福, 1871～1951)은 1901년 5월 즈음에 최숙민(崔琡民)·정재규(鄭載圭)·기우만(奇宇萬)·권재두(權載斗) 및 이직현(李直鉉) 등과 함께 적벽(赤壁)을 유람했다고 기록하고 있다. 이를 통해서도 『노사집』의 중간에 참여한 주요 인물들의 면모를 추측할 수 있다. 李相敦, 『勿齋集』 권3(경상대 문천각, 소장정보 古D3B H이51ㅁ v.1-2, 전자자료jpg), 「漫錄」, 147～148쪽·정재규, 『노백헌집부록』 권2, 「年譜」, 84～85쪽·沈相福, 『恥堂文集』 권1(경상대 문천각 소장정보 古(우산)D3B 심51ㅊ v.1,3-4[v.2결], 전자자료jpg). 「陪溪南崔琡民·老柏軒鄭載圭·松沙奇宇萬·石愚權載斗·是菴李直鉉諸丈遊赤壁」, 76쪽 참조.

44 기정진의 문인이었던 정재규·정면규 형제의 문인이었던 남정우(南廷瑀, 1869～1947)와 정방엽(鄭邦燁, 1886～?), 즉 노사학파의 재전문인들이 「외필」의 내용을 둘러싼 담론을 주고받았던 것이 1941년이었다. 南廷瑀, 『立巖集』 권8(경상대학교 문천각 소장, 전자자료jpg), 「與鄭晦夫(辛巳)」, 8전면～9전면 참조.

학적 입장에 대한 논란에서 시작해서 기정진의 성리학 전체에 대한 평가의 문제, 기정진과 이항로(李恒老, 1792~1868)의 조선 성리학사에서의 위상의 문제, 나아가 율곡학파 전체의 성리학적 정체성의 문제, 그리고 기정진과 이항로, 기정진와 이진상(李震相, 1818~1886), 이항로와 이진상 등의 성리학적 사유의 동이 문제 등에 걸쳐 있다.

이 논쟁은 처음에는 안진오에 의해 '노간논쟁(蘆艮論爭)'이라고 명명되었다. 노사학파와 간재학파의 대립을 강조한다는 의미에서였다. 그러나 김봉곤과 박학래를 거치면서 이 논쟁은 "한국 성리학사상 대미를 장식하였던 거대한 논쟁"[45] 혹은 "조선 성리학의 여러 논쟁에 있어 마지막에 해당"[46]하는 논쟁으로 그 의미가 확장되었다. 두 사람의 서술은 조선 유학사를 논쟁사로 파악하려는 관점을 함축하고 있다. 여기에 1941년이라는 시점을 대입해보면 이 논쟁은 기본적으로 '20세기 한국 성리 논쟁'의 한 영역임을 알 수 있다. 나아가 이것은 다시 '20세기 한국 성리학'이라는 개념을 전제한다. 말하자면 외필논쟁의 성격 규명은 20세기 한국 성리 논쟁, 그리고 20세기 한국 성리학이라는 잠재적 계열체의 담론화를 위해 거쳐야할 필수적인 과정임을 알 수 있다.

여기에 접근하기 위한 가장 기본적인 요구는 1878년에서 1941년에 이르는 시기에 생산된 원전자료들을 망라해야 한다는 것이다. 이 자료들을 정리하고 목록화해서 외필논쟁의 구체적 성격을 개념화하고 비판적으로 분석하는 것이 일차적인 목적이지만, 이것조차도 단 한 번의 탐구로 끝날 수 있는 성격의 작업이 아니다. 이 때문에 이 과제를 몇 단계

---

45 김봉곤, 「盧沙學說에 대한 淵齋學派의 批判」, 『한국사상사학』 33집(한국사상사학회, 2009), 284~285쪽.

46 박학래, 「蘆沙 奇正鎭의 性理說을 둘러싼 기호학계의논쟁 –「猥筆」을 중심으로–」, 『민족문화연구』 48집, 407~408쪽·김봉곤, 「19세기 畿湖學界의 學說分化와 論爭」(『유교사상문화연구』 39집, 2010), 131~167쪽 참조.

로 나누어 점진적으로 진행하는 작업이 필요해 보인다.

따라서 몇 가지 기점들을 중심으로 외필논쟁의 시기를 구분하고 그 자료들의 목록과 구체적인 내용을 제시해야 할 필요가 있다. 그것은 잠정적으로 세 단계로 구별할 수 있다. 첫째 1878~1901에 이르는 시기다. 「외필」이 나타나는 시점과 외필논쟁이 본격화되는 시점의 사이에 이 짧은 글의 주변에서 무슨 일이 벌어졌는지를 보여주는 자료들이 여기에 속한다. 둘째 1902~1904년 사이의 시기다. 다양한 인물들의 다양한 주장이 나타났고 외필논쟁의 대략적인 전개를 살펴볼 수 있는 주요한 원전자료들이 이 시기에 나타났다. 셋째 1905~1941년에 이르는 시기다. 이 시기에는 타오르던 논쟁의 불꽃이 급격한 사회변동을 가져온 역사적 사건들에 영향을 받아 천천히 수그러들었다. 논쟁의 활력은 사라졌고, 성리학적 사유의 사회적 중요성을 점점 위축되었으며 성리학적 소양을 가졌던 개별 인물들 또한 역사적 전환기를 맞아 행적이 엇갈리기 시작했다. 그럼에도 산발적으로 이곳저곳에 남겨진 주장들의 목록은 이어지고 있었다.

이런 구분이 임의적이라는 것은 이 책 자체의 체제가 보여주고 있다. 즉 이 책은 1878년에서 1903년에 이르는 시기의 원전자료 101편을 모아서 편집하고 번역한 것이다. 그 이유는 이론적인 것이 아니라 완전히 실용적인 것이다. 즉 수집된 전체 자료를 단행본 한 권의 분량으로 모으기에 적절치 않아서 두 권으로 나누는 과정에서 임의적으로 1903년에서 선이 그어진 것이다. 구체적으로 자료집의 1권으로서 이 책은 우선 1878~1901까지의 시기에 생산된 13편의 글과 1902년에 생산된 57편의 글 및 1903년에 생산된 31편의 글을 편집해서, 번역했다. 모두 101편의 글들은 대부분이 개인들의 문집에 흩어진 잡저류와 개인들 사이에 주고받은 간찰로 이루어져 있다. 가급적이면 시간순을 따라서 정렬했지만, 어쩔 수 없는 한계 때문에 저술 시점을 특정할 수 없는 경우에는 대략적인 추정을 토대로 배열해 두었다. 여기에 실린 글 뿐만이 아니라, 아직 발굴되지 않은 글들의 존재를 상상해보면 연구가 진행될수록 더 많은 미발굴 자료들의 목록이 이 책의 내용에 덧붙여질 수 있을 것이다. 다만 이 책은 외필논쟁 자료들을 처음으로 수집하고 한 곳에 편집해서, 번역한 것이다. 이 책과 오래지 않아 이어질 『자료집』 2를 통해 이제껏 연구자들의 시야에 막연하게 추정되고 있었던 우리 지성사의 한 영역을 보다 구체화할 수 있다면 그것으로 이 책들의 의의는 충분할 것이다.

9.

이 책에는 이미 역사적으로 선행하는 사례가 있다. 1909년 김인후(金麟厚, 1510～1560)의 13대손이자 송병선(宋秉璿, 1836～1905)의 문인이었던 김로수(金魯洙, 1878～1956)는 기정진의 외필논쟁과 관련된 자료를 모아 『부벽록(扶闢錄)』을 편찬했다. 이 책은 세 부분으로 구성되었는데, 본문에는 「영남통문(嶺儒通文)」을 비롯해서 「외필」과 「납량사의」 등을 논박한 29편의 글이 실려 있고, 부록에는 「기노사외필(奇蘆沙猥筆)」을 비롯한 7편이 실려 있으며, 김로수가 지은 「발문」이 마지막으로 실려 있다. 김로수는 울산 김씨로서 기정진의 장인인 김의휴(金宜休, 1771～1833)와 같은 집안이었기 때문에, 기정진과 자신의 관계를 "세교로 이어진 집안의 어른이요, 동향이자 선배"[47]라고 표현했다. 이와 대조적으로 그는 송병선의 제자이기도 했는데, 송병선은 1901년 제자인 권명희 등으로부터 「외필」의 존재와 내용을 전해 듣고서 외필논쟁에 비판적으로 참여하기 시작했다. 이런 관계들의 교차 때문에 김로수는 「외필」에

47 金魯洙, 『扶闢錄』(서울대 규장각, 청구기호 古1360-50), 86쪽.

비판적인 담론을 모아서 책을 편집하기는 했지만, '마음속에 묻어둔 채로 간행해서 펴낼 수 없는 책[肚裡不刊之書]'[48]이라고 간주해서, 필사본으로 남겨두었을 뿐이었다. 단 한권의 필사본 『부벽록』은 현재 서울대 규장각에 소장번호 '고1360-50'으로 보관되어 있다. 따라서 두 권으로 이루어질 『외필논쟁 자료집』 1·2는 어느 측면에서 보자면 36편의 글이 실린 『부벽록』의 체제를 확대해서 재구성한 것이라고 할 수 있다. 『부벽록』이 나온 것이 1909년인 것과 비교해 볼 때 거의 1세기가 지난 2021년의 시점에서 그것을 현대적으로 재구축한다는 사실이 가져다주는 학문적 게으름에 대한 부끄러움은 잠시 제쳐두기로 하자.

10.

무엇보다 포괄적인 연구 기회를 허락해 준 한국 연구재단의 지원에 감사드린다. 애초에 이 논쟁자료집의 기획은 연구 기간의 마지막 해인 2024년 정도에 예정되어 있었다. 코로나 19의 세계적 확산으로 인해 유물 유적 조사와 같은 외부 활동이 장애를 받는 바람에 텍스트를 중심으로 하는 연구로 방향을 전환했고, 그 결과 이 책이 빠르게 구체화될 수 있었다. 이 책을 엮고 변역하는 과정에 다시 한 번 우리 고전을 디지털화하는데 노력을 경주하고 있는 몇몇 기관들의 노력과 그 결실들의 가치를 재발견할 수 있었다. 연구의 신속성과 효율성에 얼마나 많은 도움이 되는지를 다시 한 번 실감할 수 있었다. 일일이 다 거론할 수 없지만 고전번역원의 한국고전종합DB와 국립중앙도서관의 전자자료 서비스에 감사를 드린다. 영남 우도의 근현대 유학자들의 문집을 수집해서 제공하는 경상대학교 남명학연구원의 문천각 원문 서비스에 감사드린

48 같은 책, 같은 곳.

다. 또한 방대한 근현대 호남 유학자들의 인적 사항을 DB화하고, 이제 그것을 자유롭게 사용할 수 있도록 시스템의 개발에 분투하고 있는 전주대학교 근·현대 호남유학연구단의 도움에도 감사드린다. 이 책은 그들의 노력에 거의 대부분을 의지하고 있다는 점에서, 이 자료집의 출간이 그들이 수행하는 일의 가치를 확인하는 작은 사례가 되기를 바란다.

연구단의 단장을 맡고 있는 양순자 교수와 공동연구원으로 참여하고 있는 박학래, 이천승 교수에게 감사드린다. 같이 학술연구교수로 활동하고 있는 이형성, 조우진 교수에게도 감사드린다. 연구단의 실무를 보면서 이 책의 교열 과정에 수고를 아끼지 않은 김형, 조현일 선생에게도 감사드린다. 이 책은 연구단을 구성하는 이 모든 사람들의 신뢰를 배경으로 나타날 수 있었다.

2021. 06.

용봉동(龍鳳洞) 지경재(持敬齋)에서

이향준

猥筆論爭 1

제1부 1878-1901

노사선생에게 올림

무인(1878)

조성가

이 글은 조성가(趙性家, 1824~1904)[1]가 1878년 초가을 무렵 81세의 스승인 기정진(奇正鎭, 1798~1879)에게 보내는 편지이다. 이해 여름과 초가을 사이에 조성가는 이이(李珥, 1536~1582)뿐만 아니라 율곡학파 전체의 성리학설을 문제 삼는 비판을 전해 들었다. 그 내용은 이이가 성혼(成渾, 1535~1598)에게 보내는 편지에서 언급했던 "음양의 움직임과 고요함은 기틀[機]이 저절로 그러한 것이지 그렇게 시키는 것이 있지 않다[陰靜陽動, 機自爾也, 非有使之者也.]"라는 구절을 근거로 이이가 주기(主氣)의 선하라고 주장하는 것이다. 조성가는 이 비판을 반박하기 위해 '기자이(機自爾)'를 리의 주재라는 전통적 관점이 아닌 '리가 그렇게 시키는 것[理使之然]'이라는 리의 중요성을 한층 강조한 논법을 제시했지만, 자신의 반론에 확신을 가질 수 없었기에 이것을 기정진에게 문의했다. 이 편지는 기정진이 "80년 동안 애타는 생각을 마음에 품었으면서도 입을 열어 분명히 말하지 못했던" 것을 구체화하도록 자극했고, 결국 「외필」의 저술로 이어졌다. 『월고집(月皐集)』 권6에 실려 있다.

달지(達支: 李根培)[2]가 돌아간 뒤에, 소식이 막혔습니다만 멀리서 사모

---

1 자는 직교(直敎), 호는 월고(月皐), 본관은 함안(咸安)이다. 1824년 조광식(趙匡植, 1804~1879)과 김석신(金錫信)의 딸인 김해(金海) 김씨(金氏) 사이에서 태어났다. 기록에 따라 그를 진주 출신이라고도 하고 하동 출신이라고도 하는데, 그 이유는 그가 태어난 경남 하동군 옥종면 회신리가 그 당시에는 진주에 소속되어 있었기 때문이다. 1906년 옥종면 회신리는 진주에서 하동 소속으로 변경되었다.

2 이근배의 자는 달지(達支) 본관은 성주(星州)이다. 생부는 이대호(李大浩), 양부는 이재호(李在浩)이다. 단성(丹城)에 살았고, 연재 송병선과도 교유했다. 『노사집』 권16에 「宋李達支」가 실려 있다.

하는 마음이야 늘 하루 같습니다. 이제 마침 편지를 받고 살펴보니 여름을 거치면서 설사를 하다가, 가을이 되어도 개운하게 회복되지 않았다고 했습니다. 최경(最卿)[3]에게 자세히 묻고서야 조금 가벼워졌다고 해서 조금이나마 위안이 되었습니다. 저는 어머니가 병중인데 몇 달을 계속 낫지 않다가 지금은 조금 차도가 있습니다만, 차도가 있다고 해도 믿을 수 없는 것이 섭생을 잘못해서 한 때라도 놓치면 호전된 병세가 채 하루를 가지 못합니다. 겨우 치료하는 겨를에 물러나 책을 보는 것이 한 달에 15일 정도일 뿐입니다. 초여름에 비로소 주자(朱子)의 글과 『춘추』의 사전(四傳)[4]을 읽겠다고 계획해서, 주자의 글 10여 권을 읽었을 뿐인데 어느덧 가을입니다. 게다가 본 것들도 모두 애매해서 새로운 견해라고는 있을 수 없으니 두려움을 이기지 못하겠습니다. 대략 문목이 있기는 합니다만, 미처 쓰지도 못했는데 인편이 출발하게 되었습니다. 의도치 않게 한 조목만을 아뢰고 나머지는 다음 인편을 기다리겠습니다.

어떤 사람에게 듣기로는 누군가 율곡(栗谷)의 "음양의 움직임과 고요함은 그 기틀[機]이 저절로 그런 것이지 그렇게 시키는 것이 있지 않다"[5]

3 최경(最卿): 구체적으로 누구를 가리키는지 분명하지 않다. 『월고집』 권8의 「與奇景道(戊寅)」 및 권11의 「答奇會一(戊寅)」에도 '최경이 오면', '최경이 여기 머무르고 있다'라는 등의 표현이 보이는데, 이로 미루어보면 노사학파의 인물 가운데 한 사람으로 하동과 장성 사이를 종종 오고갔던 것으로 추정되지만, 구체적인 인적 사항은 알 수 없다.

4 춘추의 사전: 『춘추좌전』·『춘추공양전』·『춘추곡량전』 및 호안국(胡安國)의 『춘추호씨전(春秋胡氏傳)』을 가리킨다.

5 「외필」 전체가 문제시 하고 있는 이이의 진술은 정확하게 "陰靜陽動, 機自爾也, 非有使之者也. 陽之動則理乘於動, 非理動也, 陰之靜則理乘於靜, 非理靜也. 故朱子曰, 太極者, 本然之妙也; 動靜者, 所乘之機也. 陰靜陽動, 其機自爾, 而其所以陰靜陽動者, 理也."라는 구절이다. 이이, 『율곡전서』 권10(표점영인 한국문집총간 vol.44), 「답성호원」, 211쪽.

라는 두 구절을 지적하면서 '율옹이 이미 주기(主氣)의 폐단을 열었다'라고 했다는데, 생각해보면 그렇지 않은 것 같습니다. 이 말은 그 기틀[機]이 자연스러움을 형용할 뿐이지, 리(理)와 관계가 없다고 말하는 것이 아닙니다. 그렇게 된 까닭을 살펴보면 '저절로 그러한 곳[自爾處]'이란 곧 리가 그렇게 시키는 것입니다. 그러므로 (율곡이) 곧이어 다시 풀이하면서 "그 음이 고요하고 양이 움직이는 까닭은 리이다"라고 했으니, 이 한 구절만 보더라도 알 수 있습니다. '시키는 것이 있지 않다'라고 했다는 이유로 '기(氣)가 스스로 주장한다'라고 한다면, 이 말은 또한 무엇을 말하겠습니까? 또 율옹의 평소 의론에 어찌 일찍이 주기의 뜻이 있었겠습니까?

上蘆沙先生

戊寅

趙性家

達支還後，便風一阻，遠慕常一日．今承會一書，伏審氣體候，經夏感泄，秋未快復，而詳問最卿言得差輕，稍慰下誠．性家慈癠，連朔彌留，今則少間，而少間亦未恃，失攝爭一霎，翔櫛無竟日．僅於刀圭之暇，退而看字，凡一月得十五日而已．夏初，始擬盡看朱書及春秋四傳，而才及朱書十餘卷，秋聲生矣．且所看盡歸鶻呑，不能有所新見，瞿然不勝．略有問目，未及寫置便發．不意只上一條，餘俟續遞．

聞諸人或指摘栗谷陰靜陽動，機自爾也，非有使之者也兩句，謂栗翁已啓主氣之弊，竊恐不然．此只是形容其機之自然，非謂於理無所關由也．若原其所以然，則其自爾處，卽是理使之然也．是故不旋踵而復解之曰，其所以陰靜陽動者，理也，觀於此一句可知．若以非有使之謂氣自主張，則此言又何謂也？且栗翁平日之論，曷嘗有主氣之意乎？

조직교에게 답함

무인(1878) 9월

기정진

이 글은 기정진이 1878년 9월 조성가의 「노사선생에게 올림(무인)[上蘆沙先生(戊寅)]」을 받고 보낸 답장이다. 조성가의 편지 후반부를 인용하고서, 율곡의 성리학이 주기론의 선하라는 비판을 반박하는 조성가의 견해에 동의하면서 자신도 같은 문제에 대해서 나름의 논변을 가지고 있다는 것을 시사하고 있다. 그러나 구체적인 내용에 대해서는 말하지 않았기에 이 편지의 저술 시점과 「외필」의 저술 시기를 둘러싸고 약간의 혼란이 있다.[6] 『노사집(蘆沙集)』 권9에 실려 있다.

(보낸 편지에서 이렇게 말했네.)

어떤 사람에게 듣기로는 누군가 율곡(栗谷)의 "음양의 움직임과 고요함은 그 기틀[機]이 저절로 그런 것이지 그렇게 시키는 것이 있지 않다"라는 두 구절을 지적하면서 '율옹이 이미 주기(主氣)의 폐단을

6 기정진의 「연보」에는 1878년 8월 조목에 "「외필」을 작성하여 문인 조성가에게 보여주었다"라고 짤막하게 기록하고 있다. 반면에 「외필」 본문에는 "조직교(趙直敎)의 편지로 인해 단단히 마음을 먹고 이 글을 써놓기는 했지만, 두려운 생각에 직교에게 부치지 못했다"라는 구절이 있다. 「연보」를 따른다면 9월의 이 편지에서 조성가의 편지 내용을 재인용할 필요가 없다. 반면에 「외필」의 내용이 사실이라면 이 편지는 아직 「외필」을 보여주지 않았을 때의 것이다. 게다가 이 편지가 이미 「외필」을 저술한 다음 미처 보여주지 않았을 때의 것인지, 아니면 아직 「외필」을 저술하기 전의 것인지도 모호하다. 전체적인 내용은 아직 「외필」을 쓰지 않았을 때의 언급처럼 보이기 때문이다. 그렇다면 「외필」은 이 편지 이후, 즉 9월 이후에 쓴 것이 되는데, 이것은 다시 「연보」의 기록과 어긋난다. 더 상세한 고찰이 필요해 보인다.

열었다'라고 했다는데, 가만히 생각해보니 그렇지 않은 것 같습니다. 이 말은 그 기틀[機]이 저절로 그렇다는 것을 형용할 뿐이지, 리(理)와 관계가 없다고 말하는 것이 아닙니다. 그렇게 된 까닭을 살펴보면 '저절로 그러한 곳[自爾處]'이란 곧 리가 그렇게 시키는 것입니다. 그러므로 (율곡이) 곧이어 다시 풀이하면서 "그 음이 고요하고 양이 움직이는 까닭은 리다"라고 했으니, 이 한 구절만 보더라도 알 수 있습니다. '시키는 것이 있지 않다'라고 했다는 이유로 '기(氣)가 스스로 주장한다'라고 한다면, 이 말은 또한 무엇을 말하겠습니까? 또 율옹의 평소 의론에 어찌 일찍이 주기의 뜻이 있었겠습니까?

인편에 편지가 와서 긴 여름에 어머니의 병세가 오르내렸다고 하니 매우 걱정이 되네. 늙은 부모를 모시는 마음이란 외나무다리를 건너는 것과 같다네. 다행히 무사하다 하나 마침내 (그것만) 믿고 편안할 수 없으니 어찌하면 좋겠는가!

보여준 뜻은 잘 알았네. 천루한 이 사람이 평소에 선현들이 리를 논하는 견해에 의심이 없지 않으므로 일찍이 반복하여 생각해 보았으나 끝내 이해할 수가 없어 늘 그 가려진 고질병이 심한 것을 스스로 한탄하였네. 직교는 한번 샅샅이 살펴보고 곧 선현의 뜻과 부합되었으니 사람의 민첩함과 둔한 것의 거리가 어찌 30리뿐이겠는가? 그리고 내 나이 80세가 넘도록 이것을 의심하는 사람을 보지 못했는데, 직교는 이 견해를 누구에게 들었는가? 혹시 직교는 내가 어둡고 침체한 것을 안타깝게 여겨 남에게 들은 것에 빗대어 일깨워주려는 것이 아닌가? 만일 그렇다면 그 뜻은 고마우나 마음의 길이 이미 익숙해져 있어 하루아침에 옛것을 버리고 새로운 것을 따를 수 없으니 어쩌겠는가? 이것이 급하고 절박한 공사는 아니라네. 양중립(楊中立: 楊時)과 사현도(謝顯道: 謝良佐)도 이정(二程)에게 못한 말이 없었지만, 함께 태극을 말한 적은 없었으니 이것으로도 알 수 있네. 내 생각으로는 우선 붓을 들어 의론을 세우지 말고 마음속에 두었던 것을 수시로 살피고 더욱 정치하게 하여 죽기 전에만 깨닫는다면 (또한) 늦었다고 할 수 없을 것이네. 어떠한가?

지각은 보고 꺾는 것이요, 리는 꽃과 버드나무라네. 아무개의 의론은 보는 것과 꺾는 것을 꽃과 버드나무로 여기는 것 같으니, 옳겠는가? 편지를 봉한 뒤에 우연히 생각한 것이 있어 이것을 덧붙이네.

答趙直教

戊寅九月

奇正鎭

聞諸人或指摘栗谷“陰靜陽動機自爾也, 非有使之者”兩句, 謂栗翁已啓主氣之弊, 竊恐不然. 此只是形容其機之自然, 非謂於理無所關由也. 若原其所以然, 則其自爾處, 卽是理使之然也. 是故不旋踵而復解之曰, “其所以陰靜陽動者理也”, 觀於此一句可知. 若以非有使之謂氣自主張, 則此言又何謂也? 且栗翁平日之論, 曷嘗有主氣之意乎?

便頭魚書, 仰審長夏, 慈癠進退, 奉慮奉慮. 老侍下情事, 如涉獨木橋, 雖幸而無事, 終不可恃而爲安, 柰何柰何! 示意謹悉. 淺陋平日於先賢論理之說, 不能無疑, 雖嘗反覆思惟, 而終不可曉解, 每自歎其蔽痼之甚也. 直敎一番査櫛, 便與先賢之意符合, 人之敏鈍相越, 豈徒三十里哉? 抑吾年踰八十, 未見致疑於此者, 直敎聞此說於何人? 無乃直敎閔我之昏蟄, 托爲聞人以致諷切耶? 若是則其意可感, 然而心路已熟, 非一朝夕所可濯舊從新, 柰何? 此非急切公事. 楊中立·謝顯道之於二程, 靡言不到 而未嘗與之言太極. 此可見矣. 吾意且莫把筆立論, 留之心頭, 時時照管而益致其精, 直到臘月三十日前, 方始惺然了悟, 亦未晩也, 如何如何?

知覺是看折, 理是花柳, 某人之論, 似以看折爲花柳可乎? 緘幅後, 偶有所思故付此.

외필

기정진

이 글은 기정진이 1878년 가을에서 겨울 사이에 쓴 것이다. 「납량사의(納凉私議)」와 더불어 기정진 성리학의 독창적 면모를 뚜렷하게 드러내는 대표적인 저술이다. 특히 「외필」은 세상을 떠나기 1년 전의 저술이라는 점에서 만년에 원숙해진 기정진 사상의 핵심을 표현한 것이라고 할 수 있다. 그 내용은 '이존무대(理存無對)'의 관점과 율곡학파 성리학의 대전제인 '리는 무위이고 기는 유위이다[理無爲, 氣有爲]'라는 기초에서 '기발이승일도설(氣發理乘一途說)' 등에 대한 수정주의적 해석을 제안하는 것이다. '기자이(氣自爾)'와 '비유사지(非有使之)'라는 이이의 진술을 유행의 측면[流行邊]에서 서술한 것이라고 제한적으로 해석하고, 본체의 측면에서 같은 구절을 보자면 '리의 소이연(所以然)'을 넘어서, '리의 사지연(使之然)'이라는 관점에서 해석할 수 있다고 제안했다. 나아가 '순리(順理)'라는 조건을 달기는 하지만 기발(氣發)을 퇴계학파의 어휘라고 할 수 있는 이발(理發)과 동일시 할 수 있다고 주장했다. 이 글은 1902년 즈음에 율곡학파 안팎에 알려졌고, 이러한 철학적 경향성은 광범위한 논란을 불러일으켰으며, 결국 20세기 한국 성리학의 마지막 학술 논쟁 가운데 하나인 '외필논쟁'으로 확산되었다. 『노사집』 권16에 실려 있다.

'음양의 움직임과 고요함'은 바깥에서 언뜻 보면 스스로 움직이다가 스스로 멈추는 것 같지만, 그 실상을 깊이 탐구하면 한결같이 천명이 그렇게 시킨 것이다. 천명이 그런 까닭에 그렇게 하지 않을 수 없는데, 이것을 소이연(所以然)이라고 하니, 천명 밖에 따로 소이연이 있는 것이 아니다. 이제 "그 기틀이 저절로 그런 것이다[其機自爾]"라고 한다면 "저절로 그렇다[自爾]"라는 것은 강요한다는 뜻이 없음을 말한다. 그러나 (이 표현은) 이미 자기에게서 말미암지 다른 곳에서 말미암지 않는다는 뜻을 포함한다. 또한 "시키는 것이 있지 않다[非有使之者]"라고 거듭 말하였으니 "저절로 그렇다"라고 할 때는 말이 오히려 허황되었으나, "시키는 것이 있지 않다"라고 해서 그 말뜻이 명확해졌고, 정말로 음과 양이 말미암는 것 없이 스스로 움직이고 스스로 그치는 것 같다. 그러나 이 두 구절만은 내 얕은 식견으로 이해할 수가 없다.

"한 번 음이 되고 한 번 양이 되는 것을 도라 한다"[7]라고 했으니, 하루라도 음양이 없으면 천명을 베풀 곳이 없고, "성실하지 않으면 사물이 없다"[8]라고 했으니, 천명이 하루라도 멈추면 음양은 없게 된다. 살갗 같은 (천명이) 있지 않다면 (털 같은) 어떤 것인들 움직이고 고요할 수 있겠는가?[9] "시키는 것이 있지 않다"라는 한 구절 속에서 천명이 이미 멈춰버렸다. 천명이 이미 멈추었는데, 음과 양이 그대로라는 말은 정말이지 들어본 적이 없다. 천명은 모든 일의 본령이다. 이제 (음양이) 스스로 가고 스스로 멈추면서 천명에서 말미암지 않는다면, 이것은 천명의 밖에 있는 또 하나의 본령이 있는 것이다. 두 개의 본령이 각자 중심이 된다면 조화(造化)에는 이러한 일이 없을 뿐만 아니라 리는 약하고 기는 강하게 될 것이니, 기가 리의 자리를 빼앗을까 두렵다.

이뿐만이 아니다. '저절로 그렇다'라고 하고 '시키지 않는다'라고 말할 때에 '어쩔 수 없이 그런 까닭'이란 이미 기가 차지하게 된다. 그런데 '어쩔 수 없이 그런 까닭'이란 곧 소이연이다. 천지만물에서 소이연을 말하게 되면, 여기가 곧 궁극의 근원이어서, 다른 말을 해야 할 여지라고는 없다. 그런데 거기에 이어서 '소이연은 리이다'라고 한다면 소이연의 위에 (소이연을) 덧붙이는 격이니, 다시 무슨 소이연이 있다는 것인가? 헛된 이름만 있고 실제의 사실은 없는 것이 아니겠는가?

내 생각에는 '자이(自爾)' 두 글자와 '소이연(所以然)' 세 글자는 서로 적

---

7 『주역』, 「계사 상」 5장.

8 『중용』 25장.

9 "살갗이 없다면 털은 어디에 붙어 있겠는가?[皮之不存, 毛將焉傅?]" 『춘추좌전』 희공(僖公) 14년조.

대적인 것 같아서, '저절로 그렇다[自爾]'라고 주장하면 소이연은 물러나야 한다. 이제 두 가지를 다 보존해두고서 함께 사용하려고 한다면, 그 모양이란 위연(魏延, ?~234)과 양의(楊儀, ?~235)[10]가 함께 승상부에 있는 것과 매우 유사하니, 어찌 끝내 모순을 피할 수 있겠는가? 이것은 또한 일의 형세로 보아도 결코 행할 수 없는 것이다. 움직이고 고요한 것은 기이고, 움직이게 하고 고요하게 하는 것은 리다.[11] 움직이게 하고 고요하게 한다는 것이 시켜서 그러는 것이 아니고 무엇이겠는가?

귀인이 길을 나설 때 수레와 하인들이 없지 않지만, 그것을 본 사람들은 귀인이 길을 간다고 하지 수레와 하인들이 간다고 말하지는 않는다. 이로써 본다면 태극 및 움직임과 고요함이란 본래 평이한 말이고, 주자가 후세 사람들을 위해 꼼꼼히 설명한 것이다. 그러나 배우는 사람들이 태극 및 움직임과 고요함이란 말을 보고서 형이상·형이하의 구분에 눈이 어두워, 태극이 기기(氣機)를 기다리지 않고 스스로 움직이고 스스로 고요하다고 잘못 생각할까 두려워해서 「태극도설해」 안에서 '소승지기(所乘之機)'란 네 글자를 붙여둔 것이다.[12] 한 번 리라고 명명하면 곧 (리가) 타는 것[所乘]이 있게 되니, 탄다[乘]는 것은 기의 힘을 결코 침범하는 글자가 아니다. 요즘 사람들은 '소승(所乘)'이란 글자를 이와

---

10 위연(魏延)과 양의(楊儀): 위연은 유비의 맹장으로 건안 24년(219) 유비가 한중왕이라 칭한 후 그를 한중태수로 삼았다. 건흥 12년(234), 제갈량이 죽고 장사 양의가 군대를 이끌고 철수하면서 그에게 명하여 후방을 단절하게 하였다. 그는 평소에 양의와 서로 싸웠는데 마대에게 죽음을 당하였다.

11 "한 번 움직이고 한 번 고요한 것은 기이다. 움직이게 하고 고요하게 하는 것은 리다.[一動一靜者, 氣也, 動之靜之者, 理也.]" 이이, 『율곡전서』 권14(표점영인 한국문집총간 vol.44), 「易數策」, 306쪽·같은 책, 「天道策」, 310쪽 참조.

12 "태극은 본래 그러한 오묘함이요, 동정이란 (태극이) 타는 기틀이다.[蓋太極者, 本然之妙也; 動靜者, 所乘之機也.]" 朱熹, 『太極圖說解』(『朱子全書』 vol.13, 上海古籍出版社·安徽教育出版社, 2002), 72쪽.

다르게 본다. 태극이 아무런 주장이 없는 것 같다가 갑자기 말들이 앞에 있는 것을 보고서 재빨리 올라타는 모양으로 본다. 그렇다면 이때의 말이란 결국 변방의 늙은이가 (어느 날 갑자기) 얻은 것으로 자기가 본래 타던 말이 아니니, 올라탄 뒤의 일도 알 만하다. 그 형세가 이쪽저쪽으로 휘둘리면서 말 머리만을 쳐다보는 격이니, 아, 위태롭다!

기가 리를 따라 발동한다면 기발(氣發)이 곧 이발(理發)이요, 리를 좇아 운행한다면 기행(氣行)이 곧 이행(理行)이다. 리는 조작하거나 스스로 준동하지 못하기에 그 발동과 운행이란 분명히 기의 작용인데 이발·이행이라고 하는 것은 어째서인가? 기의 발동과 운행은 실제로는 리에게 명령을 받은 것이니, 명령하는 자가 주인이고 명령을 받는 자는 종이다. 종이 수고를 하여도 주인이 그 공로를 차지하는 것이 하늘과 땅 사이에 변치 않는 질서이다. 그러므로 공자는 "가는 것이 이와 같다"[13]라고 말했을 때 곧바로 '가는 것[逝者]'을 말했지, '기를 타고 이와 같이 흐른다[乘氣如斯]'라고 하지 않았다. "건도(乾道)가 변화한다"[14]라고 할 때도 곧바로 '건도'라고 했지, '기를 타고 변화한다[乘氣變化]'라고 하지 않았다. "태극이 양의(兩儀)를 낳는다"[15]라고 말할 때도 마찬가지였고, "성실함이 사물의 처음과 끝이다"[16]라고 말할 때도 마찬가지였다.

염계(濂溪: 周敦頤)의 「태극도설」이 여기에서 법(法)을 전했다. 그 첫 부분에서 "태극이 움직여 양을 낳고 고요해서 음을 낳는다"라고 말할 때 '기(氣)'자가 보이지 않는다고 해서 '기기(氣機)'를 버린 것은 아니다. 주인이 향하는 곳에 종이 어찌 따라가지 않겠는가? 그 말은 분명하고 적절해서 의심할 수 없지만, 지나치거나 부족한 곳에 이르면 어쩔 수

13 『논어』, 「자한」 16장.

14 『주역』, 건괘, 「단(彖)」.

15 『주역』, 「계사 상」 5장 참조.

16 『중용』 25장.

없이 기를 말할 때가 있으니, "넘어지거나 내달리는 것이 기이다"[17]라고 한 것이 이것이다. 지나치거나 부족한 것도 리에 근본한 것이지만 그 말류(末流)에 가서는 리를 해치니, 구별하지 않을 수 없다.

우리 동방에서 근세에 이기(理氣)를 말할 때 왜 그렇게 막히게 되었는가? 그들의 말은 대개 혼륜(混淪)한 하나의 덩어리로, 가부도 없고 주장도 없는 것을 리라고 여기다 보니, '이발' 두 글자가 오늘날의 학자들에게 크게 금기시되고 회피되는 말이 되어버렸다. 그래서 단락이 있거나 변화를 일으키거나 조리를 이루는 것을 보았다 하면, '기'라고 말하게 된 것이다. "누가 이 기를 주장하는가?"라고 물으면 '그 기틀이 저절로 그런 것이지 시키는 것이 있지 않다'라고 한다. '리는 어디에 떨어져 있는가?'라고 물으면 '(기를) 타고 있다'라고 한다. 애초에 이미 그렇게 되도록 시키는 신묘함이 없고 결국 조종하는 힘도 없으니, 의지하고 붙어서 탈 뿐 무슨 일을 할 수 있겠는가? (그러한 이치란) 있어도 도움이 되는 것이 없고, 없어도 부족할 게 없어서, 살에 붙어있는 혹이나 천리마에 붙어있는 파리에 불과하니, 아! 가련하다! 그 이유를 궁구해 보면 '탄다[乘]'라는 말이 그 본뜻을 잃어 점점 리가 가벼워지고 기가 무거워지다가 곧바로 기가 리의 자리를 빼앗아 모든 일의 본령이 된 다음에야 그치게 된 것이다. 한 글자가 본뜻을 잃어, 그 재앙이 여기에 이르렀다.

'승(乘)'자를 원래 타고 있는 것으로 보지 않고, 경우에 따라 갑자기 타는 것으로 본다면 주인을 손님이라고 여기는 것에만 그치지 않으니, 리에 준동함이 없다는 뜻은 어디에 놓여 있는가? 큰 뜻을 이미 잃어버린 것이다. 나아가 '승'자에는 본래 내력이 있으니, 형이상·형이하의 상(上)·하(下) 두 글자는 의미를 곱씹어 보면 나눌 수 없는 것을 나누어

17 『맹자』, 「공손추 상」 2장 참조.

말한 것이다. 요즘 사람은 경우에 따라 갑자기 타는 것으로 보니, 이것은 본래 두 개의 몸인데 합쳐서 하나로 삼자는 말이니, 연나라와 월나라가 그렇듯이 본뜻과는 거리가 먼 것이다.

기를 리와 짝지어 제시해서 이기(理氣)라고 부른 것은 언제 시작되었는가? 나는 이것이 결코 성인의 말이 아니라고 생각한다. 어째서 이렇게 말하는가? 리는 존귀해서 짝할 것이 없거늘 기가 어떻게 리와 짝할 수 있겠는가? 이치는 광활하여 짝할 것이 없으며, 기 또한 리 안의 일이요, 리가 유행할 때 손발 노릇을 한다. 본래 기는 리에게 짝도 아니고 대적하는 것도 아닌데, 짝지어 제시하는 것은 어째서인가?

본원을 말하는 것은 공자만한 이가 없고, 공자가 본원을 말한 것은 『주역』만한 것이 없다. 리를 말할 때는 반드시 리로써 기를 거느리고, 기를 말할 때는 기에 나아가 리를 밝혔으니, 『주역』에서 "한번 음이 되고 한번 양이 되는 것을 도"라고 하고, "태극이 양의(兩儀)를 낳는다"라고 한 것이 이것이다. 설명이 매우 타당하여 물샐 틈이 없으니, 어찌 한 곳에서 대립 시켜 둘을 거론한 적이 있었는가? 그러나 '형이상·형이하는 짝으로 제시되지 않았는가?' 이렇게 묻는다면, "이 구절의 착안점은 '상하(上下)'자에 있고 상하는 분명히 대립시킨 것이지만, 먼 후세를 위해 도기(道器)를 분별하는 방법을 제시하려고 어쩔 수 없이 그렇게 말한 것이다. 그렇기는 하지만 '이상(而相)'과 '이하(而下)'라는 표현은 '형(形)'자를 첫머리로 삼았으니, 나눌 수 없다는 뜻이 그 속에 담겨 있다. 어찌 지금처럼 각자 고정된 틀을 세우고 각자 두뇌로 삼은 적이 있었는가?"라고 대답할 것이다.

지금 사람들은 '리'자를 보자마자 반드시 기를 찾아 짝으로 만들려고 한다. 이 때문에 리의 유행이라는 한 가지 큰일이 모두 '기'자의 영역에 속하게 되고, 남은 것이라고는 '혼륜하다', '충막하다'라는 것뿐이다. 이것이 두 가지 본령을 세운 시초이니, 아 슬프다!

내가 여기에서 한 말들이 선현들의 말을 침범하고 간섭했으니, (내 행동이) 옳지 않은 줄이야 잘 알고 있다. 생각건대 이전 성인들이 고심하고 정성을 다해 세상에 가르침을 세운 취지는 '도(道)' 한 글자 이외에 다른 것이 없다. 옛날 도라고 부른 것은 오늘날 리(理)라고 부른다. 성인들은 유행하여 발현하며, 변화하고 환히 드러나는 것이 모두 이 도가 하는 것임을 분명히 알았다. 그러므로 말하기를 "어진 이가 그것을 보면 인(仁)이라고 하고 지혜로운 이가 그것을 보면 지(知)라고 한다"[18]라고 했고, 사물의 조야한 자취, 구름이 떠다니고 비가 내리며, 솔개가 날고 물고기가 뛰노는 것일지라도, 말하려고 할 때는 곧 도를 밝히려는 것이었다.

지금 사람들은 도리(道理) 두 글자를 아득하게 생각도 논의도 할 수 없는 곳으로 몰아내고, 밝게 드러난 것들이 있으면 한결같이 기에 소속시킨다. 이렇게 하는 이는 이기를 안다고 여기고, 이렇게 하지 못하는 이는 이기를 모른다고 여긴다. 헛된 이름과 지나간 말로 도를 말하고 리를 말하지만, 그 실상이란 기가 리의 자리를 빼앗아 모든 일의 본령이 될 뿐이다. 이와 같다면 세상에 다시는 '피음사둔(詖淫邪遁)'[19]이 없을 것이니, 전도되고 창피함이 무슨 일엔들 있지 않겠는가? 작은 힘으로 교정하려고 한다면, 저들이 반드시 '이전 현자들도 이렇게 말했다'라고 할 것이다. 어린 학생들도 한결 같이 나를 이길 수 있거늘, 하물며 전현을 머리에 이고 확증을 삼으려고 하니, 다투면서 논쟁한들 좋은 결과라고는 없을 것이다. 이런 까닭에 80년 동안 애타는 생각을 마음에 품었으면서도 입을 열어 분명히 말하지 못했다. 이제 늘그막에 다른 온갖 생각들은 다 재처럼 식어버렸지만, 이 한 가지 일은 애타는 걱정으로

18 『주역』, 「계사 상」.

19 『맹자』, 「공손추 상」 2장 참조.

여전히 남아있다. 생각건대 전현의 의론이 지나치게 명쾌해서 그 말류의 폐해가 여기에 이를 줄을 미쳐 자세히 생각지 못했던 것 같다. 전현이 살아있다면 질정을 받고 싶지만 이미 그럴 수 없으니, 질문할 만한 이들은 후현들 뿐이다. 질문해서 내가 의심한 것이 망령된 것으로 판명난다면 다행이지만, 그렇지 않다면 동방의 이기를 어찌할 것인가? 조직교(趙直教: 趙性家)의 편지로 인해 단단히 마음을 먹고 이 글을 썼지만, 두려운 생각에 직교에게 부치지 못했다. 직교에게도 부치지 못했는데 하물며 다른 사람들에게 보일 수 있겠는가? 그렇다면 훗날 현자가 나온다고 한들 누가 이 글로 질정을 구할 수 있겠는가? 또한 한없이 탄식할 뿐이다.

猥筆

奇正鎭

陽動陰靜, 驟看皮面, 果似自行自止. 若深原其實, 則壹是天命使之然也. 天命然也, 故不得不然, 此之謂所以然, 非天命之外, 別有所以然也. 今曰, 其機自爾, 自爾雖不竢勉强之謂, 而已含由己不他由之意. 又申言之曰, 非有使之者, 說自爾時, 語猶虛到. 非有使之, 語意牢確. 眞若陰陽無所關由, 而自行自止者. 秖此兩句, 淺見已不可曉.

一陰一陽之謂道, 一日無陰陽, 則天命無所施. 不誠無物, 天命一日或息, 則無陰陽矣. 皮之不存, 何物可以動靜也? 非有使之一句內, 天命旣息矣. 天命息, 而陰陽因舊, 實所未聞. 天命爲萬事本領, 今有自行自止. 不關由天命者, 則天命之外, 又一本領也. 兩箇本領, 各自樞紐, 則造化必無此事. 又理弱氣强, 吾懼夫氣奪理位也. 非惟此也. 曰自爾, 曰非使時, 其不得不然之故, 已被氣分占取, 不得不然之故, 卽所以然也. 天地萬物, 說到所以然, 卽是窮源, 更無餘地, 猶夫繼之曰, 所以然者理, 則架出所以然之上, 復有何所以然也, 豈非有虛名而無實事者歟? 論以愚見, 自爾二字, 與所以然三字, 恰是對敵. 自爾爲主張, 則所以然不得不退縮. 今欲兩存而幷用, 其貌樣頗似魏延楊儀同在丞相府, 安能免畢竟乖張乎? 此又事勢之必不可行者也. 動者靜者氣也. 動之靜之者理也. 動之靜之, 非使之然而何?

貴人之出, 非無車馬騶從, 而見之者, 但以爲貴人出, 未嘗言其車馬騶從出也. 由此言之, 太極動靜, 本是平坦語, 而朱子之爲後世慮周矣. 却怕學者, 見太極動靜之說, 昧形而上下之分, 誤以爲太極不待氣機, 而自動自靜也. 故於註解中, 著所乘之機四字, 蓋一名爲理, 便有所乘,乘非絲毫犯氣力字, 而今人看所乘字, 與此異, 有若太極漫無主張, 忽見馬匹當前趫捷而騰上樣. 然則是馬也, 終是塞翁之得, 非自家元來所乘, 騰上後事, 又可知矣. 勢必之東之西, 惟馬首是瞻, 嗚呼, 危哉!

氣之順理而發者, 氣發卽理發也. 循理而行者, 氣行卽理行也. 理非有造作, 自蠢動, 其發其行, 明是氣爲, 而謂之理發理行, 何歟? 氣之發與行, 實受命於理, 命者爲主, 而受命爲僕, 僕任其勞, 而主居其功, 天之經地之義. 是以言逝者如斯時, 直言逝者, 未嘗言乘氣如斯. 言乾道變化時, 直言乾道, 未嘗言乘氣變化. 言太極生兩儀時, 亦然. 言誠者物之終始時, 亦然. 濂溪圖說, 傳法於此, 故劈頭言, 太極動而生陽, 靜而生陰, 不見一氣字, 非遺却氣機也. 主之所向, 僕豈有不往者乎? 其言光明直截, 無可疑貳, 而到過不及處, 不得已而有說氣時, 蹶者趨者氣也, 是也. 蓋過不及, 雖亦本於理, 而末流害於理, 則不可無區別耳. 我東方近世說理說氣, 何其滯也? 其言大槩以混淪一塊, 無適莫沒主張者爲理, 故理發二字, 爲今日學士家一大禁避語, 而纔見有段落行變化成條理者, 則曰氣也. 問孰主張是, 則曰其機自爾, 非有使之者. 問所謂理者, 落在何方, 則曰乘之矣. 初旣無使之然之妙, 末又非有操縱之力, 寄寓來乘, 做得甚事? 有之無所補, 無之靡所闕, 不過爲附肉之疣, 隨驥之蠅, 嗚呼, 可憐矣! 究厥端由, 原於乘字, 失其本旨, 駸駸致得理輕而氣重, 直至氣奪理位, 爲萬事本領而後已, 一字之失其本旨, 其禍乃至於此乎.

乘字不作元來所乘看, 而作隨遇輒乘看. 不惟認主爲客, 安在其理無蠢動乎? 大旨已失, 且乘字自有來歷. 蓋自形而上下之上下二字, 咀嚼出來, 乃不可分開處. 分開底說話, 今人作隨遇輒乘看, 則乃本是二體而合一底說話, 於本旨燕越矣.

把氣與理對擧, 喚作理氣, 始於何時? 愚意此必非聖人之言, 何以言之? 理之尊無對, 氣何可與之對偶? 其闊無對, 氣亦理中事, 乃此理流行之手脚. 其於理本非對敵, 非偶非敵而對擧之, 何哉? 說本原宜莫如孔子. 孔子之說本原, 宜莫如大易. 言理時, 必理以率氣, 說氣時, 便卽以明理. 曰一陰一陽之謂道, 曰太極生兩儀, 是也. 十分停當, 罔有滲漏, 曷嘗見一處對峙, 而雙擧者乎? 形而上下, 非對擧乎? 曰此節眼在上下字, 上下乃的對也. 欲爲千萬世, 開分別道器之門戶, 其言不得不爾. 雖然, 而上而下, 以形字爲冒頭, 不可分開之意自在, 何嘗如今各立窠窟, 各自頭腦耶? 今人纔見理字, 必覓氣來作對偶, 於是理之流行一大事, 盡被氣字帶去作家計. 所餘者, 秖混淪也, 冲漠也, 此雙本領之履霜也. 悲夫!

凡此所言, 或干犯先賢語句, 極知不韙. 竊以前聖苦心血誠, 垂世立敎之旨, 一道字之外無佗. 古所謂道, 今所謂理也. 聖人的見流行發見, 變化昭著, 莫非此道之爲, 故曰仁者見之謂之仁, 知者見之謂之知. 雖事物粗迹, 雲行雨施, 鳶飛魚躍, 纔說著時, 便所以明道. 今人驅道理二字, 於冥漠不可思議之地, 而纔有發見昭著, 一屬之氣, 如此者, 爲識理氣, 不如此者, 爲不識理氣. 雖以虛名過去說, 說道說理, 而其實則氣奪理位, 爲萬事本領而已. 若是則天下更無詖淫邪遁矣. 顚倒昌披, 何事不有? 設欲以瑣力矯捄, 則彼必曰, 前賢亦嘗云爾. 童行學子, 一能勝余, 况頭戴前賢, 以爲確證, 爭辨必無幸矣. 是以內抱耿耿八十年, 不敢發口明言. 今雖下山之日, 萬念灰冷, 於此一事, 耿耿猶存. 竊意前賢之論, 或發之太快, 末弊之至斯, 容有未之細思也. 前賢尚在, 實有奉質之願, 而旣不可得, 則所可質者, 後賢而已. 質之而吾所疑者妄, 則幸矣. 苟或不妄, 奈東方理氣何? 因趙直敎書, 銳意寫此, 皇恐不敢寄直敎. 直敎猶不敢寄, 則况敢掛他人眼乎? 然則後雖有賢者出, 誰當奉以質者? 又爲之曠然一欷也.

「외필」을 읽고

이최선

이 글은 기정진의 제자인 이최선(李最善, 1825~1883)[20]이 「외필」을 읽고 그 소감을 쓴 것이다. 그가 세상을 떠난 것은 1883년이기 때문에 이 글은 1878년에서 1883년 사이에 쓰인 것이고, 노사학파 안팎을 통틀어 「외필」에 대한 최초의 반응이라고 할 수 있다. 두 가지 내용이 특징적이다. 첫째 「외필」의 저술 동기 가운데 하나가 권신원(權信元: 權宇仁)과의 성리논쟁이라는 점을 지적하고 있다. 둘째 「외필」을 비롯한 기정진 성리학의 핵심을 『노사집』 권16, 「답인문(答人問)」 제3에서 언급된 "리에는 능히 그렇게 할 수 있는 힘이 없으나 반드시 그렇게 하는 묘용이 있다[理無能然之力而有必然之妙]"라는 구절로 요약하고 있다. 외필논쟁이 격화되기 이전에 노사학파 내부 인물이 「외필」의 문제의식과 내용을 어떻게 이해 했는지를 살펴볼 수 있는 자료다. 『석전집(石田集)』 권2에 실려 있다.

공자는 "사람이 도를 넓힐 수 있지, 도가 사람을 넓히지 않는다"[21]라고 했다. 장자(張子)는 "마음은 본성을 다할 수 있으나, 본성을 그 마음을 단속하지 못한다"[22]라고 했다. 그런데 뒤의 유학자들은 대충 겉모습

---

20 기정진의 문인으로 자는 낙유(樂裕), 호는 석전경인(石田耕人)이며 본관은 전주(全州), 거주지는 담양이다. 부친인 이규형(李奎亨, 1797~1851)과 기정진의 친분이 남달랐기에, 1839년 15세의 나이로 당시 42세였던 기정진의 문하에서 수학할 수 있었다. 뿐만 아니라 그의 아들인 이승학(李承鶴, 1857~1928)은 아버지와 함께 『노사선생연원록』이 이름을 올리고 있고, 이승학의 두 딸은 각각 기우만(奇宇萬, 1846~1916)과 기재(奇宰, 1854~1921)의 아들과 혼인함으로써, 혼맥을 통해서도 밀접하게 연결되었다.

21 『논어』, 「위령공」 28장.

22 "마음은 성을 다할 수 있으니, 사람이 도를 넓힐 수 있기 때문이다. 성은 마음

만 보고, 이것을 '기틀이 저절로 그런 것이지 그렇게 시키는 것이 있지 않다'라는 말의 증거로 삼았다. 그러나 도는 본래 사람을 넓히지 못하지만, 도 스스로에 넓히는 오묘함이 있기 때문에 사람이 넓힐 수 있는 것이다. 도에 오묘함이 없다면, 사람이 무엇으로부터 도를 넓히겠는가?

주자는 '만물을 주재하면서 늘 일정한 것은 마음이요, 발동해서 드러나 같지 않은 것은 성(性)이다'[23]라고 했다. '도를 넓힌다'라는 말은 주재가 늘 일정한 본체와 오묘한 작용이 발동해서 같지 않은 것을 단속한다는 뜻이다. 이것을 확충해서 그 극치에 도달하게 되면 천지에 참여하여 만물의 화육을 돕게 되니, 이것이 어찌 마음이 타는 기틀이 저절로 그럴 수 있다는 뜻이 아니겠는가?

"도의 본체는 함이 없다"[24]라는 구절에서 '없다'라는 말은 그렇게 할

을 검속할 줄을 모르니 도가 사람을 넓히지 못하기 때문이다.[心能盡性, 人能弘道也; 性不知檢其心, 非道弘人也.]" 張載, 『張載集』, 「正蒙」, 22쪽.

23 이 두 구절은 조선 후기 성리학자들에 의해 종종 주희의 말로 인용되는데 정작 주희의 저술에는 전반부인 '주재상정(主宰常定)'이라는 낱말이 발견되지 않는다. 주희는 "마음은 진실로 주재한다는 뜻이다.[心固是主宰底意]"라는 식으로는 여러 번 언급했지만, "주재가 늘 일정하다[主宰常定]"라는 표현을 한 적은 없었다. 정작 이 표현은 『명유학안』에서 전덕홍(錢德洪)이 "이 마음은 주재가 늘 일정해서, 생각으로 나타나는 것들에 저절로 조리가 있다[此心主宰常定, 思慮所發, 自有條理.]"라고 한 구절에서 나타났다. 이와 달리 '발출부동(發出不同)'이란 표현은 "곡식으로 비유하자면 곧 마음인데, 그것이 조가 되고 콩이 되며 벼가 되고 나락이 되는 것이 곧 성이다.…싸고 있는 것은 마음이며 발동해서 다른 것이 성이다.[包裹底是心, 發出不同底是性.]"라는 구절에 직접적으로 등장한다. 주희, 『주자어류』 권1 17조목·『주자어류』 권5 64조목·黃宗羲, 『明儒學案』 권11(경인문연각 사고전서 vol.457), 「浙江相傳學案」, 「錢德洪」, 163쪽.

24 『논어』 「위령공」 28장에서 공자가 "사람이 도를 넓힐 수 있지, 도가 사람을 넓히지 않는다[人能弘道, 非道弘人.]"라고 한 말을 풀이하면서 주희가 "인심에는 지각이 있지만 도체에는 함이 없다[人心有覺, 而道體無爲.]"라고 한 데서 인용한 것이다. 주희, 『논어집주』 권8(『주자전서』 vol.6), 208쪽.

수 있는 힘[能然之力]이 없다는 말일 뿐이다. 그 필연의 오묘함[必然之妙]은 곧 그것이 본시 지니고 있는 것이다. 예를 들어 (천자가) 몸을 공손히 하고 바르게 남면(南面)을 할 뿐 인위적으로 하는 것이 없어도 9관(九官)과 12목(十二牧), 전례(典禮)와 전락(典樂), 장병(掌兵)과 장량(掌糧)이 각각 그 직분을 따르고, 예악과 정벌이 천자로부터 나오는 것은 일찍이 그들에게 명했기 때문인 것이다. 이것이 바로 지존의 실체가 되고 만물의 주인이 되는 이유이다.

그러므로 '태극이 양의를 낳는다'[25]라고 했고, "건도가 변화하여 성명을 바르게 한다"[26]라고 했으며, '태극이 움직여 양이 되고, 고요하여 음이 된다'[27]라고 말한 성철(聖哲)들의 천만 가지 말씀들이 모두 리를 위주로 한 것이다. "솔개는 하늘을 날고 물고기는 연못에서 뛰논다"[28]라는 말과 "흘러가는 것이 이와 같다"[29]라는 말에 대해 다만 리의 작용이요, 이것이 도의 본체라고 말한 것이지, 일찍이 기라고 말한 적이 없었다. 후세의 선가와 육상산에게는 모두 기를 리로 간주하는 폐단이 있었다. 그러므로 주자가 「태극도설」의 동정을 해석하면서 '소승지기' 네 글자를 주로 달아 도와 기, 위와 아래의 구분을 명확히 했다.

율곡선생은 우연히 "기틀이 저절로 그런 것이지 그렇게 시키는 것이 있지 않다"라는 말을 했는데, 이것이 돌고 돌아 권신원(權信元: 權宇仁)에 이르러 한결같이 리를 기로 간주했다. 그러므로 노옹(蘆翁)이 특별히

25 "易有太極, 是生兩儀." 『주역』, 「계사 상」 11장.

26 『주역』, 건괘 「단전」.

27 "태극이 움직여 양을 낳는다. 움직임이 극치에 달하면 고요해지는데, 고요하면 음을 낳는다.[太極動而生陽, 動極而靜, 靜而生陰.]" 周敦頤, 「太極圖說」.

28 "솔개는 날아 하늘에 이르고, 물고기는 못에서 뛰논다.[鳶飛戾天, 魚躍于淵.]" 『시경』, 「大雅·旱麓」.

29 『논어』, 「자한」 16장.

「외필」을 지어 주자가 말한 '동정이란 태극이 타는 기틀이다'라는 말을 풀어서 주인과 종, 앞과 뒤의 구분을 밝힌 것이다. 이렇게 해서 앞선 성현들을 따라 주리의 진전이 비로소 세상에 밝혀지게 되었다.

율곡의 풀이에서는 소승(所乘)을 함이 없음[無爲]으로, 기틀[機]을 함이 있음[有爲]으로 풀이했다. 그러므로 우계에게 답하는 편지에서 '기틀이 저절로 그렇다'라는 주장을 두고 '사람이 도를 넓힐 수 있다'라는 말로 단언하면서 "기가 발하고 이가 타는 한 가지 길이 아니라면 이 또한 별도의 작용이 있는 것이니 리가 하는 일이 없다고는 말할 수 없을 것이다"[30]라고 했다. 그렇다면 기가 오로지 일을 주관한다는 말은 의심스러운 듯하다. 그러나 전편을 살펴보면 한 구절은 마치 리가 위주가 되어 노옹과 부합하는 듯하고, 다른 한 구절은 기가 위주가 되어 노옹과 차이가 있는 듯하다.

하나의 편지 안에 마치 좌우에 검을 차고 있는 것과 같으나 사실 아래 한 구절은 바로 유행이란 측면에서 말한 것이다. 그런데도 요즘 학자들은 말꼬리를 잡고 뜻에 미혹되어 근원의 측면이라고 오인하고 있다. 이에 리는 주장할 수 없는 물건이 되었고, 천하의 대본이 마침내 어긋나게 되었다. 그러므로 주나라 평왕(平王)은 당(堂)을 내려가 제후를 알현했고, 한나라 헌제(獻帝)는 다만 껍데기 칭호만을 붙들고 있었으니, 또한 그 후로 이어지는 일들은 대개 무위 가운데 필연의 묘용이 있음을 알지 못했기 때문이다.

(기에) 올라탄 뒤에야 그것을 리라고 하는 것은 주자의 본뜻이 아닐 것이요, 사람이 넓히는 것을 기다린 뒤에야 그것을 도라고 말하는 것도 공자의 본뜻은 아닐 것이다. 그러므로 노옹이 말한 "리에는 능히 그렇게 할 수 있는 힘이 없으나 반드시 그렇게 하는 묘용이 있다[理無能然之

30 이이, 『율곡전서』 권10(표점영인 한국문집총간 vol.44), 「答成浩原」, 211쪽.

力而有必然之妙]”[31]라는 열두 글자는 명백히 정확하고 무너뜨리려 해도 깨트릴 수 없는 말씀이니, 실로 이전 사람들이 발명하지 못한 것을 발명해서 성문에 커다란 공을 세운 것이다.

31 “리는 종자와 같다. 필연의 오묘함은 있지만, 능연의 힘은 없으니, 필연이 있기 때문이다.[理者種子也, 但有必然之妙, 非有能然之力, 以其有必然也.]” 기정진, 『노사집』 권16(표점영인 한국문집총간 vol.310), 「答人問」 제3, 360쪽.

讀猥筆

李最善

孔子曰 人能弘道, 非道弘人, 張子曰 心能盡性, 性不知檢其心. 後之儒者, 驟看皮面, 以此爲機自爾, 非有使之之證. 然道固非弘人, 而道自有弘之之妙, 故人能弘之, 道無其妙, 人何自而弘之?

朱子曰 主宰常定者, 心也; 發出不同者, 性也. 所謂弘道者, 只是以主宰常定之本體妙用, 檢其發出不同者而擴充之, 極其盛則至於參天地贊化育, 是豈此心所乘之機之能自爾乎?

盖道體無爲, 所謂無者, 無其能然之力耳. 其必然之妙, 則乃其固有者也. 如恭己正南面, 無爲而九官十二牧, 典禮典樂, 掌兵掌糧, 各隨其職, 而禮樂征伐, 自天子出, 早己命之之由也. 此所以爲至尊之實, 而萬物之主焉.

故曰太極生兩儀, 曰乾道變化, 各正性命, 曰太極動而生陽, 靜而生陰. 聖哲之千言萬語, 皆利理爲主, 而至於鳶飛魚躍, 逝者如斯, 直曰理之用, 此道體也, 而未嘗以氣言之也. 後世禪家與陸氏, 俱有認氣爲理之弊, 故朱子解太極圖說動靜註, 著所乘之機四字, 明道器上下之分矣.

栗谷先生偶發機自爾非有使之之語, 而轉轉至權信元, 一直認理作氣, 故蘆翁特著猥筆, 解朱子動靜者所乘之機, 以明主僕先後之分. 於是乎, 從上聖賢主理之眞詮, 始明於世矣.

夫栗谷之所解, 解所乘無爲而機有爲也. 故答牛溪書有此機自爾之說, 而以人能弘道斷之, 曰若非氣發理乘一途, 而理亦別有作用, 則不可謂理無爲也. 如此則氣專用事, 而似有可疑. 然就玆全篇, 則一節若理爲主, 而與蘆翁合; 一節若氣爲主而與蘆翁離.

一書之內, 有若左右佩劍, 而其實下一節是就流行邊說, 故有所云云. 今之儒者, 執言迷旨, 誤認爲源頭. 於是理爲沒主張之物, 而天下之大本遂外. 周平王之下堂見侯, 漢獻帝之徒擁虛號, 亦將次第事. 盖由不知無爲之中有必然之妙故也.

乘然後謂之理, 恐非朱子之本意, 而待人弘之然後謂之道, 則又非孔子之本意也. 然則蘆翁所謂理無能然之力, 而有必然之妙十二字, 明白的確, 顚撲不破, 實發前人之所未發, 而大有功於聖門也歟.

노사 기공–정진–이 지은 「외필」 뒤에 쓰다

갑신년(1884) 10월

이인구

이 글은 이인구(李寅龜, 1809~1896)[32]가 1884년 10월에 쓴 것으로, 「외필」의 후서(後序)에 해당한다. 이인구는 홍직필(洪直弼, 1776~1852)과 이항로(李恒老, 1792~1868)의 문인이었는데, 그는 기정진의 제자인 민기용(閔璣容, 1824~1886)[33]의 부탁을 받고 이 글을 썼다.[34] 이 글은 두 가지 특징을 보여준다. 첫째 노사학파 외부의 인물이 「외필」에 반응한 최초의 텍스트로 추정된다. 둘째 「외필」의 내용을 매우 우호적으로 평가하고 있다. 이것은 나중에 김평묵의 「기노사 선생의 「외필」 뒤에 쓰다[書蘆沙奇先生猥筆後]」와 최익현의 「신도비명(神道碑銘)」에서도 반복적으로 발견되는 입장인데, 본문의 "평소에 듣던

32 자는 장여(長汝), 호는 완이(莞爾), 본관은 전주(全州)이다. 1881년 경학으로 천거되어 충청도 도사에 임명되었고, 1888년 공조 참판에 임명되었으나, 망국의 소식을 듣고 충청북도 단양(丹陽)으로 물러나 은거했다. 필사본 『완이만록(莞爾漫錄)』 10권이 있다.

33 초명은 기용이고, 나중에 기식(璣植)으로 이름을 바꿨다. 자는 중호(仲浩), 호는 봉리(鳳里), 본관은 여흥(驪興)이고 거주지는 충북 제천(堤川)이다. 『노사선생연원록』 상, 권3 187쪽 참조.

34 민기용을 통해 노사학파 외부의 인물인 이인구가 「외필」을 접할 수 있었던 것은 최소한 세 가지 계기를 통해서였다. 첫째 「외필」은 기정진이 세상을 떠나기 전 1년 전에 저술되었고, 처음에는 노사학파 내부에서 소수의 사람들만이 인지하고 있었던 저술이었다. 이것이 노사학파의 구성원 대부분에게 알려진 것은 1881년 장성 담대헌에서 『노사집』의 초간본이 간행된 다음의 일이었다. 즉 민기용도 초간본 『노사집』을 통해 「외필」을 접했을 가능성이 크다. 둘째 민기용의 거주지 제천과 이인구의 거주지 단양은 충청북도 내에서도 서로 이웃한 고장일 뿐만 아니라 두 사람이 매우 친밀한 사이였다. 셋째 「외필」에 반응한 최초의 외부 인물이 화서학파에 속한다는 것은 역시 기정진과 이항로의 성리학적 지향이 동시대의 인물들에게 매우 유사한 것으로 비춰지고 있었기 때문일 것이다.

화서 함장의 가르침과 비교해 보아도 맥락을 같이할 뿐만 아니라, 부절을 합친 것 같았다"라는 말에서 잘 드러난다. 처음부터 화서학파의 인물들은 「외필」의 주리론적 경향이 이항로의 성리학적 지향과 그렇게 거리가 멀지 않다고 인식했음을 보여준다. 이 때문에 전우(田愚, 1841~1922)를 중심으로 하는 간재학파의 날카롭고 적대적인 태도와 대조된다. 『완이만록(莞爾漫錄)』 권8에 실려 있다.

화서(華西) 함장(函丈)이 임천(臨川) 오씨(吳氏: 吳澄, 1249~1333)의 '태극에는 움직임도 고요함도 없다'[35]라는 주장을 변론한 적이 있었는데, 이렇게 말했다.

> 태극에 이미 움직임과 고요함이 없다면, 움직임과 고요함의 주재는 모조리 기기(氣機)에 귀결된다. 그렇다면 천지 사이에는 단지 하나의 기기만 있으면 충분한데, 무엇하러 태극을 기다리겠는가? 성인은 분명히 태극이 있다고 말했기에, 끝내 그것이 옳지 않다고 말할 수는 없었다. 그래서 '있다'라고는 했지만 대부분 말을 낭비하는 것일 뿐이요, 이리저리 굴려 보고서야 겨우 그 높이는 호칭과 빈자리를 바꿀 수 없고, 그 진실한 묘용이 이처럼 저절로 없는 것을 겨우 보았을 뿐이다. 많은 이들이 리를 해치고 기를 높이는 주장이 어긋난 근원을 찾아보면, 임천의 '태극에는 움직임도 고요함도 없다'라는 주장이 그 조짐이 아니었다고 할 수 없을 것이다.[36]

35 "태극에는 움직임도 고요함도 없다. 움직임과 고요함이란 기의 기틀에 달려 있다. 기의 기틀이 한 번 움직이면 태극 또한 움직인다. 기의 기틀이 한 번 고요하면 태극 또한 고요해진다.[太極無動靜, 動靜者, 氣機也. 氣機一動, 則太極亦動; 氣機一靜, 則太極亦靜.]" 吳澄, 『吳文正集』 권2(『경인 문연각 사고전서』 vol.1197), 「荅王參政儀伯問」, 29쪽.

36 李恒老, 『華西集』 권23(표점영인 한국문집총간 vol.305), 「臨川吳氏太極說錄疑」, 127쪽.

이발과 기발의 구별을 논한다면 사단의 경우에 교제를 바라고, 명예를 탐하며, 나쁜 평판을 싫어한다는 등은 기발이요, 사단은 이발이다. 칠정의 경우에 중화(中和)는 이발이요, '지나치거나 부족함[過不及]'은 기발이다. 인심과 도심으로 말한다면 인심은 기발이요 도심은 이발이다. 이와 같이 본다면 막힘이 없을 듯하니, 견강부회해서 설명할 필요는 없다.[37]

나는 이러한 뜻을 독실하게 믿으면서 감히 의심스러운 다른 생각을 갖지 않았다. 어느 날 민중호(閔仲浩: 閔璣容)가 세상을 떠난 스승 기공이 지은 「외필」 한 편을 보여주면서 글 뒤에 발문으로 삼을 말을 한마디 해달라고 청했다. 내가 받아서 끝까지 읽어보았더니 이렇게 말하고 있었다.

양이 움직이고 음이 고요한 것은 얼핏 겉면만 보면 스스로 운행하고 스스로 그치는 것 같지만, 그 실상을 깊이 파헤쳐보면 하나같이 천명이 그렇게 시키는 것이다. 이것을 일러 '소이연'이라고 한다.

태극 및 움직임과 고요함은 본래 평이한 말인데, 주자가 후세 사람들을 위해 꼼꼼히 설명한 것이다. 학자들이 태극이 움직이고 고요하다는 주장에서 형이상·형이하의 구분에 어두워 잘못 태극이 기기(氣機)을 기다리지 않고도 스스로 움직이고 고요하다고 여길까 두려워했다. 그래서 「태극도설해」에서 '소승지기' 네 글자를 썼다.

기가 리를 따라서 발동하는 것이 기발이니 또한 이발이다. 리를 따라 운행하는 것은 기행(氣行)이니 곧 이행(理行)이다. 리는 조작이 없

37 이항로, 『화서집』 권19(표점영인 한국문집총간 vol.305), 「四端七情圖說」, 27쪽.

으니 그 발동과 그 운행은 분명히 기의 작용인데, '이발' '이행'이라고 하는 것은 어째서인가? 기의 발동과 운행은 실제로는 리에게서 명령을 받은 것이니, 명령하는 자가 주인이고 명령을 받는 자는 종이다. 종이 수고를 하여도 주인이 그 공로를 차지하는 것은 하늘과 땅 사이에 변치 않는 질서다.

음양과 동정의 의미를 더 이상의 여지가 없이 다 발명했고, 하나의 살아있는 태극을 그려내었다. 평소에 듣던 화서 함장의 가르침과 비교해 보아도 맥락을 같이할 뿐만 아니라, 부절을 합친 것 같았다. 나는 찬탄했고, 그사이에 쓸데없이 한마디 할 것도 없었다.

다만 그는 전현의 의론인 "그 기틀이 저절로 그런 것이지 그렇게 시키는 것이 있지 않다"라는 두 구절을 깊이 의심했다. 맥락을 살려서 본다면 '자이(自爾)'의 '자(自)'를 꼭 '독자(獨自)'의 '자(自)'로 바꿔서 이해할 필요는 없으니, '자연(自然)'의 '자(自)'에 소속시키면 된다. '그렇게 시키는 것이 없다'라는 것도 본래 그렇게 시키는 것이 없다는 뜻으로 인식하지 말고, '그렇게 시키는 데 의도를 가지고 있는 것이 아니다'라는 뜻으로 보면 된다. 이렇게 하면 본래 그 큰 뜻을 이해할 것이요, 이 두 구절의 말도 '눈에 들어간 금가루'[38]가 되지는 않을 것이다. 공이 80년 동안 애타게 품고 있으면서 끝내 말하지 않았던 것도 진실로 후학을 위한 고심에서 나온 것이었으니, (도리를) 강론해서 밝히고 (선현을) 존중하고 경외하는 것을 병행했으되 서로 어긋나지도 않았다. 아니면 전수받은 것이 있어서 그런 것인가? 훗날 이 글을 보는 이들은 마땅히 헤아리면서 탐구해야 할 것이다. 중호보(仲浩甫)가 스승의 학설을 독실

38 "금가루가 귀하다지만, 눈에 들어가면 눈을 흐리게 한다[金屑雖貴 着眼則眯]"라는 말이 있는데, 불교에서 쓰는 말을 차용한 것이다.

하게 믿는다지만, 이런 의심은 갑자기 풀어버리지 않아도 무방할 것이다. 범씨(范氏) 집안의 딸이 비록 『맹자』는 모르지만 마음은 알았다는 귀결[39]이 어찌 해롭다 하겠는가!

숭정 이후 다섯 번째 갑신(甲申, 1884) 맹동(孟冬, 10월) 어느 날 승화(承化: 전주) 이인구는 삼가 쓴다.

39 범씨의…귀결: "범순부의 딸이 『맹자』의 "드나듦에 일정한 때가 없고, 그 장소를 알 수 없는 것은 오직 마음일 것이다!"란 구절을 읽고 어떤 이에게 말했다. "맹자는 마음을 알지 못했다. 마음에 어찌 드나듦이 있단 말인가?" 선생이 이것을 듣고서 말했다. "이 여자는 맹자를 알지는 못하지만 오히려 마음을 알아차렸구나!"" 정호·정이, 『河南程氏外書』 권11(『이정집』 vol.1), 415쪽.

書蘆沙奇公(正鎭)所著猥筆下

甲申十月

李寅龜

華西函丈嘗辯臨川吳氏太極無動靜之說曰，太極旣無動靜矣. 則動靜之主宰，專歸於氣機. 然則天地之間只有一箇氣機足矣. 尙何待於太極也哉? 聖人明言有太極，終不敢道他不是，故雖曰有之，多費辭說，委曲婉轉，見其尊號虛位之不替，其無眞實妙用自如也. 百家害理尙氣之說，苟求其所差之源，則臨川太極無動靜之說，未必不爲之兆. 其論氣發理發之別，則四端則納交·要譽·惡聲之類是氣發，而四端是理發也. 七情則中節者是理發，而過不及者是氣發. 以人心道心言之，則人心是氣發而道心是理發，如是看則似無碍，恐不必牽合說.

愚嘗篤信斯義，不敢有他歧之惑矣. 日閔君仲浩示其先師奇公所著猥筆一篇，要余下一轉語以跋其尾. 余受而讀之卒業，其曰，陽動陰靜，驟看皮面，果似自行自止. 若深原其實，則壹是天命使之然也，此之謂所以然. 其曰，太極動靜，本是平坦語，而朱子之爲後世慮周矣. 却怕學者，見太極動靜之說，昧形而上下之分，誤以爲太極不待氣機，而自動自靜也. 故於註解中，著所乘之機四字. 其曰，氣之順理而發者，氣發卽理發也. 循理而行者，氣行卽理行也. 理非有造作,其發其行，明是氣爲，而謂之理發理行，何歟? 氣之發與行，實受命於理，命者爲主，而受命爲僕，僕任其勞，而主居其功，天之經地之義.

其所以發明陰陽動靜之義，無復餘蘊，而繪畫出一箇活底太極也. 參之平日所聞華西函丈之旨，不翅同條共貫，而若合符契也. 愚無容讚歎而贅一辭於其間也. 但其以致疑於前賢之論其機自爾及非有使之者二句，若活看則自爾之自，不必喚做獨自之自，而屬之以自然之自. 非有使之者, 亦不宜看作本無所使者, 而認之非以有意於使之, 則固可以領會其大意, 而這二句語恐不至爲金屑之落眼也. 公之抱耿耿八耋之年而終不得言者, 寔出於爲後學之苦心, 而講明尊畏並行不悖, 抑有所受而然也? 後之覽此者宜可以恕究. 而若使仲浩甫篤信師說, 疑未敢頓釋, 亦不害. 爲范氏家女子雖不識孟子而却是識心之歸矣, 用何傷載!

崇禎後五甲申, 孟冬日. 承化, 李寅龜謹識.

기노사 선생의 「외필」 뒤에 쓰다

김평묵

이 글은 「외필」의 발문으로 김평묵(金平默, 1819~1891)이 1884년 하반기 이후에 쓴 것으로 추정된다. 본문의 내용에 따르면 김평묵은 1884년 7월에 사위인 홍재구(洪在龜, 1845~1898)[40]를 통해서 「외필」의 내용을 접할 수 있었다. 이항로의 제자로서 김평묵은 이인구와 마찬가지로 「외필」이 가지는 리중심적 사고와 이항로의 성리학적 입장과의 근친성을 높이 평가했다. "그 실상은 수사(洙泗)·염민(濂閩)의 은미한 말과 큰 뜻과 서로 일치했고, 우리 화서선생이 독립적 학설을 주장하면서도 두려워하지 않고, 옳다는 평가를 받지 않았어도 번민하지 않은 것과 기약하지 않고도 서로 부합했다"라는 표현이나, 특히 "근세에 선정을 존중하는 이로 기(奇: 기정진)·이(李: 이항로) 두 선생만한 이가 없다는 것을 알 것이다"라는 구절에서 단적으로 드러난다. 『중암집(重菴集)·별집(別集)』 권8에 실려 있다.

나는 젊어서 노사선생 기공이 호남에서 걸출했고, (따로) 사승을 잇지도 않았으면서 학문의 경지가 높고 깊다고 들었다. 나는 가난하고 외로운 신세로 노친을 모시면서 떠돌아다니느라 (일정하게) 지내는 곳도 없었기에, 몸을 움직여 멀리 유학해서 그 정치한 온축의 한 두 가지조차도 살펴볼 방도가 없었다. 당저(當宁: 고종) 병인년(1866)에 양이를 대

40 자는 사백(思伯), 호는 손지(遜志), 본관은 남양(南陽)이다. 이항로의 문인이면서, 이항로 사후에는 김평묵을 좇아서 학문을 익혔고, 동시에 김평묵의 사위가 되었다. 강원도 춘성군(春城郡) 서면(西面) 신매리(新梅里)에 거주했다. 저술로는 『손지유고(遜志遺稿)』가 있다고 하지만, 오늘날 그의 글은 대부분 사라진 것으로 추정된다.

비해야 한다는 상주문을 얻어 읽어 보고서 그의 학문이 오랑캐와 중화, 사람과 금수를 분별하는 것이 마치 검으로 두 조각을 내듯이 주저하는 얽매임이 없음을 알게 되어 흠모하는 마음이 더욱 강해졌다. 을해년(1875)에 시랑(侍郎) 최찬겸(崔贊謙: 崔益鉉)이 바다에서 돌아오면서[41] 선생의 서독 몇 편을 기록했다 보여주어 비로소 성(性)과 천도(天道)에 대해서 조예가 깊고, 싶은 사색을 했기에 또한 세유들이 미칠 수 없는 점이 있음을 알게 되었다. 지난번에 홍사백(洪思伯: 洪在龜)이 남쪽에서 와서 다시 선생이 지은 「외필」을 얻게 되어 읽어 보았다.[42]

리와 기, 주인과 손님의 관계에 대해 선정(先正)과 대현(大賢)들이 살펴본 내용에 우연히 실수한 것과 세유들이 의지하는 것들과 비교하면 차이가 없지 않았다. 그러나 그 실상은 수사(洙泗)·염민(濂閩)의 은미한 말과 큰 뜻[微言大義]과 서로 일치했고, 우리 화서선생이 독립적 학설을 주장하면서도 두려워하지 않고, 옳다는 평가를 받지 않았어도 번민하지 않은 것과 기약하지 않고도 서로 부합했다. 선생이 선생다울 수 있었던 이유의 대략을 알 수 있었다. 그의 『전서』를 소중히 보관한 채로 반복해서 살펴볼 방도가 없는 것이 안타까울 뿐이다.

---

41 최익현은 1873년 승정원 동부승지가 되어 고종이 성인이 되었으므로, 대원군의 섭정이 필요 없다는 상소를 올려 결국 대원군이 실각하고 고종의 친정 체제가 확립되는 계기를 제공했지만, 군부(君父)를 논란했다는 죄목으로 제주도에 위리안치되었고 을해년(1975)에 해배되었다. 최익현의 「연보」에 의하면 을해년 3월 초하루에 해배관문(解配關文)이 제주에 도착했고, 한 달 뒤인 4월 초하루 최익현은 별도진(別刀鎭)을 떠나 장성에 들러 기정진을 만났고, 태인에 들러 무성서원(武城書院)을 참배한 뒤에 5월에 사저로 돌아왔다고 기록하고 있다.

42 김평묵의 「연보」에 의하면 강릉(江陵) 신교(新僑)에서 홍재구가 지도(智島)에 유배를 온 김평묵을 방문한 것은 갑신년(1884) 7월 갑자일이었다. 金益增·慶賢秀 共撰, 宋棋世 刊編, 『重菴先生行狀: 幷年譜』 권5(국립중앙도서관, 조선총독부고서분류표 古朝57, 전자자료jpg), 43쪽 참조.

이어서 생각건대 우리나라의 선정과 대현들은 진실로 정자(程子)·주자(朱子)의 적통이 자리한 곳이다. 그 대의에 어떻게 이의를 제기할 수 있겠는가? 오직 초기와 만년의 동이(同異)가 있고, 강학할 때 설명한 것과 마음속으로 절충한 뒤에 결정된 내용에 대해서는 정자·주자와 같은 아성이라고 할지라도 학자들이 가려서 볼 줄을 알아야 한다. 장자(張子)의 학문은 주자가 존중했고, 주자(周子)·정자(程子)에 버금가지만 맹자와 우열을 다투었으니, 그의 지위는 어떻겠는가? 그러나 청허일대(淸虛一大)[43]와 '사물이 무너지면 근원으로 돌아간다[物潰反源]'[44]라는 등의 주장은 주자도 그 잘못을 논하면서 구차하게 좇으려고 하지 않았다. 지금 우리나라의 선정 대현들의 수많은 말에는 한두 가지 잘못 이해한 것이 있다고 하는 것도 이상할 것이 없는 것이다. 후학들은 여기에 학문과 사변의 노력을 더 해야 할 것이다. 조금 잘못 이해한 것은 숨기면서 드러내지 말고, 성인의 취지와 일치하는 것은 지키면서 다른 길로 가려고

---

43 '청허일대(淸虛一大)'란 낱말 자체는 장재의 말이나 글에서 발견되지 않지만, 『정몽』「태화」편에 "태허는 맑다[太虛爲淸]"라는 표현이 있다. 따라서 이런 낱말이 나타날 만한 소지는 충분하다고 할 수 있다. 이 때문에 일반적으로 후대의 성리학자들은 장재의 주장으로 간주하는 일이 흔했다. 주희는 이렇게 비평했다. "장재는 처음에 '청허일대(淸虛一大)'를 말했는데 이천에게 힐난을 받자 '청(淸)은 탁(濁)을 겸하고, 허(虛)는 실(實)을 겸하며, 일(一)은 이(二)를 겸하고, 대(大)는 소(小)를 겸한다'라고 했다. 그는 본래 형이상을 말하려던 것이었는데, 도리어 형이하를 말하고 말았으니 이것이 (그의 학설에서) 가장 분명하지 못한 곳이다." 주희, 『주자어류』 권99(『주자전서』 vol.17), 3335쪽.

44 이 낱말도 장재의 말이나 글에서는 발견되지 않는다. 다만, 장구소(張九韶)의 『이학유편(理學類編)』 권6에서는 이미 이것을 장자의 주장으로 간주하는 것이 발견된다. "장자는 이렇게 말한 적이 있었다. '형체가 모여서 사물이 되고, 사물이 무너지면 근원으로 돌아간다. 근원으로 돌아간다라는 것은 떠도는 혼이 변이 된다는 것인가?' 그래서 정자는 그 시비를 변론했던 것이다.[張子嘗曰, 形聚爲物, 物潰反原, 反原者, 其遊魂爲變乎? 故程子辨其非.]"

하지 않는 이것은 선정들이 평소에 바라는 것이다. 어찌 숨길 만 한 것까지 세상에 장황하게 떠들어 사람들이 입을 열지 못하게 하겠는가? 이것은 선배를 존중하고 경외한다고 하지만 천하 후세에 그들의 과실을 들추는 것이다. 이것을 안다면 근세에 선정을 존중하는 이로 기(奇: 기정진)·이(李: 이항로) 두 선생만한 이가 없다는 것을 알 것이다. 아! 이것은 알지 못하는 이와 말하기 어려울 것이다.

書蘆沙奇先生猥筆後

金平默

余自少聞蘆沙先生奇公, 拔萃湖南, 不繇師承, 學造高深. 而貧子奉老, 流轉失所, 無以抽身遠遊以覩其精蘊之一二矣. 當宁丙寅, 得禦洋之奏而讀之, 知其學於夷夏人獸之剖判, 如一劒兩段, 無依違因仍之累, 則其嚮往之意, 益勤矣. 乙亥, 崔侍郎贊謙, 自海上歸, 錄示先生書牘數篇, 始知性與天道之際, 其深造密察, 又有非世儒之所能及矣. 曩日洪君思伯南來, 又得先生所爲猥筆者.

伏而讀之, 其於理氣主客之際, 雖與先正大賢照管之偶失而世儒之所負隅者不免有參差. 然其實與洙泗濂閩之微言大義, 脗然相合, 而我華西先生所以獨立而不懼, 不見是而無悶者, 不約而相符焉. 則先生之所以爲先生, 其槩可知矣. 惜乎! 其全書無由以尊閣而反復之也.

仍竊伏念, 我國之先正大賢, 實程·朱嫡統之所在也. 其於大義, 豈得而容喙也? 惟其初晚之同異, 與夫講學時說話, 折衷後定論, 則雖程·朱之亞聖, 學者當知所擇. 張子之學, 朱子尊之, 亞於周·程而與孟子爭些優劣, 則其地位何如? 而如淸虛一大物潰反源之類, 則朱子議其差而不敢苟從. 今我國之先正大賢, 千言萬語之間, 容有一二照管之失, 無怪其然矣. 則後學於此, 宜加學問思辨之功. 少失照管者, 則諱之而不宣, 脗合聖旨者, 則守之而不貳, 是乃先正平日之所望也. 豈宜並與其可諱者, 而張皇於世, 使人不得開口乎? 是則所謂尊畏先輩者, 乃所以暴揚過失於天下後世也. 知此則知近世之欲尊先正, 莫如奇·李兩先生也. 嗚呼! 此難與不知者道也.

전간재에게 보냄

신묘년(1891)

신득구

이 글은 신득구(申得求, 1850~1900)[45]가 1891년 전우에게 보내는 편지이다. '조종지력(操縱之力)'이라는 낱말을 인용하고 있는 데서 「외필」을 토론하고 있음을 알 수 있다. 신득구는 기정진이 '근세의 학자들이 주기를 주장하면서 이이의 비유사지(非有使之)라는 네 글자로 근거로 삼을까봐 걱정해서' [외필]을 저술한 것이라고 우호적으로 평가한다. 전우가 보냈다는 '지난해의 답장'은 현재 『간재집』에 실려 있지 않지만, 이 편지에 대한 답장은 수록되어 있어 이 당시 전우의 「외필」에 대한 비판적 시각의 얼개를 이해할 수 있다.[46] 『농산집(農山集)』 권3에 실려 있다.

지난해의 답장은 반복해서 펼쳐보았습니다. 별지의 가르침은 더욱 어둔 방을 비추는 촛불 같았습니다. 고루한 서생인 제가 어찌 이런 기회를 얻은 것입니까? 저는 율옹의 학설을 읽은 지가 몇 년째입니다. 그러나 살펴보건대 '사단은 선한 한 측면이다'라는 것은 우옹(尤翁)의 말에 근거가 있고, '칠정 밖에 다른 정이 없다'라는 것은 농암(農巖: 金昌協)이 변론했으며, '청기(淸氣)가 존재하지 않는다'라는 것은 녹문(鹿門: 任聖

45 자는 익재(益哉), 호는 농산(農山) 본관은 고령(高靈)이다. 전남 구례에서 살았으나 1880년 남원으로 옮겼다. 임헌회(任憲晦, 1811~1876)의 문인으로 기호학파의 일원이었으나 1891년 송병선의 부탁으로 『근사속록(近思續錄)』를 교정하는 과정에서 '하늘에도 인심이 있다'는 학설을 제기해서 연재학파로부터 강한 비난을 받아, 결국 1900년 자결로 생을 마감했다. 저술로는 『천설(天說)』, 『천인변(天人辨)』 및 『농산문집(農山文集)』 12권 5책이 있다.

46 田愚, 『艮齋集·前編』 권5, 「答申益哉(得求, 辛卯)」, 207~208쪽 참조.

周)이 터득한 것 같습니다. '인심 또한 도심이다'라는 것은 여러 사람의 말이 어지럽고 하나로 통일되지 않았지만, 기발이승일도만은 정확해서 의심할 것이 없습니다.

"기틀이 저절로 그런 것이지 그렇게 시키는 것이 있지 않다"라는 말은 기가 작용할 수 있음[氣之能事]을 형용하려는 것이니, (주자가) '신령한 곳은 마음이지 성이 아니다'[47]라고 말한 것과 같은 뜻입니다. 마음과 성이 서로 떨어지지 않지만, 신령한 곳을 말한다면 마음에 소속시켜야 합니다. (이와 마찬가지로) 리와 기가 서로 떨어지지 않지만 동정의 기틀을 말한다면 기에 소속시켜야 합니다. 움직임이 끝나면 고요해지고, 고요함이 끝나면 움직이면서 (다른 것을) 기다리지 않기 때문입니다. '그렇게 시키는 것이 있지 않다[非有使之]'라는 네 글자는 그 오묘함을 지극히 말하려는 것입니다.

아! 근세의 학자들이 기를 주장하는 이들이 많습니다. 이 네 글자를 잘못 본다면 이것을 가져다 근거로 삼으려는 이가 없지 않을 것입니다. 기장(奇丈)의 생각이란 아마도 '여기에 이를까 걱정되니, 율옹의 뜻을 밝혀서 보는 이들이 문자 때문에 뜻을 해치지 말도록 해야 한다'라고 해야 할 것입니다. 그런데 이제 그렇지 않다고 하시니, 마치 꾸짖고 비판하는 것 같습니다. 또한 '조종하는 힘[操縱之力] 등의 말은 전혀 리(理)자에 (속하는) 일이 아니다'라고 하신 것도 늘 답답합니다.

47 "물었다. '신령한 곳은 마음입니까, 아니면 성입니까?' 대답하셨다. '신령한 곳은 마음일 뿐 성이 아니다. 성은 다만 리일 뿐이다.'" 주희, 『주자어류』 권5(『주자전서』 vol.14), 218쪽.

與田艮齋

辛卯

申得求

昨歲惠答, 不停披復, 而別紙之教, 尤如幽室之燭. 得求陋生, 何以獲此? 得求於栗翁之說, 讀之有年矣. 然嘗考之, 四端善一邊, 尤菴之語有據. 七情外無它情, 農巖辨之. 淸氣不在, 鹿門似得之. 以至人心亦道心, 諸家之言, 紛紛不一, 而惟氣發一途, 的無可疑.

蓋機自爾也, 非有使之, 正所以形容氣之能事, 卽靈處是心不是性之意也. 心性非相離, 而若言靈處, 當屬之心. 理氣非相離, 而若言動靜之機, 當屬之氣. 動了靜, 靜了動, 無所於待. 非有使之四字, 蓋極言其妙也.

噫! 近世學者, 主氣者多矣. 誤看此四字, 則未必無引而爲資斧者. 奇丈之意, 若慮及此, 當明栗翁之意, 使見者勿以辭害意, 可也. 今乃不然, 有若譏評. 且操縱之力等語, 全非理字事, 尋常可悶.

신익재—득구—에게 답함

신묘년(1891)

전우

이 글은 1891년 전우가 신득구에게 보내는 답장이다. 전우는 「외필」의 핵심적 내용을 '리(理)'와 '사(使)'자의 결합과 '기(氣)'와 '사(自)'자의 결합이라는 두 가지 측면에서 다양한 근거 자료를 제시하며 비판적으로 풀이하고 있다. 그의 주장의 요지는 '리(理)에 붙인 사(使)자는 정말로 그렇게 시키는 것이 있다는 말이 아니고' '기(氣)에 자(自)자를 붙인다고 해서 리가 주재이고 근본이 된다는 뜻에 지장을 주지 않는다'라는 두 가지로 요약할 수 있다. 『간재집·전편』 권5에 실려 있다.

보내신 여러 주장은 대부분이 제 뜻과 일치했습니다. 다만, 사단의 경우 율옹은 맹자를 위주로 말했고 우옹은 주자에게 근거를 두었으니, 두 가지 견해를 모두 유지해야지 편파적으로 (어느 한쪽을) 고집해서는 안 될 것입니다. 퇴옹이 고봉에게 답하는 편지에서는 '사단에도 또한 중절(中節)하지 못함이 있다'라는 의론이 있으니 도를 밝히는 데 무익할 뿐만 아니라, 오히려 후학들을 가르치는데 지장을 초래할 것 같습니다. 이것은 아마도 『어류』의 설명을 상세하게 살피지 못해서 그런 것 같습니다. 「인도도(人道圖)」에서 인심을 악에 연결시켰는데, 참으로 의심스럽습니다.[48] 「도설」에서 변론한 실제 설명[眞說]에 근거하자면 또 그렇

48 왕백(王柏, 1197~1274)의 「인심도심도(人心道心圖)」를 가리킨다. 『율곡전서』의 「인심도심도설」에 첨부된 「인심도심도」에 의하면 도심은 선, 인심은 악과 연결되어 있음을 알 수 있다. 이이, 『율곡전서』 권14(표점영인 한국문집총간 vol.44), 「人心道心圖說」, 285쪽 참조.

지 않으니[49], 맥락을 살려서 보아야 괜찮을 것입니다. 기발일도(氣發一途)는 보내신 편지에서 '정확해서 의심할 것이 없다'라고 하셨으니 옳습니다. 저는 늘 율옹의 이 말은 분명 선성(先聖)이 '사람이 도를 넓히는 것이지 도가 사람을 넓히는 것이 아니다'라고 말한 지점을 따라 한 실타래를 만들어 이끌어 낸 것이어서, 결코 후학들이 감히 의론할 수 있는 것이 아니라고 생각했습니다.

노사가 (이와) 다른 주장을 내세웠는데, 문인들이 삭제하지 못한 것이 안타깝습니다. 제 생각에 근거해서 말하자면 '리(理)'에 붙인 '사(使)' 자는 정말로 그렇게 시키는 것이 있다는 말이 아닙니다.—정서(程書)에서는 '건곤이 개벽하는 것은 마치 그렇게 시키는 것 같다'[50]라고 했습니다. 『중용혹문』에서 왕안석이 '하늘이 나에게 이것을 가지도록 한 것을 명이라 한다'라고 한 것을 논하면서 구산은 "그렇게 시키는 것을 '명'이라고 할 수 있겠는가?"라고 했습니다.[51] 『맹자』에서 '하늘이 먼저 아는 이가 (나중에 아는 이를 깨

---

49 "도심은 순수한 천리(天理)이므로 선만 있고 악은 없지만, 인심은 천리도 있고 인욕도 있으므로 선도 있고 악도 있다." 같은 책, 같은 글, 284쪽.

50 『중용집략』에 의하면 이것은 이정의 말이 아니고, 여대림(呂大臨)의 다음 말을 축약한 것이다. "건곤이 개벽하고, 만물이 생육하는 소이는 영원토록 끝이 없다. 만일 (무언가) 그렇게 시키는 것이라고 한다면 이것은 진실하지 않으니, 진실하지 않으면 때로 그쳐버릴 것이다.[乾坤之所以闔闢, 萬物之所以生育, 亘萬古而無窮者也. 如使之則非實, 非實則有時而息矣.]" 朱熹, 『中庸輯略』 하(경인 문연각 사고전서 vol.198), 607쪽.

51 이 구절은 정확하게 말하자면 주희의 『중용혹문』 본문에는 실려 있지 않고, 사서대전본(四書大全本) 『중용혹문』의 세주에 실려 있다. 그리고 이 세주의 내용 또한 『중용집략』에 실린 다음 내용을 인용한 것이다. "형공(荊公)은 '하늘이 나에게 이것을 가지도록 한 것을 명이라 하고, 명이 나에게 있는 것을 성이라 한다'라고 했다. 이 말은 성명의 이치를 모르는 것이다. '나를 시켰다[使我]'라고 한 것이 정말로 '그렇게 시키는 것'을 말하는 것이라면, '그렇게 시키는 것'을 명이라고 할 수 있겠는가?[荊公云天使我有是之謂命, 命之在我之謂性, 是未知性命之.

우치도록) 했다'라고 하고[52], '하늘이 (만물을 낳으면서) 근본이 하나이도록 했다'[53]라는 두 곳의 집주,[54] 『시경』의 '절남산(節南山)'장에서 '하늘이 돌보지 않는다[昊天不恤]'라는 구절의 전문(傳文)이 모두 분명한 증거입니다.[55] — '기(氣)'에 '자(自)'자를 붙이는 것 또한 리가 주재이고 근본이 된다는 뜻에 처음부터 지장을 주는 것은 아닙니다. —『주역』 진괘(晉卦)에서는 "스스로 밝은 덕을 밝힌다[自昭明德]"라고 했고,[56] 겸괘(謙卦)에서는 "낮춤으로 자처한다[卑以自牧]"라고 했습니다.[57] 『상서』「미자」에서는 '스스로 (의리에) 편안해서 스스로 바친다'라고 했고,[58] 『중용』에서는 "스스로 행한다[自道]"[59]라고 했고 "자기의 (의견을) 쓴다[自用]"라고 했습니다.[60] 『대학』에서는 "스스로 밝힌다[自明]"[61]라고 했고, "스스로 만족한다[自慊]"라고 했습니다.[62] 『맹자』에서는 "스

理. 其曰使我, 正所謂使然也, 使然者, 可以爲命乎?]" 주희, 『중용집략』 상(경인 문연각 사고전서 vol.198), 564쪽.

52 『멍자』, 「만장 상」 7장 참조.

53 『멍자』, 「등문공 상」 5장.

54 "저절로 그러한 이치이지만 마치 하늘이 그렇게 시키는 것과 같다[自然之理, 若天使之然也.]" 주희, 『맹자집주』(『주자전서』 vol.6), 319쪽·"천리의 당연함이 마치 그렇게 시키는 것과 같다.[天理當然, 若使之也.]" 같은 책, 같은 곳.주희, 『맹자집주』(『주자전서』 vol.6), 378쪽.

55 '호천불휼(昊天不恤)'은 '호천불용(昊天不傭)' 혹은 '호천불혜(昊天不惠)'의 착각으로 보인다. 『시집전』에 의하면 "정사를 공평하게 하지 못하여 화란(禍亂)을 부른 것은 사람인데, 시인(詩人)이 하늘이 진실로 이렇게 했다고 말한 것은 허물을 돌릴 곳이 없어서 하늘에게 돌린 것이다.[夫爲政不平, 以召禍亂者人也, 而詩人以爲天實爲之者, 蓋無所歸咎而歸之天也.] 주희, 『시집전』(『주자전서』 vol.1), 586쪽.

56 『주역』, 진괘 「상전(象傳)」.

57 『주역』, 겸괘 「상전(象傳)」.

58 『상서』, 「미자」 9장 참조.

59 『중용』 25장.

60 『중용』 28장.

61 『대학』 전1장.

스로 해치고[自顆]", "스스로 저버린다[自棄]"라고 했고,[63] 『맹자집주』에서는 '마음이 저절로 동요하지 않는다[心自然不動]'라고 했습니다.[64] 『주자어류』에서는 '음양과 오행이 저절로 생성한다[自是用生]'라고 했고,[65] '하나의 기가 스스로 생장하고 스스로 형색을 갖춘다[一氣, 自生自長, 自形自色.]'라고 했으며,[66] "두 기가 저절로 이와 같이 할 수 있다.[二氣自然能如此]"라고 했습니다.[67] 서산(西山: 眞德秀, 1178~1235)의 『대학연의(大學衍義)』에는 호치당(胡致堂: 胡寅, 1098~1156)의 "기의 기틀이 저절로 운행하는 것은 그렇게 시켜서 그러는 것이 아니다.[氣機自運,莫使之然而然也.]"라고 한 말을 실었습니다.[68] 이와 같은 많은 사례는 모두 기에 소속시켜야지 리에 귀결시키는 것은 부당합니다.— 또한 옛 책에 사(使)와 자(自) 두 글자를 함께 사용한 곳이 매우 많으니 더욱 지장이 없다고 할 것입니다. —맹자는 "스스로 얻도록 한다[使自得之]"라고 했고,[69] 주자(周子)는 "사람들로 하여금 스스로 그 악을 바꾸도록 했다[俾人自易其惡]"라고 했으며,[70] 정자(程子)는 "저절로 변화되도록 한다[使之自化]"라고 했고,[71] 주자는 여동래에게 답하는 편지에서 "스스로 성찰하도록 한다[使自省察]"라고 했으며,[72] 채씨(蔡氏: 蔡沈, 1167~1230)의 『서집전』에서는 "(나아가고 나

62 『대학』 전6장.

63 『맹자』, 「이루 상」 10장.

64 주희, 『맹자집주』(『주자전서』 vol.6), 281쪽 참조.

65 "다만 음양오행이 있어서, 열렸다 닫히고 움직이고 고요하면 저절로 생성하는 것이지, (의도적으로) 생성하는 것이 아니다.[只有箇陰陽五行, 有闔闢, 有動靜; 自是用生, 不是要生.]" 주희, 『주자어류』 권95(『주자전서』 vol.17), 3217쪽.

66 "하늘은 단지 하나의 기가 유행할 뿐이며, 만물은 스스로 생장하고 스스로 형색을 갖춘다.[天只是一氣流行, 萬物自生自長, 自形自色.]" 주희, 『주자어류』 권45(『주자전서』 vol.15), 1585쪽.

67 주희, 『주자어류』 권63(『주자전서』 vol.16), 2089쪽.

68 陳德秀, 『大學衍義』 권13(경인 문연각 사고전서 vol.704), 629쪽.

69 『맹자』, 「등문공 상」 4장.

70 주돈이, 『통서』, 「師」 제7장.

71 정호·정이, 『하남정씨유서』 권5(『이정집』 vol.1), 79쪽.

아가) 선으로 스스로를 다스리도록 했다[使之(進進)以善自治]"라고 했고,[73] 정자는 두예(杜預)의 '스스로 추구하게 하고[使自求之]', '스스로 탐구하게 한다[使自趣之]'라는 말은 채택했습니다.[74] 이런 종류는 '리가 기가 스스로 움직이고 고요하게 한다[理使氣自動自靜]'라는 뜻과 비교하면서 살펴볼 수 있을 것입니다. — 저는 이런 곳에서 조금이나마 알아차린 것이 있기에 설령 달변가를 만난다고 하더라도 또한 말없이 지키면서 변하지 않을 것입니다. 우리 형께서는 겸손하시지만 생각건대 여기까지 읽으신다면 또한 비웃으실 겁니다.

---

72 주희, 『회암선생주문공문집』 권35(『주자전서』 vol.21), 「답여백공·별지」, 1523쪽.

73 채침, 『서집전』, 「요전」 12장 참조.

74 정호·정이, 『하남정씨유서』 권23(『이정집』 vol.1), 305쪽.

答申益哉 得求

辛卯

田愚

所示諸說, 多所相契. 但四端, 栗翁主孟子, 尤翁據朱子, 可兩存而不可偏執也. 退翁答高峯書, 卻以四端亦有不中節之論, 爲非徒無益於明道, 反恐有妨於示後, 此似未及致詳語類說而然也. 人道圖, 人心繫之於惡, 誠若可疑, 而據說中所辨眞說者, 卻又不然, 活看可也. 氣發一途, 來諭謂之的然無疑, 甚是甚是. 愚每謂栗翁此言, 分明從先聖人能弘道, 非道弘人處, 做箇針線引將來, 決非後學所敢議到. 惜乎! 蘆沙之立異, 而門弟之不刪也.

據愚見言之, 理上使字, 非眞有使之也.—程書, 乾坤所以開闢, 如使之也. 中庸或問, 論王安石使我有是之謂命, 龜山使然者可以爲命乎之說. 孟子天使先知·天使之一本兩處集註, 詩節南山章, 昊天不恤傳, 皆是明證也.—氣上自字, 亦與理爲主本之義, 初不相妨.—易晉之自昭明德, 謙之卑以自牧, 書微子自靖自獻, 中庸自道自用, 大學自明自慊, 孟子自纍自棄, 孟子集註心自然不動, 語類陰陽五行, 自是用生一氣, 自生自長, 自形自色, 二氣自然能如此, 西山大學衍義所載胡致堂氣機自運, 莫使之然而然也, 諸如此類, 皆當屬之氣, 而不當歸諸理也.— 且古書倂使使自兩字處極多, 而尤無所礙矣.—孟子使自得之, 周子俾人自易其惡, 程子使之自化, 朱子答東萊書, 使自省察, 蔡氏書傳, 使之以善自治, 程子所取杜預使自求之, 使自趣之之語, 此類可以比看於理使氣自動自靜之義矣.— 愚於此處, 頗似有些見處, 縱使遇著雄辯人, 亦可以墨守不動矣. 吾兄謙退, 想讀至此, 當亦見哂也.

권공립에게 답함

신축년(1901)

정재규

이 글은 정재규(鄭載圭, 1843~1911)[75]가 1901년에 쓴 것으로, 송병선(宋秉璿, 1836~1905)의 제자인 권명희(權命熙, 1865~1923)[76]에게 보내는 편지이다. 일반적으로 외필논쟁은 1902년 권봉희(權鳳熙, 1837~1902)[77]가 송병선과 전우에게 편지를 보내 「외필」을 논변할 것을 청함으로써 본격화되었다고 보는데, 이 편지는 1901년에 영남 우도의 연재학파 문인들과 노사학파 문인들 사이에 「외필」을 통해 드러난 기정진과 이이 성리학의 동이에 대한 논란이 벌어지고 있었음을 보여주고 있다. 정재규는 「외필」을 포함한 기정진의 성리학적 사유를 두 가지 주장으로 압축했다. 첫째 기정진은 이이의 이통기국(理通氣局)을 리가 기를 따라 변화하는 것이라고 간주하는 세속의 유자들의 착각과 오해를 시

---

75 기정진의 문인으로 자는 영오(英五) 또는 후윤(厚允), 호는 노백헌(老柏軒) 또는 애산(艾山)이며, 본관은 초계(草溪)이고 거주지는 경남 합천이다. 1902년 산청군 단성면 강누리 소재 신안정사에서 『노사집』의 세 번째 판본이 간행되도록 하는 데 중요한 기여를 했고, 이 과정에서 발화된 외필논쟁에서도 노사학파의 주도적인 인물로 활동했다.

76 송병선의 문인으로 자는 공립(公立), 호는 삼외재(三畏齋)이고 본관은 안동(安東)이다. 권명희와 권봉희 같은 안동 권씨들이 「외필」의 문제점을 초기에 비판할 수 있었던 계기는 두 가지인데, 첫째 신안정사를 세우고 운영한 주도적 집단이 영남 노론계를 대표하는 안동 권씨와 성주 이씨들이었고, 둘째 바로 이곳에서 『노사집』의 중간이 이루어지고 있었기 때문이었다.

77 경남 의령 출신으로, 자는 성강(性岡), 호는 석오(石梧)이며 본관은 안동(安東)이다. 둘째 큰아버지인 둔와(遯窩) 권병덕(權秉德, 1788~1858)에게 학문을 익혔고, 1870년 문과 을과에 급제해서 벼슬살이을 시작했다. 성균관 전적·사헌부 지평 등을 거쳤고, 1893년 「칠조구폐소(七條救弊疏)」를 올린 것 때문에 흑산도로 유배되었다. 이듬해인 1884년 돌아와 홍문관 수찬이 되었으나, 나아가지 않고 가족을 이끌고 삼가(三嘉)의 가산(可山)에 내려가 독서에 전념했다. 1902년 「외필약변」을 저술하고 그해 12월 6일 세상을 떠났다.

정하려고 했다. 둘째 세속의 유자들은 이이가 '그 기틀이 저절로 그런 것이다'라고 한 것의 의미를 과장해서 해석하는데, 기정진은 이 구절을 유행이란 측면에서 하는 말이라고 제한적으로 해석해야 한다고 주장했다. 이 편지에 앞서 권명희가 정재규에게 보낸 편지는 현재 『삼외재집』에서 발견되지 않는다. 『노백헌집(老柏軒集)』 권15에 실려 있다.

내가 다시 편지를 읽어보고서 시원하고 감격스러우니, 날씨야 말할 겨를이 없습니다. 나는 공이 도와 기, 위와 아래의 구분을 분명히 끊어서 이해하지 못했다고 의심했습니다. 이제 단연 주리(主理)를 학문의 종지로 여긴다고 하니 어찌 시원하지 않겠습니까? 편지의 끝에 "말없이 깊이 헤아려 달라[深下默諒]"라는 네 글자에서 또한 나를 끝없이 아끼는 줄을 알게 되었으니, 어찌 감동하지 않겠습니까?

앞 편지에서 율옹의 '심시기(心是氣)'라는 한 구절을 인용한 것은 주자의 '마음은 기의 정상(精爽)'이라고 한 뜻으로 본다면 분명하고 뒤얽힘이 없을 것이니, 마음의 당체(當體)를 가리켜 말했기 때문입니다. 공은 오히려 '성에 상대해서 말한다면 기'라고 하니, 마음이 어떻게 성에 상대되는 것이겠습니까? 동정이라고 하고 체용이라고 하는 것은 모두 대대(對待)의 측면에서 이름을 붙인 것입니다. 마음은 동정과 체용을 겸한 것을 오로지 가리켜 말합니다. 그러므로 '성과 정을 통괄한다'라고 하고, '성과 정의 총명'이라고 하는 것입니다. 성은 마음의 고요함으로 체가 되는 것이요, 정은 마음의 움직임으로 용이 되는 것입니다. 성과 정, 체와 용은 하나의 마음일 뿐입니다. 이제 하나의 마음에서 절반을 끊어 성이라 하면서, 오히려 마음을 그것과 상대되는 것으로 만든다면 괜찮겠습니까? 괜찮지 않겠습니까? 율옹이 마음을 논한 것이야 진실로 두루 살펴보고서 다 알아차리지 못했습니다만, 명백하고 정확한 한 구절이 있습니다. "모든 정이 어느 것인들 리에서 발현하지 않겠습니까?"[78]라고 한 말은 마음의 체용과 동정의 실상을 다 포괄해서 여지를 남기지 않은 것 같습니다. 우리 스승께서는 후세 유자들이 이 한 구절을 놓쳐버린 것을 깊이 개탄하셨으니, 다시 생각해 보는 것이 어떻겠습니까?

이기론에서 이통기국(理通氣局)이란 네 글자는 정치하고 은미며 지극한 말입니다. 이것이 후학들이 리를 바라보는 기준[眼節]이어야 함에도, 세속의 유자들은 착각해서 오인했습니다. 그래서 마침내 리가 기를 따라 변화하는 것으로 보았기에 우리 선사께서는 힘껏 변론하면서 깊이 물리쳐 (이런 오해에서) 율곡을 건져내려고 했으니, 지극하다 할 것입니다. '그 기틀이 저절로 그런 것이다'라는 주장을 세유들은 머리에 이고서 과장합니다. (선사께서는) 늘 이것이 단지 유행이란 측면에서 하는 말이라고 여겼기에 말에 집착해서 뜻을 놓치는 것은 잘못이라고 했습니다. 그러나 이렇게 고생스럽게 말했음에도 세속 유자들의 미혹을 풀기에 부족하자, 어쩔 수 없이 「외필」을 썼습니다. "의론이 지나치게 명쾌해서 그 말류의 폐해가 여기에 이를 줄 미처 자세히 생각지 못했던 것 같다"라고 한 것이 바로 이것입니다. "작은 힘으로나마 바로잡고 구제하려 하면 저들은 틀림없이 '전현도 이렇게 말했다'라고 할 것이다"라고 한 것이 이것입니다.

세속 유자들이 기를 장황하게 말하는 폐단을 구제하려는 것이었습니다. 그리고 반드시 「외필」이라고 이름을 붙인 것은 전현의 말을 침범하고 넘어서는 점이 있어서 너무 황공스러운 마음이 있었기 때문에 그런 것입니다. 선현이 우연히 한두 구절을 깊이 생각지 못한 점이 있었음에도 후학들이 모호한 채로 그대로 따르기만 하고 변론하지 않았으니, 이 또한 선현을 존중하는 것이 아닙니다. 주자가 정자와 장자의 학

78 "정이 여러 가지라지만 어느 것인들 리에서 발현하지 않겠습니까?[?情雖萬般, 夫孰非發於理乎?]" 이이, 『율곡전서』 권9(표점영인 문집총간 vol.44), 「答成浩原」, 195쪽.

설을 변론하고 반박한 것으로 보면 알 수 있습니다. 바라건대 공은 이기를 논하면서 이통기국 네 글자를 안목으로 삼고, 마음을 논하면서는 '어느 것인들 리에서 발용하지 않는가?'라는 한 구절을 명맥으로 삼고서 반복해서 헤아리십시오. 외물에 징험하고, 마음에 돌이켜본 다음이라면 응당 시원한 곳이 있을 것입니다. 그렇지 않고, 한갓 토의나 논변만 일삼는다면, 스스로에게도 보탬이 없을 것 같습니다. 바라건대 다시 깊이 생각해 보십시오.

答權公立

辛丑

鄭載圭

圭復惠緘, 旣豁且感. 寒暄不暇悉. 吾嘗疑公於道器上下之分, 未甚截斷得分明. 今斷然以主理爲學問宗旨, 豈非豁然處耶? 書末深下默諒四字, 又見愛我之無已, 寧不知感?

前書所引栗翁心是氣一句, 祇以朱子心者氣之精爽之意看之, 白直無繳繞. 蓋指心之當體而言也. 公却曰對性言則氣也, 心豈對性之物耶? 曰動靜曰體用, 皆對待而名者也. 若心則兼動靜體用而專言之也. 故曰統性情. 曰性情之總名. 性, 是心之靜而爲體者也; 情, 是心之動而爲用者也. 性情體用, 只是一心, 今就一個心, 截其半做個性, 却喚心做佗對, 可乎不可乎? 栗翁論心, 固不能徧觀而盡識. 然有一句語明白而的確者, 曰萬般之情, 夫孰非發於理者乎? 此語於心之體用動靜之實. 恐括盡而無餘蘊矣. 鄙師所以深致慨於後儒之遺却此一句也, 更商之如何?

至於理氣之說, 理通氣局四字, 乃精微之至言, 而爲後學觀理之眼節, 世儒之錯認而誤解者, 遂以理爲隨氣變化之物, 鄙師所以力辨而深斥之, 爲栗翁解脫者, 至矣. 若其機自爾之說, 是世儒之所頭戴而張大之者也. 常以爲此祇就流行邊說話, 若執言迷旨, 則誤矣. 言之可謂苦口, 而不足以解世儒之惑, 則乃不得已而草猥筆, 其所謂發之太快, 末弊之至斯, 容有未之細思者, 此也. 所謂欲以瑣力矯救, 則彼必曰前賢亦嘗云爾者, 此也.

蓋爲救世儒說氣張旺之弊, 而必名曰猥筆者, 以有干犯先賢語句, 而有萬萬惶恐之心而然也. 蓋先賢偶有一兩句未及細思處, 而後學含糊因循, 不爲之辨, 則亦非以尊先賢也. 觀於朱子辨駁程張之說可見矣. 願公論理氣, 則將理通氣局四字作眼目, 論心則就孰非發於理一句做命脈, 反覆商量, 驗之物反之心, 後當有灑然處. 徒事言議爭辨, 則恐於自家無補矣. 願更深思.

권공립에게 답함

신축(1901) 10월 27일

송병선

이 글은 송병선이 1901년 10월 27일 제자인 권명희에게 보내는 편지이다. 이 당시 정재규를 중심으로 경상남도 산청군 단성면(丹城面) 소재 신안정사(新安精舍)[79]에서 『노사집』의 중간이 추진되고 있었다. 이를 계기로 영남지역 기호학계에 속한 성리학자들은 『노사집』에 실린 기정진의 성리학적 견해를 구체적으로 접하게 되었다. 권명희는 권봉희와 함께 가장 앞서 기정진의 율곡 성리학에 대한 수정주의적 해석의 문제점을 인식한 인물이었다.[80] 그는 자신이 발견한 「외필」의 문제점을 권봉희와 공유하고, 정재규와 논쟁을 벌였으며, 한편으로 스승인 송병선에게도 알렸는데, 이 편지는 그 답장 가운데 하나이다. 권명희가 송병선에게 보낸 편지는 현재 『삼외재집』에서 발견되지 않는다. 1902년 권봉희

79 경상남도 산청군 단성면 서재길 56에 소재한 신안정사는 2001년 경상남도 문화재자료 제291호로 지정되었다. 중종 35년(1538) 건물을 지어 서당 형태로 운영하다 영조 15년(1739) 현재의 위치로 옮겨왔다. 영조 34년(1758) 권탁우(權卓羽)가 황해도 황주 백록사(白鹿祠)에 봉안된 주자의 영정을 모사해서 이곳에 안치했다. 영조 48년(1772)에 주희의 영정을 안치할 별도의 건물을 마련했고, 이것을 신안영당(新安影堂)이라고 불렀다. 영조 50년(1774)에 중수(重修)를 거쳐 성담(性潭) 송환기(宋煥箕)로부터 '신안서사(新安書社)'라는 제액을 받았다. 정조 25년(1801)에 영남 노론계였던 안동 권씨·성주 이씨 등이 중심이 되어 성주 노강서원(老江書院)에 안치된 송시열(宋時烈)의 영정을 모사해서 신안영당에 안치하면서 주희와 송시열을 봉안한 노론계 서원으로서의 모습을 갖추었다. 신안서사와 신안영당은 이후 1869년 서원 철폐령으로 훼철되었다. 1901년 중건되었고 1924년에 재건했다. 특히 신안영당은 고종 시대 화재로 소실된 것을 2006년에 다시 건립했다.

80 『안동권씨 대동보』에 의하면 권봉희와 권명희는 같은 안동 권씨 33세에 해당한다. 19세인 권금석(權金錫)에게는 시민(時敏)·시주(時柱)·시득(時得)·시준(時準) 4형제가 있었는데, 권봉희는 막내인 시준의 13대 손이고, 권명희는 큰아들인 시민의 13대 손이다. 즉 권봉희는 권명희의 28촌 형에 해당한다.

가 송병선과 전우에게 기정진 성리학의 문제점을 비판할 것을 청하는 편지를 올리기 이전, 연재학파 내부에서 1901년에 같은 문제를 둘러싼 의견이 오가고 있었다는 것을 증명하고 있다. 송병선은 비교적 유화적인 태도로 대답하는데, 이것은 1902년 외필논쟁이 정식으로 불붙기 이전의 온건한 분위기를 느끼게 한다. 『부벽록』 및 『연재집(淵齋集)』 권11에 실려 있다.

잠수(潛叟)의 「외필」은 처음에는 율옹의 "음양의 움직임과 고요함은 저절로 그런 것이다"라는 말을 변론하려는 것이었네. 그러므로 종종 (율옹의 견해와) 서로 배치되는 것들이 있었네. 그렇지만 스스로 만들었다는 주장에 이르러서는 많은 말들이 단지 율옹의 "돈독한 조화는 끝이 없고, 흐르는 물은 그치지 않는다. 누가 그 기틀을 주재하는가? 아! 태극이로다!"[81]라고 한 몇 구절에서 맴돌 뿐이네. 이것은 마치 집안의 자제가 자신을 과장하는 데 힘쓰면서 '옛사람들은 아는 것이 없다'라고 하지만, 그가 조치하는 것이라고는 끝내 선조들의 본보기[規模]에서 벗어나지 못하는 것과 같다네. 여기에서 율옹의 성리설이 정확하고, 가득 찬 물이 새어 나오지 않는 것처럼, 어기려고 해도 그렇게 할 수 없다는 것을 더욱 잘 알게 될 뿐이네.

---

81 이이, 『율곡전서』 권1(표점영인 한국문집총간 vol.44), 「理一分殊賦」, 12쪽.

答權公立

辛丑十月廾七日

宋秉璿

潛叟猥筆，初欲辨栗翁陰陽動靜其機自爾之語，故往往有相背馳，然至其所自爲說，則千言萬語，只在於栗翁所云“敦化無窮，川流不息，孰尸其機？嗚呼太極!”數句中盤旋. 是猶人家子弟務自誇矜曰，昔之人無聞知，然其施爲措處，終不能外乎祖先規模之內，於是益可見栗翁性理之論的確，盛水不漏，而雖欲違之，不可得者也.

권군오에게 보냄

신축년(1901)

한유

이 글은 한유(韓愉, 1858~1911)[82]가 1901년 권재규(權載奎, 1870~1952)[83]에게 보내는 편지이다. 권재규는 최숙민(崔琡民, 1837~1905)과 정재규의 문인이었다. 한유는 간행 예정 중인 중간본 『노사집』에 「외필」을 싣지 않았으면 좋겠다는 의견을 완곡하게 표현하고 있다. 이 과정에서 그는 1902년 이후 연재학파를 비롯한 전통적인 율곡학파의 시각에서 「외필」을 비판하는 논리의 원초적 형태를 보여준다. 즉 「외필」이 근세 성리학자들의 폐단을 비판하고 있더라도 비판의 단서는 율곡이 열어 준 것이기 때문에, 결국 율곡을 비난하는 저술이라는 것이다. 이듬해 하반기 권봉희의 「외필약변」은 「외필」을 직접 반율곡적으로 독해하는데, 이 주장은 한유의 논리가 더욱 단순한 형태로 압축된 것으로 볼 수 있다. 『우산집(愚山集)』 권8에 실려 있다.

노옹의 문집은 다 같이 계획해서 이미 일을 주관하는 상황에 이르렀다니, 이것은 진실로 사문(斯文)의 행운입니다. 듣기로는 어떤 날에 일을 시작하는데 모든 이들의 정성을 모은 것이라고 하니, 오래지 않아 성사될 것입니다. 저는 매우 가까운 곳에 살고 있으면서도 하집사의 반열에서 분주할 수 없었습니다. 비록 사세가 어쩔 수 없었다고 하지만, 개인적인 마음으로는 송구스러움을 입에 담을 수조차 없습니다. 노형께서 헤아려 주실 것으로 생각하고 있습니다. 그러나 또한 생각해 볼

82 자는 희령(希寗) 호는 우산(愚山) 본관은 청주(淸州)이고 거주지는 산청군 단성이다. 송병선·최익현·전우 등과 종유했다.

83 자는 군오(君五) 호는 이당(而堂) 혹은 송산(松山)이며, 본관은 안동(安東)이고 거주지는 산청군 단성(丹城)이다. 최숙민·정재규·최익현에게 수학했다.

만한 한 가지 말이 있는데, 저로서는 어쩔 수 없이 하는 것입니다. 노형께서도 틀림없이 흔쾌히 들어주실 것입니다.

노옹의 문집 가운데 「외필」은 매우 정밀하고 명쾌해서, 세상의 학문에 보탬이 됩니다. 그러나 그 글의 본뜻을 자세히 살펴보면 후학으로서 의심스러운 것이 있기에 시험 삼아 자세히 말해보겠습니다. 율곡 선생이 "음양의 움직임과 고요함은 그 기틀이 저절로 그런 것이지 그렇게 시키는 것이 있지 않다"라고 했고, "양이 움직이고 음이 고요한 까닭은 곧 리이다"라고 했는데, 이 말 자체로는 병폐가 없습니다. '저절로 그렇다'라고 한 것은 사람의 힘과 상관이 없이, 저절로 유행한다는 말입니다. '그렇게 시키는 것이 있지 않다'라는 것은 리가 한 물건이고, 기도 그 자체로 하나의 물건이어서, 이 한 물건이 저 한 물건을 (그렇게) 시킨다는 말이 아닙니다. '저절로 그렇다[自爾]'라는 두 글자와 '소이연(所以然)' 세 글자는 서로에게 의지해서 서로를 성립시켜 주기에, 하나를 빼서는 안 됩니다. 이제 '자이'를 다시 '스스로 멈춘다[自止]'라는 뜻으로 만들고 '소이연'과 대적하는 것으로 간주하며, '그렇게 시키는 것이 있지 않다'라는 한 구절을 배척하면서 '천명이 이미 그쳐버렸다'라고 합니다. 이것은 기의 유행을 정말로 그렇게 시키는 것이 있다고 하는 것이요, (기의) 윗면에 있는 별도의 무위진인(無爲眞人)을 지휘하는 이라고 부르는 격입니다. 이것을 주자의 '정말로 그렇게 시키는 것이 있지 않다'84 라는 말과 비교하면 어떻겠습니까?

또한 율곡은 사람이 말을 탄다는 것으로 기발이승을 비유하면서 우계 선생을 이렇게 나무랐습니다. "보내신 편지대로라면 문을 나서기 이

84 "'하늘이 나에게 이것을 가지도록 했다'라고 한 것은 마치 '상제가 충(衷)을 내려주었다'라고 하는 것과 마찬가지일 뿐이다. 어떻게 정말로 그렇게 시키는 것이 있다고 하겠는가?[所云天使我有是者, 猶曰上帝降衷云爾, 豈眞以爲有或使之者哉!]" 주희, 『中庸或問』(『주자전서』 vol.6), 553쪽.

전에 사람과 말은 다른 곳에 있다가, 문을 나선 뒤에야 사람이 말을 탄다는 격입니다."[85] 이것은 율곡 또한 '원래 타고 있는 것'으로 보았다는 뜻입니다. 이제 (「외필」처럼) "재빨리 뛰어올라서 탄다"라고 한다면 율곡의 뜻이 아닌 것 같습니다. 퇴계 선생은 사단이 이발이라고 했고, 율곡 선생은 사단과 칠정은 모두 기발이승이라고 했습니다. 두 가지 학설이 모두 주자에 뿌리를 두고 있는데, 이제 「외필」에서 논한 것으로 말한다면 "그 발현과 운행은 분명히 기가 하는 것"이라 하는 것은 율곡의 학설이요, "종이 수고를 하여도 주인이 그 공로를 차지하는 것"은 퇴계의 학설입니다. (주자의) 후학으로서 어떻게 하나를 잡고 다른 하나를 공격할 수 있겠습니까?

또한, 리와 기를 짝지어 거론하는 것이 성인의 말이 아니라고 했습니다. 그러나 이것은 율곡만 그런 것이 아닙니다. 주자가 말한 '무극과 이기·오행', 정자가 말한 '지극히 은미하고 지극히 드러난다'[86], '리로부터[自理]'·'상으로부터[自象]'[87]라고 한 주장은 태극의 풀이에서 드러났고 리로도 말하고 기로도 말한다는 의론은 『혹문』에서 드러났으니, 과거의 성현들이 모두 그렇지 않은 이가 없었습니다. 세로로 보자면 리는 본래 짝할 것이 없지만, 가로로 본다면 리 또한 어찌 짝이 없겠습니까? 하물며 율곡 또한 리가 짝할 것이 없음을 알고 있는데, 더 말할 나

85 이이, 『율곡전서』 권10(표점영인 한국문집총간 vol.44), 「答成浩原」, 206쪽.

86 "지극힌 은미한 것인 리이고, 지극히 드러난 것은 상이다.[至微者理也, 至著者象也.]" 程顥·程頤, 『二程集』 vol.2(臺北, 漢京文化事業有限公司, 1984). 『周易程氏傳』, 689쪽.

87 "리로부터 말한다면 본체를 마주해도 작용은 그 가운데 있으니, '일원'이라고 하는 것이다. 상(象)으로부터 말한다면 드러난 것을 마주해도 은미한 것이 거기에서 벗어날 수 없으니 '무간'이라고 하는 것이다.[蓋自理而言, 則卽體而用在其中, 所謂一原也; 自象而言, 則卽顯而微不能外, 所謂無間也.]" 주희, 『회암선생주문공문집』 권30(『주자전서』 vol.21), 「答汪尙書」, 1307쪽.

위가 있겠습니까? 의심스러운 것을 대략 들었으니, 큰 얼개가 이와 같습니다.

그러나 「외필」 속에서 "헛된 이름만 있고 실제의 사실은 없다"라고 하고 '두 개의 본령'이라고 하며, '기자의 영역'이라고 하고 "결국에는 서로 모순될 것이다"라고 하며, "천명이 이미 그쳐버렸다"라고 하고 "주장도 없고 단락도 없다"라고 한 여러 명목들이 율곡을 언급하려는 것이 아니라고 했습니다. 그러나 "피음사둔과 전도되고 창피함"이라고 한 대목은 근세의 의론을 가리켜서 배척한 것이지만 그 근본을 미루어 보면 율곡이 열어준 것이 아닌 것이 없으니, 이것이 어찌 후학이 감히 말할 만한 것이겠습니까?

정자는 평생 손명복(孫明復: 孫復, 992~1057)·석수도(石守道: 石介, 1005~1045)를 비난하지 않았는데, 주선생(朱先生)은 '학자라면 이런 뜻을 알아야 한다'라고 했습니다. 이것은 우리 유학자들이 서로 전해온 넉넉한 도리입니다. 하물며 율곡의 말은 본래 흠잡을 것이 없으니 더 말할 나위가 있겠습니까? 선배를 존경하고 경외하며 도학을 강론하고 밝히는 것에 어째서 '병행하면서 서로 어긋나지 않아야 한다'라고 하는 것이겠습니까? 예를 들어 화서(華西) 이옹(李翁)은 그 식견이 분명 율곡과 같기도 다르기도 했습니다. 그러나 그의 문집을 저와 군오(君五: 權載奎)가 함께 한 번 살펴보았지만, 그 가운에 한 마디라도 율곡을 가리키면서 배척한 것이 있었습니까? 이것이 '서로 어긋나지 않는다'라는 것입니다. 「외필」에서 말한 것은 서로 어긋나는 것이 또한 심하지 않습니까? 이 글은 틀림없이 노옹(蘆翁)이 한때 우연하게 부질없이 지은 데서 나왔지, 평소의 정론이 아닌 것이 분명합니다. 또한 그 끝에서 "조월고(趙月皐)의 편지로 인해 단단히 마음을 먹고 이 글을 써놓기는 했지만, 월고에게도 감히 부치지 못했다"라고 했으니, 이것은 틀림없이 스스로도 자신의 주장이 지나치다는 것을 알고서 남에게 보여주려고 하지 않았던 것입니다.

저는 노옹의 문집을 읽은 적이 있었는데, 「외필」에 이르러 책장을 덮고 크게 탄식하면서 진실로 죽은 이를 다시 살려낼 수 없다는 생각을 하지 않은 적이 없었습니다. 또한, 당시 자손이나 문인들이 아버지이자 동시에 스승인 분이 남에게 보이려고 하지 않았던 뜻을 알지 못한 것을 한스러워했습니다. 그러니 문집을 간행해서 후세에 남기려는 것 또한 '잘 잇고 잘 서술했다'라고 할 수는 없을 것입니다. 다만 제가 조금 늦게 태어나 처음 문집을 간행할 즈음에 이 한 마디를 하집사들에게 알리지 못했으니, 이것이 다만 유감스러울 뿐입니다. 이제 다행히 하늘이 사문을 보우하사 이제 문집을 중간하게 되었고, 또한 제가 멀리 있지 않고 가까이 있습니다. 또한 노형처럼 마음이 공정하고 식견이 공평한 이가 실제 그 일을 돕고 있으니, 이것은 진실로 얻기 어려운 한 번의 기회입니다.

율곡의 모든 글과 「외필」을 가져다 마음과 기운을 조용히 가라앉히고 서로를 기준으로 삼아 자세히 살펴보십시오. 제 의심이 망령된 것이 아니라면 노옹의 문집은 「외필」 한 편이 없더라도 또한 우리나라의 작은 『논어』라고 하기에 무슨 지장이 있겠습니까? 선생께서 직접 쓰신 것이라 더하거나 줄일 수 없다고 생각하신다면, 노옹이 '자집(子集) 등의 책은 교정하는 이의 안목이 지은 이보다 더 뛰어난 다음에야 볼만한 것이 있을 것이다'라고 한 말을 세 번 반복해서 생각해 보아야 할 것입니다. 노옹이 이 글을 지은 것이 단지 한때의 생각이었지, 어찌 후세에 전하려는 것이겠습니까? 또한 생각건대 당시에 이 글을 지을 때 율곡의 모든 글을 기억하지 못하고, 그 가운데 몇 구절만을 기억했을 뿐이기에 우연히 이와 같았던 것이지, 틀림없이 변경할 수 없는 정론은 아니었을 것입니다.

제가 거리낌을 피하지 않고 누누이 이와 같이 말하는 것은 율곡 선생을 위해서가 아니라, 노사 선생을 위해서입니다. 모르겠으나 노형께서는 어떻게 생각하십니까? 벗들 가운데 응소(應韶: 權鳳鉉)는 가장 마음이 공평하고 노형은 가장 눈이 밝습니다. 이 말로 가정에서 헤아려보시되 제 말이 망령되면 그만이지만, 만일 한 마디라도 옳다고 생각하신다면 애호(艾湖)[88] 두 분 및 여러 벗에게 알려서, 취사선택을 헤아려주시는 것이 어떻겠습니까?

88 애호(艾湖): 애산(艾山)과 명호(明湖), 즉 정재규와 권운환(權雲煥)을 가리킨다.

與權君五

辛丑

韓愉

蘆翁文集, 詢謀僉同, 旣至敦事之境, 此誠斯文之幸也. 聞其某日始役, 僉誠攸湊, 當不日而告竣矣. 愉居在至近, 不得奔走於下執事之列, 雖緣事勢之不得不, 然而私心惶懍, 不容言, 旣想老兄有以見恕也. 然抑有一說, 可商量者, 在愉不得不然, 而在老兄亦必樂聞之矣.

蓋蘆集中猥筆文字, 雖極精爽明快, 有補於世學, 而細考其立文本意, 不免有後學之疑, 請試得而詳言之. 栗谷先生言陽動陰靜, 其機自爾, 非有使者, 而其所以陽動陰靜者, 卽理也. 此語本自無病, 自爾云者, 不犯人力, 自然流行之謂也. 非有使之云者, 非理爲一物, 氣自爲一物, 以此一物使彼一物之謂也. 自爾二字與所以然三字, 相資而相成, 闕一而不可. 今以自爾, 梗作自止之意, 與所以然看作對敵, 而且以非有使之一言斥之, 以爲天命旣息, 則是以氣之流行謂眞有使者, 而上面別有一個無位眞人, 呼喚指揮者矣. 是與朱子所謂非眞有使者者, 爲何如也?

且栗谷嘗以人乘馬喩氣發理乘, 而其譏牛溪先生, 有曰若如來喩, 則是未出門之前, 人馬異處, 旣出門之後, 人乃乘馬, 則是栗谷亦看作元來所乘也. 今日趫捷騰上隨乘, 則恐非栗谷之旨也. 退溪先生言四端理發, 栗谷先生言四七皆氣發理乘, 二說皆本於朱子, 今以猥筆所論言之, 則其發其行, 明是氣爲者, 栗谷之說也. 僕任其勞, 主居其功者, 退溪之說也. 爲後學者, 安可執一而攻一乎?

且以理氣對擧爲非聖人, 則此非獨栗谷爲然. 朱子所謂無極二五, 程子所謂至微至著·自理自象之說, 見於太極之解. 以理以氣之論, 著於或問之編. 從上聖賢, 莫不皆然. 蓋竪看則理固無對, 而橫看則理亦安能無對乎? 況栗谷亦知理之無對者乎? 略擧所疑, 大槪如此, 而篇中曰虛名無實, 曰兩箇本領, 曰氣字家計, 曰畢竟乖張, 曰天命已息, 曰無主張沒著落等諸般名目, 非所以道栗谷者, 至於詖淫邪遁顚倒昌披之云, 則雖指斥近世之論, 而推原其本, 則莫非栗谷啓之也. 是豈後學之所敢道耶?

程子平生, 不敢非孫明復·石守道, 而朱先生以爲學者當知此意者, 此吾儒相傳忠厚之至法也. 況栗谷之言, 本無可疵者乎? 尊畏先輩, 講明道學, 何以曰竝行而不悖也? 如華西李翁其見處, 分明與栗谷異同, 而其文集, 愉與君五, 蓋嘗一閱矣. 其中有一言指斥栗谷者乎? 此所謂不悖者也. 若如猥筆所言, 則其相悖也, 不亦甚乎? 此必出於蘆翁一時之偶然漫爲, 而非其平日之定論也, 明矣. 且其末有曰因趙月皐書, 銳意及此, 而於月皐猶不敢寄云爾, 則是必自知其說之過當, 而不敢以示人也.

愉嘗讀蘆翁之集, 至猥筆之書, 未嘗不掩卷太息, 實有九原難作之思, 而亦恨當時子孫門人, 不知父師不敢示人之意, 刊之文集, 公之後世, 則亦不可謂善繼善述矣. 但愉生也後於當日, 始刊文集之時, 不得以此言一聞於下執事, 則只切曠然之感而已. 今幸天相斯文, 文集重刊, 適出於今日, 又不遠伊邇, 而又心公眼平如老兄者, 實相其役, 則此誠難得之一機會也.

幸取栗谷全文及猥筆之書, 平心下氣, 相準相覈, 使愉之所疑不妄, 則蘆翁集中雖無猥筆一書, 而亦何害於爲海東小論語乎? 若以爲先生手筆, 不可增損, 則蘆翁嘗言凡子集之書, 校正者之眼, 優於作者, 然後方有可觀. 此言當三復也. 蘆翁作此, 只是一時所到, 豈欲傳之後世耶? 且想當時作此之時, 未記栗谷全文, 只記得其中數句, 而偶然如此, 必非鐵定公案也. 愉所以不避忌諱, 累累如此者, 非爲栗谷先生也, 乃所以爲蘆沙先生也. 不審, 老兄以爲如何? 朋友中應韶最心公, 老兄最眼明, 幸以此說商量於家庭, 使愉言妄也則已, 如以爲是或一說, 則幸以達于艾湖兩丈及諸朋友, 商量取舍如何?

신도비 명문과 서문

최익현

이 글은 최익현(崔益鉉, 1833~1906)이 1901년 11월에 자신이 3월에 썼던 「신도비명」을 노사학파 문인들의 요청을 받고 부분 수정한 것으로 추정된다.[89] 현재 기정진의 「신도비명」은 내용이 차이 나는 세 종류가 각각 『노사집』, 『면암집』 및 『부벽록』에 실려 있는데, 이 글은 『노사집』에 실린 것이다. 최익현이 애초에 썼던 「신도비명」의 초고에 가까운 것으로 짐작이 되지만, 엄밀한 의미에서 초고와는 조금 다르다.[90] 이인구과 김평묵의

89 이 글의 마지막에는 "영력(永曆) 255년 신축(1901) 11월 후학 월성(月城) 최익현(崔益鉉)이 짓다"라고 서술되어 있다. 『면암집』에 실린 최익현의 「연보」에는 기정진의 「신도비명」을 둘러싼 내용이 약간 다른 두 가지 기록이 발견된다. 즉 1901년 3월에 최익연은 「신도비명」을 지었고, 그 해 11월에 개찬(改撰)했다는 것이다. 한편 이도복의 「기행정력」은 최익현의 「신도비명」이 노사학파 문인들의 불만에 의해 수정되었다는 정황을 보여주고 있다. 따라서 이 글의 말미에 나타난 시점은 최익현이 애초의 「신도비명」을 지은 때가 아니라, 노사학파 문인들의 불만을 고려해서 초고의 수정을 완료한 때라고 보아야 합당할 것이다. 최익현, 『면암집·부록』 권3(표점영인 한국문집총간 vol.326), 「年譜」, 543·545쪽·李道復, 『厚山集』 권20(경상대 문천각, 古(미지) D3B이225ㅎ, 전자자료jpg), 「紀行程曆」, 37면 참조.

90 송병선이 1902년 최익현에게 보낸 편지에서 명문(銘文)의 "曰湖曰洛"이라는 구절을 문제 삼고 있는데, 최익현은 답장에서 "왈호왈락(曰湖曰洛) 네 글자는 자세히 살피고 삼가지 못한 말이므로 진실로 나의 잘못으로 알고 있습니다"라고 송병선의 비판을 받아들였다. 그런데 이미 송병선의 비판을 받기 이전에 지은 이 글에서 이 구절이 발견되지 않는다. 대신 『부벽록』에 실린 「신도비명」에서 같은 구절이 발견된다. 즉 『부벽록』에 실린 「신도비명」이 애초에 최익현이 쓴 것이고, 이 글은 해당 구절을 이미 누락시키고 있기 때문에, 초고라고 볼 수 없다. 반면에 같은 편지에서 최익현 스스로 "'벽사(闢邪)를 자임(自任)하고 주기의 학문을 내쳐서 치세의 운수를 담당했다.[任闢邪之功, 黜主氣之學, 以當一治之

경우에서 드러나는 것처럼 이항로의 제자였던 최익현 또한 「외필」과 기정진 철학의 평가에 우호적이었다. 일반적으로 말하자면 1902년 신안정사에서 세 번째 『노사집』이 간행되는 과정에 「외필」의 내용이 본격적으로 기호학계 내부에서 논란을 일으키기 시작했다. 그보다 1년 전 최익현은 이 글을 통해 기정진과 이항로를 척사와 주리론을 주장한 대표 인물로 언급함으로써 「외필」을 둘러싼 논쟁이 노사학파와 화서학파 대 연재학파과 전우학파라는 식으로 전선이 확장되는 계기를 제공했다고 볼 수 있다. 『노사집·부록』 권2에 실려 있다.

성인의 은택이 점점 멀어지면서 유가의 학술이 다양하게 분화되었으나, 근원을 깨달아 종합할 수 있는 사람은 거의 드물었다. 그런데 하늘이 노사와 화서 두 선생을 내어 반드시 이 시기에 이 세상에서 척사의 일을 자임하고 주기의 학문을 내쳐서 치세의 운수를 담당케 하니, 또한 어찌 우연이겠는가?

선생은 노령산(蘆嶺山) 아래 하사(下沙) 마을에 살았기 때문에 '노사(蘆沙)'라고 자호했다. 휘는 정진(正鎭)이요, 자는 대중(大中)이다. 기씨(奇氏)는 관향이 행주(幸州)이고 시조는 고려조에 평장사(平章事)를 지낸 순우(純佑)인데 대대로 현달한 인물이 배출되었다. 조선조에 건(虔)은 세종·문종 두 조정의 명신으로서 판중추(判中樞)에 오르고 청백리에 수록되었으며 시호는 정무(貞武)이다. 정주공의 증손자 원(遠)은 돈용교위(敦勇校尉)이고, 복재 선생(服齋先生) 준(遵)에게 중형(仲兄)이 되는데 기묘사화를 교훈삼아 호남으로 은둔하여 마침내 장성(長城) 사람이 되었다. 2대를 지나 금강(錦江) 효간(孝諫)은 하서 김선생의 뛰어난 제자였다. 송

運.」'는 16자로 명의(命意)를 삼았다"라고 한 내용은 『면암집』에 실린 「신도비명」에는 누락된 반면, 이 글에서는 여전히 유지되고 있다. 이 글이 『부벽록』와 『면암집』에 실린 「신도비명」의 중간 형태로서, 초고에 가까운 것임을 짐작하게 하는 또 하나의 증거이다.

암(松巖) 정익(挺翼)은 또 우암 송선생의 문하에서 공부하였고 학행으로 천거되어 침랑(寢郎: 參奉)에 제수되었으나 나아가지 않았다. 큰형 정하(挺夏)가 낳은 형(泂)이 아들을 두지 못하여 송암의 셋째 아들이 낳은 종상(宗相)을 후사로 삼으니 이분이 선생의 증조부이다. 처음에는 행의(行義)로 교관(教官)에 증직되었다가 뒤에 사복시 정(司僕寺正)에 가증(加增)되었다. 조부 태량(泰良)은 이조 참의에 증직되었고, 아버지 재우(在祐)는 이조 참판에 증직되었으며, 어머니는 정부인에 증직된 안동 권씨(安東權氏)인데 덕언(德彦)의 딸이다. 이상 3대가 증직된 것은 선생이 귀하게 되었기 때문이다.

참판공은 어려서 부모를 여의고 입신양명에 간절한 뜻을 두었는데, 선생이 태어나자 곧 "내 일을 부탁할 이가 생겼다"라고 하면서 마침내 과거시험장에 발길을 끊었다. 어머니는 어질고 행실을 갖췄는데 정조 무오년(1798) 6월 을미(乙未: 3일)에 선생을 순창군(淳昌郡) 복흥(福興) 우사(寓舍)에서 낳았다. 참판공이 금면대인(金面大人)이 아들을 주는 꿈을 꾸었는데, 12개월 만에 태어났으므로 어려서는 '금사(金賜)'라고 불렸다.

선생은 특이한 자품을 타고나 말을 하면서부터 갑자기 문자를 깨우쳤다. 4세에 '공공(共工)을 유배 보냈다'[91]라는 구절을 풀이하기를 "이것은 물처럼 흘러가서 돌아오지 못하게 한다는 뜻이다"라고 하니, 들은 사람들이 깜짝 놀랐다. 7세에 맷돌을 시로 읊어 "하늘이 움직이고 땅이 고요한 이치를, 나는 도리어 맷돌에서 보았네[天動地靜理, 吾反磨石看.]"라는 시구를 남겼다. 10여 세에 경사(經史)를 다 통달하여 『통감강목』·춘추사전·『대학연의』와 같은 책을 모두 자신의 말처럼 암송하니, 원근에서 소문을 듣고 마치 경성(景星)과 봉황을 먼저 보려고 다투듯이[92] 몰려

91 『서경』, 「순전」.

92 한유(韓愈)의 「소실 이습유에게 보내는 편지[與少室李拾遺書]」에서 "조정의 선비들이 목을 빼고 동쪽을 바라보면서, 마치 경성과 봉황이 처음 나타난 것처럼

들었다. 선생은 일찍이 명성을 얻은 것을 걱정하여 스스로 깊이 재주를 감추고 성현을 자신의 목표로 삼더니, 고요한 방에 단정히 꿇어앉아 속으로 외우고 묵묵히 생각하면서 웃지도 말하지도 않고 밤낮없이 침식을 잊은 채 수십 년을 이처럼 하였다.

순조 신묘년(1831) 사마시(司馬試)에 장원으로 합격했다. 임진년(1832)에 강릉 참봉(康陵參奉)에 제수되었는데, 전조(銓曹: 이조)에서 교지에 선생의 현조(顯祖)를 잘못 기록하고 선생의 이름도 어긋나게 써두었다. 선생은 "이렇게 두 가지나 틀린 교지는 의리상 받을 수 없다"라고 했고, 전조가 재빨리 고치기는 했지만 끝내 사은숙배(謝恩肅拜)하지 않았다. 현종 을미년(1835)에 또 현릉 참봉(顯陵參奉)에 제수되었고, 정유년(1837)에 유일(遺逸)로 천거되어 사옹원 주부(司饔院主簿)에 제수되었으며, 임인년(1842)에 전설사 별제(典設司別提)에 제수되었다. 선생은 여러 번 은명을 사양한 것을 미안하게 여겨 나아갔는데, 겨우 6일째 되던 날 당시의 재상이 밤에 사람을 시켜 만나기를 요구하자 선생은 대답을 않고 있다가 다음날 병을 이유로 사직하는 글을 올렸다. 재상은 후회하고 곧 말을 재촉하여 객관에 이르렀으나 선생은 이미 성문을 나간 뒤였다. 얼마 후 평안도 도사(平安道都事)에 제수되었고, 철종 정사년(1857)에 무장 현감(茂長縣監)에 제수되었으며, 신유년(1861)에 사헌부 장령(司憲府掌令)에 제수되었으나 모두 나아가지 않았다.

임술년(1862)에 삼남(三南) 지방에서 민란이 일어나자, 주상께서 구언책(求言策)을 내려 삼정(三政)을 바로잡는 방안을 물었다. 선생은 개연히 봉사(封事)를 작성하였는데, 먼저 사대부의 습속이 바르지 못함을 언급하고, 조정의 공경과 방백·수령·이서(吏胥)들이 횡령한 일부터 과거시

다투어 먼저 보며 흐뭇하게 여겼다.[朝廷之士引頸東望, 若景星鳳凰之始見也, 爭先覩之爲快.]"라는 구절에서 인용했다.

험과 벼슬길에서 벌어지는 분경(奔競)의 폐단, 부호들의 겸병하고 사치하는 해악에 이르기까지 크고 작은 일을 모두 아뢰었는데 명백하고도 통절하였다. 그 근본을 미루어 임금의 한 마음에 귀결시키고, 곧바로 군포(軍布)를 혁파하고 환곡(還穀)을 덜어주며 상평창(常平倉)을 설치하고 민전(民田)을 제한하도록 청했다. 또 조(租)·용(庸)·조(調)의 법을 세우도록 청하였는데 수만 자의 글이 모두 시국의 병폐를 정확히 지적했다. 그리고 염치를 권장하여 풍속을 바로잡는 근본으로 삼고, 공(公)을 넓히고 사(私)를 억눌러 인재를 얻는 요령으로 삼으며, 허튼 비용을 없애 국가 재정을 넉넉히 하는 계책으로 삼도록 하였는데, 참고해서 시행할 만했다. 이 글을 올리려 하던 차에 이름을 봉미(封尾)에 쓰되 과거시험의 시권(試卷)과 같은 규례가 되어야 한다는 말을 듣고 마침내 초고를 불사르게 하였는데, 아들 만연(晩衍)이 몰래 보관해 두었다.

금상(今上: 고종) 원년 갑자(1864)에 장령(掌令)에 임명되었다가 얼마 후 군자감 정(軍資監正)으로 옮겼고, 또 지평(持平)·집의(執義)에 임명되었으나 모두 지방에 있다는 이유로 체직되었다. 병인년(1866)에 서양 오랑캐가 강화도를 침범하자 조야가 뒤숭숭하더니 간사한 말을 하는 자들이 바야흐로 화친을 맺자는 의론으로 선동하였다. 선생은 분노하여 홍수를 막고 맹수를 내쫓기로 다짐하고 곧바로 상소하여 방비책을 조목조목 아뢰었는데, 첫째는 묘당(廟堂)의 계책을 정하는 일, 둘째는 사령(辭令)을 손질하는 일, 셋째는 지형을 살피는 일, 넷째는 군사를 훈련하는 일, 다섯째는 바른말을 구하는 일, 여섯째는 내치에 힘써 외적을 물리치는 일이었다.

묘당의 계책을 정하는 일을 논한 내용은 대략 다음과 같다.

예로부터 국가를 다스린 사람은 반드시 먼저 일정하여 바뀌지 않는 계책을 세웠으니, 임금과 정승들의 마음에서 정해진 뒤에 만인의 가지런하지 않은 정신과 심술이 비로소 쏠려서 하나로 귀착되어 공을 이룰 수 있었습니다. 세 갈래 두 갈래로 나뉘는 것이 국사의 가장 큰 병폐입니다. 신은 조정의 처분이 매우 엄정했음을 잘 알고 있는데, 항간의 어리석은 사람들이 망령되이 서로 떠들기를 '북경에서 이미 행해졌던 일이 다시 우리나라에서 벌어질 것입니다'라고 합니다. 만에 하나 백관(百官) 중에서 이런 말로 전하의 귀를 현혹시키는 자가 있다면, 이것은 요망한 말입니다. 외국과 통상하는 일이야 없을 수 없지만, 이 오랑캐들은 곧 천지 사이에 범상치 않은 요기(妖氣)입니다. 세상과 세월을 거짓으로 속이고 강상과 윤리를 끊어 없애버리며, 어리석은 백성들을 속이고 꾀어서 그들의 음욕(淫慾)을 채웁니다. 온 천하가 그들의 손아귀에 들어갔고 그 가운데에 조금 깨끗한 곳이라고는 한 조각 우리나라일 뿐입니다. 저들이 백방으로 방법을 찾아서 우리와 통상을 하려는 것이, 어찌 다른 까닭이 있겠습니까? 우리나라를 저들의 속국으로 만들고, 우리의 산과 바다를 저들의 곳간으로 만들며, 우리의 선비들을 저들의 노예로 만들고, 우리 미녀들을 사냥하려는 것이며, 우리 백성들을 짐승처럼 만들려는 것입니다. 한 번 통상의 길을 열면 2, 3년이 못 되어 전하의 백성들은 서양인으로 변화하지 않을 이가 거의 없을 것이니, 전하께서는 앞으로 누구와 더불어 임금 노릇을 하겠습니까? 기름을 가져다 스스로 부어 놓고는 더럽혀지지 않기를 바란다거나, 호랑이를 방으로 끌어들이고서 물리지 않기를 바란다면, 아무리 어리석은 이라도 그런 이치란 없음을 알 것입니다.[93]

이어서 말했다.

93 기정진, 『노사집』 권3(표점영인 한국문집총간 vol.310), 「丙寅疏」, 70쪽.

> 우리나라 사람들이 서양 물건을 사두기를 좋아하고 양복을 입기를 즐깁니다. 이것은 서양 오랑캐들이 우리나라로 올 조짐입니다. 안팎의 관원들에게 명을 내려 쌓아둔 서양 물건을 찾아 거두어 네거리에서 불태워 버리고, 이후에도 계속 사오는 자들을 외구(外寇)와 통상한 죄로 다스리는 것 또한 백성들의 뜻을 안정시키는 한 가지 방도입니다.[94]

주상께서 너그러운 비답을 내리고 가납했다.

7월에 동부승지(同副承旨)에 임명되었다가 얼마 후 호조 참의(戶曹參議)로 옮겼다. 강화도가 함락되자 선생은 의병을 일으켜 외적에게 항거하려고 했으나, 소모사(召募使)가 남하했다는 말을 듣고 곧 중지하면서 "의병은 속할 곳이 있다"라고 말했다. 10월에 가선대부(嘉善大夫)에 오르고 동지돈령부사(同知敦寧府事)에 임명되었으나 상소하여 사직하면서 글을 읽고 인재를 고르는 두 가지 일을 덧붙여 아뢰었다. 말미에서 또 서양 오랑캐가 퇴각한 것을 계기로 오직 좋은 일과 오직 걱정되는[惟休惟卹][95] 뜻을 간곡히 말하였으며, 궁극적으로 사당(邪黨)이 외적을 불러들이고 임술년의 민란과 북쪽 지역의 백성이 경계를 넘어간 여러 변란이 발생하게 된 이유가 사대부의 풍속이 바르지 못한 데에 있다고 말하였다.

11월에 공조 참판(工曹參判)에 임명되었고, 병자년(1876)에 또 호조 참판(戶曹參判)이 되었다. 이때 조정에서 새로이 왜(倭)와 수호조약(修好條約)을 체결하니 실로 금상 재위 13년이요 선생의 나이 79세 되던 해였다. 선생은 바야흐로 풍현증(風眩證)을 앓고 있었고 또 아들을 여의어 최복(衰服)을 입고 있었는데, 저보(邸報)가 이르자 선생은 다 보기도 전

---

94 같은 책, 같은 글, 71쪽.

95 『서경』, 「소고」 참조.

에 탄식하면서 생각에 잠기더니 이윽고 붓과 벼루를 문밖으로 내치라고 명했다. 문인들이 의아하게 여기자 선생은 "나는 외람되게 지금까지 다섯 조정에서 나라의 은혜를 입었건만 지금 나라 꼴이 이렇게 되었어도 말 한마디 못하니, 이러고도 다시 무슨 문자를 짓겠는가?"[96]라고 했다.

정축년(1877)에 우로(優老)의 은전으로 가의대부(嘉義大夫)에 올랐다. 기묘년(1879) 12월 29일 무진(戊辰)에 고진(古珍)의 담대헌(澹對軒)에서 세상을 떠나니 춘추가 82세였다. 이듬해 2월 계해(癸亥, 25일)에 영광군(靈光郡) 황산(凰山)의 갑좌원(甲坐原)을 등진 언덕에 장사하여 부인과 합봉(合封)하니 이는 유언을 따른 것이다. 부인은 울산 김씨(蔚山金氏)로 진사 의휴(宜休)의 딸이며 하서 선생의 후손인데, 철종 신해년(1851)에 세상을 떠났다. 자녀는 아들과 딸 각각 1명을 낳았는데 아들은 만연(晩衍)이고 사위는 정호(鄭濩)이다. 손자는 다섯인데 우기(宇夔)와 우번(宇蕃)이 있고, 우만(宇萬)은 진사에 합격하여 익릉 참봉(翼陵參奉)에 제수되었으나 나아가지 않고 가학을 잘 계승했다. 또 우몽(宇蒙)과 우업(宇業)이 있다. 정호는 3남 3녀를 낳았는데 아들은 해문(海聞)·해만(海萬)·해빈(海彬)이고, 딸은 이승적(李承迪)·정영수(鄭永壽)·양회인(梁會寅)에게 시집갔다. 우기는 아들이 없고 딸만 있어 우업의 아들 춘도(春度)를 후사로 삼았고 사위는 박영학(朴泳學)이다. 우번의 아들은 준도(準度)이고, 우만의 아들은 낙도(洛度)요 측실이 낳은 아들은 숙도(淑度)이다. 우몽의 아들은 근도(近度)와 선도(宣度)인데 선도는 우업의 뒤를 이었다. 내외 증손과 현손은 약간 명이 있다.

선생은 타고난 자품이 순수하고 아름다워 저절로 도(道)에 가까웠고 스승에게 배우지 않고도 스스로 학문하는 방법을 알아 나이 20세에 이

96 기정진, 『노사집·부록』 권1(표점영인 한국문집총간 vol.310), 「年譜」, 630쪽.

미 덕을 이룬 군자[成德君子]로 불렸다. 진실한 곳에 발을 딛고 밝고 넓은 근원을 바라보면서 수양이 깊어지고 공부가 오래되니 무겁기가 산악과 같고 넓기가 바다와 같았다. 그래서 그 작은 것을 본 사람은 그 큰 것을 보지 못하고 그 외면을 아는 사람은 그 내면을 알지 못하니, 선생을 참으로 아는 사람이 적었다.

선생은 "도가 육경에 있으니 구하면 얻지 못할 것이 없고, 리는 일심(一心)에 갖춰져 있으니 궁구하면 밝히지 못할 것이 없다"라 하고, 경사자집(經史子集)으로부터 백가의 서책과 예악(禮樂)·사어(射御)·병기(兵機)·산수(算數)·천문(天文)·지리(地理)에 이르기까지 오묘한 이치를 탐색하지 않은 것이 없었다. 성명·이기의 설에 대해서는 후대 유학자들에게 휘말리지 않고 곧바로 정자와 주자에게서 구하여 전체(全體)를 환히 꿰뚫어 보아 대본(大本)이 밝게 드러났으나 오히려 경솔히 남에게 말한 적이 없었다. 「외필」·「납량사의」·「이통설」·「정자설」과 권신원(權信元)에게 보낸 편지 등 여러 편은 어쩔 수 없이 쓴 것이지만, 모두 속된 학문의 폐단을 깊이 징계하여 성명·형기·주복(主僕)·수역(帥役)·귀천·상하의 구분을 밝힌 것이었다. 일찍이 말하기를 '천하에 큰 변고가 세 가지가 있으니, 아내가 남편의 지위를 빼앗고, 신하가 임금의 지위를 빼앗고 오랑캐가 중화의 지위를 빼앗는 것이다. 기가 리의 자리를 빼앗으면 저 세 가지 변고는 곧 차례로 벌어진다'[97]라고 했다.

선생의 학문은 한결같이 몸소 행하여 마음으로 얻기에 힘쓰되 묘경(妙敬)으로 이를 일관하고 지성(至誠)으로 이를 체득하였기 때문에 논한 것과 행한 것이 모두 실학(實學)과 실견(實見)에서 나왔다. 이것으로 가정을 다스려서 효우(孝友)와 돈목(敦睦)에 각각 그 도리를 다하였고 관혼상제를 한결같이 예법에 따랐다. 이것으로 임금을 섬겨 사양하고

97 같은 책, 같은 글, 623쪽 참조.

받는 절차를 삼가고 나아가고 물러나는 의리를 엄정히 하였다. 후진들을 가르칠 때는 반드시 그 재질에 따라서 이끌어 주었는데 병환이 심하여도 응접을 게을리하지 않았고, 용지(容止)와 어묵(語默), 동정과 주선(周旋)이 아무런 말이 없이도 뜻대로 움직이면서 저절로 이루어진 법도가 있었다. 일찍 일어나 밤늦게 잘 때까지 정신을 모으고 단정히 앉으니 훈훈하게 풍기는 화기(和氣)와 의연하게 처신하는 위엄은 친근하면서도 존경스러웠다.

아! 선생은 경세제민의 재주를 학문의 힘으로 보충하여 요순시대처럼 만들 경륜을 갖추었으나 이미 당세에 조금도 발휘하지 못하였고, 그 중에 만에 하나라도 상상해 볼 수 있는 것은 「임술의책(壬戌擬策)」과 「병인소(丙寅疏)」 두 가지뿐이다. 이 상소들은 글자마다 경륜(經綸)이 깃들어 있고 말하는 것마다 약석(藥石)과 같은 내용이었다. 우원(迂遠)하지만 옛것에 얽매이지 않았고 비근하지만 세속에 물들지도 않았다. 의리가 합당하고 효험과 해악이 절실하니 그 기획과 규모가 깊고 원대하다고 말할 수 있다. 벼슬에 나아가 도를 행하지는 못했으나 물러나 도를 밝혀 태극(太極), 조화(造化)와 지도리가 두루뭉술하고 모호한 물건이 되지 않게 하였으며, 심·성·중화·명덕 등 도리의 정미한 것들은 모두 염민(濂閩)의 옛 학설을 회복하였으니, 학자들에게 끼친 공이 크다.

대개 선생이 도달한 경지는 참으로 좁은 식견으로는 감히 논할 바가 아니지만, 익현(益鉉)은 호남 바닷가에서 귀양을 살 때에 두 차례나 문하에 이르러 이천(伊川)의 얼굴을 뵈었다. 이제 선생의 손자 우만이 길이 전할 비문을 나에게 부탁하니 의리로 보아 감히 사양할 수가 없다. 가만히 생각건대 우리 유학에 주자가 있는 것은 하늘에는 북극성이 있고, 물에는 동해가 있는 것과 같아 천하의 학문이 모두 이에 의지하였다. 선생의 학문은 주자와 부합하지만 지금 사람들과 어긋나니 지금 사람들과는 말하기가 어렵다. 오직 후세에 주자와 같은 분이 태어나기를 기다려 질정할 뿐이다. 이에 다음과 같이 명(銘)을 짓는다.

하늘이 성현을 내리시어
후세의 유학자를 일깨우니
성인을 집대성한 분은 공자요
현인을 집대성한 분은 주자라
우리의 도가 동방으로 오자
어진 유학자들이 배출되니
정암과 퇴계가 앞장서 밝히고
율곡와 우암이 표준이 되었네
한 번 전해지고 두 번 전해지니
미세한 차이에서 어긋나
다름과 같음을 각각 견지하고
장수와 병졸이 서로 거느리네
바로 이러한 시절에
우리 선생을 낳으니
봉황이 나는 듯 고니가 선 듯
윤택한 옥이며 정련한 금과 같았네
성현을 스승과 벗으로 삼아
오묘한 이치를 일찍 깨닫더니
남의 방에 들어가 창을 잡고
오래도록 달리며 활보하였네
학식도 많고 재능도 많으니
덕행을 장차 어찌 칭찬할까
효성도 극진하고 공손도 극진하니
행실을 어찌 한쪽만 기록하리
또한 위대한 점이 있으니

간사함 물리치고 이치를 밝힘에
간사한 이는 나아가기 어렵고
도리는 실추되지 않았네
음양이 동정하는 모습
이를 천명이라 하니
연비어약(鳶飛魚躍)의 이치
누가 이것을 주관하는가?
나라에는 임금이 있고
군대에는 장수가 있으니
신하와 종이 수고로움을 맡아
심부름하지 않음이 없다네
인성과 물성의 같고 다름은
이일분수일 뿐이라
근원에 절로 갈래가 있으니
가치가 어찌 그루를 달리하랴
같은 가운데 다름이 있고
다름 가운데 같음이 있으니
치우침과 온전함이 있다고 해도
성(性)은 대단히 공평하다네
미발시(未發時)에 악이 있다 하니
가지 믿고 뿌리를 의심한 꼴이요
명덕(明德)이 기라 하니
쇠를 가지고 은을 만든 격이라
이것이 대의가 되니
무엇을 참고하고 근거 삼으랴
정자와 주자가 아니었다면
우리는 귀의할 곳 없으니

다행히 동덕(同德)이 있어
화산이 우뚝 솟으니
사람들의 비방이 무슨 상관이랴
후대 성인에게 질정할 수 있으니

영력(永曆) 255년 신축(1901) 11월 후학 월성(月城) 최익현(崔益鉉)이 짓다.

神道碑銘 并序

崔益鉉

蓋自聖澤寖邈，儒術多門，其能會有元統有宗者幾希，天之生蘆沙·華西二先生，必於此時此世，任闢邪之功，黜主氣之學，以當一治之運，亦豈偶然乎哉？

先生居蘆山之下下沙之里，故以自號焉．諱正鎭，字大中．奇氏系出幸州，自高麗平章事純佑始，世有顯人．至我朝，有虔爲世文兩朝名臣，判中樞，錄淸白謚貞武．貞武曾孫遠敦勇校尉，於服齋先生遵爲仲兄，懲己卯禍，遯于湖南，遂爲長城人．再傳而錦江孝諫，爲河西金先生高弟．松巖挺翼，又及尤齋宋先生之門，薦學行除寢郞不就．伯兄挺夏，生泂，無子，以松巖第三子之子宗相爲嗣，實先生曾祖．始以行義贈敎官，後加司僕正．祖諱泰良贈吏曹參議．考諱在祐贈吏曹參判．妣贈貞夫人安東權氏，德彦女．三世榮貤，以先生貴也．

參判公幼失怙恃，志切立揚，而先生生，乃曰吾事有托，遂謝場屋．太夫人賢有行，以正宗戊午六月乙未，生先生于淳昌福興寓舍．參判公夢金面大人，十二月而生，故小字金賜．生有異稟，能言，遽曉文字．四歲，解流共工曰，是如水流不返之義，聞者大驚．七歲詠磨石，有天動地靜理，吾反磨石看之句．十餘歲，盡通經史，如通鑑綱目·春秋四傳·大學衍義等書，皆誦如己言，遠近聞風，若景星鳳凰之爭先覩．先生以早得聲譽爲憂，深自韜鏟，便以聖賢自期，靜處一室，斂膝危坐，暗誦默思，不笑不言，窮晝夜忘寢食，如是者數十年．

純宗辛卯，魁司馬．壬辰除康陵參奉，銓曹誤錄顯祖，錯書名字．先生曰，冒此兩錯，義不可受．銓曹亟改之，竟不肅．憲宗乙未，又除顯陵參奉．丁酉，擧遺逸除司饔院主簿．壬寅，除典設司別提．先生以累辭恩命爲未安, 就職僅六日, 時相夜使人要之, 先生默然, 明日卽呈病. 時相悔之, 趣駕至舘, 先生已出城矣. 尋除平安道都事. 哲宗丁巳, 除茂長縣監, 辛酉, 拜司憲府掌令, 皆不就.

壬戌, 三南有民變, 自上有求言策, 問三政矯捄. 先生慨然草封事, 首言士大夫習俗之不正, 自朝廷公卿方伯守令吏胥貪黷之故, 以及科擧仕路奔競之弊, 豪富兼幷奢侈之害, 細大皆陳, 明白痛切. 推其本, 歸於人主之一心, 直請罷軍布除還穀, 立常平限民田, 又請立租庸調法凡數萬言, 皆切中時病. 而以厲廉恥, 爲正風俗之本, 以恢公抑私, 爲得人才之要, 以汰無用, 爲裕國財之術, 要之可按而行之. 將上, 聞書名封尾, 若擧子試券之例. 遂使焚藁, 子晩衍私藏之.

今上元年甲子, 拜掌令, 旋移軍資監正, 又拜持平·執義, 皆以在外遞. 丙寅, 洋寇犯江都, 朝野汹懼, 邪說者方煽以和議. 先生擱然以抑洪驅猛爲己任, 乃上疏條陳備禦之策, 一曰定廟筭, 二曰修辭令, 三曰審地形, 四曰鍊兵, 五曰求言, 六曰內修外攘.

其論定廟筭略曰, 自古有國家者, 必有一定不易之筭. 定於君相之心而後, 萬人不齊之精神心術, 始灌注歸一, 功乃可成. 三歧兩端, 最事之病也. 臣固知朝廷處分, 極其嚴正, 而里巷至愚妄相告語以爲北京已行之事, 復在吾東. 萬一百僚之中, 有以此說疑亂四聰者, 則此妖言也. 外國相通, 非曰無之, 而此胡乃覆載閒, 非常妖氣. 矯誣天地日月, 殄滅綱常倫理, 誑誘愚民, 以濟淫慾之私. 一天之下, 盡入其彀, 差爲乾淨者, 獨靑丘一片耳. 彼之百方鑽穴, 必欲交通乃已, 夫豈有他故? 欲附庸我國家, 帑藏我山海, 奴僕我衣冠, 漁獵我少艾, 禽獸我生靈. 一開交通之路, 不出二三年, 殿下赤子不化爲西洋者無幾, 殿下將誰與爲君乎? 引油自灌而望其不汙, 引虎入室而望其不噬, 雖至愚, 亦知其無是理矣. 繼言國人喜蓄洋物, 耽服洋布, 殆海寇東來之兆眹. 請命中外官, 搜括所儲洋物, 焚之通衢, 凡嗣後貿來者, 施以交通外寇之律, 亦定民志之一道. 上優批嘉納.

七月, 拜同副承旨, 尋移戶曹參議. 及江都陷, 先生將擧義敵愾, 聞召募使南下, 乃止曰義兵有所屬矣. 十月, 陞嘉善, 拜同知敦寧府事, 上疏辭, 附陳讀書擇人二事. 末又因洋賊之退, 懇懇言惟休惟卹之義, 而究言邪黨招寇, 壬戌民擾, 北民越界, 諸變所由生之故, 歸之於士大夫風俗之不正. 十一月, 拜工曹參判, 丙子, 又參戶曹. 時朝廷新與倭結和, 實當宁之十有三年, 而先生年七十九矣. 方病風眩, 又新喪子持衰, 邸報至, 先生覽未畢, 歎息如有所思, 已而命黜筆硯於門外. 門人或疑之, 先生曰, 叨濫國恩五朝于玆, 今國計如此, 而不能出一言, 尙復作文字耶?

丁丑, 以優老典, 陞嘉義階. 己卯十二月二十九日戊辰, 考終于古珍之澹對軒, 春秋八十二. 以明年二月癸亥, 葬于靈光凰山之負甲原, 與夫人合封, 遺命也. 夫人蔚山金氏, 進士宜休女, 河西先生後, 卒以哲宗辛亥. 子男女各一, 男卽晩衍, 壻鄭濩. 孫男五人, 宇夔·宇蕃. 宇萬進士, 翼陵參奉不就, 克承家學. 宇蒙·宇業. 鄭濩三男三女, 男海聞·海萬·海彬, 女李承迪·鄭永壽·梁會寅. 宇夔無嗣, 宇業子春度後焉, 壻朴泳學. 宇蕃子準度, 宇萬子洛度, 側出子淑度. 宇蒙子近度·宣度, 宣度後宇業. 內外曾玄若干.

先生天資粹美, 自然近道, 不由師承, 自知爲學, 年二十時, 已稱成德君子, 著跟眞實之地, 騁目昭曠之原, 養之深, 積之久, 重如山嶽, 浩若滄溟, 見其小者不能見其大, 知其外者不能知其內, 而眞知者鮮矣, 謂道在於六經, 求之無不得, 理具於一心, 窮之無不明, 自經史子集, 以至百家之書, 禮樂射御兵機筭數天文地理, 莫不探賾索隱, 至於性命理氣之說, 捨後儒之繳繞, 而直求諸程朱, 全體洞然, 大本昭著, 而猶未嘗輕以語人, 所著猥筆·納凉私議·理通說·定字說·與權信元書諸篇, 蓋不得已也, 皆所以深懲俗學之弊, 而明夫性命形氣主僕帥役貴賤上下之分也, 嘗曰, 天下大變有三, 妻奪夫位, 臣奪君位, 夷奪華位, 若氣奪理位, 則彼三變者, 卽次第事耳.

蓋先生之學, 一以躬行心得爲務, 而貫之以妙敬, 體之以至誠, 故其所論所履, 皆自實學實見中出來. 以之齊家, 則孝友敦睦, 各盡其道, 冠昏喪祭, 一遵於禮. 以之事君, 則謹辭受之節, 嚴出處之義. 教誨後進, 必因其材而開導之, 雖疾病沉劇, 而應接不倦, 容止語默, 動靜周旋, 不言而喩, 自有成法. 夙興夜寐, 凝神端坐, 薰然襲人之和, 毅然持己之嚴, 可親而可敬也.

嗚呼! 先生以經濟之才, 充之以學問之力, 堯舜君民之具, 旣不得展施一毫於當世, 所可以想見其萬一者, 惟壬戌擬策及丙寅兩疏而已. 然字字經綸, 言言藥石. 旣不迂遠而泥於古, 又不卑近而狃於俗. 義理停當, 效害切實, 其設施規模, 可謂深且遠矣. 雖不能進而行道, 其所以退而明道者, 明太極之旨, 使造化樞紐, 不遂爲昆侖儱侗和泥帶水之物, 而曰心曰性曰中和曰明德, 凡道理精微, 皆復濂閩之舊, 其有功於學者大矣.

蓋先生所至之域, 固非管見之所敢擬議, 而益鉉嶺海之役, 再度及門, 伊川面則見之矣. 今先生之孫宇萬, 乃以萬年之役, 猥承見托, 義不敢辭. 竊惟斯文之有朱子, 如天之有北極, 水之有東海, 天下之學, 皆歸依焉. 先生之學, 合乎朱子, 而違乎今之人, 難與今人道也. 惟俟後世之如朱子者興而質焉耳. 銘曰 :

> 天降聖賢, 以啓後儒, 集聖維孔, 集賢者朱, 吾道旣東, 賢儒輩作, 靜退倡明, 栗尤準的, 一傳再傳, 差易毫忽, 異同各持, 帥役相將,[98] 于斯時也, 生我先生, 鳳翔鵠立, 玉潤金精, 師友聖賢, 妙契早悟, 入室操戈, 長趨闊步, 多學多能, 德將何稱, 盡孝盡弟, 行豈偏記, 抑有大者, 斥邪明理, 邪以艱進, 道由不墜, 陰陽動靜, 是曰天命, 鳶飛魚躍, 孰主張是, 國則有君, 軍則

98 "一傳再傳…帥役相將."이란 네 구절을 『부벽록』의 「신도비명」에서는 "어떤 도술이 천하를 분열시켰나? 이발이며 기발이요, 호론이요 낙론이었네[夫何道術, 爲天下裂? 理發氣發, 曰湖曰洛.]"라고 썼다.

有帥, 臣僕任勞, 罔不聽使, 人物同異, 理一分殊, 源自有派, 枝豈異株, 同中有異, 異中有同, 雖有偏全, 性則大公, 未發有惡, 信枝疑根, 明德是氣, 喚鐵作銀, 是其大義, 孰考孰據, 非程非朱, 我無歸處, 幸有同德, 華山屹屹, 衆訕何害, 後聖可質. 永曆二百五十五年辛丑仲冬, 後學月城崔益鉉撰.

노사선생 기공 신도비 명문과 서문

최익현

이 글은 최익현(崔益鉉, 1833~1906)이 1902년 이후에 쓴 기정진의 「신도비명」으로 추정된다. 기정진의 「신도비명」은 『부벽록』에 실린 초고의 축약본, 『노사집』에 실린 부분 수정본이 있고, 『면암집』에 실린 이 글이 있다. 그런데 최익현의 「연보」에는 1901년 3월에 「신도비명」을 썼고, 같은 해 11월에 개찬(改撰)했다는 기록이 있을 뿐이다. 1901년 3월에 쓴 글이 『부벽록』에 실려 있고, 그해 11월에 고쳐 쓴 것이 『노사집』에 실려 있다고 추정할 수 있는데, 이 글을 언제 왜 다시 썼는지에 대해서는 기록이 없다. 1902년 송병선에게 보내는 편지에서 최익현 스스로 "'벽사(闢邪)를 자임(自任)하고 주기의 학문을 내쳐서 치세의 운수를 담당했다[任闢邪之功, 黜主氣之學, 以當一治之運.]'라는 16자로 명의(命意)를 삼았다"라고 말하고 있는데, 『부벽록』과 『노사집』에서는 해당 구절이 발견되지만, 이 글에서는 발견되지 않는다. 또한 「서문」과 「명문」 자체도 완전히 새로 쓴 것이어서 이전의 것과 비교 자체가 불가능하다. 따라서 이 글은 1902년 7월 송병선의 항의를 받고 난 이후에 쓴 것이라고 추정할 뿐이다. 『면암집』 권25에 실려 있다.

상(上: 고종) 재위 3년(1866)에 병인양요(丙寅洋擾)가 일어나 적이 강화도를 함락시켰다. 조야는 뒤숭숭했고 간사한 말을 하는 자들은 화의(和議)를 제창하기도 했다. 이때 대의를 들어 간사한 논의를 꺾고, 불끈 성내어 홍수(洪水)·맹수(猛獸)의 화를 몰아내는 것을 자신의 책무로 삼은 두 원로가 있었으니, 바로 노사 기선생과 화서 이선생이다. 그 후 병자년(1876)에 조일수호조약(朝日修好條約)이 체결되어 두 선생의 말과 같이 화란이 차례로 일어나자, 군민들은 비로소 두 선생의 선견지명에 감복했고 더욱 우러르며 사모했다.

근자에 기 선생의 손자 기우만(奇宇萬, 1846~1916)이 일찍이 선생의 문하에서 공부하던 사우(士友)들과 신도비의 건립을 상의하면서, 내가 일찍이 선생을 한두 번 뵌 적이 있다 하여 비명(碑銘)을 부탁했다. 나는 '선생의 도학과 사업이 사람들에게 나타났고 문집에 또 등재되어 있으므로 백 세 후에 마땅히 상론(尙論)하여 전기를 쓸 것이니, 나 같은 말학(末學)은 학식도 적고 문장력도 없는데 어떻게 그 고명한 인품과 도학을 표현할 수 있겠는가'라는 생각에 여러 번 되돌려 보냈으나 끝내 허락을 받지 못해 삼가 붓을 든다.

상고하건대, 선생의 휘는 정진(正鎭)이요, 자는 대중(大中)이다. 기씨의 관향은 행주(幸州)인데 시조는 고려 평장사(平章事) 순우(純佑)이며, 그 후 대대로 현달한 인물이 배출되었다. 조선에 이르러 건(虔)은 세종·문종 두 조정의 명신으로서 판중추(判中樞)를 지냈고, 청백리에 수록되었으며 시호는 정무(貞武)다. 증손자인 원(遠)은 돈용교위(敦勇校尉)를 지냈는데, 복재 선생(服齋先生) 준(遵)의 중형(仲兄)으로서 기묘사화에 충격을 받아 호남 장성(長城)에서 숨어 살았다. 교위공의 손자 효간(孝諫)은 호가 금강(錦江)인데, 하서(河西) 김인후(金麟厚) 선생의 고명한 제자였다. 그 뒤 4대를 전해 내려와 정익(挺翼)은 우암 송선생의 문하를 출입하였고, 학행(學行)으로 천거되어 참봉에 제수되었으나 나아가지 않았으니, 호는 송암(松巖)이다.

송암공의 형은 정하(挺夏)인데 아들 형(泂)을 낳았다. 그러나 형이 아들을 두지 못하여 송암공의 셋째 아들 식(湜)이 낳은 종상(宗相)을 입양하게 되었는데, 이분이 바로 선생의 증조부이다. 처음에 행의(行義)가 있어 교관(敎官)에 증직되었다가 뒤에 사복 정(司僕正)이 가증(加贈)되었다. 조부는 태량(泰良)인데 이조 참의에 증직되었으며, 아버지는 재우(在祐)이니 이조 참판에 증직되고, 어머니는 정부인에 증직된 안동(安東) 권씨(權氏)인데 권덕언(權德彦)의 딸이다. 이상 3대가 증직이 된 것은 선생이 귀하게 되었기 때문이다.

참판공은 어려서 부모를 여의고 입신양명(立身揚名)에 뜻을 두었는데, 선생을 낳고는 곧 "내 일을 부탁할 이가 생겼다"라고 하면서 과거에 응시할 것을 포기하였다. 어머니도 어질고 행실을 갖췄는데 정조 무오년(1798) 6월 을미(3일)에 선생을 순창(淳昌)의 복림 우사(福林寓舍)에서 낳았다. 이에 앞서 참판공은 금면대인(金面大人)이 아들을 주는 꿈을 꾸고 12개월 만에 선생이 태어났으므로 어려서는 금사(金賜)라고 불렀다.

선생은 나면서부터 남다른 재질이 있어 말을 배우자 이때부터 벌써 문자를 이해하였는데, 4세 때에는 "공공(共工)을 유배 보냈다[流共工]"99의 유(流) 자를 해석하기를, "이것은 물처럼 흘러가서 돌아오지 못하게 한다는 뜻이다"라고 해서 듣는 이들이 매우 놀랐다. 그리고 7세 때에는 맷돌을 두고 시를 읊기를, "하늘이 움직이고 땅이 고요한 이치를 나는 도리어 맷돌에서 보았네[天動地靜理, 吾反磨石看.]"라고 했으며, 10세에는 경사(經史)를 모두 알았고 『통감강목(通鑑綱目)』·『춘추』의 사전(四傳)·『대학연의(大學衍義)』 등의 책자를 모두 자신의 말같이 암송하였다. 그러자 원근의 사람들이 그 소문을 듣고 경성(景星)과 봉황(鳳凰)을 다투어 보려는 듯이 모여들었다. 선생은 젊어서 명성이 나는 것을 걱정하여, 몹시 스스로를 감추고는 성리학에 전념하였다. 그리하여 성현을 목표로 삼고 고요한 방에서 단정히 꿇어앉아, 속으로 외고 묵묵히 생각하여 웃지도 말하지도 않으면서 밤낮없이 침식을 잊은 것이 수십 년이었다.

순조 신묘년(1831)에 사마시(司馬試)에 장원으로 합격했다. 임진년(1832)에 강릉 참봉(康陵參奉)에 제수되었는데 전조(銓曹: 이조)에서 교지에 선생의 현조(顯祖)를 잘못 기록했고 선생의 이름도 어긋나게 써두었다. 선생은 '이렇게 두 가지나 틀린 교지는 의리상 받을 수 없다'라고

---

99 『서경』, 「순전」.

하자 전조가 빨리 정정하였지만 끝내 사은숙배(謝恩肅拜)하지 않았다. 헌종 을미년(1835)에 또 현릉 참봉(顯陵參奉)에 제수되고, 정유년(1837)에는 유일(遺逸)로 천거되어 사옹원 주부(司饔院主簿)에 제수되었으며, 임인년(1842)에는 전설사 별제(典設司別提)에 제수되었다. 선생은 여러 번 나라의 은명(恩命)을 사양하는 것을 미안하게 여겨 나아갔는데, 겨우 6일이 되던 날 당시의 재상이 밤에 사람을 시켜 만나기를 요구하자 선생은 대답을 하지 않고 다음날 병가(病暇)를 올렸다. 재상은 후회하고 곧 말을 재촉해서 객관에 이르렀으나, 선생은 이미 성문을 나간 뒤였다. 얼마 후 평안도 도사(都事)에 제수되었고, 철종 정사년(1857)에 무장 현감(茂長縣監)에 제수되었으며, 신유년(1861)에는 사헌부 장령(司憲府掌令)에 제수되었으나, 모두 나아가지 않았다.

임술년(1862) 삼남(三南) 지방에서 민란이 일어나자, 주상께서 구언책(求言策)을 내려 삼정(三政)을 바로잡는 방안을 물었다. 선생이 봉사(封事)를 초안하여 먼저 사대부의 풍습이 바르지 못한 것을 언급했고, 조정의 공경과 방백·수령·이서(吏胥) 들이 횡령한 일부터 과거 시험과 벼슬길에서 벌어지는 분경(奔競)의 폐단, 부호들의 겸병하고 사치하는 해악에 이르기까지 크고 작은 일을 모두 아뢰었는데 명백하고도 통절하였다. 그 근본을 미루어 임금의 한마음에 귀결시켰고, 곧 군포(軍布)를 혁파하고 환곡(還穀)을 덜어주며 상평창(常平倉)을 설치하고 민전(民田)을 제한하도록 청했다. 또 조(租)·용(庸)·조(調)의 법을 세우도록 청했는데 수만 자의 글이 모두 시국의 병폐를 정확히 지적했다. 그리고 염치를 권장하여 풍속을 바로잡는 근본으로 삼고, 공(公)을 넓히고 사(私)를 억눌러 인재를 얻는 요령으로 삼으며, 허튼 비용을 없애 국가 재정을 넉넉히 하는 계책으로 삼도록 하였는데, 참고해서 시행할 만했다. 이 글을 올리려 하던 차에 이름을 봉미(封尾)에 쓰되 과거시험의 시권(試券)과 같은 규례가 되어야 한다는 말을 듣고 마침내 초고를 불사르게 했지만, 아들 만연(晩衍)이 몰래 보관해 두었다.

금상(今上: 고종) 원년 갑자(1864)에 장령(掌令)에 임명되었다가 얼마 후 군자감 정(軍資監正)으로 옮겼고, 또 지평(持平)·집의(執義)에 임명되었으나 모두 지방에 있다는 이유로 체직되었다. 병인양요(丙寅洋擾)가 일어나자 선생은 울화병이 생겨 침식을 폐하는 지경까지 이르렀다. 마침내 선생은 상소하여 방비책을 조목조목 아뢰었는데, 첫째는 묘산(廟堂)의 계책을 정하는 일, 둘째는 사령(辭令)을 손질하는 일, 셋째는 지형(地形)을 살피는 일, 넷째는 군사를 훈련하는 일, 다섯째는 바른말을 구하는 일, 여섯째는 내치에 힘써 외적을 물리치는 일이었다.

묘당의 계책을 정하는 일을 논한 내용은 대략 다음과 같다.

> 외국과 통상하는 일이야 없을 수 없지만, 이 오랑캐들은 천지 사이에 범상치 않은 요기(妖氣)입니다. 세상과 세월을 거짓으로 속이고 강상(綱常)과 윤리(倫理)를 끊어 없애버리며, 어리석은 백성을 유혹하여 그들의 음욕(淫慾)을 채웁니다. 온 천하가 그들의 손아귀에 들어갔고 그 가운데 조금 깨끗한 곳이라고는 한 조각 우리나라일 뿐입니다. 저들이 백방으로 방법을 모색하여 우리와 통상하려는 것이 어찌 다른 까닭이 있겠습니까? 우리나라를 저들의 속국으로 만들고 우리의 산과 바다를 저들의 곳간으로 만들며, 우리 선비들을 노예로 만들고, 우리 미녀들을 사냥하려는 것이며, 우리 백성들을 짐승으로 만들려는 것입니다. 한 번 통상의 길을 열면 2, 3년이 못 되어 전하의 백성들은 서양인으로 변화하지 않을 이가 거의 없을 것이니, 전하께서는 앞으로 누구와 더불어 임금 노릇을 하겠습니까? 기름을 가져다가 스스로 부어 놓고는 더러워지지 않기를 바란다거나, 호랑이를 방으로 끌어들이고서 물리지 않기를 바란다면, 아무리 어리석은 이라도 그

> 런 이치란 없음을 알 것입니다.[100]

이어서 말했다.

> 우리나라 사람들이 서양 물건을 사두기를 좋아하고 양복을 입기를 즐깁니다. 이것은 서양 오랑캐들이 우리나라로 올 조짐입니다. 안팎의 관원들에게 명을 내려 쌓아둔 서양 물건을 찾아 거두어 네거리에서 불태워 버리고, 이후에도 계속 사 오는 자들을 외구(外寇)와 통상한 죄로 다스리는 것 또한 백성들의 뜻을 안정시키는 한 가지 방도입니다.[101]

주상께서 너그러운 비답을 내리고 가납(嘉納)했다.

7월에 동부승지(同副承旨)에 임명되었다가 얼마 후 호조 참의(戶曹參議)로 옮겼다. 강화도가 함락되자 선생은 의병을 일으켜 외적에게 항거하려고 했으나, 소모사(召募使)가 남하했다는 말을 듣고 곧 중지하면서 "의병은 속할 곳이 있다"라고 말했다. 10월에 가선대부(嘉善大夫)에 오르고 동지돈령부사(同知敦寧府事)에 임명되었으나 상소하여 사직하면서 글을 읽고 인재를 고르는 두 가지 일을 덧붙여 아뢰었다. 말미에서 또 서양 오랑캐가 퇴각한 것을 계기로 오직 좋은 일과 오직 걱정되는[惟休惟恤][102] 뜻을 간곡히 말하였으며, 궁극적으로 사당(邪黨)이 외적을 불러들이고 임술년의 민란과 북쪽 지역의 백성이 경계를 넘어간 여러 변란이 발생하게 된 이유가 사대부의 풍속이 바르지 못한 데에 있다고 말하였다.

---

100 기정진, 『노사집』 권3(표점영인 한국문집총간 vol.310), 「丙寅疏」, 70쪽.

101 같은 책, 같은 글, 71쪽.

102 『서경』, 「소고」 참조.

11월에 공조 참판(工曹參判)에 임명되었고, 병자년(1876)에 또 호조 참판(戶曹參判)이 되었다. 이때 조정에서 새로이 왜(倭)와 수호조약(修好條約)을 체결하니 실로 금상 재위 13년이요 선생의 나이 79세 되던 해였다. 선생은 바야흐로 풍현증(風眩證)을 앓고 있었고 또 아들을 여의어 최복(衰服)을 입고 있었는데, 저보(邸報)가 이르자 선생은 다 보기도 전에 탄식하면서 생각에 잠기더니 이윽고 붓과 벼루를 문밖으로 내치라고 명했다. 문인들이 의아하게 여기자 선생은 "나는 외람되게 지금까지 네 조정에서 나라의 은혜를 입었건만 지금 나라 꼴이 이렇게 되었어도 말 한마디 못하니, 이러고도 다시 무슨 문자를 짓겠는가?"[103]라고 했다.

정축년(1877)에 우로(優老)의 은전으로 가의대부(嘉義大夫)에 올랐다. 기묘년(1879) 12월 29일 무진(戊辰)에 고진(古珍)의 담대헌(澹對軒)에서 세상을 떠나니 춘추가 82세였다. 이듬해 2월 계해(癸亥, 25일)에 영광군(靈光郡) 황산(凰山)의 갑좌원(甲坐原)을 등진 언덕에 장사하여 부인과 합봉(合封)하니 이는 유언을 따른 것이다.

선생은 타고난 자품이 순수하고 아름다워 저절로 도(道)에 가까웠고 스승에게 배우지 않고도 스스로 학문하는 방법을 알아 나이 20세에 이미 덕을 이룬 군자[成德君子]로 불렸다. 수양이 깊어지고 공부가 오래되자 진실한 곳에 발을 딛고 밝고 넓은 근원을 바라보면서 담담하게 세상을 잊은 것 같았고, 우뚝하게 홀로 도와 나란히 선 듯했다. 무겁기는 산악과 같았고 넓기는 바다와 같았다. 그래서 그 작은 것을 본 사람은 그 큰 것을 보지 못하고, 그 외면을 아는 사람은 그 내면을 알지 못하니, 선생을 참으로 아는 사람이 적었다. 선생은 "도가 육경에 있으니 구하면 얻지 못할 것이 없고, 리는 일심(一心)에 갖춰져 있으니 궁구하면 밝히지 못할 것이 없다"라 하고, 경사자집(經史子集)으로부터 백가의 서

---

103 기정진, 『노사집·부록』 권1(표점영인 한국문집총간 vol.310), 「年譜」, 630쪽.

책과 예악(禮樂)·사어(射御)·병기(兵機)·산수(算數)·천문(天文)·지리(地理)에 이르기까지 오묘한 이치를 탐색하지 않은 것이 없었다. 성명(性命)·이기(理氣)의 학설에 있어서는 더욱 평생의 정력을 쏟았는데, 일찍이 남들에게 경솔히 말하지 않았다.

선생은 일찍이 '천하에 큰 변고가 세 가지가 있으니, 아내가 남편의 지위를 빼앗고, 신하가 임금의 지위를 빼앗고, 오랑캐가 중화의 지위를 빼앗는 것이다. 기가 리의 자리를 빼앗으면 저 세 가지 변고는 곧 차례로 벌어진다'[104]라고 했다. 그리하여 선생은 이렇게 말했다.

> 음양이 고요함과 움직임은 모두 천명(天命)이 시켜서 그렇게 되는 것이다. … 움직이고 고요한 것은 기(氣)이고, 움직이게 하고 고요하게 하는 것은 리(理)이니, 움직이게 하고 고요하게 하는 것이 시키는 것이 아니라면 무엇이겠는가?[105]

그리고 또 말했다.

> 기가 리를 따라 발동한다는 것은 기발이니 곧 이발이요, 리를 좇아 행하는 것은 기행(氣行)이니 곧 이행(理行)이다. 리는 조작하거나 스스로 준동하지 못하기에 그 발동과 운행이란 분명히 기의 작용인데 이발·이행이라고 하는 것은 어째서인가? 기의 발동과 운행은 실제로는 리에게서 명령을 받은 것이니, 명령자가 주인이고 명령을 받는 것이 종이다. 종이 수고를 하여도 주인이 그 공로를 차지하는 것이 하늘과 땅 사이에 변치 않는 질서이다. 그러므로 공자는 "가는 것이 이와 같

---

104 기정진, 『노사집·부록』 권1(표점영인 한국문집총간 vol.310), 「年譜」, 623쪽 참조.

105 기정진, 『노사집』 권16(표점영인 한국문집총간 vol.310), 「猥筆」, 370~371쪽.

다'라고 말했을 때 곧바로 '가는 것[逝者]'을 말했지, '기를 타고 이와 같이 흐른다[乘氣如斯]'라고 하지 않았다. "건도(乾道)가 변화한다"라고 할 때도 곧바로 '건도'라고 했지, '기를 타고 변화한다[乘氣變化]'라고 하지 않았다. "태극이 양의(兩儀)를 낳는다"라고 말할 때도 마찬가지였고, "성실함이 사물의 처음과 끝이다"라고 말할 때도 마찬가지였다. 염계(濂溪: 周敦頤)의 『태극도설』이 여기에서 법을 전했다. 그 첫 부분에서 "태극이 움직여 양을 낳고 고요해서 음을 낳는다"라고 말할 때 '기(氣)'자가 보이지 않는다고 해서 '기기(氣機)'를 버린 것은 아니다. 주인이 향하는 곳에 종이 어찌 따라가지 않겠는가?[106]

또 말했다. '리는 하나지만 나눠지면 다르다.[理一分殊]'라는 네 글자로 인성(人性)과 물성(物性)을 밝히면서 말했다.

'나눠졌다[分]'라는 것은 하나의 리 가운데 세조리(細條理)를 말한 것으로 리와 분(分)에 서로 다른 계층이란 있을 수 없다. 리는 만 가지 다른 것을 함축하기[理涵萬殊] 때문에 '리는 하나이다'라고 하는 것이니, '그 실상은 한 가지 물건이다'라고 말하는 것과 같다. '다르다[殊]'라는 것도 리가 다르다[眞殊]는 것이 아니기 때문에 '나눠지면 다르다[分殊]'라고 하는 것이니, 다르다고 하는 것은 분한(分限)일 뿐이다.[107]

또 말했다.

---

106 같은 책, 같은 글, 371쪽.

107 기정진, 『노사집』 권16(표점영인 한국문집총간 vol.310), 「納涼私議」, 361쪽 참조.

"같은 가운데 다름이 있고, 다른 가운데 같음이 있다.[同中有異, 異中有同]" … 사물과 내가 똑같이 오상(五常)을 가진 것은 리가 하나인 것이다. 오상에 치우침과 온전함이 있는 것은 하나 가운데 나눠진 것이다.[108]

마음을 논하면서 말했다.

마음이 기(氣)이지만, 마음에 갖추어진 것은 성(性)이다. 그리하여 마음이 성을 갖췄다는 점에서는 나와 성인이 같지만, 마음이 성(性)을 다하지 못하는 것은 나와 성인이 다른 점이다. … 그 기본 바탕은 같은데도 그 작용(作用)이 다른 것은 진실로 기(氣)의 미악(美惡)에서 말미암는다. … 그러나 성인은 늘 리를 주장했지, 기를 크게 보지 않았다.[109]

미발(未發)을 논하면서 말했다.

희로애락(喜怒哀樂)이 미발(未發)했을 때 어찌 선하지 않았겠는가? 그런데도 굳이 선악의 종자가 미발의 즈음에 간직되어 있고, 이것을 발현한 뒤의 뿌리로 삼으려고 하니 또한 어쩔 수 없다.[110]

---

108 같은 책, 같은 글, 365~367쪽.

109 같은 책, 같은 글, 368쪽 참조.

110 "'희로애락(喜怒哀樂)이 발현하지 않았을 때 어찌 불선한 적이 있겠는가'라는 말로 판단하면 그 자체로 참된 말이다. 다만 남당(南塘)이 선악의 종자가 발현하지 않았을 때에 (미발의 즈음에) 간직되어 있다고 여겨, 이것을 발현한 뒤의 뿌리로 삼으려고 하니, 또한 어쩔 수 없다.[喜怒哀樂未發何嘗不善等語斷之, 便自眞的. 但南塘必欲藏淑慝種子於未發, 以爲發後之根柢, 則亦末如之何矣.]" 같은 책, 같은 글, 368쪽.

명덕(明德)을 논하면서 말했다.

> 명덕이 기(氣)라면 명덕을 밝히는 것은 기를 밝히는 것이다. 수양하는 이들에게 기를 연마하는 학문이 있다는 것은 들은 적이 있지만, 기를 밝히는 학문이 있다는 것은 들어보지 못했다.[111]

선생의 학문은 한결같이 몸소 행하여 마음으로 얻기에 힘쓰되 묘경(妙敬)으로 이를 일관하고 지성(至誠)으로 이를 체득하였기 때문에 논한 것과 행한 것이 모두 실학(實學)과 실견(實見)에서 나왔다. 이것으로 가정을 다스려서 효우(孝友)와 돈목(敦睦)에 각각 그 도리를 다하였고 관혼상제를 한결같이 예법에 따랐다. 이것으로 임금을 섬겨 사양하고 받는 절차를 삼가고 나아가고 물러나는 의리를 엄정히 하였다. 후진들을 가르칠 때에는 반드시 그 재질에 따라서 이끌었는데, 병환이 심해도 응접을 게을리하지 않았고, 용지(容止)와 어묵(語默), 동정과 주선(周旋)에 저절로 이루어진 법도가 있어 말하지 않아도 제자들이 스스로 깨달았다. 일찍 일어나 밤늦게 잘 때까지 정신을 모으고 단정히 앉으니 훈훈하게 풍기는 화기(和氣)와 의연하게 처신하는 위엄은 친근하면서도 존경스러웠다.

아! 선생은 경세제민의 재주를 학문의 힘으로 보충하여 요순시대처럼 만들 경륜을 갖추었으나 이미 당세에 조금도 발휘하지 못하였고, 그 중에서 만에 하나라도 상상해 볼 수 있는 것은 「임술의책(壬戌擬策)」과 「병인소(丙寅疏)」 두 가지뿐이다. 그러나 이 상소들은 글자마다 경륜(經綸)이 깃들었고, 말하는 것마다 약석(藥石)과 같은 내용이었다. 우원하지만 옛것에 얽매이지 않고 비근하지만 세속에 물들지도 않았다. 의리

111 기정진, 『노사집』 권6(표점영인 한국문집총간 vol.310), 「答朴瑩壽」, 149쪽.

가 합당하고 효험과 해악이 절실하니 그 기획과 규모가 깊고 원대하다고 말할 수 있다. 우리의 도를 행하기 어려웠던 것은 오늘뿐이 아니었기에 선생은 벼슬에서 물러나 도를 밝혀서 태극(太極), 조화(造化)와 지도리가 두루뭉술하고 모호한 물건이 되지 않게 하였으며, 심·성·중화·명덕 등 도리의 정미한 것들과 학문의 주지(主旨)가 모두 환하게 통하고 큰 근본이 밝게 나타나서 거의 옛날 성인들의 요지와 다르지 않았으니, 학자들에게 공이 된 것이 너무나 크다고 하겠다.

부인은 울산 김씨(蔚山金氏)로 진사 의휴(宜休)의 딸이고, 하서(河西 김인후(金麟厚)) 선생의 후예인데 철종 신해년(1851)에 세상을 떠났다. 1남 1녀를 낳았는데 아들은 만연(晩衍), 사위는 정호(鄭濩)였다. 손자는 다섯인데 큰 손자는 우기(宇夔), 다음은 우번(宇蕃)이었고, 그다음은 우만(宇萬)으로 진사에 합격하고 익릉 참봉(翼陵參奉)에 제수되었으나 취임하지 않았는데, 충분히 조상의 학문을 이어받을 만했다. 그다음은 우몽(宇蒙), 우업(宇業)이다. 외손자는 해문(海聞)·해만(海萬)·해빈(海彬)이고, 외손녀는 이승적(李承迪)·정영수(鄭永壽)·양회인(梁會寅)에게 시집갔다. 우기(宇夔)는 아들이 없고 딸만 있어 우업(宇業)의 아들 춘도(春度)를 후사로 삼았고, 사위는 박영학(朴泳學)이었다. 우번(宇蕃)의 아들은 준도(準度)이고, 우만(宇萬)의 아들은 낙도(洛度)·숙도(淑度)인데 숙도는 서자(庶子)이며, 우몽(宇蒙)의 아들은 근도(近度)·선도(宣度)인데 선도는 우업(宇業)에게 입양되었다.

아! 선생의 도학이 높지만 리를 주장한 것보다 더 높은 것이 없으며, 선생의 사공(事功)이 넓지만 서양을 배척한 것보다 더 큰 것이 없다. 옛날 맹자는 성선론(性善論)을 주장하여 양묵(楊墨)을 배척하는 것으로 사업을 삼았고, 주자(朱子)와 송자(宋子)는 단절된 학문을 앞장서서 밝혔는데, 일평생 정력을 쏟은 것은 오랑캐를 무찌르고 육자정(陸子靜: 陸九淵)과 윤휴(尹鑴)를 물리치는 데 있었다.

도학이 아니면 사공(事功)을 이룩할 수 없는 것이지만, 사공의 광명정대한 것 역시 도학의 바른 것에 뿌리를 두지 않을 수 없다. 도학의 바른 것이란 늘 세상에 있는 것이 아니어서 중국도 맹자 이후 1,500년 동안에 겨우 주자(周子)·이정(二程)·장자(張子)·주자(朱子) 정도일 뿐이었다. 창성하는 운수가 동으로 돌아와서 정치와 교육이 밝게 되자, 퇴계(退溪)·율곡(栗谷)·우암(尤菴) 세 선생이 나와서 1,000년을 내려온 정학(正學)의 전통이 비로소 우리나라에 있게 되었다.

중국에 주자와 같은 현인이 다시 나온다 하여도 반드시 나의 말을 거짓이라고는 하지 못할 것이다. 어떻게 반드시 그렇다는 것을 아는가? 만고 도학의 바른 것이 주자에 와서 집대성된 것은 하늘에는 북극성이 있고, 물에는 동해가 있는 것과 같았다. 세 선생의 학문이 주자의 학문과 서로 어긋나지 않기 때문에 반드시 그렇다는 것을 아는 것이다.

이들을 계승하여 나온 현인(賢人)들은 높이와 깊이의 차이는 있지만 모두 주자를 조종(祖宗)으로 삼았다. 그러나 간혹 의론이 너무 높고 주장을 너무나 고집하여 주자를 어기려 하지 않았지만 저절로 어긋나는 결과를 가져왔으니, 요사이 기(氣)를 주장하는 의론이 바로 그들이다.

선생은 이런 때에 태어나 이해와 득실을 따지지 않고 리(理) 자 하나만을 짊어지고 복고(復古)·반정(返正)에 나섰고, 선생을 공격하는 자들이 고슴도치처럼 일어났다. 앞으로 천세 백세가 지나더라도 다시 선생 같은 이가 나온다면, 또한 저 공격하는 자들과 같은 말이 나와 선생의 학문이 끝내 용납되지 못할 것인가? 아니면 빙긋이 웃으며 참으로 주자의 뜻을 얻었다고 할 것인가? 아! 알 수 없는 일이다. 이에 다음과 같이 명(銘)을 짓는다.

우리나라 기씨는
근원이 오래여서

고관과 유학자가
대대로 이어 왔네
하늘이 공덕을 돌보아
보답을 베푸는데
벼슬로 주지 않고
큰 도로 보살폈네
우리 선생을 낳아
그 상서 밝히었네
신하의 간기(間氣)요
금옥 같은 상이었네
일찍이 높은 지식 품어
심오한 경지를 깨쳤고
성현을 사우로 삼아
대로를 평탄히 활보했네
효가 행실의 근본되고
경이 덕의 기반되어
평탄하여 천연 그대로인데
무엇을 바라고 생각했으랴만
학 울음이 하늘에 들림은
이치가 본래 그런 것이라
정초가 빛나고
화고가 잇달았는데
잠깐 나갔다가 곧 돌아와
그 궁핍함을 더욱 지켰네
내가 세상을 잊으려는 것 아니라
오직 의리만을 따르리
어려움 많은 때를 당하여

근심이 불타듯 하였네
책과 소를 올렸는데
글자마다 경륜이었네
하늘이 흐릿한데
울부짖음 무슨 소용이런가
경륜 거두어 간직하고
산골에서 즐겁게 살았네
경세제민의 역량을
계왕개래에 쏟아
경과 전을
수없이 읽고 또 읽었네
여든 살 많은 나이에도
더욱 정미하게 탐구하여
이전에 못 이른 곳 알고는
즐거워 근심마저 잊었네
내가 독창한 것 아니라
옛 경서에서 바름을 취했으니
성인이 옳다 한 것
누가 틀렸다 하리
다만 말세에
주기(主氣)가 고질일 뿐
모두 매우 놀라면서
나더러 괴이함 좋아한다 하네
내가 괴이한 것 아니라
옛날의 떳떳함을 돌이킨 것이네
내 말 믿지 못하거든
직접 주자를 보게나

앞에도 있고 뒤에도 있어
기다리고 질정할 수 있다네
오늘과 어긋나도 옛날과 합치하니
누가 옳고 누가 그른가?
울울한 저 봉산은
산이 높고 물이 기네
빛나는 훌륭한 그 미덕을
길이 잊지 못하리

蘆沙先生奇公神道碑銘 并序

崔益鉉

上之三年丙寅, 洋寇陷江都. 朝野恟懼, 邪說者方煽以和議. 時則有二老持大義, 疏折邪議, 僩然以抑洪驅猛, 爲己任, 卽蘆沙奇先生及華西李先生是已. 旣而至丙子和事竟成, 而禍亂之興, 鑿鑿符二先生之言, 則邦國人士, 始信二先生先見之明, 而尤興慕景仰之不已焉. 今奇先生之孫宇萬, 與士友曾及先生門者, 謀竪神道之刻, 以益鉉曾有一再登拜之舊, 屬以銘辭. 益鉉惟先生之道學事功, 顯諸人, 藏諸遺集, 百世之下, 當有尙論而紀傳者, 益鉉末學, 見膚語綿, 何足以侔高狀明, 屢返而不獲命.

則謹按先生諱正鎭, 字大中. 奇氏, 系出幸州, 自高麗平章事諱純佑始, 世有顯人. 至我朝, 有諱虔, 爲世文兩朝名臣, 判中樞, 錄清白, 謚貞武. 貞武曾孫諱遠, 敦勇校尉, 於服齋先生遵爲仲兄, 懲己卯禍, 遯于湖南之長城. 校尉之孫曰孝諫, 號錦江, 爲河西金先生高弟. 又四傳諱挺翼, 及尤齋宋先生門, 薦學行, 除寢郎, 不就, 號松巖. 松巖有兄諱挺夏, 生泂, 無子, 以松巖第三子湜子宗相爲嗣, 實先生曾祖. 始以行義贈敎官, 後加司僕正. 祖諱泰良, 贈吏曹參議. 考諱在祐, 贈吏曹參判, 妣贈貞夫人安東權氏, 德彦女. 三世榮貤, 以先生貴也.

參判公幼失怙恃, 志切立揚而先生生, 乃曰吾事有託, 遂謝場屋. 大夫人贒有行, 以正宗戊午六月乙未, 生先生于淳昌福林寓舍. 初參判公, 夢金面大人, 錫之以胤, 十二月而生, 小字金賜. 生有異質, 能言遽曉文字. 四歲, 解流共工之流曰, 是如水流不返之義, 聞者大驚. 七歲, 詠磨石, 有天動地靜理, 吾反磨石看之句. 十餘歲, 盡通經史, 如通鑑綱目，春秋四傳，大學衍義等書，皆如誦己言，遠近聞風，若景星鳳凰之爭先覩．先生以早得聲譽，爲憂深，自韜鏟勵志性理之學．便以聖賢自期，靜處一室，斂膝危坐，暗誦默思，不笑不言，窮晝夜忘寢食，如是者數十年．

純廟辛卯，魁司馬．壬辰，除康陵參奉，銓曹誤錄顯祖錯書名字．先生曰，冒此兩錯，義不可受．銓曹亟改之，竟不肅．憲宗乙未，又除顯陵參奉．丁酉，擧遺逸，除司饔院主簿．壬寅，除典設司別提．先生以屢辭恩命，爲未安，就職．僅六日，時相夜使人要之，先生默然，明日卽呈病．時相悔之，趣駕至館，先生已出城矣．尋除平安道都事，哲廟丁巳，除茂長縣監，辛酉，拜司憲府掌令，皆不就．

壬戌，三南有民變，自上有求言策，問三政矯捄．先生草封事，首言士大夫習俗之不正，自朝廷公卿方伯守令吏胥，貪黷之故，以至科擧仕路奔競之弊，豪富兼幷奢侈之害，細大皆陳，明白痛切．推其本，歸於人主之一心，直請罷軍布，除還穀，立常平，限民田．又請租庸調法，凡數萬言，皆切中時病．至言矯捄之方，則未嘗不以厲廉恥，爲正風俗之本，以恢公抑私，爲得人才之要，以汰無用，爲裕國財之術，要之可按以行之．將上，聞書名封尾，若擧子試券之例．遂使焚藁，子晩衍私藏之．

今上元年甲子，拜掌令，旋移軍資監正，又拜持平執義，皆以在外遞．丙寅洋變，先生憂憤成疾，至廢寢食．乃上疏，條陳備禦之策，一曰定廟筭，二曰修辭令，三曰審地形，四曰鍊兵，五曰求言，六曰內修外攘．

其論定廟筭，略曰外國相通，非曰無之．而此胡乃覆載間，非常妖氣．矯誣天地日月，殄滅綱常倫理，誑誘愚民，以濟淫慾之私．一天之下，盡入其彀，差爲乾淨者，獨青丘一片耳．彼之百方鑽穴，必欲交通乃已，夫豈有他故哉？欲附庸我國家，帑藏我山海，奴僕我衣冠，漁獵我少艾，禽獸我生靈．一開交通之路，不出二三年，殿下赤子，不化爲西洋者無幾，殿下將誰與爲君乎？引油自灌，而望其不汚，引虎入室，而望其不噬, 雖至愚, 亦知其無是理矣. 繼言國人喜蓄洋物, 耽服洋布, 殆海冦東來之兆眹. 請命中外官, 捜括所儲洋物, 焚之通衢, 凡嗣後貿來者, 施以交通, 外寇之律, 亦定民志之一道. 上優批嘉納.

七月, 拜同副承旨, 尋移戶曹參議. 及江都陷, 先生將擧義敵愾, 聞召募使南下, 乃止曰義兵有所屬矣. 十月, 陞嘉善, 拜同知敦寧府事, 上疏辭, 附陳讀書擇人二事. 末又因洋賊之退, 懇懇言惟休惟卹之義, 而究言邪黨招冦, 壬戌民擾, 北民越界, 諸變所由生之故, 歸之於士大夫風俗之不正. 十一月, 拜工曹參判, 丙子, 又參戶曹. 時朝廷新與倭和, 實當宁之十有三年, 而先生年七十九矣. 方病風眩, 又新喪子持衰, 邸報至, 先生覽未畢, 歎息如有所思, 已而命黜筆硯於門外. 或疑之, 先生曰, 叨濫國恩, 四[112]朝于茲, 今國計如此, 而不能出一言, 尙復作文字耶?

丁丑, 以優老典, 陞嘉義階. 己卯十二月二十九日戊辰, 考終于古珍澹對軒, 春秋八十二. 以明年二月癸亥, 葬于靈光凰山之負甲原, 與夫人合封, 遺命也. 先生天資粹美, 自然近道, 不由師承, 自知爲學, 年二十時, 已稱成德君子. 曁乎養之深, 積之久, 著跟眞實之地, 騁目昭曠之原, 澹然若與世相忘, 卓然獨與道偕立, 重如山嶽, 浩若滄溟. 見其小者, 不能見其大, 知其外者, 不能知其內, 而眞知者鮮矣. 謂道在於六經, 求之無不得, 理具於一心, 窮之無不明, 自經史子集, 以至百家之書, 禮樂射御, 兵機筭數, 天文地理, 莫不探賾索隱. 至於性命理氣之說, 尤平生所致力者, 而未嘗輕以語人.

嘗曰天下大變有三, 妻奪夫位, 臣奪君位, 夷奪華位. 若氣奪理位, 則彼三變者, 卽次第事耳. 故其言曰陽動陰靜, 壹是天命使之然也. 動者靜者, 氣也, 動之靜之者, 理也. 動之靜之, 非使之然而何? 又曰, 氣之順理而發者, 氣發卽理發也. 循理而行者, 氣行卽理行也. 理非有

112 四: 「연보」와 『노사집』에 실린 「신도비명」에서는 '五'로 썼다.

造作, 其發其行, 明是氣爲, 而曰理發理行者, 何也? 氣之發與行, 實受命於理. 命者爲主, 而受命爲僕. 僕任其勞, 而主居其功, 天之經地之義. 是以言逝者, 如斯時, 直言逝者, 未嘗言乘氣如斯. 言乾道變化時, 直言乾道, 未嘗言乘氣變化. 言太極生兩儀時, 亦然. 言誠者, 物之終始時, 亦然. 濂溪圖說, 傳法於此. 故劈頭言太極動而生陽靜而生陰, 不見一氣字, 非遺却氣機也. 主之所向, 僕豈有不逿者乎? 又以理一分殊四字, 明人物性. 曰分也者, 理一中細條理. 理分, 不容有層節. 理涵萬殊, 故曰一, 猶言其實一物也. 殊非眞殊, 故曰分殊, 言所殊者, 特其分限耳. 又曰, 同中有異, 異中有同, 物我均五常者, 理之一也, 五常有偏全者, 一中之分也. 論心曰, 心雖氣, 而所具則性, 心具性, 吾與聖人同. 心不能盡性, 吾與聖人異. 其體段則同, 而其作用則異者, 固緣氣之美惡. 然聖人常主其同者, 不把氣作大事看. 論未發曰, 喜怒哀樂未發, 何嘗不善? 必欲藏惡種子於未發, 以爲發後之根柢, 則末如之何矣. 論明德曰, 明德是氣, 明明德, 是明氣也. 修養家鍊氣之學, 卽嘗聞之矣, 明氣之學, 未之聞也.

盖先生之學, 一以躬行心得爲務, 而貫之以紗敬, 體之以至誠, 故其所論所履, 皆自實學實見中出來. 以之齊家, 則孝友敦睦, 各盡其道, 冠婚喪祭, 一遵於禮. 以之事君, 則謹辭受之節, 嚴出處之義. 敎誨後進, 必因其材而開導之. 雖疾病沉劇, 而應接不倦, 容止語默, 動靜周旋, 自有成法. 不言而喩, 夙興夜寐, 凝神端坐, 薰然襲人之和, 毅然持己之嚴, 可親而可敬也.

嗚呼! 先生以經濟之才, 充之以學問之力, 堯舜君民之具, 旣不得展施於當世, 所可以想見其萬一者, 惟壬戌擬策及丙寅兩疏而已. 然字字經綸, 言言藥石. 旣不迂遠而泥於古, 又不卑近而狃於俗. 義理亭當, 效害切實, 其規模可謂深且遠矣. 而吾道之難行, 非止今日, 則其所以退而明道, 使太極陰陽造化樞紐, 不遂爲昆侖儱侗之物. 而曰心曰性曰明德, 凡道理精微, 學問主旨, 皆全體洞然, 大本昭著, 而庶幾不盭於前聖之旨, 其有功於學者大矣.

配蔚山金氏, 進士宜休女, 河西先生后, 卒以哲宗辛亥. 有子女各一, 男卽晩衍, 婿鄭濩/ 孫男五人, 宇夔, 宇蕃. 宇萬進士翼陵參奉, 不就, 克承家學. 宇蒙, 宇業. 外孫男海聞·海萬·海彬, 女李承迪, 鄭永壽, 梁會寅. 宇夔無嗣, 宇業子春度後焉, 婿朴泳學. 宇蕃子準度. 宇萬子洛度, 側出子淑度. 宇蒙子近度·宣度, 宣度後宇業.

嗚呼! 先生之道學高矣, 而莫大乎主理. 先生之事功廣矣, 而莫大乎斥洋. 昔孟子主性善之論, 而以闢楊墨爲事業. 朱子宋子, 倡明絶學, 而平生用力, 乃在乎攘胡虜斥陸鑣. 蓋非道學, 無以成事功, 而事功之光明正大, 亦無不本於道學之正者. 然所謂道學之正者, 又不常得於世. 中國千五百年之間, 自孟子以後, 僅得周程張朱而止. 及夫昌運返東, 治敎休明, 則有若退栗尤三先生者, 而千載正學之傳, 始在海外. 假使中國之賢, 復有如朱子者興, 必不以此言爲誣, 此何以知其必然也? 萬古道學之正, 至朱子而集于一, 如天之有北極, 水之有東海. 三先生之學, 則不違乎朱子, 故知其必然也. 自是繼作之賢, 雖皆有高下淺深之殊, 而莫不知宗朱子矣. 然或議論太高, 主張太執, 不期違而自至乎違, 若近世主氣之論是已. 先生生斯時, 不顧利害, 不計得失, 擔一理字倡言, 爲復古返正之擧, 而攻之者, 果蝟起矣. 然後千百世, 若復有如三先生者出, 則亦將如攻者之言, 而先生之學, 終不得見容耶? 抑將莞爾而笑以爲是眞得朱子之旨者耶? 噫! 是未可知也. 銘曰 :

奇氏于東, 厥有遠源, 顯仕儒學, 奕世相因, 天眷積累, 將施其報, 不榮以祿, 佑我大道, 生我先生, 俾昭厥祥, 山河間氣, 金玉其相, 夙抱高識, 紗契獨悟, 師友聖賢, 長趨濶步, 孝爲行本, 敬乃德基, 坦然任眞, 何慮何思, 鶴鳴聲聞, 理則由天, 旌招煌煌, 華誥聯翩, 暫膺旋辭, 益守其窮, 匪我也果, 惟義與終, 際時多艱, 憂心如焚, 以策以疏, 字字經綸, 視天夢夢, 呼號何益, 卷而懷之, 澗阿孔碩, 經濟之具, 寓諸繼開, 于經于傳, 咀嚼萬回, 矻矻八耋, 愈精愈求, 透前未到, 樂而忘憂, 旣不我有, 于古取正, 聖曰是哉, 孰敢爾病, 惟是叔季, 痼疾主氣, 鮮不大驚, 謂我喜異, 匪我則異, 反是古常, 謂余不信, 親見紫陽, 在前在後, 可俟可質, 違今合古, 誰得誰失, 欝欝凰山, 山紆水長, 有斐令德, 沒世可忘.

猥筆論爭 1

제2부 1902

정애산에게 올림

임인년(1902) 정월 10일

권명희

이 글은 권명희가 1902년 1월 10일 정재규에게 보낸 편지이다. 「외필」이 문제로 삼은 '기자이(機自爾)'의 내용을 토론하면서, 「외필」처럼 주장하지 않더라도 이이의 「이일분수가」를 통해 율곡 성리학이 충분히 주리적으로 이해될 수 있다고 주장한다. 이미 1901년부터 「외필」의 문제점을 권봉희, 송병선과 함께 논의했던 권명희가 아직 『노사집』의 중간이 완료되지 않은 시점에 정재규와 「외필」을 두고 어떤 의견을 교환하고 있는지를 알 수 있는 자료이다. 『삼외재집』 권4에 실려 있다.

지난해에 편지를 받았는데, 마음을 리로 말하면서 율곡의 말을 인용해서 증거로 삼았고, 분수도 리라고 하면서 또한 율곡의 말을 인용해서 증거로 삼았습니다. 이제 이리저리 살펴보고 억지로 풀이하려 해 보았습니다만, 편지에서 인용한 내용은 율곡의 말이 인용하기에 적확하지 않아서 그런 것입니까? 아니면 율곡이 리로 말한 경우가 없었기 때문입니까? 마음속에 의문이 듭니다.

지금껏 주리(主理)가 아닌 성현은 없었습니다. 하늘이 낳은 재능을 가졌고, 보통 사람과 차이 나는 행실을 가졌더라도 리를 주장하지 않는다면 타고난 자질의 훌륭함에나 어울릴 뿐입니다. 어떻게 학문이라고 부를 수 있겠습니까? 그럼에도 어쩌다 스스로 학문이라고 인정한다면 천하 후세에 독이 되는 것은 홍수나 맹수에만 그치지 않을 것입니다. 그러므로 율곡은 이것을 걱정해서 이미 입 아프게 리가 주재가 된다고 밝혔으니, 가장 명백하게 말한 것이 「이일분수가」입니다. '음양의 고요함과 움직임은 그 기틀이 저절로 그런 것이다'라고 한 것은 사람들이 리가 기를 부리는 것을 마치 주인이 종을 부리는 것처럼, 각각 한 곳에 (따로) 있는 것으로 알까 우려했기에, 드디어 이 한마디 말을 만들어 리와 기가 둘이면서 하나라는 오묘함을 형용한 것입니다. 율곡이 리를 알지 못하고, 주기(主氣)의 관점에서 이 말을 했다면 어떻게 다시 「이일분수가」가 있을 수 있었겠습니까? 이 시가(詩歌)를 보면 율곡이 참으로 (과거의 학문을) 계승해서 (미래의 학문을) 열어젖힌 공적이 크다는 것을 알 수 있습니다. 그 시가에서 "돈독한 조화는 끝이 없고 시내의 흐름은 그치지 않으니, 누가 그 기틀을 주재하는가? 아! 태극이로다"[1]라고 했습니다. 이미 이 시가가 있다면 노사 문하의 「외필」은 (쓸데없이) 겹쳐진 평상 같습니다. 제 말이라고 소홀하게 여기지 마시고 말없이 깊이 헤아려 보시면 어떻겠습니까?

1 이이, 『율곡전서』 권1(표점영인 한국문집총간 vol.44), 「理一分殊賦」, 12쪽 참조.

鄭艾山

壬寅正月十日

權命熙

前歲仰稟, 言心或以理言, 而引栗谷說以證之. 言分殊是理, 而亦引栗谷說以證之. 今乃惟以回互牽强, 爲敎所引, 栗谷說非的確可引者故耶? 抑栗谷無以理言故耶? 心竊疑焉. 蓋萬古未有不主理之聖賢, 雖通天之才, 絶人之行, 苟不或主之以理, 適其有資質之美而已, 豈可以有學問稱也? 然而或自許以學問, 則其貽毒于天下萬世, 不翅若洪猛, 故栗谷爲此懼, 旣苦口發明此理之爲主宰, 其最所明白, 理一分殊歌是已. 其云陰靜陽動其機自爾, 恐人認理之使氣, 若主之使僕, 各在其一處, 故遂設此一語, 以形容理氣二而一之妙. 若栗谷果不知理, 主氣而有此語, 安得復有理一分殊歌? 觀此歌, 栗谷實大有繼開之功可知矣. 其歌曰敦化無窮, 川流不息, 孰尸其機? 嗚呼太極! 旣有此歌, 尊師門猥筆, 恐似疊牀. 勿以命熙言忽之, 深下默亮, 如何如何?

한희녕에게 보냄

임인년(1902) 정월

정봉기

이 글은 정봉기(鄭鳳基, 1861~1915)[2]가 1902년 1월 한유(韓愉)에게 보내는 편지이다. 한유는 송병선, 김평묵, 최익현, 전우 등에게 학문을 익혔지만, 기정진의 제자였던 조성가가 동생의 딸을 시집보낸 인연이 있었기에 노사학파와도 교유가 있었던 인물이었다. 이 때문에 한유는 정봉기가 기정진의 성리학설에 우호적이라는 점을 비판하는 내용의 편지를 보내면서, 정봉기가 '거짓으로 율곡을 존경하는' 노사학파의 일원이 아닌지 의심했던 것으로 보인다. 이 편지는 그에 대한 답장으로 쓴 것이다. 『수재문집(守齋文集)』 권4에 실려 있다.

새해에 형도 건강하시고 부모님을 모시는 데 만복이 깃들기를 바랍니다. 뜨락의 매화가 처음 터져서, 은은한 향이 사람을 파고듭니다. 우리 형과 그 아래에서 대작하며 나무를 백 번이고 천 번이고 휘감는 시구를 읊조리고 싶은 마음입니다. 그러나 낙락하게 서로 바라만 보고 그리워하면서도 볼 수 없으니 슬픔만 더할 뿐입니다. 지난번 편지에서 말하신 것이 어찌 인정을 넘어선 꾸짖음이 아니겠습니까? 제가 평소에 이치를 보는 안목이 없어서, 음양이 동정하는 데 시키는 것이 있는지, 없는지에 대해서는 분명하게 엿볼 수 없었는데, 어떻게 스스로 망령되게 떠들겠습니까? 이미 엿보지도 못했다면 의심스러운 것을 적어서 도

2 자는 응선(應善) 호는 수재(守齋) 본관은 연일(延日)이고 거주지는 하동(河東)의 북평(北平)이다. 송병선과 최익현의 문인이다.

를 아는 이에게 질의하는 것이 진실로 격물궁리하는 한 가지 일을 잃지 않게 될 것입니다. 그러나 요즘 유학계의 동향이 어지럽습니다. 리라 하고 기라 하는 등의 주장에서 각각 자신의 견해를 고집하며 논쟁의 단서들을 불러일으키느라 풍색이 아름답지 못합니다. 저는 개인적으로 유학계의 동향이 이와 같은 것을 경계했습니다. 내가 이 때문에 설왕설래한다면 사사로이 의심스러운 것을 질의한 것이 도리어 이런 풍조와 형세를 조장하게 될 것이라고 여겼습니다. 그래서 '저절로 그런 것이지 그렇게 시키는 것이 있지 않다'라는 한 단락을 제쳐두고 강론하지 않았습니다. 『성학집요』와 『격몽요결』 등의 책에 마음과 생각을 기울이고 쌓았습니다. 오래도록 힘을 쓰면 어쩌다 이로 인해 하늘이 그 성심을 유도해서 성명의 근원에 또한 깨닫는 것이 있을 것이라고 여겼기 때문이었습니다. 이런 까닭에 전에 망언을 한 것은 평소에 서로 깊이 사귄 것을 믿고서 토로한 것이었습니다. 제 말에 실제로 잘못이 있었다면, 형이 제 무능을 긍휼히 여기고 정성스레 일깨우심으로써 이 못난 사람을 깨우쳐 주실 일이지, 거꾸로 거짓으로 율곡을 존경한다는 부류라고 꾸짖으시니, 이것이 어찌 제가 우리 형에게 평소에 바라는 것이겠습니까? 비록 그렇지만, 깊이 교유하는 사이에 무슨 말을 못하겠습니까? 꾸짖음이 실상에 맞는지 그렇지 않는지는 말을 많이 할 필요가 없고, 오직 대도(大道)를 듣고 싶을 뿐입니다. 형이 분명하게 '그렇게 시키지 않는다'라는 말의 실상을 말해서 가르쳐 주신다면 다행이겠습니다.

지난해에 김중암(金重菴)이 지은 「외필」의 발문을 보았더니, 노사의 말을 십분 정당하다고 하면서, 기호사림이 정말로 율곡을 존경했기에 그의 말이 이와 같았다고 했습니다. 이것은 실로 깊이 생각해서 분명히 변론한 것입니다. 형의 편지에서 허로재(許魯齋; 許衡, 1209~1281)를 운운하셨는데, 모르겠습니만 그 말은 무슨 일이 있어서 하신 것입니까?

만일 평범하게 도리를 말하면서 인의예양(仁義禮讓)과 효우충신(孝友忠信)은 나라와 집안을 망치는 바탕이 되기에나 충분할 뿐이라고 하는 것이라면, 이것이 어찌 천하 사람들을 이끌어 인의를 해치는 것이 아니겠습니까? 그의 말이 정말로 이와 같다면 그가 스스로 '도리를 꿰뚫어 보았다'라고 한들 끝내 변두리의 오랑캐일 뿐이니, 그 까닭에는 유래가 있기 때문입니다. 형은 어째서 이것으로 제가 깊이 생각하기를 바라는 것입니까? 뜻을 이미 이해할 수 없기에 오히려 이것을 형에게 올리오니 깊이 생각하시기 바랍니다.

與韓希甯

壬寅正月

鄭鳳基

新歲仰惟兄候侍奉萬福. 庭梅初綻, 嫩香襲人, 思欲與吾兄對酌其下, 吟繞樹百千回之句, 而落落相望, 愛之而不可見, 只增悵惘而已. 前惠書所喩, 豈非過情之責耶? 鳳基素無觀理眼目, 陰陽動靜之有使無使, 未能分明覷得矣. 何以妄自容喙哉? 旣未覷得則翕其所疑以質於知道, 固不失爲窮格之一事, 而近來儒門, 物情紛然, 以曰理曰氣之說, 各執己見, 惹起爭端, 風色不佳, 區區私誠以爲儒明物情旣已如此, 吾若以此說去說來, 則其所謂私質其疑者, 反或爲助風鼓瀾之勢, 故其於自爾非使一段, 置而不講, 只欲於輯要要訣等書, 潛心而積慮, 久久用力, 庶幾或者因是而天誘其衷, 其於性命原頭, 亦有所開悟. 是以前有妄言, 是乃恃平日相與之深而傾倒者也. 使其言果有所失, 則兄當矜其所不能, 眷眷開示以曉此蒙蔀, 而乃反責之以佯尊栗谷者之餘囈, 此豈鳳基之所素料於吾兄者哉? 雖然, 切交之地, 何言不到? 責之情與不情, 不必多言, 而惟聞得大道, 是所至願. 幸兄明言其非使之實而以敎之也.

頃年見金重菴所著猥筆跋, 以蘆沙之言爲十分正見, 以畿湖士林之眞尊栗谷, 而其說如此. 此實深思而明辨處也. 至若盛喩所及許魯齋云云, 未知其言或有爲而發歟? 若平說道理, 而謂仁義禮讓孝友忠信, 適足爲亡國敗家之資, 則此豈非所謂率天下之人而禍仁義者歟? 其言果若如是, 則其所以自謂看透道理, 而終爲夷狄邊人者, 其由蓋有所自來矣. 兄何以以此望鳳基之深思也? 盛意旣未領會, 則還欲以此奉獻于兄, 而深思之也.

연재 송선생에게 올리는 품목

임인(1902) 2월 25일

권명희

이 글은 권명희가 1902년 2월 25일 스승인 연재 송병선에게 보내는 편지이다. 「답문류편」과 「외필」을 중심으로 하는 기정진의 성리학에 의문을 제기하면서 송병선의 평가를 바라고 있다. 권명희의 문제의식은 이 글의 첫 부분에서 "『노사집』에는 주리설이 있는데, 『율곡집』에는 없다"라는 어떤 이의 비평을 언급함으로써, 퇴계학파에서 제기한 이이의 성리학이 주기적이라는 오랜 비판을 상기시킨다. 동시에 그 비판에 대응해야 할 필요성의 관점에서 기정진 성리학이 독해되고 있다는 것을 보여준다. 이 때문에 권명희는 첫 번째 조목에서 기정진의 성리학을 '기를 리로 인식한다'라는 퇴계학파 비판과의 연관성 속에서 독해함으로써 이 문제가 얼마나 고질적인 것이었는지를 보여주고 있다. 『삼외재집(三畏齋集)』 권3에 실려 있다.

요즘 어떤 이가 "『노사집』에는 주리설이 있는데, 『율곡집』에는 없다"라고 하길래 노사의 「답문류편」과 「외필」을 살펴보았습니다. 옳은 곳은 율곡설을 인용해서 따랐고 의심스러운 곳은 조금씩 변론해 보았습니다만, 가부를 알지 못하겠습니다. 밝게 가르침을 주신다면 다행이겠습니다.

태극의 리는 원만하게 소통하는 듯해도 실제로는 방정하고 엄격하니…만일…원만하게 소통하여 얽매이지 않을 뿐이라면, 말에도 소의 뿔이 나고 복숭아에도 자두 꽃이 피고 겨울에도 칡베 옷을 입고 여름에도 가죽옷을 입을 수 있을 것이다.[3]

율곡은 "리는 기의 주재이고, 기는 리가 타고 있는 것"[4]이라고 했으니 '원만하게 소통된다'라고만 하는 것은 잘못입니다. 복숭아에는 복숭아의 리가 있고, 자두에는 자두의 리가 있습니다. 그러나 복숭아는 복숭아에 국한되고 자두에 소통되지 못하며, 자두는 자두에 국한되고 복숭아에 소통되지 못하는 것은 기 때문입니다. 만일 국한되어 소통되지 못하는 것조차 리라고 한다면, 어찌 기를 리로 인식하는 것이 아니겠습니까?

"전체가 하나의 태극[統體一太極]"이라는 말을 듣고 곧 (손으로 만지고 눈으로 볼 수 있는) 한 덩어리의 물건을 찾으려고 했다.[5]

율곡은 "갖가지로 고르지 않은 것은 기가 하는 것이지만, 반드시 주재가 되는 리가 있다"[6]라고 했습니다. 이것이 정말로 한 덩어리의 물건을 찾는 것입니까?

천하에 서로 떨어지지 않는 한 가지 길만 있다면, 사(事)라 하고 물(物)이라 하고 천지·음양이라고 하면 족할 터인데, 무엇 때문에 '리(理)'자와 '기(氣)'자를 나누고 쪼개서 뒷사람으로 하여금 무한한 갈등을 일으키게 하겠습니까?[7]

율곡은 "리가 아니면 기는 뿌리가 없고, 기가 아니면 리는 의지할 것이 없다"[8]라고 했습니다. 그가 '서로 떨어지지 않는 한 가지 길'이라고

---

3 기정진, 『노사집』 권4(표점영인 한국문집총간 vol.310), 「答權信元」, 95쪽.
4 이이, 『율곡전서』 권10(표점영인 한국문집총간 vol.44), 「답성호원」, 199쪽.
5 기정진, 『노사집』 권4(표점영인 한국문집총간 vol.310), 「答權信元」, 95쪽.
6 이이, 『율곡전서』 권10(표점영인 한국문집총간 vol.44), 「답성호원」, 199쪽.
7 기정진, 『노사집』 권4(표점영인 한국문집총간 vol.310), 「答權信元」, 94쪽.
8 "夫理者, 氣之主宰也, 氣者, 理之所乘也, 非理則氣無所根柢, 非氣則理無所依著" 이이, 『율곡전서』 권10(표점영인 한국문집총간 vol.44), 「답성호원」, 199쪽.

만 한 것은 정말이지 (제대로) 살피지 못하고 말한 것입니다.

"리가 먼저 갖추어져 있다"라는 것은 허공에 걸린 리가 먼저 있음을 말한 것이 아닙니다. 온갖 형상으로 말하면 온갖 형상이 있기 전에 이미 온갖 형상의 리가 있습니다.[9]

율곡은 '전천지(前天地)가 소멸된 뒤에 태극은 음에 있고, 후천지(後天地)가 장차 개벽하려고 할 때 태극이 양에 있다'[10]라고 했습니다. 이 말을 음미해보면 리가 먼저 갖춰졌어도 허공에 걸려 있는 것은 아니라는 것을 진실로 알 수 있습니다.

주자는 이미 "체(體)에 나아가 용(用)이 그 속에 있다"라고 정자의 말을 해석했으니, 어찌 체용을 둘로 쪼개서 체는 충막(沖漠)하고 용은 삼연(森然)하다고 말한 적이 있습니까?[11]

율곡은 "분명히 먼저 리가 있고 뒤에 기가 있다. 천지가 생기기 전에도 천지의 리가 없다고 할 수 없다"[12]라고 했습니다. 체와 용을 둘로 쪼갠다는 것은 이 말을 보면 그 잘못을 알 수 있습니다.

만물이 많다고 하더라도 리에 근본하지 않는 것은 하나도 없으니 이것이 하나의 근본[一本]이다.[13]

율곡이 "천하에 어떻게 리 밖의 기가 있겠는가?"[14]라고 한 것도 이러

9 기정진, 『노사집』 권4(표점영인 한국문집총간 vol.310), 「答權信元」, 102쪽.
10 이이, 『율곡전서』 권9(표점영인 한국문집총간 vol.44), 「答朴和叔」, 186쪽.
11 기정진, 『노사집』 권4(표점영인 한국문집총간 vol.310), 「答權信元」, 103쪽.
12 이이, 『율곡전서』 권10(표점영인 한국문집총간 vol.44), 「여성호원」, 217쪽.
13 기정진, 『노사집』 권4(표점영인 한국문집총간 vol.310), 「答權信元」, 103쪽.
14 이이, 『율곡전서』 권10(표점영인 한국문집총간 vol.44), 「답성호원」, 206쪽.

한 뜻일 뿐입니다.

(정재규가) '리는 운용과 작위가 없으니 '없다'라는 것은 그 일이 없다는 것입니다. 만일 그 묘용이 없다고 한다면 리라고 하는 것은 모든 변화의 지도리와 뿌리가 되기에 부족하고 한 덩어리의 죽은 물건일 뿐이다'라고 하자, (노사는) '이 절에서 논한 것은 대의를 알았다고 할 수 있다'라고 했습니다.[15]

율곡은 "무형과 무위이면서 유형과 유위의 주재가 되는 것은 리이고, 유형과 유위이면서 무형과 무위의 기(器)가 되는 것은 기이다"[16]라고 했습니다.

많음은 적음과 대비된다. 리의 묘용은 피차가 없어서 하나와 떨어지지 않으면서 온갖 것이 갖춰져 있고, 온갖 것과 떨어지지 않으면서도 하나가 존재하고 있다. 이것은 사물의 많음과 적음이 각각 그 형태를 하나씩 갖는 것과는 다르다. 이것이 많음과 적음의 통합이다.[17]

율곡은 "리는 있지 않은 곳이 없어, 각각 그의 성이 되지만 그 본연의 묘리는 그대로다. 이것을 '리가 통한다'라고 한다"[18]라고 했습니다. 이 말과 그 뜻이 다른 것입니까?

특히 '(리가) 기를 타고 변화하면서 막힘없이 두루 통한다는 것을

15 기정진, 『노사집』 권12(표점영인 한국문집총간 vol.310), 「答鄭厚允問目」, 271~272쪽 참조.

16 이이, 『율곡전서』 권10(표점영인 한국문집총간 vol.44), 「답성호원」, 210~211쪽.

17 기정진, 『노사집』 권16(표점영인 한국문집총간 vol.310), 「理通說」, 359쪽.

18 이이, 『율곡전서』 권10(표점영인 한국문집총간 vol.44), 「답성호원」, 211쪽.

통(通)이라고 한다'라는 말은 그 근본이 추하게 어긋났고, 혀가 닳도록 말해 주어도 듣지 않는다.[19]

율곡 또한 "이미 기를 탔다면 그 나뉨은 갖가지로 다르게 된다. 갖가지로 고르지 않은 이유는 또한 리가 마땅히 이와 같기 때문이니, 리가 이와 같지 않은데 기 홀로 이와 같은 것이 아니다"[20]라고 했습니다.

태극이라고 한다면 본래 움직임과 고요함이 있지만, 무극이라고 한다면 원래 움직임과 고요함이 없다.[21]

정말로 이 말대로라면 태극 위에 다시 무극이 있어서 태극과 무극이 둘이 되는데 괜찮겠습니까?

태극이 리만을 가리킨다는 것은 본래 옳다. 그러나 음양이 기만을 가리킨 말이라고 한다면 과연 말이 되는가?[22]

음양이란 글자는 태극이란 글자와 대비되지만, '기만을 가리킨다'라고 하는 것이 어째서 불가능하다는 것입니까?

이 두 가지는 본래 주인과 종이라는 형세와 앞선다거나 뒤선다는 구분이 없는데, 우선 명위(名位)가 높기 때문에 윗자리에 두기를 마치 신시(新市)와 평림(平林)의 장수들이 경시(更始)를 받들듯이 한 것[23]이라

---

19 기정진, 『노사집』 권16(표점영인 한국문집총간 vol.310), 「理通說」, 359쪽.

20 이이, 『율곡전서』 권10(표점영인 한국문집총간 vol.44), 「답성호원(임신)」, 199쪽 참조.

21 기정진, 『노사집』 권5(표점영인 한국문집총간 vol.310), 「答李容壽」, 118쪽.

22 기정진, 『노사집』 권4(표점영인 한국문집총간 vol.310), 「答權信元」, 95쪽.

23 '경시'는 한(漢) 나라 용릉 대후(舂陵戴侯)의 증손(曾孫) 현(玄)을 가리킨다. 스스로를 경시장군(更始將軍)이라고 불렀고, 후 신시(新市) 및 평림(平林)의 장군들에게 추대되어 황제(皇帝)의 자리에 올랐지만, 사람됨이 용렬해서 곧 군중들의

고 생각하는가?[24]

율곡은 “누가 그 기틀을 주재하는가? 아 태극이로다!”[25]라고 했습니다. 이 말을 살펴보면 평림이 경시를 받든 것과 한나라 헌제(獻帝)가 조조와 동탁에 기댔다는 것과는 다른 것을 알 수 있습니다.

리라고 하는 것은 모두 ‘리’ 한 글자일 뿐이다. 천하에 어찌 진흙을 섞고 모래와 자갈을 섞은 ‘리’ 자가 있겠는가?[26]

이와 같다면 (노사는) 어째서 또 “지나침과 모자람 또한 리에 반드시 있는 것이다”[27]라고 한 것입니까? 아마도 이것은 진흙을 섞고 모래와 자갈을 섞은 리일 것입니다.

저절로 그런 것이다… —「외필」—

“기틀이 저절로 그런 것이지 그렇게 시키는 것이 있지 않다”라는 말은 리와 기는 하나인데 리는 함이 없고 기는 함이 있다는 것을 밝히려는 것입니다. “그렇게 되는 까닭이 리다”라는 말은 리와 기는 둘인데 리는 주재이고 기는 그릇[器]임을 밝히려는 것입니다. 율곡의 이 말은 매우 정밀해서 (더 이상) 숙고할 것도 없습니다. 갑자기 공격하고 배척을 하니, 어찌 그리 거칠고 어긋난 것입니까? 리는 함이 없고 기는 함이 있기 때문에 “저절로 그런 것이다”라고 하는 것입니다. 그런데 이제 ‘저절로 그런 것이다’라는 말을 크게 비난하니, 그의 생각은 틀림없이 ‘리에 함이 있기 때문에 기도 함이 있다’라는 것입니다. 함이 있는 것을

여망을 잃었다.

24 기정진, 『노사집』 권4(표점영인 한국문집총간 vol.310), 「擬與權信元」, 97쪽.

25 이이, 『율곡전서』 권1(표점영인 한국문집총간 vol.44), 「理一分殊賦」, 12쪽.

26 기정진, 『노사집』 권4(표점영인 한국문집총간 vol.310), 「擬與權信元」, 98쪽.

27 기정진, 『노사집』 권15(표점영인 한국문집총간 vol.310), 「答景道」, 357쪽.

리라고 하는 것은 근거가 있는 것입니까? 리는 함이 없지만 주재가 되는 오묘함이 있습니다. 그렇기 때문에 "그렇게 되는 까닭이 리다"라고 하는 것입니다. 노사의 주장대로라면 리는 함이 있은 뒤에야 주재가 된다는 것이니, 옳지 않습니다.

"기가 리를 따라서 발동하는 것은 기발이 곧 이발이다."…

이처럼 말하는 것도 괜찮겠지만, 율곡은 리와 기가 호발하지 않는다는 것을 밝히려고 했기 때문에 '기발이승일도설'을 주장했습니다. (기발이승이란 표현에서) 기를 앞세우고 리를 뒤에 두었지만, 리가 먼저라는 뜻에는 어떤 지장도 없습니다. '승'이란 글자를 음미해 보면 알 수 있습니다. (주체로서) 올라타는 이가 있기 때문에 이 (동작으로서) '올라탐'이 있는 것입니다. 또한 올라타는 움직임을 보았다면 올라타는 이가 (그 이전에) 이미 움직였음을 알 것입니다.

"귀인이 길을 나서면 수레와 말, 하인들이 없을 수 없다."…

귀인이 길을 나서면 하인들이 많다고 해도 '귀인이 간다'라고 해야지, '하인들이 간다'라고 해서는 안 됩니다. 그러나 귀인과 하인은 구별해야 합니다. 귀인을 가리켜서는 귀인이라 하고, 하인을 가리켜서는 하인이라고 해야 합니다. 하인을 또 귀인이라고 부른다면 매우 명분에 어긋날 것이다. 또한 하인들이 길을 나서는 것을 보면 귀인이 길을 나섰다는 것을 알 수 있기 때문에 먼저 '하인들이 길을 나섰다'라고는 했지만, 귀인이 그들보다 앞선다는 뜻은 이미 분명합니다.

"'승'자를 원래 타고 있다는 뜻으로 보지 않는다."…

율곡의 "기가 발동하고 리가 탄다"라는 구절의 앞 문장에는 "리와 기는 원래 서로 떨어지지 않는다"[28]라는 말이 있는데, 어째서 이렇게 살펴보지 않는 것입니까?

“기를 리와 짝지어 제시한다”에서 “리는 존귀해서 짝이 없다.”까지. -이상은 「외필」의 내용이다.-

이미 “리에 지나침과 모자람이 있다”라고 했으면서, 여기에서는 “리는 존귀해서 짝이 없다”라고 하니, 이것은 정말이지 초나라의 항적(項籍)이 겉으로만 의제(義帝)를 높이는 격입니다.

“양 가운데 음이 있기에 양이 극에 달하면 음이 생기고, 음 가운데 양이 있기에 음이 극에 달하면 양이 생깁니다.” 말했다. “그렇다.”[29]

양 가운데 음의 리가 있기에 양이 극에 달하면 음이 생깁니다. 만일 ‘양 가운데 음이 있기에 양이 극에 달하면 음이 생긴다’라고 한다면 이것은 기가 끊임없이 생성하면서 늘 순환하지 않는다는 것인데 어떻게 가능하겠습니까? 이제 막 생기는 음은 이전의 양 가운데 있는 음기가 아니니, (기는) 생겨났다 없어지기 때문입니다. 리는 음의 리가 곧 양 가운데 있는 리이니, 리는 생겨났다 없어지지 않기 때문입니다.

리의 본연은 본래 순수하게 선하고 악이 없지만, 그 기를 타고 유행한다면 지나침과 모자람의 차이가 없을 수 없다. 기에 지나침과 모자람이 없을 수 없는 것 또한 사리와 형세가 그러한 것이다. 섭공이 양을 훔친 일을 증언한 것을 정직하다고 하지 않았던 것은 증언하는 리가 정직하지 않아서가 아니라, 증언의 대상이 아버지였기 때문이다.[30]

여기에서 말하는 ‘사리와 형세[理勢]’는 선현들이 말하는 ‘사리와 형세’

---

28 이이, 『율곡전서』 권10(표점영인 한국문집총간 vol44), 「답성호원」, 210쪽.

29 출처가 분명치 않다.

30 기정진, 『노사집』 권9(표점영인 한국문집총간 vol.310), 「答閔克中」, 210쪽.

가 아닙니다. 섭공이 양을 훔친 일을 증언하면서 정직함에 얽매여은혜를 소통시키지 못했으니, 이것은 기 때문입니다. 이제 '증언하는 리가 정직하지 않아서가 아니라 증언의 대상이 아버지였기 때문이다'라고 한다면 말이 되겠습니까? 이 또한 사리와 형세를 리로 인식했기 때문입니다.

"그 선한 것은 리에 뿌리를 두고 불선한 것은 기에서 만들어진다고 한다면 이것은 조화의 묘용이 절반은 리가 기를 부리고, 나머지 절반은 기가 리를 굴복시킨 것이니 태극은 온갖 변화의 주재가 되지 못할 것입니다." 말했다. "'우매한 이를 위해 말하자면 어쩔 수 없이 '선한 것은 리에 뿌리를 두고 불선한 것은 기에서 만들어진다'라고 하지 않을 수 없다. 조화의 근본을 논하는 것은 별도의 주장이 되어야 할 것이다."[31]

이 말을 살펴보면 조화의 근본을 논하자면 반드시 '리에는 선과 악이 있다'라고 해야만 합니다. 그리고 '리에 선과 악이 있다'라고 하는 그 리를 주재로 간주해야 할 것이니, 천하에 큰 화가 될 것입니다. 또한 사람을 가르치는 말에 우매함 때문에 그 대의를 바꾸는 것이 가능하겠습니까? 어째서 '바꿀 수 없다'라고 말하지 않는 것입니까?

"물이 (쳐서) 이마보다 높이 올라가게 하거나 산으로 올리는 것 또한 리 밖의 일이 아니니, 기가 리에게 명령을 들은 것은 사실이지만, 이것을 본연이라고 말하면 옳지 않기 때문에, 기가 그 허물을 책임진다."[32]

이미 '기가 리에게 명령을 들은 것이 사실이다'라고 하면서 또한 '기가 그 허물을 책임진다'라고 하는 것은 어째서입니까? 이 기가 이미 리

31 기정진, 『노사집』 권12(표점영인 한국문집총간 vol.310), 「答金景範問目」, 265쪽.

32 기정진, 『노사집』 권15(표점영인 한국문집총간 vol.310), 「答景道」, 355쪽.

에게 명령을 들었는데, 오히려 이 기에 죄를 묻는다면 매우 원통할 것입니다. 안으로는 실제로 리에 죄를 물으면서 밖으로는 기에 죄를 물으니, 「외필」에서 '피음사둔'이라고 한 것은 그 스스로를 말하는 것입니까? 사리와 형세를 주재하는 리로 인식했기에 이러한 지경에 이른 것입니다. 율곡은 "기를 타고 있는 리를 제외하고 본연의 리를 따로 찾는 것은 진실로 옳지 않다"[33]라고 했습니다. 물을 쳐서 이마처럼 높이 오르게 하는 리가 있기에 물을 쳐서 이마를 지나치도록 높이 올릴 수 있는 것입니다. 리라는 측면에서 보자면 이 또한 본연의 리에서 벗어나지 않습니다. '본연'이라고 하는 것이 어찌 불가능하겠습니까? 다만 타고 있는 기가 부딪침에 국한되어 (리를 순순히) 따르는 데 통하지 못하면 본연이 아닌 것입니다. 이것이 '사리와 형세'라는 것입니다. 부딪침에 국한되어 리를 따르는 데 통하지 못하기에 '기가 그 허물을 책임진다'라고 하는 것도 가능합니다. 이미 '기가 리에게서 명을 듣는다'라고 하고서, 또 '기가 그 허물을 책임진다'라고 한다면 말이 되지 않을 뿐만 아니라 실제로는 리를 폄훼하는 큰 잘못이 됩니다.

선철은 "선악이 모두 천리"라고 했다.…리를 말하는 것은 중을 말하는 것만 못하다. 중은 선하지 않음이 없다. 예로부터 성인은 중(中)·충(衷)·칙(則)·이(彝)를 말했지, 한 번도 리를 말한 적이 없었다. 후세의 의론이 중·충 등의 글자를 고쳐서 '리' 자로 만들었다. 이 '리' 자는 선으로 보아야지, 불선으로 보아서는 안 된다.[34]

생각건대, 정자가 (천리의) 선악을 말한 것은 감정의 지나침과 모자람 때문에 그렇게 말한 것입니다.[35] 모두 감정의 근원으로서의 천리를 말

---

33 이이, 『율곡전서』 권10(표점영인 한국문집총간 vol.44), 「답성호원」, 206쪽.

34 기정진, 『노사집』 권12(표점영인 한국문집총간 vol.310), 「答金景範問目」, 265쪽.

한 것입니다. 그러므로 주자는 "본래 모두 선하지만 악으로 흐른다"[36] 라고 했습니다. 이렇게 본다면 악을 리라고 여기지 않았다는 것이 매우 분명하지 않습니까! 이제 (정자의 말을) 인용하고 이어 말하면서 '리를 말하는 것은 중을 말하는 것만 못하다. 중은 선하지 않음이 없다'라고 하니, 이것은 지나침과 모자람을 리라고 하는 것이요, 악도 또한 리라고 하는 것입니다. 이것은 어떤 학문입니까? '리가 악하다'라고 여기는 것을 여기에서 비로소 알 수 있습니다.

"지나침과 모자람 또한 리에 반드시 있는 것이다. '리' 자는 처음부터 끝까지 모두 해당되는 것이요, '중' 자는 양쪽 끝을 붙잡는 가장 정치한 곳이다."[37]

중은 리이고 지나침과 모자람은 기가 리에 지나치거나 모자란 것입니다. 이제 지나침과 모자람 또한 리로 간주한다면 매우 도를 어지럽히는 것입니다.

근원의 측면에서 보자면 리가 본래 기를 낳습니다. 유행의 측면에서 말하자면 기가 간혹 리를 해칩니다. 말했다. '내 뜻과 일치한다.'[38]

기에 선과 악이 있지만 그 선한 것은 진실로 리에서 생겨납니다. 그 악한 것 또한 리에 뿌리를 두었으되 악으로 흐른 것이지, 리가 악한 기

35 "천하의 선악은 모두 천리다. 악이라 하는 것도 본래 악이 아니다. 지나치거나 모자라면 이렇게 되니, 양주·묵적이 이런 부류다.[天下善惡皆天理, 謂之惡者非本惡, 但或過或不及便如此, 如楊·墨之類.]" 정호·정이, 『하남정씨유서』 권2상(『이정집』 vol.1), 14쪽.

36 주희, 『회암선생주문공문집』 권67(『주자전서』 vol.23), 「明道論性說」, 3275쪽.

37 기정진, 『노사집』 권15(표점영인 한국문집총간 vol.310), 「答景道」, 357쪽.

38 출처가 분명치 않다.

를 낳은 것이 아닙니다. 그것이 악으로 흐를지라도 어떻게 리를 해칠 수 있겠습니까? 리는 그대로이니 기가 악하게 되는 것은 스스로를 해치기에나 충분할 뿐입니다.

"성인은 반드시 '진실로 그 중을 잡으라'라고 했으니, 위아래의 두 끝이 모두 리 바깥의 물건이라고 해서는 안 된다."[39] 또 말했다. "리 가운데 원래 적합한 곳이 있으니, 성인은 그 적합한 곳을 주장해서 적합하지 않은 곳을 다스린다."[40]

중은 리이지만, 지나침과 모자람은 리가 아닙니다. 노사의 생각에 따라 말하자면 하나의 리일 뿐이지만, 그 위아래의 양쪽 끝은 본연의 리가 아니고, 그 중만이 본연의 리일 것이니, 말이 되지 않습니다. 또한 리로 기를 이끈다는 말은 들어보았지만, 리로 리를 다스린다[以理治理]는 말은 들어보지 못했습니다.

리는 종자(種子)와 같다. 필연(必然)의 묘용만 있을 뿐, 능연(能然)의 힘이란 없다. 필연의 묘용이 있으므로 곧게 이룰 수 있다. 능연의 힘이 없으므로 곧게 이룰 수 없지만, 이것도 리가 아님이 없다.[41]

리는 능연의 힘이 없기 때문에 기가 끝내 가리고서 (리가) 곧게 이뤄지지 않도록 한다면, 이것은 기의 죄입니다. 그런데 이제 죄를 리에 귀속시키니, 이렇게 한다면 틀림없이 의제에게 죄를 지우고 항적에게 죄를 물을 수 없을 것입니다. 천하를 어지럽히는 것이 무엇이 이보다 더 크겠습니까? 또한 리가 능연의 힘이 없다고 말하는 것은 주나라 양

39 기정진, 『노사집』 권12(표점영인 한국문집총간 vol.310), 「答鄭厚允·鄭季方(義林)問目」, 275쪽.

40 기정진, 『노사집』 권12(표점영인 한국문집총간 vol.310), 「答鄭季方」, 278쪽.

41 기정진, 『노사집』 권16(표점영인 한국문집총간 vol.310), 「答人問」 제3, 360쪽.

왕(襄王)와 한나라 헌제의 경우를 말하는 것이 아니라, 요순이 공손한 태도로 함이 없었던 것을 말합니다. 곤(鯀)이 명을 거슬렀던 것이 어떻게 요순이 초래한 것이겠습니까?

리는 물과 같다. 하나의 큰 물속에 말[斗]·섬[斛]·되[升]·홉[合][42]의 분량이 제각각 들어 있다.

큰 물속에 말과 섬의 물이 들어 있다고는 할 수 있겠지만, 큰 물속에 말과 섬의 양이 각각 정당하다고는 할 수 없습니다.

승두작홉(升斗勺合)의 물은 많고 적음이 다르지만, 물의 성질과 맛에는 가감이 없다. 주자가 말한 "사물의 성이 사람과 다르지 않다"라는 것이 이것이다. 만일 승두작홉과 나란히 같으려고 한다면 이것은 천하를 어지럽히는 것이다.[43]

승두작홉은 기를 비유해야 하고 승두작홉의 물이 많고 적음이 다르다는 것은 리에 비유해야 합니다. 사람과 사물의 성을 논한다면 사람이라고 해서 많지 않고, 사물이라고 해서 적지 않으니, 적은 것에 많음의 리가 있고, 많은 것에 적음의 리가 있습니다. 많음과 적음이 서로 통하기에 사물의 성이 사람과 다르지 않습니다. 사람과 사물의 기를 논하자면 많은 것은 많고, 적은 것은 적으니, 많음과 적음이 서로 통하지 않습니다. 이것이 사람과 사물이 서로 다른 까닭입니다. 이제 많음과 적음이 서로 통하지 않는 것과 물의 성질이 (양에 따라) 차이가 없는 것을 합쳐서 리로 간주하니, 또한 리와 기를 일물로 보는 병폐입니다.

42 기정진, 『노사집』 권9(표점영인 한국문집총간 vol.310), 「答趙直教」, 200쪽.
43 기정진, 『노사집』 권10(표점영인 한국문집총간 vol.310), 「答安義敬」, 234쪽.

"성이란 만물의 한 근원이다"라고 했는데, 과연 다르겠는가? "건도가 변화해서 각각 성명을 바로 잡는다"라고 했는데, 과연 같겠는가?[44]

앞 '성' 자는 어떤 성입니까? 뒤 '성' 자는 어떤 성입니까? 제가 보기에 앞뒤 '성' 자는 실질이 하나입니다. 사물로부터 성을 파헤쳤기에 '만물의 한 근원'이라고 한 것입니다. 명으로부터 성을 말했기에 '각각 성명을 바로 잡는다'라고 한 것입니다. '각(各)' 자는 사물에 속해야지, 성명에 속해서는 안 됩니다.

괘와 효가 많다고 하더라도 모두 태극의 온축이니, 구멍·틈·국자·사발도 본연이 아니라고 해서는 안 된다.[45]

64괘와 384효는 모두 태극의 묘용입니다. 그러나 국한되어 통하지 못하는 것은 기입니다. 구멍과 틈 또한 괘나 효와 같으니, 이미 국한된 구멍과 틈이라면 본연이라고 해서는 안 됩니다.

천명은 본래 같은데 어떻게 끝에 가서 다름이 있겠는가? 리는 본래 같고 다름이 없으니 같고 다름을 말하는 것은 학자들의 고루한 점이다.[46]

천명으로 말하면 양에도 음의 리가 참여하고 있고, 음에도 양의 리가 참여하고 있으니, 이것이 리의 통(通)입니다. 음양으로 보자면 양은 양이어서 음에 통하지 못하고, 음은 음이어서 양에 통하지 못하니 이것이 기의 국(局)입니다. 리는 통하기에 '천명이 본래 같다'라고 하고, 기는 국한되기에 '끝에 가서 다름이 있다'라고 하는 것입니다. 사람과 사물의 경우 리로 말하면 그 리가 통하기에 사람과 사물의 리는 같습니다. 기

44 기정진, 『노사집』 권12(표점영인 한국문집총간 vol.310), 「答鄭季方」, 278쪽.

45 기정진, 『노사집』 권15(표점영인 한국문집총간 vol.310), 「答景道」, 356쪽.

46 기정진, 『노사집』 권12(표점영인 한국문집총간 vol.310), 「答鄭厚允問目」, 272쪽.

로 말하면 사람의 리에 국한되고, 사물의 리에 국한되어 사람과 사물의 성이 다릅니다. 같음을 말하고 다름을 말하는 데 무엇이 고루하다는 것입니까?

리는 리이고, 분(分)은 분일 뿐이어서 성과 명이 단절된다.[47]

율곡도 정자의 "아직 반응하지 않았다고 해서 앞이 아니요, 이미 반응했다고 해서 뒤서는 것도 아니다"[48]라는 말을 언급한 적이 있는데,[49] 리(理)와 분(分)이 근원을 함께하기 때문입니다. 분이란 리의 만수(萬殊)입니다.

분수(分殊)의 바깥에 어떻게 따로 이일(理一)이 있겠는가?[50]

사물로 말하면 분수는 통하는 것을 가리켜 말했고, 이일은 본연을 아울러 말했습니다. 취지를 따라가 보면 의미의 차이가 있는데 어떻게 이처럼 단언하겠습니까?

오직 그 분(分)이 있기에 하나[一]일 수 있다. 이미 분이 없었던 적이 없고, 또한 분에 국한되지도 않으니, 이일이란 바로 여기에 있다.

만물이 '각각 하나의 성을 갖는다'라는 것을 합쳐서 말하면 만물은

47 기정진, 『노사집』 권16(표점영인 한국문집총간 vol.310), 「納涼私議」, 361쪽.

48 정호·정이, 『하남정씨유서』 권15(『이정집』 vol.1), 153쪽 참조.

49 "리는 본말도 없고, 선후도 없다. 본말도 선후도 없기 때문에 아직 반응하지 않았다고 해서 앞이 아니요, 이미 반응했다고 해서 뒤서는 것도 아니다.—정자의 말이다.— 이런 까닭에 기를 타고 유행하면서 갖가지로 달라지지만 그 본연의 오묘함은 있지 않는 곳이 없다.[理者, 無本末也, 無先後也. 無本末無先後, 故未應不是先, 已應不是後—程子說—, 是故乘氣流行, 參差不齊, 而其本然之妙, 無乎不在.]" 이이, 『율곡전서』 권10(표점영인 한국문집총간 vol.44), 「답성호원」, 211쪽.

50 기정진, 『노사집』 권16(표점영인 한국문집총간 vol.310), 「納涼私議」, 361쪽.

'통체로서의 한 태극'입니다. 그러나 이일이 어떻게 이것을 말하는 것이겠습니까? 체(體) 가운데 분(分)을 갖추었고, 분 가운데 전(全)이 있음을 말합니다. 어떤 이는 '분에 국한되지 않는다면 분 가운데 전이 있다는 말이 아닌가'라고 합니다. 그러나 노사가 여기에서 말하는 '분'이란 사람과 사물을 말합니다. 여기에서 말하는 '국한되지 않는다'라는 것은 사람과 사물의 이치를 합쳐서 이일로 삼는다는 말입니다.

편(偏)과 전(全)이 같지 않은데도 오히려 같다[同]라고 하는 것은 그릇과 칼이 구리와 철이라는 점에서 같다고 할 때의 같음이다.[51]

편 가운데 전이 있기에 편과 전은 같지 않은데도 오히려 같다고 하는 것은 소반에는 사발을 만들 수 있는 리가 있고, 도(刀)에는 검(劍)을 만들 수 있는 이치가 있기 때문입니다. 이것이 어찌 (그들이) 구리와 철이라는 점에서 같다는 말이겠습니까? 구리와 철로 말하면 구리와 철이 소반도, 사발도, 도도, 검도 될 수 있어서 국한된 적이 없는 것이 리입니다. 작업을 거치면 소반이 되고, 사발이 되며, 도가 되고, 검이 되어 변통할 수 없으니 그 국한됨은 기입니다. 구리와 철로부터 본다면 소반에도 사발, 도, 검의 묘용이 있어서, 소반에 국한되지 않기에 '리가 같다'라고 하는 것입니다. 작업을 거쳤다는 점에서 보자면 소반에 치우치고, 사발에, 도에, 검에 치우치기 때문에 '기가 다르다'라고 하는 것입니다. 이제 구리와 철로 그릇과 칼을 만드는 것으로 편과 전의 국한됨을 비유했는데, 이것은 기의 국한됨을 리에 귀속시키는 것입니다. 신하의 직분이 군주가 명한 것이라고 해서, 군주가 신하의 직분을 빼앗으면 나라가 어지러워집니다. 리가 기의 직분을 빼앗아도 또한 이와 같을 것입니다.

---

51 같은 책, 같은 글, 364쪽.

주자는 '기질의 성은 이 성이 기질 가운데 떨어져 형기를 따라 스스로 하나의 성이 된 것이니, 바로 주자(周子)가 말한 '각각 그 성을 하나씩 가진다'라는 것이다.'…「태극도설」의 '각각 그 성을 하나씩 가진다'라는 것에 배당시킨 것은 본뜻이 아닌 것 같다.[52]

'각각 그 성을 하나씩 가진다'라는 것은 리이지만, 기질을 겸해서 말하면 곧 기질의 성입니다. 그러나 노사는 기질을 '좋지 않은 리'로 간주하기에 이런 의문을 가지는 것입니다. 어떻게 알 수 있겠습니까? 본체를 채우고 전체를 꿰뚫을 수 없는 것은 분명히 기질인데, 노사는 '성의 영역[性分]'으로 간주합니다. 이것으로 알 수 있습니다.

본체와 전체는 곧 성의 영역 가운데 이일에 해당하는 곳이다. 채울 수 없고 꿰뚫을 수 없는 것은 성의 영역 가운데 분수에 해당하는 곳이다.[53]

채울 수 없고 꿰뚫을 수 없는 것은 기입니다. 이제 (이것을) 성의 영역에 있는 것이라고 하니, 온 세상이 성인을 배우려는 길을 가로막는 것은 반드시 이 말일 것입니다.

하늘의 달과 물속의 달에서, 달이야 하늘과 물이라는 (장소의) 차이가 있다지만, 리에야 어떻게 하늘과 물의 차이가 있겠는가?[54]

이것은 리와 기가 하나의 물건이라는 주장입니다. '하나이면서 둘'이라는 의미를 찾아볼 수 없는데 어떻게 괜찮겠습니까?

미발이 십분 맑을 때라지만, 기질을 한편에 두어서는 안 된다.[55]

---

52 기정진, 『노사집』 권16(표점영인 한국문집총간 vol.310), 「納涼私議」, 365쪽.
53 같은 책, 같은 글, 368쪽.
54 기정진, 『노사집』 권12(표점영인 한국문집총간 vol.310), 「答金景範問目」, 268쪽.

'십분 맑을 때'라고 하고서 또 '기질을 한편에 두어서는 안 된다'라고 하니, 이 또한 기를 리로 인식하는 것입니다. 십분 맑은 것이 기이기는 하지만 일에 작용하지 않고 혼연하게 순선하므로 '미발에는 기가 없다'라고 하는 것이지, 정말로 기가 없다고 말하는 것이 아닙니다.

예(禮)에는 정밀하고 근엄한 체제가 있으니 한 걸음 더 나아가 성을 말해도 괜찮다. 그러나 악(樂)은 혼합시키고 화락하게 하는 사물이니, (이것으로) 성을 말하면 우활하게 된다.[56]

악의 리는 성에 갖춰져 있습니다. 그러나 오성(五聲)은 조리의 강령으로 말했고 악은 조리의 조화로움으로 말했기에 따로 하나의 조리가 있는 것이 아닙니다. 그러므로 예를 말하면서 악을 말하지 않는 것은 잘못입니다. 노사는 혼합시키고 화락하게 하는 것을 성과 상관없는 것으로 만들려고 하는 것 같습니다. 또한 무극을 태극과 구분하는 말과 이 구절의 말을 살펴보면 그의 학문하는 뼈대에는 알 수 없는 점이 있습니다.

노사가 리를 말하면서 하나같이 네 가지로 사물을 관찰하는 방법[四片觀物][57]을 주장하고, 분수를 말하면서 '리에 선악이 있다'라는 것을 주장합니다. 이것은 앞에서 말한 '금가루가 눈에 떨어졌다'라는 것을 오

55 기정진, 『노사집』 권12(표점영인 한국문집총간 vol.310), 「答鄭季方」, 278쪽.

56 같은 책, 같은 글, 276쪽.

57 네 가지로…방법: 원문은 '四片觀物'이다. 기우만은 "보내온 편지에서 말한 사편관물(四片觀物)이란 소옹의 『황극경세』에 이미 사례들이 나열되어 있으니, 예를 들자면 동서남북·춘하추동·황왕제패 등의 의론이 이런 것들이다[夾紙所示四片觀物, 邵子經世書已條列, 如東西南北春夏秋冬皇王帝覇等論是也]"라고 말하고 있다. 기우만, 『송사집』 권5(표점영인 한국문집총간 vol.345), 「答鄭學元」, 133쪽.

용한 것입니다. 네 조각은 사물의 성쇠를 살피려는 것이지, 사물의 성정을 살피려는 것이 아닙니다. 리에 선악이 있다는 것도 사리와 형세라고 할 때의 리로 말한 것이지, 성리라고 할 때의 리로 말한 것이 아닙니다. 사람과 사물의 이일을 말하지만 사물에게서 발견되는 것은 사람에게서 발견되는 것보다 명백하고 적실하지 못합니다. 그러나 대략이나마 인으로부터 발현하는 것이 있고, 의로부터 발현하는 것이 있으며, 예로부터 발현하는 것이 있고, 지로부터 발현하는 것이 있습니다. 지극히 작은 물건이라도 모두 그렇지 않은 것이 없습니다. 이미 이 여러 가지의 대략적인 것들이 있다면 사람은 기가 달라도 리가 같음을 알 수 있기에 이일이라고 하는 것입니다.

분수라고 하는 것은 사물에는 각각 소통되는 것이 있는데 통하는 곳은 곧 리이지만, 그 통하는 곳이 사물이 각각 같지 않기에 분수라고 하는 것입니다. 네 조각으로 관찰하는 방법을 가져다 사물의 성정을 살핀다면 하나의 정(貞)에서 인의예지라는 네 조각을 구분할 줄 아는 것이니, 어떻게 사물의 성을 또한 만물이 모두 갖추었음을 알기에 충분하겠습니까? '리에 선악이 있다'라고 할 때의 리를 성리의 리로 간주하면서 분수의 종지를 논한다고 생각한다면, 이것은 '악리(惡理)'와 '악분(惡分)'이 있다는 것이니 이보다 더 천하를 어지럽히는 것은 없을 것입니다.

리와 기를 짝지어 드는 것은 공자에게 뿌리를 두고 정자·주자에게서 분명해졌는데, 노사는 '틀림없이 성인의 말이 아니다'라고 합니다. 이윽고 스스로 두려운 생각에 형상(形上)·형하(形下)의 형(形)을 리과 기가 합쳐진 일물로 간주합니다. 성인이 말하신 본뜻을 크게 잃었습니다. 형은 리와 기를 합친 것이지만 이미 리를 도출해서 도라고 했다면, 이 '형' 자는 기만을 단독으로 가리키는 것이 아닙니까? 리와 기를 일물로 인식하고서 심지어는 지나침과 모자람 또한 리가 그렇게 시키는 것이라고 합니다. 리가 이미 그렇게 시키는데, 지나침과 모자람을 리가 주재할 수 있는 것이 아니기에 마침내 '리를 말하는 것은 중을 말하는 것만 못하다. 중은 선하지 않음이 없다'라고 합니다. 이것은 리가 순선하지 못하다는 것이 아닙니까? 리가 순선하지 못하다고 말한다면 무슨 일인들 있지 않겠습니까? 리와 기를 짝지어 드는 것은 이러한 화를 대비하려는 때문입니다. 율곡이 이기를 말한 것은 모두 공자·정자·주자에 뿌리를 두고 있는데 그를 공격하면서 '피음사둔'이라 하고, '어떤 일인들 있지 않겠는가?'라는 말을 해대니 거리낌이 없다고 하겠습니다.

上淵齋宋先生稟目

壬寅二月二十五日

權命熙

近來人謂主理之說, 於蘆沙集中有之, 栗谷集中無之. 故考蘆沙答問編與猥筆. 其是處, 引栗谷說而從之, 其疑處, 略略辨之, 然莫知可否, 幸下明敎.

太極之理, 似圓通而實方嚴. 止 若. 止 一味圓通不拘而已, 則馬可牛角, 李可桃花, 冬可衣葛, 夏可衣裘.

栗谷曰, 理者, 氣之主宰; 氣者, 理之所乘也. 一味圓通說, 果誤矣. 蓋桃有桃之理, 李有李之理, 然桃則局於桃而不通於李, 李則局於李而不通於桃, 是氣也. 若以局而不通亦謂之理, 則豈非認氣爲理耶?

聞有統體一太極之說, 便求見一塊物事.

栗谷曰, 參差不齊者, 氣之所爲, 而必有理爲之主宰. 此果求一塊物事耶?

大祗天下只有不相離一途, 則曰事曰物曰天地陰陽足矣, 何故分開出理字氣字, 使後人生無限葛藤耶?

栗谷曰, 非理則氣無所根柢, 非氣則理無所依著. 其云只有不相離一途, 誠不考而發也.

所謂理先具者, 非謂先有懸空之理也. 自萬象而言, 則未有萬象, 已有萬象之理.

栗谷曰, 前天地旣滅之後, 太極在陰; 後天地將闢, 太極在陽. 味此言, 理先具而亦非懸空, 實可知矣.

朱子旣以卽體而用在其中, 釋程子本語, 何嘗析體用而二之, 以爲體則沖漠, 用則森然乎?

栗谷曰，先有理而後有氣，蓋天地未生之前，不可謂無天地之理也. 析體用二之，見此言亦可知其非也.

萬物雖多，無一不本於理者，此一本也.

栗谷曰，天下安有理外之氣耶？亦此義耳.

理無運用作爲. 所謂無者，謂無其事. 若謂無其妙，則所謂理者，未足爲萬物之樞紐根柢. 只是箇塊 然死物也. 曰此節所論，可謂已見大意.

栗谷曰，無形無爲而爲有形有爲之主者，理也. 有形有爲而爲無形無爲之器者，氣也.

多者寡之對也，理之妙無彼此，不離乎一而所謂萬者具焉；不離乎萬而所謂一者在焉，非如物之多寡各一其形，此多寡通也.

栗谷曰，理無所不在，各爲其性，而其本然之妙，則不害其自若也. 此之謂理之通也. 與此言其義異耶？

特以其能乘氣變化，圓通不拘，而謂之通，其頭腦之醜差，舌弊而不見聽.

栗谷亦云：旣乘於氣，則其分萬殊，其所以參差不齊者，亦是理當如此，非理不如此氣獨如此也.

曰太極則固有動靜，而曰無極則原未嘗有動靜也.

果如此言，是太極上復有無極，無極太極爲二，可乎？

太極單指理固然，陰陽單指氣，是果成說乎？

陰陽字對太極字，雖曰單指氣，豈不可也？

此二者本無主僕之勢先後之分，而姑以名位之尊，處之上頭，若新市平林將帥之奉更始歟？

栗谷曰，孰尸其機？嗚呼太極！觀此言，其不若平林將之奉更始，漢獻帝之賴操卓，可知耳.

凡言理者，皆單理字也. 天下豈有和泥土雜沙石之理字也？

若是則奚又云：過與不及，亦理所必有也. 恐此是和泥土雜沙石說理也.

機自爾云云. -猥筆-.

"機自爾, 非有使之", 以明理氣一而理無爲氣有爲也. "其所以理也", 以明理氣二而理爲主氣爲器也. 其語極爲精密, 不加察焉. 遽爲攻斥, 何其麤戾也. 蓋理無爲而氣有爲, 故曰, "機自爾"也. 今也大非機自爾之言, 則其意必謂理有爲, 故氣有爲也. 以有爲謂理, 其有據耶? 理雖無爲, 然有爲主之妙也, 故曰, "所以理也." 若如蘆沙說, 則理有爲然後爲主也, 非可也.

"氣之順理而發者, 氣發卽理發也." 云云.

如是言之亦可矣, 然栗谷欲明理氣無互發, 故有氣發理乘一途之說. 其先氣而後理, 不害爲理先, 味其乘字, 則可知也. 有乘之者, 故有此乘, 且見乘之動, 則知乘之者已動耳.

"貴人出, 非無車馬騶從." 云云.

貴人之出, 傔徒雖盛, 當曰貴人出, 不當曰傔徒出. 然貴人與傔徒, 又不可不辨. 指貴人曰貴人, 指傔徒曰傔徒, 可也. 若以傔徒亦謂貴人, 其悖名分極矣. 且見傔徒之出, 則知貴人之出, 故雖先言傔徒出, 然貴人先之之義, 已躍如矣.

乘字不作元來所乘看云云

栗谷"氣發而理乘"上文, 有"理氣元不相離"之言, 何不考之甚也?

把氣與理對擧 止 理之尊無對云云 此以上猥筆

旣曰理有過不及, 此云理之尊無對, 是果楚籍之陽尊義帝也

陽中有陰, 故陽極而陰生; 陰中有陽, 故陰極而陽生. 曰然.

陽中有陰之理, 故陽極而陰生, 若謂陽中有陰故陽極而陰生, 則是氣不生生而常循環, 豈可耶? 方生之陰, 非前陽中之陰氣, 則局於生滅故也. 理則陰之理卽陽中之理, 理不局於生滅故也.

理之本然, 固純善無惡, 而及其乘氣流行, 則不能無過不及之差也. 氣不能無過不及者, 亦理勢然 也. 葉公之證羊, 不得爲直者, 非證之理不直也, 以其所證者其父也.

此所謂理勢, 非先賢所謂理勢也. 葉公證羊, 局於直而不通於恩, 此是氣也. 今謂非證之理不直也, 以其所證者其父也, 果成說乎? 此亦認理勢爲理故也.

其善者根於理, 不善者作於氣, 則是造化之妙. 半是理使氣, 半是氣屈理, 而太極不得爲萬化之主 宰矣. 曰, 爲昧者言, 不得不曰善者根於理, 不善者作於氣, 若論造化根本則別是一說.

觀此言, 若論造化根本, 則必謂理有善惡, 而以理有善惡之理看作主宰, 其禍天下大矣. 且敎人之言, 爲其愚而換其大意, 可乎? 寧不言換之不可?

水之過顙在山, 亦非理外之事, 則氣之聽命於理信矣. 而謂之本然則不可, 故氣執其咎.

旣曰氣之聽命於理信矣, 又曰氣執其咎, 何哉? 此氣旣能聽命於理, 今猶罪之此氣, 極爲冤矣. 內實罪理, 而外乃罪氣, 猥筆中詖淫邪遁, 其自道者歟? 認理勢爲主宰之理, 故至於此境矣. 栗谷曰, 求本然於乘氣之外, 不可. 蓋水有激則在顙之理, 故激之而過顙. 以理觀之, 此亦不外乎本然之理也. 謂之本然, 曷爲不可也? 但所乘之氣局於激, 而不通於順, 乃非本然也. 是理勢也. 局於激而不通於順, 故謂氣執其咎, 可也. 旣曰氣聽命於理, 而又云氣執其咎, 非徒不成說, 其實貶理太過矣.

先哲言善惡皆天理 止 說理不如說中, 中則無不善也. 從上聖人, 曰中曰衷曰則曰彝, 未嘗一言及 理. 後世之論則中衷等字變而爲理字, 可以善看, 不可以不善看也.

謹按, 程子之言善惡, 以情之過不及言也. 皆天理以情之原言也, 故朱子曰, 本皆善而流於惡. 以此觀之, 不以惡爲理, 不甚皎然乎! 今也引之, 繼之曰說理不如說中, 中則無不善, 是以過不及謂理也. 以惡亦謂理也. 此何學問也? 謂之理惡, 於此始見矣.

過與不及, 亦理所必有. 理字從頭至尾都該了, 中字執兩端最精處.

中也者, 理也. 其過不及者, 氣之過不及於理也. 今以過不及亦看作理, 其亂道誠極矣.

自原頭處觀下, 則理本生氣; 自流行處說去, 則氣或害理. 曰, 與鄙意合.

氣有善惡, 其善者固生於理, 其惡者亦原於理, 而乃流於惡也, 非理生惡氣也. 彼雖流於惡, 焉能害理? 理則自若, 氣之爲惡, 適足以自害也.

聖人必曰允執其中, 不可曰上下兩端皆理外之物. 又曰, 理中元有恰好處. 聖人主其恰好處, 以治其不恰好處.

中是理, 過不及非理也. 若以蘆沙之意言之, 雖一箇理, 其上下兩端, 非本然之理也. 其中, 本然之理也, 不成說矣. 且以理率氣聞之矣, 未聞以理治理也.

理者種子也, 但有必然之妙, 非有能然之力. 以其有必然也, 故可直遂. 以其非有能然也, 故或不直 遂, 莫非理也.

理無能然之力, 故氣遂掩之, 使不直遂, 則氣之罪也. 今也歸罪于理, 必將罪義帝, 而不罪項籍, 亂天下孰大於此? 且理之無能然之力, 非如周襄漢獻也. 如堯舜之恭己而無爲. 鯀之方命, 豈堯舜之致耶?

大抵理猶水焉, 一泓之內, 斗斛升合之分量, 各各停當.

謂泓之內, 停斗斛之水, 可; 謂泓之內, 斗斛之量, 各各停當, 不可矣.

大抵升斗勺合之水, 雖多寡不同, 水之性味. 無加無減. 朱子所言物之性不異於人者此也. 若竝欲 與其升斗勺合而同之, 則是亂天下也.

升斗勺合, 當譬於氣也. 升斗勺合之水多寡不同, 當譬於理也. 蓋論人物之性, 不以人而多, 不以物而寡, 寡上有多之理; 多上有寡之理. 多寡通, 是物之性不異於人也. 若論人物之氣, 多者多, 寡者寡, 多寡不相通, 是人物之所以異也. 今以多寡之不相通與其水性無異合看作理, 亦認理氣爲一物之病也.

性者萬物之一源, 果異乎? 乾道變化, 各正性命, 果同乎?

上性字何性? 下性字何性? 以愚見之, 上下性字, 其實一也. 自物而原性, 故曰萬物之一原, 自命而說性, 故曰各正性命, 各字當屬於物,不當屬於性命.

卦爻雖多, 皆太極之蘊, 孔隙勺椀, 謂非本然則不可.

六十四卦三百八十四爻, 皆太極之妙也. 然其局而不通則氣也. 孔隙, 亦若卦爻, 以已局之孔隙, 謂之本然不可也.

天命本同, 則豈有下梢之異也? 理本無同異, 言同異者, 諸子之陋也.

以天命言之, 於陽也陰之理亦與之; 於陰也陽之理亦與之, 此理之通. 自陰陽觀之, 陽爲陽, 不通於陰; 陰爲陰, 不通於陽, 此氣之局. 理則通, 故曰天命本同; 氣則局, 故有下梢之異. 就人物以理觀之, 其理通, 人物之理同也; 以氣觀之, 局於人之理, 局於物之理, 人物性異也. 說同說異, 何謂陋也?

理自理; 分自分, 而性命橫決矣.

栗谷亦嘗表出程子未應不是先已應不是後之言, 蓋理分之一原也. 分, 理之萬殊也.

分殊之外曷, 嘗別有理一者耶?

以物言之, 分殊指其所通而言; 理一幷其本然而言. 隨其所指, 義似有別, 何可如是斷言耶?

惟其有分, 乃所以一. 旣未嘗不分, 又不局於分, 理一正在此處.

合萬物之各一其性而言之, 萬物統體一太極也. 然理一豈是之謂耶? 謂體中分具, 分中有全也. 或曰不局於分, 非謂分中有全耶? 曰蘆沙此所謂分, 謂人物也, 此所謂不局, 謂合人物之理而爲理一也.

偏全不同而猶謂之同者, 如盤盂刀劍爲銅鐵則同之同.

偏中有全, 故偏全不同, 而猶謂之同, 如盤有可以爲盂之理, 刀有可以爲劍之理也. 是豈銅鐵則同之謂耶? 以銅鐵言, 則銅鐵之可爲盤, 可爲盂, 可爲刀, 可爲劍, 未嘗局焉, 理也. 治工, 或定之以盤, 或定之以盂, 或定之以刀, 或定之以劍, 不變通, 其局氣也. 自銅鐵觀之, 盤有盂刀劍之妙, 不局於盤, 故曰理同也. 自治工觀之, 偏於盤, 偏於盂, 偏於刀, 偏於劍, 故曰氣異也. 今以銅鐵之爲盤盂刀劍譬於偏全之局,此以氣之局歸于理矣. 臣之職雖君之所命, 君奪臣職, 國亂矣. 理奪氣, 亦若是矣.

朱子曰氣質之性只是此性墮在氣質之中, 隨形氣而自爲一性. 正周子所謂各一其性者. 止 以圖說各一其性當之, 恐非本義.

各一其性, 雖是理也, 兼氣質而言之, 卽是氣質之性. 而蘆沙以氣質看作不善之理, 故有此等之疑, 何以知之? 無以充本體不能貫全體, 明是氣質 蘆沙乃看作性分, 是以知之.

本體全體. 卽其性分中理一處也. 無以充不能貫者. 卽其性分中分殊處也.

無以充不能貫者, 氣也. 今謂性分中所有, 沮天下之學聖道者, 必此言也.

天上之月, 水中之月, 月有天水, 而理豈有天水?

此理氣一物之論也, 無一而二之意, 豈可也?

未發是十分澄清時, 不可以氣質藏在一邊.

旣云十分澄清, 又曰不可以氣質藏在一邊, 此亦認氣爲理也. 十分澄清者, 雖是氣也, 但不用事而渾然純善, 故云未發無氣, 非謂眞無氣也.

禮有精密謹嚴之體, 進一步而說性, 可也. 樂是混合融洩物事, 說性迂遠矣.

樂之理具於性, 然五性以條理之綱領而言也, 樂其條理之和也, 非別爲一條理者也, 故言禮而不言樂非. 如蘆沙以混合融洩欲絶之於性也, 且觀其分無極於太極之言及此言, 則其爲學骨子, 有未可知也.

大抵蘆沙言理一主於四片觀物, 言分殊主於理有善惡, 此誤用前言所謂金屑落眼也. 四片所以觀物之盛衰, 非所以觀物之性情. 理有善惡, 以理勢之理而言, 非以性理之理言. 夫謂人物之理一者, 可見於物者, 不若人之明白實的, 然亦略略似有自仁而發者, 似有自義而發者. 似有自禮而發者, 似有自智而發者. 雖至細之物, 莫不皆然. 旣有此諸般之略略, 似人者則氣雖異, 理之同, 可知也. 故曰理一也.

謂分殊者, 物各有所通, 通處卽理也, 其通處, 物物各不同, 故曰分殊也. 若以四片法移而觀物之性情, 則知一情上分仁義禮智四片而已, 豈足以知物之性亦萬物皆備耶? 以理有善惡之理看作性理之理, 以爲論分殊之宗旨, 則是有惡理惡分, 其亂天下莫大矣.

至於理氣對擧, 原於孔子, 明於程朱, 蘆沙謂必非聖人言, 旋自恐畏, 以形上下之形看作合理氣爲一物者, 其失聖言之本旨, 大矣. 形, 雖合理氣, 然旣挑出理爲道, 則此形字非單氣耶? 認理氣爲一物, 至謂過不及亦理之使然, 理旣使之, 過不及則理非可主, 故遂謂說理不如說中, 中則無不善, 此非謂理不純善耶? 謂理不純善, 則何事不有? 理氣對擧, 所以防此禍也. 栗谷之言理氣, 皆本於孔程朱, 乃攻之以詖淫邪遁何事不有等語, 可謂無所忌憚也.

송연재에게 올림

권봉희

이 글은 권봉희가 1902년 송병선에게 보내는 편지이다. 『노사집』의 간행이 진행 중이라는 표현으로 미루어보면 이 해 4월 이전의 글임을 알 수 있다. 권명희가 연재학파의 일원으로서 「외필」에 문제를 제기했다면, 권봉희는 「외필」에 문제를 제기한 영남노론의 대표적 인물이라고 할 수 있다.[58] 그는 이 해 송병선과 전우 등에게 편지를 보내 「외필」에 대한 문제 제기를 촉구함으로써 외필논쟁의 본격적인 불씨를 댕겼다. 이 해 권봉희는 세상을 떠났는데, 권봉희의 『석오집』에는 이 편지 외에 송병선에게 보내는 편지가 더 이상 발견되지 않는다. 반면에 『연재집』에는 「영유통문」의 발송을 논의하는 권봉희에게 답하는 송병선의 편지가 한 통이 더 실려 있다. 『석오집』 권3에 실려 있다.

저는 뒤늦게 태어나 큰 노선생(老先生: 송시열)의 문하에서 옷깃을 여미고 존양위벽(尊攘衛闢)의 대의를 듣지 못했습니다. 속절없이 나이만

58 「가장」에 의하면 그가 송병선과 전우 등에게 편지를 보낸 경과는 대략 다음과 같다. "이 당시 호남의 기우만이 그의 할아버지인 노사의 『문집』을 단성의 신안사(新安社)에서 간행하려고 했다. 그런데 노사가 저술한 「외필」·「납량사의」 등에서 주장한 것이 크게 율옹과 배치되었고, 또한 간범하고 경멸하며, 공격하고 배척하면서 조금의 여지도 남기지 않았다. (선생은) 이를 보고서 깜짝 놀라 노사의 문인들에게 편지를 보냈다. 평소에 잘 알고 지내던 정재규에게는 기우만에게 말을 전해 삭제하도록 했지만, 말을 듣지 않았다. 어쩔 수 없이 당시의 유현(儒賢)들과 각 지역의 유생들에게 통고하면서 반대하도록 힘껏 주장했다.[時, 湖南奇宇萬, 刊其祖蘆沙遺集於丹城新安社. 其所述猥筆納凉私議等說, 大與栗翁背馳, 且侵侮攻斥, 不有餘地, 見而駭之, 貽書於其門人, 素所親知者鄭載圭, 囑宇萬刪削, 終不聽從. 不得已通告于當世儒賢與各省儒生, 極力言拒.]" 권봉희, 『석오집』 권5, 「부록·家狀」, 5면.

들어 동시대를 함께 살지 못한 것을 한탄할 뿐입니다. 생각건대, 존좌(尊座)께서는 선생의 후손으로 선생의 학문을 전수받으시고 우뚝하게 한 시대의 사종(師宗)이 되셨습니다. 제가 세상에 태어나 다행히 존좌와 같은 시대를 살게 되었기에 예전에 선생에게 가르침을 받지 못한 한을 오늘날에는 이룰 것만 같았습니다. 우러러 흠모하는 마음을 어찌 그만둘 수 있겠습니까!

그러나 돌아보면 조야하고 못난 저는 생의 절반을 세로(世路)에 빠져 있었고 게다가 늙고 병들어 스스로 (학문을) 그만두었으니, 결국 (존좌를) 곁에서 모시고 학문을 익히려는 소망을 이루지 못할 것 같습니다. 현자를 찾으려는 정성은 보잘것없고 비루한 식견은 이처럼 깊이 부끄럽기만 합니다. 이제 저에게 (존좌에게) 질의하고 싶은 것이 있어 장명자[將命]에게 성명을 통하려고 하는데, 받아들이고 살펴주시겠습니까?

저는 선배와 어른들을 따라서 이렇게 들었습니다. '율곡선생은 동방의 주자로서 성현의 당에 들어가 큰 근원을 통찰하셔서, 우뚝하니 이학(理學)의 종사가 되어 위아래로 수백 년 동안 온 나라 사람들이 그 은택을 받고 그 학설을 믿지 않는 이가 없다.'

그런데 근세에 노사가 「외필」이란 글을 내놓고서 (율곡을) 꾸짖고 모독했으며, 폄훼하고 공박하는 것이 이르지 못하는 곳이 없습니다. 그 본문을 살펴보면 곧장 율옹을 가리키지는 않았지만, 가리키면서 배척하는 것을 보면 진실로 귀결되는 곳이 있습니다. 또한 그 말하는 어조 사이에 누르고 추켜세우며 모독하고 농락하려는 뜻이 너무 심하고, 타인을 억누르고 자신을 세우려는 태도가 이미 드러났습니다. 이것은 선현을 뛰어넘어 홀로 최고[兜率]가 되려는 것입니다. 아! 이것이 과연 무슨 변고입니까? 한 사람의 망론이 본시 율옹을 어떻게 하지 못한다지만 후학들이 그의 주장을 잘못 믿고서 점점 어긋나게 된다면, 그 폐단이 장차 어느 극단에까지 이르겠습니까! 하물며 지금은 그 문인들이 목판에 새겨 널리 유포해서 천하를 바꾸겠다고 생각하고 있으니 사문에 해로움이 어찌 이단이 혹세무민하는 데 그치겠습니까? 이것이 제가 하찮고 못난 것을 헤아리지 못하고 성토해서 변별하고 논파해야 한다는 기치를 든 까닭입니다. 그들의 강함을 대적할 수 없는데다 저들이 무리를 지어 헐뜯으니 다른 것을 돌아볼 겨를이 없습니다.

이 또한 옛사람이 (정도를) 지키려는 의리에 어긋나지 않을는지 모르겠습니다. 아니면 저 혼자의 개인적인 견해에서 나와서 공의와 합치하지 않을지도 모르겠습니다. 이것을 자신할 수 없기에 어쩔 수 없이 유도자(有道者)에게 나아가 바로잡으려는 것입니다. 바라건대 분명한 가르침과 판단을 내려 주십시오. 또 생각건대 세도를 바로잡고 사설을 종식시키는 것은 노선생이 그 시대에 자임한 의리였습니다. 존좌의 이 시대에 대한 의리 또한 어찌 여기에서 벗어나겠습니까? 이것이 제가 문하에 깊이 바라는 것입니다. 어떻게 생각하실지 모르겠습니다.

上宋淵齋

權鳳熙

鳳熙生也晩, 不得摳衣於大老先生之門下, 擭聞尊攘衛闢之大義, 則悠悠末路, 自不禁曠世之恨矣. 竊惟尊座以先生之孫, 得先生之傳, 屹然爲一世之師宗, 而鳳熙之生, 又幸與之拜世, 則昔之恨不獲聞於先生者, 猶可以得遂於今日矣, 而其景仰欽慕之心, 容有已乎!

顧鹵莽無似, 半世沒脚於世路, 旣而又以衰病自廢, 意未得一登軒屛而遂執鞭之願, 則甚矣緇衣之誠薄, 而賤陋之可愧也. 今者, 竊有區區所欲仰質者, 輒以姓名通於將命, 未知收察焉否?

鳳熙嘗從先輩長者, 聞栗谷先生東方夫子也, 優入聖室, 洞見大原, 蔚然爲理學之宗. 上下數百年, 全邦人士, 無不被其澤, 信其說矣. 近世奇盧沙所謂猥筆者出, 則其譏侮貶駁, 靡所不至. 考其本文, 則雖不直擧栗翁, 而究其指斥, 則實有所歸. 且其辭氣之間, 抑揚侮弄之意太甚, 壓倒自立之態已露. 此蓋欲突過先賢, 而獨爲兜率也. 嗚呼! 是果何等變也? 一個人之妄論, 固不足爲栗翁加損, 然但後進之士, 誤信其說, 轉相差謬, 則其弊將至何極也! 況今其門徒, 鋟梓廣布, 思有以易天下, 其爲害斯文, 奚止異端之惑世哉? 此鳳熙所以不揆人微, 妄爲聲討辨破之擧, 而其強弱之不敵, 仇謗之叢集, 則有不暇顧也.

未知此或不悖於古人衛闢之義耶? 抑不知其出於己己之私見而不合於公義歟? 此則未敢自信, 而不得不就有道而正之也. 伏惟明賜裁敎焉. 抑又念之靖世道息邪說, 老先生當日自任之義, 則尊座今日之義, 亦豈外此哉? 此又區區不能不深有望於門下者也. 未知以爲如何?

전간재에게 보냄

권봉희

이 글은 권봉희가 1902년 전우에게 보내는 편지이다. 송병선에게 보내는 편지보다 조금 늦은 시기에 보낸 것으로 추정된다. 본문에서 이미 「외필」을 『노사집』에 넣어서 간행했다고 말하는 것으로 미루어보면 4월을 지난 시점임을 알 수 있다. 이 해 그는 최동민(崔東敏, 1854~1924)[59]·권명희 등과 함께 영남 노론계 내부에서 「외필」의 문제점을 토론했고, 충청도의 송병선과 전라도의 전우에게 편지를 보내 「외필」의 내용에 반론을 제기할 것을 촉구했으며, 「영유통문」을 발송하는 데 참여했다. 가을 무렵에는 그 자신이 영남 노론학계가 「외필」을 비판하는 최초의 저술인 「외필약변」을 지었다. 그는 기본적으로 「외필」을 반율곡학적 텍스트로 이해하고 단성에서 이미 그의 문집이 이미 간행되었음을 알리면서 전우에게 변론할 것을 청하고 있다. 『석오집(石梧集)』 권3에 실려 있다.

옛날 주부자는 대단(臺端)과 얼굴을 본 적이 없었는데도 성명을 스스로 통했습니다.[60] 옳지 않은 일이라면 어찌 주자가 했겠습니까? 이제 저도 집사(執事)와 일면식도 없지만, 평소 목마른 것처럼 경모한 지 오래입니다. 이런 까닭에 스스로 그만두지 못하고 우러러 편지로

---

59 본관은 삭령(朔寧) 호는 긍재(兢齋)이다. 경상남도 산청군 정동면 감곡리 출신의 유학자로 그의 아버지 최효숙은 고산 임헌회(任憲晦, 1811~1876)에게, 자신은 연재 송병선에게, 아들인 최인희는 간재 전우에게 수학한 사실에서 알 수 있듯이 집안 자체가 대대로 율곡학파의 학맥에 속했다. 『유고(遺稿)』 2권을 남겼다.

60 『회암선생주문공문집』 권26에 실린 「여대단서(與臺端書)」의 내용을 가리킨다. 대단(臺端)은 어사대 소속 시어사(侍御史)의 별칭으로 이 편지는 주희가 순희 7년(1180) 4월 하순에 시어사인 황흡(黃洽, 1122~1200)에게 보낸 것이다.

아뢰니다. 집사께서도 또한 뜻을 두시고 받아들이실지 모르겠습니다. 저는 성질이 엉망이고 학식은 천박해서 세상에 명망이라고는 없지만, 옳고 그름을 분별하는 것은 일찍부터 조금이나마 들은 적이 있습니다.

생각건대 율곡선생은 뒤에 태어난 주자입니다. 관건을 열어젖히고 큰 근원을 통찰해서 우뚝하니 동방의 이학의 조종이 되었고, 사계(沙溪, 金長生, 1548~1631)·우암 이하 여러 선생들이 모두 조술하면서 지키고, 온 나라의 사대부들이 신명처럼 공경하며, 네 계절의 (변화처럼) 믿고 있습니다. 근세에 호남에 기노사(奇蘆沙)가 이론을 만들어 「외필」을 내놓았습니다. (율곡을) 꾸짖고 모독하고 배척하면서 여지를 남기지 않았습니다. 종횡으로 멋대로 굴면서 조금도 경외하고 삼가는 뜻이라는 없었으니 아! 슬픕니다. 설령 선현의 학설에 정말로 의논할 만한 것이 있고 자기의 견해가 십분 타당하다 하더라도 후학의 도리에 선현을 욕하고 꾸짖는 것은 이미 불손하고 거만하다는 죄목에서 벗어날 수 없습니다. 하물며 율옹이 말한 "기틀이 저절로 그런 것이지 그렇게 시키는 것이 있지 않다"라는 주장은 다만 운용이라는 측면에 나아가 도체가 함이 없다는 뜻을 밝힌 것입니다. "누가 그 기틀을 주장하는가? 아! 태극이로다"[61]라는 말은 근원이라는 측면에서 근저와 지도리의 오묘함을 밝힌 것과 서로 뜻을 발명해서 빠트린 것이라고는 전혀 없습니다. 『논어』에서는 "사람이 도를 넓힐 수 있지, 도가 사람을 넓히지 않는다"[62]라고 했습니다. 『주자어류』에서는 '하늘이 만물을 낳을 때 시키는 것이 있지 않다'[63]라고 했습니다. '저절로 그런 것이다'라는 주장은 진실로 여기에

---

61 이이, 『율곡전서』 권1(표점영인 한국문집총간 vol.44), 「理一分殊賦」, 12쪽.

62 『논어』, 「위령공」 28장.

63 "물었다: 순임금의 큰 덕이 천명을 받은 것은 다만 선을 행하여 복을 받았을 뿐입니다. 그런데 『중용』에서는 도리어 '하늘이 사물을 내서 심어진 것을

근원을 두고 있고, 공자의 실상과 주자의 생각이 다 들어맞으니 이것은 얼마나 명백하며, 어찌 후학이 감히 의론할 것이겠습니까? 이제 노사는 누구에게서 이기를 배웠길래, 성현의 정론을 돌아보지 않고 제멋대로 자신의 주장을 펴고, 붓을 놀려 폄훼하고 배척하는 것입니까? 이것이 과연 어떤 학문입니까?

그의 문집을 단성(丹城)에서 간행하려고 했는데, 저는 처음 그의 글을 보고서 매우 놀라, 간행을 주관하는 이에게 이렇게 말했습니다. “이 의론은 매우 타당치 않으니 문집에 넣어 간행해서는 안 된다.” 그 사람은 멍하니 수긍하지 않더니 나중에는 또 편지로 저를 힐난하면서 후세의 공의를 기다리자고 하고서는, 멋대로 문집에 넣어 간행해버렸습니다. 또한 크게 포장을 하면서 거꾸로 「외필」은 율곡을 존경해서 지은 것이라고 하면서, 이 시대를 현혹시키려고 했습니다. 이것을 변론하지 않고, 이것을 성토하지 않는다면 오당(吾黨)의 학자들이 점점 그에 물들어 사문(斯文)은 이단으로 변해버리고 말 것이니, 그 화는 홍수와 맹수의 재앙에 그치지 않을 것입니다.

저는 어쩔 수 없이 동지 몇 명과 발문을 만들어 모두 모여서 대략이나마 성토하고 논파해서 가만히 위벽(衛闢)의 의리에 기대고자 했습니다. 그러나 수레 가득한 섶이 불붙은 것을 어떻게 한 잔의 물로 구제할 수 있겠습니까? 이에 근심하며 탄식할 뿐이었습니다.

가만히 생각건대 집사는 위로는 율옹·우암의 연원을 접하셨고, 아래로는 전재(全齋: 임헌회)의 적전을 이어서 이 시대 사문의 여망을 짊어지셨습니다. 오늘날 존위(尊衛)의 책임을 사양할 수 없는 면이 있습니다.

돋워주고 기울어진 것을 엎어뜨렸다'라고 말한 것은 어째서입니까? 말했다: 다만 하나의 리일 뿐이다. 이것은 또한 그렇게 만드는 어떤 물건이 있는 것이 아니다.[只是一理. 此亦非是有物使之然.]” 주희, 『주자어류』 권63(『주자전서』 vol.16), 2092쪽.

바라건대 집사께서 이 의리를 살피시고, 거벽(拒闢)의 의리를 자임하셔서 통렬하게 밝은 변론을 더해 주시는 것이 어떻겠습니까? 이것이 진실로 오당의 사류들이 소망하는 것입니다.

與田艮齋

權鳳熙

昔朱夫子於臺端，未見顏色，而輒以姓名自通．夫豈不義而朱子爲之哉？今鳳熙之於執事，雖未有一面之雅，其景慕如渴，則厥惟久矣．是以不敢自阻，而以書仰陳，不識執事者亦有意而肯納否？鳳熙性質鹵莽，學識膚淺，靡所重輕於世．然其於邪正之辨，則亦嘗粗聞之耳．竊惟栗谷先生後朱子也，抽關啓鍵，洞見大原，蔚然爲東方理學之祖．沙·尤以下諸先生，皆祖述而謹守之，一國士大夫，無不敬之如神明，信之如四時矣．近世乃有湖南奇盧沙敢爲異論，其所謂猥筆者出，則譏侮詆斥，靡有餘地，而縱橫恣意，少無尊畏敬謹之意，嗚呼噫矣！雖使先賢之說眞有可議，而自家之見十分是當，其在後學之道，呵叱先賢，已不免不遜悖慢之罪，况栗翁所謂其機自爾非有使之者，只就運用上說，而明道軆無爲之意者，與所謂孰尸其機，嗚呼太極之就源頭上說，而明根柢樞紐之妙者，相爲發明，而靡有滲漏也．論語曰，人能弘道，非道弘人．語類曰，天之生物，非有使之然者．機自爾之說，實原於此，而孔情朱思，無不契合，則是果何等明白，而豈後學之所敢議到耶？今蘆沙學得何樣人理氣，而不顧聖賢定論，妄肆其胷臆，奮筆貶斥，是果麼學術？

其遺集之刊於丹城地也．鳳熙始見其文字，大駭而語主刊曰，此論大有未安，不可入刊．其人漠然無肯意，後又以書詰之則曰以俟後世之公議．肆然入刻．又爲之大加布張．反以爲猥筆是尊慕栗谷而作．欲以眩惑一世．此而不辨，此而不討，吾黨學者，必將駸駸然入於彼，而斯文化爲 異端，其禍不止於洪水猛獸也．鳳熙不得已與同志若爾人發文齊會, 略爲聲討辨破之擧, 竊附於衛闢之義. 然一車薪之火, 豈杯水可救? 庸是憂嘆而已. 竊惟執事上接栗·尤之淵源, 下承全齋之嫡傳, 負當世斯文之望, 則今日尊衛之責, 有不可得以辭者. 願執事察此義理, 自任以拒闢之義, 痛加明辨如何? 此實吾黨士流之望也.

최면암의 단성 「신안재유감」

최익현

이 글은 최익현이 1902년 5월 무렵 신안정사에 들러서 지은 시이다.[64] 1년 전인 1901년 그는 기우만의 부탁을 받고 이미 기정진의 「신도비명」을 쓴 상태였다. 이 짧은 시에서도 "벽수(檗水) 노산(蘆山)이 해동을 안정시켰다"라고 함으로써 「신도비명」과 마찬가지로 이항로와 기정진의 성리학적 위상을 동등하게 취급하려는 경향성을 발견할 수 있다. 현재 『면암집』에는 실려 있지 않아 『부벽록』에 근거했다.

벽수(檗水) 노산(蘆山) 해동을 안정시키니
존현하는 떳떳한 성(性) 고금이 똑같다네
사소한 거친 기(氣)로는
예사로운 모만 기풍 빚어내긴 힘들어라
도 지키려 의심난 것 강론하는데 어찌 모함일까

---

64 두 가지 기록이 약간 다르다. 최익현의 「연보」에는 이 해 4월 조목에 최익현이 지리산 유람을 떠나 충북 옥천에서 송근수와 송병선을 만나고, 함양을 지나, 단성의 신안정사에서 이틀을 묵었는데, 이 때 정재규와 최숙민과 만남을 가진 것으로 기록하고 있다. 같은 기록에서 지리산을 두루 유람한 최익현이 집으로 돌아간 것이 8월 초순이었다고 적고 있는 것을 미루어보면, 즉 최익현의 「연보」는 다섯 달 사이의 일을 4월 조목에 기록해 둔 것이다. 한편 정재규의 「연보」에서는 신안정사를 방문한 것이 5월의 일이라고 기록하고 있다. 아마도 신안정사를 방문한 것은 실제로 5월의 일인데, 최익현의 「연보」가 지리산 유람을 위한 일련의 행적을 4월 조목에 모아서 기록한 탓에 이런 차이가 빚어진 것으로 추측된다.

시대의 병폐를 구제하니 또한 공적이 있다하리
우리 서로 공격하는 것 부끄러울 뿐이니
역려에서 한 밤에 눈을 감고 앉았어라

崔勉庵丹城新安齋有感詩

崔益鉉

椠水蘆山鎭海東，尊賢彛性古今同
難將些小麤豪氣，釀出尋常侮慢風
衛道講疑豈曰誣，因時救病亦云功
吾儕相食令人愧，逆旅無眠坐夜中

권석오에게 올림

임인년(1902) 5월 23일

권명희

이 글은 권명희가 1902년 5월 23일 권봉희에게 보내는 편지이다. 신안정사에서 『노사집』을 간행하는 과정에서 「외필」을 비롯한 노사 성리학의 문제점이 자각되었을 때 영남 노론계의 문제의식을 이해할 수 있는 외필논쟁의 초기 텍스트 가운데 하나이다. 권봉희가 충남과 호남으로 논쟁의 영역을 넓히는 데 기여했다면, 권명희는 영남 노론계 내부에서 연재학파의 일원으로서 스승인 송병선과 담론을 주고받는 동시에, 권봉희와 함께 「외필」에 대한 비판적 견해를 주고받았다. 이 글은 『삼외재집(三畏齋集)』 권3에 실려 있다.

지난번 편지에서 깊이 사문을 위해 성의를 다하셨습니다. 우러르는 마음만 더욱 간절합니다. 다만, 제가 보기에 상세하고 온화함이 부족한 듯해서 제 생각을 대략 아룁니다.

아무개의 글 가운데 도를 해치는 문자는 일일이 거론할 수 없습니다. 더욱 심한 것을 가려 뽑더라도 둘 셋에 그치지 않습니다. 사람의 기질은 각각 같지 않지만, 바로잡을 수만 있다면 어리석은 이는 밝아지고, 유약한 이는 강해집니다. 그 까닭이란 다른 것이 아니라, 진실로 성선에서 유래합니다. 성에 불선이 있다면 극도의 노력을 더한다 해도 변화시킬 수 없습니다. 그러므로 맹자는 성선을 발명해서 사람들마다 선해질 수 있음을 알도록 했고 선을 행하도록 권장했으니, 성문에 진실로 큰 공적이 있습니다.

이제 아무개의 글을 보니 실제로 여기에 상반되는 것이 있습니다. 예를 들어 "그 본체를 확충할 수 없다[無以充其本體]"65, '그 전체를 꿰뚫을 수 없다[不能貫其全體]'66라는 구절을 논하면서 "'본체'와 '전체'는 곧 성의 영역 가운데 이일(理一)에 해당하는 곳이다"67라고 했습니다. 본체와 전체 가운데 찬연한 조리는 성의 영역 가운데 분수에 해당하는 곳이고 확충할 수 없고, 꿰뚫을 수 없는 것은 기질의 비루함 때문입니다. 그런데 아무개의 글은 '확충할 수 없고, 꿰뚫을 수 없는 것을 성의 영역 가운데 분수'68라고 했습니다. 확충할 수 없고 꿰뚫을 수 없는 것이 과연 성의 영역 가운데 분수라고 한다면 어떻게 성이 선하다고 말할 수 있겠습니까? 천하의 학술에 크게 해가 됩니다. 기는 본래 지나침과 모자람이 있다지만, 리에 어떻게 지나침과 모자람이 있겠습니까? 기가 리에 지나치거나 모자라기에 그 리에 이름을 붙여 '중'이라고 하는 것이지, 리에 지나침과 모자람이 있어서 그 알맞음을 '중'이라고 하는 것이 아닙니다. 그런데 아무개의 글에서는 "지나침과 모자람 또한 리에 반드시 있는 것이다. '리' 자는 처음부터 끝까지 모두 해당되고, '중' 자는 양

65 "리로 말한다면 만물은 근원을 같이하니 진실로 사람과 사물 사이에 귀천의 차이란 없다. 기로 말한다면 바르고 통한 기를 얻으면 사람이 되고, 치우치고 막힌 기를 얻으면 사물이 된다. 이런 까닭에 어떤 것은 귀하고 어떤 것은 천해서 고를 수 없다. 저 천하고 사물을 이룬 것은 이미 형기의 치우침과 막힘에 얽매여 그 본체의 온전함을 확충할 수 없다.[以其理而言之, 則萬物一原, 固無人物貴賤之殊; 以其氣而言之, 則得其正且通者爲人, 得其偏且塞者爲物, 是以或貴或賤而不能齊也. 彼賤而爲物者, 旣梏於形氣之偏塞而無以充其本體之全矣.]" 주희, 『大學或問』(『주자전서』 vol.6), 507쪽.

66 이 표현은 주희의 말이 아니라, 질문자의 말이고 원래 표현도 "不能通貫乎全體"로서 이 글의 인용과는 조금 다르다. "천명으로서의 성을 사람은 온전한 것을 받았기에 그 마음은 인의예지의 전체를 갖추게 된다. 사물은 치우친 것을 받았기에 종류에 따라 각기 얻게 되고, 천명의 전체를 꿰뚫어 통할 수 없다.[天命之性, 人受其全, 則其心具乎仁義禮智之全體; 物受其偏, 則隨其品類各有得焉, 而不能通貫乎全體.]" 주희, 『주자어류』 권62(『주자전서』 vol.16), 2020쪽.

67 기정진, 『노사집』 권16(표점영인 한국문집총간 vol.310), 「納涼私議」, 368쪽.

68 같은 책, 같은 곳.

쪽 끝을 잡아 가장 정치한 곳이다"[69]라고 했습니다. 그렇다면 리는 1/3이 선할 뿐, (나머지) 둘은 모두 선하지 못합니다. 리를 논하는 것이 이와 같은 데도 오히려 '리는 존귀해서 짝할 것이 없다'라고 하니, 초나라 항적이 겉으로만 의제를 높이는 것과 무엇이 다르겠습니까?

정자가 "리에 선악이 있다"라고 한 것은 기품을 겸하고 사리와 형세로 말한 것이지, 성리로 말한 것이 아닙니다. 그러므로 "사람이 태어나면서 기를 부여받으니 리에 선악이 있다"[70]라고 한 것입니다. "선악이 모두 천리다"[71]라고 한 것도 '이 리가 있기에 이 기가 있고, 기가 이 리에 지나치거나 모자라면 악이 된다'라고 말하는 것입니다. 이 리가 없다면 이 기도 없고, 이 리에 지나치거나 모자람도 없게 되기에 '선악이 모두 천리'라고 하는 것입니다. '천하의 리는 모두 선을 앞세우고 악을 뒤에 둔다'[72]라고 하는 것도 먼저 리가 기에 가리지 않아서 선하고, 그 뒤에 늘 기가 리를 가려서 악하기 때문에 선을 앞세우고 악을 뒤에 두는 것이니, 모두 기가 악하기 때문입니다. 이런 말을 잘못 보고서 지나침과 모자람을 리로 인식하니, 밝은 눈은 가진 이라고 해도 무청을 초라고 한다면 곧 눈이 멀었다는 격이 아닙니까?

기를 리에 짝지은 것은 공자에게 연원했고 정자·주자에게 상세하니, 공자가 말한 도와 기(器), 정자가 말한 현(顯)과 미(微), 주자가 말한 묘(妙)와 기(機), 이런 종류를 들자면 한둘이 아닙니다. 어떻게 율곡이 홀로 이것들을 짝을 지었겠습니까? 그 나뉨으로부터 말하면 짝이 된다고 할 수 있지만, 합일로부터 말하면 리가 기의 주재라는 것은 명백해서 쉽게 알 수 있습니다. 이제 "이것은 틀림없이 성인의 말이 아니다"[73]

---

69 기정진, 『노사집』 권15(표점영인 한국문집총간 vol.310), 「答景道」, 357쪽.

70 정호·정이, 『하남정씨유서』 권1(『이정집』 vol.1), 10쪽.

71 정호·정이, 『하남정씨유서』 권2상(『이정집』 vol.1), 14쪽.

72 정호·정이, 『하남정씨유서』 권22상(『이정집』 vol.1), 292쪽.

라고 하면서 심지어는 "두 가지 본령의 시작"[74]이라고 했으니, 핍박하는 말이 이르지 않는 곳이 없습니다.

율곡이 "기틀이 저절로 그런 것이지 그렇게 시키는 것이 있지 않다"라고 한 것도 정말로 시키는 것이 없고 저절로 그렇다는 말이 아닙니다. 형상도 작위도 없는 리와 형상과 작위가 있는 기가 간격이 없이 혼합되었지만, 리는 매우 은미하고 기는 매우 현저합니다. 마치 기틀이 저절로 그러할 뿐 그렇게 시키는 것이 없는 것 같기에 '저절로 그런 것이지 그렇게 시키는 것이 있지 않다'라고 한 것입니다. 이것은 리와 기가 하나이지만, 리는 무위이고 기는 유위임을 밝힌 것입니다. '소이(所以)'라고 말한 것[75]도 기틀[機]이 실제로 스스로 그러하고 참으로 그렇게 시키는 것이 없으며, (리와 기가) 각각 하나의 물건인 것을 '소이'라고 이름 붙인 것이 아닙니다. 기틀이 저절로 그러하고 그렇게 시키는 것이 없는 것 같고, 리는 함이 없이 기에 실려 있는 것 같지만, 실제로는 리가 기틀의 소이연이 되기 때문에 '소이가 리다'라고 한 것입니다. 이것은 리와 기가 둘이요 리가 기의 주재임을 밝힌 것입니다. '상제가 충(衷)을 내려주었다'라고 했는데, 주자는 "어떻게 정말로 그렇게 시키는 것이 있다는 것이겠는가?"[76]라고 했습니다. 주자의 말대로라면 천명은 없는 것 같으니, 마침내 이 말에 근거해서 '주자의 말 한 마디 속에 천명이 그쳐버렸다'라고 한다면 과연 주자의 뜻이겠습니까? 율옹이 '저절로 그런 것이지 그렇게 시키는 것이 있지 않다'라고 한 것도 이것과 같은

---

73 기정진, 『노사집』 권16(표점영인 한국문집총간 vol.310), 「猥筆」, 372쪽.

74 같은 책, 같은 곳.

75 이이가 「답성호원」에서 "陰靜陽動, 其機自爾, 而其所以陰靜陽動者, 理也."라고 말한 구절에서 '소이(所以)' 두 글자를 가리킨다. 이이, 『율곡전서』 권10(표점영인 한국문집총간 vol44), 「답성호원」, 211쪽.

76 주희, 『중용혹문』(『주자전서』 vol.6), 553쪽.

사례입니다.

이제 '자이(自爾)' 두 자와 '소이(所以)' 두 자가 마치 대적하는 것 같고 '자이'가 주재가 된다면 '소이'는 어쩔 수 없이 물러나 움츠러들 것이니, 진실로 선현을 공경한다면 틀림없이 이런 말은 없었을 것입니다. 귀인이 길을 나서고 마부가 따르는 것을 보고서 귀인이 길을 나섰다고 여기지만, 귀인과 따르는 마부는 분별하지 않으면 안 됩니다. 태극이 움직이고 고요하면서 음과 양을 낳습니다. 그러므로 태극이 움직이고 고요하다고 하지만, 태극과 음양은 또 분별하지 않아서는 안 됩니다. 율옹의 뜻도 바로 이와 같습니다. 이제 태극과 음양을 분별하지 않으려 한다면, 마부를 보고서 귀인이라고 여기는 것입니다. 명분을 어지럽히는 것이 또한 심하지 않겠습니까? 율옹이 기발이승(氣發理乘)만을 말한 것도 리는 무위이고 기는 유위임을 밝히려한 때문이었습니다. 또한 타는 움직임을 보면 타는 이가 이미 움직인 것을 알 수 있기 때문입니다. 그러므로 율곡은 "기발이승은 기가 리에 앞선다는 것이 아니라 기가 유위이고 리는 무위이기 때문에, 그 말이 어쩔 수 없이 그런 것이다"[77]라고 했습니다. 이제 이것을 잘못이라고 하면서 '발(發)' 자를 리에 귀속시키니 이것은 진시황의 형석정서(衡石程書)가 임금의 도리인 줄만 알고, 요순이 공손한 태도로 함이 없는 것[恭己無爲]이 임금의 도리인 줄을 모르는 것입니다.

또한 율옹은 "리와 기는 원래 서로 떨어질 수 없다"[78]라고 했는데, 아무개의 글에서는 "'승(乘)'자를 원래 타고 있는 것으로 보지 않고, 경우에 따라 갑자기 타는 것으로 본다면, 주인을 종이라고 여긴 것에만 그치지 않는다"[79]라고 했습니다. 이것은 충효를 난적이라고 무고하는 것

---

77 이이, 『율곡전서』 권10(표점영인 한국문집총간 vol44), 「답성호원」, 211쪽.
78 이이, 『율곡전서』 권10(표점영인 한국문집총간 vol44), 「답성호원」, 210쪽.
79 기정진, 『노사집』 권16(표점영인 한국문집총간 vol.310), 「猥筆」, 372쪽.

과 다를 것이 없습니다. 그의 말에 리에도 악이 있다고 하는 것은 순자·양웅도 하지 않았던 말입니다. 율옹을 공격하고 배척할 뿐만 아니라, 세상 사람들이 그의 이끌림에 빠져드는 것이 날로 심해질 것입니다. 어떤 이는 아무개가 위로 율옹을 이어받았다고 하니, 이것은 율옹을 만 길 구렁텅이로 미는 격입니다. 이것인 어떤 식견이며, 이것이 무슨 일입니까? 못난 제가 감히 입을 놀렸으니, 참망함이 극에 달했습니다. 삼가 가르침을 바랍니다.

上權石梧

壬寅五月二十三日

權命熙

向示書, 深爲斯文以竭誠意, 山仰彌切. 但以愚見之, 似欠詳穩, 略達膚見.

某書中害道文字, 難可枚擧, 撮其尤者, 不止二三也. 人之氣質, 各自不同, 苟能矯揉, 愚可以明, 柔可以强, 其故無他, 實由性善. 性有不善, 雖加極工, 不能變之, 故孟子發明性善, 使人人知其可善, 勸於爲善, 其有功於聖門誠大矣.

今觀某書, 實有反之. 如論無以充其本體, 不能貫其全體, 則本體全體, 性中理一處. 本體全體中之粲然條理, 性中分殊處也. 無以充不能貫, 氣質之卑也. 某書以無以充不能貫, 謂性中分殊. 無以充不能貫, 果是性中分殊, 則烏可謂性善? 其害天下之學大矣. 氣固有過不及, 理豈有過不及? 氣有過不及於理, 故名其理曰中, 非以理有過不及, 故名其中曰中也. 某書曰過不及, 亦理所必有, 理字從頭至尾都該了, 中字執其兩端最精處. 然則理之三分一善也, 二皆不善也. 論理如此, 猶曰理尊無對, 與楚籍之陽尊義帝何異也?

程子所謂理有善惡者, 兼氣稟而以理勢言也, 非以性理言也. 故曰人生氣稟, 理有善惡. 所謂善惡皆天理者, 言有是理故有是氣, 而氣過不及於是理而爲惡. 若無是理則無是氣, 而無過不及於是理者也, 故曰善惡皆天理. 所謂天下之理, 皆先善而後惡者, 其先也理不爲氣掩而善; 其後也每氣掩理而惡, 故曰先善而後惡, 皆氣惡也. 誤看此等語, 以過不及認作理, 此非蕪菁雖明眼以爲燭則盲眼也耶? 把氣對理, 原於孔子, 詳於程朱. 孔子言道器, 程子言顯微, 朱子言妙機, 欲擧此類, 不一而足, 奚獨栗谷以之作對? 自其分而言, 則雖得爲對, 自其合而言, 則理爲氣主, 皎然易見. 今曰此必非聖人之言, 至謂以雙本領之履霜, 語之侵逼, 無所不至矣.

栗谷所云機自爾非有使之者, 非謂眞無使之而自爾也. 無形狀無作爲之理與有形狀有作爲之氣, 渾合無間, 理甚微而氣甚著, 有似機自爾而無使之者, 故曰自爾非有使之. 此明理氣一, 而理無爲氣有爲也. 其云所以者, 非謂機實自爾眞無使之者, 別有一物, 名爲所以也. 機雖似自爾而無使之者, 理雖似無爲而載於氣, 然其實理爲機之所以然, 故曰所以者理也. 此明理氣二, 而理爲氣之主也. 上帝降衷, 而朱子曰豈眞有使之者, 若如朱子之言似無天命, 遂據此言, 以爲朱子之一言內天命息矣, 則果朱子意耶? 栗翁之言自爾非有使之與此一例也, 今曰自爾二字與所以二字, 恰是對敵, 自爾爲主, 則所以不得不退縮, 苟敬先賢, 必無是言也. 貴人之出見騶從以爲貴人出, 然貴人與騶從又不可不辨也. 太極動靜而生陰陽, 故謂太極動靜, 然太極與陰陽又不可不辨也. 栗翁之意正如此矣. 今也欲不辨太極與陰陽, 是見騶從以爲貴人也, 其亂名分不亦甚乎?

栗翁只言氣發而理乘者, 明其理無爲氣有爲故也. 且見乘之動, 則知乘之者之已動故也. 故栗谷曰所謂氣發理乘者, 非氣先於理也. 氣有爲而理無爲, 則其言不得不爾也. 今也非之, 以發字歸之於理, 是只知秦皇之衡石程書爲君道, 而不知虞舜之恭己無爲爲君道也. 又栗翁曰理氣原不相離, 而某書曰乘字不作元來所乘看, 而作隨遇輒乘看, 此不惟認主爲僕, 無異誣忠孝以亂賊, 而其言理有惡, 荀楊之所不爲也. 非徒攻斥栗翁, 世之人被其所引胥溺日甚. 或謂某人上承栗翁, 是推栗翁於萬仞坑坎, 此何見也? 此何事也? 以愚無似, 敢茲容喙, 僭妄極矣. 伏乞斥教.

권교리-봉희-에게 답함

임인년(1902) 6월 12일

송병순

이 글은 송병선의 동생인 송병순(宋秉珣, 1839~1912)이 1902년 6월 12일 권봉희에게 답하는 편지이다. 권봉희는 송병선과 전우에게 「외필」의 문제점을 다룰 것을 촉구한 뒤, 영남지역의 유림들에게 「영유통문」을 보내려고 계획했는데, 실행하기 직전에 송병선·송병순 형제에게 의견을 구한 것으로 보인다. 이 편지를 통해 송병순은 의견에 같이하는 사람들과 신중하게 진행할 것을 권했다. 『심석재집』 권6에 실려 있다.

말씀하신 통문을 발송하자는 일은 율옹을 존경하고 사모하는 마음을 가진이라면 누가 감히 안 된다고 하겠습니까? 저희 선자(先子: 송시열)께서도 시를 지어 "위로는 민옹(閩翁: 주희) 아래로는 율옹을 위해, 폐단을 없애리라 마음을 다했는데[上爲閩翁下栗翁, 要除弊事罄愚衷]"[80]라고 읊으신 적이 있었습니다. 이 시대에 선현을 존경하고 사모하면서 폐단을 없애려 한 이로 제 선자와 같은 이가 다시 있겠습니까? 민옹·율옹 두 부자의 도가 밝지 못하면 육씨·왕씨·선학의 학설이 흉흉한 기세를 떨칠 것이니, 그 재앙은 홍수나 맹수보다 더할 것이 분명합니다. 근심과 탄식이 끝이 없습니다. 이 일은 아는 이와 말할 수 있지, 알지 못하는 이와 말해서는 안 될 것입니다.

80 宋時烈, 『宋子大全』 권2(표점영인 한국문집총간 vol.108), 「耽羅道中寄示畏齋玄石(朴世采)」, 138쪽.

答權校理 鳳熙

壬寅六月十二日

宋秉珣

所示發文事, 凡有尊慕栗翁之心者, 孰敢曰不可? 吾先子嘗以詩咏懷曰, 上爲閩翁下栗翁, 要除弊事罄愚衷. 斯世尊慕先賢, 欲除弊事者, 其復有吾先子者哉? 閩翁栗翁兩夫子之道不明, 則陸王禪學之說, 將懷襄一世, 其禍甚於洪水猛獸也, 必矣. 憂歎罔涯. 此可與知者道, 不可與不知者道也.

송재빈—호장—에게 답함

임인(1902) 6월

송병순

이 글은 송병순이 1902년 6월 제자인 송호장(宋鎬章)에게 답하는 편지이다. 「외필」과 『노사집』의 발간을 둘러싼 「영유통문」의 내용을 언급하고 있다. 기본적으로 통문의 발송에 찬성함에도 불구하고, 송병순은 "오늘날 우리들은 선생의 글을 강론하고 밝히는 것이 성숙하지 못할까 걱정할 것이지, (율옹과) 배치되는 이를 성토하는 것이 용맹하지 못하다고 걱정할 것은 없습니다"라는 유연한 태도를 보이고 있다. 『심석재집(心石齋集)』 권9에 실려 있다.

말하신 유림들에게 통문을 보내는 일은 현자를 존중하고 도를 보위하는 큰 의론입니다. 누가 감히 '안 된다'라고 하겠습니까? 그러나 우리 율옹이야말로 실로 공자·맹자·정자·주자의 정통을 이어받아 후학들을 개발했으니, 그의 말과 가르침은 공자·맹자·정자·주자가 남긴 가르침이 아닌 것이 없습니다. 이기설에 이르러서는 더욱 명백하게 꿰뚫어 이전 성인이 계발하지 못했던 것을 계발한 것 또한 많습니다. 백세를 기다려도 미혹되지 않을 것이요, 천 편의 「외필」이 있더라도 진실로 율옹의 문호에 조금의 흠도 낼 수 없고, 육자정·왕수인처럼 따로 기치를 세우는 데로 귀결될 뿐입니다. 오늘날 우리들은 선생의 글을 강론하고 밝히는 것이 성숙하지 못할까 걱정할 것이지, (율옹과) 배치되는 이를 성토하는 것이 용맹하지 못하다고 걱정할 것은 없습니다. 내 생각은 이와 같을 뿐입니다. 당신께서는 어떻게 생각하십니까?

答宋載斌 鎬章

壬寅六月

宋秉珣

所示儒通事, 是尊賢衛道之大議論也. 孰敢曰不可? 然惟我栗翁實承孔孟程朱之統, 而開發後學, 則其所訓說, 無非孔孟程朱之緒餘. 至於理氣之說, 又明白通透, 發前賢之所未發處, 亦多矣, 可俟百世而不惑, 雖有千有猥筆, 固無少損於栗翁門庭, 而徒歸於陸子靜王有[81]仁之別立赤幟矣. 今日吾輩只患講明先生書不熟, 無患聲討背馳者不猛. 愚意固如是, 而未知賢意以爲如何?

81 有: '守'의 오자로 보인다.

정계방-의림-에게 보냄

권운환

이 글은 권운환(權雲煥, 1853~1918)[82]이 1902년 6월 즈음에 정의림에게 보내는 편지이다. 1902년 최익현의 지리산 유람과 영남 지역 여행 당시의 분위기를 묘사하는 한편, 영남 지역에서 나타난 「외필」을 반박하는 「외필문목」이라고 불리는 글의 존재를 보고하고 있다. "이것이 모함하는 글들의 근거"라고 말하고 있는 것으로 미루어 보면 영남 노론계에 「외필」을 축조 반박하는 글이 공유되고 있었음을 짐작할 수 있다. 『명호집』 권3에 실려 있다.

10여 일 동안 같이 지낼 수 있었으니, 전에는 없던 일이었습니다. 남은 생에 또 기대할 수 있겠습니까? 우리 노선생의 은혜가 아니라면 어떻게 이런 만남이 있었겠습니까? 애초에 만나지 못했을 때는 늘 아침저녁으로 쉽게 만날 수 있으리라 기대 할 수 있었는데, 헤어질 때가 되니 만났던 것은 오히려 위안으로 삼기에도 부족하고 슬픔만 더욱 깊어갑니다. 이 또한 인정이 본래 그런 것일까요? 게다가 또 갈림길에 서고 보니 풍경은 모두가 심은후(沈隱侯: 沈約, 441~513) 시(詩)의 정경입니다.[83] 고개 돌려 바람을 맞으니 어찌 근심을 견디겠습니까? 헤어진 뒤

82 『노사선생연원록』과 정재규의 「문인록」에 동시에 이름이 올라 있는데, 애초에 정재규의 문인이었다가, 1879년 정월 정재규와 함께 기정진을 배알하고 제자가 되었다. 자는 순경(舜卿), 호는 명호(明湖), 본관은 단동(安東), 거주지는 산청(山淸)의 단성(丹城)이다.

83 심은후 시: 심은후(沈隱侯)는 심약(沈約, 441~513)을 가리킨다. '심은후 시'는 그가 지은 「별범안성시別范安成詩」를 가리킨다. 심약이 벗인 범수(范岫)와 헤어

로 봄이 가고 여름도 다 되었습니다. 지내시는 데 도체는 더욱 진중하십니까? 손자들이 평안히 모시고 학업에도 힘쓰고 있습니까? 날마다 훌륭한 부형이 있는 것을 즐거워하시길 멀리서 축원합니다.

이곳에서 간행하는 일은 겨우 끝났습니다만, 모함하는 글들이 사방에서 나타나 기세가 불어나고 있습니다. 면옹(勉翁)이 이곳을 지나면서 몸소 그들을 상대했는데 대들면서 수긍하지 않는 이들까지 있었으니 매우 안타깝고 또한 가소롭습니다. 위로 공론이 없는 세상에서 장차 어떻게 해야겠습니까? 이곳에는 「외필문목(猥筆問目)」이라는 게 있는데, 또한 저들에게서 나온 것입니다. 제멋대로 날조하고[84] 갖가지 방법으로 우롱하는데, 이것이 가장 지독합니다. 이미 한 부를 송사(松沙)가 있는 곳으로 보냈으니, 송사가 틀림없이 형에게 보여줄 것입니다. 이것이 모함하는 글들의 근거이니 연구하고 궁리하는 책임을 맡고 있는 이라면 한 번은 보지 않을 수 없을 것입니다.

지면서 다시 만날 기약이 없는 헤어짐을 다음과 같이 노래했다. "우리네 인생살이 젊은 시절에는, 헤어질 때 만날 기약하기 쉽더니, 이제 그대와 함께 늙어가니, 다시 서로 헤어질 때 아니라네. 한 잔 술 별거냐고 말하지 마오, 내일 이 술잔 잡기 어렵나니, 꿈속에 찾아갈 길 알지 못하는데, 무슨 수로 그리움을 달래 보리오.[生平少年日, 分手易前期. 及爾同衰暮, 非復別離時. 勿言一樽酒! 明日難重持. 夢中不識路, 何以慰相思?]"

84 원문은 '手裏現化'이다. "천수관음의 천 개 손이 세계 속에 나누어 몸을 바꿔가며 나툰다[手分世界中 現化出來]"라는 표현을 축약한 것이다. 불교에서는 천수관음이 자신의 수많은 화신을 중생의 요청에 따라 다양하게 나투어 구제한다는 뜻이다. 그러나 유학자들은 주로 신통력을 발휘해서 근거 없는 것들을 만들어내고 제멋대로 날조(捏造)한다는 부정적인 뜻으로 사용했다.

與鄭季方 義林

權雲煥

得十餘日同處, 曾所未有, 餘生又可期耶? 如非我老先生之賜, 豈有此也? 初未遇也, 猶有期也, 常庶幾於朝暮矣. 及其別也, 其遇也, 不足以爲慰, 而益復悵黯, 其亦人情之固爾耶? 況又臨岐, 物色皆隱俟詩情景, 回首臨風, 那堪忉忉? 別後春徂夏盡, 仰惟啓居, 道體增重? 賢抱穩侍篤課, 日樂有賢父兄, 遙遙攢祝. 此邊刊役才訖, 誣書四出, 氣勢方張, 雖勉翁過此, 以身當之, 而亦有抗然不伏者, 痛甚, 又可笑也. 上無公論之世, 將何以爲謀, 此有所謂猥筆問目者, 亦彼邊所發, 手裏現化, 舞弄百出, 最是痛毒處. 已以一本寄去松沙所, 松沙必使兄見之也. 此爲誣書之根據, 任究竟之責者, 恐不可不一覽耳.

영유통문

권봉희 외

이 글은 권봉희를 비롯한 57인이 1902년 6월 25일 의령향교 도회소의 명의로 영남지역 유림들에게 발송한 통문이다. 이해 4월 이전 권봉희는 「외필」을 비판하면서 간행 자체를 반대했다. 그러나 일단 『노사집』의 중간이 완료되자 권봉희는 이제 「외필」이 율곡 이이를 공격하고 배척했다는 이유로 『노사집』의 훼판을 주장하기 시작했다. 『부벽록』에 근거했다.

다음 내용은 공경히 아뢸 사안입니다.

생각건대 사설(邪說)이 올바름을 해치는 것을 맹자는 원수처럼 보았고, 성현을 침범하고 모독하는 것을 주자는 난적으로 취급했습니다. 사설이란 쓸모없는 빈말에 불과할 뿐입니다. (사설을 대하는 것은) 정말로 원수나 난적을 대하는 것과 많은 차이가 있는데, 저 성인이라 불리고 현자라 불리는 분들이 공격하고 토벌하기를 반드시 원수를 갚듯이, 도적을 토벌하듯이 하라는 것은 어째서입니까? 진실로 이와 같이 하지 않는다면 사설이 더욱 자라나고 정도(正道)는 날로 망해갈 것이며, 인륜은 무너지고 인류가 사라질 것이기 때문입니다. 그러므로 맹자는 "양주·묵적을 물리치자고 주장하는 이는 성인의 무리"[85]라고 했고, 주자는 '사설은 올바름을 해치는 것이므로 사람들마다 죽여도 된다'[86]라고 했

85 『맹자』, 「등문공 하」, 9장.

86 주희, 『孟子集註』(『주자전서』 vol.6), 332쪽.

으니, 아마 남들도 '그들의 무기를 수리하여 나와 같은 편이 될 것입니다.'[87] 또한 '이미 공격 토벌하지 못하고 굳이 공격 토벌할 것이 없다고 제창하는 이는 사설을 주장하고 피행(詖行)을 저지르는 무리요, 난신적자의 무리들이다'[88]라고 했습니다. 성현들은 사설과 정도를 엄하게 구별했던 것입니다.

우리 율곡선생은 동방 이학의 조종(祖宗)입니다. 이전 성현들이 밝히지 못했던 것을 밝혔고, 영원토록 후세 학자들을 계발시켜 주었기에, 사계·중봉(重峯, 趙憲, 1544~1592)·우암·동춘당(同春堂, 宋浚吉, 1606~1672) 같은 분들은 지혜가 성인을 알기에 충분했다고 했으며, (율곡의) 훌륭한 덕을 각기 다른 어투로 칭찬하기는 했지만, 주자의 뒤에 나온 한 사람이라는 점에서는 다른 말이 없었습니다. 이런 까닭에 우리나라의 사대부들은 세세토록 그 학설을 지키고 존중하고 믿었으며, 또한 우리 열성조에서도 문묘에 올리시고 현자로서 제사를 받들고 있습니다. 아! 아름답습니다. 어찌 융성하지 않겠습니까!

그러나 천하는 생겨난 지 오래인지라 사문에 재앙이 생겼습니다. 노사 기정진이 나와 문장의 재주와 변론을 믿고 자기를 높이 평가하는 부박한 습속에 빠져서 이기설을 빌려 끝없이 선생을 공격하고 배척했습니다. 그의 문집에서 「외필」은 그 가운데 한 가지 사례입니다. 그가 지목해서 배척하는 것은 "기가 리의 자리를 빼앗았다"라고 하고, '두 가지 본령'이라 하며, '기(氣)자의 영역'이라 하고, '헛된 이름만 있을 뿐 실사는 없다'라고 하며, "우리 동방의 이기를 어떻게 할 것인가"라고 하고, '살갗의 혹이나 천리마에 붙은 파리'라고 하며, "큰 뜻을 이미 잃어버렸다"라고 하고, "아! 가련하다"라고 하며, 마지막에는 맹자로 자처하면서

---

87 "왕명(王命)으로 군대를 일으키시거든 내 무기를 고치고 그대와 전우가 되리라.[王于興師, 修我戈矛, 與子同仇]" 『시경』, 「秦·無衣」.

88 주희, 『맹자집주』(『주자전서』 vol.6), 333쪽.

선생을 고자의 피음사둔에 머물게 하며, 스스로를 주자에 견주면서 선생을 육씨(陸氏: 육구연)의 전도되고 창피함에 해당시키려고 하니, 아! 이런 짓을 차마 한다면 무엇인들 차마 하지 못하겠습니까?

심지어 「납량사의」, 「형질기질설」 및 여러 예설(禮說)에서는 어떤 때는 퇴계를 침해하고 배척하기도 하고 어떤 때는 우암을 꾸짖기도 하며 어떤 때는 사계와 합치하지 않으니, 그의 안중에 동방의 선유들이 없어진 지 오래입니다. 아! 퇴계와 우암에게도 거리낌이 없는데, 하물며 퇴계·우암 이후의 호락의 유학자들이 배척을 당하는 것이야 본래 마땅하다 할 것입니다. 맹자와 주자가 오늘날 다시 나오신다면 질시하고 토벌하려는 뜻이 또한 어떠해야 마땅하겠습니까? 그의 손자인 기우만(奇宇萬)은 가정에서 (기정진의 학문에) 물들고서 영남·호남 사이에서 교유하고 다니면서, '들어가는 자를 주인으로 여기고, 나가는 자를 노예로 여기며' 서로 전하고 조술하면서 무리를 매우 많이 만들었습니다. 이에 문집을 간행해서 세상을 바꾸려고 마음을 먹었습니다. 이들을 막지 못한다면 일이 성사될 날이 머지않았으니, 그 까닭이란 무엇이겠습니까? 사람들은 괴이한 것을 매우 좋아합니다. 그 단서를 찾아서 그 말류의 폐해를 캐묻지 않는다면 신기한 음악을 듣자마자 음악이 이루어질 것입니다.

이에 감히 통문으로 아룁니다. 엎드려 바라건대 각자 살펴보시고, 모든 군자께서 이 의리를 살펴 한목소리로 함께 성토해 주신다면, 추부자(鄒夫子)가 피행을 물리치면 또한 성인의 무리라고 했던 가르침에 가까울 것입니다. 이 문집의 옛 간행본과 새로운 간행본을 가져와서, (「원도(原道)」에서 말했던 것처럼) '이단에 속한 이들을 보통 사람으로 만들고, 이단의 책들을 불태워버리듯이' 한다면 천만다행일 것입니다.

임인(1902) 6월 25일 의령향교 도회소에서 통문을 발송합니다. 전교리 권봉희 등 57인.

嶺儒通文

權鳳熙 外

右文爲敬告事.

伏以邪說害正, 孟子之所仇讎視也; 侵侮聖賢, 朱子之所亂賊討也. 夫所謂邪說者, 不過爲空言無用, 則宜若與眞仇讎眞亂賊, 不啻有間, 而彼一聖一賢者, 汲汲攻討, 如必報之讎, 如必討之賊, 何也? 誠以爲不如是, 則邪說益張; 正道日亡, 倫常斁; 人類滅耳. 故孟子曰, 能言距楊墨者, 聖人之徒也. 朱子曰, 邪說害正, 人人得而誅之, 而又恐人之修爾戈矛, 與我同仇. 亦有曰, 已不攻討, 而倡爲不必攻討之說者, 詖淫之徒, 亂賊之黨也. 聖賢之於邪正之分嚴矣.

惟我栗谷先生, 東方理學之宗祖也. 發前聖之未發, 啓來學之無窮, 而沙重尤春, 智足以知聖人, 稱揚德美, 雖各不同, 而其以爲朱子後一人, 則無異辭矣. 是以吾東士大夫, 世守其說, 以尊信信之. 亦奧我列聖朝, 所以躋之, 廡而象賢者也. 嗚乎! 休哉! 豈不盛矣!

而天下之生久矣, 斯文窮厄. 蘆沙奇正鎭出焉, 負其文章之才辯, 逞其自大之浮習, 假借理氣之說, 攻斥先生, 罔有紀極. 集中所謂猥筆者, 是其一也. 其所指斥, 至曰氣奪理位, 至曰兩箇本領, 至曰氣字家計, 至曰有虛名而無實事, 至曰奈東方理氣何, 至曰肉疣驥蠅, 至曰大旨已失, 至曰嗚乎可憐, 而終則以孟子自處, 而處先生於告子之詖淫邪遁. 以朱子自擬, 而擬先生於陸氏之顚倒昌披. 嗚乎! 是可忍也, 孰不可忍也?

至如納涼私議, 形質氣質說, 及諸禮說, 或侵斥退溪, 或譏切尤庵, 或不合沙溪. 蓋其眼中無東方先儒久矣. 嗚乎! 退尤尙不顧忌, 況下退尤而湖洛諸賢之見斥, 固其宜也. 若使孟朱復起於今日, 其疾之討之之義,又當如何也? 今其孫宇萬, 擩染於家庭之際, 而交遊於嶺湖之間, 入者主之, 出者奴之, 傳相祖述, 植黨甚繁, 乃謀刊集, 而思易天下, 以若莫鋸之役, 成之不日者, 其故何哉? 甚矣! 人之好怪也, 不求其端, 不訊記末, 惟新奇之樂聞樂成也.

玆敢通告, 伏願各省, 僉君子察此, 義理齊聲, 竝討竊附於鄒夫子距詖亦聖徒之訓, 而取此小集之舊印與新刊, 人其人, 火其書, 千萬幸甚.

壬寅, 六月二十五日, 宜寧鄉校都會所發文. 前校理權鳳熙等五十七員.

모함을 변론하는 글을 동지들에게 보이다

정재규

이 글은 1902년 7월 즈음에 정재규가 쓴 글로 권봉희 등이 중심이 된 영남노론계의 「외필」 비판을 반박하는 것이다.[89] 본문의 내용에서 언급하는 '「통문」'이 「영유통문」이기 때문에, 이 글은 최소한 이 해 7월 이후에 쓴 것으로 추정할 수 있다. 정재규에 의하면 「통문」에서 기정진을 비판하는 논리의 핵심은 "「외필」에서 '지금 사람의 폐단'을 논하면서 '피음사둔', '전도되고 창피함'이라고 한 말이 있다. 저들은 이것을 빌미로 선사가 맹자·주자를 자처하고, 율곡을 고자·육씨에 견주었다고 꾸짖습니다"라는 구절에 담겨 있다. 『노백헌집(老柏軒集)』 권29에 실려 있다.

도리는 끝이 없고 시비는 지극히 공정하며, 학문은 강론하고 밝히는 데서 비롯되고 말은 시대에 따라 달라집니다. 그러므로 이전 성인이 발명하지 못한 것을 후대의 현자가 발명해서 넓히고, 과거의 주장에서 일치하지 않는 것을 후대 유자가 변론해서 밝히니, 이것이 어찌 이전 사람들보다 더 많은 새로운 학설을 만들려는 것이겠습니까? 미진한 온축(蘊蓄)을 발명하려는 것일 뿐입니다. 이전 현자가 결연하게 옳다고 하면서, 사람들이 어기지 않기를 바랐다고 해서 후세의 유자가 구차하게 부화뇌동하며 의심을 품기만 할 뿐 의론하려 하지 않는다면 이것은 남

89 "39년 임인 선생 60세. 4월에 『노사집』 중간이 완료되었다. 호남·영남의 유학자들이 모여 향음주례를 행했고, 「변무문시제동지」를 지었다.[三十九年壬寅, 先生六十歲. 四月刊役告成, 會湖嶺諸儒行鄕飮酒禮. 作辨誣文示諸同志.]" 정재규, 『노백헌집부록』 권2, 「연보」, 85쪽.

겨진 것이나 지키면서 진실을 시기하는 말속이요, 곡학아세의 잔재입니다. 천지의 지극히 올바른 도요, 성현의 지극히 공정한 마음에 이런 것이 있었다고 하겠습니까? 이런 까닭에 장자(張子)는 "타당치 못한 것이 있거든 함께 고쳐 나가는 것이 진정으로 후학들에게 바라는 것이다"[90]라고 했고, 주자는 "선현을 존중하고 경외하며 의리를 강론해 밝히는 것은 병행하면서 어긋나지 말아야 한다"[91]라고 했습니다. 그렇다면 학자는 선현에게 선현의 마음을 (자신의) 마음으로 삼아 남긴 가르침을 강론해서 밝히고, 충분한 노력을 해야 하며, 어쩌다 우연히 제대로 살피지 못한 것이 있거나, 어쩌다 자세히 생각지 못했던 것이 있거든 그냥 지나치지 말아야 합니다. 이것이 바로 선현을 충분히 존중하고 사모하는 방법입니다. 이것이 그의 창을 붙잡고 그의 방으로 들어온다는 격이요, 옛사람이 제대로 학문을 했다고 여기는 까닭입니다.

선사(先師) 노사선생에게 율곡선생은 원래 가학의 연원이 유래한 분이어서, 평생 그 도를 존중하고 믿었으며, 그 학문을 강론하고 밝혔습니다. 율곡이 리를 논한 주장은 전체를 총괄하자면 '이통기국(理通氣局)'이라는 한 마디일 뿐입니다. 그런데 세상의 유학자들이 그 뜻을 착각해서, 마침내 율곡의 종지가 세상에 밝아지지 못했습니다. 선사께서는 그 잘못을 역설했고 또 주장을 만들어 밝혔으니, 그 단서를 정확하게 지적하자면 '모든 정이 리에서 발현한다'[92]라는 한 마디입니다. 세상의 유자

---

90 정재규는 이 구절 전체를 장재의 말로 인용하고 있는데, 사실과는 약간 다르다. 이 말의 출전은 주희의 「與劉共父」(『회암선생주문공문집』 권37)에서 "橫渠所謂其不善者共改之, 正所望於後學."라고 말하는 부분이다. 여기에서 주희는 『정몽』, 「중정」 제8에 실린 "循理者共悅之; 不循理者共改之."라는 구절을 축약해서 인용하고 있다. 따라서 원래 맥락을 따르자면 본문은 "장재가 말하는 '선하지 못한 것은 함께 그것을 고친다'는 것이 바로 (내가) 후학들에게 바라는 것이다"로 해석되어야 한다.

91 이 말도 관용적으로 주희의 말로 알려져 있을 뿐, 정확한 출처는 불분명하다.

들은 이것을 빠트리고 강론하지 않았기에 율곡의 은미한 말이 명확하게 드러나지 않았던 것입니다. 선사는 깊이 탄식하면서, 정확한 정론을 후세 학자들이 빠트린 것을 개탄했는데, 사단칠정에 이르러서는 또한 사단과 칠정이 두 가지 정이 아니고, 리와 기에 호발이 없다고 한 것은 선생도 정확해서 의심할 것이 없다고 했습니다.

오직 음양의 움직임과 고요함에 대한 학설에 일치하지 않는 것이 있었기에 매번 융통성 있게 보면서 소통하려고 했습니다. (또한) 이것은 다만 유행이라는 측면에서 말한 것인데, 세상의 학자들은 이 말만을 고집하면서 그 의의에 어두운 것을 안타깝게 여겨 여러 차례 편지로 말하고는 했습니다. 그런데 저들은 종지를 착각하고서 정론을 빠트린 채로 오로지 '기틀이 저절로 그런 것이지 시키는 것이 있지 않다'라는 주장만을 내세우면서 이것을 근거로 삼아, 점점 어긋나 마침내 주기론으로 귀결되었습니다. 선사께서는 선현의 말을 '의론이 지나치게 명쾌해서 그 말류의 폐해가 여기에 이를 줄 미처 자세히 생각지 못했던 것 같다'라고 의심해서 마침내 반복해서 변론하며 바로잡았습니다.

(선사께서는) 지금 사람들의 주기론의 잘못을 전현에게 물을 수 없는 것을 한스러워했고, 이치를 밝히는 데 뜻을 두었기에 말이 어쩔 수 없이 간절했습니다. 요즘 한두 사람이 전현을 추존하고 치우친 사심을 다스린다는 명목에 의탁해서 선사가 율곡을 공격하고 배척했다고 하면서 이어가며 통문을 던지고, 멋대로 욕하고 무고하니 가소롭기도 하고 또한 이상합니다. 선사가 '의론이 지나치게 명쾌하다'라고 의심한 부분은 '그렇게 시키는 것이 있지 않다'라는 한 구절의 말뿐입니다. 한마디 말의 차이 때문에 곧장 '선현을 공격하고 배척한다'라고 한다면 아마 주자 이후의 많은 학자는 한 사람도 전현을 공격하고 배척했다는 법률에

---

92 이이, 『율곡전서』 권9(표점영인 문집총간 vol.44), 「答成浩原」, 195쪽 참조.

서 벗어나지 못할 것입니다. 주자가 종사로 여긴 이들은 주자·정자·장자였습니다. 그러나 (그들의) 말 한마디 행실 한 가지라도 잘못된 곳에서는 가리고 회피한 적이 없었고, 변론해서 분석하지 않은 것이 없었습니다.

심지어 『주역정씨전』에서 정자가 잘못 설명한 것을 변론하고 논파한 것이 매우 많았을 뿐만 아니라 따로 『주역본의』를 써서 희문(羲文)[93]의 옛 형태를 회복시켰습니다. 예를 들어 건괘의 원형이정(元亨利貞)을 네 가지 덕이라고 풀이하는 것은 정자의 『역전』에서만 그런 것이 아니라, 공자의 「문언전」에서도 이미 분명하게 말했습니다. 그러나 『주역본의』는 이를 따르지 않고, 두 마디 말로 만들어 풀이했을 뿐이었습니다.[94] 이것 때문에 주자가 공자를 공격했고, 공자를 존중하며 신뢰하지 않았다고 할 수 있겠습니까?

주자(周子)의 글을 논하면서는 곧장 "그 말이 노장(老莊)과 비슷하

---

93 희문(羲文): 복희(伏羲)의 문장이라는 뜻으로, 곧 『주역』을 가리킨다.

94 "원형리정을 네 가지 덕이라고 한다.[元亨利貞, 謂之四德.]" 정이, 『주역정씨전』(『이정집』 vol.2), 695쪽.

"원(元)이란 선(善)의 우두머리이고, 형(亨)이란 아름다움이 모인 것이고, 이(利)란 의(義)가 조화(調和)된 것이고, 정(貞)이란 일의 근간이다.…군자(君子)는 이 네 가지 덕을 행하는 까닭에 '건(乾)은 원형리정(元亨利貞)이다'라고 하는 것이다.[元者, 善之長也; 亨者, 嘉之會也; 利者, 義之和也; 貞者, 事之幹也.…君子行此四德者, 故曰乾元亨利貞.]" 『주역』, 건괘 「문언」.

"'원형리정(元亨利貞)'은 문왕(文王)이 말한 글이다. 이것으로 한 괘(卦)의 길흉(吉凶)을 판단하니 이른바 단사(彖辭)이다. '원(元)'은 크다는 것이고, '형(亨)'은 통한다는 것이고, '이(利)'는 마땅하다는 것이고, '정(貞)'은 바르고 곧다는 것이다.[元亨利貞, 文王所繫之辭, 以斷一卦之吉凶, 所謂彖辭者也. 元, 大也; 亨, 通也; 利, 宜也; 貞, 正而固也.]" 주희, 『주역본의』(『주자전서』 vol.1), 30쪽.

「문언전」과 『주역정씨전』에 의하면 원형리정은 각각 하나의 덕을 서술한 말이다. 그러나 『주역본의』에 의하면 '크게 통하고, 바르면 이롭다'라는 두 가지 내용으로 해석된다.

다"[95]라고 했습니다. 장자에게는 곧장 "근본으로 돌이키려는 병폐가 있다", "불교에 가깝다"라고 했고[96], 또한 "그러나 취산과 굴신을 말한 곳은 오히려 거대한 윤회설이다"라고 했으며,[97] '『정몽』에 타당치 않은 곳이 많이 있는데, 그의 말이 잘못된 것이 아니라 그의 견해가 잘못된 것이다'라고도 했습니다.[98] 나머지 반박하는 곳은 이루 다 헤아릴 수 없습니다. 그렇다고 이 때문에 주자가 주자·장자를 이단이라고 공격했다고 할 수 있겠습니까?

오봉(五峯: 胡宏, 1102~1161)의 잘못된 곳을 남헌(南軒: 張栻, 1133~1180)이 회피하지 않았고, 고정(考亭: 주희)의 정설은 면재(勉齋: 黃榦, 1152~1221)도 가끔 어겼는데, 이 때문에 그 스승을 배반했다고 할 수 있겠습니까? 우리 동방에서 회재(晦齋: 李彦迪, 1491~1553)는 『대학보유(大學補遺)』를 지어 (『대학』의) 편차를 개정하고, (주희의) 『대학장구』를 변론했으며, 심지어는 마지막 장에서 인을 논하면서 곧바로 '한 글자가 분명하지 못해 재앙이 후세까지 흘러들었다'[99]라고 말할 정도였습니다. 『대학장구』는 주자가 평생을 다해 노력을 기울인 것인데, 회재가 감히 이렇게 말했습니다. 그러나 그의 시대에나 나중에나 그것이 옳지 않다고 변론하는 이들은 있었지만 주자를 공격했다고 (회재를) 배척하는 말은 들어보지 못했습니다. 율곡도 젊어서 퇴계의 문하에 이르러서,

---

95 주희, 『주자어류』 권94(『주자전서』 vol.16), 3173쪽.

96 주희, 『주자어류』 권99(『주자전서』 vol.16), 3333쪽.

97 같은 책, 같은 글, 3335쪽.

98 위의 책, 위의 글, 3328쪽.

99 "성현의 경전 가운데 한 글자의 뜻이 밝지 못하면 그 피해는 생민에게 흘러 들어가고, 그 재앙은 후세에까지 미친다. 소홀히 할 수 있겠는가![聖賢經典之中, 一字之義不明, 流害於生民, 禍及於後世, 其可忽哉!]" 李彦迪, 『續大學或問』 14전~후면. 실제로는 『속대학혹문』에 나오는 구절이지만, 『대학보유』와 『속대학혹문』이 함께 간행되었기 때문에 본문에서는 『대학보유』라고 한 것이다.

"수레를 돌리고 길을 바로잡은 것은 진실로 공의 깨우침에 힘입은 것이었다"[100]라고 했으니, 보고 감동받은 것이 깊었다 할 것입니다. 그러나 문묘종사를 논하게 되자 결연하게 정암을 함께 넣었고, 은병정사에 주자를 모시면서도 정암·퇴계를 함께 배향했으니, 마치 (주자의) 죽림정사(竹林精舍)에서 일곱 군자를 종사한 것과 같았습니다.[101] 선성(先聖)을 존중하고 믿는 것이야 또 어떠했겠습니까?

다만 사단과 칠정, 이발과 기발은 자기의 견해와 일치하지 않았기에 우계와 변론을 주고받으면서 "변론하는 말은 상세하지만 의리는 분명하지 않다"[102]라고 했습니다. 또한 "그 대본(大本)에는 아직도 한 겹의 막(膜)이 가려져 있다"[103]라고도 했습니다. 또한 나정암(羅整菴: 羅欽順, 1465~1547)의 인심도심설을 인용하면서 "정암의 잘못은 명목(名目)에 있지만 퇴계의 잘못은 성리(性理)에 있다"[104]라고도 했습니다. 여러 차례 인식이 얽매였다고 탄식했지만 말과 논의가 자극적이었어도 도리를 강론하고 밝히려는 것일 뿐이었습니다. 그러나 유직(柳櫻, 1602~1662) 등이 이것을 빌미로 율곡을 비방하고 배척하면서 "여력을 남기지 않고 퇴계를 공격했다"[105]라고 했으니, 유직 등의 말이 과연 옳은 것입니까?

우암의 편지에서도 퇴계의 잘못된 곳을 말하는 대목이 많고, 『주자대전차의(朱子大全箚疑)』도 퇴계의 『기의(記疑)』[106]로 인해 만들었지만

---

100 이이, 『율곡전서』 권14(표점영인 한국문집총간 vol.44), 「祭退溪李先生文」, 288쪽.

101 일곱 군자는 주돈이·정호·정이·장재·소옹·사마광·이통을 가리킨다.

102 이이, 『율곡전서』 권10(표점영인 한국문집총간 vol.44), 「答成浩原」, 201쪽.

103 이이, 『율곡전서』 권10(표점영인 한국문집총간 vol.44), 「答成浩原」, 204쪽.

104 같은 책, 같은 곳.

105 이이, 『율곡전서』 권18(표점영인 한국문집총간 vol.45), 「前後辨誣章疏」, 442쪽.

106 『주자서절요기의(朱子書節要記疑)』를 가리킨다.

개정한 것이 많았습니다. 농암(農巖: 金昌協, 1651~1708)은 사단과 칠정의 발현에서 퇴계의 설명을 따랐고, 『차의』을 둘러싼 변론에서도 우암의 설명을 의심한 대목이 많았습니다. 그렇다고 이것을 빌미로 우암이 퇴계를 공격했고, 농암이 율곡·우암을 존중하지 않았다고 할 수 있겠습니까? 의리란 공공의 것입니다. 견해가 다르다면 구차하게 일치시키지 말아야 합니다. 마음으로 옳지 않은 줄을 알고서도 아부하고 엄호(掩護)해서 좌우(左右)로 감싼다면, 바로 정자(程子)가 말한 "옛날에 겨를이 없어 못했던 것을 이제 다시 일으킬 수 없고, 전에 미안(未安)했던 곳을 뒤에 다시 바로잡을 수 없다"[107]라는 것입니다. 우암이 지은 율곡·우계의 「변무소」에서 정자의 이 말을 인용해서 율곡은 '고명하고 쇄락하여 오로지 이치를 밝히는 것으로 마음을 삼는 이로서 어찌 이런 짓을 하겠는가?'라고 했습니다.[108] 전현의 마음이 이와 같았는데 후현의 마음이 홀로 이런 마음으로 구하지 못한다는 것입니까?

「외필」에서 '지금 사람의 폐단'을 논하면서 '피음사둔', '전도되고 창피함'이라고 한 말이 있습니다. 저들은 이것을 빌미로 선사가 맹자·주자를 자처하고, 율곡을 고자·육씨에 견주었다고 꾸짖습니다. 아! 거리낌 없는 말이 여기에 이르고 말았습니다! 「외필」의 글들은 곡절과 단락이 매우 분명해서, 조금이나마 문리를 아는 이라면 한 번 보기만 해도 모두 그들의 말에 근거가 없음을 엿볼 수 있을 것이요, 본래 많은 변론을 하기에 부족합니다. 그런데도 오히려 집마다 그 책을 두고서 사람들이 모두 볼 수 없다면, 헛된 소문이 미치는 곳에서는 쉽사리 많은 이를 미혹시킬 것이기에 또한 변론하지 않을 수 없습니다.

「외필」을 지은 것은 지금 사람들의 잘못을 바로잡고, 후학들의 의심

---

107 정호·정이, 『河南程氏文集』 권6(『이정집』 vol.1), 「論開樂御宴奏狀」, 552쪽.

108 송시열, 『송자대전』 권21(표점영인 한국문집총간 vol.108), 「擬兩賢辨誣疏」, 478쪽.

을 풀어주려는 것입니다. 먼저 지금 사람들이 머리에 이고 두 구절을 장황하게 떠드는 것을 따라서 짜 맞춘 말이 타당치 않음을 변론했고, 이치와 형세가 옳지 않음을 논했습니다. 그다음으로는 점점 '세속의 유자들이 번번이 리가 가벼워지고 기가 무거워졌음을 말했고, 두 가지 본령의 시작이 되었다'라는 것으로 결론을 맺었습니다. 지금 사람들이 '도리(道理) 두 글자를 아득하니 생각도 논의도 할 수 없는 곳으로 몰아냈다'라는 구절 뒤에서는 바로 지금 사람들의 폐해가 결국 기가 리의 자리를 빼앗아 스스로 본령이 되었음을 말했습니다. 이와 같다면 앞에서 시작[履霜]이라고 한 것이 이제는 딱딱한 얼음이 되어버렸고, 옛날 '피음사둔'이라고 한 것으로도 말하기에 충분치 못하며, 전도되고 창피함이 있지 않는 곳이 없는 것도 마땅하다고 했습니다. 이에 교정하려고 해도 저들은 문득 머리를 들고 '전현도 이와 같이 말한 적이 있다'라고 하니 '문선왕을 지고 송사하는 이는 작은 힘으로 대적할 수 없다'라는 격입니다. 말류의 폐단이 여기에 이를 줄을 어찌 전현이 미리 짐작했겠습니까? 그 당시 자세히 생각지 못했던 것이 선현에게 유한이 없을 수 없었기에 애타는 마음을 품은 채로 그만두지 못했던 것입니다. 그러나 자세히 생각지 못했던 것은 또한 어쩌다 있는 일이기에 진실로 물어보려고 소망했습니다. 물어볼 수 있었더라면 선현이 빙그레 웃으실 줄을 어떻게 알겠습니까? 아! 이미 물을 수 없기에 어쩔 수 없이 이처럼 외람되이 논해서 후현을 기다렸다 물으려는 것이었으니, 물어서 내가 의심한 것이 잘못이라면 지금 사람들의 주기설이 옳을 것이니, 내가 낭패를 당하는 것은 유학에는 다행인 셈입니다. 그러나 만일 잘못이 아니라면 오늘날 동방의 이기설이 도리어 낭패가 될 것이니 이를 어찌겠습니까? 이를 어찌겠습니까?

(이처럼) 한 편의 글 전체를 평이한 마음으로 살펴보면 말의 맥락과 귀결을 구절마다 찾아볼 수 있습니다. 말이 절실할수록 예의는 더욱 공

손했으니, 도를 보위하려는 정성스러움과 현자를 존중하려는 뜻이 저절로 말에 드러났습니다. 그러나 저들은 처음과 끝을 잘라내고 한 구절을 골라내서 지금 사람들의 잘못을 가져다 전현을 비난하는 것이라고 하니, 또한 홀로 어떤 마음입니까? 퇴계는 호발설을 주장하면서 주자의 설명을 가져다 증거로 삼았습니다. 율곡은 이미 주자의 뜻이 그렇지 않음을 밝게 분별해서 바로잡으며 "만일 주자가 정말로 리와 기가 호발한다고 생각했다면 주자 또한 잘못이다"[109]라고 했습니다. 그런데도 유직 등은 퇴계의 잘못을 바로잡으려는 것을 주자에게 미루어 (율곡이) 주자를 공격하고 배척했다고 여겼습니다. (이와 마찬가지로) 이제 저들은 지금 사람들의 폐단을 교정하려는 것을 율곡에게 옮기고서, (선사께서) 율곡을 공격하고 배척했다고 합니다. 아! 저들이 평소에 자처하는 것은 결코 유직 같은 이가 되기로 기약하지 않았을 것입니다. 그런데 어떻게 마음 씀씀이가 불행하게도 이처럼 닮은 것입니까?

회재의 『대학보유』 한 문단에서 인(仁)을 논하면서 "피해가 생민에게 흘러들었고 재앙이 후세에 미쳤다"[110]라고 했는데, 이런 표현은 『맹자집주』에서 이단과 사설의 피해를 논한 것이었습니다. 이제 논하는 자들의 설명대로라면 반드시 (회재가) 맹자를 자처하면서 주자를 양주·묵적에 해당시켰다고 해야 할 것입니다. 율곡이라면 그 학설의 옳지 않음을 변론하면서도 '회재는 참화를 목격했기에 논설을 지어 한 시대에 경고를 하고 만에 하나라도 구제하려고 했을 뿐이었다'라고 했을 것입니다. 율곡 같은 마음을 가질 수 있다면 또한 '노사는 주기설이 성행하는 것을 보았기에 이 논설을 지어 후학들을 경계하고 만에 하나를 구제하려고 했을 뿐이었다'라고 해야 할 것입니다. 저들은 선현의 마음가짐을

109 이이, 『율곡전서』 권10(표점영인 한국문집총간 vol.44), 「答成浩原」, 204쪽.

110 이 구절은 『맹자집주』에서 주희가 인용한 윤돈(尹焞, 1071~1142)의 발언의 일부분이다. 주희, 『맹자집주』(『주자전서』 vol.6), 333쪽 참조.

전혀 알지 못하고, 전현을 머리에 이고서 남을 휘두르려는 권한으로 여기려고만 하면서 도리어 전현에게 죄인이 되는 줄을 알지 못합니다!

(「외필」에서) '지금 사람[今人]'이라고 한 것은 어떤 사람을 가리켜 말한 것입니까? 선사와 권우인(權宇仁)이 이기를 논하면서 앞뒤로 주고받은 수천 마디 말이었습니다. 권우인은 전현의 말을 착각해서 시종일관 머리에 이고서, 유행이란 한 측면에만 나아가서만 말한 것을 근원적인 측면의 설명으로 간주했습니다. 심지어 리는 먼저 갖추고 있는 묘용이 없다고 하고, 너무 장황하게 주기설을 주장했기에 선사께서 '고금의 도술이 많지만, 주기설이라는 학설은 없었는데, 이에 그 숫자를 채우려는 것인가?'[111]라고 했습니다. '지금 사람'이란 바로 이런 사람들을 가리킵니다. 근년의 세속적인 유학자들은 도도하게 모두가 (이들이) 옳다고 하니, 도를 근심하는 군자라면 말없이 있으려 해도 가능하겠습니까?

또한 저들의 「통문」 첫 머리 몇 구절은 또 어떤 글쓰기의 법도입니까? 성인에 가까운 이가 있어도 기를 주장하자마자 피음사둔의 이단에 빠졌다고 하고, 리를 주장하자마자 정인군자가 된다는 것입니까? 문장으로는 말이 되지 않고, 마음으로는 너무 위험합니다. 그들이 품고 있는 변덕스러운 마음은 사람이 똑바로 쳐다볼 없을 지경입니다. 그러나 저들의 견해가 (「외필」에서 말했던) '지금 사람'들과 같아서 주리를 잘못이라고 배척하려는 것이라면 오히려 괜찮다고 할 것입니다. 이제 이미 주기설이 불가하다는 것을 알면서 또 어째서 주리의 가르침을 미워하는 것입니까? 화내는 것은 사납고 배척하는 것은 심합니다. 아니면 이 한 단락의 논변으로 선사가 율곡의 위대한 학문과 도덕을 전혀 존중하고 믿지 않았다고 여겨서 그러는 것입니까? 선사의 논리가 가지는 중요한 취지는 「이통설」에 담겨 있습니다. 또 '모든 정이 리에서 발현한

111 기정진, 『노사집』 권4(표점영인 한국문집총간 vol.310), 「擬與權信元」, 100쪽.

다'[112], '사단과 칠정은 호발이 없다'라는 주장이 있으니, 다시 사족을 덧붙일 필요는 없습니다. 나머지 (율곡이) 남긴 말을 마음에 새기고 수용한 것은 정자·주자의 글과 다를 것이 없었습니다. 나아가 평범하게 담론하는 즈음에 나타나고, 많은 문자에서 드러난 것은 다 거론할 겨를이 없습니다.

일단 한 편의 논설로 말해보자면 선사가 하환성(河喚醒: 河洛, 1530~1592)[113]의 「계미소」[114]를 논하면서 이렇게 말했습니다. "문장이 천지에 참여하고 성쇠에 관련되지 못하고, 호연하게 원기와 함께 흐르지 못한다면, 글이 많다고 한들 또한 무엇을 하겠는가?"[115] 또 "환성재의 상소문에는 천지가 생긴 뒤의 떳떳한 법도가 있으니 요순의 덕이라도 여기에서 말미암지 않으면 천하를 다스릴 수 없다"[116]라고 했습니다. 또 "온 조정의 신료들이 입을 닫고 말 한마디 하지 않으니, 당시의 기상은 이미 깊은 밤중이었고 딱딱한 얼음이었다. 이런 시국에 환성재 한 사람이 있었으니, 하늘이 이 노인을 낳은 것은 한 시대를 위해서가 아니라 만세에 흥망성쇠의 소식을 전하기 위해서였다"[117]라고 했습니다. 아! 「계미소」는 율곡을 신원하기 위해 변론한 글입니다. 율곡을 신원하려는 글인데 그의 문장이 '천지에 참여하고 성쇠와 관련되며 원기와 함께 흐

112 이이, 『율곡전서』 권9(표점영인 문집총간 vol.44), 「答成浩原」, 195쪽 참조.

113 자는 도원(道源), 자호는 환성재(喚醒齋)이고, 본관은 진양(晉陽)이다.

114 계미년인 만력 11년 하락이 올린 「大伸疏」를 가리킨다. 당시 왕자 사부였던 하락이 삼사를 공격하고, 박순·이이·성혼 등 서인의 중추인물들을 두둔한 글이다. 河洛, 『喚醒齋集』 권상(한국역대문집총서 vol.1394), 「大伸疏」, 445~453쪽 참조.

115 기정진, 『노사집』 권20(표점영인 한국문집총간 vol.310), 「喚醒齋遺稿序」, 451쪽.

116 같은 책, 같은 쪽.

117 위의 책, 위의 곳.

른다'라고 했으니, 율곡의 도덕의 전체를 알았다고 할 것입니다. 율곡을 신원하는 데 그의 상소문에 '천지가 생긴 뒤의 떳떳한 법도가 있다'라고 했으니, 율곡의 경국제세의 대용을 알았다고 할 것입니다. 율곡을 신원하는데 '그 사람은 만고의 흥망성쇠를 전하기 위해서 태어났다'라고 했으니, 율곡이 태어난 의의를 또한 알았다 할 것입니다. 저들은 명목상으로는 율곡을 존중한다고 하는데, 다만 오당(吾黨)이 존중하는 정도로만 존중할 뿐이요, 말하고 외우는 것도 단지 선배들이 이전에 한 말들을 외우는 것일 뿐입니다. 어찌 절반이라도 자신의 식견이 있겠습니까? 그러면서도 선사께서 오당의 학자로서 율곡을 존중하지 않았다고 하니, 또한 매우 가소롭지 않습니까!

진실로 오당의 학자로서 의심스러운 것이 있는데도 의심하지 않는다면 이것은 사적으로 존중하는 것일 뿐이지, 의리로 공정하게 존중하는 것이 아닙니다. 의리는 끝이 없으니, 식견이 이미 다르다면 아버지와 아들, 형과 동생이라고 해도 또한 구차하게 일치하려고 해서는 안 됩니다. 이런 까닭에 온공(溫公: 司馬光, 1019~1086)은 「의맹(疑孟)」을 지었는데, 아들인 사마강(司馬康, 1050~1090)은 『맹자』는 글이 가장 순정하다고 하면서 경연에서 강론했고 또 『요해(要解)』[118]를 지었으니, 이것은 자식이 아버지를 사사로이 대하지 않은 사례입니다. 명도(明道)가 조례사(條例司)에서 일하자 이천(伊川)은 불만스러워했고, 명도가 『대학』의 편집 체제를 정했지만 이천은 다시 고쳤으니, 이것은 동생이 형을 사사로이 대하지 않은 사례입니다. 아버지와 아들, 형과 동생도 오히려 이렇게 했는데, 하물며 오당의 학자이겠습니까? 그 도를 존중하고 그 글을 읽으면서 큰 체제는 죽도록 연찬하고 우러르며, 은미한 말은 힘을 다해 생각하고 변론해야 합니다. 단 한 구절도 지나치지 말고 작은 흠

118 사마강의 『맹자절해(孟子節解)』를 가리킨다.

이라고 의심스러운 것이 있으면 또한 반드시 변론하고 밝혀서 후학들이 선택하는 데 헤매는 일이 없도록 만들어야 합니다. 그런 다음에야 선현의 도가 세상에 크게 밝혀질 것입니다. 이것은 오당의 선비들이 마음을 다해야 하는 일입니다.

만일 '지금 사람'들처럼 정론을 저버리고 의심스러운 것을 주장하면서 남과 맞서려고 한다면 그 과실을 들춰내기에나 족할 뿐 어떻게 존중한다고 할 수 있겠습니까? 이런 까닭에 중암(重菴) 김공(金公: 金平默)은 「외필」을 구해서 깊이 읽고서 경탄하고 탄복하면서 '이 글은 우리 화서선생이 두려움 없이 홀로 우뚝 선 것과 기약하지 않고도 일치했다'라고 했습니다. 또한 '율옹을 존중하는 이로는 기·이 두 선생만한 분이 없다'라고 했고, 또한 '알지 못하는 이와 말하기 힘들다'라고도 했습니다. 저들은 이미 알지 못하는데 어떻게 함께 얘기할 수 있겠습니까? 저들은 '율곡의 글이 이미 세상에 유포되어 있으니 노사의 글은 함께 유포되어서는 안 된다'라고 하면서, 훼판 하려는 움직임을 도모하고 있습니다. 진실로 이와 같다면 주자·정자·장자·주자의 글도 세상에 함께 유포되어서는 안 되고, 퇴계·율곡의 글도 마찬가지일 것이니, 이런 이치란 없습니다.

설령 정자와 소식, 주자와 육씨처럼 학술이 같지 않더라도 각각 배운 것을 존중하면서 후세를 기다리거나, 저술을 통해 이론을 주장하면서 후학들을 계도할 뿐입니다. 통문을 돌리고 무리를 불러 모아 세력을 만들어 위협하고 막으면서 스스로는 선현을 존중한다고 여기는 것은 예로부터 들어보지 못했습니다. 글을 읽는 유학자라면 그 누가 함께 하겠습니까? 그 누가 함께하겠습니까? 그러나 천지에는 흥망성쇠의 운수가 있고 성현들에게도 나아갔다 물러나는 일이 있으니, 율곡·우계 같은 대현들조차 끝내 현자를 무고하는 법률에 얽혀들어 계묘년에 문묘출향의 변고를 당하기도 했습니다. 하물며 오늘날 끝을 알 수 없이 세태가 변화하는 시대이겠습니까? 그러나 이것은 우리 사문의 한때의 위기가 아니라, 진실로 우리 유학의 흥망 및 시운의 성쇠와 관련된 것이니, 이것이 어찌 우리들이 힘써야 할 것이겠습니까? 조용히 기다릴 뿐입니다. 다만 우리들 가운데 후생과 소년들로 식견이 정확하지 못한 이들은 어쩌다 여론에 영향을 받을까 하는 걱정이 없을 수 없기에 한 통의 글을 써서 보이는 것이니, 여러분들은 염두에 두어야 할 것입니다.

辨誣文示諸同志

鄭載圭

道理無窮而是非至公, 學由講明而言以時異, 故前聖之所未發, 後賢發而擴之, 前說之所未契, 後儒辨而明之, 是豈欲創立新說求多於前人哉? 乃所以發其未盡之蘊而已. 使前賢決然自是, 欲人莫敢違, 後儒苟然雷同, 懷疑不敢議, 則是乃守殘妒眞之末俗, 曲學阿世之餘習, 曾謂天地至正之道, 聖賢至公之心, 而有是哉? 是以張子曰, 其未善者, 共改之, 正所望於後學. 朱子曰, 尊畏先賢, 講明義理, 竝行而不悖, 然則學者之於先賢, 當以先賢之心爲心, 講明遺言, 十分盡底, 而其有或偶失照管者, 或未及細思者, 則亦不敢放過, 是乃十分尊慕之道. 此操戈入室, 古人之所以善學也.

先師蘆沙先生於栗谷先生, 原來是家學淵源之所自, 一生尊信其道, 講明其學, 蓋栗谷論理之說, 其總括全體, 則理通氣局一語是已, 而世儒錯認其旨, 遂使栗谷宗旨不明於世, 則先師力言其非, 而又爲之說以明之, 其的指端緖, 則萬般之情, 發於理一語是已, 而世儒遺而不講, 使栗谷微言鬱而不彰, 則先師深歎, 的確定論, 而慨後儒之遺, 却至於四端七情之說, 亦以四七非兩情, 理氣無互發, 謂先生之論的然無可疑. 惟陰陽動靜之說, 有所不契, 而每欲活看以通之, 以爲此特流行邊說, 而憫世儒之執言迷旨, 累發於書疏之間, 彼錯認宗旨, 遺却定論, 而專主機自爾非有使之之說, 以爲己援者, 輾轉差謬, 遂爲主氣之歸, 則先師疑先賢之言, 發之太快, 而末弊之至斯, 容有未之細思也, 遂反覆辨論以正.

今人主氣之失, 而恨不得奉質於前賢, 志在明理, 言之不得不切也.

逦者一二人輩, 託以推尊前賢, 而濟其偏克之私心, 謂先師攻斥栗谷, 相繼投通, 肆其詆誣, 可笑, 亦可怪也. 蓋先師所疑, 發之太快者, 指非有使之一句語也. 若以一言之異, 而便謂攻斥先賢, 則恐朱子以下群賢, 無一人得免於攻斥前賢之律也. 朱子之所宗師者周程張子, 而其一言一行之差過處, 未嘗掩諱, 而無不辨析之.

至易傳, 辨破程子差處甚多, 而別立本義, 復羲文之舊. 若乾之元亨利貞之釋以四德, 非惟程傳爲然, 孔子文言已明言之, 而本義不從, 特做兩言解, 以此而謂朱子攻程子, 而不尊信孔子, 可乎? 其論周子文字, 則直曰其言似莊老, 張子則直曰有還原反本之病. 又曰近釋氏, 又曰其說聚散屈伸處, 却是大輪回. 又曰正蒙多差處, 不是佗命辭有差, 是見得差, 其佗辨駁處, 不可枚擧. 以此而謂朱子斥周張, 以異端, 可乎?

五峯差處, 南軒不諱, 考亭定說, 勉齋或違, 以此而謂貳於其師, 可乎? 至於我東, 則晦齋爲大學補遺, 而改定編次, 辨論章句, 而至末章論仁則直以一字不明, 禍流於後世言之. 大學章句是朱子盡一生精力者, 而晦齋乃敢如此, 當時與後世固有辨其不然者, 而未聞以攻朱子斥之. 栗谷之於退溪, 早歲及門, 而自謂回車改轍, 實賴啓發, 則其得於觀感之間者深矣. 至其論文廟從祀, 斷然以靜菴竝擬, 隱屛精舍祀朱子, 而配以靜菴·退溪, 正如竹林精舍以七君子從祀, 先聖則其尊信誠服, 又何如也?

惟以四端七情理發氣發之說不契己見, 與牛溪往復辨論, 而有曰, 辨說雖詳, 義理不明. 又曰, 於大本上有一重膜子. 又引羅整菴人道心之說而曰, 整菴之失, 在名目上. 退溪之失, 在性理上. 屢歎知見之累, 其所極言竭論者, 只是講明道理而已. 而柳椶等以此詆斥栗谷曰, 攻退溪之學, 不遺餘力. 椶等之言, 果是耶?

尤菴書中言退溪差處亦多, 其朱子大全箚疑, 因退溪記疑而作, 而多所改正. 農巖於四七之發, 還從退說, 於箚疑之辨, 多疑尤說, 以此而亦謂尤菴攻退溪而農巖不尊栗尤, 可乎? 蓋義理公物也, 所見旣異, 則不敢苟同. 若心知其不然, 而依阿掩護左攔右遮, 則正程子所謂昔所未遑, 今不復作, 前所未安, 後不能復正者也. 尤菴所作栗牛辨誣疏, 引程子此言, 而謂栗谷之高明灑落, 專以明理爲心者, 其肯爲此否耶? 前賢之心旣如此, 則後賢之心獨不可以此求之乎?

猥筆中論今人之弊, 而有詖淫邪遁顚倒猖披等語, 彼輩以此譏先師自處以孟朱, 而擬栗谷於告陸, 噫! 其言之無忌憚, 乃至於是乎! 蓋猥筆文字, 曲折段落, 極其分明, 粗生文理者, 纔看一過, 皆能覰其言之無據, 固不足多辨, 而顧不能家蓄其書, 人人皆見, 則虛聲所及, 易以惑衆, 又不容無辨也.

此書之作, 爲正今人之失, 以開後學之惑, 而先從今人所頭戴而張皇底二句語. 辨措語之未妥. 論理勢之不然, 而漸次說入世儒之駸駸致得理輕氣重, 而以雙本領之履霜結之. 今人驅道理二字於冥漠不可思議之地以下, 乃正說今人之弊終歸於氣奪理位自爲本領. 若是則向之履霜者, 今則堅氷矣, 古所謂詖淫邪遁, 猶不足道, 而顚倒猖披, 宜無所不有矣. 於是, 欲以矯救, 則彼輒頭戴曰前賢亦嘗云爾, 正諺所謂負文宣王以訟者, 則非瑣力之所能抵敵也. 末弊之至斯, 豈前賢之所能預料哉? 當日之未及細思, 不能無遺恨於先賢, 而耿耿不能已, 然其未及細思, 蓋亦容或有之者, 實有奉質之願, 如得奉質, 則安知先賢之不莞爾而笑也. 嗚呼! 旣不可得, 則不得已而猥論如此, 以俟後賢而質之, 質之而吾所疑者妄, 則今人主氣之說得矣. 吾之狼狽, 儒門之幸也. 如或不妄, 則今日東方理氣之說, 反見狼狽, 柰之何? 柰之何?

通一篇而平心看之, 則語脈指歸, 節節可尋, 言愈切而禮愈恭, 衛道之誠, 尊賢之意, 自見於辭, 而彼乃截去首尾, 孤行隻句, 摘取今人之失, 移作前賢之疵, 亦獨何心哉? 退溪言互發, 而引朱子說以證之, 栗谷旣明辨朱子之意不然, 而質言以正之曰, 若朱子眞以爲理氣互發, 則朱子亦誤也. 椶等乃以正退溪之誤者, 推之於朱子, 以爲攻斥朱子. 今彼以矯今人之弊者, 移之於栗谷, 以爲攻斥栗谷. 噫! 彼之平日自處,決不以櫻等爲期, 而何用心之不幸相近若是也?

晦齋補遺論仁一段, 所謂害流於生民, 禍及於後世, 是孟子集註論異端邪說之害者. 如今議者之說, 則必曰以孟子自處, 而擬朱子於楊墨, 乃若栗谷則辨其說之不然而云晦齋目見慘禍, 故作論以警一時, 欲救萬一耳. 如以栗谷之心爲心, 則亦當曰蘆沙目見主氣之說盛行, 故作此說以警後學, 欲救萬一耳. 彼乃全不識先賢心法, 但欲頭戴前賢, 以爲禦人之欛柄, 反不爲前賢之罪人耶!

所謂今人, 指何等人而言之也? 先師與權宇仁論理氣, 前後往復至數千言, 權錯認前賢之言, 終始頭戴, 而但就流行邊語, 攙入源頭說, 至謂理無先具之妙, 而主氣太張王, 故先師謂古今道術雖多, 特未有主氣一學, 乃欲充其數耶? 所謂今人, 正指此等人也. 近世世儒, 滔滔皆是, 則憂道之君子, 雖欲無言, 得乎?

且彼通中起頭數句, 抑何文法焉? 有幾於聖者, 而才主氣而爲詖淫邪遁淪於異端, 而才主理而爲正人君子者乎? 以辭則不成說, 以心則太危險, 其包藏機變, 令人不忍正視也. 然彼之所見, 若如所謂今人者, 而斥主理之非, 則猶之可也. 今旣自知主氣之不可, 而亦何惡於主理之旨? 怒之暴而斥之甚也. 抑因此一段論辨, 而意先師於栗谷學問道德之大全, 全不尊信而然歟? 其論理宗旨, 則旣有理通說, 又有萬情發於理, 四七無互發之說, 無容更贅. 其佗佩服遺言, 以爲受用, 則無異於程朱之書. 發於尋常談論之際, 見於汗漫文字之中者, 不暇盡擧.

姑以一篇所論言之, 先師嘗論河喚醒癸未疏曰, 文而不能參天地關盛衰, 浩然與元氣同流, 則雖多亦奚以爲? 又曰喚醒疏有天地後經法, 雖堯舜之德, 不由是則不可以治天下. 又曰滿廷臣僚, 噤不出一語, 當時氣象, 旣長夜矣. 堅氷矣. 乃有一喚醒齋, 天生此翁, 蓋不爲一時計, 乃爲萬世傳否泰消息, 噫! 癸未疏爲栗谷伸辨者也. 以伸救栗谷, 而其文可以參天地關盛衰與元氣同流, 則栗谷之道德全體, 可知矣. 以伸救栗谷, 而其疏爲有天地後經法, 則栗谷之經濟大用可知矣. 以伸救栗谷, 而其人爲萬世傳否泰消息而生, 則栗谷之生又可知矣. 彼名尊栗谷者, 只是以吾黨之尊之而尊之, 其所稱誦者, 只是誦先輩見成說話而已. 曷嘗有一半分自見得者乎? 乃謂先師以吾黨而不尊栗谷, 不亦可笑之甚乎!

苟以吾黨而有疑不敢疑, 則是乃私尊也, 非義理之公尊也. 義理無窮, 而知見旣異, 則雖父子兄弟, 亦不可苟同也. 是以溫公作疑孟論, 而其子康以爲孟子書最醇, 進講經筵, 又作要解, 是子不得私於父也. 明道受條例司, 而伊川不滿之, 明道定大學編次, 而伊川改正之, 是弟不得私於兄也. 父子兄弟猶然, 況於吾黨乎? 尊其道, 讀其書, 大體則終身鑽仰之, 微言則極力思辨, 而一字一句不敢放過, 如有微瑕之可疑, 則亦必辨白, 使後學不迷於所擇而後, 先賢之道大明於世, 此吾黨之士, 所宜盡心者也.

若如所謂今人者之遺却定論, 而主張其可疑者, 欲以禦人, 則適所以暴揚其過差也. 豈尊之之謂哉? 是故重菴金公得猥筆, 讀之深, 致敬服之意, 而言曰, 此與我華西先生之獨立不懼者, 不約而符. 又曰, 尊栗翁者, 莫如奇李兩先生也. 又曰, 難與不知者道也. 彼旣不知. 則何用與之道哉? 彼輩以爲栗谷書旣行于世, 則蘆沙書不可使之竝行云, 而方營毁板之擧, 苟若是則周程張朱之書, 不宜幷行, 退栗之書, 亦不宜竝行, 無是理也.

且假使學術之不同, 如程蘇朱陸, 只各尊所聞, 以俟百世. 抑著書立論以開後學, 而投通召黨, 欲以勢力脅制之, 自以爲尊先賢, 於古未之聞. 凡讀書爲儒者, 其誰與之? 其誰與之? 然天地有盛衰之運, 聖賢亦有屈伸之會, 以栗牛之大賢而竟遭誣賢之律, 有癸卯黜享之變, 況於今日世變罔極之時乎? 然此非我師門一時之厄會, 實關吾道之興廢, 時運之盛衰, 豈吾輩容力之地? 只得靜以俟之而已. 但吾輩中後生少年, 知見未甚端的者, 或不無爲衆口所鑠之慮, 故茲草一通以示之, 諸君念之哉!

권교리—봉희—에게 올림

이도복

이 글은 이도복(李道復, 1862~1938)[119]이 1902년 7월 처서(處暑) 무렵에 권봉희에게 보낸 편지이다. 이도복은 송병선의 제자이자 영남 노론계의 주요 가문인 성주 이씨의 일원이었지만 정재규에게 이름과 자를 받기도 했던 사이였다. 그는 기본적으로 「외필」과 「납량사의」 등을 반율곡학적 저술로 간주하는 시각을 유지하고 있었다. 그러나 권봉희 등이 통문을 발송해서 공개적으로 노사학파를 비판하는 것에 대해서도 거리감을 유지하면서, 노사학파 대 연재학파 및 영남 노론계의 대립을 화해시키고 조화시키려는 입장에서 외필논쟁과 관계된 주요 인물들과 편지를 주고받았다. 정재규와 기우만에게는 『노사집』에서 「외필」과 「납량사의」를 빼버릴 것을 권고하는 한편, 이 편지에서처럼 『노사집』 발간 이후 지속적으로 노사학파에 대한 비판과 공격을 이어가고 있는 권봉희에게는 자제할 것을 권하고 있다. 『후산집(厚山集)』 권4에 실려 있다.

권씨 성을 가진 벗이 산 넘고 물 건너 찾아와, 소매에서 답장을 전해 주었습니다. 두 번 세 번을 거듭 읽었더니 종이에 곡진한 정이 넘쳐 사람의 마음을 취하게 만듭니다. 지금은 풍기가 좋지 않은 데다 존체에 손상이 있는 줄을 상세히 알았습니다. 철마다 으레 있는 증상이라고는 하지만, 제 마음에는 적지 않게 걱정이 됩니다. 면옹(勉翁: 최익현)은 쌍계사(雙溪寺)에 머물면서 처서가 지난 다음에야 움직이겠다고 했으니, 날짜를 세어보면 머지않아 길을 나설 것입니다. 다만 저는 지난번에 문

119 자는 양래(陽來), 호는 후산(厚山), 본관은 성주(星州)이고, 거주지는 산청의 단성(丹城)인데, 훗날 전북 진안으로 옮겼다. 송병선의 문인으로 최익현에게도 사사했으며, 정재규 및 전우와도 교분을 나누었다.

장(文丈)과 약속하면서 쌍계사 부근에서 함께 전송하자고 했는데, 일에 얽매여 말을 결국 실천하지 못했으니 부끄러울 뿐입니다. 편지의 끝부분에서 말하신 의령·진주의 일은 대략이나마 얼개를 다른 이에게 들었습니다.

저는 속으로 이렇게 생각했습니다. '문하께서 지난날 하신 일은 우연일 뿐인데, 어째서 두 번 세 번 거듭해서 더위를 무릅쓰고 술병에 걸린 채로 몸을 이끌고 먼 길을 나서 기꺼이 다른 사람의 시비의 숲 가운데로 나아가려고 하는 것인가? 이것은 시골의 일을 좋아하는 소년이라도 하지 않으려는 것이다. 하물며 문하는 덕이 두텁고 인망이 무거워 우리 사림의 사표가 되기에 충분한 데다, 또한 치사를 할 나이도 다 되지 않았는가? 치사하는 해에는 국가의 정사조차 집안에서 함께 듣는 법인데, 하물며 같은 집안에서 서로 싸우면서 통문을 발송해서 물리치려는 일이야 더 말할 나위가 있겠는가?'

이것으로 문하께 질문을 드린다면 문하께서는 응당 '「외필」의 말들은 정말로 선현을 폄훼하려는 것이니, 진실로 소리높여 꾸짖어야 한다'라고 할 것입니다. 그러나 지금은 사람과 짐승이 서로 싸우는 시절이고, 호랑이가 그 밖의 몸뚱이를 잡아먹을까 하는 근심이 종남산보다 더 높기만 합니다.[120] 그런데도 이렇게 지나친 일을 하시려는 것입니까? 또한 성인의 말에 '질시하는 것이 지나치면 어지럽게 된다'라고 했습니다. 문하께서 '(공자께서도) 반드시 송사를 없게 할 것이라고 했으니, 이 일은 그만두자'라고 하신다면 문하의 덕과 의는 날로 높아질 것

120 『장자』 「달생편」에서 전개지(田開之)가 주 위공(周威公)에게 '노나라의 단표(單豹)가 바위굴에 은거한 채 물만 마시고 속세의 이끗을 다투지 않았지만 굶주린 호랑이를 만나서 호랑이가 그를 잡아먹었다'라고 하면서 이것은 "단표가 내면의 정신만 기름으로써 호랑이가 그 밖의 몸뚱이를 잡아먹은 것[豹養其內而虎食其外.]"이라고 한 구절에서 인용했다.

이니, 마땅히 어떻게 해야겠습니까? 바라건대 마음으로 참아내시면서 계획을 바꾸셔서 의로운 분노일망정 더욱 가라앉히시고 후세를 기다린다면 말할 수 없이 다행이겠습니다.

上權校理 鳳熙

李道復

權友跋涉, 袖致下覆. 伏讀再三, 滿紙縷綣, 使人心醉. 備審伊時風氣不佳, 尊體氣致得侃損, 雖是時候之例證, 私心貢慮, 不啻萬千. 勉翁尙留在雙溪, 處暑后動駕云, 計日當以今明間啓行矣. 但道復曩時約與文丈, 同餞于那上, 而事有掣肘, 言竟不踐, 皇恐無已. 書末所喩, 宜晉之役, 略聞其景槩於人.

道復私自語於心, 曰門下前日之事, 卻是偶爾, 豈可以再發三發, 觸暑飮病, 扶曳遠役, 樂赴人是非林中乎? 此則鄕黨自好之少年, 必不肯爲也. 況門下之厚德重望, 足爲師表乎吾林, 而年且滿致仕之境乎? 致仕之年, 國政當在家與聞, 況同室相鬪發文沮斥之事乎或? 持以有問於門下, 門下當曰猥筆措言, 果是矺斥先賢, 固當聲討, 然際此人獸交戰之日, 虎食其外之憂, 不啻高於終南, 而擧此過當之事乎? 且聖人之言, 有曰疾之已甚則亂, 曰必也使無訟, 斯可已矣云爾, 則門下德義之日崇, 當如何哉? 伏乞忍心改圖, 益安義憤, 以俟千秋, 不勝幸甚.

정애산에게 올림

이도복

이 글은 이도복이 1902년 7월 무렵 정재규에게 보내는 편지이다. 정재규와도 밀접한 교유 관계를 맺고 있었던 이도복은 『노사집』에서 「외필」과 「납량사의」 등을 빼버리고 후세의 평가를 기다릴 것을 권한다. 『후산집』 권4에 실려 있다.

저는 시골 귀퉁이에서 나고 자라 식견이 고루하고, 타고난 자질이 못났으며, 재주는 둔하고 성품은 꽉 막혔습니다. 어투는 거칠고 행동거지는 성급하니, 아마도 이러한 형편을 평소 마음속으로 평가하자면 바보 같고 형편없는 한량에 불과합니다. 남에게 비교하자면 또한 용렬한 천장부에서 벗어나지 못할 것입니다. 당시에 부형과 사우들이 이끌어준 힘이 없었다면, 오늘의 보잘것없는 작은 이름이나마 어찌 시골에서 떨칠 수 있었겠습니까?

아! 옛날 우리 선군(先君)께서 현자들을 좋아하셨습니다. 자식들을 올바른 도로 가르치지 못할 듯이 여기면서 늘 제게 "우리 당의 선비로서 네가 따르고 섬길만한 이가 넷이 있다"라고 하셨습니다. 얼굴빛을 바꾸시고 가리키면서 "순경(舜卿: 權雲煥, 1853～1918)은 내 벗이니, 너는 동년배로 그를 대우하지 말거라. 애산(艾山)은 그 사람됨이 얼굴에 가득하고 등에 넘쳐난다고 할 수 있으니, 나는 그를 만날 때마다 깨닫지 못하는 사이에 옷깃을 여미고 일어나 공경하곤 한다. 연재(淵齋)는 오늘날 유림의 맹주로서 화양(華陽: 송시열)의 적전(嫡傳)이라고 할 수 있다. 면암(勉菴)의 대의(大義)와 명절(名節)은 우리 동방에 빛나니, 너는 이들 모두를 따라서 배우거라"라고 했습니다. 저는 명을 받들면서 두려움에 감히 게을리할 수 없었습니다. 처음에 순경을 뵙고 가르침을 받들려고 했는데, 순경은 스승으로 자처하지는 않았으나, (저를) 계발시키고 깨우쳐 주었기에 보탬이 되는 것이 실로 많았습니다. 나이 열여덟에 선군을 따라서 남쪽을 유람하던 연재에게 이름을 아뢰고 뵙기를 청했습니다. 그 뒤에 선군의 편지를 받들고 선생에게 집지해서 학문을 익혔습니다. 약관을 넘기자 다행스럽게도 문하께서 비루하다고 여기지 않으시고 저희 집을 찾아주셨고, 저는 그때 벗의 어린 아들로서 선군의 곁을 모시고 있었습니다. 문하께서는 저를 매우 도타이 대하셨고 제 이름을 '도복(道復)'이라고 했으며, 제 자를 '양래(陽來)'라고 했습니다.[121] 이때 이후로 비록 당에 올라 구독의 학문을 전수받지는 못했지만, 책을 펼치고 강론하면서 두 손으로 분부하면 무릎을 꿇고 다가가 입으로 아뢰면서 정의가 긴밀하게 쌓였습니다. 몇 마디 편지지만 해마다 끊이지 않고 이어나갔습니다. 다만 본래 보잘것없는 저는 어리석고 둔하기가 짝이 없는지라 깨우침은 간절했어도 듣고 나면 막막했고, 순순히 가르쳐주셨지만, 실천에는 무능해서 거의 '30년 뒤에 말해주지 않았다고 말하지 말라'[122]라는 것에 가까웠습니다.

예전 신묘년(1891)에 선군께서 또 폐백을 마련해서 포천(抱川)에서 면

---

121 송병선은 기묘년(1879) 가을에 남부 지방을 유람하다가 이도복의 집을 방문했고, 이도복은 이 때 아버지의 손에 이끌려 처음 송병선을 만났다. 3년 뒤인 1882년 봄에 이도복은 석남(石南)의 송병선을 방문해서 집지하고 가르침을 청했고, 이 해 가을 정재규는 이도복의 집을 방문해서 그의 이름을 바꾸고 자를 지어주었다. 李道復, 『厚山集』 권20, 「紀行程曆」 5~7쪽 참조.

122 『금강경』의 "부처가 있는 곳에도 머물지 말고, 부처가 없는 것에서는 빨리 지나가라. 30년이 지난 후에 말해주지 않았다고 말하지 말라[有佛處, 不得住, 無佛處, 急走過. 三十年後, 莫言不道.]"는 구절을 차용한 것이다.

암을 찾아뵈라고 명했습니다.[123] 저는 명을 받들어 납배의 예를 올리고 가르침을 청했습니다. 이 몇몇 현자들의 문하에서 오고가면서 가르침을 청한 것은 거의 주선생(朱先生: 朱熹, 1130~1200)이 (아버지의) 유명을 받들어 세 군자의 문하에 가서 섬긴 것과 같았습니다.[124] 그러나 저는 가만히 의심하건대, 주선생이 세 군자에게 교육을 받아서 은혜와 의리가 모두 지극했는데, 끝내 연평(延平: 李侗, 1093~1163)을 만나고서 '병산(屛山: 劉子翬, 1101~1147)과 적계(籍溪: 胡憲, 1068~1162)는 모두 노불을 좋아했다. (또한) 나는 이들의 도에서는 얻을 것이 없음을 알았다'[125]

---

123 「기행정력」에 의하면 신묘년(1891) 봄에 이도복은 한성시(漢城試)에 응시했다가 낙방했고, 이 기회를 빌어서 포천(抱川) 채산재(茝山齋)에 들러서 최익현에게 집지했다. 이때 최익현은 '修身俟命'이란 네 글자를 써주었다. 이어서 이도복은 영평(永平)의 운담(雲潭)에 들러 김평묵을 배알했고, 그다음 용인(龍仁)의 선산에 들러 성묘하고 돌아갔다. 이도복, 『후산집』 권20, 「기행정력」, 18쪽 참조.

124 "적계(籍溪) 호원중(胡原仲: 胡憲)과 백수(白水) 유치중(劉致中: 劉勉之, 1091~1149) 그리고 병산(屛山) 유언충(劉彦沖: 劉子翬) 이 세 사람은 내 친구들이다. 그들의 학문은 모두 연원(淵源)이 있어서 내가 경외(敬畏)한다. 내가 죽거든 너는 그들을 찾아가서 아비처럼 섬겨라. 네가 그들의 말을 경청(敬聽)한다면 내가 죽어도 여한이 없을 것이다." 주희, 『회암선생주문공문집』 권90(『주자전서』 vol.24), 「屛山先生劉公墓表」, 4167~4168쪽.

125 "처음에 병산(屛山)과 적계(籍溪)에게 사사했는데, 적계는 문정(文定, 胡文定 즉 胡安國)에게 배웠고 불교와 노자를 좋아하였다. 문정의 학문으로 치도(治道)를 논하는 것은 괜찮다. 그러나 도(道)에는 이르지 못했고 불교와 노자에 대한 식견 또한 없었다. 병산은 어려서부터 능히 과거공부를 하여 보전(莆田)에서 관리가 되고 탑 아래에서 한 스님을 만나 능히 여러 날 동안 입정(入定)하였다. 뒤에 요로(了老: 陳了翁 즉 陳瓘)의 글을 보고서 집으로 돌아와 유학의 책을 읽고 불교와 합치한다고 여겼기 때문에 「성전론(聖傳論)」을 지었다. 그 뒤에 병산은 먼저 세상을 떠나고 적계만 남게 되었다. 나는 스스로 이들의 도에서는 얻을 것이 없음을 알고서 이내 연평(延平)을 뵈었다." 주희, 『주자어류』 권104(『주자전서』 vol.17), 3436~3437쪽.

라고 했습니다. (구체적으로) 가리키면서 물리치는 것을 이처럼 숨기지 않았으니 그 까닭이란 무엇이겠습니까? 주자의 뜻은 틀림없이 이러한 것일 겁니다. '세 군자는 학술이 바르지 않은데 연평은 도를 분명히 파악했다. 스승이란 도의 소재지이기에 도 때문에 스승을 존경하는 것이다. 도가 아니라면 어찌 '스승'이라고 말할 수 있겠는가?'

몇 년 전부터 얼마간의 책을 읽었고, 몇 가지 일을 살펴보았으며, 몇몇 사람들을 사귀면서 조금이나마 도리란 천하의 공공연한 것인데, 종종 사람의 사의에 의해 무너진다는 것을 깨달았습니다. 진실로 도라면 천하 사람들이 모두 스승으로 삼을 만하지만 도가 아닌데도 선생이 타당함을 지나쳤다면, 제자는 직언하면서 숨기지 말아야 합니다. 스승과 학생이란 호칭은 말단의 절목일 뿐 옛사람들이 학문을 하며 연연해하던 것이 아닙니다. 모르겠습니다만 문하께서는 어떻게 생각하십니까?

이제 신안정사에서 『노사집』을 중간한 일로 말하자면, 제가 노옹을 존경하고 사모했던 것은 늘 (두 편 사이에서) 조정(調停)이나 일삼는 사람과 비교할 것이 아니었습니다. 도덕의 광대함과 학문의 정미함은 죽도록 흠모해도 부족할 것입니다. 그러나 「외필」, 「납량사의」 등의 글은 도리의 큰 근원에 관계되는 것입니다. 후배이자 말학이 감히 헤아릴 수는 없지만, 그 내세우는 말과 표현들이 아마도 선배를 폄훼하고 비난하는 점이 없지 않는 것 같습니다. 저 글을 날리면서 공격하고 물리치려는 사람들이야 우선 말할 것이 못 됩니다만, 저라면 사림들의 의론이 분열될까 걱정입니다. 차라리 혐의가 있는 제목들을 빼버림으로써 오늘날 온 나라 사림들의 입을 막아버리고, 후세의 제대로 안목을 갖춘 이[正法眼藏]를 기다려야 할 것입니다. 어떤 지나친 행동을 했기에 의심할 수 없는 곳에서 사람을 의심하고 선사(先師)를 물리쳤다고 지목하며, 심한 경우에는 '다시 예전을 말을 끄집어내서 겉으로는 조정하는 척하면서 안으로는 조장한다'라고 하는 것입니까? 저는 이 말을 듣고 곧장 문하에 달려가서 조목조목 설명하려고 했습니다. 그러나 포효하는 기색을 생각해보니, 발 하나 들일 곳이 없을까 걱정되었습니다. 그렇지만 불교의 말에 '바른 마음을 가진 사람은 얼굴에 부끄러운 기색이 없다'라고 했으니, 이것이 올바른 말일 뿐입니다. 살펴주신다면 다행이겠습니다. 늘 주선생이 말한 "'조금 조정되었다[漸平]'라고 하는 것은 (사당에) 휘둘려 더욱 치우친 것이다"[126]라는 말을 걱정했으니, 저 또한 '처음에는 차이가 났지만, 끝내는 같은 곳으로 귀결될 것이다'라는 가르침을 받들어 실천하겠습니다.

126 주희, 『회암선생주문공문집·속집』 권3(『주자전서』 vol.25), 「與田侍郎」, 4736쪽 참조.

上鄭艾山

李道復

道復生長僻隅, 見識孤陋, 受質庸下, 而才性鈍滯, 辭氣麤鄙, 而動作躁纍, 似此家計, 平時自評於心, 則不過癡獃一罔兩漢, 擧似於人則亦不免庸劣之賤丈夫. 當時若無父兄師友指引導率之力, 今日之雕蟲小名, 豈能翻動於鄕里哉? 嗚呼! 昔我先君好賢, 如不及敎子以義方, 常謂不肖曰吾黨之士, 有汝所從事者四人. 因動色指示云舜卿吾友也, 汝勿以行輩待之, 艾山其人可謂粹面盎背, 吾每見不覺斂衽起敬, 淵齋可謂今日儒林主盟, 而華陽之嫡傳也. 勉菴之大義名節, 有光於吾東, 汝皆從學焉. 不肖承命, 惴惴不敢自懈. 初見舜卿欲稟學, 舜卿雖不以師道自居, 然其所開發驚省, 受益實多矣. 年十八隨先君, 納名請謁淵齋於南遊之日, 其後奉先君書執贄于函席, 而受學焉. 旣勝冠, 幸蒙門下不鄙, 見訪弊廬, 道復時以故人稚子獲侍先君之側. 門下愛余甚厚, 名余曰道復, 字余曰陽來. 自是厥後雖無升堂受句讀之學, 至於開卷講論, 兩手分付, 促膝唓詔, 情誼稠疊, 片言尺牘, 殆連歲不絶矣. 但合下無狀, 頑鈍無比, 喩之懇懇而聽之漠漠; 敎之諄諄而行之泛泛, 尙不免做道不成, 做僧不成, 而所謂三十年後莫言不道者, 不幸而近之矣.

往在辛卯年間, 先君又裁幣命謁勉菴於抱川, 不肖承命而往, 納拜而請敎焉. 凡此數賢之門, 往來請益, 殆如朱先生之奉遺命, 而往事三君子之門也. 然愚嘗竊疑, 朱先生蒙被三君子之敎育, 其恩義幷至, 而卒乃見延平曰屛山籍溪皆好佛老, 又自見於此道未有所得, 指斥不諱如此, 其故何也? 朱子之意, 必曰三君子學術不正, 延平則見道分明, 師也者, 道之所在, 故以道尊師, 苟非道, 何必謂之師也? 年來讀得多小書, 閱去多小事, 歷交多少人, 稍覺得此箇道理儘天下之公物, 而往往被了人私意而壞卻也. 苟道也, 天下之人, 皆可師, 如其非道, 雖弟子於先生之過當, 直言不諱, 而至於師生稱號之末節, 尤非古人之學所嘗戀戀者也. 不審門下以爲如何?

今以新安刊事言之, 道復之尊慕蘆翁, 有非恒調人比. 其道德之宏, 學問之精, 可謂沒身鑽仰而不足. 惟猥筆納涼等文字, 關係道理之大源, 後生末學, 雖不敢窺測, 其立言措辭, 恐未免貶損先輩, 彼飛章攻斥之人, 姑不足道, 如道復憂士論之分裂. 寧拔去有嫌等題目, 以杜今日全邦士林之口, 第待後世之正法眼藏. 有何過擧而乃疑人於不疑之地, 目以指斥先師, 甚則謂復理前言, 陽擠而陰助, 道復自聞此言, 卽當趨進門下, 極口分疏, 遙想其風色之咆哮, 恐無容足之地, 然佛者之言有曰心不負人, 面無慚色, 只此是格言也. 幸須垂察焉. 常以朱先生所謂漸平者今乃激而愈偏爲憂, 則道復亦當以始參差, 卒同歸之訓, 奉以周旋矣.

기송사-우만-에게 올림

이도복

이 글은 이도복이 1902년 기우만에게 보내는 편지이다. '『노사집』의 중간이 이미 끝났다'라는 표현에서 알 수 있는 것처럼 1902년 4월 이후 대략 7월 즈음에 쓴 것으로 추정된다. 7월 무렵에 비슷한 내용의 편지를 정재규에게 보내고 있는 것도 이 편지의 저술 연대를 추정하는 정황 증거라고 할 수 있다.『노사집』에서 「외필」과 「납량사의」 등의 글을 빼라고 권하고 있다. 『후산집』 권4에 실려 있다.

해가 넘도록 멀리 떨어져 있으니 우러르는 마음만 더욱 간절합니다.[127] 아뢸 것이 있습니다. 노선생의 문집은 실로 사우들에 힘입어 간행할 수 있었으니, 이것은 우리 유림의 성대한 일입니다. 그러나 일이라는 것은 끝맺음을 귀하게 여기고 일을 끝맺는 방법이란 나에게 달려 있을 뿐입니다. 나의 도를 다하고서 사람들이 손가락질할 곳을 없게 만들 뿐입니다. 어리석은 제가 보기에는 문집에서 「외필」·「납량사의」 등

127 「기행정력」에 의하면 1901년 5월 기우만은 어머니의 3년상을 치루고 있는 이도복을 조문했고, 그다음 달 정재규를 비롯한 여러 사람들과 『노사집』의 중간을 위한 간행소를 신안정사에 설치했다. 한편 정재규의 「연보」는 좀 더 상세한 경과를 보여준다. 이에 따르면 5월에 기우만·최숙민·조성주(趙性宙) 등과 신안정사에서 『노사집』의 중간을 논의했다. 6월에서 신안정사에서 도회(道會)를 개최해서 백여 명에 달하는 사람들이 모여 『노사집』의 간행을 위한 재정 계획을 확립했고, 7월에 실제로 신안정사에 간역소(刊役所)를 설치했다. 이도복, 『후산집』 권20, 「기행정력」, 29쪽·정재규, 『노백헌집·부록』 권2, 「연보」, 84~85쪽.

의 글은 실제로 선배를 폄훼하고 손상하고 있습니다. 또한 '저절로 그런 것이다', '리에는 편전이 없다'라는 등의 의론은 정자·주자의 분명한 가르침인데도 이제 거꾸로 어긋나는 주장을 하고 있으니, 또한 후세의 공정한 안목을 갖춘 이들에게 지장이 없겠습니까? 안목을 해치는 것들을 삭제해야만 천만다행일 것입니다.

上奇松沙 宇萬

李道復

隔歲伊阻, 瞻仰益勤. 竊有奉告者, 老先生遺書, 實賴士友之力, 鋟棗而行之, 此是吾林之盛擧也. 然事貴有成, 其可成之道, 只在我. 盡我之道, 而令人無指點處而已. 以愚見揣之, 遺書中猥筆納凉等文字, 果是貶損先輩, 且機自爾理無偏全等議論, 乃程朱之明訓, 而今反貳之, 無亦有碍於百世之公眼乎? 幸須删去其礙眼者, 千萬幸甚.

남명중에게 답함

임인년(1902)

정면규

이 글은 정재규의 동생인 정면규(鄭冕圭, 1850~1916)가 1902년 제자인 남창희(南昌熙, 1870~1945)[128]에게 보내는 답장이다. 그의 입장은 「외필」의 여섯 단락에서 율곡의 말을 변론한 것이 한 단락이며, 나머지 다섯 단락은 모두 근세 학자들의 폐단을 설파한 것인데, 비난하는 이들이 이것을 모두 율곡을 비난한 것이라고 편파적으로 파악하고 배척한다는 것이다. 『농산집(農山集)』 권6에 실려 있다.

'이통기국(理通氣局)' 네 글자의 본뜻이 어두워진 지 오래였다가, 선사(先師)에 힘입어 다시 세상에 밝아졌습니다. 「이통설(理通說)」도 율곡 문하에 공이 큽니다. 나머지 '리와 기의 호발(互發)이란 없으며, 모든 정(情)이 리에서 발현한다'라는 주장은 모두 율옹이 정확하게 논한 것을 말하는 것이라 의심할 것이 없다고 했습니다. 하환성(河喚惺: 河洛)의 『문집』 서문에서 환성을 매우 칭찬했는데, 지방의 학자로서 특히 율옹을 신원하려고 했기 때문이었습니다. 그 가운데 한 구절에서는 심지어 "천지에 참여하고 성쇠와 연관된다"라고 했고, 또한 "영원히 비태(否泰)의 소식을 전했다"라고 했습니다. 이제 음양의 동정이라는 한 단락을 의심해서 '율곡을 공격하고 배척했다'라고 하니, 이것이 어찌 말이 되겠습니까? 「외필」은 여섯 단락인데, 율곡의 말을 변론한 것은 한 단락일

128 자는 명중(明重) 호는 이천(夷川)이고 본관과 거주지는 의령(宜寧)이다. 정재규·정면규에게 수학했고, 허유·최숙민·기우만 등과 교유했다.

뿐, 나머지 다섯 단락은 모두 근세의 폐단을 설파한 것입니다. 그런데 (여섯 단락을) 한 가지로 보면서 공격하고 배척했다는 데로 몰아가려고 하니, 어찌 그리 헤아리지 못하는 것입니까? 이것은 (이미) 해치고 이기려는 마음을 가지고서 남의 말이라면 모두 돌아보고 헤아리지 않으려고 하기 때문에 그러는 것입니다. 이것은 모두 당신이 이미 알고 있는 것인데도 오히려 다시 운운하시니, 당신께서는 더불어 말할 만한 곳에서 말하시기를 바랍니다. 양해 바랍니다. 어떻습니까?

答南明重

壬寅

鄭冕圭

理通氣局, 四字本旨, 晦蝕蓋久, 賴先師而復明於世. 理通說一篇, 其有功栗門大矣. 其他理氣無互發, 萬情發於理等說, 皆謂栗翁所論的當無可疑. 至於河喚惺文集序, 極其贊仰喚惺, 是一時鄕碩, 特以伸救栗翁一款, 至謂參天地關盛衰, 又曰爲萬世傳否泰消息. 今以陰陽動靜一段致疑, 謂之攻斥栗翁, 是豈成說乎? 猥筆凡六節, 辨論栗語只一節, 下五節, 皆說破近世之弊, 一例驅之以攻斥之科, 何其不測也? 此其忮克爲心, 其於人言, 都不欲回頭商量之致也. 此皆吾友之所昭陵, 而猶復云云, 正欲吾友於可與言處言之. 諒會, 如何?

기회일에게 보냄

임인년(1902)

권운환

이 글은 권운환이 1902년 6월에서 7월 즈음에 기우만에게 보내는 편지이다. 이해 4월부터 8월 초순까지 대략 다섯 달 동안 최익현은 지리산 일대를 유람했다. 5월 즈음에 『노사집』을 중간한 신안정사에 들러 이틀을 머물면서 시를 남겼고, 또한 들르는 곳마다 영남 지방의 유림들과 만남을 가졌다. 이 당시는 『노사집』의 중간이 이뤄진 직후였고, 기정진의 「외필」과 최익현의 「신도비명」이 영남 노론을 포함하는 기호학계에서 논란을 일으키던 시점이었다. 최익현의 「연보」는 "선생이 이르는 곳마다 많은 선비가 구름 모이듯 해서 혹 학문을 강론하고 혹 시율을 읊조렸는데, 선비들의 모임이 거의 근고에 없던 일이었다"라고 부드럽게 묘사하고 있지만, 이 편지는 그 실제 양상이 훨씬 더 복잡했다는 것을 잘 보여주고 있다. 『명호집』 권4에 실려 있다.

반 천 리 떨어진 채로 서로 만나지 못하다가 1년 사이에 네 번이나 찾아 주셨으니, 누가 준 기회이겠습니까? 평생의 다행입니다. 다만 사람들이 많아서 한 자리를 차지하고 차분히 함께 머물 수 없었습니다. 헤어진 뒤로 만남을 기약하기 어려우니, 슬픈 생각뿐입니다. 목판의 운반에 별다른 일이 없었다고는 이미 들었습니다만, 그 뒤로 달이 바뀌고 소식이 끊겨 조용하기만 합니다. 우러러 지내는 데 다복하시길 바랍니다.

제 고질병은 여름을 맞이해서 더욱 약해졌습니다. 나머지 작은 근심 꺼리야 편지에서 언급할 필요는 없을 것입니다. 책을 만드는 일은 이제 겨우 일이 끝났습니다. 면옹이 이곳을 지나면서 저들이 발송한 통문을 마주했습니다. 유직(柳稷)의 사례를 들어 성토하면서 통렬하게 변론하자, 현장에서 후회하면서 발문에서 이름을 빼겠다는 이가 셋이나 되었고, 곁에서 보는 이들은 거의 승복했습니다. 그러나 또 면옹을 한 번도 본 적이 없는 진주의 서인이 갑자기 글을 보내 「신도비명」의 곡절을 장황하게 힐문했는데, 말과 취지가 매우 흉험했습니다. 그는 「신도비명」을 면옹이 지은 것이 아니라고 생각했습니다. 면옹은 이런 것에는 답할 것이 못된다고 여겨 되돌려 보냈습니다. 또한 삼가(三嘉)에서도 통문이 발송되었는데, 또한 저희 권씨 집안의 유명인이었습니다. 면옹과는 예전부터 교분이 있었기에 면옹이 그 집을 방문해서 엄한 말로 깨우쳤지만, 끝내 승복하지 않았습니다. 교분을 끊어버린다고 한들 또한 아까울 것이 없습니다. 한쪽에서는 진주에서 유림들이 모임을 갖고, 한쪽에서는 원계(遠溪)에 사람을 보내는 등 행동거지가 좋지 못하고, 풍색이 매우 나쁘니 안타깝습니다. 저들은 모두 이 사안을 명예와 지조를 세우고 사업을 만들려는 핑곗거리로 여기니 더욱 애통하고, 또한 가소롭습니다. 「문목」 한 통은 효술(孝述)이 가지고 가니, 이곳에서의 일은 효술이 상세히 전할 것입니다. 면옹이 간소(刊所)[129]에서의 느낀 점을 시로 지었기에 보내 드립니다.

129 간소(刊所): 『노사집』의 간행소 즉 신안정사를 가리킨다.

與奇會一

壬寅

권운환

半千里落落相望，一周年之間，四得承御，伊誰之賜也，可謂平生之幸．但到底人海，未得一席，從容居然，相別後，會難期，思之黯黯．板運無擾，已承聞矣，伊後易月，聲息漠然．仰惟齋居履用百福．

雲煥瘇節，當夏益懍然，餘外小少憂虞，不必於遠書．枚煩結冊事，今才了役矣．勉翁過此，對彼發文者，聲言柳稷之事以痛辨之，有當場愧悔，而就發文中割名者數三人，從傍觀者，庶可以貼伏矣．而又有晉西人以初不見勉翁者，乃突然投書以神道碑曲折張皇詰問，語意歸宿，極爲凶險．其意蓋以神道碑爲非勉翁作也，勉翁謂此不足答，卽封還．又有自三嘉發文，亦吾權之有名者也．與勉翁有舊，勉翁爲訪其家，峻辭以喩之，終不肯服，則至於面絶，而亦不恤焉．一邊道會於晉州，一邊走人於遠溪，擧措不佳，風色甚惡，噫！彼皆以此爲立名節做事業之地，尤可痛也．又可笑也．所謂問目一通，孝述帶去，這間事，孝述必詳之也．勉翁有刊所有感而作，玆寄去耳．

조계호에게 답함

임인년(1902)

기우만

이 글은 기정진의 손자인 기우만이 1902년 조성주(趙性宙, 1841~1918)[130]에게 답하는 편지이다. 조성주는 기우만에게 영남 노론계에서 「영유통문」을 발송한 이후, 노사학파 일각에서 『노사집』에서 「외필」을 삭제하거나, 「외필」 가운데서 비난의 소지가 있는 구절을 빼자는 의견이 있다고 전달했다. 이 편지를 통해 기우만은 이를 반대하면서 전문을 그대로 실어둔 채로 후세의 평가를 기다리자고 회답하고 있다. 「영유통문」뿐만 아니라, 그에 반박하는 노사학파의 입장을 담은 통문이 이미 발송되었다라고 말하고 있는 것으로 미루어 본다면 1902년 후반기에 쓴 것임을 알 수 있다. 『송사집』 권4에 실려 있다.

답답해 죽을 것 같다는 것은 명(命)을 아는 군자의 말투가 아닙니다. 펼치고 굽히는 데는 정해진 명이 있으니, 도가 굽으면 나도 함께 굽히고 도가 펼쳐지면 나도 함께 펼친다면 저절로 호연(浩然)할 것인데, 어떻게 아녀자의 조급한 행태를 쓰겠습니까? 장부라면 온 세상이 칭찬해도 기뻐하지 않고 온 세상이 비난해도 두려워하지 않으니, 이것이 한 가지 마땅한 기절(氣節)입니다. 처음부터 이익에 유혹되지 않고 위세에 굴복하지 않아야 합니다. 하물며 선배들은 누구든지 시대에 굴복하지 않았으니, 더 말할 나위가 있겠습니까?

우리들은 담론하고 손을 내저을 뿐, 이미 이루어진 일에 간섭하지 않고, 그 일이 다가오면 산과 바다로 쫓겨나고, 도끼에 맞아 죽을지라도

130 자는 계호(季豪) 호는 남주(南洲) 혹은 월산(月山)이며 본관은 함안(咸安) 거주지는 진주(晉州)다. 조성가의 막내 동생이다.

평지를 걷듯이 할 뿐입니다. 형께서는 섭생을 하고 스스로를 돌보면서 노익장의 기운을 기르는 것이 어떻겠습니까? 도회(道會)에서 정말로 통문을 이미 발송했다면 틀림없이 한 층 더 어긋나고 격렬해질 터인데, 어떻게 그들이 통문을 돌렸는데 우리들만 입을 닫고 있어야 한다는 이치가 있겠습니까?[131] 이다음의 일 또한 저들의 행동을 따라 대응해야 하니, 통문을 돌리면 통문을 돌릴 것이요, 상소를 한다면 상소를 할 것이지만, 우리가 먼저 움직일 필요는 없을 뿐입니다. 세로(世路)에 가장 한심한 것은 저들이 율옹을 기의 경계[氣分]에 끌어넣고 스스로는 율옹을 존경한다고 여기면서, 두 손으로 율옹을 받들어 주자학의 근원[九曲源頭]에 두려는 이를 (율옹을) 공격하고 배척했다고 끝없이 손가락질하는 것입니다. 명철한 이조차 현혹되지 않은 이가 없어서 사람이 감히 고개를 들지도 못하게 만듭니다.

「외필」 가운데 "어린 학생들도 한결같이 나를 이길 수 있다[童行學者, 一能勝余.]"라고 한 여덟 글자의 선견지명이 이와 같습니다. 그렇다면 이 글은 세상에 하루라도 없어서는 안 된다는 것이 분명합니다. 사람들 사이에서 어떤 이는 「외필」을 (『문집』에서) 빼버리자고 하고 어떤 이는 「외필」 가운데 여덟 글자를 빼자고 합니다.[132] 비방을 멈추게 하려는 방법이라는 이유로 빼버린다면, 후세 사람들은 저 무리가 정말로 모함할 만한 것이 있어서 그런 것이라고 의심하지 않겠습니까? 예전대로 그대로 두고서 나를 알아주건 나를 죄주건 공평한 의론을 기다리는 것만 못 할 것입니다.

---

131 이 해 6월 25일 의령향교도회소 명목으로 발송된 「영유통문」이 발송된 뒤에, 노사학파에 여기에 대등해서 발송한 통문을 가리킨다.

132 기우만이 지은 「노사문도통문」에서는 "피음사둔과 전도창피로 요즘 사람들이 리를 해치는 주기를 주장함을 설명하는 여덟 글자를 '맹자와 주자로 자처하면서 선현을 고자·육씨에 견주는' 것이라고 한다"라고 말하고 있다. 즉 '여덟 글자'는 「외필」 가운데 '피음사둔, 전도창피'라는 구절을 가리킨다.

答趙季豪

壬寅

奇宇萬

鬱死非知命君子口氣. 屈伸自有定命, 道屈與屈; 道伸與伸, 祇自浩然, 何用兒女子躁躁態? 大抵丈夫有擧天下譽之不爲欣, 擧天下毁之不爲懼一副當氣節. 始不爲利誘; 不爲威屈, 況先輩何先生, 不爲一時之屈耶? 吾輩當談魔之, 不干己事, 及其事來, 則雖嶺海斧鉞, 蹈如平地. 惟兄加餐自護, 以蓄老益壯之氣如何? 道會果爲之已發一通, 必其一層乖激, 而豈有渠爲通而我結舌之理? 此後事亦隨渠輩應之, 通則通疏則疏, 但我無先發之擧而已. 最爲世路寒心者, 彼欲援入栗翁於氣分, 而自以爲尊之, 以雙手奉栗翁於九曲源頭者, 指爲攻斥, 罔有紀極, 而靡哲不眩, 使人莫敢擧其頭面. 猥筆中童行學者一能勝余, 先見之明有如此. 然則此書之不可一日闕於天下者審矣. 諸公之意或言刪去猥筆, 或言猥筆中刪去八字, 而若以息謗之道刪去, 則後人得無以實有彼輩之所誣者疑之乎, 不如仍舊而存之, 知我罪我, 以待公評而已.

조경조–기현–에게 보냄

임인년(1902)

권봉현

이 글은 월고 조성가의 문인인 권봉현(權鳳鉉, 1872~1936)[133]이 1902년 조기현(曺岐鉉, 1872~1953)[134]에게 보내는 편지이다. '가을바람이 잠깐 일었다[秋風乍動]'는 표현으로 미루어 보면 7~9월 사이에 쓴 것이다. 『노사집』의 중간이 이뤄진 이후 일어난 논란을 목격한 소감을 말하고 있다. 『오강집(梧岡集)』 권4에 실려 있다.

만나기 어려워도 헤어지기 쉬운 것은 인간 세상에 예로부터 이랬다지만 우리 두 사람의 만남보다 더한 경우가 없으니, 바닷가에서 헤어졌나 싶더니 또 강호에 있습니다. 지난달 하양(河陽)을 갔다가 마침 편지를 받았습니다. 멀리서 그리는 정을 다 풀지 못하고 마음속에 가득해서 지금까지 서글프기만 합니다. 가을바람이 잠깐 일어 그리는 마음 새삼 새롭습니다. 우러러 형제간에는 화목하게 잘 지내시고, 그 사이 이치를 음미하면서 맛을 느끼고 계십니까? 저는 어버이를 모시고 숨어 사는지라 평생을 돌이켜 생각해 보면 고상한 뜻이야 갖고 있었지만, 힘을 쓰지 못해서 일개 필부가 되었을 뿐입니다.

---

133 자는 응소(應韶) 호는 오강(梧岡)이고 본관은 안동(安東)이며 거주지는 산청(山淸)의 단성(丹城)이다. 기정진의 재전제자로서, 월고 조성가의 문인이다.

134 자는 경조(景祚) 혹은 가양(可陽)이고 호는 미강(美岡)이며 본관은 창녕(昌寧)이다. 거주지는 의령군(宜寧郡) 화정면(華井面) 상정리(上井里)였다. 송병선과 최익현의 문인이다. 정재규의 문인으로도 알려졌는데, 『노백헌문인록』에는 그의 이름이 실려 있지 않다.

노사의 『문집』을 둘러싸고 비평하는 말들이 매우 많습니다. 사람들이 일을 좋아한다지만 의론이 같지 않으니, 내 생각에 불만족스러우면 각각 자신의 견해대로 글을 지어 상자에 넣어두고서 후세의 공론을 기다리면 될 것입니다. 어째서 당파를 모으고 무리를 지어서 성토하면서 통문을 날리면서 이처럼 부박하고 날뛰는 짓을 하는 것입니까? 우리나라에서 유자의 관을 쓰고 유자의 의복을 입는 이로서 누군들 율옹을 존경할 줄 모르겠습니까? 노사가 율옹을 존경하지 않았다고 한다면, 이것은 노사를 모르는 것이 뿐만 아니라 아울러 율옹도 모르는 것입니다. 중암이 쓴 「외필」의 후서에서는 "근세에 선정을 존경하려는 이로서 기·이 두 선생만한 분이 없다"라고 했습니다. 면암 또한 '참으로 율곡을 존경한 이로 노사만한 분이 없다'라고 했습니다. 이 두 분은 선생을 제대로 알았다고 할 것이요, 또한 좋아한다고 해서 아부하는 이들이 아닙니다. 그들의 논의가 이와 같다면 이것은 오늘날 우리들의 증거가 아니겠습니까? 그렇지만 우리들은 모두 국외자의 눈일 뿐, 그 안에 있는 사람들이 보기에는 이 두 분의 말을 어떻게 여기는지 모르겠습니다. 이 두 분의 말이 치우친 사사로운 견해에서 나온 것이라고 한다면, 이것은 자기의 치우치고 사사로운 마음으로 남을 헤아리는 것입니다. 어떻게 변론할 만하겠습니까? 또한 통탄하면서 노사를 공격하고 여기에 연루시켜 면암을 모함하기까지 하는 이가 있는데, 더욱 가소롭습니다.

근년의 도학이 밖으로는 침탈을 당하고 안으로는 분열을 일으키고 있으니, 듣고서 놀라 어리둥절했습니다. 한쪽 사람들이 비웃는 것이야 바깥에서 오는 일이니 다시 누구를 원망하겠습니까? 진주 동쪽의 이 아무개가 유감을 갖고 통문을 날리는 것은 비록 나라의 기강이 해이해서 그런 것이라지만, 또한 같은 당원들끼리 서로 공격하는 행태가 초래한 것입니다. 그렇지만 성인에게는 '되갚지 않는다'[135]라는 가르침이 있으니 답장을 보내 변론함으로써 그들의 기세를 늘려줄 필요는 없을 것 같습니다. 어떻게 생각하십니까? 계를 만들자는 소식을 들었습니다. 매우 성대한 일입니다만 세상의 말들이 아름답지 못하니 어찌 성사되리라고 기대하겠습니까? 바쁜 탓에 제대로 갖추지 못합니다. 우숙(迂叔: 曺在學, 1861~1943)[136]에게도 이런 내용으로 물었습니다. 살펴주시기만 바랍니다.

135 되갚지 않는다: "횡역이 다가오더라도 그대로 받아들일 뿐 되갚지 않는다[橫逆之來, 直受不報]"라는 표현을 줄인 것인데, 이 구절 자체도 『맹자』「이루 하」 28장의 내용을 관용적으로 줄여서 말한 것이다.

136 송병선과 최익현의 문인으로 자는 공습(公習) 혹은 원교(元敎) 호는 우당(迂堂)이며 본관은 창녕(昌寧)이고, 거주지는 의령(宜寧)이다.

與曺景祚 岐鉉

壬寅

權鳳鉉

會忙別多, 人間世自古如此, 而未有甚於尊我之會, 輒人海別又江湖. 前月河陽之行, 巧値咫尺, 參商未洩, 滿腔多少. 至今茹悵. 秋風乍動, 懷思更新. 仰惟棣樂湛重, 幹暇玩索有味? 鳳鉉奉親潛居, 顧念平生, 雅志有在, 而爲之不力, 只成一庸夫而已. 蘆集雌黃甚矣. 人之好事也, 若以論議之不同, 而不滿於吾意, 則各以所見著書, 藏笥以待後世之公眼, 可也. 何可招黨會徒, 聲言飛章, 爲此浮薄跳梁之擧乎? 凡左海冠儒服儒者, 孰不知尊栗翁? 若謂蘆沙不尊栗翁, 則是不惟不知蘆沙, 竝與栗翁而不知矣. 重菴所題猥筆後, 有曰近世之欲尊先正, 莫如奇李兩先生也. 勉菴亦謂眞尊栗谷, 無如蘆沙. 此兩丈知足以知先生, 亦不爲阿好者. 所論如是, 則此非今日吾輩之證左耶? 雖然吾輩俱是局外公見, 以局中人觀之, 未知以兩丈之言爲如何, 而若謂兩丈出於偏私之見, 則是以已偏私之心度人也. 何足辨哉? 亦有所痛歎者, 以攻擊蘆沙, 而連誣勉菴, 尤爲可笑之甚也. 近年道學, 外被侵侮, 內受分裂, 聽聞駭惑, 一邊人之嘲笑, 倘來事, 更誰怨尤? 晉東李某之致憾飛章, 雖出於王綱之廢弛, 亦未嘗不是同黨相攻之致. 雖然聖人有不報之訓, 恐不必答辨而張大之也. 未知如何? 修契聞, 甚盛擧, 而世音不佳, 何望得成哉? 忙未修, 候於迂叔此紙. 聯鑑如何?

외필약변

권봉희

이 글은 권봉희(權鳳熙, 1837~1902)가 1902년 하반기에 「외필」을 비판한 것이다. 본문에서 '「변무문」'을 언급하고 있는데, 이 해 7월 즈음에 쓴 정재규의 「모함을 변론하는 글을 동지들에게 보이다[辨誣文示諸同志]」를 가리킨다. 따라서 이 글은 정재규의 글 이후에 나온 것으로 추정할 수 있고, 순서상 『노사집』 발간 — 「영유통문」 발송 — 「변무문시제동지」 등장 — 「외필약변」으로 이어지는 연관 고리를 갖는다. 이런 점에서 이 글은 실질적으로 「외필」의 학술적 문제점을 공개적으로 언급한 영남 노론계의 첫 번째 반론이라고 할 수 있다. 권봉희는 이 글을 썼을 뿐만 아니라, 같은 해 송병선과 전우에게 편지를 보내 「외필」에 대한 문제제기를 촉구함으로써 외필논쟁이 생겨나는 데 중요한 계기를 제공했다. 이 글은 「외필」의 논지를 율곡 성리학의 수정이라고 받아들이지 않고, 오히려 율곡을 반대하는 텍스트로 독해한다. 전형적인 율곡 성리학의 입장에서 「외필」의 주리론적 해석이 율곡 학설과 어긋난다는 점에 초점이 맞춰져 있다. 『석오집(石梧集)』 권4에 실려 있다.

「외필」에 율곡을 일컬은 것이 한 곳도 없지만, 가리켜 배척하는 것은 모두 율곡의 학설이다. 후생이 선현의 논의에 어쩌다 의심스러운 점이 있다면 마땅히 강론하고 질정하되, 의심스러운 곳을 보존하면서 '어떤 책의 어떤 학설이 의심스럽다'라고 하는 것은 괜찮을 것이다. 그런데 지금은 그 사람의 이름을 감추면서 그 학설을 간추리는 것이 마치 전국시대에 은어를 만들어서 멋대로 비난했던 것과 같으니, 모르겠으나 이것은 어떤 법문이며 이것은 어떤 학술인가? 그의 안중에는 과연 선현이 있는가? 그러나 그의 학설을 추존하는 이들은 율곡을 존경하고 사모해서 지은 것이라고 한다. 아! 부자를 폄훼한 숙손무숙(叔孫武叔) 또한 부자를 존경하고 사모했단 것인가?[137] 어떻게 한 시대의 사람들이 모두 눈이 없는 것인가? 지극히 놀랍고 탄식할 일이다.

율곡선생이 우계에게 답하는 편지에서 음양과 동정의 오묘함을 설명하며 말하기를 "그 기틀이 저절로 그런 것이지 그렇게 시키는 것이 있지 않다"라고 했다. 「외필」은 이것을 얘깃거리로 삼아 '갑자기 겉면만을 본 것'이라고 배척하고, '천명이 이미 그쳐버렸다'라고 꾸짖었다. 붓을 놀려 마음껏 매도하면서 이르지 못하는 곳이 없었다. 살피건대 『논어』에서는 "사람이 도를 넓힐 수 있지만, 도가 사람을 넓히지 못한다"[138]라고 했고, 주자는 풀이하면서 "인심에는 깨달음이 있지만 도체는 함이 없다"[139]라고 했다. 주자는 『초사집주』에서 "한 번 양이 되고 한 번 음이 되며, 한 번 기울었다 한 번 차오르는 것은 (음양) 이기의 저절로 그러함이 이와 같은 것이지 (따로) 함이 있는 것이 아니다"[140]라고 했다. 추서(鄒書: 『맹자』)의 '선각장(先覺章)'의 주에서는 "실리의 저절로 그러함은 그렇게 시키는 이가 있는 것 같지만, 시키는 이가 있지 않다"[141]라고 했다. 『중용혹문』 '천명(天命)'장의 주에서 주자는 여씨의 주장을 논파하면서 "어떻게 참으로 시키는 이가 있겠는가?"[142]라고 했다. —리가 그렇게 시킨다는 뜻으로 (풀이될 수) 있는 곳에서 주자는 이처럼 변론하지 않은 경우가 없었다.— 그렇다면 이 성현들의 여러 가지 주장에서 모두 천명이 이미 그쳐버려 노사의 꾸짖음에서 벗어나지 못한단 것인가?

---

137 『논어』, 「자장」 23·24장 참조.
138 『논어』, 「위령공」 28장.
139 주희, 『논어집주』(『주자전서』 vol.6), 208쪽.
140 주희, 『楚辭集注』(『주자전서』 vol.19), 65쪽.
141 주희, 『맹자집주』(『주자전서』 vol.6), 319쪽 참조.
142 주희, 『중용혹문』(『주자전서』 vol.6), 553쪽 참조.

주자의 안목조차 '언뜻 겉면만을 보았다'는 데서 벗어나지 못했는데, —율곡은 일찍이 이렇게 말했다. "다행히 주자보다 뒤늦게 태어나 학문이 거의 어긋나지 않았다"[143] 그러므로 그의 주장은 어느 것 하나 주자에 근본하지 않는 것이 없었다. 이제 주자조차도 '언뜻 보았다'라고 한다면, 율곡이 어떻게 '언뜻 보았다'라는 데서 벗어나겠는가? — 내면을 꿰뚫을 수 있는 것은 오직 오늘날의 노사 한 사람이라고 하니, 아! 또한 괴이하다.

율옹이 "그렇게 시키는 것이 있지 않다"라고 한 것은 리에는 그렇게 시키는 힘이 없다고 말해서, 도체(道體)에는 함이 없음을 밝힌 것이다. 이어서 "음이 고요하고 양이 움직이는 소이는 리이다"라고 한 것은 그 지도리와 뿌리의 오묘함을 말해서 리가 저절로 주재가 됨을 밝힌 것이다. 이것이 '소이연(所以然)'과 '사지연(使之然)'의 구별이다.

'사지연'이라고 말한다면 리는 준동하는 물건이 되고, 소이연을 말하지 않으면 기는 뿌리 없는 물건이 된다. 이것은 정미해서 금 저울의 눈금에서 나왔다고 할 수 있으니, 모두 성현의 가르침에 합치한다.—「외필」에서 '마치 대적하는 것 같다'라고 한 것에서 그의 안목이 거칠다는 것을 알 수 있으니, 앞에서 말한 '언뜻 겉면만을 보았다'라는 것도 스스로를 말하는 것인가?— 그러므로 주자는 "태극이란 본연의 오묘함이요, 동정은 (태극이) 타는 기틀이다"[144]라고 했다. 또한 "태극은 리요 동정은 기운이다"[145]라고 했으니, 이와 같이 자세히 분별하지 않으면 리를 기로 아는 이들이 많아지고, 도와 기의 구분이 어두워지기 때문이다. 이것이 주자의 뜻이요, 율옹이 (전해) 받은 것이다. 이제 「외필」에서는 두 개의 본령이 된다고 이것을 꾸짖으니, 그의 생각은 곧장 리가 스스로 운용하고 스스로 조작하면서 기기(氣機)를 기다리지 않는다는 것이다. 이것은 자

---

143 이이, 『율곡전서』 권32(표점영인 한국문집총간 vol.45), 「語錄 下」, 267쪽.

144 주희, 『太極圖說解』(『주자전서』 vol.13), 72쪽 참조.

145 주희, 『주자어류』 권94(『주자전서』 vol.17), 3128쪽 참조.

신의 주장을 세우는 데 급급해 하면서 성현의 정론이 따로 있는 것을 돌아보지 않는 것이다. 아! 거만하게 스스로를 옳다고 하면서 내면을 꿰뚫었다고 하는 것이 성인을 배반하고, 현인을 모욕하면서 석씨와 육씨, 왕씨의 문에 엎드리는 것에 불과하단 말인가? 오호라! 슬프다.

'자이(自爾)'라고 하는 것은 '자연(自然)'이라고 하는 것과 같다. 리와 기 두 가지는 원래 서로 떨어지지 않기에 기운이 발동하는 가운데 리와 떨어진 것으로 보아서는 안 되고, 리가 타는 가운데서도 기를 버리고 보아서는 안 된다. 리로부터 말한다면 '리의 저절로 그러함'이라고 하고, 기로부터 말한다면 '기의 저절로 그러함'이라고 하는 것이다. 나아가 말하는 것이 같지 않지만, 본시 리가 기의 주재라는 데 해가 되지는 않는다.

저절로 그러한 까닭이 곧 천명의 유행이니, 애초부터 이것 외에 따로 지도하고 시키는 천명이 있는 것이 아니다. 그러므로 주자는 "동정이란 대대적(待對的)인 관계로서 서로에게 없을 수 없는 것이 자연스러운 천리다"[146]라고 했고, 또한 "굴신하고 왕래하는 것은 두 기의 저절로 그러함이 이와 같은 것이다"[147]라고 했으니, 이 또한 음이 고요하고 양이 움직이는데 저절로 그런 것이다는 것의 방증이다.

이제 "스스로 운행하고 스스로 그치며, 천명에서 말미암지 않는다"라고 하면서 이 때문에 두 개의 본령이 된다고 한다면, 이것은 완전히 리와 기가 애초부터 불상리라는 것에 어두운 것이요, 곧장 천명이란 자연의 바깥에 따로 있는 지도하고 시키는 것으로 여기는 것이다. 그는 어디서 이와 같은 도리를 알게 된 것인가?—'자이(自爾)'를 '저절로 운행하고 저절로 그친다[自行自止]'라는 뜻으로 보는데, 그가 문자를 보는 것이 본시 이

146 주희, 『회암선생주문공문집』 권42(『주자전서』 vol.22), 「答胡廣仲」, 1895쪽 참조.

147 주희, 『주자어류』 권63(『주자전서』 vol.16), 2089쪽 참조.

처럼 거칠고 소루하단 말인가?—

또한 율옹은 또한 "기가 하는 것에는 반드시 주재가 되는 리가 있기 때문이다"[148]라고 했다. 또한 "누가 그 기틀을 주재하는가? 오호라! 태극이로다"[149]라고 했으니, 이것이 또한 본원처를 좇아서 말한 것이요, '스스로 그러하며 따로 시키는 것이 있지 않다'라는 말과 서로 뜻을 발명해서 처음부터 방해되거나 막히는 곳이 없다. '태극이 기틀을 주재한다'라고 하더라도 주재한다는 것은 '저절로 그래서 그러는 것[自然而然]'이라고 말하는 것에 불과하다. '시키는 것이 있지 않다'라는 것도 저절로 그러한 기틀이 리에서 벗어나지 않으니, 어찌 조금이라도 '각자 지도리가 된다'라는 뜻이 있겠는가? 다만 근원과 유행의 두 측면을 다 갖추고 빠짐없이 거론한 것일 뿐이다. 이것은 조금이라도 의리를 아는 이라면 얼음이 녹듯이 아는 것인데 그는 이미 선현을 경멸하고 모독하려는 뜻을 마음속에 먼저 가졌기 때문에 섬세하게 탐구할 겨를도 없이 갑자기 꾸짖고 욕하는 것인가?

「외필」에서는 "요즘 사람들은 소승(所乘)이란 글자를 보기를 눈앞에서 날뛰는 말에 갑자기 뛰어오르는 것처럼 본다"라고 하면서 이것이 율곡의 기발이승(氣發理乘)이라고 할 때의 '승(乘)'자를 가리켜 말하는 것이라고 한다. 그러나 율옹이 조금이라도 이런 생각을 가지고서 그처럼 말한 적이 있었는가? 양의 움직이면 리는 움직임에 타고, 음이 고요하면 리는 고요함에 탄다는 한 구절을 보고서 갑자기 저것을 탔다가, 느닷없이 이것을 탄다는 뜻으로 보았기에 억지로 이런 주장을 덧붙인 것인가? 그렇다면 그가 (특정한) 말을 고집하면서 뜻에 어두운 잘못은 어린아이라도 미혹되지 않으리라는 것을 논할 것이 못 될 것이다. 그러나

148 이이, 『율곡전서』 권10(표점영인 한국문집총간 vol.44), 「답성호원」, 199쪽 참조.

149 이이, 『율곡전서』 권1(표점영인 한국문집총간 vol.44), 「理一分殊賦」, 12쪽.

이것은 율옹이 이미 스스로 풀이하면서 "기발이승이라는 것은 기가 리에 앞선다는 것이 아니다"[150]라고 했다. 기는 함이 있고 리는 함이 없기에 율곡의 말은 어쩔 수 없이 그런 것일 뿐이니, 이것은 정말이지 얼마나 명백한가? 그런데도 반드시 가려서 밝히지 않고, 맹랑하고 헛된 비유를 끄집어내어 거만하게 꾸짖음을 더하면서 알지 못한다고 욕하니, 이것은 무슨 마음인가? 나중 단락에서는 또 말하기를 "그 이유를 궁구하여보면 '탄다'라는 말이 그 본뜻을 잃어 번번이 리를 경시하고 기를 존중하는데 이르러 기가 리의 자리를 빼앗았다"라고 하니, 그의 의도는 '천하의 사물이 운용하고 조작하는 것은 모두 리가 스스로 그렇게 하는 것인데 율옹은 기는 유위이고 리는 무위라고 했기 때문에 듣기 싫어서 꾸짖고 배척하는 것이다.' 그러나 율옹의 앞에 주자에게 이미 "도체는 함이 없다"라는 말이 있었고, 또한 말하기를 "기는 응결 조작할 수 있지만, 리는 정의도 계교도 조작도 없다"[151]라고 했으며, 또한 소승지기를 논하면서 "태극에 동정이 있는 것은 말이 (사람을) 싣고 사람이 (말을) 타는 것과 같아서, (말이) 한 번씩 드나들면 사람 또한 그와 함께 한 번씩 드나든다"[152]라고 했다. 만일 「외필」에서 논한 대로라면 기가 리의 자리를 빼앗은 것은 주자가 이미 (그 단서를) 열었고, '승'자의 뜻도 주자가 이미 잘못한 것이니, 그가 율옹을 꾸짖는 것은 바로 주자를 배척하는 것이다.

「외필」에서는 "이발(理發) 두 글자가 오늘날 학자들이 커다란 금기와 회피하는 용어가 되어버렸다"라고 했다. 이것은 율옹이 퇴계가 주장한 리가 발현하고 기가 따른다[理發氣隨]는 잘못을 따르지 않고 말했기 때

150 이이, 『율곡전서』 권10(표점영인 한국문집총간 vol44), 「답성호원」, 211쪽 참조.

151 주희, 『주자어류』 권1(『주자전서』 vol.14), 116쪽.

152 주희, 『주자어류』 권94(『주자전서』 vol.17), 3129쪽.

문에 그런 것이다. 그러나 율옹이 논한 것은 인심에 리와 기가 호발하는 묘맥이 없다는 측면에서 말한 것일 뿐이지, 처음부터 어찌 이발 두 글자를 금지하고 회피한 적이 있었는가? 근원의 측면을 따라서 말한다면 『전서』 가운데 "모든 정이 리에서 발현한다"[153]라고 했고, '성이 발현해서 정이 된다'[154]라고 한 말은 모두 리로 말한 것이다. 그는 어떻게 억지로 '금피(禁避)'라는 두 글자를 만들어 무고하는 것인가? 다만, (율곡의 리는) 그의 '리'자가 저절로 준동하고, 저절로 조작한다는 것과 같지 않을 뿐이다. ―「외필」의 뒷부분에 또한 '조종하는 힘'이라는 말이 있으니, 리에 이미 시키는 권한이 있고 조종하는 힘이 있다면, 스스로 준동하고 스스로 조작하는 것이 아니라면 무엇이겠는가? 율옹의 '리'자는 본래 이와 같지 않다.― 이것이 멋대로 꾸짖고 욕했다고 하는 까닭이다.

「외필」에서는 "기와 리를 상대시켜 거론한 것은 틀림없이 성인의 말이 아닐 것이다"라고 했다. 또한 "요즘 사람들은 '리'자를 보자마자 기를 찾아다 짝을 만든다"라고 했고, 이어서 말하기를 "이것이 두 개의 본령을 세운 시초다"라고 했다. 이것은 율옹이 리와 기를 짝지운 것을 가리켜 말한 것이다. 이제 살펴보자면 공자가 도와 기를 분별한 뒤로 이기를 논하는 데 매번 짝짓는 경우가 많았다. 그러므로 정자는 "성을 논하면서 기를 논하지 않으면 갖춰지지 않는다"[155]라고 했고, 주자는 태극을 곧장 말하면 곧 음양과 상대했다. 이러한 곳들은 일일이 다 들 수 없는데, 반드시 성인의 말이 아닐 것이라고 단언하니, 경솔하고 제멋대로인 것은 어찌 이리도 심한 것인가?

예를 들어 주자가 "이 리가 있으면 곧 이 기가 있다"[156]라는 등의 말

153 이이, 『율곡전서』 권9(표점영인 문집총간 vol.44), 「答成浩原」, 195쪽.

154 이이, 『율곡전서』 권10(표점영인 문집총간 vol.44), 「答成浩原」, 201쪽.

155 정이·정호, 『하남정씨유서』 권6(『이정집』 vol.1), 81쪽.

156 주희, 『주자어류』 권1(『주자전서』 vol.14), 114쪽 참조.

이 '기를 찾아서 짝지은 것'이 아니란 말인가? 그렇다면 두 개의 본령을 만든 시초라는 것은 그 유래가 이미 오래되었고 율옹에 이르러 단단한 얼음처럼 (확고하게) 된 것이다. 내가 듣기로 노사를 추존하는 이들은 곧장 정주의 정통을 이었다고 하는데―「신도비명」에서는 '정자와 주자가 아니라면 우리가 귀의할 곳이 없다'[157]라고 했다― 그의 말은 정자·주자와 일일이 배치되니 어찌 된 일인가? 부자께서 "내가 누구를 속였는가? 하늘을 속였구나!"[158]라고 하신 것이 바로 이런 경우일 것이다.

「외필」은 단락이 많지만 큰 주제는 '저절로 그런 것이다'라는 한 구절에서 기인해서 수많은 내용을 연역해 내고, 종횡으로 비난하고 배척했다. 고독하고 조롱하며 압도해서 결국 억지로 율옹의 '기(氣)'자 영역 및 기가 리의 자리를 빼앗는다는 안건을 결정하려고 했다. 절박하게 붙잡아 얽매는 것이 마치 가혹한 서리가 옥사를 다루듯이 하니, 심기를 다 소모하면서 제멋대로 수단을 부렸다고 할 것이다.

노사의 글을 읽은 적이 있었는데, "천하의 큰 변고에 셋이 있으니, 아내가 남편의 자리를 빼앗은 것, 신하가 군주의 자리를 빼앗은 것, 오랑캐가 중화의 자리를 빼앗은 것"[159]이라고 했다. 기가 리의 자리를 빼앗는다면, 저 세 가지 변고 또한 부차적인 일일 뿐이다. 그러므로 그가 율옹을 가리켜 기라 리의 자리를 빼앗았다고 한 것은 천하의 세 가지 큰 변고의 뿌리요, 난신적자들이 장차 그 아래로 몰려들게 될 것이다.

그렇다면 선대로부터 조정에서 문묘에 올리고 존중한 것과 여러 선생이 조술하면서 삼가고 지킨 것이 모두 큰 변고를 양성한 것이 아니겠는가? 「외필」에서 말한 "아! 위태롭다. 그 화가 여기에 이르렀으니

---

157 이 구절은 현재 『노사집』에 실린 「신도비명」에는 있지만, 『면암집』에 실린 「신도비명」에는 없다.

158 『논어』, 「자한」 11장.

159 기정진, 『노사집·부록』 권2(표점영인 문집총간 vol.310), 「행장」, 652쪽.

피음사둔과 전도되고 창피함이 무슨 일엔들 있지 않겠는가"라고 한 주장도 그 말의 뜻이 은밀하게 가리키는 것은 모두 여기에 있는 것인가? 덮어씌우는 것이 차마 사람이 똑바로 쳐다볼 수 없거니와 또한 차마 말로 다 할 수도 없다.

노사의 "80년 동안 마음속에 안타까움을 품었다"라는 것은 단지 선현을 뛰어넘으려는 생각일 뿐이요, '하산하는 날'에도 오히려 이 기운과 버릇을 다 없애지 못했기에 결국은 입을 열고, 붓을 놀리면서도 스스로 가불매조(呵佛罵祖)160의 영역에 들어가는 것을 깨닫지 못했다. 마음을 보존한다는 것이 한 번 어긋나버리면 결국 가릴 수 없게 되는 것이다. 그러나 "감히 다른 사람의 눈에 보이지 않았다"라고 했으니 그에게는 오히려 의로움을 두려워하는 단서가 있었다. 이제 그 자손과 문하생들이 방자하게 이것을 전파하면서 한 시대의 공의에 맞서려고 하니, 어찌 이리 거리낌이 없는 것인가? 그러나 오늘날의 변고는 곧 노사가 「외필」을 쓰던 날의 한 마음이 어긋난 데서 시작되었으니, 사람이 마음을 보존하는 데 신중치 않을 수 있겠는가!

내가 이 「약변」을 쓰고 나자 어떤 이가 "노사가 율옹을 꾸짖고 모독하는 것은 노사의 망동일 뿐 본시 율옹에게 더하거나 빼는 것이라고는 없는데 그대는 어째서 괴로이 입을 놀려 변론하고 물리치려고 할 뿐 한쪽에 치워두지 않는가"라고 했다. 나는 그에게 말했다. "그렇지 않다. 그의 「외필」은 본시 다른 사람의 지식과 생각을 어지럽히기에 충분하다. 그런데 지금 그의 후인들은 그의 망동을 꺼릴 줄을 모른다. 거꾸로 크게 포장하고 또 「변무문(辯誣文)」이라는 것이 나와 고금을 인용하면서 장황하게 과장하고 꾸며 한 시대의 눈과 귀를 현혹시키려고 한다.

160 가불매조(呵佛罵祖): 부처를 꾸짖고 조사를 욕해도 된다는 뜻으로, 선현을 넘어서려는 말과 행실을 비판하는 용례로 흔히 사용했다.

나중이 되면 뛰어난 후학들이 모두 그들의 학설을 독실하게 믿으면서 율옹의 『전서』는 덮어버리고 검토하려고도 하지 않을 것이다. 어찌 육·왕 두 사람이 사문에 해를 끼치는 데서만 그치겠는가? 변론해서 물리치는 것은 오당의 선비들이 그들에게 현혹되지 않게 하려는 것이니, 또한 어찌 그만두겠는가?"

猥筆略辨

權鳳熙

猥筆中無一處稱舉栗谷者, 而其所指斥則皆栗谷說也. 大柢後生之於先賢議論或有可疑者, 則當講

質而存疑, 以爲某書某說可疑云云, 或可也. 今乃隐其人而摘其說, 有若戰國之作隐語者, 而恣爲簸弄, 未知是何法門? 是何學術? 是其眠中果有先賢者乎? 然推尊其說者, 乃謂尊慕栗谷而作, 噫! 毁夫子之武叔, 亦可謂尊慕夫子耶? 曾謂一世人之盡無目乎? 極爲駭歎.

栗谷先生答牛溪先生書論陰陽動靜之妙, 而曰, "其機自爾, 非有使之." 猥筆執此爲話柄, 譏之以 "驟看皮面", 斥之以 "天命已息", 奮筆肆罵, 無所不至. 謹按論語曰, "人能弘道, 非道弘人", 朱子釋之曰, "人心有覺, 而道體無爲." 朱子楚辭集注曰, "一陰一陽, 一晦一朔, 是二氣自然能如此, 非有爲之者." 鄒書先覺章註曰, "實理自然, 若使之也, 非有使之者." 中庸或問天命章註朱子破呂氏說曰, "豈眞有使之者哉!" 凡有理使之意處, 朱子無不如是辨之. 然則凡此聖賢諸說, 舉不免於天命已息而入於蘆沙之譏誚矣. 柰何以朱子之眠目猶不免於驟看皮面而 栗谷嘗曰, 幸生朱子後, 學問庶幾不差, 故其說無一不本於朱子, 今朱子而猶驟看, 則栗谷安得免驟者? 透得骨子, 乃獨有今日之一蘆沙也, 吁! 亦可怪也.

蓋栗翁所謂非有使之者, 言理之無使之之力, 而明道體之無爲也. 繼之曰, 所以陰靜陽動者, 理也者, 言其樞紐根底之妙, 而明理之自然爲主也. 此所以然使之然之分也. 蓋曰使之然, 則理爲蠢動之物, 不曰所以然, 則氣爲無根之物, 此之爲精微, 可謂分金秤上出來, 而鑿鑿合於

聖賢宗旨也. 猥律所謂恰是對敵云者, 可見其眼之, 麤而向所謂驟看皮面者, 乃自道者耶? 故朱子曰, 太極者, 本然之妙也; 動靜者, 所乘之機也. 又曰, 太極理也, 動靜氣也. 蓋不如是細分, 則認理爲氣者多, 而道器之分昧矣. 此朱子之旨, 而栗翁之所受也. 今猥筆誚之以兩箇本領, 而其意則直以理爲自運用自造作而不待氣機者. 蓋急於自立己說, 而不顧聖賢定論之有在也. 噫! 其傲然自許以透得骨子者, 乃不過畔聖侮賢, 而匍匐於釋氏陸氏王氏之門者耶? 嗚呼! 悲夫!

自爾云者, 猶曰自然也, 理氣二者云不相離, 而氣發之中, 不可離理看; 理乘之中, 不可舍氣看, 而自理而言, 則謂之理之自然; 自氣而言, 則謂之氣之自然. 蓋所就而言者不同, 而固不害其理爲氣主也. 蓋其所以自然者, 卽是天命之流行, 初非外此而別有指導使令之天命也. 故朱子曰, 動靜相爲對待, 不能相無, 乃天理之自然. 又曰, 屈伸往來, 是二氣自然能如此. 此又陰靜陽動機自爾之左契也. 今日自行自止, 不關由天命, 以此而爲兩箇本領, 則是全昧於理氣之元不相離, 而直以天命爲別有指導使令於自然之外也. 彼從何處而見得如此道理也? 以自爾作自行自止意看, 彼之看文字, 固如是麤疎歟! 且栗翁亦言氣之所爲必有理爲之主宰, 又曰, 孰尸其機? 嗚呼太極! 此又從本源處說者, 與自爾非使之據流行言者, 亦互相發明, 初無妨礙也. 蓋雖曰太極尸機, 其尸之者, 不過曰自然而然而已, 雖曰非有使之其, 自爾之機不外於理, 則安有一毫所謂各自樞紐者耶? 但見其源頭流行備擧無漏耳. 此粗解義理者, 可以冰釋, 而彼旣輕侮先賢之意先在胷中, 故未暇細究, 而遽肆其譏誚也歟!

猥筆曰, 今人看所乘字, 有若馬匹當前橋捷而騰上樣, 此指栗谷氣發理乘之乘字而言也. 然栗翁曷嘗有絲毫恁麼意思在而乃爾云云耶? 無乃以所謂陽之動則理乘於動, 陰之靜則理乘於靜一句, 看作俄乘彼忽乘此之意, 而勒加此說歟! 若然則其執言迷指之失, 尺童之所不感姑無論矣, 而此則栗翁已有自解者曰, 氣發而理乘者, 非氣先於理也. 氣有爲而理無爲, 則其言不得不爾, 是果何等明白, 而必欲使之掩蔽而不明, 做出孟浪之虛譬, 慢加其譏罵, 未知此甚麼心腸? 後段又曰, 究厥端由, 原於乘字失其本旨, 駸駸致得理輕而氣重, 直至氣奪理位. 彼意蓋曰凡天下物事運用造作, 皆理自爲之, 而栗翁乃謂氣有爲理無爲, 故惡聞而詬斥之也. 然栗翁之前, 朱子已有道體無爲之語, 又曰, 氣則能凝結造作, 理却無情意計較造作. 又論所乘之機而曰, 太極之有動靜, 猶馬之所以載, 人之所以乘. 馬之一出一入, 人亦與之一出一入. 若如猥筆之論, 則氣奪理位, 朱子已啓之, 乖字之旨, 朱子已失之, 而彼之詬栗翁, 乃所以斥朱子也.

猥筆曰, 理發二字, 爲今日學士家一大禁避語. 此指栗翁之議退溪理發氣隨之誤而云然也. 然栗翁所議者, 但以其人心無理氣互發之苗脈, 初何嘗於理發二字而禁避之耶? 若從原頭說, 則全書中萬般之情發於理, 及性發爲情之語, 皆以理言者也. 彼何敢勒做禁避二字而誣之耶? 但不如彼之理字, 自蠢動自造作者耳. 猥筆下文又有操縱之力之語, 理旣有使令之權操縱之力, 則非自蠢動自造作而何? 栗翁理字本不如是. 此其所以妄加譏罵歟!

猥筆曰, 把氣與理對擧, 必非聖人言. 又曰, 今人纔見理字, 必覓氣來作對擧, 繼之曰, 此雙本領之履霜. 此指栗翁之對擧理氣者而云也. 今按自孔子分別道器以來, 論理氣處每多對擧, 故程子曰, 論性, 不論氣不備. 朱子又直言: 太極便與陰陽相對. 此等處不可枚擧, 而乃以必非聖人言斷之, 其輕肆何若是之甚也! 又如朱子所謂纔有是理便有是氣等語, 非所謂覓氣做對者耶? 然則雙本領之履霜, 其來已久, 而至栗翁, 則可謂堅冰矣. 吾聞推尊蘆沙者以爲直繼程朱之統, 而 其神道碑銘云, 非程非朱, 我無歸處云云. 其言乃與程朱一一背馳何也? 夫子所謂吾誰欺? 欺天乎者, 此也.

猥筆之文, 其段雖多, 其大拍頭, 則不過因機自爾一句, 而演出許多曲折, 縱橫詆斥, 侮弄壓倒, 畢竟勒定栗翁氣字家計, 氣奪理位之案,操束急切, 如酷吏之治獄, 可謂費盡心機, 而大肆手段矣. 嘗觀蘆沙書有曰, 天下之大變有三, 妻奪夫位, 臣奪君位, 夷奪華位也. 氣奪理位, 則彼三變者, 即次第事耳. 然則彼之指栗翁爲氣奪理位者, 爲天下三大變之本, 而亂臣賊子將接跡於其下矣. 列聖朝所以躋廡而尊崇之者, 諸先生所以祖述而謹守之者, 無乃皆爲釀成大變者耶? 猥筆所謂嗚呼危哉, 其禍至此, 詖淫邪遁, 顚倒猖披, 何事不有等說, 其語意之陰指者, 蓋在此歟! 其包籠之深, 令人不忍正視, 而亦不忍盡言也.

蓋蘆沙之八十年內抱耿耿者, 只是突過先賢底意思, 而其下山之日, 猶未消磨了此氣習, 竟至發口肆筆, 不知其自陷於呵佛罵祖之科. 蓋其存心一差, 畢竟掩蔽不得也. 然其曰, 不敢掛它人眼, 則猶有畏義之端. 今其子孫門生, 肆然傳布以抗一世之公議, 何其無忌憚之甚也? 然今日之變, 卽蘆沙當日一念之差, 有以啓之也. 人之存心, 果可以不愼歟!

余旣爲此辨, 或言蘆沙之譏侮栗翁, 自爲蘆沙之妄, 而固無加損於栗翁, 則子何乃欲苦口辨闢而不置也? 余曰, 不然. 彼之猥筆, 固足以亂人知思, 而今其後人不知所以諱其妄也, 反爲之大加布張, 其所謂辨誣文者出, 則又援引古今, 張皇誇耀, 欲以眩一世之耳目. 是將使後來之秀, 皆篤信其說, 而栗翁全書, 則欲廢而不檢也. 其爲害斯文, 奚止陸王二氏而已哉! 辨而闢之, 使吾黨之士, 無眩於彼, 是亦烏得已也?

권석오에게 답함

임인(1902)

권운환

이 글은 경남 산청 출신으로 정재규의 제자인 권운환이 1902년 권봉희에게 보내는 편지이다.[161] 같은 지역 출신인 노사학파 구성원과 노론계 인물 사이에 오고가는 「외필」을 둘러싼 인식의 차이를 파악할 수 있는 초창기 자료 가운데 하나이다. 본문의 내용에 따르면 권봉희가 먼저 편지를 보냈고 이 글은 거기에 대한 답장으로 추정되는데, '통문을 돌리고 번갈아 소장을 주고받으며[飛文交章]'는 표현에 근거하자면 권봉회, 권명희 등에 의해 주도된 영남유생들에게 보내는 통문이 발송된 이후에 쓴 것으로 보인다. 그렇다면 최소한 1902년 7월 이후에 쓴 것이다. 유감스럽게도 권봉희가 먼저 보낸 편지는 현재 『석오집』에 수록되어 있지 않다. 『명호집(明湖集)』 권3에 실려 있다.

형주(兄主)께서 한 번 조치를 취했다는 소식을 들은 뒤로, 개탄스럽고 답답한 마음에 지내시는 곳에 가서 여러 가지를 직접 묻고 싶었습니다. 그러나 여든이 되신 부모님과 제 형편이 곁을 떠나 있기가 어려워 마음만 간절한 뿐, 뜻을 이루지 못했습니다. 몸이 가는 대신 편지라도 쓰고 싶었지만, 또한 인편이 없어 힘들었는데 갑자기 먼저 편지를 주셨습니다. 아끼시는 지극한 뜻을 우러러 알게 되었으니, 어떻게 감히 잊겠

---

161 『안동권씨 대동보』에 의하면 권운환과 권봉희는 같은 안동 권씨 33세로서 20촌 형제 사이이다. 23세 권준(權濬)에게는 극리(克履)·극유(克有)·극겸(克謙) 삼형제가 있었는데, 권봉희는 첫째인 권극리의 9대손이고, 권운환은 둘째인 권극유의 9대손이다. 즉, 권봉희는 권명희의 20촌 형이다. 이 때문에 권운환은 편지의 본문에서 인척 사이에 형을 가리키는 호칭인 '형주(兄主)'를 사용한 것이다.

습니까!

생각건대, 우리 유학이 먼저 강론해야 할 것은 심법(心法)일 뿐이니, 심법이 한 번 어긋나면 나머지는 볼 것이 없습니다. 오늘날의 일로 말하면 선사(先師)의 「외필」이 과연 율옹을 꾸짖고 배척했습니까? (선사께서는) 요즘 사람들이 율옹을 최고로 받들면서 우연히 한 구절의 말을 살피지 못해 나타난 온갖 병폐를 변론했는데, 곧장 '율옹을 꾸짖고 배척했다'라고 하니, 어떻게 괜찮겠습니까? 저 세속을 따르면서 내달리고, 형세를 보아 부앙하는 자들이야 진실로 말할 것이 못됩니다. 그러나 형주의 공정한 심법으로 또한 그들과 함께 사태를 부추겨서[162] 알지 못하는 사이에 편파적인 곳으로 빠져들었으니, 진실로 평소에 바라던 것이 아닙니다.

보내신 편지에서 "의리를 정확히 알았다면 못난 것을 헤아리지 않고, 물불을 피하지 않는 것은 평소의 성품이 그렇다"라고 하셨습니다. 이것은 생각이 깊지 못한 것입니다. 의리는 참으로 끝이 없으니, 한 사람의 한 때 견해를 어떻게 갑자기 믿겠습니까? 정자는 '사람이 학문을 할 때 잘못은 자기의 주장이 너무 지나친 데에 있다'[163]라고 했습니다. 어쩌다 아는 것이 생기더라도 반드시 평소에 서로 신뢰하는 사람을 따라서

---

162 사태를 부추겨서: "진군과 건덕의 일은 물결을 일으켜 파란을 조장하고 바람을 놓아 불을 끄는 것일 따름이다.[眞君建德之事, 適足推波助瀾, 縱風止燎爾.]" 왕통(王通), 『중설(中說)』, 「문역(問易)」.

163 이 구절은 정작 『이정집』에는 실려 있지 않고 다른 두 곳에서 발견될 뿐이다. 첫째 주희의 「與劉共父」(『회암선생주문공문집』 권37)에 "정자도 일찍이 사람이 학문을 할 때 잘못은 자기의 주장이 너무 지나친 데에 있다고 했습니다.[程子嘗言, 人之爲學, 其失在於自主張太過.]"라고 인용되어 있다. 둘째 소옹의 『황극경세서(皇極經世書)』 권14에도 "사람이 학문을 하면서 자기의 주장이 너무 지나친 데서 잘못을 저지른다.[凡人爲學, 失於自主張太過]"라는 구절이 실려 있다.

더욱 강론과 탐구를 더해서 반복해서 사유해야 합니다. 또한 고금 유학자들의 글을 참조하다가 정말로 도를 어지럽히는 주장을 발견했다면 마땅히 주장을 세우고 책을 써서 후대의 공론에 맡겨둘 뿐입니다. 어찌 반드시 수고롭게 마음과 힘을 쓰면서 물불을 피하지 않은 다음이라야 공이 되겠습니까? 예로부터 지금까지 유자들이 통문을 돌리고 소장을 주고받으며 이리저리 끌어당겨 남을 공격하면서 마치 미치지 못할 듯이 했다는 말은 들어보지 못했습니다.

율곡선생은 원래 선사에게 가학의 뿌리여서 (선사께서는) 평생 침잠해서 많은 것을 발휘했습니다. (율곡이) 사단·칠정을 논하면서 사단과 칠정이 두 가지 정이 아니라고 했고, 이기에 호발이 없다고 주장한 것을 (선사께서는) '선생의 의론이 정확해서 의심할 것이 없다'라고 했습니다.[164] 또한 늘 (율곡의) '모든 정이 어찌 리에서 발현하지 않겠는가?'[165]라는 한 마디를 '적확한 정론'이라고 하면서 세속의 유자들이 이 한 구절을 빠트리고 강론하지 않는다고 깊이 탄식했습니다. 이통기국설은 (율곡) 선생이 리를 논한 총괄이자 전체인데 오히려 세속 유자들이 잘못 보았기에, (선사께서는) 그 본뜻을 개진하는 데 골몰해서 여러 차례 다른 이와 글을 주고받으면서 또한 글을 지어 밝혔습니다.[166] 음양의 움직임과 고요함에 대한 주장은 '선생은 단지 유행의 측면에서 말했는데, 후인들은 모두 근원의 측면에서 보아서 말류의 폐단이 끝이 없다'라고 했습니다. 그렇다면 「외필」은 세속 유자들이 점점 오류를 범한 것을 아파해서 지은 것임을 알 수 있습니다. 그 밖에 마음속에 간직하고서 철저하게 이어받으려는 뜻이 평소의 말과 많은 글에서 드러난 것은 다 기록할 수도 없습니다.

---

164 기정진, 『노사집』 권16(표점영인 문집총간 vol.310), 「偶記」, 369쪽.
165 이이, 『율곡전서』 권9(표점영인 문집총간 vol.44), 「답성호원」, 195쪽 참조.
166 권신원과의 논쟁 및 그로 인해 저술한 「정자설(定字說)」을 가리킨다.

하환성재(河喚醒齋: 河洛, 1530~1592)의 문집 「서문」으로 보자면 환성재는 한 고을의 현자일 뿐인데, 율곡을 신원하고 구하려고 했습니다. 그래서 (선사께서) 그의 문장은 "천지에 참여하고 성쇠와 관련되며, 호연하게 원기와 함께 흐른다. 그의 말은 천지가 있은 뒤의 경법(經法)이고, 그가 태어난 것은 영원히 비태한 소식을 전하려는 것이었다"[167]라고 했으니, 환성재를 존중하고 우러러 찬양하는 것은 무엇을 위해서입니까? 세상에서 율옹을 존중한다는 이에게 여기에까지 도달한 식견이 있었습니까?

형주는 '운환이 조부 위로 8, 9세의 근원을 저버렸다'라고 했습니다. 제가 생각하기에 「외필」을 조상들에게 질정하고, 율옹에게 질정한다고 한들 틀림없이 다른 말이 없을 것입니다. 또한 말하자면 도리는 공공연한 것이니 문하의 제자라는 이유로 그 선생을 사사로이 대우해서는 안 되고, 집안의 자질이라는 이유로 부형을 사사로이 대해서는 안 됩니다. 그러므로 참으로 도에 뜻을 둔 이는 어제 옳았던 것을 오늘 아낌없이 버리기도 하고, 어제 틀렸던 것을 오늘 용감하게 택하기도 합니다. 그 일의 행과 불행은 곧 운수에 관련된 것이라 어물어물 끌어가면서 피할 수 있는 것이 아닙니다. 다만 이로 인해 친한 정이 초나라와 월나라처럼 멀어졌고, 친한 우애가 물과 불처럼 되어 버렸으니, 이것이 어떻게 된 경색(景色)입니까? 어쩔 수 없이 시름에 겨울 뿐입니다. 나머지는 엎드려 바라건대 건강하셔서 먼 곳에 있는 이의 정성에 부응해 주십시오.

---

167 기정진, 『노사집』 권20(표점영인 한국문집총간 vol.310), 「喚醒齋遺稿序」, 451쪽 참조.

答權石梧

壬寅

權雲煥

自聞兄主作一番擧措, 私心慨鬱, 卽欲致身床下, 面質多少, 而大耋下情景實, 難時日離側, 雖切莫遂. 且欲以書替身, 而亦苦無便, 忽此下書先及, 仰認眷厚之至意, 何敢忘! 何敢忘!

嘗竊以爲吾儒之所當先講者, 心法而已, 心法一差, 餘無足觀矣. 以今日事言之, 吾先師猥筆, 果是譏斥栗翁者乎? 以其辨今人之頭戴栗翁, 偶失照管之一句語, 而弊病百出, 直謂之譏斥栗翁, 惡乎可哉? 彼隨俗馳逐, 觀勢俯仰者, 固不足道. 以兄主之公正心法, 而亦與之推波助瀾, 不自知其陷於偏詖之科, 實非所望於平日者也.

下書曰, 的見義理, 則不揆孤賤, 不避水火, 素性然矣. 此不思甚也. 義理儘無窮, 一己一時之見, 豈可遽信也? 程子曰, 人之爲學, 其失在於自信太過. 雖或有見得, 必從平日相信之人, 益加講究, 反覆商確, 而又參之以古今群儒之書, 眞見得爲亂道之說, 則祗當立言著書以付百世公論而已, 何必苦苦勞心勞力, 不避水火, 然後爲功也. 往古來今, 未聞以儒者而飛文交章, 左招右引, 以攻擊人如不及者也.

蓋先師於栗谷先生, 元來是家學淵源, 一生浸淫, 其所發揮者多矣. 論四端七情則以四七非兩情. 理氣無互發, 謂先生之論的然無可疑. 又常以萬般之情, 孰非發於理一語, 謂的確正論, 而深歎世儒之遺却此一句而不講. 理通氣局之說, 是先生論理之總括大全, 而却被世儒錯看, 陳汨其本旨, 則屢與人往復, 而又著說以明之. 至於陰靜陽動之說, 則曰先生祗是流行邊說, 後人皆以源頭看, 以致流弊無窮. 然則猥筆之作, 可知其有傷於世儒之轉轉差誤也. 其他眷眷服膺, 到底宗述之意,發於尋常言語汗漫文字之間者, 不可盡記. 姑以河喚醒齋遺集序觀之, 喚醒齋祗是一鄕賢而已, 以其伸救栗谷, 其文爲參天地關盛衰, 浩然與元氣同流. 其言爲有天地後經法, 其生爲傳萬世否泰消息, 則其所以尊信贊仰爲如何哉? 世之所謂尊栗翁者, 其能有見得到此否?

兄主謂雲煥抛却父祖以上八九世淵源, 雲煥竊以爲使猥筆雖質之於父祖, 質之於栗翁, 必無他說也. 且道道理是公物, 不可以門弟子而私於其先生; 不可以家子姪而私於其父兄也. 故眞箇志於道者, 昨日之所是, 今日或去之不吝, 昨日之所非, 今日或取之必勇, 若其事之幸不幸, 卽是運會所關, 非依違遷就所可免也. 但因此而至情爲楚越, 切友爲氷炭, 此何景色? 不能不爲之於邑也. 餘伏祝氣體康健, 以副遠誠.

최동민에게 답함

송병순

이 글은 송병순이 1902년 무렵 최동민(崔東敏, 1854~1924)에게 답하는 편지이다. 기정진과 이이의 관계를 왕수인과 주희의 관계에 빗대어 묘사함으로써 비판적 시각을 유지하는 가운데, 기정진의 성리학에 대한 논란을 그만둘 것을 권고하면서 또한 최익현의 「신도비명」을 비판한다. 현재 『심석재집』에는 실려 있지 않다. 김로수의 『부벽록』에 근거했다.

노사가 율옹에게 배치되는 것은 왕양명(王陽明: 王守仁, 1472~1529)이 회옹(晦翁: 주희)에게 그런 것과 비슷합니다. 양명의 학설은 진청란(陳情瀾: 陳建, 1497~1567)의 『통변(通辨)』[168]이 나오고서 그 시대에 행세할 수 할 수 없었으니, 노사의 의론은 이제 고명의 정밀한 토론을 만나서 사문에 용납되지 못하게 되었습니다. 이것은 노사의 불행입니다. 제 생각에 고명의 변론을 후세에도 떳떳이 말할 수 있다면, 노사의 불행이요 고명의 다행입니다. 고명의 다행일 뿐만 아니라, 또한 사문의 다행일 것입니다. 이 의리를 아는 이가 또한 몇이나 있겠습니까? 권교리가 돌려서 보여준 것과 백대아(白大雅: 白南斗)의 질의는 듣고서 흠모와 찬탄을 금할 수 없었습니다.[169]

가만히 보건대 노사는 한 사람의 문장가입니다. 문장으로 성과 리를

168 『學蔀通辨』 12권을 가리킨다.

169 [원주] 영남 유학자 백남두(白南斗)가 편지로 최익현에게 노비(蘆碑)의 오류를 질의했다.

논하는 것은 순자·양웅으로부터 그랬습니다. 하필 깊이 그 시비를 탐구하겠습니까? 우리들은 정자·주자 이후의 여러 선생의 바꿀 수 없는 정론을 강론할 뿐, 그 사이에서 시끄럽게 떠들 필요는 없습니다. 고명께서는 어떻게 생각하십니까?

최태(崔台: 최익현)가 지은 비명(碑銘)에서 말한 것은 매우 놀랄만한 것이었습니다. 그의 「유감시(有感詩)」 첫 구절170로 살펴보면 화서와 노사 두 사람으로 우리 동방의 선현들을 넘어서려고 하면서, 문장으로는 이 두 사람이 있을 뿐이라는 것입니다. '명문을 스스로 지은 것이 아니다'라고 운운하는 것을 누가 믿을 수 있겠습니까? 남의 손에서 나왔다고 하더라도 책임은 반드시 스스로에게 귀결될 터인데, 멍하니 이것을 알지 못하고 영원한 시비의 구렁텅이에 집어넣으려고 하니 진실로 개탄스럽습니다.

170 『부벽록』에 실린 「崔勉庵丹城新安齋有感詩」의 첫 구절에서 "벽수 노산 해동을 안정시키니[檗水蘆山鎭海東]"라고 말한 것을 가리킨다.

答崔東敏

宋秉珣

蓋蘆沙之於栗翁，其所背馳，殆類王陽明之於晦翁矣．陽明之說得陳情瀾通辨，而不得肆於當世．蘆沙之論，今得高明精討，而不得容於斯文，是蘆沙之不幸也．愚以爲高明之辨，可有辭於後世，則蘆沙之不幸爲高明之幸也．不獨爲高明之幸，亦爲斯文之幸也．知此義者，亦有幾歟？權校理之論示，白大雅之質疑，聞不勝欽歎．竊見蘆沙之一文章也.[171] 以文章易論性論理，自荀揚然矣．何必深究其是非耶？吾輩之可講明程朱以來諸先生不易之正論而已．不必呶呶於其間也．未知高明以爲如何？崔台所作碑銘中說，大可駭歎．以其有感詩首句觀之，以華西蘆沙欲突過我東諸先正，文章只有此兩人而已矣．銘非自作云云之說，誰可信乎？雖或出於他手，責必歸於自家，茫不知此，而欲入於千秋是非叢中，誠可慨歎．

171 [원주] 嶺儒白南斗以書質蘆碑之誤於崔台.

또 최동민에게 답함

송병순

이 글은 송병순이 1902년에 최동민에게 답하는 편지로 추정된다. 최익현이 지은 기정진의 「신도비명」을 비판적으로 논하고 있다. 현재 『심석재집』 권10에는 같은 내용의 편지가 「답혹인(答或人)」이라는 제목으로 실려 있다.[172] 김로수의 『부벽록』에 근거했다.

듣기에 면암태(勉庵台: 최익현)가 영하(嶺下)에 머물면서 오인(午人: 남인)들에게 모욕을 당했다고 하니 매우 놀라면서 탄식했습니다.[173] 노사의 「신도비명」을 살펴보았더니 참된 실정이 더욱 드러났습니다. '이발과 기발, 호론과 낙론이 도술이 분열하는 폐단이 되었다'[174]라고 한다면, 그가 말하는 이기와 심성의 학설이라는 것은 선가에서 마음을 성으로 인식하는 것이 아니라면 무엇이겠습니까? 율옹은 양명의 학술을 배척하면서 '외유내선(外儒內禪)'이라고 한 적이 있습니다. 제가 노사의 학설을 여기에 견주어 논하는 것 또한 그 뜻에서 말미암은 것입니다. 누가 거짓된 비평이라고 하겠습니까? 끝맺는 말에서 우리나라의 선생들을 헤아리지 않고, 화서와 노사만을 정자·주자의 문호에 곧바로 이어 붙였습니다.[175] 그의 의도는 참으로 정자·주자는 높이려는 것이 아니

172 송병순, 『심석재집』 권10, 「答或人」, 31후~32전면.

173 『심석재집』의 「답혹인」에는 이상의 내용이 실려 있지 않다.

174 이 구절은 『부벽록』의 「신도비명」에 실려 있을 뿐, 『노사집』과 『면암집』에 실린 「신도비명」에는 실려 있지 않다.

175 『면암집』에 실린 「신도비명」의 끝 부분에서 "정자와 주자가 아니었다면, 우리

라, (그들과) 짝지어 거론되기를 원한 것입니다. 우리나라 500년 동안 적전(嫡傳)이라고 할 수 있는 여러 선생과 비슷하지 않다면, 그 학문이란 과연 따로 기치를 내거는 것이 아니겠습니까? 여기에 이르러서는 참된 정상이 다 드러나 더 이상 남겨진 것이라고는 없습니다.

는 귀의할 곳 없으나, 다행히 동덕이 있어, 화산이 우뚝 솟아났다"고 한 부분을 가리킨다.

又答崔東敏

宋秉珣

聞勉庵台尙留嶺下，受辱於午人，深可駭歎．蘆碑銘看來看去，眞情益露．以理發氣發，曰湖曰洛，爲道術之分裂，則彼所謂理氣心性之說，非禪家認心爲性而何？栗翁嘗斥陽明之學，曰外儒內禪．愚於蘆說，比而論之者，亦因彼意也．孰可曰妄評乎？銘之結語，不類我東諸先生，而只以華西蘆沙，直接乎程朱門庭．蓋其意，非眞尊程朱也，乃欲對擧也．我東五百年，不類諸先生嫡傳，其爲學也，果非別立赤幟者耶？到此眞情眞狀，露盡無餘矣.[176]

176 『심석재집』의 「답혹인」에는 이 아래에 “고명께서는 어떻게 생각할지 모르겠습니다[未知高見以爲如何?]” 여덟 자가 실려 있다.

김동욱에게 답함

송병순

이 글은 송병순이 1902년 제자인 김동욱(金東旭, 1874~?)에게 보내는 편지이다. 김동욱은 충남 예산 출신으로 자는 승초(昇初) 본관은 경주다. 「영유통문」과 정재규의 「변무문」을 언급하면서 동시에 자신의 「변외필설」을 함께 보낸다고 하는 것으로 미루어 볼 때 1902년 가을에서 겨울 사이에 쓴 것임을 짐작할 수 있다. 김로수의 『부벽록』에 근거했다.

기노사의 「외필」이 괴상하고 망령되다는 것은 일찍부터 비난하는 말이 나온 지 오래입니다. 올해 봄에 그 문집이 영남에서 간행되려고 할 때 학자들이 이 때문에 따져 물었지만, 노사 문하의 대답은 대부분 불손한 것이었고, 점차 온당치 않은 말로 율옹을 침범했습니다. 이에 '「외필」은 율곡을 존중하고 사모한 데서 나왔다'라고 했고, 면암 최태(崔台)는 그들의 편을 들면서 기세를 보조했습니다. 그러므로 영남의 사림들이 일제히 일어나 「통문」을 발송해서 성토하는 일이 생기자, 노사의 문도들은 모함을 변론한다는 글을 지어 사방으로 돌렸습니다. 그들의 말은 진실을 위장하면서 거짓을 파는 것이 아닌 것이 없었음에도 「외필」은 '참으로 율곡을 사모해서 지은 것이다'라고 운운했으니, 놀라고 한탄을 금할 수 없었습니다. 마침내 변설 한 편을 만들어 「외필」의 괴이하고 허망함을 밝혔는데, 동지들 사이에 알리지 않을 수 없기에 베껴서 보냅니다. 살펴본 뒤라면 보여줄 만한 곳에 보여줘도 무방할 것입니다. 맹자는 '양주·묵적을 물리치자고 말할 수 있는 이라면 성인의 무리다'라고 했습니다. 나 또한 '「외필」을 물리치자고 말할 수 있다면 성인의 무리다'라고 하겠습니다.

答金東旭

宋秉珣

奇蘆沙猥筆之怪妄, 曾有唇舌久矣. 今春鋟印其集於嶺南, 諸儒以此詰問, 則蘆門之答多有不遜, 轉以未安之語侵犯于栗翁, 乃曰猥筆出於尊慕栗谷, 而勉庵崔台亦右袒助勢, 故嶺之士林, 齊起發通, 以爲聲討之擧. 蘆徒作辨誣書, 輪示四方, 其說無非假眞售僞之辭, 而以猥筆眞慕栗谷而作云云. 竊不勝駭惋, 遂構辨說一篇, 以明猥筆之怪妄, 而同志之間, 不可不布告, 故謄呈. 覽後示其可示處, 亦無妨. 孟子上曰能言距揚墨者, 聖人之徒也. 愚亦謂能言距猥筆者, 聖人之徒也.

동지들에게 써서 보이다

정의림

이 글은 정의림(鄭義林, 1845~1910)이 1902년 6월 이후에 쓴 글이다. 이 해 4월 단성 신안정사에서 세 번째 『노사집』의 간행이 이뤄졌고, 5월 26일 권봉희 등 영남유림 57인 명의의 「영유통문」이 발송되었다. 권봉희 등은 「외필」의 내용을 반율곡학적 시각에서 독해하면서 『노사집』의 목판을 훼판해야 한다고 주장했는데, 이 때문에 노사학파의 구성원들은 이들의 논의를 반박해야 할 필요성이 제기되었다. 이런 배경에서 정의림은 같은 논지를 가지는 네 편의 글을 썼는데, 그것들은 각각 노사학파의 구성원, 영남유림, 호남유림, 및 유학자 일반을 대상으로 하는 것이었다. 이 글은 그 가운데 노사학파의 구성원들을 대상으로 한 것이다. 『일신재집(日新齋集)』 권12에 실려 있다.

태극은 천지의 조종이요, 조화의 주재이며, 모든 것의 뿌리요, 천하와 고금의 인사의 준칙입니다. 지극히 미묘하지만 일상으로부터 떨어지지 않고, 지극히 가깝고 절실하지만 실로 엄한 천명에 근원을 두고 있습니다. 세상의 치란과 사람의 현명한 여부, 세속의 성쇠와 일의 성패가 이 도리가 밝느냐 밝지 못하느냐의 여부에 달려 있을 뿐입니다.

그러나 도리는 형체가 없고, 인심은 가려지는 경우가 있습니다. 인심이 이미 가려지면 형기의 거친 자취조차 드러나는 것이 명료하지 못한데, 하물며 미묘한 무형(無形)의 리이겠습니까? 이런 까닭에 성현들이 경전을 만들고 서술해서 수많은 말들이 꼬리를 물고 이어지는 것은 이 리를 밝혀서 사람들마다 알게 만들려는 것이 아님이 없습니다. 그러나 삼대 이후로 세교가 밝지 못했고, 그 사이에 시대마다 순경·양웅과 같은 호걸의 무리가 있었지만, 오히려 기를 성으로 인식하는[認氣爲性] 데서 벗어나지 못했으며 심지어는 성악설이 나타나기도 했습니다. 하물며 그 이후의 시대이겠습니까? 긴 세월 오랜 어둠 속에서 갈팡질팡 헤맸습니다.

송나라에 이르러 낙민(洛閩) 지역에서 두 세 명의 선현들이 나와 성선의 의리가 세상에 크게 밝아지도록 만들었습니다. 이로부터 우리나라의 정암·퇴계·율곡·우계 선생들이 독실히 믿고 삼가고 지키면서 맥락이 평탄해졌습니다. 아! 남기신 학풍은 점점 멀어지고, 은미한 말은 쉽게 어두워져 어떤 이들은 태극을 기와 관계된 것이라고 여기고, 어떤 이들은 오성(五性)을 기로 인해서 존재하는 것이라고 여기기도 했으며, 어떤 이들은 명덕을 형이하라고 여기기도 했고, 만수(萬殊)를 기분(氣分)으로 달도를 기발(氣發)로 여기기도 했습니다. 이와 같다면 성과 정, 체와 용, 시종과 본말이 기가 주재가 아님이 없으니, 주재로서의 태극이란 과연 어디에 있다는 것입니까? 큰 강령이 이미 어긋났다면 나머지는 도두 알 만합니다. 선성(先聖)과 선현들이 마음과 입을 고생시키면서 이미 어두워진 것들의 나머지에서 밝히려고 했는데, 이제는 이미 밝아진 그 나머지들이 다시 어두워지는 데서 벗어날 수 없으니 탄식을 이길 수 있겠습니까? 사람들이 이 리를 강론하고 토론해서 환하게 눈앞에 있듯이 만들려고 하지만, 운용하는 즈음에 어긋나기가 쉽습니다. 하물며 눈앞에 보이는 것이라고는 거친 형기의 사물이 아닌 것이 없다면, 백성의 떳떳한 병리란 무엇이고, 세도란 무엇이겠습니까?

우리 노사선생께서 이것을 개탄하시면서 구제하려고 했고, 「납량사의」와 「외필」 등은 이 때문에 지으신 것입니다. 변론하고 회통해서 옛 철인의 은미한 취지가 거의 다시 세상에 밝아졌습니다. 뜻밖에도 영남의 권봉희·최동민 등이 어구를 지목해서 보는 이들을 현혹시키면서 '전현을 모함했다'라고 여겼습니다. 모르겠습니다. 이들의 이런 행동은 공정한 마음에서 나온 것입니까? 시기하고 꺼리는 마음 때문에 그러는 것입니까?

이제 「외필」이 간행 반포되어 사방에 있으니, 눈이 있는 이라면 모두 볼 수 있을 것입니다. 하물며 시대가 지나고 세월이 오래되어 사랑과 미움이 쇠퇴하고 나면 나머지는 공의일 뿐입니다. 입과 혀를 닫은 채로 조용히 변론하지 않고, 먼 후대 사람을 기다리기만 해도 괜찮을 것입니다. 그렇지만 우리 당의 선비들이 시험 삼아 오늘날 변론한 내용, 예를 들어 이기설 가운데 어느 것이 옳고 어느 것일 그른지를 살펴본다면, 이것은 후세에 맡겨둘 일이 아니요, 당장 규명해야 할 것입니다. 이미 식견이 없어서 남의 비난과 칭찬을 따르기만 하고, 오직 편한 것을 택하고, 좋은 것에 아부하려고만 한다면, 구차하게 따르기나 하는 항목일 것이니, 어떻게 이 몸에 혹 치우친 데 빠지지 않았는지를 알 수 있겠습니까? 다만 도리는 형체가 없는 오묘한 것입니다. 반드시 조용히 깊이 파헤치면서 오래 쌓아가면서 보존하고 길러야 알 수 있습니다. 힘쓰고 힘쓰십시오. 이것이 학문의 큰 방법입니다. 신가(身家)의 큰 계획이 또한 어찌 이 한 가지 일을 끝내는 데서 그치겠습니까?

書示諸同志

鄭義林

太極是天地之宗祖, 造化之主宰, 萬彙之根本, 天下古今人事之準則也. 至微至妙, 而不離乎日用之常. 至近至切, 而實原乎天命之嚴. 世之治亂, 人之賢否, 俗之汚隆, 事之成壞, 只在乎此箇道理明不明如何耳. 然道理無形, 而人心有蔽, 心旣有蔽, 則雖形器粗迹, 見且猶不得了了. 況無形之妙乎? 是以聖賢作之經述之傳, 以至於千言萬語, 娓娓而不已者, 無非所以明此理, 使人人得以見之. 然三代以降, 世敎不明, 雖間世豪傑如荀卿楊雄之徒, 猶不免認氣爲性, 至有性惡之說, 況其下者乎? 百世長夜, 擿埴倀倀.

至宋, 洛閩間有二三先覺出而發揮之, 使性善之義大明於世. 曁于我東, 如靜退栗尤諸先生, 篤信謹守, 路脈坦然. 嗚呼! 遺風浸遠, 微言易晦, 或以太極爲帶氣之物, 或以五性爲因氣而有, 或以明德爲形而下, 或以萬殊爲氣分, 而以達道爲氣發, 如此則性情體用, 終始本末, 無非氣爲之主, 而所謂太極主宰者, 果安在哉? 大綱旣差, 餘皆可知. 先聖先賢, 苦心苦口, 所以明之於旣晦之餘者, 今不免復晦於旣明之餘, 可勝歎哉? 人於此理, 講之討之, 使昭然在目, 至運用之際, 易致差失, 況目前所見, 無非形氣麤粗之物, 則其於民彝何? 其於世道何?

惟我蘆沙先生, 嘗慨然於此, 思有以救之, 易納涼猥筆之書, 所以作也. 析以辨之, 會而通之, 使往哲微旨, 庶幾復明於世. 不意嶺中權崔諸人, 指摘句語, 眩惑視聽, 以爲誣毁前賢. 未知此人此擧, 是公心所發耶? 是猜嫌所使耶? 今猥筆之書, 刊布在四方, 有眼者, 皆可得以見之, 況時移歲久, 愛惡稍衰, 則所餘者公議而已. 只有緘口結舌, 守靜無辨, 以俟百世之人可也. 然惟五黨之士, 試觀今日所辨, 如理氣之說, 以爲何者爲得? 何者爲失? 此則不可委之於後而所當卽下究覈者也. 若已無知識, 而隨人毁譽, 惟便是澤, 惟好是阿, 則因仍苟且之項, 安知此身或不陷於偏側之科乎? 但道理是無形之妙也, 須從容深索, 積久存養, 乃可以見. 勉之勉之, 此是學問大法, 身家大計, 又豈足止爲了此一事而已耶?

영남 여러 읍의 선비들에게 통고하는 글

정의림

이 글은 정의림이 1902년 6월 이후에 쓴 영남유림들에게 보내는 글이다. 1902년 4월 단성의 신안정사에서 세 번째 『노사집』이 발간되자, 영남 유림을 중심으로 「외필」의 내용을 문제삼아 『노사집』의 목판을 훼판해야 한다는 논의가 일어났다. 권봉희를 비롯한 영남유림 57인의 이름으로 「영유통문」이 발송된 것이 이해 6월 25일이었고, 노사학파 내부에서는 이러한 움직임에 대응하는 일련의 텍스트들이 생산되었는데, 이 글도 그 가운데 한 편이다. 『일신재집』 권12에 실려 있다. 『일신재집』 권12에는 이 외에도 비슷한 성격을 가진 「동지들에게 써서 보이다[書示諸同志]」, 「호남 여러 읍의 선비들에게 통고하는 글[通告湖南列邑章甫文]」이 실려 있고, 권13에는 「절작변무문(節酌辨誣文)」이 실려 있다.

백이(伯夷)가 탐욕스럽고, 유하혜(柳下惠)가 사나웠다고 한다면 사람들이 믿겠습니까? 사람들이 믿지 않을 것을 두려워해서 문장을 꾸미고 말을 만들어 교묘하게 근거를 끌어다 화려하고 번쩍거리게 만들고 사람들을 현혹시키니, 이것은 성인이 교묘한 말을 두려워하고, 말주변을 싫어하며, 말 잘하는 이는 멀리한 이유입니다. 우리 노사 기선생은 시대가 쇠퇴하고 도술이 미약하진 즈음에 태어나서 지나간 학문을 이어서 후학을 위해 문호를 열어주었으니, 그 공이 적지 않습니다. 멀리는 수사(洙泗)와 낙민(洛閩)을 종지로 삼고, 가까이는 동방의 여러 선현들을 모범으로 삼았으며, 율곡선생을 더욱 독실하게 믿었습니다. 리를 논하면서는 율곡이 말한 '이통기국'을 종지로 삼았고, 성을 논하면서는 율곡이 말한 '모든 정이 리에서 발현한다'[177]라는 말을 정론으로 삼았습니다. (하락(河洛)이) 율곡을 신원하는 소를 보고서 '이 상소문은 만세에 흥망성쇠의 소식을 전하고 있다'라고 했습니다. 『격몽요결』을 외우고 본받는 것을 보고서는 『논어』와 『맹자』에 비견되는 것으로 의론했습니다. 이러한 사례는 이루 다 기록할 수 없으니, 『문집』에 흩어져 있는 것들을 뚜렷하게 살펴 볼 수 있습니다.

다만 (율곡이) "음이 고요하고 양이 움직이는 것은 그 기틀이 저절로 그런 것이지 그렇게 시키는 것이 있지 않다"라는 한 단락은 조금 일치하지 않는 점이 있었기에, 늘 융통성 있게 보면서 소통하려고 하면서 '이것은 유행이란 측면에서 말하는 것일 뿐인데, 요즘 주기설이 세상에 크게 유행해서 태극과 천명의 본체가 가려지고 밝지 않다'라고 여겼습니다. 선생은 이것을 깊이 근심하고 걱정했기에 문답을 주고받는 즈음에 깊이 변론하지 않은 적이 없었고, 통렬하게 배척했습니다. 그런데 어떤 이들은 '그렇게 시키는 것이 있지 않다'라는 말을 가져다 주기설의 증거로 삼았습니다. 이에 선생은 비로소 표현에 약간 타당치 못한 점이 있었던 것이 점점 잘못되어간다는 생각을 가지고서 "선현은 여기에서 지나치게 명쾌하게 말하면서 훗날의 폐단이 여기에 이를 줄을 미처 생각지 못했다"라고 했습니다. 이것은 선현의 미진한 뜻을 발명해서, 요즘 사람들의 끝없는 폐해를 징험하려는 것이었습니다. 그러나 스스로 편치 못했기에 「외필」이라고 제목을 붙였습니다. 자기 맘대로 할 수 없었기에 "진실로 물어보고 싶은 바람이 있다"라고 했습니다. 스스로를 옳다고 할 수 없었기에 "내가 의심하는 것이 잘못이라면 유학에 다행일 것이다"라고 했습니다. 말은 더욱 간절했고 예우는 더욱 공경했으며, 뜻은 더욱 수고로웠으되 의도는 더욱 겸손했습니다. 선현을 더욱 빛나게 하고, 진실로 옛 철인을 존경한다는 점에서 어떻습니까?

177 이이, 『율곡전서』 권9(표점영인 문집총간 vol.44), 「答成浩原」, 195쪽 참조.

이것을 율곡을 모함했다는 증거라고 여긴다면 주자의 『본의』는 정자를 모함한 것이요, 회재의 『보유』는 주자를 모함한 것입니까? 율곡은 또 어째서 성정과 사칠 논변에서 하나같이 퇴계의 학설을 따르지 않았습니까?

요즘 영남 사람인 최동민과 권봉희 무리들이 앞뒤로 통문을 돌려 노사가 지은 「외필」이 율곡을 공격하고 배척했다고 합니다. 아! 이것이 무슨 짓입니까? "기가 리의 지위를 빼앗았다", '두 가지 본령', "헛된 이름이 있을 뿐 실제 일이라곤 없다" 등의 말은 리가 장수이고, 기가 병사라는 뜻을 말하는 것입니다. 그런데 그들은 율곡을 공격하고 배척한 것이라고 합니다. '피음사둔'과 '전도창피'라는 말은 요즘 사람들이 (주장하는) 주기론의 폐단이 여기에까지 이르렀음을 말한 것인데, 저들은 율곡을 공격하고 배척한 것이라고 합니다. 이 몇 마디 말은 이미 공허한 것임에도 또 당파적인 지원을 끌어들이고자 '퇴계를 꾸짖었다', '우암을 꾸짖었다'라고도 했습니다. 문장을 꾸며대고 증거를 교묘히 끌어대며 옳고 그름을 어지럽게 만들면서 보는 이들을 현혹시키니, 『예기』에서 '잘못된 것을 배워 박식하고 행위가 위선적이면서도 고집이 세면서 사람들을 현혹시킨다면 용서하지 말고 죽여야 한다'[178]라고 한 것이 이들 무리를 말하는 것이 아니겠습니까? 남이 자기 아버지를 모욕하지 않았는데, 자식이 스스로 욕하는 말을 만들어 낸다면 이것은 스스로 자신의 아버지를 욕보이는 것입니다. 그렇다면 오늘날 율곡을 모함한다는 것은 여기에 있는 것입니까? 저기에 있는 것입니까?

노사선생은 네 조정에서 예우한 유신(儒臣)으로서 세 가지 존귀한 것을 갖췄다고 존경받았고, 온 나라에서 명망이 높았습니다. 저들은 어떤 후배들이길래 감히 이름을 (직접) 가리키고 배척하면서 끝없이 욕을 해

178 『예기』, 「왕제」.

대니 이 또한 세도의 큰 변고입니다. 경상도는 옛날에 추로(鄒魯)의 문명(文明)을 갖춘 지역이라고 일컬어졌습니다. 저 괴이한 귀신같은 무리들이 이처럼 날뛰는 대로 가만두고서 돌보지 않는 것입니까? 진실로 너무 애통하고 한탄스러워 이에 알리는 것입니다. 경상도의 모든 군자들은 그들의 죄를 성토하고, 사류의 처지에 머물지 못하도록 하신다면, 사문에도 다행이요 세도에도 다행일 것입니다.

通告嶺南列邑章甫文

鄭義林

謂伯夷貪, 謂柳惠暴, 則人將信之乎? 恐人之不信, 而文致辭說, 巧引援據, 玲瓏閃忽, 致人眩惑, 此聖人所以畏巧言惡利口遠佞人者也. 惟我蘆沙奇先生, 生於衰世道微之餘, 繼往開來, 其功爲不少矣. 遠宗洙泗洛閩, 近法東方諸賢, 於栗谷先生, 又篤信焉. 其論理, 則以栗谷所言理通氣局爲宗旨, 其論性情, 則以栗谷所言萬般之情皆發於理爲確論. 見伸救栗谷疏, 則以爲此是爲萬世傳否泰消息, 見誦法擊蒙要訣, 則以論語孟子擬而議之, 若此之類, 不可殫記, 而放諸文集, 歷歷可見.

但於陰靜陽動, 其機自爾, 非有使之一段話, 有所未契, 而每活看而通之, 以爲此特流行邊說話矣, 近人主氣之說, 盛行于世, 而太極天命之本體掩蔽而不明, 故先生深加憂歎, 凡於問答往復之際, 無不深辨而痛斥之, 則或者輒引非有使之之語, 以爲主氣之證案, 於是先生始辨其措語之未安, 以至輾轉差謬之意, 而因曰前賢於此發之太快, 而未究乎後蔽之至此也. 此所以發前賢未盡之意, 徵今人無窮之蔽者也. 然猶不敢自安而曰猥筆, 猶不敢自專而曰實有奉質之願, 猶不敢自是而曰吾之所疑者忘, 則儒門之幸也. 辭益切而禮益恭, 志愈苦而意愈遜, 所以增光前賢實尊往哲爲何如耶? 若以此爲誣毁栗谷, 則朱子之本義爲誣毁程子, 晦齋之補遺爲誣毁朱子耶? 栗谷於性情四七之辨, 亦何不一從退溪之說乎?

日者嶺中人崔東敏·權鳳熙輩, 先後投通, 以蘆沙所著猥筆爲攻斥栗谷. 噫嘻! 此何擧也? 曰氣奪理位, 曰兩箇本領, 曰有虛名無實事等語, 是說理氣帥役之義, 而謂之攻斥栗谷. 曰詖淫邪遁, 曰顚倒昌披, 說今人主氣之弊, 將至於斯, 而謂之攻斥栗谷, 只此數語, 已極誣虛, 而又欲招引黨援, 則曰侵斥退溪, 曰譏切尤菴, 文致辭說, 巧引證據, 變幻是非, 眩惑視聽, 禮所謂學非而博, 行僞而堅以惑衆, 則殺無赦者, 非此輩之謂耶? 人不辱其父, 而爲子者自做辱說以徵成之, 則是自辱其父者也. 然則今日之誣毁栗谷, 在此乎? 在彼乎?

且蘆沙先生, 以四朝禮遇之儒臣, 尊兼三達, 望重一國, 而以彼幺麽後生, 乃敢指斥姓名, 詬辱罔極, 此亦世道之一大變怪也. 嶺中古稱鄒魯文明之鄉, 而任他怪鬼輩之跳踉如是而不恤乎? 誠極痛歎. 玆以奉告. 惟嶺中僉君子, 聲討其罪, 俾不置士類之地, 斯文幸甚, 世道幸甚.

호남 여러 읍의 선비들에게 통고하는 글

정의림

이 글은 정의림이 1902년 6월 이후에 쓴 호남 유림들에게 보내는 글이다. 9월 17일 능주 영귀정에서 모임을 제안하고 있다. 1902년 4월 단성의 신안정사에서 세 번째 『노사집』이 발간되자, 영남 유림을 중심으로 「외필」의 내용을 문제삼아 『노사집』의 목판을 훼판해야 한다는 논의가 일어났고, 통문(通文) 등을 통해 논란이 확산되었다. 권봉희를 비롯한 영남유림 57인의 이름으로 「영유통문」이 발송된 것이 이해 6월 25일이기 때문에, 이 글은 그 이후에 쓰인 것임을 알 수 있다. 노사학파 내부에서는 이러한 움직임에 대응하는 일련의 텍스트들이 생산되었는데, 이 글도 그 가운데 한 편이다. 『일신재집』 권12에 실려 있다.

천하에 미워할 만한 것이 어찌 한계가 있겠습니까? 그러나 성인이 사이비(似而非)만을 미워하신 것은 어째서입니까? 사이비는 사람들을 쉽게 현혹시키기 때문입니다. 선정을 머리에 이고, 현자를 존경한다고 일컬으면서 옳고 그름을 어지럽히고 보고 듣는 이를 현혹시키는 것이 사이비가 아니겠습니까? 노사선생만은 평생 동안 율곡을 존경하면서 태극과 이기의 학설, 천명과 성정의 의론에 합치하지 않는 것이 없었기에 독실히 믿었습니다. 『문집』을 살펴보면 뚜렷하게 증명할 수 있습니다. 다만 "음이 고요하고 양이 움직이는 것은 그렇게 시키는 것이 있지 않다"라는 한 구절의 말에 조금 일치하지 않는 점이 있었기에 늘 융통성 있게 보면서 소통하려고 하면서 '이것은 유행이란 측면에서 말하는 것일 뿐이다. 그런데 주기설을 주장하는 요즘 사람들을 보면 오로지 이 말만을 고집하면서 자신의 견해의 증거라고 삼으려고 한다'라고 했습니다. 선생은 비로소 (율곡의) 표현에 약간 타당치 못한 점이 있어서 점점 잘못되어간다는 생각을 가지고서 "선현은 여기에서 지나치게 명쾌하게 말하면서 훗날의 폐단이 여기에 이를 줄을 미처 생각지 못했다"라고 했습니다. 이것은 또한 선현의 도를 발명해서, 오늘날의 폐해를 구제하려는 것이었습니다. 뜻밖에도 영남 사람 최동민·권봉희 무리가 이 말을 지목해서 '율곡을 모함했다'라고 여기고, 여러 지방에 통문을 돌리고 멋대로 비난하고 배척했습니다. 사람의 못난 모습이 하나같이 여기에 이른 것입니까?

도리는 끝이 없지만 시대와 세상은 차이가 있습니다. 이런 까닭에 앞뒤의 성현들이 세상을 구제하고 주장을 확립하면서 어쩔 수 없이 약간의 차이가 생겼습니다. 예를 들어 정자의 『역전』과 주자의 『본의』와 같은 사례들은 이루 다 기록할 수도 없습니다. 이것을 이유로 전현을 모함했다고 한다면 정자·주자 이후의 현자들 가운데 어느 한 사람이 전현을 모함했다는 조항에서 벗어날 이가 없을 것입니다. 또한 노사선생은 네 조정에서 예우한 신하이고 세 가지 존귀한 것을 갖췄다고 존경받았고, 온 나라에서 명망이 높았습니다. 저들은 어떤 후배이길래 감히 이름을 (직접) 가리키고 배척하면서 끝없이 욕을 해대니, 이 또한 세도의 큰 변고입니다. 온 나라 사람들이 모두 함께 그들을 배척하는데, 하물며 선생의 고향에서 유자의 관을 쓰고 유자의 옷을 입은 자이겠습니까? 도내의 모든 군자가 이 소식을 듣는다면, 생각건대 모두 함께 성내고 함께 괴로워하는 마음일 것입니다. 9월 17일에 능주의 영귀정(詠歸亭)에서 모여 한 자리에서 충분히 토론해서, 한목소리로 성토한다면 매우 다행이겠습니다.

通告湖南列邑章甫文

鄭義林

天下之可惡者何限, 而聖人特言惡似而非者, 何耶? 盖似是而非, 易以惑衆故也. 今頭戴先正, 名稱尊賢, 而眩亂是非, 熒惑視聽者, 非似是而非耶? 惟蘆沙先生, 一生尊慕栗谷, 而於太極理氣之說, 天命性情之論, 無不脗合, 而篤信焉. 考之文集, 歷歷可徵. 但於陰靜陽動, 非有使之一句語, 有少未契, 而每活看而通之, 以爲此特流行邊說話矣. 及見今人之主氣者, 專執此語以爲己見之證案, 則先生始辨此句下語之未妥, 以至輾轉差謬之意, 是乃所以講明前賢之道, 而矯捄今日之弊也. 不意, 近者嶺人崔東敏·權鳳熙輩, 指摘此語, 以爲誣毁栗谷, 飛通列郡, 肆其詆斥, 人之無狀, 一至於此乎?

道理無窮, 而時世有異, 是以前後聖賢, 捄世立言, 不得不略有異同, 如程子易傳·朱子本義之類, 不可殫記. 若以此而誣毁前賢, 則自程朱以後諸賢, 無一人免於誣毁前現之肆矣. 且蘆沙先生, 以四朝禮遇之臣, 尊兼三達, 望重一國, 而彼么麽後生輩, 敢自指斥姓名, 極其誣辱, 此亦世道之一大變怪也. 擧國人人所與共斥者, 而況在先之鄕, 冠儒服儒者乎? 道內僉君子聞之, 想不無同憤共疾之心, 須以九月十七日齊會于綾州之詠歸亭, 以爲一席爛商, 齊聲致討之地, 幸甚.

절작변무문

정의림

이 글은 정의림이 1902년 7월 이후에 정재규의 「변무문시제동지(辨誣文示諸同志)」를 본 다음, 그 내용을 참작해서 요약한 것이다. 1902년 4월 단성의 신안정사에서 세 번째 『노사집』이 발간되자, 영남 유림을 중심으로 「외필」의 내용을 문제삼아 『노사집』의 목판을 훼판해야 한다는 논의가 일어났고, 통문(通文) 등을 통해 논란이 확산되었다. 권봉희를 비롯한 영남유림 57인의 이름으로 「영유통문」이 발송된 것이 이 해 6월 25일이기 때문에, 이 글은 그 이후에 쓰인 것임을 알 수 있다. 노사학파 내부에서는 이러한 움직임에 대응하는 일련의 텍스트들이 생산되었는데, 특이하게 이 글은 정재규의 글을 요약한 것이다. 정재규의 글을 구해서 읽은 다음 주변의 노사학파 인물들에게서 그 내용을 알리기 위해 재구성한 것으로 추정된다. 『일신재집』 권13에 실려 있다.

도리는 끝이 없지만 시대와 세상은 차이가 있습니다. 이 때문에 성현들의 말은 시대와 세상, 인정으로 인해 같지 않은 점들이 있습니다. 이전 성인이 발명하지 못한 것을 후세 현자가 발명하고 넓히기도 했고, 이전의 설명이 미진한 것을 후세의 유학자가 변론해서 밝히기도 했습니다. 이것이 어떻게 새로운 주장을 만들어서 이전 사람들보다 더 많은 것을 추구하려는 것이겠습니까? 도리를 밝히고 시대의 폐단을 구제하려다 어쩔 수 없이 그랬던 것입니다. 장자(張子)가 '선하지 못한 것을 함께 고치는 것이 바로 후학들에게 바라는 것이다'라고 했고, 주자는 '선배를 존경하는 것과 의리를 강명하는 것은 함께 실천하면서 어긋나지 않아야 한다'라고 한 것이 이러한 뜻이 아니겠습니까? 그렇다면 학자들은 자기가 이미 보았던 것에서, 선현들의 마음을 자신의 마음가짐으로 삼아 충분히 의리를 강명해야 할 것입니다. 어쩌다 우연히 잘못되었는데 자세히 생각하지 못한 것이 있거든 또한 지나치지 않는 것이 한층 더 존경하는 방법인 것입니다. 그의 창을 빼앗아 그의 방으로 들어가는 것은 옛날부터 제대로 배운 것이라고 여겼습니다.

율곡선생은 선사 노사선생에게는 원래부터 가학의 연원이 유래한 분이기에, 일생동안 독실하게 믿고 존경했습니다. 율곡이 리를 논한 주장에서 전체를 총괄하는 것들은 '이통기국(理通氣局)', "기가 아니면 발현할 수 없고, 리가 아니면 발현할 것이 없다"[179]라는 등의 말입니다. 그 단서를 정확하게 지적하자면 '모든 정이 리에서 발현한다'[180], '사단과 칠정이 두 가지 정이 아니다', '리와 기는 호발하지 않는다'라는 등의 말입니다. 선사는 늘 (율곡의 주장이) 정확하고 온전해서 영원히 바꿀 수 없는 정론이요, 오늘날 주기(主氣)의 증상에 맞춰진 적절한 처방이라고 찬탄하셨습니다. 다만, "그 기틀이 저절로 그런 것이지 그렇게 시키는 것이 있지 않다"라는 말과 조금 일치하지 못하는 점이 있었기에, 매번 융통성 있게 보면서 소통시키려고 하면서 '이것은 유행이란 측면에서 하는 말일 뿐인데 세상의 유자들은 도리어 정론이자 종지라고 착각한다. 그래서 빠트리고 강론하지도 않으며, 음양의 고요함과 움직임이라는 한 문단의 말을 고집하면서 주기론의 증거라고 여긴다. 이렇게 해서 율곡의 은미한 취지가 꽉 막히고 드러나지 못하게 만든다'라고 생각했습니다. 선사는 드디어 「납량사의」 등을 지어서 '이통(理通)'의 뜻을 모두 상세하게 밝혔고, 또 「외필」을 지어서 '음이 고요하고…' 운운한 구절에 조금 말의 사용에 타당치 못한 점이 있어서, 마침내 점점 잘못되었다는 생각에 '선현이 여기에서 지나치게 명쾌하게 말했기에 훗날의

179 이이, 『율곡전서』 권10(표점영인 한국문집총간 vol.44)), 「답성호원」, 200쪽.
180 이이, 『율곡전서』 권9(표점영인 문집총간 vol.44), 「답성호원」, 195쪽.

폐단이 여기에까지 이를 것을 미처 생각하지 못했다'라고 했습니다. 이것은 전현의 뜻을 발명하려는 것이요, 오늘날의 폐단을 바로잡으려는 것이었다. 그러나 스스로 편치 못했기에 「외필」이라고 제목을 붙였습니다. 자기 맘대로 할 수 없었기에 "진실로 물어보고 싶은 바람이 있다"라고 했습니다. 스스로를 옳다고 여기지 않으려고 했기에 "내가 의심하는 것이 잘못이라면 유학에 다행일 것이다"라고도 했습니다. 말은 더욱 간절했고, 예우는 더욱 공경했으니 '존중하고 경외하며 강론해 밝히는 것을 병행하면서 서로 어긋나지 않았다'라고 할 것입니다.

뜻밖에도 요즘 영남 사람인 최동민·권봉희 무리들이 「외필」 가운데 한두 구절을 지목하면서 '선사가 율곡을 공격하고 배척했다'라고 하면서, 서로 간에 잇달아 통문을 돌려 멋대로 비방했습니다. 아! 선사가 율곡을 공격하고 배척했다는 것은 어떤 일입니까? '두 개의 본령', '천명이 그쳐버렸다', '헛된 이름이다' 등의 말은 리가 장수이고, 기가 병사라는 뜻을 말하는 것인데, 그들은 율곡을 공격하고 배척한 것이라고 했습니다. '피음사둔'과 '전도창피'라는 말은 후대 사람들의 주기론의 폐단을 말한 것인데, 저들은 율곡을 공격하고 배척한 것이라고 했습니다. 이런 말로는 많은 이들을 뒤흔들기에 부족하다고 두려워했기에 그들은 '퇴계를 꾸짖었다'라고 했고, 또한 이것으로는 그 죄를 무겁게 만들 수 없을까 두려워했기에 '주자를 간범하고 배척했다'라고 했습니다. 예로부터 소인이 군자를 모함하면서 머리에 성현을 이고, 경서의 가르침을 핑계 대면서 자신들의 간사하고 시샘하는 계책을 감추려고 하지 않은 적이 없었으니, 그 행태가 본래 이와 같습니다.

의리는 천하의 공공연한 것입니다. 자식이라고 해서 그의 아버지에게 사사로이 할 수 없고, 동생이라고 해서 그의 형에게 사사로이 할 수 없으며, 제자라고 해서 그의 스승에게 사사로이 할 수 없고, 후세의 현자라고 해서 앞선 현자에게 사사로이 할 수 없습니다. 온공(溫公: 사마광)이 「의맹」을 지었지만, 아들인 사마강(司馬康)은 『맹자』가 가장 순정하다고 하면서 경연에서 강론했고, 명도가 『대학』의 편집 체제를 결정했지만 이천은 다시 고쳤습니다. 오봉(五峯: 호굉)의 잘못된 곳을 남헌(南軒: 장식)이 변론한 것이 많고, 고정(考亭: 주희)의 정설은 면재(勉齋: 황간)도 가끔 어겼습니다. 주자(朱子)조차 주자(周子)에게 곧장 "그의 말은 노장과 비슷하다"[181]라고까지 했고, 정자에게는 곧장 "그의 말은 황노의 기풍에서 벗어나지 못한 면이 있다"[182]라고 했으며, 장자에게는 곧장 "불교에 가깝다"[183]라고도 했고, 또한 "『정몽』에는 잘못된 것이 많다"[184]라고도 했습니다. 우리나라의 경우에는 회재가 주자의 『대학장구』를 개정했고, 율곡은 퇴계의 사칠론을 변별했으며, 퇴계의 『기의』를 우암이 고친 곳이 많았고, 우암의 『차의』를 농암이 가끔 변론했습니다. 그럼에도 어느 한 사람이 이런 이유로 아버지를 모함했고, 형을 모함했으며, 스승을 모함했고, 선현을 모함했다는 말은 들어보지 못했습니다.

아! 선사가 율곡에게 마음으로 이해하고 전수받아 깊이 기뻐했으며, 독실히 믿은 것이 지극했다 할 것이니, 평소의 글에 표현된 것들은 일일이 다 거론할 수조차 없습니다. 우선 한 편의 글을 논한 것으로 말하자면 선사는 하환성재(河喚醒齋: 河洛, 1530～1592)가 율곡을 신원하려 했던 상소문을 논한 적이 있었는데, (그의 문장은) '천지에 참여하고 성쇠와 관련된다'라고 했고, 또한 '이 상소문은 천지가 있은 뒤의 경법(經法)이다'라고 했으며, '하늘이 이 노인을 낳은 것은 영원히 흥망성쇠의 소

---

181 주희, 『주자어류』 권94(『주자전서』 vol.16), 3173쪽.

182 이 구절은 『노백헌집』에 실려 있는 「辨誣文示諸同志」에는 없는 말인데, 출처 또한 알 수 없다.

183 주희, 『주자어류』 권99(『주자전서』 vol.16), 3333쪽.

184 주희, 『주자어류』 권99(『주자전서』 vol.16), 3328쪽.

식을 전하려는 것이었다'[185]라고 했습니다. 이런 뜻을 자세히 음미하면 율곡을 아는 이로는 선생만한 분이 없고, 율곡을 존경하는 이도 선생만한 분이 없는데, 단 한 구절의 말을 풀이하면서 '공격하고 배척했다'라고 하는 것이 사리에 닿겠습니까? 닿지 않겠습니까? 삼척동자조차 속이기에 부족한데, 한 시대를 미혹시키고, 모든 사람을 속이려고 하니, 생각이 깊지 못하다 할 것입니다. 사람들이 근거 없는 짓이 하나같이 여기에 이르렀단 말입니까? 우리나라가 분당을 겪은 지 수백 년입니다. 선정과 선생들의 말을 모함하는 것이 문자에 드러난 것들이 단순히 많기만 한 것이 아니었으되, 공격하고 배척했다는 말 한 마디 없었는데, 유독 노사선생이 리를 밝히고 시폐를 구제하려는 매우 공정한 말에만 거칠게 성을 내고 깊이 배척하면서 받아들일 수 없는 것처럼 만드니 이것은 또한 무슨 곡절입니까? 비유하자면 어리석은 사람이 길에서 받는 모욕은 감수하면서, 같은 집에서 사는 이의 훈계는 참지 않는 격입니다.

아! 슬픕니다! 중암 김선생이 「외필」을 읽고서 "이것은 우리 화서선생의 말과 약속하지 않고도 합치한다"라고 찬탄했고, 또한 "율곡을 존경하는 이로는 기·이 두 선생만한 분이 없다"라고 했습니다. 이것이 '선사를 아는' 말이라고 할 것입니다. 아! 도는 움츠리는 경우도 펼쳐치는 경우도 있고, 시대는 융성하기도 쇠퇴하기도 합니다. 예로부터 성현은 한 시대에 움츠러드는 경우는 있을지언정 결국에는 영원히 펼쳐졌습니다. 오늘날 저 무리들의 시끄럽게 떠들지만 또한 이구(李榘)·유직(柳稷)과 같은 한 무리일 뿐입니다. 어떻게 저들과 많은 변론을 하기에 충분하겠습니까? 다만 집에 그 책을 두지 않고, 집마다 그 말을 외우지 않

185 기정진, 『노사집』 권20(표점영인 한국문집총간 vol.310), 「喚醒齋遺稿序」, 451쪽 참조.

는다면, 열 번 찍힌 나무가 쓰러지고, 세 사람이 없는 호랑이를 만들어 내듯이 어떻게 교묘한 말들이 들어오지 않으리라고 보장할 수 있겠는가? 이에 대강을 내용을 약술해서 우리 당의 종유하는 선비들에게 고하는 것입니다.

節酌辨誣文

鄭義林

道理無窮, 而時世有異. 是以聖賢之言, 因時世人情, 而容有不同焉. 前聖所未發, 後賢發而擴之, 前說所未盡, 後儒辨而明之, 是豈欲創立新說, 求多於前人哉? 乃所以明道理而捄時弊者, 不得已也. 張子曰 其未善者, 共改之, 正所望於後學. 朱子曰 尊畏先輩, 講明義理, 竝行而不悖者, 其非此意耶? 然則學者之於先賢, 當以先賢之心爲心, 講明義理十分盡底, 而或有偶失照管者, 未及細思者, 則亦不敢放過, 是內十分尊畏之道. 此操戈入室, 古人之所以善學也.

先師蘆沙先生於栗谷先生, 原來是家學淵源之所自也, 一生篤信而尊慕之. 蓋栗谷論理之說, 其總括全體, 則曰理通氣局, 及非氣不能發, 非理無所發等語, 是也. 其的指端緖, 則曰萬般之情, 皆發於理, 及四七非兩情, 理氣無互發等語, 是也. 先師每歎其的確渾全爲萬世不易之定論, 而尤爲今日主氣之對證眞劑也. 但於陰靜陽動, 其機自爾, 非有使之之語, 有所未契, 而每欲活看以通之, 以爲此特流行邊說話矣. 及見世儒之錯認定論宗旨, 遺而不講, 而專執陰靜陽動一段語, 以爲主氣之證案, 使栗谷微旨鬱而不彰, 先師遂著私議等說, 以明理通之義, 極其詳悉. 又著猥筆, 以辨陰靜云云之句, 有些下語之未妥, 以至輾轉差謬之意. 因曰前賢於此發之太快, 而後弊之至此, 容有未之思也. 此所以發前賢未盡之意, 而矯捄今日之弊者也. 然猶不敢自安而曰猥筆, 猶不敢自專而曰實有奉質之願, 猶不敢自是而曰吾之所疑者妄, 則儒門之幸也. 言愈切而禮愈恭, 所謂尊畏講明者, 可以倂行而不悖矣.

不意, 迺者有嶺人崔東敏·權鳳熙輩, 指摘猥筆中一二句語, 謂先師攻斥栗谷, 相繼投通, 肆其詆毁. 噫! 先師之攻斥栗谷, 果何事耶? 曰雙本領, 曰天命息, 曰有虛名等語. 是說理氣帥役之義, 彼曰攻斥栗谷, 曰詖淫邪遁, 曰顚倒倡披, 是說後人主氣之弊, 而彼曰攻斥栗谷, 只此恐不足以動其衆, 則曰譏切退尤, 只此恐不足以重其罪, 則曰犯斥朱子, 自古小人誣陷君子者, 未嘗不頭戴聖賢, 憑藉經訓, 以售其奸譎猜險之計者, 類固如此.

夫義理天下之公物也, 子不得以私其父, 弟不得以私其兄, 弟子不得以私其師, 後賢不得以私其前賢. 溫公作疑孟篇, 而其子康以爲孟子最醇, 而進講於經筵. 明道定大學編次, 而伊川改定之. 五峯差處, 南軒多辨之, 考亭定說, 勉齋或違焉. 朱子於周子直曰其言似莊老, 於程子直曰其言不免有黃老之風, 於張子直曰近釋氏, 又曰正蒙多差處. 至於我東, 則晦齋改定朱子大學章句, 栗谷辨別退溪四七議論, 退溪之記[186]疑, 尤庵多改之, 尤庵之箚疑, 農巖或辨焉. 然未聞有一人以此誣毁其父, 誣毁其兄, 誣毁其師, 誣毁其前賢者也.

噫! 先師之於栗谷, 所以神會心授, 而悅之深信之篤者, 可謂至矣. 其發於尋常文子之間者, 不可枚擧, 而姑以一篇所論言之. 先師嘗論河喚醒齋伸捄栗谷疏, 有曰參天地關盛衰, 又曰此疏有天地後經法, 又曰天生此翁, 乃爲萬世傳否泰消息. 詳味此意, 知栗谷者, 莫如先師, 尊栗谷者, 亦莫如先師. 曾以一句語解, 而謂攻斥者, 於事理可乎? 不可乎? 此不足以瞞三尺之童, 而乃欲以熒惑一世, 欺蔽萬目, 其不思甚矣. 人之無據, 一至於此乎? 我東分黨數百年. 詆毁先正諸先生之言著於文字者, 不啻多矣, 而無一言攻斥, 獨於蘆沙先生, 明理捄蔽, 至公至正之言, 怒之暴, 斥之甚, 而使不相容, 抑何曲折歟? 比如一昏愚之人, 甘受行路之辱, 而不忍同室之戒者也.

186 記: 저본의 원문은 '箚'이다. 「辨誣文示諸同志」의 원문을 참조해서 '記'로 고친다.

吁! 可哀也. 重庵金先生嘗得猥筆, 讀之歎曰, 此與我華西先生之言, 不約而合. 又曰尊栗谷者, 莫如奇李二先生. 此可謂知先師矣. 嗚呼! 道有屈伸, 時有消長, 自古聖賢, 未嘗無一時之屈, 而竟伸於萬世. 今日彼輩之曉曉, 亦一李榘柳稷之流耳. 何足與之多辨? 但不能家蓄其書, 戶誦其說, 而十伐之木, 三傳之虎, 安保其不爲巧言利口之所入乎? 玆敢略述梗槪, 以告于吾黨遊從之士云.

송연재—병선—에게 보내는 편지

정의림

이 글은 정의림이 1902년에 송병선에게 보낸 편지로 추정된다. 1902년 5월 권봉희 등의 「영유통문」이 발송된 이후에 송병선에게 개입을 요청하는 내용이다. 전체적인 논지는 정재규의 「변무문시제동지」과 자신의 「절작변무문」에 표명된 입장에 근거해서 전개되고 있다. 다만 이 글은 『일신재집』에는 실려 있지 않고 『일신재선생연원록』 권1, 「연보」의 1902년 조목에 실려 있을 뿐이다.

생전에 선사께서 학자들이 주기설을 지나치게 주장해서 태극 천명의 본체가 가려지고 밝지 못할까 걱정했기에 항상 도기(道器)와 상하(上下)를 논의하면서 혹은 옹호하고 혹은 억눌렀으니, 그것은 모두 정암·퇴계·우계·율곡의 도를 밝히려는 것이었습니다. 뜻밖에도 요즘 영남 사람인 최동민·권봉희 등이 선사의 문집 가운데 한두 구절의 말을 지목하면서 '율곡을 모함했다'라고 했습니다. 「외필」에서 '두 가지 본령', '헛된 이름만 있다'라는 등의 말은 리가 장수이고, 기가 병사라는 뜻을 논한 것인데 저들은 '율곡을 공격하고 배척했다'라고 합니다. '피음사둔'과 '전도되고 창피하다'라는 등의 말은 '후학들의 주기설의 폐단이 여기에 이르렀다'라고 한 것인데, 저들은 '율곡을 공격하고 배척했다'라고 합니다. 게다가 이로 인해서 과장하면서 '퇴계를 침탈하고 배척했다'라고 하고, 또한

'우암을 꾸짖었다'라고도 합니다. 없는 사실을 있는 것처럼 거짓으로 그럴듯하게 꾸며 만들어 내는 것이 끝이 없고, 문하(門下)를 빙자해서

거짓말을 퍼뜨려 인심을 선동해서 사람들을 현혹시키고, 당파를 만드는 계책으로 삼으니, 노사선생을 모함할 뿐만 아니라 문하에게도 죄를 짓는 데서 벗어나지 못할 것입니다. 그들이 속이고 선동하는 전혀 이치에 닿지 않는 말들을 문하에게 아뢰기에는 부족합니다. 이 원통하고 분함은 어떻게 마음을 가누어야 할지 모르겠습니다. 선사는 일생동안 선현을 존경하고 믿었는데, 유독 한 구절의 변론하는 말 때문에 난적으로 지목되었습니다. 사방을 돌아보아도 하소연할 곳이 없습니다. 삼가 생각하건대 문하는 사문의 맹주로서 온 나라의 유림들이 귀의하고 있고, 또 선사와 계합하는 것도 적지 않습니다. 우리들이 원통함을 하소연하고, 모함을 변론하려는 것이 문하에게 달려있지 않겠습니까? 이에 비루함을 무릅쓰고 우러러 진실한 마음을 토로하는 것입니다. 삼가 바라건대, 살펴주시고, 특별히 한 말씀 해주셔서, 저들을 징치하심으로써 사림의 실낱같은 명을 보우해 주신다면 천만다행이겠습니다.

與宋淵齋(秉璿)書

鄭義林

先師在時, 見學者主氣太重, 慮太極天命之體, 將掩蔽而不明, 故每於道器上下之論, 以寓扶抑之義者, 無非所以明靜·退·牛·栗之道也. 不意, 日者嶺人崔東敏·權鳳熙等, 指摘先師集中一二句語, 以爲誣毁栗谷. 蓋猥筆中所謂雙本領·有虛名等語, 是就理氣上論帥役之義, 而彼曰攻斥栗谷, 詖淫邪遁, 顚倒猖披等說, 後學主氣之弊, 將至於斯, 而彼曰攻斥栗谷, 又欲因此而張大, 則曰侵斥退溪, 曰譏切尤庵, 搆虛捏罔有紀極, 而且藉重門下, 胥動浮言, 以爲惑人招黨之計者, 不惟爲誣毁先師, 恐不免爲門下罪人也. 其所誑嚇煽動者, 皆萬萬無理之說, 不足仰陳於門下也. 此所痛寃憤懣, 不知所以爲心者. 先師一生尊信前賢, 而特以一句辨語枉被亂賊之目, 顧瞻四方無所控訴, 伏念門下主盟斯文, 爲擧國儒林之依歸, 且於先師契合亦不淺尠. 生等之所訴寃辨誣者, 不在於門下乎? 玆冒陋瀆仰暴衷情. 伏乞垂察, 特下一語之敎使彼有所懲憚, 以保士林如線之命, 千萬千萬!

최찬정에게 보냄

임인(1902) 7월 25일

송병선

이 글은 송병선이 1902년 7월 25일 최익현에게 보내는 편지이다. 1901년에 최익현이 지은 기정진의 「신도비명」과, 기정진의 문인인 김석구(金錫龜, 1835~1885)의 『대곡유고(大谷遺稿)』에 최익현이 쓴 「서문」의 내용을 비판하고 있다. 현재 『노사집』에 실려 있는 「신도비명」과 비교하면 언급하는 내용이 약간 차이가 있는 것으로 미루어보면, 송병선은 『부벽록』에 실린 「신도비명」의 초고를 보았던 것으로 추정된다. 『연재집(淵齋集)』 권8에 실려 있다.

초여름에 찾아주셔서 궁벽한 산골의 풀과 나무들에 광채를 드리울 수 있었으니 감사드리는 마음이야 어느 날에나 잊겠습니까?[187] 요즘 무더운 비가 비로소 그치고 가을 기운이 조금 깨끗해졌습니다. 여정은 어디에서 쉬고 계십니까? 무더위에 지친 건강은 좋으십니까? 우러르는 마음이야 밤낮으로 간절합니다. 저는 거칠고 쓸쓸한 물가에서 오두막집을 닫고 지낸 지가 오래입니다. 병치레를 이웃삼아 몸을 돌보는 것이 일일 뿐입니다. 이 때문에 산간 바깥의 일은 일체 들어서 아는 것이 없습니다. 이것을 또한 세상에 생존하는 것이라 하겠습니까? 그럼에도 우러러 질정할 한 마디가 있습니다. 의심스러운 것은 서로 묻고, 잘못이 있으면 서로 권면하는 것은 우리들의 일입니다. 어떻게 세속 사람들이 하늘거리는 모양으로 말없이 지내는 것을 배우겠습니까? 하물며 지

187 최익현은 1902년 4월부터 8월까지 지리산 일대를 여행했는데, 가는 도중에 옥천(沃川)에 있는 송근수(宋近洙)와 송병선(宋秉善)을 방문했다.

금은 천지가 자욱이 덮인 채로, 구슬픈 바람과 쓸쓸한 비가 사방에서 몰려드니, 물속의 기둥이야 그대로라지만 사람들은 사나운 물결이 눈에 닥쳐올까 겁내는 지경이겠습니까? 이런 까닭에 외람됨을 헤아리지 못하고 감히 의심스러운 뜻을 질정하는 것이니, 살펴주시기 바랍니다.

노사의 「외필」이 진실로 율옹에게 온당치 않다는 것은 온 세상이 함께 아는 것이니, 대감께서도 이미 다 아실 것인데도 「신도비명」을 지으셨습니다. 요즘 영남 유자들을 통해 명문만을 얻어 읽어보았습니다. 공자와 주자에서 시작해서 정암과 퇴계가 앞장서 밝혔고 율곡·우암이 표준이 되었다고 했습니다.[188] 또한 '이발과 기발, 호론과 낙론이 도술이 분열하는 폐단이 되었다'[189]라고 했습니다. 이발과 기발은 퇴계·율곡 두 선생의 말입니다. 그렇다면 어디에 '앞장서 밝히고 표준이 되었다'라는 것이 있는 것입니까? "성현을 스승과 벗으로 삼았다"[190]고 했는데, 스승으로 삼을 만한 이는 성인을 집대성한 공자이고, 벗으로 삼을 만한 이는 현자를 집대성한 주자일 뿐입니다. 그러나 또한 "그의 창을 잡고 그의 방을 들어갔다"라고 했으니 (이것은 그 사람이) 스승과 벗으로 삼은 이들보다 더 현명하다고 여기는 것입니다. 심지어 "학식도 많고 재능도 많으며, 효성도 극진하고 공손함도 극진하다"라는 것은 성인이어야만 할 수 있는 것입니다. 저 또한 왕년에 그 문하에 한 번 인사한 적이 있습니다만, 이 어르신의 조예가 과연 이와 같이 우뚝한지는 감히 모르겠습니다. 그 뒤에 또 '척사명리(斥邪明理)'[191]라는 네 글자로 억지로

188 『부벽록』과 『노사집』에 실린 「신도비명」에서 "集聖維孔, 集賢者朱, 吾道旣東, 賢儒輩作, 靜退倡明, 栗尤準的."라고 한 구절을 가리킨다.

189 이 구절은 『부벽록』의 「신도비명」에만 실려 있다. 『노사집』과 『면암집』에는 실려 있지 않다.

190 『부벽록』 및 『노사집』의 「신도비명」에는 있지만, 『면암집』에는 없다.

191 위와 같다.

뼈대를 세웠으니, 이 '사(邪)'자는 과연 누구를 가리켜 말한 것입니까?

노사는 평일에 주리(主理)로 자처하고 남들을 주기(主氣)라고 배척하면서 '피음사둔(詖淫邪遁)'이라고 하고 '전도되고 창피하다'라고도 했습니다. 지금 이 글의 큰 뜻도 오로지 이기를 주장하는 말로만 노사를 숭상한다면 어쩌면 퇴계와 율곡을 가리키면서 물리친다는 혐의에 가까운 점이 없겠습니까? 또한 문자를 짝지어 들면서 사(邪)와 정(正)이라고 하고, 리와 기라고 할 뿐입니다. 사를 리와 짝지어 말하는 것은 들어보지 못했습니다. 그렇다면 이 '사'자는 어찌 '기(氣)'자의 바뀐 얼굴이 아니겠습니까? 또한 '미발에 악이 있다고 하고 명덕이 기다'라는 두 구절로 호론과 낙론을 공박하고 물리쳤습니다. 저는 구천에서 호락의 학자들이 다시 일어난다면 이 두 구절을 이유로 동의하지는 않을 것으로 생각합니다. 글의 마지막에서는 또한 "정자와 주자가 아니었다면 우리는 귀의할 곳 없었다. 다행이 동덕이 있어 화산이 우뚝 솟았다"[192]라고 했습니다. 정암·퇴계·율곡·우암조차도 헤아리기에도 부족하다니, 우리 동방의 500년 동안 오직 노사·화서 두 어른만이 정자·주자의 계통을 잇기에 충분하다는 것입니까?

대감께서 노사를 높이려다 깨닫지 못하는 사이에 여기에까지 잘못이 이른 것입니다. 제가 보기에 과거의 이풍후(李風后: 李仲虎, 1512~1554)와 같은 인물은 아닌 것 같습니다. 옛날 허초당(許草堂: 許曄, 1517~1580)이 화담을 횡거에 비교하자 퇴도선생(退陶先生)은 그를 꾸짖으면서 화담의 문자에는 「서명(西銘)」과 같은 글이 없다고 했습니다. 우리 선조이신 문정공(文正公: 송시열)께서 사계선생(沙溪先生: 金長生, 1548~1631)의 「행장(行狀)」을 짓자 신옹(愼翁: 金集, 1574~1656)은 분에 넘친 말이 있을까 걱정했습니다. 선현들은 칭찬하고 서술하면서도 이처럼

192 위와 같다.

구차하지 않았습니다. 그렇다면 지금 대감의 이 글은 노사를 높이는 것이 아니라, 노사에게 누를 끼치기에 족할 뿐입니다. 대감의 문장과 안목으로도 오히려 이 잘못이 있다면 글짓기가 어렵다는 것을 믿을 만할 것입니다.

또한 듣기로는 신안재(新安齋)를 읊은 시에 "도를 보위하며 의심난 것을 강론하는데 어찌 모함이라 하는가? 시대로 인해 병폐를 구제하니 또한 공적이 있다네"라고 했다고 합니다. 의심난 것을 묻는 것은 유가의 일입니다. 그러므로 농암이 리를 논한 곳이 어쩌다 율옹과 조금 다른 곳이 있다고는 하지만, 그렇다고 어떻게 「외필」에서 말하는 것과 같다고 하겠습니까? 이것으로 시대를 구제하는 공이라고 여기신다면 율옹은 장차 어떤 지경에 두어야 하는 것인지 모르겠습니다. 지금 영남 유생들이 모두 율옹 때문에 떠들고 있습니다. 대감을 위해 생각해보자면 차라리 노사를 등질지언정 어떻게 율옹을 등질 수 있겠습니까?

또한 노사의 문인인 김석구(金錫龜)의 문집에 대감이 서문을 쓰면서 이정(二程)과 염계(濂溪)의 관계에 비유했습니다.[193] 모르겠지만, 정말로 이런 말이 있습니까? 그렇다면 김석구는 과연 어떤 사람이길래 정부자(程夫子)에 비교된단 말입니까? 개탄스럽습니다. 이러한 말들은 한둘에 그치지 않아서 모두 길을 걷다가 듣게 됩니다. 대감에게 어떻게 정말로 이런 일이 있는 것입니까? 남의 말을 겁내야 하지만, 공론도 두려워할 만한 것입니다. 맑은 밤에 스스로 깊이 생각해보시기 바랍니다. 이런 일이 없다면 그만이겠지만, 조금이라도 잘못이 있다면 단번에 깨닫고 고치는 것이 어떻겠습니까? 아! 세도의 쇠퇴해서 희미하고 인물

193 "「태극도설」로 말하자면 오직 이정만이 그 내용을 (염계에게서) 들을 수 있었다. 나라면 대곡(大谷)과 「납량사의」의 관계 또한 그렇다고 말할 것이다.[太極圖說言之, 惟兩程得聞焉. 吾於大谷之納凉私議亦云.]" 金錫龜, 『大谷遺稿』, 「大谷遺稿序」, 1전면.

은 아득하기만 합니다. 지위가 소중하고 명망이 높은 대감만한 이가 몇 사람이겠습니까? 이것이 어리석은 제가 안타까이 여기는 것이니, 시비의 넝쿨에라도 들어가면 높으신 덕에 작은 손실이 있을까 걱정됩니다. 서로 아끼는 마음에 깨닫지 못하는 사이에 말이 저촉된 것 같습니다. 그 인정을 헤아려 살펴주시기 바랍니다.

與崔贊政

壬寅七月二十五日

宋秉璿

初夏歷訪，足使窮山草木被光彩，其爲感刻，何日敢忘，謹惟遹來溽雨始晴，秋氣初淨，行旆歇泊何地？而撼頓餘台軆萬相，嚮風馳仰，日夕勤止，秉璿久掩蓬蓽於荒閒寂寞之濱，病與爲隣，惟刀圭是事，所以於山外事，一切了未聞知，是亦曰生存於世者乎？竊有一言仰質者，夫有疑相問，有過相勉，是吾輩事，安得學俗子媚嫵樣而無言，况今澒洞乾坤，悲風凄雨，四其至矣，中流之砥柱雖自若，而人恐其或被頹波之激之目乎，是故，不揆猥屑，敢質疑義，試垂察焉.

蘆沙猥筆之文，實未安於栗翁，擧世之所共知，則台監亦想已稔悉，而所撰神道碑文，今因嶺儒，只得其銘而讀之，則起頭以孔朱，次言靜·退之倡明，栗·尤之準的，而又言理發氣發，曰湖曰洛，爲道術分裂之弊，理發氣發，乃是退·栗兩先生語，則烏在其所謂倡明準的者耶，其曰師友聖賢，則所可師者，惟集聖之孔，所可友者，惟集賢之朱而已.而又曰，操戈入室，則反賢於其所師友矣，至若多學多能，盡孝盡悌，是惟聖人能之，愚亦昔年一拜其門下，然未敢知此丈造詣，果如此其巍巍也，其下又以斥邪明理四字，硬立骨子，此邪字果指何而言也？

蘆沙平日以主理自處，而以主氣斥人曰，詖淫邪遁，顚倒昌披，今此文大旨，專主理氣之說，而尊尚蘆沙，則無或近於指斥退·栗之嫌耶，且文字之對擧，曰邪與正，曰理與氣而已，未聞以邪對理而言也，然則此邪字，豈非氣字之換面乎，且以未發有惡，明德是氣二句，攻斥湖洛，愚恐九原復作，湖洛諸賢，未必肯以此二句而竪降幡也，篇末，又曰，非程非朱，我無歸處，幸有同德，華山屹屹，夫靜·退·栗·尤，無足比數, 而我東五百年, 惟有蘆華兩丈, 足以繼程朱之統耶?

大抵台監欲尊蘆沙, 而自不覺其過之至於此, 以愚觀之, 恐非當年李風后也, 昔許草堂, 比花潭於橫渠, 退陶先生責之以花潭文字, 未有如西銘等書, 吾先祖文正公撰沙溪先生行狀, 而愼翁恐其有溢辭, 先賢之不苟其所稱述也如是, 則今台監此文, 非所以尊蘆沙, 適足爲蘆沙之累也, 以若台監之文章眼目, 猶有此失, 信乎作文之難也,

又聞新安齋有詩云, 衛道講疑豈曰誣, 因時救病亦云功, 夫質其所疑, 是儒家事, 故農巖論理處, 或有小異於栗翁, 然安有如猥筆之所云耶, 旣以此爲救時之功, 則未知當置栗翁於何地乎, 今嶺儒皆爲栗翁而有所紛紜, 則竊爲台監計, 寧負蘆沙, 豈可負栗翁也?

且蘆門之金錫龜, 台監序其集, 比於兩程之於濂溪, 不審此亦信有之否, 然則金錫龜果何人, 可比於程夫子耶, 竊爲之慨歎, 蓋此等說話, 非止一再, 而皆道路轉聽也, 台監豈眞有是乎哉, 人言可怕, 公論可畏, 試於淸夜, 深自思省, 而若無此等事則已, 如有一毫所失, 則幡然改悟如何, 噫, 世衰道微, 人物眇然, 而位重望高, 如吾台監者幾人, 此愚陋所以愛惜之, 而恐其入於是非叢中, 或有少損於尊德也, 相愛之地, 自不覺其言之觸忌, 倘蒙恕其情而諒察否.

송연재—병선—에게 답함

임인(1902)

최익현

이 글은 최익현이 1902년 가을 무렵 송병선에게 보내는 답장이다. 이해 7월 25일 송병선이 보낸 편지에서 기정진의 「신도비명」의 내용을 수정하라는 요청을 받고 거기에 대한 자신의 의견을 개진하고 있다. 『면암집』 권7에 실려 있다.

절하고 문병(門屛)을 물러 나온 후 여름이 지나고 가을을 맞았습니다. 아침저녁으로 우러르고 흠모하는 마음이야 어떻게 감히 게을리할 수 있겠습니까? 지난번에 나군(羅君)이 이르러 요사이 도체(道體)가 평안하심을 알았고 내려 주신 편지까지 받으니 더욱 감사합니다. 영남 유림들의 분분(紛紛)한 의론은 대강 그 대의(大義)의 소재를 이해할 수 있었습니다. 누구인들 질서 정연한 진용과 당당한 기치를 생각한다면 그 하풍(下風)을 따르지 않겠습니까? 그러나 지난 일을 가지고 말하면 참작할 만한 것이 있습니다.

율옹이 친히 도산(陶山: 이황)의 문하에서 도학의 단서를 얻으셨고, 또 평소에 존경하고 사모했던 것은 백순(伯淳: 程顥)이 염계를, 회보(晦父: 주희)가 연평(延平: 이동)을 대한 것과 다르지 않았습니다. 그러나 학문을 강론하고 의리를 논변하는 데는 또한 한 가지 도리가 있으니, 아부하여 구차하게 동조해서는 안 되고 또 사적인 것을 좇아서 왜곡하면서 예라고 할 수도 없는 것입니다. 율옹은 '노선생(老先生: 이황)이 돌아가시지 않았을 때 감히 묻고 따져서 귀일(歸一)시키지 못한 것이 한스럽다'[194]라고 했고, 또한 "노선생께서는 아주 정밀하시나 그 대본에는 한 겹의 막이 가려져 있다"[195]라고 했으며, 또 '정견(正見)에 하나의 허물을 면치 못하셨다'[196]라고 했습니다. 이와 같았기에 '주자 또한 잘못이라면 어찌 주자라고 하겠는가?'[197]라고 했으니, 곧장 써서 숨기지 않는 것을 누가 율옹처럼 한 이가 있었습니까?

도리(道理)는 본시 공공연한 것입니다. 자신의 소견을 서술해서 그 당시와 훗날의 선택을 기다릴 뿐입니다. 후대 사람들이 다른 논설을 하지 못하도록 하고 자신의 소견을 따르게 하려는 것도 아니고, 또 퇴도(退陶)를 존경함이 부족해서 일부러 이러한 억지 논변을 한 것도 아니며, 퇴도 또한 이로 인해 더 나아진다거나 못하게 되지도 않습니다. 그 뒤로 퇴로(退老)의 편이 되어 율옹의 말을 논변했던 이들은 스스로 한쪽에 치우쳤으니 우선 거론하지 않겠습니다.

율곡과 우계의 문답을 보면 당시에 율곡이 우계의 의혹을 충분히 해명하지 못했고, 그 뒤로 농암(農巖)의 글도 퇴계의 뜻을 많이 주장했습니다. 학자가 퇴계와 율옹 뒤에 태어나 자기의 소견에 율옹의 논설이 옳다면 그대로 지키면 되고, 소견에 차이가 있으면 율옹이 퇴계를 논변한 방식을 배우는 것도 도리에 크게 해로울 것이 없을 것입니다. 그런데 지금 율옹을 존경하고 숭상하는 사람들은 혹 논설이 조금 율옹의 궤도를 따르지 않는 것을 발견하면 문득 밥알을 튀겨가면서 '어째서 이

194 이이, 『율곡전서』 권10(표점영인 한국문집총간 vol.44), 「答成浩原」, 202쪽 참조.

195 이이, 『율곡전서』 권10(표점영인 한국문집총간 vol.44), 「答成浩原」, 204쪽.

196 이이, 『율곡전서』 권10(표점영인 한국문집총간 vol.44), 「答成浩原」, 201쪽 참조.

197 이이, 『율곡전서』 권10(표점영인 한국문집총간 vol.44), 「答成浩原」, 204쪽 참조.

런 해로운 의론을 만들어 내는가?'라고 합니다.[198] 심지어 통문과 편지들이 어지럽게 오가면서 창으로 찌르듯 서로 심하게 공격하는 데까지 이르렀으니, 이것을 유가의 법문(法門)에 광명정대한 일이라 하겠습니까? 이와 같다면 어찌 율옹이 퇴계의 말을 변론한 것이 참으로 퇴계를 존경한 것이 아닐 것이며, 어찌 노옹(蘆翁)이 율곡의 글을 외람되이 서술한 것이 참으로 율곡을 존경하고 사모한 것이 아니겠습니까?[199] 이는 마치 임금을 섬기는 자가 그저 순종하는 것을 잘하는 것으로 여기지 아니하고 임금이 싫어하거나 노하더라도 직언하는 것이 충성을 다하는 것과 같습니다. 또한 벗을 취하는 자가 덮어놓고 옳다고만 하면서 허물없이 친하게 지내는 것만을 좋아하지 않고 선을 권하여 인덕을 쌓도록 돕는 것이 바로 사귀는 의리를 온전하게 하는 것과 같습니다.

「외필」의 문세가 직접적이고 시원하기만 할 뿐 겸손하게 따르면서 원만하게 말하는 것이 부족해서 일찍부터 논란의 단서가 되지 않을 수 없었습니다. 그러나 율옹의 가르침을 논변하면서, (율곡이) 유행(流行)의 한 측면에서 한 가지 주장을 내세운 것일 뿐이니, 이 구절을 지나치게 중요한 것으로 보는 것은 꼭 옳지는 않을 것이라고 여긴데 불과했습니다. 노사가 주장한 본뜻을 캐보면 옛날 율옹이 퇴계의 말을 논변했던 마음으로 감히 자신의 소견을 숨기지 않았을 뿐입니다. 어찌 조금인들

---

198 해로운 의론: 원문은 '馬肝之論'이다. 『사기(史記)』 권28, 「봉선서(封禪書)」에 의하면 한나라 무제(武帝)가 죽은 이부인(李夫人)을 잊지 못하고 방사(方士) 소옹(少翁)을 우대하면서 문성장군(文成將軍)에 임명했는데, 나중에 그가 속임수를 쓴다는 사실을 알고 처형한 뒤 이 내막을 숨기기 위해 그가 독성(毒性)이 강한 마간(馬肝)을 먹고서 죽었다고 둘러대었다고 한다. 여기에서 유래해서 잘못된 의론이나 남을 오도하는 견해를 비판하는 표현으로 사용되었다.

199 노옹이…서술한 것: 원문은 "蘆翁之猥筆栗書"이다. '외필(猥筆)'은 기정진이 지은 글의 제목이지만, '외람되이 서술하다'는 뜻을 가지기 때문에 여기에서 글의 제목이 아닌 동사 용법으로 사용한 것이다.

지금 말하는 이들이 '배치되고 공격하며 물리쳤다'라고 한 것과 비슷하겠습니까?

비문(碑文)의 조항은 생각건대 화서(華西)와 노사 두 선생은 초야에서 우뚝 솟아나신 분들로 서로 수백 리를 떨어져 있으면서 단 하루도 만난 일이 없었으며, 문을 닫고 글을 읽어서 전해받지 못한 것을 남겨진 경서에서 얻었습니다. 두 선생이 논한 것이 이따금 서로 부합된 것이 많았으며 주리(主理)의 종지(宗旨)에 대해서는 단연코 약속하지 않고서도 저절로 같았으니, 이것이 어찌 사람이 모의한 것이겠습니까? 이에 감히 스스로 헤아리지 못하고, 그 첫머리에서 "벽사(闢邪)를 자임(自任)하고 주기의 학문을 내쳐 한 시대 치세의 운을 담당했다[任闢邪之功 黜主氣之學 以當一治之運]"라는 16자로 명의(命意)를 삼았습니다. 명문(銘文)을 전개해 나가면서 응당 본분에 의거해 말하되, 한나라의 표제에는 한나라식으로 글을 짓고, 초나라의 표제에는 초나라식으로 글을 짓는 것과 같이 문세가 어쩔 수 없었던 것이지, 일부러 옳지 않은 짓을 범하면서 대방가(大方家)에게 죄를 지으려는 것이 아니었습니다. 그러나 '왈호왈락(曰湖曰洛)' 네 글자는 자세히 살피고 삼가지 못한 말이므로 진실로 제 잘못으로 알고 있습니다. 다만 척사(斥邪)의 '사(邪)'자를 '기(氣)'자에 대응하는 것이라고 간주해서 사람을 머리도 들 수 없는 지경으로 몰고 가는 것은 여러 유자(儒者)들 (다른 사람의) 문자(文字)를 너무 까다롭고 가혹하게 보는 것입니다.

위에서 말씀드린 것은 모두 양쪽에서 회피하려는 것이니, (제 말은) 자못 퇴지(退之: 韓愈, 768~824)가 '조금의 거리낌도 없이 크게 말한다'[200]라는 것에 가깝습니다. 그러나 선생께서 이미 사도(斯道)로써 자

200 한유의 『오백가주창려문집』 권28에 실린 「試大理評事王君墓誌銘」의 원문에 의하면 "無顧忌大語"다.

임하고 계시니, 위엄과 경외함에 구애되어 마음에 품은 것을 다 말하지 않는다면 평소에 사모하면서 숨기지 않고 의견을 말하려는 의리가 아닐 것입니다. 그렇지만 망녕된 말이 여기에 미쳤으니 매우 두렵고 떨리기만 합니다.

答宋淵齋 秉璿

壬寅

崔益鉉

拜違門屛, 經夏迎秋, 晨昏瞻注, 曷敢自弛. 日者, 羅君之至, 伏審伊來道體之萬安, 下翰荐辱, 感荷益摯. 嶺儒紛紜, 槩悉其大義所存, 孰不以爲井井之陣, 堂堂之旗, 而欲趍其下風也? 抑以往事言之, 則有可合商量者.

盖栗翁親開端於陶山門下, 又其平日所尊畏嚮慕, 無異伯淳之於濂溪, 晦父之於延平. 然其講學論卞, 則亦有一副道理, 不可阿好而苟同, 亦不可循私而曲諾. 其曰老先生未捐舘時, 恨未敢問難歸一. 其曰老先生甚精密, 於大原上, 未免一重膜子. 其曰未免正見之一累, 至有如是, 則朱子亦誤, 何以爲朱子之言, 盖直書無隱, 孰有如栗翁耶?

道理自是公物. 乃陳我所見, 以俟决擇於當時與後日也, 非必欲後人之不有它說, 遵我所見也. 又非尊畏退陶之不足, 而故爲此強卞也, 退陶亦非緣此而有加損也. 其後爲退老左袒而論卞栗說者, 自屬一邊, 姑舍勿論.

竊覵栗·牛問答, 當時未能深解牛溪之惑, 其後如農巖文字, 亦多主退旨. 學者生退栗之後, 苟我所見栗說得是, 則斯守之足矣; 與所見差殊, 則又學栗翁之論卞退老, 於道理恐無大害. 今人之尊尚栗翁者, 或見論說, 少不遵栗翁塗轍, 則遽爲噴飯曰, 奚爲刱此食馬肝之論也? 甚至通章旁午, 戈戟相尋, 此亦可謂儒家法門, 而光明正大者乎? 是則栗翁之伸卞退說, 安知非其眞尊退溪? 蘆翁之猥筆栗書, 安知非其眞慕栗谷耶? 如事君者, 不以趍走承順爲得, 而犯顔逆鱗, 乃所以盡其忠也. 取友者, 不以唯諾歡狎爲好, 而責善輔仁, 乃所以全其交也.

只猥筆文勢, 直前快活, 欠遜順宛轉之味者, 未嘗不爲藉口之端, 而又其所辨栗翁之訓者, 特不過執其流行邊自爲一說者, 看得太重, 爲未必然耳. 若原其立言本意, 則乃當日栗翁伸下退說之心, 而不敢自隱其所見而已, 豈一毫近似於如今言者, 所謂背馳攻斥者耶?

至若碑文一欵, 竊嘗以爲華西蘆沙兩翁, 崛起草茅, 相距數百里, 無一日之雅, 杜門讀書, 得不傳於遺經. 其所論者, 往往多相符, 而斷然主理宗旨, 則又自是不約而同, 是豈人爲謀哉? 乃敢不自量, 於其頭辭, 旣以任闢邪之功, 黜主氣之學, 以當一治之運十六字, 爲之命意, 則銘文舖叙, 自當依本分說去, 漢題做漢, 楚題做楚, 亦其文勢之不得不爾, 非故犯不韙, 而欲得罪於大方家也. 然曰湖曰洛四字, 語不審愼, 固知罪矣. 第以斥邪之邪字, 看作氣字之反對, 而驅人於不可擡頭之境, 則亦諸儒之看文字, 回互苛刻之甚也.

右所陳白, 皆兩邊所欲諱, 頗近退之所謂無顧忌大言. 然先生旣以斯道自任, 若沮於嚴畏而不盡所懷, 則亦非平日景慕之誠無隱之義也. 妄言及此, 旋切兢惕.

영유도회소에 답함

송병선

이 글은 송병선이 1902년 7월 무렵에 영남 유림의 도회소에 답하는 편지이다. 이 편지는 현재 『연재집』에 실려 있지 않아서, 『부벽록』에 근거했다. 그런데 『연재집』 권9에는 송병선이 1902년 7월에 보낸 「답권교리·윤달서(答權校理(鳳熙)·尹達瑞(敬植)」가 실려 있고, 이 편지와 비교했을 때 앞머리 몇 글자를 제외한 전체 내용이 동일하다. 두 글이 같은 시기에 쓴 별개의 편지인지, 아니면 하나의 글이 『연재집』과 『부벽록』에 각기 다른 제목으로 실린 것인지는 불분명하다. 본문의 내용을 참조하면 권봉희와 최동민을 비롯한 영남 유생들이 『노사집』의 훼판을 위한 「영유통문」을 돌린 일을 전해 들은 다음에 쓴 것이다. 동생인 송병순이 완곡하게 훼판을 반대하는 것과 대조적으로 송병선은 「영유통문」을 주도한 권병희 등을 고무하고 있다.

노사의 「외필」은 석담부자(石潭夫子: 이이)에게 온당치 않으니, 이 글은 진실로 망발입니다. 어떻게 해와 달처럼 빛나는 것을 손상시킬 수 있겠습니까? 그렇지만 사림으로서 누가 분개하는 마음이 없겠습니까? 사문을 지키고 이단을 물리치려는 도에 비춰보면 마땅히 이 성토하는 거사가 있어야 하는데, 여러분들이 먼저 들고 일어섰으니 현자를 존중하는 마음이 지극하지 않다면 어떻게 이럴 수 있겠습니까? 흠모하고 찬탄함을 이기지 못하겠습니다.

答嶺儒道會所

宋秉璿

蘆沙猥筆，未安於石潭夫子，而此固妄發也. 豈可得以傷乎日月之明哉? 雖然，凡在士林，孰無憤慨之心? 其於衛闢之道，宜有此聲討之擧，而諸君子先發之，若非尊賢之至，烏能如是? 不勝欽歎.

권교리-봉희-·윤달서-경식-에게 답함

임인(1902) 7월

송병선

이 글은 송병선이 1902년 7월 권봉희·윤경식(尹敬植)에게 답하는 편지이다. 이해 6월 「영유통문」을 발송하려는 권봉희와 윤경식이 편지를 보내 자문한 것에 답장하는 것이다. 『부벽록』에 실린 「답영남도회소」와 몇 글자의 차이만 있을 뿐 내용이 동일하다. 외필논쟁에서 윤경식의 이름은 이 편지에 처음 등장하는데, 그의 구체적인 이력은 알 수 없다. 정황상 권봉희와 함께 「영유통문」의 발송에 주도적 역할을 했던 영남 노론계열의 유학자로 추정된다. 『연재집』 권9에 실려 있다.

깊은 산에 병으로 드러누워 세상과 연을 끊었는데, 뜻밖에도 여러분들이 어떻게 기억하고 이 사문의 변괴를 자문하시는 것입니까? 「외필」은 석담부자에게 온당치 않으니, 이 글은 진실로 망발입니다. 어떻게 해와 달처럼 빛나는 것을 손상시킬 수 있겠습니까? 그렇지만 사림으로서 누가 분개하는 마음이 없겠습니까? 사문을 지키고 이단을 물리치려는 도에 비춰보면 마땅히 이 성토하는 거사가 있어야 하는데 여러분들이 먼저 들고 일어섰으니, 현자를 존중하는 마음이 지극하지 않다면 어떻게 이럴 수 있겠습니까? 흠모하고 찬탄함을 이기지 못하겠습니다.

答權校理鳳熙·尹達瑞敬植

壬寅七月

宋秉璿

病伏深山, 與世相辭, 不料僉君子何以記有而詢及此斯文之變怪耶? 大抵猥筆, 未安於石潭夫子, 此固妄發也. 豈可得以傷乎日月之明哉? 雖然, 凡在士林, 孰無憤慨之心? 其於衛闢之道, 宜有此聲討之擧, 而諸君子先發之, 若非尊賢之至, 烏能如是? 不勝欽歎!

연재선생에게 올림

배도홍

이 글은 배도홍(裵道泓, 1866~1956)[201]이 송병선에게 보내는 편지이다. 본문에서 맹추(孟秋)가 되었다고 하고 "선생 문하의 몇 사람들이 소리 높여 주장하면서 훼판하자는 의론을 주장했는데, 선생이 하교하면서 '학자들의 소견이 백 가지, 천 가지로 다르다고 한들 「외필」이 어떻게 율옹을 손상시키겠는가?'라고 하셨습니다."라고 한 구절에 근거하면 1902년 7월에 쓴 것으로 추정된다. 『매담재유고(梅潭齋遺稿)』 권3에 실려 있다.

철이 바뀌어 어느덧 맹추(孟秋: 7월)가 되었습니다. 삼가 도체와 건강은 하늘의 보우하심으로 강녕하십니까? 사문과 세도를 위해 손을 모아 축원합니다. 저는 부모님의 건강이 조금 안정되어 이것이야 다행스럽다지만 학업은 바깥일에 얽매여 전일한 공부를 수렴시키기 힘드니, '진보한 것은 적고 퇴보한 것은 많다'는 근심에서 벗어날 수 없습니다. 지난봄에 모시고 있던 날에 우암선생의 말을 외우시면서 직접 이렇게 명하셨습니다. "반드시 조용한 방 하나를 마련해서 한가하게 드나들지 말고, 한가한 말도 하지 말며, 한가한 생각을 그치고, 단정히 앉은 채로 마음을 보존하고서 낮에는 독서하고 밤에는 사색한다면, 거의 심로(心路)가 차츰 열리고 천리(天理)가 차츰 밝아질 것이다. 결코 느슨하게 지나쳐서 자기를 속이고 남을 속이지 말라." 가르침을 들은 뒤에 몸과 마

201 자는 맹여(孟汝) 호는 매담재(梅潭齋) 본관은 달성(達成)이고 거주지는 고성(固城)이다.

음에 체험하려고 했습니다만 그렇게 할 수 없었으니, 그 부류가 공자께서 '지금 너는 (스스로) 한계를 긋고 있다'[202]라고 꾸짖은 것과 같습니다. 두려움에 어쩔 줄 모르겠습니다.

「외필」 운운한 것은 이미 충분한 가르침을 들었습니다. 그런데 지금 듣기로는 그 문인들이 '당시 한가할 적에 우연이 쓴 것이지, 따로 자신의 견해를 세워서 율옹을 공격 배척하려는 것이 아니었다'라고 한다고 합니다. 이제 선생의 문하에 몇몇 사람들이 소리 높여 주장하면서 훼판하자는 의론을 주장했는데, 선생이 하교하면서 '학자들의 소견이 백 가지, 천 가지로 다르다고 한들 「외필」이 어떻게 율옹을 손상시키겠는가?'라고 하셨습니다. 호남·영남의 선비로서 그의 문하에서 나온 이들이 모두 듣고서 '참으로 큰 덕을 갖춘 이의 말이다'라고 찬탄했습니다. 선생이 하교해서 그치도록 하지 않았더라면 다시 어지러운 의론이 일어났을 터이니, 이 뒤로 풍랑이 조금씩 그치게 된 것은 어찌 선생의 은혜가 아니겠습니까?

저는 봄과 여름 사이에 서너 명의 동지들과 산사에서 『대학』을 강론하고 토론했습니다. 반복해서 연구했지만, 꿰뚫기는 어려웠습니다. 정말이지 윤화정(尹和靖)이 이천을 만나고 반년 뒤에서야 『대학』과 「서명(西銘)」을 보았다는 것이 진실로 후생들이 학문하는 모범이 됩니다. 장구마다 조목별로 물어서 선생을 귀찮게 할 수 없기에 9월 보름 즈음에 선생을 뵐 때를 기다릴 따름입니다. 후대를 위해 존체를 보존하십시오. 제대로 갖추지 못했습니다. 안부를 묻는 글을 올립니다.

202 『논어』, 「옹야」 10장 참조.

上淵齋先生

裵道泓

天道替序, 忽已孟秋, 伏惟道體候天佑萬康. 竊爲斯文世道, 拱祝萬萬. 道泓親候粗安, 是爲伏幸, 而所課奪於外撓, 難爲收斂專一之工, 而自不免寸進尺退之患. 竊念昨春侍坐日, 誦尤菴先生語, 而面命曰 "須討一靜室, 斷却閒出入, 除却閒言語, 息却閒思慮, 端坐存心, 晝讀夜思, 庶幾心路漸開, 天理漸明矣. 切不可悠悠放過, 自欺欺人." 聞命以來, 雖欲體之身心而不可得, 類同乎聖門今女畫之責, 則皇恐無地.

猥筆云云, 曾已聽教熟矣, 而今聞其門人, 則當日燕暇時, 偶爾有記, 非欲別立已見, 而攻斥栗翁之論矣. 今門下某某諸友, 有擧聲討毁板之議, 先生下敎曰 "學者之所見, 或有異同, 雖有千百, 猥筆何損於栗翁乎? 湖嶺人士, 出其門者, 皆聞而欽歎曰 "眞大德之言也." 如非先生下敎止之, 似更有論以致紛紜, 而自此以後, 風浪之稍稍消釋者, 豈非先生賜乎?

道泓春夏間, 與數三同志講討山舍, 讀大學一卷, 雖加反覆硏究, 難可透得, 信乎尹和靖見伊川半年方讀大學四銘看, 實後生爲學之模範, 章章句句, 不可逐條奉質, 以煩崇聽, 則伏竢九月望間拜謁時耳. 伏祝道體爲世保重. 不備. 上候書.

노사 문인들에게 답함

조성가·이규영·최숙민·정시림·정재규·정의림·조상섭 ○임인(1902) 8월

송병선

1902년 8월 송병선이 기정진의 제자들에게 답하는 편지이다. 이해 4월 『노사집』이 중간되고, 6월에 권봉희 등이 중심이 된 「영유통문」이 발송되고 난 후, 노사학파의 제자들이 송병선의 개입을 요청했고, 이 편지는 그에 대한 대답이다. 『노사집』에 「외필」을 싣지 않는 것이 좋겠다는 취지로 답하고 있다. 『연재집』 권15에 실려 있다.

부탁한 일의 불행함은 어찌 끝이 있겠습니까? 「외필」의 취지는 정말이지 편치 못합니다. 벗들이 찾아와 물으면 이것은 오늘날 바삐 처리할 일이 아니라는 뜻으로 대답하곤 했습니다. 이제 문하생들이 중시하는 것을 듣고 보니 '인심이 들뜨고 뜬소문이 퍼져 사람들을 미혹시키고 당화를 초래할 것'이라고 했습니다. 이것은 진실로 내 뜻이 있는 곳을 헤아리지 못하고서 이처럼 말한 것입니다. '초당(招黨)' 두 글자는 정말이지 긴길히 연관된 말입니까? 심지어 동지들에게 고하는 글[203]에서는 또한 '명목상으로는 율곡을 존경한다고 하면서 유직의 관행을 뒤따른다'라고 하니 이것은 무슨 말입니까? 변론하면서 이처럼 운운하는 것은 정말로 매우 개탄스럽습니다. 쓸데없이 사림을 시끄럽게 만들까 걱정됩니다. 「외필」의 마지막 단락에서 이미 "다른 사람에게 보이지 않았

203 정재규의 「모함을 변론하는 글을 지어 동지들에게 보이다[辨誣文示諸同志]」를 가리킨다.

다"라는 말로 훈계를 했다면, 이제 이것을 『문집』에 실어 영원히 전하려는 것은 스승을 존중하는 본뜻은 아닌 것 같습니다. 또한 여러분들이 스승을 높이는 방도도 아닌 것 같습니다. 서로 우호적인 사이에 말이 매우 거슬리는 것 같습니다. 헤아려서 꾸짖지 말아주신다면 다행이겠습니다. 현재 훗날을 바람직하게 만들려는 방책은 다른 데 있지 않습니다. 모름지기 다시 생각해 보시고 마땅하게 처리하는 것이 어떻겠습니까?

答蘆沙門生

趙性家·李奎永·崔琡民·鄭時林·鄭載圭·鄭義林·趙相夔 ○壬寅八月

宋秉璿

俯敎事，不幸曷極？猥筆命意，果是未安，而知舊來問，輒以此非今日所汲汲之意爲言，而今承藉重門下，胥動浮言，以爲惑人招黨之諭，是誠不諒愚意之所在，而如是爲敎，蓋招黨二字，果是襯貼者乎，至於告同志之文，亦曰名尊栗谷，而乃踵柳櫻之套習，是何說歟？其於辨之之地，如此云云，誠甚慨然，而恐徒增士林之紛紜也，猥筆末段，旣有不敢掛他人眼爲訓，則今此入鋟而壽傳者，似非尊師門之本意也，亦非僉座下尊師之道也，凡在相愛，語甚觸威，倘賜恕諒而勿誚否，見今善後之道，不在於他，幸須再思，裁處得宜如何．

집안의 동생 응천-대환-에게 보냄

임인년(1902) 8월

권운환

이 글은 권운환이 1902년 8월 송병선의 제자인 권대환(權大煥, 1858~?)[204]에게 보내는 편지이다. 영남 노론계를 대표하는 안동 권씨의 두 사람이 「외필」을 사이에 두고 대립하는 양상이 잘 드러나고 있다. 『명호집』 권9에 실려 있다.

응천(應天: 권대환)과 한자리에서 토로하면서 둘이 함께 흉겨웠던 적이 이미 오래되었네. 지난번에 조용히 한 번 찾아가겠다고 했지만 결국 쓸쓸해지고 말았으니 한탄스럽네. 군과 나는 글공부를 할 때부터 지금까지 내 나이 50이 되도록, 그 속내를 다하지 않은 것이 어떤 일이었고, 더불어 의견이 같지 않았던 것이 어떤 말이었는가? 어려서는 같은 방에 함께 하지 않은 적이 없었고, 중간에는 서로 헤어졌지만, 만나면 문득 형체를 잊고 어디에 있든지 애틋한 정에 녹아들지 않은 적이 없었고, 어떤 일이든지 강론하고 토론이 흐드러지지 않은 적이 없었네. 늙어서 다시 같은 고을에 모이게 되었고 또 당상의 숙주(叔主)를 모시게 되자 집안의 조카로 보는 것에만 그치지 않았고, 내심 지우(知遇)로 여겼네. 그래서 평상 아래서 절할 때마다 마음속으로 매우 득의양양했고, 물러나서 군과는 더욱 은근했기에 또한 한 마음인 듯, 한 몸인 듯 했다네. 요즘 몇 년 동안 두 사람 모두 쓸쓸한 기미인지라, 다시는 젊은 시

204 자는 응천(應天) 호는 석산(石山)이고 본관은 안동(安東)이며 거주지는 단성(丹城)이다. 188년 3월에 송병선을 처음 배알했다.

절의 분위기라고는 없어져 버렸네. 그러나 고풍스런 노실(老實)한 뜻은 더욱 도타웠다네. 군과 내가 매우 가까운 친족은 아니더라도, 인정으로나 의리로나 인륜이 걸린 큰일 때문이 아니라면 어떻게 갑자기 서로를 저버릴 수 있겠는가?

이제 「외필」과 관련된 일로 말하자면, 이미 나와 50년 동안 의론을 같이했으니, 뜻에 합치하지 않는 것이 있다면 한 번 조용히 헤아려 보면서 득실을 함께했어야 할 것이네. 또한 끝내 합치하지 못하게 된다면 각자 들은 것을 존중하고, 각자 아는 대로 실천하는 것도 또한 괜찮았을 것이네. 그런데 (군은) 남 보듯이 돌아보지 않고, 결연하게 저들을 따르니 마치 큰 이익을 도모하려는 이들이 앞자리를 다투는 것만 같았네. 결코 도리가 아니라네. 이것은 쉽게 알 수 있는 도리인데도 오히려 이와 같으니, 하물며 정미한 도리에야 또 어떻게 식견이 미칠 것이라고 말할 수 있겠는가? 군이야 스스로 자신의 식견을 믿겠지만, 나는 믿을 수 없다네. 아! 군은 차마 나와 의절을 하겠는가? 나는 의절을 당해야만 하겠는가? 지난날 형이라고 동생이라고 하더니, 오늘에는 같이 길 가는 이가 되었고, 지난날에는 종과 음률과 같았는데, 오늘에는 물과 불이 되었으니, 이것이 어떤 모습이란 말인가? 이것이 무슨 도리란 말인가? 아니면 군은 내가 스승을 배척하고, 스승을 욕보여도 문하의 다른 제자들이 나와 멀어지고, 의절하지 않으리라고 생각하는 것인가? 친족 사이 헤아려 볼 만한 것이 있더라도 이미 인정과 의리가 벌어지고, 서로 소통하지 못한다면 (대놓고) 의절하지 않았다고 해도 또한 의절한 것이라네. 따로 조치를 하지 않고 다만 공정한 마음으로 도리를 강론하는 것일 뿐이라면, 서로 상대를 설득할 수 없어서 물과 불과 같다고 하더라도 이것은 서로 의절한 것임에도 또한 의절하지 않은 것이라네. 군은 어째서 생각이 여기에 미치지 못했는가? 매번 밤중에 우두커니 바라보면서 여러 번 탄식하지 않을 수 없었네.

군은 다만 율곡을 위해 진형을 짜서 부딪쳐 싸우면서, 주변과 충돌하는 것을 꺼리지 않아야 비로소 율곡의 충신이 되는 줄만 알고, 율곡의 도리를 터득해 그 공정함을 탐구하는 데 힘쓰고, 평탄한 심법을 공경하는 것이야말로 참으로 율곡의 후학이 된다는 것을 모르는 것인가? 아니면 저들의 성세에 동참하지 않으면 스스로 율곡을 배반했다는 귀결에서 벗어나지 못할까 두려워서 이러는 것인가? 설령 저들의 편에 정말로 정견(定見)이 있고 공정한 마음에서 나왔다면, 그들의 행동거지가 여기에 이른 것은 고금의 유학자들에서 고루 찾아보아도 이런 경우라고는 없네. 오직 수사(洙泗)와 낙건(洛建)[205]의 가르침에 머리를 숙이고 익숙하게 강론하며, 빠짐없이 망라해서 율곡의 글에 이르러, 리가 날로 더욱 밝아지고 의리가 날로 더욱 정밀해진다면, 율곡을 존중한다는 것 또한 여기에 달려 있고, 위대한 사업 또한 여기에 달려 있다네. 하필이면 몸을 떨치고 일을 벌이며 쇠북을 울리고 무기를 휘두른 뒤에야 율곡을 존경하고 큰 사업을 이룩했다 하겠는가? 책상 공부라고 불리는 게 있으니, 무기를 휘두르는 사업은 바로 우리 동생이 마땅히 반성적으로 생각해 보아야 할 것이라네.

「외필」의 내용을 자네는 저렇다고 하고, 나는 이렇다고 하네. 허례를 물리치고 참된 마음으로 서로 구하지 못한다면 갑자기 하나로 귀결되기에는 어려울 것이니, 우선은 제쳐 두고 다만 일의 이치로만 말해보겠네. 율곡의 뒤에 태어난 누가 감히 율곡을 침범하고 배척하려는 이가 있겠는가? 우리나라에서 율곡은 천지와 같고, 부모와 같다네. 천지를 폐하고 스스로 용납되기를 바라며, 부모를 훼손하고 스스로 온전하기를 바란다면 병으로 앓아누운 정신없는 사람이라도 결코 옳다고 하지

205 洛建: '낙민(洛閩)'의 다른 표현으로 낙양(洛陽)의 이정(二程) 형제와 복건(福建)의 주희에서 한 글자씩 따온 것이다.

않을 것이네. 어떻게 유치한 소견인들 속일 수 있겠는가? 저쪽 사람들은 모두 '기씨(奇氏)가 율곡에게 이미 원망하는 마음을 가지고 있었기에 그런 것'이라고 하니 이것은 더욱 가소롭네. '이미 원망하는 마음'의 유무야 내가 들어보지 못했지만, 설령 그런 것이 있었다 하더라도 율곡의 행동은 청천백일과 같은데, 청천백일에 사적인 원망을 가진다는 것이 (세상에) 받아들여질 수 있겠는가? 하물며 율곡은 기씨 가학의 연원이 유래한 분임에야 더 말할 나위가 있겠는가? 또한 도리를 논하는 것으로 인해 사적인 원망을 보복한다니, 도리가 무엇이길래 이렇게 할 수 있다는 것인가? 이것은 어리석은 필부라도 틀림없이 옳지 않은 줄을 알 것이니, 이런 말을 하는 이는 남을 모함하는 데 급급해서 스스로 근거 없는 날조에 빠져드는 줄을 모르는 것임을 알 수 있다네.

율곡선생이 성우계(成牛溪)에게 보내는 편지에서 퇴계의 잘못된 곳을 논하면서 '모르는 이들은 틀림없이 내가 퇴계를 훼방했다고 할 것이다'[206]라고 했네. 오늘날 율곡을 위한다는 이들은 도리어 율곡이 말했던 '모르는 이'라고 할 것이니, 또한 한탄할 만하네. 우리 동생이 지난날 면옹(勉翁)의 말을 듣고 "노사의 「외필」은 실제로 공정한 심법에서 나왔으니, 진실로 (율곡을) 침범하고 배척하는 것과는 다르다. 그런데 내가 이런 이유로 모함한다면 자못 음험한 사람에서 벗어나지 못할 것이다. 또한 '말하자마자 곧 승복하는 것은 그 행동이 위세를 겁내서 굴복하는 것에 가깝다'라고 하는 말이 있는데, 나라면 남들로부터의 혐의를 피하려는 것은 모두 내면이 부족하기 때문이라고 하겠다"라고 했네. 이것은 우리 동생의 진심이요, 정확한 견해이니 이 때문에 면옹이 자주 청천백일로 인정했고, 나도 다르게 의심하지 않는 이유라네.

오늘날 유전되고 있는 것과 같다면 세간에 어찌 다시 믿을 수 있는

206 이이, 『율곡전서』 권10((표점영인 한국문집총간 vol.44), 「답성호원」, 204쪽.

이가 있겠는가? 저쪽 사람들이 서로 찾아와서 자문하면서 기이하고 음험한 말을 지어낸 것들이 살갗에 닿고 점점 스며들어 진심이자 정확한 견해마저도 그들에 의해 영향을 받아서가 아니겠는가? 남을 모함하는 이들은 말이 늘 화려하고 모함을 받는 이는 말이 늘 평이하고 느슨하다네. 예로부터 바른 것을 펼치는 이는 드물었지만, 후세에는 반드시 공론이 없지 않았으니, 이것은 이치가 그런 것이네. 하늘이 정해준 것이요 군자들이 믿는 것이라네. 우리 동생이 곧고 고고한 지조로 깨끗하게 홀로 실천하려는 행실을 갖고 있지만, 통쾌하고 직설적인 것을 좋아하고 넉넉한 뜻이 부족하며, 선을 따르는 것을 좋아함에도 헤아리는 데는 단점이 있어서 오늘날의 행동이 나타나게 된 것이네. 나는 율곡이 아니라면 노사는 노사가 될 수 없었다고 생각하네. 그렇다면 율곡이 있었다면 또한 노사가 없을 수 없다네. 이 말에 군은 틀림없이 깜짝 놀라겠지만, 내 생각에는 그렇다네.

또한 유학을 말하자면 심법(心法)이 제일이고, 학술이 그다음이네. 사람은 각자 몸이 있으니 저절로 한 줄기 사사로움이 없을 수 없네. 사사로움이 있자마자 잘못은 곧 천 리나 멀어지네. 이것이 심법의 큰 관건이 되는 곳이네. 도에 조예가 깊은 이가 아니라면 이것을 투철하게 간파하는 것이 가장 어려운 것이니, 우리들이 전전긍긍할 것이 아니겠는가? 나야 (이런 것과) 조금도 닮은 것이 없지만, 매번 일이 있을 때마다 생각이 먼저 이런 점에 미치지 않은 적이 없었다네. 이제 우리 동생을 위해 내 진심을 다해서 일러주는 것은 그 마음을 스스로 깨달으려면 홀로 고생스러울 것이기 때문이네.

내가 기억하기로 율곡선생이 선유의 말을 외우면서 '집안사람들이 불화를 겪는 것은 내 성의가 이르지 못했기 때문일 뿐이다'라고 했네. 우리 동생이 끝내 내 말을 듣고 믿지 못한다면 이것은 내 성의가 이르지 못했기 때문이니, 이것이야 자네를 개탄할 겨를이 없이 스스로를 개탄할 것이라네. 우리 동생은 생각해 보게. 자네의 평생 벗으로서 나보다 더 간절한 이가 몇 사람인가? 내 뱃속을 쪼개어 저들에게 보여줄 수 없는 것이 한스럽네. 또한 율곡이 시사를 개탄하면서 한 말을 나 또한 자네에게 똑같이 말하겠네. 자네에게 바라는 것은 오직 이 한 글을 자세히 살피라는 것뿐이네. 말이 제대로 완성되지는 못했네만, 고민한 마음이야 알 수 있을 것이네. 세상의 수많은 시시비비는 모두 문자를 공정히 보지 못하는 데서 나온다네. 나와 같이 보는 사람에게는 그의 말이 이치에 닿지 않는 것이 많아도 반드시 주의를 기울여 좋게 보지만, 나와 다르기만 하면 그의 말이 실제로 근거가 있더라도 틀림없이 거칠고 졸렬하게 보아 병폐가 있다고 여겨서 다시는 차례로 끝까지 연구하지 않는다네. 자네는 공정하게 볼 수 있겠는가? 이만 줄이네.

與族弟應天 大煥

壬寅八月

權雲煥

與應天一席吐露, 兩相淋漓者, 已久矣. 頃承許從容一訪, 竟至落莫, 恨恨! 君與我, 自始挾冊, 以至今年五十, 何事不盡其情蘊, 何言不與同唯諾? 初年則無時不同齋, 中間雖相離違, 會輒忘形, 無處不沖融情味, 無事不爛漫講討. 晩復聚同鄕里, 又蒙堂上叔主, 不惟以門子姪視之而已. 隱然有知遇之感. 每拜牀下, 心甚自得, 退與君益復懇懃, 亦可謂同一心如一身矣. 邇年以來, 兩皆蕭颯氣味, 無復少年時矣. 然若其蒼然老實底意, 還有篤焉. 然則君與我, 雖非至近族親, 以情以義, 若非倫綱大故, 豈可遽相棄絶也哉?

今以猥筆事言之, 旣與我五十年同議論, 則設有不合於意者, 當一番從容商確, 以同其得失, 可也. 若終不合焉, 則各尊所聞, 各行所知, 亦可也. 乃超然不顧, 決然從彼, 有若圖大利者之爭先, 然決非道理, 此則易見底道理, 而猶尙如此, 況於精微底道理, 豈可曰見得及乎? 君雖自信其見得, 吾不信也. 嗚呼! 君其忍絶我乎? 我可忍見絶乎? 昨日之曰兄曰弟者, 今日便同路人, 昨日之若鍾若律者, 今日便成水火, 此何景色? 此何道理? 抑君以爲我雖斥其師, 辱其師, 爲其門弟子者, 不疏我絶我乎? 在族親則雖可有商量者, 然旣情義間隔, 不相流通, 則不絶而亦絶矣. 若不作別擧措, 但公心講道而已. 雖使不相入, 如水火, 此則相絶而亦不絶矣. 君如何思不及此? 每中夜瞻佇, 未嘗不屢發嗟也.

君但知爲栗谷對陣薄戰, 不憚其左右衝突, 始是爲栗谷忠臣, 不知祇得講栗谷之道, 務究其公, 誠坦蕩之心法者, 是眞爲栗谷之後學乎? 抑或懼不與彼同其聲勢, 則自不免於畔栗谷之歸, 而爲此乎? 正使彼一邊果有定見, 而出於公心, 其擧措至此, 歷選今古儒者無此事. 惟屈首於洙泗洛建之訓, 熟講之, 包羅之, 以及於栗谷書, 理日益明, 義日益精, 則尊栗谷亦在此, 大事業亦在此. 何必挺身作擧措, 鳴金鼓耀戈甲而後, 爲尊栗谷大事業哉? 有曰隱几工, 揮戈事業, 卑正吾弟之所當反思處也.

若猥筆中曲折, 君則曰如彼, 吾則曰如此, 若不至於撤去毛皮, 赤心以相求, 則遽難歸一, 姑置之, 但以事理言之. 生於栗谷之後, 孰有敢侵斥栗谷者? 蓋栗谷之於吾東, 天地如也, 父母如也, 欲廢天地, 而望其自容, 欲毁父母, 而望其自全, 雖病喪迷茫之人, 必不然也, 豈足以瞞童觀也哉? 彼邊之人, 皆謂奇氏於栗谷, 有先怨故然矣, 此尤可笑. 先怨有否, 吾所未聞, 而設使有之, 凡栗谷之所爲, 無非如青天白日, 致私怨於青天白日, 而其能得售乎? 況奇氏於栗谷, 是家學淵源所自乎? 且因論道理以報私怨, 道理爲何許物事, 乃能如是雖? 淺夫必知其不然矣, 可見爲此說者急於誣人, 不知其自陷於無據揑空之歸矣.

栗谷先生與成牛溪書, 論退溪之差處, 而曰不知者, 必以我爲毁謗退溪. 今日爲栗谷者, 反爲栗谷所謂不知者, 亦可歎也. 吾弟向日聞勉翁之言, 而曰蘆沙猥筆, 果出於公心法, 實不近於侵斥, 而吾以此誣之, 則不免爲頗險之人, 又有謂言下卽服, 迹近於畏威而屈, 則曰凡人避嫌者, 皆內不足也. 此吾弟之眞心確見也, 所以勉翁亟以青大白日稱許之, 而吾之所以萬無他疑者也.

若果如今日之流傳, 則世間豈復有可信之人? 無乃彼一邊之人, 互來相訪, 以其深巧奇險之言, 切膚而浸潤之, 以若眞心確見, 亦爲它所化也耶? 大抵誣人者, 其言常震耀, 中誣者其言常平緩, 自古所以正而伸者少也, 然百世必不無公論, 此理之然也. 天之定也, 君子之所恃也. 吾弟以貞諒孤介之操, 有亢潔獨往之行, 而但喜快直而少優餘之意, 好從善而短於商量, 所以不能無今日之爲也. 吾竊以爲非栗谷蘆沙不得爲蘆沙. 然有栗谷. 亦不可無蘆沙也. 此語君必大駭, 然吾之見則然矣.

且道儒者之學, 心法爲上, 學術次之, 蓋人各有身, 自不能無私一念, 才爲私, 則所差便千里, 此心法之大關界, 如非深於道者, 透得此最難, 非吾輩之所當戰兢者乎? 吾雖萬無肖似, 每有事, 未嘗不念先及於此也. 今爲吾弟, 竭盡吾腸肚, 自覺其心, 獨苦也.

竊記栗谷先生嘗誦先儒之言曰一家之人不和, 祗是誠意未到. 吾弟若終不吾聽信, 則是吾誠意未到, 是卽不暇慨君, 而乃自慨處耳. 吾弟試思之, 君平生之友, 其切於吾者, 幾人? 恨不得披吾腹心以示彼輩, 亦栗谷所以慨時事而言者, 吾於君亦云, 所望於君者, 惟細覽此一書耳. 雖語有未成, 其苦心可見也. 蓋世間許多是非, 皆出於看文字不公. 凡同我之人, 雖其言多不中理, 必傾心看做好看, 才異我者, 雖其言實有據依, 必鹵莽看做病者, 不復次第究極. 君能看得公否, 不宣.

이탁모에게 답함

임인년(1902)

전우

이 글은 전우가 1902년 이탁모(李鐸謨, 1857~1911)[207]에게 보내는 답장이다. 『노사집』의 증간, 권봉희의 문제 제기와 「영유통문」의 발송, 전우의 비판 및 노사학파의 재비판 등이 오고 가는 1902년 후반기의 상황이 담겨 있다. 「외필」로 인한 소란으로 기호학파의 분열을 우려하는 전우의 입장은 "노사 문인들은 「납량사의」와 「외필」 등을 삭제하고 (권공을) 유직이라고 주장한 것을 후회하고 취소한다면, 권공 또한 틀림없이 옛 잘못을 들춰내려 하지 않을 것이니 얼음이 녹듯이 해결될 것입니다"라는 표현 속에 담겨 있다. 송병선이 1902년 8월에 보낸 「노사 문인들에게 답함[答蘆沙門生]」의 내용이 인용되고 있는 것을 보면 9월 이후의 것으로 보인다. 『간재집(艮齋集)·전편(前編)』 권7에 실려 있다.

요즘 영호남의 상황을 보니 사람의 마음이 편치 않습니다. 옛날 이윤(伊尹)은 한 사람의 필부도 제 자리를 얻지 못하면 마치 자신이 밀어서 돌도랑에 빠트린 것처럼 여겼습니다. 이것이 바로 '가슴에 가득한 것이 측은지심'이라는 것이니, 매번 이것을 절실히 체험할 때마다, 사사로운 생각이 깨닫지 못하는 사이에 다 녹아 없어져 버렸습니다. 이제 노사는 어째서 몇 구절을 불손한 말을 내놓아서 —가령 율옹과 호락 여러 학자들의 학설에 정말로 미진한 곳이 있었다고 해봅시다. 노사가 겸손한 말로 의심난 것을 질문해서 치우친 것을 보충하고 그 온축을 발명했다면, 이기를 밝게 분별하면서 선현을 존경했다고 할 것이요 후배들에게 미더웠을 것

207 경북 성주 출신으로 자는 탁모(鐸謨), 호는 순암(淳菴)·간옹(艮翁)이고, 본관은 경산(京山)이다. 저술로 『순암유고(淳菴遺稿)』 6권이 있다.

입니다. 어찌 제각각 그 도를 다하지 못했겠습니까? 그가 쌓은 학식이 지극하지 못해 이론의 주장이 지나치게 명쾌한 것이 안타깝습니다.— 여지없는 유림들의 꾸지람을 듣게 된 것입니까? 또한 권공(權公: 권봉희)의 글은 또 어째서 분에 넘치는 말을 해서 —'아 가련하다', '살갗의 혹이나 천리마에 붙은 파리'라는 말은 원래 이기를 논하면서 한 말일 뿐이었습니다. 이제 「통문」에서는 곧장 '율옹을 가리켜서 배척한다'라는 말로 간주했으니, 아마도 다시 살펴보아야 할 것입니다. 예를 들어 '두 가지 본령의 시작'이라거나, '우리 동방의 이기를 어떻게 할 것인가' 등의 말은 오히려 그 자체로 조롱하려는 뜻을 가지고 있습니다. — 노사의 문인들에게 '유직이 나타났다'라는 주장을 듣게 된 것이니까? 노사 문인들도 권공의 글을 변론해서 밝혔으면 그만이지, 어떻게 갑자기 (권공을) 유직에게 견주는 것입니까?

율옹이 언제 선현의 잘못을 침범하고 욕했던 적이 있었습니까? 그러나 유직은 또한 상소문을 올려 욕하고 배척했으니, 그는 귀신이나 물여우 한 마리일 뿐입니다. 이제 권공을 유직이라고 한다면, 어찌 깊이 생각하지 못한 것이 아니겠습니까? 게다가 연재 문하에서 '매운 개탄스러우니 쓸데없이 사림을 시끄럽게 만들 것이다'라고 말하게 만들었습니다.

생각건대, (이상의) 여러 사람은 모두 본래부터 나와 한 몸입니다. 이 때문에 서로 일치하지 못하는 부분을 보자마자 나의 마음이 아프다는 것을 느끼게 됩니다. 생각해보면, 공자가 사람과 물건을 대할 때는 일일이 모두 선으로 들어가도록 했습니다. 자기에게는 조금의 후회나 애석함이 없고, 남과도 조금의 사이가 벌어지는 일이 없도록 했습니다. 눈앞의 사람들에게만 이렇게 했을 뿐만 아니라, 한 덩어리의 진실한 정성은 곧장 모든 시대의 사람들을 이끌어 품 안으로 다 들이려고 했습니다. 그 마음 씀씀이를 보면 분명코 저 넓은 하늘이 두루 만물을 덮어주는 기상과 같습니다.

이제 우리가 갑자기 이런 경지를 바랄 수는 없다지만, 그들이나 나나 같은 사류이니, 어찌 한 집안사람이 아니겠습니까? 그런데도 분란을 풀고 막힌 것을 소통시키려 하지 않고, 마침내 서로 어긋나면서 원수를 보듯이 하면서 스스로를 어질지 못한 곳에다 빠트려서야 되겠습니까? 내 생각에는 노사 문하에서 「납량사의」와 「외필」 등을 삭제하고 (권공을) 유직이라고 주장한 것을 후회하고 취소한다면, 권공 또한 틀림없이 옛 잘못을 들춰내려 하지 않을 것이니 얼음이 녹듯이 해결될 것입니다. 연재 문인과 다른 사류들도 그들이 잘못을 돌이킨 것을 받아들이고 즐거이 들으려 할 것입니다. 이와 같다면 만물이 한 몸이 되고, 사해가 동포가 되는 기상이 온전히 드러나고, 혼융하게 화합해서 그 모습을 이름 붙일 수도 없고, 다시는 한 곳도 막히고 불통되는 곳이 없게 될 것입니다. 우리 유림의 여러분들이 진실로 생각이 여기에 미친다면 누군들 환하게 기뻐하지 않겠습니까? 이에 한 마음으로 힘을 합쳐 음사한 것을 물리치고 오랑캐를 쫓아낸다면, 어찌 더욱 기쁘지 않겠습니까? 이것이 내가 그치지 않고 밤낮으로 말없이 비는 것일 뿐입니다.

答李鐸謨

壬寅

田愚

近日看得嶺湖爻象，令人意思不佳，昔伊尹視一夫不得其所，若己推而納之溝中，此直是滿腔子惻隱之心，每切體之，自私自利之意，不覺一時銷落也．今蘆沙如何說出幾句不遜語來，—使栗翁及湖洛羣賢之說，誠有未盡處，蘆沙只遜辭質疑，以補其偏而發其蘊焉，則其於辨明理氣，尊畏先賢，取信後輩，豈不各盡其道哉，惜乎，其養之未至而發之太快也，— 被了諸儒罵得無餘地，也權公文如何有些過分語，—嗚呼可憐肉疣驥蠅等語，本但言理氣上事，今通章，直做指斥栗翁者，似當更察，如雙本領之履霜，柰東方理氣何之類，卻自帶得譏嘲意來，— 而致使蘆門有柳樱之說也，蘆門於權公之文，辨而明之可矣，如何遽有柳樱之擬？ 栗翁何嘗有侵侮先賢之失？而樱也上疏詬斥，直一鬼蜮耳，今以權爲樱，豈非不思之甚乎？而使淵門有誠甚慨然徒增紛紜之云也．

念諸家本皆與我一體．所以纔見其不相得，便覺得感傷了我此心也．竊意孔子之接人處物，一一都要入於善，而於己了無些子吝惜，於人亦了無些子離析．非惟眼前人如是而已，其一團眞切精誠，直是引得萬世之人，欲盡納之懷抱之中．觀其用心，分明是浩浩旻天之徧覆萬物氣象．

今吾人雖未敢遽希此，然彼此士類，豈不是一家之人乎？ 不思所以解紛通蝸，而遂與之乖張睢視，以自陷於未仁之科也乎？ 鄙意若使蘆門刪出私議猥筆之屬，而悔改其柳樱之說焉，則權公亦必不追其舊，而渙然冰釋矣，至於淵門及佗士類，亦莫不取其改過而聳然喜聞矣，如此則萬物一體，四海同胞氣象，全體呈露，渾涵融漾，不可名貌，而無復有一毫壅遏不通去處矣, 吾儒諸公, 苟能思之至此, 孰有不歡然一快也哉? 於是同心戮力, 以闢破淫邪, 攘斥裔戎, 豈不尤易易矣乎, 此鄙人日夕所默禱而不能自已焉耳.

권공립의 문목에 답함

송병선

이 글은 송병선이 제자인 권명희의 문목에 대답하는 편지이다. 『연재집』 권11에 실려 있는데, 편집 순서에 따르면 권명희에게 보내는 임인년(1902) 4월 29일 편지와 같은 해 12월 15일 편지 사이에 배치되어 있어서, 저술 시기를 짐작할 수 있다. 『부벽록』에는 「권명희의 문목에 답함[答權命熙問目]」이라는 제목으로 실려 있다.

[문] 노사는 이용수(李容壽)에게 답하는 편지에서 이렇게 말했습니다. "태극이라고 한다면 본래 동정이 있다. 그러나 무극이라고 한다면 원래 동정이 있은 적이 없다."[208] 이것은 과연 태극 위에 다시 무극이 있다는 것입니까?

[답] 무극과 태극은 본래 두 가지 물건이 아닌데, 이 노인이 (둘로) 나눈 것은 어째서인가?

[문] 권우인(權宇仁)에게 답하는 편지에서는 "태극이 단독으로 리를 가리킨다는 것은 진실로 옳다. 그렇다고 음양이 단독으로 기를 가리킨다고 한다면 말이 되겠는가?"[209]라고 했습니다. 또한 김석구(金錫龜)에게 답하는 편지에서는 "역으로 음양을 말하기에 사람들은 반드시 역리(易理)라고 한다…"[210]라고 했습니다.

208 기정진, 『노사집』 권5(표점영인 한국문집총간 vol.310), 「答李容壽」, 118쪽.
209 기정진, 『노사집』 권4(표점영인 한국문집총간 vol.310), 「答權信元」, 95쪽.
210 『노사집』에는 이런 구절이 실려 있지 않다.

[답] 주자는 "동정은 태극이 아니요 동정하게 하는 소이가 바로 태극이다. 그러므로 동정의 바깥에 따로 태극이 있는 것이 아니라고 한다면 괜찮지만, 동정이 바로 태극이라고 해서는 안 된다."[211] 또 '태극이란 음양의 안에 있을 뿐이다. 음양이란 태극의 안에 있을 뿐이다'[212]라고도 했다. 음양은 모두 기에 속하니, 언제 이기를 겸해서 말한 적이 있단 말인가? 이 노인이 또 역으로 음양을 말하기에 '역리'라고 한다는 것의 증거를 삼는 것은 더욱 웃기는 소리에 가깝다. 역이란 음양의 이치를 밝히려는 것이기 때문에 역리라고 하는 것이다. 어떻게 음양이 리를 겸한다는 주장을 가져다 붙인 것이 있는가?

[문] 「외필」 '그 기틀이 저절로 그런 것이다'에서 '기가 리의 자리를 빼앗았다'까지. "그 기틀이 저절로 그런 것이지 시키는 것이 있지 않다"라는 말은 리와 기는 하나이지만 리는 함이 없고 기는 함이 있다는 것을 밝히려는 것입니다. "그 기틀이 저절로 그런 것이지만 그 소이는"이라는 말은 리와 기가 둘이지만 기가 그릇이 된다는 점에 주안점을 두었다는 것을 밝히려는 것입니다. 그 말이 극히 정밀한데 이를 살피지 못하고 공격하고 배척하니, 어찌 그리도 추레한 것입니까?

[답] "그 기틀이 저절로 그런 것이지 시키는 것이 있지 않다"라는 구절에 대해 이 노인은 변론을 그만두지 않는다. 이렇게 말한다면 그 기틀이 저절로 그런 것이 아니고, 또한 시키는 것이 있다는 것인가? 이 노인은 매번 기가 리의 자리를 빼앗는 것을 두려워해서 장황하게 설명하지만, 자기가 하는 말이 도리어 리가 기의 직분을 행하는데 빠져든다는 것을 깨닫지 못한다. 보낸 편지에서 율옹의 말을 밝힌 것이 매우 친절하다.

211 주희의 말과 글에는 이 구절에 해당하는 발언이 없지만, 『성리대전』 권1. 「태극도」에 주에서 이 구절은 이미 주희의 말로 인용되고 있다.

212 주희, 『주자어류』 권95(『주자전서』 vol.17), 3205쪽 참조.

[문] '기가 리를 따라서 발현한다'에서 '기기를 버린 것이 아니다'까지. 율옹은 리와 기에 호발이 없음을 밝혔기에 기발이승일도설을 주장했습니다. 기를 앞세우고 리를 뒤에 말했다고 해서 리를 앞세우는 데 방해가 되지 않습니다. '승'자를 음미해보면 알 수 있습니다.…

[답] '이발' 두 글자는 「외필」의 취지를 주장하려는 것이다. 그러나 그 처음에는 "기가 리를 따라 발하는 것이 기발이니, 곧 이발이다"라고 말했다. 이것은 곧 리의 발이 기의 운동에 의지한다는 것이다. 그런데 끝에서는 염계의 「도설」을 인용해서 곧장 '하나의 기자도 보이지 않는다'라고 했다. 이것은 바로 리가 기에 의지하지 않고도 스스로 움직이고 스스로 고요하다는 것이다. 어떻게 기가 없는데 리가 스스로 발용하겠는가? 그의 말은 처음과 끝이 서로 어긋나지 않는가? 이 노인의 병폐의 근원은 다만 '태극이 움직여 양을 낳고 고요해서 음을 낳는다'라는 말을 리가 움직이고 리가 고요한 것이라고 하면서 이 말을 믿는 데 있을 뿐이다. 주자는 어째서 '태극에 동정의 리가 있다고 하는 것은 괜찮지만, 태극에 동정이 있다고 해서는 안 된다'라고 했겠는가? 또한 「도설」의 음이 고요하고 양이 움직인다는 것은 바로 기다. 이제 '기라는 한 글자가 안 보인다'라고 한다면, 반드시 기라는 글자를 쓴 다음에야 그것이 기인 줄을 안다는 것인가?

[문] "기를 리와 짝지어 제시한다"에서 "한없이 탄식할 뿐이다"까지. 이미 '리에 과불급이 있다'라고 했다면 '리가 존귀해서 짝이 없다'라고 말하지만, 이것은 초나라의 항적(項籍)이 겉으로만 의제(義帝)를 높이는 격입니다.

[답] 리는 존귀해서 짝이 없다. 이 말은 진실로 옳다. 그렇지만 짝을 논하자면 어쩔 수 없이 기를 배당해야 하다. 그러므로 공자에게서 형이상·하의 학설이 시작되어, 정·주에 이르기까지 리와 기를 짝지어 말하지 않은 이가 없었다. 사람들이 도와 기의 구분에 어둡지 않고 쉽사리

깨닫는 것이 있기를 바라서였다. 하늘이 존귀해서 짝이 없다지만 짝을 논하자면 어쩔 수 없이 '천지'라고 해야 한다. 군주가 존귀해서 짝이 없다지만 짝지어 논하자면 어쩔 수 없이 '군신'이라고 해야 한다. 리와 기도 이와 같다. 그런데 이제 '짝을 지우는 것은 성인의 말이 아니다'라고 하면서 여지를 남기지 않고 타파하려고 하니, 이것은 율옹을 배척하는 것일 뿐만 아니라 아울러 정·주와도 배치되는 것이다. 아! 어찌 여기에까지 이르게 되었는가? 이 노인의 문법은 노장의 냄새가 많다. 이 때문에 종종 말은 고상하지만 도리는 어긋나고, 말은 원만한데 뜻은 난삽한 것이다. 게다가 삼가고 경외하는 마음이 없어서 매번 전현을 압도하려고만 한다. 이것은 문장가들이나 쓰던 수법이다. 어찌 개탄하지 않겠는가? 이 노인은 또한 전현을 발명하는 것이 지나치게 통쾌한데, 이것은 실제로는 자기의 말이다. 또한 '80년 동안 감히 입을 열어 분명히 말하지 않았다. 글이 완성되고도 오히려 두려움에 직교에게도 보이지 않았다'라고 했다. 이것은 스스로도 믿지 않는 것을 이미 알았기에 오히려 공론을 두려워했다는 뜻이다. 이제 그 자손들과 문하생들이 판각해서 사방에 널리 퍼트리는데 이것은 노사조차 하지 않으려던 것을 하는 것이니, 죽은 사람보다 현명하다고 하기에는 거리가 멀다고 할 것이다.

答權公立問目

宋秉璿

蘆沙答李容壽曰, 曰太極則固有動靜, 而曰無極則原未嘗有動靜. 是果太極上, 復有無極耶?

無極太極, 本非二物, 而此老分析之, 何也?

答權宇仁曰, 太極單指理固然, 陰陽單指氣. 是果成說乎? 又答金錫龜曰, 易以道陰陽, 而人必曰易理云云.

朱子曰, 動靜非太極, 而所以動靜者, 乃太極也, 故謂非動靜外別有太極則可, 謂動靜便是太極之道則不可. 又曰, 所謂太極者, 便只在陰陽裏, 所謂陰陽者, 便只在太極裏, 蓋以陰陽, 皆屬於氣, 而何嘗兼理氣而言耶, 此丈又證以易道陰陽, 而曰易理云者, 尤近於滑稽之習, 易者, 所以明陰陽之理, 故曰易理也, 有何襯貼於陰陽兼理之說乎?

猥筆其機自爾, 止 氣奪理位, 夫其機自爾, 非有使之, 以明理氣一而理無爲氣有爲也, 其機自爾, 而其所以, 以明理氣二而理爲主氣爲器也, 其語極精密, 不察而攻斥之, 何其麤戾?

其機自爾, 非有使之, 此老辨論不置, 若如此言, 則其機不自爾, 而亦有使之者乎, 此老每懼氣奪理位, 張皇說去, 不覺自家所言, 反陷於理行氣職也, 來諭發明栗翁之言, 極爲襯切.

氣之順理而發, 止 非遺却氣機, 蓋栗翁明理氣無互發, 故有氣發理乘之說, 其先氣而後理, 不害爲先理, 味乘字則可知云云.

理發二字, 是猥筆命意所主. 然其始也, 曰, 氣之順理而發者, 氣發, 卽理發也, 是則理之發, 猶資夫氣之動也, 而其終也, 引濂溪圖說, 而直曰不見一氣字, 卽是理不資氣而自動自靜也, 豈有無氣而理自發用,其爲言, 無乃首尾相戾乎, 大抵此丈病根, 只在太極動而生陽靜而生陰上, 而謂理動理靜, 信斯言也, 朱子何故曰謂太極有動靜之理則可, 謂太極有動靜則不可乎, 且圖說陰靜陽動, 乃氣也, 而今云不見一氣字, 則必著箇氣字, 然後方可知其爲氣乎,

把氣與理對擧, 止 曠然一欷, 旣曰理有過不及, 此云理之尊無對, 是楚籍之陽尊義帝,

理尊無對, 此雖誠然, 然論其對擧, 則不得不以氣當之, 故自孔子形而上下之說始, 而至程朱莫不以理與氣對擧言之者, 欲人不昧於道器之辨, 而易有所覺也, 天雖尊而無對, 然論對擧則不得不曰天地, 君雖尊而無對, 然論對擧則不得不曰君臣, 理與氣亦猶此也, 而今乃曰對擧, 非聖人之言, 打破無餘地, 是非惟斥栗翁, 並與程朱而背馳焉, 嗚呼, 一何其至於此也, 大抵此老文法, 多有老莊氣味, 是以往往語高而理悖, 辭圓而意溢, 且無謹畏之心, 每欲壓倒前賢, 是乃一文章家餘套也, 豈不可慨也哉, 此老又謂前賢發之太快, 此實自道也, 而且言八十年, 不敢開口明言, 及其書成, 猶惶恐不敢寄直敎云, 則是不敢自恃己見, 而猶有畏公論底意思也, 今其子孫門生, 鋟梓而廣布四方, 是蘆沙所不敢爲能爲之, 其賢於昔人遠矣.

권교리-봉희-에게 답함

임인(1902)

전우

이 글은 전우가 1902년 권봉희가 보낸 「전간재에게 보냄[與田艮齋]」에 답하는 글이다. 권봉희가 「외필」의 문제를 제기한 것에 대한 자신의 견해를 짧게 요약한다. 핵심은 두 가지인데, 첫째 「외필」은 율곡 성리학에 대한 도전인데, 그 핵심은 율곡 성리학이 확립한 이원적 관점의 채택과 종합이라는 것을 거부하고 리를 중심으로 일원화하고 있다. 둘째 「외필」을 축조 변론할 필요성이 있다는 주장에 동의한다. 이에 따르면 그의 「외필변」은 이 편지를 보내는 시점 직후에 저술된 것으로 추정할 수 있다. 『간재집·전편』 권2에 실려 있다.

저는 성질이 거칠고 누추하며 학식은 천박해서 명성이라고는 없으며, 게다가 산과 같은 비방을 받아 세상에서 버려졌습니다. 뜻밖에도 집사께서 고풍스런 편지를 보내주셨고, 분에 넘치게 칭찬해주셨습니다. 심지어 율곡·우계에 연원을 두고 있고, 전재(全齋)의 적전이라고까지 하셨습니다. 이러한 말은 이미 군자가 조심해야 하는 말에서 벗어났습니다. 또한 저로서도 감히 받들 수 없는 예우입니다. 편지를 받고 깊이 생각해 보았지만, 우러러 회답할 방도를 생각지 못했습니다. 다만 살피건대 편지에서 누누이 말씀하신 것은 현자를 존중하고 도를 보우하려는 고심을 다 하셨기에 저는 우러러 찬탄하지 않을 수 없었습니다.

저 또한 선배들을 따라 배웠기에 율곡선생은 동방의 공자라고 들었습니다. 넉넉하게 성인의 가르침에 들어가 도체를 통찰하셨기에 위아래 수백 년 동안 온 나라의 사대부들이 누가 그 은택을 입지 않고, 그 학설을 믿지 않았겠습니까? 근자에 기노사(奇蘆沙)가 홀로 다른 학설을 세웠기에 그 본문을 살펴보았더니, 곧장 율옹을 거론하지는 않았지만 꾸짖고 배척하는 것을 살펴보면 실제로는 귀착되는 곳이 있으니, 어떻게 숨길 수 있겠습니까?

하물며 글 가운데서 자신을 높이 표방하고, 선현을 낮춰 보았으니, 이미 자신이 선현을 존중하고 경외한다는 뜻을 잃었습니다. 거기에 더해 신진들이 경솔하고 멋대로 행동하는 기풍을 열어 제쳤으니 아! 노사는 홀로 율옹의 교화를 받은 한 사람의 후학이 아닌 것입니까? 무엇 때문에 이러는 것인지 알 수가 없습니다. 도란 천하의 공공연한 것입니다. 전현의 말에 믿을 수 없는 것이 있다면 의심하고 강론하며 질정을 구하면 됩니다. 터무니없이 자신을 믿고서 붓을 휘둘러 폄훼하고 배척하는 것은 기의 작용이지, 리의 본래 모습이 아닙니다. 하물며 율옹이 말한 "기틀이 저절로 그런 것이지 그렇게 시키는 것이 있지 않다"라는 것은 운용이란 측면에서 말한 것입니다. 이것은 『논어』의 "사람이 도를 넓힐 수 있지 도가 사람을 넓히지 않는다"[213]라고 한 것과 『주자어류』에서 '하늘이 만물을 낳는데 그렇게 시키는 것이 있지 않다'[214]라는 말과 뜻이 일치합니다. 율옹이 "누가 그 기틀을 주재하는가? 아 태극이로다!"[215]라고 한 것은 근원이라는 측면에서 말한 것입니다. 이것은 『주역』 「계사전」의 "한 번 음이 되고 한 번 양이 되는 것을 도라고 한다"라는 것과 『주자어류』에서 "태극이 없다면 천지는 무너져 버렸을 것이다."[216]—'변(便)'은 송나라 때의 속어가 아니다. '기(豈)'와 다르다.—라는 말과 다른 뜻이라고는 없습니다. 여기에서 율옹의 이기론이 근원과 유행이

213 『논어』, 「위령공」 28장.

214 주희, 『주자어류』 권63(『주자전서』 vol.16), 2092쪽 참조.

215 이이, 『율곡전서』 권1(표점영인 한국문집총간 vol.44), 「理一分殊賦」, 12쪽.

216 주희, 『주자어류』 권1(『주자전서』 vol.14), 114쪽.

라는 두 측면을 다 갖추고 있음을 알 수 있습니다. 공자의 실정과 주자의 사색과도 일치하지 않는 것이 없어서 후학의 의론이 도달할 수 있는 것이 아닙니다.

이제 노사의 견해대로라면 공자·주자의 한 가지 학설에 근거해서 공자·주자의 한 가지 학설을 배척하려는 것입니다. 심성과 이기를 강론하고 변론하는 것은 반드시 본말과 정추 모두를 다해야 바야흐로 빠진 것이 없어집니다. 이것에 근거해서 저것을 의심하고, 하나를 붙잡고 백 가지를 부정하는 것일 뿐이라면 어떻게 치우치고 정체되는 병폐에서 벗어나겠습니까? 반복해서 생각해 보면 공자는 하나의 인을 말했을 뿐이요, 맹자가 또 야기(夜氣)와 호연지기(浩然之氣)를 말했습니다. 정자는 또 "군자에게 그 기를 바르게 하는 것보다 큰 것이 없다"[217]라고 했습니다. 장자는 "학문을 하는 커다란 보탬은 스스로 기질을 변화시키려는 데 있다"[218]라고 했습니다. 주자는 이런 말들이 '유학에 공이 매우 많고 후학들에게 보탬이 된다'라고 했습니다.[219] 여기에서부터 논한다면 본래 선한 성은 본시 기의 혼탁에 얽매이지 않습니다. 그러나 성이 바르게 실현되려면 오히려 기의 청명에서 말미암아야 합니다. 이것이 맹자·정자·장자·주자 네 분이 우리 유학의 언어 바깥에 있는 가르침을 발휘해낸 것이요, 이 때문에 율옹도 곧장 "성현들의 수많은 말도 사람에게 그 기를 검속해서, 그 기의 본래 모습을 되찾으라는 것일 뿐이다"[220]라고 한 것입니다. 그 기가 본래 모습을 되찾으면 성은 (본래 모습을) 되찾기를 기다리지 않아도 되찾게 됩니다. 이것이 어찌 율옹의 허공에서 만들어낸 것이며, 성현의 으뜸가는 가르침에 작은 차이라도 있

217 정호·정이, 『하남정씨유서』 권25(『이정집』 vol.1), 321쪽.

218 張載, 『張載集』, 「語錄 中」, 321쪽.

219 주희, 『주자어류』 권4(『주자전서』 vol.14), 199쪽.

220 이이, 『율곡전서』 권10(표점영인 한국문집총간 vol.44), 「답성호원」, 211쪽.

는 것입니까? 노사의 견해대로라면 이 네 분을 모두 '기가 리의 자리를 빼앗고, 스스로 운행하다 멈추면서 천명으로부터 말미암지 않는다'라는 데로 내모는 것이니, 매우 놀라운 일입니다.

그렇지만, 이 또한 그의 식견이 앞만 보고 뒤는 보지 못하기 때문에 그러는 것일 뿐입니다. 실제로 율옹에게 무슨 영향이 있겠습니까? 다만 후대의 선비들이 그의 학설을 잘못 믿기라도 한다면 작은 차이가 결국에는 큰 차이를 빚는 폐단이 생길 것이니, 염려하지 않을 수 없습니다. 선현의 가르침 중에 기억나는 말이 있는데 "세상에 올바름을 해치는 학설이 있다면 군자는 변론해서 밝혀 지금과 후세 사람들이 미혹되지 않도록 하면 되는 것이지, 어찌 그것을 다 없애버리겠는가?"라고 했습니다. 원컨대 여러분들이 그의 학설을 가져다 두고 하나씩 따라가며 변론을 만들되, 마치 주자가 형양(滎陽: 呂希哲, 1036~1114)의 『대학』에 한 것처럼,[221] 서씨(余氏: 余允文)가 우강(盱江, 李覯, 1009~1059)의 『상어(常語)』에 한 것처럼 한다면,[222] 우리 유학의 선비들이 이쪽과 저쪽의 옳고 그름에 의심을 갖지 않게 될 뿐 아니라 또한 그들의 자손과 문인들도 아버지와 스승의 오류를 환히 알게 될 것입니다. 사마강과 유원성(劉元城: 劉安世 1048~1135)[223]이 온공의 『의맹』에 대해 그랬던 것처

---

221 주희가 「잡학변」에서 여희철의 『대학해』를 비판한 것을 가리킨다. 형양의 『대학』은 곧 여희철의 『대학해』를 가리킨다. 「잡학변」에서는 소식(蘇軾)의 『역전』에서 19조목, 소철(蘇轍)의 『노자해』에서 14조목, 장구성(張九成)의 『중용해』에서 52조목, 여희철(呂希哲)의 『대학해』에서 4조목들을 추려 모두 원문을 인용한 다음 그 아래에 자신의 비판을 싣고 있다. 주희, 『회암선생주문공문집』 권72(『주자전서』 vol.24), 「雜學辨」, 3492~3496쪽 참조.

222 이구의 『상어』에서는 맹자를 비판했는데, 여윤문은 이구를 비판하는 「존맹변(尊孟辨)」을 썼다. 그리고 주희는 「여은지의 「존맹변」을 읽고讀余隱之尊孟辨」을 썼다. 주희의 글은 『회암선생주문공문집』 권73에 실려 있다.

223 유안세는 사마광의 문인이었다. 사마광이 『의맹』을 지어 맹자에 비판적이었

럼 훌훌 벗어나 율옹의 문하로 돌아올 것입니다. 이것이 어찌 성현의 '백성이 나의 동포'라고 하는 인(仁)이 아닐 것이며, 이쪽과 저쪽의 사류들이 둘 다 소득을 얻는 방법이 아니겠습니까? 제 생각은 이와 같은데, 당신은 어떻게 생각하십니까?

음에도 불구하고 이와 대조적으로 그는 평생 『맹자』를 좋아하고 애독했다.

答權校理 鳳熙

壬寅

田愚

愚性質樸陋，學識膚淺，靡所重輕，加以負謗如山，爲世所棄．不圖執事寄以古道之書，而奬借過當，至有栗·尤淵源全齋嫡傳之教，此則旣非君子愼言之道，亦非鄙生冒受之禮．奉簡沈思，不省所以仰復也．第伏覩崇牘縷縷，敬悉尊賢衛道之苦血，區區不勝歎仰之至．愚亦嘗從先輩長者，聞栗谷先生東邦孔子也，優入聖室，洞見道體，上下數百年，邦人士孰不被其澤而信其說乎？近世奇蘆沙，乃獨立異而考其本文，則雖不直擧栗翁，而究其譏斥，則實有所歸，如何諱得？

況辭氣之間，高自標置，下視先賢，旣失自家尊畏之意，復啓新進輕肆之風．噫！蘆沙獨非栗翁敎化中一後學乎？何爲而有此大不可曉也．蓋道者，天下之公．雖前賢之言，已所未信者存，疑而講質則可矣．至於自信太過，奮筆貶斥，則是氣之作用，非理之本然也．況栗翁所謂機自爾也，非有使之者，是就運用上說．而與論語人能弘道，非道弘人，語類天之生物，非有使之然者，脗然一意．而其曰孰尸其機，嗚呼太極，是就根柢上說．而與易繫一陰一陽之謂道，語類若無太極，便不翻了天地者，—便不宋時俗語，與豈不同.— 更無兩指．此可見栗翁理氣之說，源頭流行無不備擧，孔情朱思罔不契合，而非後學之所敢議到也．

今如蘆沙之見，則其將據孔·朱一說，以斥孔·朱一說矣乎，夫講辨心性理氣，須要本末精粗一切都盡，方無透漏處，若只據此疑彼，執一廢百，則豈能免偏滯之病乎，竊復思之，孔子只說一箇仁，而孟子又說夜氣浩氣，程子又說君子莫大乎正其氣，張子又說爲學大益，在自求變化氣質，而朱子以爲極有功於聖門，有補於後學，由此論之，性之本善，固不繫於氣之昏翳，而性之直遂，郤有由乎氣之淸明，此孟·程·張·朱四夫子，所以發揮出聖門言外之指，而栗翁又直言聖賢千言萬語只要人撿束其氣，使復其氣之本然而已，夫氣復其本，則性不待復而自復矣，此豈栗翁之白空撰出，而一毫有異於聖賢宗旨乎，若如蘆沙之見，則其將倂四夫子，驅之爲氣奪理位，而自行自止，不關由天命者歟，大可駭也，

雖然，是亦自家見得前未見得後面而然爾，其實於栗翁，何所損益哉？但後進之士，誤信其說，而路陌一差，差毫繆千之弊，不可以不念也. 嘗記先賢之訓，有曰，世旣有害正之說，則君子辨而明之，使今與後，不惑可也，豈得滅絶之哉？竊願諸公，取其說，逐一立辨，如朱子之於滎陽大學，余氏之於盱江常語. 不惟使吾黨之士，無疑於彼我之是非，亦令其子孫門人，恍然知父師之誤，如司馬康·劉元城之於溫公疑孟. 而脫然復歸于栗翁之門焉，則豈非聖賢民吾同胞之仁，彼此士流兩得之術哉？愚見似此，未審高明以爲如何？

외필변

전우

이 글은 전우(田愚, 1841~1922)가 1902년 「외필」에 대한 문제의식을 본격적으로 표명한 최초의 저술이다. 전우는 권봉희의 편지를 받고 「외필」에 대한 문제의식을 느끼고 이 글을 지었다. 이 글이 계기가 되어 노사학파와 간재학파의 「외필」을 둘러싼 논쟁이 본격화되었다. 『간재집·전편』 권13에 실려 있다.

율옹이 "음양의 움직임과 고요함은 기틀이 저절로 그런 것이지 시키는 것이 있지 않다"라고 했는데, 노사는 「외필」에서 이것을 매우 공박했다. 그러나 내가 보기에 주자는 평소 '작용이 있자마자 곧 형이하이다'[224]라고 했으니, 움직임과 고요함이란 작용이다. 그래서 (율곡은) '저절로 그런 것이다'라고 한 것이다.[225] 공자는 분명히 말했다. "하늘이 만물을 낳으면서…심어진 이는 북돋아 주고 기울어진 이는 엎어버린다."[226] 주자는 이에 대해 오히려 '이것은 어떤 물건이 있어 그렇게

---

224 주희, 『주자어류』 권75(『주자전서』 vol.16), 2572쪽 참조.

225 주자의…것이다: 정의림의 「변외필변」에 의하면 이 구절은 원래 다음과 같았던 것으로 추정된다. "주자는 평소 '리는 조작(造作)이 없다'라고 말했는데, 움직임과 고요함(動靜)은 조작이다. 그래서 '저절로 그런 것이다'라고 말한 것이다. 주자는 또 '조금이라도 작용이 있으면 형이하다'라고 말했다. 고요하고 움직이는 것은 작용이다. 그래서 율곡은 '저절로 그런 것이다'라고 했다.[朱子雅言, 理無造作, 動靜者, 造作也. 故曰機自爾也, 朱子又言, 纔有作用, 便是形而下者, 動靜者, 作用也.]"

226 『중용』 17장.

하는 것이 아니다. 다만 만물이 생겨날 때 저절로 자라나지만, 마치 어떤 물건이 그것을 부지해 주는 것과 같고, 쇠약할 때에 저절로 닳아 없어지지만 마치 어떤 물건이 이것을 밀어서 뒤엎어버리는 것과 같다. 리가 저절로 이와 같다'[227]라고 했다. 또한 맹자는 분명하게 "하늘이 만물을 낳으면서 근본이 하나이도록 했다"[228]라고 말했다. 그러나 주자는 오히려 "저절로 그러한 이치이지만 마치 하늘이 그렇게 시키는 것과 같다"[229]라고 했다. 이윤은 분명하게 '하늘이 백성을 낳으면서 먼저 아는 이가 나중에 아는 이를 깨우치게 했다'[230]라고 했다. 그러나 주자는 "천리의 당연함이 마치 그렇게 시키는 것과 같다"[231]라고 했으니, 이것은 어찌 된 까닭인가? 단지 사람들이 '사(使)'자를 작용의 뜻으로 착각한다면, 도에 크게 해로울까 걱정한 것일 뿐이다. 그러므로 '약(若)', '흡사(恰似)', '비유물사지연(非有物使之然)' 등의 글자를 쓴 것이다. 그렇게 해서 작용의 부림이 없는 것을 드러내었다. 그러므로 '시키는 것이 있지 않다'라고 한 것이다. 율옹이 어찌 전수받은 것이 없이 멋대로 말한 것이겠는가? 또 예를 들어 "사람이 도를 넓힐 수 있다"라는 것은 기틀이 저절로 그러한 것이요, "도가 사람을 넓히는 것이 아니다"라는 것은 그렇게 시키는 것이 있지 않다는 것이다.[232]

"인심에 지각이 있다"라는 것은 음양이 움직이고 고요한 기틀이고, "도체는 함이 없다"라는 것은 태극의 저절로 그러한 오묘함이다.[233] 주

227 주희, 『주자어류』 권63(『주자전서』 vol.16), 2092쪽.

228 『맹자』, 「등문공 상」 5장.

229 주희, 『맹자집주』(『주자전서』 vol.6), 319쪽.

230 『맹자』, 「만장 상」, 7장 참조.

231 주희, 『맹자집주』(『주자전서』 vol.6), 319쪽.

232 『논어』, 「위령공」 28장 참조.

233 주희, 『논어집주』(『주자전서』 vol.6), 208쪽 참조.

자는 『논어집주』에 장자(張子)의 말을 싣고 있는데,[234] 후대의 학자가 '성이 마음을 검속할 줄 모른다'라는 것을 천명이 이미 그쳤다고 여기고, '마음이 성을 다할 수 있다'라는 것을 천명 바깥에 또 하나의 본령이라고 여긴 것이라고 여겨 붓을 놀려 제멋대로 매도하는 것을 들어본 적이 없다.[235] 리가 기의 주재이고, 성이 마음의 근본이라는 것을 논하자면 율옹은 또한 "기가 하는 것은 반드시 주재가 되는 리가 있다"[236]라고 했다. 또한 '함이 없이 함이 있는 것의 주재가 되는 것은 리다'[237]라고 했다. 또한 "누가 그 기틀을 주재하는가? 오호라! 태극이로다!"[238]라고 했다. 이런 것들은 이루 다 헤아릴 수 없다. 사람이 진실로 이것을 알았다면 '저절로 그런 것이다'라고 했을지라도 저절로 그러한 소이연

234 "장자는 말했다. '마음이 성(性)을 다할 수 있으니, 이것은 사람이 도를 넓히는 것이요, 성은 마음을 검속할 줄 모르니, 이것은 도가 사람을 넓히지 못한다는 뜻이다." 주희, 『논어집주』(『주자전서』 vol.6), 208쪽 참조.

235 인심은…없다: "사람이 도를 넓히는 것이지 도가 사람을 넓히는 것이 아니다"라는 『논어』「위령공」 28장의 내용의 본문과, 『논어집주』에 실린 주희의 주 그리고 인용된 장재의 언급에 대한 것이다. 이 구절이 논란의 대상이 된 이유는 이이가 「답성호원」에서 기발이승발도를 정당화하기 위해 이 구절을 다음과 같이 인용했기 때문이다. "기발이승이라는 하나의 길이 아니고 리 또한 따로 작용한다면 리를 무위(無爲)라고 할 수 없습니다. 그렇다면 공자께서 무엇 때문에 '사람이 도를 넓히는 것이지 도가 사람을 넓히는 것이 아니다'라고 했겠습니까. 이렇게 간파한다면 기발이승이라는 하나의 길이 분명하고 환해져서 형기의 사사로움에서 생기기도 하고 성명의 바른 데에 근원을 두기도 한다는 설과 사람이 말이 가는 대로 맡기며 말이 사람의 뜻을 따른다는 설도 널리 통하여 각각 그 뜻을 알게 될 것입니다.[若非氣發理乘一途, 而理亦別有作用, 則不可謂理無爲也, 孔子何以曰, 以能弘道, 非道弘人乎, 如是看破, 則氣發理乘一途, 明白坦然, 而或原或生, 人信馬足, 馬順人意之說, 亦得旁通而各極其趣.]" 이이, 『율곡전서』 권10(표점영인 한국문집총간 vol.44), 「답성호원」, 211쪽.

236 이이, 『율곡전서』 권10(표점영인 한국문집총간 vol.44), 「답성호원」, 199쪽.

237 이이, 『율곡전서』 권10(표점영인 한국문집총간 vol.44), 「답성호원」, 210쪽.

238 이이, 『율곡전서』 권1(표점영인 한국문집총간 vol.44), 「理一分殊賦」, 12쪽.

은 여전히 이 리이고, '그렇게 시키는 것이 있지 않다'라고 했을지라도, 시키지 않으면서 시키는 것은 여전히 이 리인 것이다. 「외필」에서 말하듯이 위연과 양의가 함께 승상부에 있으면서 서로 어긋나는 것과 같은 변고가 생겨난 적이 있었단 것인가?

만물의 생성은 '스스로 자라고 스스로 사라진다'라고 하지만, 스스로 자라고 스스로 사라지는 것도 필경 이 리가 저절로 이와 같은 것이다. 음양의 기틀도 스스로 움직이고 스스로 고요하다고 하지만 스스로 움직이고 스스로 고요한 것은 또한 리가 이와 같기 때문이다. 이것이 어찌 깨닫기 어려운 이치겠는가? 어떤 이는 이렇게 말한다. "주자는 스스로 자라고 스스로 사라진다는 구절 아래에 '리가 저절로 이와 같다'[239] 라는 말을 이어 붙였다. 그러나 율옹은 한마디도 하지 않았다. 이 때문에 노사의 의심을 불러온 것이다." 이것 또한 그렇지 않다. 주자는 이렇게 말한 적이 있다. "일기(一氣)가 유행하면 모든 것들이 스스로 생기고, 스스로 자라며, 스스로 형체화되고, 스스로 색을 갖는다. 이것이 어찌 하나하나 분 바르듯이 가꾸고서야 이렇게 되는 것이겠는가?"[240] 어떻게 하나하나 분 바르듯이 가꾸고서야 이렇게 되겠는가라고 한 것이 바로 율옹이 '그렇게 시키는 것이 있지 않다'라는 말이기에 다시 '리가 저절로 이와 같다'라고 말하지 않은 것이다. 이것 또한 스스로 운행하고 스스로 그치는 것이 천명에서 나오지 않는다고 매도할 수 있는 것이겠는가? 또한 '나는 기가 리의 자리를 빼앗아 모든 일의 본령이 될까 걱정한다'라고 배척하겠는가?

노사는 이렇게 말한다. : 움직이고 고요한 것은 기요, 움직이게 하고

---

239 "此亦非是有物使之然. 但物之生時自節節長將去, 恰似有物扶持它, 及其衰也, 則自節節消磨將去, 恰似箇物推倒它. 理自如此." 주희, 『주자어류』 권63(『주자전서』 vol.16), 2092쪽.

240 주희, 『주자어류』 권45(『주자전서』 vol.15), 1585쪽.

고요하게 하는 것은 리다. 움직이게 하고 고요하게 한다는 것이 그렇게 시키는 것이 아니라면 무엇이겠는가?

나는 이렇게 생각한다. : 리가 '그렇게 시킨다[使]'라고 하는 것은 뿌리를 말할 뿐이지, 기에 감정과 의지가 있다는 것과 같은 것이 아니다. 그러므로 우옹(尤翁)은 심명중(沈明仲: 沈世熙)이 "'움직이게 하고 고요하게도 한다'라고 하니 어떻게 조작이 없다고 하겠습니까"라는 질문에 대답하면서 "'이 또한 저절로 그렇다'라고 말하는 것에 불과할 뿐, 음양과 오행이 운용하는 것과는 다르다"라고 했다.[241] 지금 노사의 견해는 바로 심씨와 같다. 어찌 '기를 리로 인식하는' 데로 귀결되지 않겠는가?

리는 주재라고 말한다 하더라도 실제로는 스스로 존재할 뿐이요, 기는 움직이고 고요하다고 할지라도 실제로는 리에 뿌리를 두고 있다. 이것은 천지의 앞이든지 뒤든지, 천 년 전이든 만 년 전이든 변할 수 없는 정해진 도리다. 그러므로 율옹은 "무형무위(無形無爲)하면서 유형유위(有形有爲)한 것의 주재가 되는 것은 리이고, 유형유위하면서 무형무위한 것은 그릇[器]이 되는 것은 기다"[242]라고 하고서, 다시 "유형유위하면서 움직임과 고요함이 있는 것은 기이고, 무형무위하면서 움직임과 고요함 (두 측면 모두)에 존재하는 것은 리다"[243]라고 했다. 이것은 근본과 말단을 모두 다 발휘했고, 본체와 작용에 빠트린 것이 없다고 할 수 있으니, 도체를 환하게 아는 이가 아니라면 누가 여기에 함께할 수 있겠는가!

이제 이처럼 간파하거나, 이처럼 체득하지 못하고 오히려 주재라는 한 가지 뜻만을 주장하면서 거의 리에 조종하는 힘이 있고, 다시 이 기

241 송시열, 『송자대전』 권105(표점영인 한국문집총간 vol.111), 「答沈明仲」, 496쪽.

242 이이, 『율곡전서』 권10(표점영인 한국문집총간 vol.44), 「답성호원」, 210~211쪽.

243 이이, 『율곡전서』 권12(표점영인 한국문집총간 vol.44), 「答安應休」, 250쪽.

를 검속하지 않으면서 리의 본연만을 따르려고 한다면, 그 공부가 어찌 거칠고 틈이 벌어지지 않겠는가? 또한 그의 말대로라면 말하거나 침묵하는 것은 입이요, 말하게 하고 침묵하게 하는 것은 성이다. 나는 성이란 말하거나 침묵하는 리이고, 입과 혀는 따라서 말하거나 침묵한다고 들었지, 이 성이 스스로 말하고 침묵할 수 있다고는 듣지 못했다. 이런 까닭에 고자·불교의 '지각 작용이 곧 성이다'라는 주장, 양명의 양능(良能)과 '보고 듣고 말하고 움직이는 것이 모두 천리다'라는 주장은 모두 기를 리로 인식하는 데로 귀결되니, 우리 성인과는 다른 것이다.

주자의 「호계수(胡季隨: 胡大時)에게 답하는 편지」에 '자신의 마음을 스스로 살핀다'라는 말이 있다.[244] 이것이 어찌 살피는 리가 성에서 나오지만, 살필 수 있는 것은 마음이지 성이 아니라는 것을 모르는 것이겠는가? 그러므로 이처럼 말한 것이요, 글의 문리도 모두 갖추어 조금의 흠도 없다. 「외필」의 주장에 물든 후학들이 잘못 이해해서 '스스로 행하고 스스로 그칠 뿐이요, 성명에서 말미암지 않으며, 두 개의 본령이요, 각각 지도리가 된다'라는 주장을 주자에게 묻게 된다면, 내 생각에 노사의 혼령은 또한 지하에서나마 얼굴이 붉어질 것이다.

리는 하나일 뿐이지만, 기에 타면 나뉘어 갖가지로 달라진다. 이것이 율옹의 주장이다. "어떻게 리가 하나일 때는 처음에 타는 것이 없다가, 갖가지 리가 되었을 때에 비로소 기틀에 올라타는가?"라고 한다면 그렇지 않다고 하겠다. 이제 기틀 위에 있는 태극만을 단독으로 말한다면 '이일(理一)'이라고 할 뿐이지만, 네 계절의 기운을 겸하여 원형이정(元亨利貞)이라고 한다면, '기에 타서 그 나뉨이 갖가지로 달라졌다'라는 것일 뿐이다. 어떻게 어제는 걸어가다가 오늘에서야 말에 올라탔다는 말이겠는가?

---

244 주희, 『회암선생주문공집』 권53(『주자전서』 vol.22), 「答胡季隨」, 2520쪽.

이제 「외필」에서는 '이것은 마치 태극이 아무런 주장이 없다가 문득 말이 앞에 있는 것을 보고서 재빨리 위로 올라타는 것과 같다'라고 하는데, 이것은 결코 율옹의 본뜻이 아니다. 또한 "이 말은 변방 늙은이가 얻은 말과 같아서 원래 타고 있던 것이 아니요, 이 뒤에 형세가 틀림없이 이리저리 쏠릴 때에 오직 말머리만을 보는 격이다"라고 하니, 이 말 또한 자세히 다뤄야지 소홀하게 지나쳐서는 안 된다. 사람은 모두 태극을 갖고 있지만, 기품이 이미 다르기에 욕심이 움직이고 감정이 날뛰며 이해가 서로 공격하는 근심이 종종 있게 된다. 이때 원래 말을 타고 있는 주인이 이미 조종하는 힘을 가지고 있다면 또한 가부가 없지 않을 것이다. ―'조종한다[操縱]'와 '가부[適莫]'는 모두 「외필」에 있는 말이다― 어떻게 이렇게 동쪽으로 서쪽으로 쏠리는 것이 오직 말의 잘못이겠는가? 이 또한 분명히 밝혀서 살피고 논파해야 한다. 그렇지 않다면 '주인이 지향하는 것을 종복이 어떻게 가지 않겠는가'라고 하는 것도 사람들은 믿지 않을 것이니, 오호라! 위태롭구나!

「외필」에서는 또 이렇게 말했다. : 이발(理發)이란 두 글자가 오늘날 학자들에게 일대 금기하고 회피하는 용어가 되어버렸다. 그리하여 변화를 일으키거나 조리를 이루는 것을 보면 '기'라고 말한다. '누가 이 기를 주장하는가?'라고 물으면 '기틀이 저절로 그러할 뿐 시키는 것이 있지 않다'라고 대답하고, '이른바 리란 어디에 떨어져 있는가?'라고 물으면 '기를 타고 있다'라고 대답한다. 처음부터 이미 그렇게 시키는 오묘함이란 없고 끝에도 조종하는 힘이 없으니, 의지하고 붙어서 탈 뿐 무슨 일을 할 수 있겠는가? 있어도 도움이 될 것이 없고, 없어도 부족할 게 없으니, 아! 가련하다. 그 유래를 따져보면 '승(乘)'자에서 본뜻을 잃은 데 뿌리를 두고서 점점 리가 가벼워지고 기가 무거워지다가 곧바로 기가 리의 자리를 빼앗고서 모든 사물의 본령이 된 다음에야 그칠 것이다. 한 글자가 본뜻을 잃자 그 재앙이 결국 여기에 미친 것이다.

나는 이렇게 생각한다. : 율옹 또한 "누가 그 기틀을 주장하는가? 아! 태극이로다"[245]라고 했다. 이것이 어떻게 기를 온갖 일의 본령이라고 간주한 적이 있었다는 것인가? 또한 '성이 발현해서 정이 된다'[246]라고 했으니 「외필」에서 운운한 것은 율옹이 이미 환하게 알고 있었던 것이다. 다만, 이발을 잘못이라고 한 것은 오히려 곡절이 있으니, 사실은 이기호발설 때문에 (그렇게) 말한 것일 뿐이다. 리가 뿌리가 된다는 면을 따라서 말하자면 기는 리의 작용이다. 그러므로 기발이라고 하더라도 또한 이발이라고 할 수 있다. 이것은 마치 가는 것은 말이지만, 주인은 사람인 것과 같기 때문에 통틀어 말할 때는 '사람이 간다'라고 하는 것이다. 기가 작용할 수 있다는 측면에 근거하자면 리는 실제로 감정도 의지도 없기 때문에 선한 정이라고 해도 '기발'이라고 말할 수 있을 뿐이다. 이것은 마치 탄 것은 사람이지만 가는 것은 말이기에 변별해서 밝히면서 '말이 간다'라고 하는 것과 같다. 모두 리를 위주로 하더라도 일에 작용하는 측면[用事處]에 이르러서 또한 '기발'이란 말을 쓰지 말아야 한다고 금지한다면 실정에 어긋날 것이다. 비유하자면 신하가 군주의 명령을 시행하는 것과 같으니, 시행해야 하는 것이야 본래 군주에게서 나왔지만 그것을 시행하는 것은 결국 신하이지 군주가 아닌 것이다. 반드시 시행해야 하는 것이 군주의 명이라고 해서 신하가 시행하는 것을 가리켜 군주가 시행한다고 한다면 명목이 올바르지 않고, 말이 순조롭지 못할 것이다. 하물며 갑자기 '신하가 행한다[臣行]'이라는 두 글자를 신하가 군주의 자리를 빼앗은 것이라고 여겨 죽인다면, 이것이 어떻게 법리에서 나올 것이겠는가?

「외필」에서 인용한 "한 번 음이 되고 한 번 양이 되는 것을 도라고

245 이이, 『율곡전서』 권1(표점영인 한국문집총간 vol.44), 「理一分殊賦」, 12쪽.
246 이이, 『율곡전서』 권10(표점영인 문집총간 vol.44), 「答成浩原」, 201쪽 참조.

한다", "태극이 양의를 낳는다"라는 두 구절은 누군들 그렇게 말하지 않겠는가? "사람이 도를 넓히지 도가 사람을 넓히지 않는다"라고 한 것은 오직 공자의 말이 아니겠는가? 하나를 고집하면서 하나를 버릴 필요는 없을 것이다. 생각건대 시골 사람에서 성인과 현인이 되는 데 이르기까지 어찌 천지의 조화를 빼앗은 것이 아니겠는가? 공부란 마음에 보존된다 하더라도 그 본원은 하나 같이 성에서 나온다. 그런즉 도가 사람을 넓힐 수 있다고 하는 것이 또한 어떻게 불가할 것인가? 그러나 성인의 말이 이와 같은 것은 또한 그 까닭을 깊이 생각해 보아야 한다. 도란 지극히 존귀한 실재요, 만물의 주재가 되는 것이다. 그것을 끌어내려 작용하는 것과 같은 것으로 취급한다면 도와 기, 위와 아래의 구분이 어지러워질 것이요, 이 마음이 (성을) 넘보는 맹아를 막을 수 없을 것이다. 아! 성인의 가리킴이 은미하도다! — 이것으로 마음을 지키려 해도 후세에 오히려 이 마음이란 큰 이치가 작은 이치를 갖추었다고 자칭하는 경우가 있을 것이다. —

또 생각해 보면 마음이 일에 능해서 덕성을 공경하고 존중하며, 의리로 세교를 유지하고, 평범한 이를 성인으로 만들며, 보잘것없는 사람이 하늘에 참여하는 데 이르게 하니, (마음이) 사람에게 공을 세운 것이 그 얼마인가? (마음이) 형상의 이름을 빌렸다지만 여기에 안타까이 여길 만한 점이라고는 없는데, 성인은 무슨 까닭에 마음을 도와 나란한 것이라고 말하려고 하지 않았던 것인가? 불교는 리가 도인 줄을 모르고, '천상천하에 마음만이 존귀하다'라고 하니, (그들이 말하는) 나란 마음 스스로가 (주장하는) 나[心自我]이다. 마음이란 지극하게 정치하게 연마했다고 해도 충막무짐한 도와 비교하면 결국 은미하다고는 하지만 자취가 있으니, 신령함[靈]과 참됨[眞]은 원래 저절로 분별이 있어서 그런 것이다. 성인은 마음을 가리켜 도라고 여기고 싶지 않았으니, 근엄한 뜻이 어찌 이 때문이 아니겠는가? 이것이 우리 유학의 첫째 도리요, 또한 가장 먼저 유의해야 할 것이다. 옛 철인에게 묻고 싶지만 이미 할 수 없으니, 또한 이 시대와 후세의 현자들과 함께 바로잡기를 원하는 것이다.

정자는 "천지 만물의 리는 홀로인 것이 없고 반드시 짝이 있다"[247]라고 했다. 그런데 어떤 이가 주자에게 태극은 무엇과 짝이 되는가라고 하자 "태극은 음양과 짝이 된다"[248]라고 했다. 「외필」의 다섯 번째 단락은 이 뜻을 논하면서 기를 리와 짝지은 것을 들어 "이것은 성인의 말이 아니다. 요즘 사람들은 '리'자를 보자마자 반드시 기를 찾아서 짝으로 만들려고 한다. 이 때문에 이치가 유행하며 만들어 내는 큰 일들이 모두 기에 의해 겸하여 계산된다. 그 나머지는 혼륜함이요, 고요함으로 이것이 두 가지 본령의 시작이니 슬프다"라고 했다.

나는 이렇게 생각한다. : 노사의 뜻은 리를 높이려는 것이었기에 이렇게 말한 것이다. 그러나 말하는 투가 지나치게 짓밟고 깔아뭉개려고 해서, 성현을 경외하는 체모를 크게 손상시켰다. 이것이 어찌 기운이 리를 잃어버린 곳이 아니겠는가? 하물며 주자가 언제 성인을 비난했는가? 언제 본령이 하나가 아니라고 했는가? 그런데도 음양과 태극을 짝지었다. 이 또한 리가 유행하는 큰일을 빼앗아 기자와 두 본령을 이루는 시작이라고 해서 노사의 슬픈 탄식을 받아야겠는가?

「외필」에서는 "성인들은 유행하고 발현하며 변화가 환히 드러나는 것이 모두 이 도가 하는 것[此道之爲]임을 분명히 알았다"라고 했다. '모두가 이 도가 하는 것[此道之爲]'이란 네 글자는 잘 헤아려 보아야 할 것이다. 주자는 『논어집주』에서 이미 "도체는 함이 없다"라고 했고, 우옹은 어떤 이에게 보내는 편지에서 "이 리는 그 본체가 정의와 조작이 없

247 정호·정이, 『하남정씨유서』 권11(『이정집』 vol.1), 121쪽.
248 주희, 『주자어류』 권95(『주자전서』 vol.17), 3201쪽.

다가, 작용에 이르러서 정의와 조작이 있다고 말하는 것이 아니다"[249] 라고 했다. 두 선생이 어찌 도의 유행 발현을 알지 못해서 그 말이 이와 같겠는가? 이것은 다시 생각해 보아야 할 것이다. ―"이 도가 하는 것이 아님이 없다[莫非此道之爲]"라는 구절에 몇 글자를 덧붙여서 "이 도가 뿌리와 지도리가 되지 않음이 없다[莫非此道爲之根柢樞紐]"라고 한다면 아마도 더욱 상세하고 분명할 듯한데, 어떨지 모르겠다.―

249 송시열, 『송자대전』 권104(표점영인 한국문집총간 vol.111), 「答金仲固」, 499쪽.

猥筆辨

田愚

栗翁嘗言，陰陽動靜，機自爾也，非有使之也，蘆沙猥筆，深駁之. 然以愚觀之，朱子雅言，纔有作用，便是形而下者，動靜者，作用也，故曰機自爾也，孔子分明說，天之生物，栽者培之，傾者覆之，而朱子卻言，此非有物使之然，但物之生時，自長將去，恰似有物扶持佗，及其衰也，自消磨去，恰似箇物推倒佗，理自如此，孟子分明說，天之生物，使之一本，而朱子卻言自然之理，若天使之然也，伊尹分明說，天之生民使先知覺後知，而朱子卻言，天理當然，若使之也，此何以故，只是恐人錯認使字爲作用之意，則害道大矣，故另下若字恰似字，非有物使之然字，以見其無作用之使也，故曰非有使之也，栗翁豈無所受而妄言之哉？且如人能弘道，機自爾也；非道弘人，非有使之也.

蓋人心有覺，是陰陽動靜之機也，道體無爲，是太極自然之妙也，朱子於集註，載張子語，而未聞後賢以性不知檢其心，爲天命已息，心能盡性，爲天命之外又一本領，而奮筆肆罵也. 若論理爲氣主，性爲心本，則栗翁又嘗言氣之所爲，必有理爲之主宰，又曰，無爲而爲有爲之主者，理也，又曰，孰尸其機，嗚呼太極，此類不一而足矣，人苟有見於此，雖曰機自爾也，而其自爾之所以然，則依舊是理也，雖曰非有使之，而其不使之使，則依舊是理也，何曾有魏延·楊儀同府乖張之變，如猥筆之謂乎？

物之生，雖曰自長自消，而其自長自消，究是理自如此. 陰陽之機，雖曰自動自靜，而其自動自靜，亦是理當如此. 此豈難曉之理乎？或言朱子於自長自消下，繼以理自如此，而栗翁無此一轉語，所以來蘆沙之疑, 此又不然, 朱子嘗言, 一氣流行, 萬物自生自長自形自色, 豈是逐一糚點得如此. 豈是逐一糚點得如此, 卽栗翁非有使之之謂, 而更無理自如此之云, 此亦將以自行自止不關由天命, 罵之乎, 亦將以吾懼夫氣奪理位而爲萬事本領, 斥之乎?

蘆沙曰, 動者靜者, 氣也, 動之靜之者, 理也. 動之靜之, 非使之然而何? 竊謂理使云者, 只是根柢之謂, 非如氣之有情意者. 故尤翁於沈明仲使動使靜豈無造作之問曰, 此不過曰自然而已, 不似二五之運用也. 今蘆沙之見, 正與沈氏同, 則豈不歸於認氣爲理乎? 大抵理雖曰主宰, 而實則自在, 氣雖曰動靜, 而實本於理, 此前天地後天地千古萬古不易之定理, 故栗翁旣曰, 無形無爲而爲有形有爲之主者, 理也; 有形有爲而爲無形無爲之器者, 氣也. 又曰, "有形有爲而有動有靜者, 氣也; 無形無爲而在動在靜者, 理也." 此可謂本末兼盡, 體用無漏, 非洞見道體者, 其孰能與於此哉.

今不能如是看破, 如是體得, 卻只主主宰一義而幾於理有操縱, 不復撿束此氣, 以循乎理之本然, 則其工夫豈非有所疎漏處乎? 且如其說, 則語者默者, 口也, 語之默之者, 性也. 吾聞性爲語默之理, 而口舌從而語默, 未聞此性自會語默也. 是故告子·釋氏之知覺作用是性, 陽明之良能, 視聽言動便是天理, 皆歸於認氣爲理, 而與吾聖人異矣.

朱子答胡季隨書, 有自心自省語, 豈不知省之之理出於性, 而其能省之者心而非性? 故立語如此, 詞理俱到, 無些子疵纇, 而後人有習聞猥筆之說者, 誤以自行自止, 不由性命, 兩箇本領, 各自樞紐等說, 奉疑於朱子, 則竊意蘆沙有靈, 亦應蹙頞於泉下也.

理一而已矣, 而乘於氣則其分萬殊, 此栗翁說也. 曰豈一之時, 初無所乘, 至萬之時, 始上著機歟? 曰不然. 今單言機上之太極, 則曰理一而已矣, 兼擧四時之氣而言元亨利貞, 則曰乘於氣, 而其分萬殊云耳. 豈昔ヨ徒行, 而今日跨馬之謂乎? 今猥筆乃曰, 此若太極謾無主張, 忽見馬匹當前, 趫捷而騰上者然. 此決非栗翁之本意也. 又曰, 是馬爲塞翁之得, 非元來所乘, 此後勢必之東之西, 惟馬首是瞻. 此亦須消詳, 未可草草打過. 蓋人皆有太極, 而氣稟旣異, 則欲動情勝, 利害相攻之患, 往往而有. 是時所謂元來乘馬之主人, 旣有操縱之力, 而亦非無適莫者, — 操縱適莫, 皆猥筆中語.— 柰何有此東西惟馬之失也. 此宜明核而勘破. 不然, 則其曰主之所向, 僕焉有不往者, 人將不之信矣, 嗚呼殆哉!

猥筆又曰 : 理發二字, 爲今日一大禁避語, 而纔見行變化成條理者, 則曰氣也, 問孰主張是, 則曰其機自爾, 非有使之者, 問所謂理者落在何處, 則曰乘之矣, 始旣無使之然之妙, 末又非有操縱之力, 寄寓來乘, 做得甚事, 有之無所補, 無之靡所闕, 嗚呼可憐矣, 究其端由, 原於乘字失其本旨, 駸駸致得理輕氣重, 直至氣奪理位, 爲萬事本領而後已, 一字之失, 其禍乃至此乎,

愚按: 栗翁亦嘗言孰尸其機, 嗚呼太極, 此何嘗以氣爲萬事本領乎? 又言性發爲情, 則猥筆云云, 栗翁已見之昭陵也, 但其以理發爲非者, 卻有曲折, 實由理氣互發而云爾, 蓋從理爲根柢上說, 則氣爲理之用, 故雖氣發, 亦可謂之理發, 如行者雖馬, 而主者是人, 故統而言之曰人行也, 若據氣能作用上說, 則理實無情意, 故雖善情, 但可謂之氣發, 如乘者雖人, 而行者是馬, 故辨而明之曰馬行也, 若都欲以理爲主, 而至於用事處, 亦禁不下氣發字, 非其情實也, 譬如臣行君令, 其所行固出於君, 然其行之, 畢竟是臣而非君, 如必以所行是君命, 指臣行爲君行, 則名不正而言不順矣, 況遽指臣行二字, 爲臣奪君位而誅之, 則豈法理之所當出乎?

猥筆所擧一陰一陽之謂道, 太極生兩儀兩句, 誰曰不然? 但人能弘道, 非道弘人, 獨非孔子之言乎? 恐不必執一而棄一也. 竊嘗思之, 自鄕人而至於爲聖爲賢, 豈非奪天地之造化者乎? 其功夫雖存乎心, 而其本源一出於性, 然則謂之道能弘人, 亦何不可, 而聖人之言如此, 此宜深思其故. 夫道是至尊之實, 而爲萬物之主者, 若乃降而與有作用者

同科焉, 則道器上下之分亂, 而無以杜此心覬覦之萌矣. 嗚呼! 聖人之指微矣哉!—以此防心, 後世猶有此心自稱大理具小理者.—

抑又思之, 心之能事, 至於敬尊德性, 義扶世敎, 鑄凡作聖, 竪人參天, 其有功於人, 何如哉? 雖假以形上之名, 宜若無可惜者, 而聖人之於心, 乃不肯與道齊頭幷脚, 是又何故? 釋氏不知理之爲道, 而天上天下惟我獨尊, 我是心自我也, 心雖磨鍊得極精細, 比之沖漠無眹之道, 畢竟微有迹, 蓋靈之與眞, 原自有辨而然也. 聖人不欲指心以爲道, 其謹嚴之意, 豈不以是歟? 此是吾儒第一義理, 亦第一防閑, 欲以奉質於曩哲, 而旣未可得, 則亦願幷世與後來之賢者, 與之是正.

程子曰, 天地萬物之理, 無獨必有對, 有問於朱子曰, 太極便對甚底, 曰, 太極便與陰陽相對, 猥筆第五段, 正論此義云, 把氣與理對擧, 此非聖人之言, 今人纔見理字, 必覓氣來作對偶, 於是理之流行一大事, 盡被氣字帶去作家計, 所餘者, 只混淪也, 沖漠也, 此雙本領之履霜也, 悲夫. 愚按 : 蘆沙意欲尊理, 而有此云云, 然辭氣之間, 陵轢過越, 大損尊畏聖賢之體, 此豈非氣之失理處乎, 况朱子何嘗非聖人, 何嘗非一本領, 然而把陰陽太極做對, 此亦謂奪卻理之流行一大事, 以與氣字而爲雙本領之履霜, 而受蘆沙悲夫之歎者耶?

猥筆曰, 聖人的見流行發見, 變化昭著, 莫非此道之爲云云, 此道之爲四字, 恐合商量. 朱子於論語集註, 旣云道體無爲, 尤翁之答人書又云, 非謂[250]此理其體則無情意造作, 而至於用則有情意造作也. 二先生豈不知道之流行發見, 而其言如此耶? 此宜再入思議看也. —莫非此道之爲, 若添數字云, 莫非此道爲之根柢樞紐, 則似更詳明, 未知如何.—

250 謂: 『간재집』에는 '謂'자가 누락되었다. 『송자대전』 권104, 「答金仲固」의 원문에 의거해서 보충했다.

송성호에게 답함

임인년(1902)

전우

이 글은 전우가 1902년에 문인인 송치기(宋致沂)에게 보내는 편지이다. 이미 「외필변」을 지었다는 사실을 말하고 있는 것으로 미루어 1902년 후반기 무렵에 쓴 것으로 보인다. 자신만의 유학사적 맥락에 기초해서 이항로·기정진의 학술적 경향을 논평하고 있는 것이 이색적이다. 『간재집·전편』 권10에 실려 있다.

논하신 학문하는 차례는 매우 좋습니다. 제 생각에 우정(虞廷: 舜)이 마음을 말하고, 성탕(成湯)이 성을 말한 것은 모두 우리의 도가 천하에 관련됨을 밝히려는 것이었으니, 시대가 달라도 주장이 다르지 않았기에 사람들은 스스로 깨달을 수 있었습니다. 공자가 사람을 가르치면서 인과 경, 충과 서를 위주로 했고 성명의 이치는 드물게 말했습니다. 자사의 시대에 이르러 비로소 올바른 것을 어지럽히는 이단의 학설이 나타났습니다. 그러므로 천명(天命)과 도교(道敎), 중화(中和)와 비은(費隱) 등을 정밀히 파헤쳐 변별했습니다. 맹자가 심성을 말한 것도 이와 같았으니 또한 어쩔 수 없어서 그런 것입니다. 그러나 계신(戒愼)과 신독(愼獨), 지지(持志)와 양기(養氣)는 아래에서 배우는 방도가 아닌 것이 없었습니다. 그러나 송나라 유학자 섭적(葉適, 1150~1223)은 맹자를 가리켜 신기한 논설로 도를 해친다고 했습니다. 자못 알지 못하겠습니다만 당신께서 행실을 바로잡는 데 능하실 뿐 그 근본을 탐구하지 않는다면, 이단을 배우는 선비를 만나면 그 잘못을 알지 못하고 부화뇌동하게 될 것이니, 이것이 정자가 "앎을 근본으로 여기고, 행동은 그다음이다"[251]

라고 논한 이유입니다. 한나라는 훈고학을, 당나라는 사장학을 했기에 모두 도에 들어가기에 부족했습니다. 그러므로 주자(周子)·정자·장자·주자(朱子)는 다시 그 정수를 발명해서 사람들에게 보였으니, 또한 맹자·자사의 뜻과 같았습니다. 그러나 주자는 오히려 굳건하고 자긍심이 높았음에도 거꾸로 한나라 유학자들이 본분을 지키면서 착실하게 공부한 것에 미치지 못한다고 탄식했습니다. 그러나 육씨(陸氏: 陸九淵)는 독서와 궁리는 세속의 학문이라고 하면서 성에 미치지 못했기에, 주자는 '학문을 한다고 하면서 성을 논하지 않으니 다시 무슨 일을 배운다는 것인가?'[252]라고 했습니다. 양자순(楊子順: 楊履正)[253]은 사람들이 「서명」과 태극 등을 어지러이 떠들어대는 것을 싫어하면서 "이것은 입과 귀로나 익히는 것일 뿐이니 나는 궁행의 실상을 찾으려 한다"라고 했습니다. 주자는 그를 꾸짖으면서 "이것은 남들이 하수(河水)를 말하는 것을 싫어하면서 자신은 목말라 죽는 것을 달게 여기는 꼴이니 어찌 잘못되지 않겠는가?"[254]라고 했습니다.

임택지(林擇之: 林用中)[255]는 스스로 '사람들이 성과 명을 말하는 것을 들으면 스스로 부끄러움을 느꼈다'라고 했는데, 주자는 그를 경계하면서 말했습니다. "이는 굽은 것을 바로 잡으려다가 지나치게 바르게 한

---

251 정호·정이, 『하남정씨유서』 권25(『이정집』 vol.1), 320쪽 참조.

252 주희, 『주자어류』 권124(『주자전서』 vol.18), 3882쪽 참조.

253 양이정(楊履正): 주희의 문인으로 천주(泉州) 진강현(晉江縣) 사람이며 자는 자순(子順)이다.

254 주희, 『회암선생주문공문집』 권59(『주자전서』 vol.23), 「答楊子順」, 2827쪽.

255 복주(福州) 고전현(古田縣) 사람으로 자는 택지(擇之), 혹은 경중(敬仲)이라 하기도 한다. 별호는 동병(東屛)이며, 초당선생(草堂先生)이라 불렸다. 건도 2년(1166년)에 주자 문하에 입문해서 스승으로 섬겼으나, 주자는 언제나 '외우(畏友)'라고 불렀다. Chan, Wing-tsit, 『朱子門人』(臺北, 臺灣學生書局, 1982), 145~146쪽 참조.

논의다. 이와 같다면, 경전 중에서 성·명을 논한 곳은 모두 없애야 할 것이며, 정자·장자 등 여러 학자들의 저술도 전부 불살라 버려야 할 것이다. 이는 작은 잘못이 아니다."[256] 주자의 뜻은 또한 우러러 헤아릴 수 있습니다. 그러나 사람을 가르치면서는 오히려 이렇게 말했습니다. "단지 착실하게 공부해 나갈 뿐이다. 논의가 많으면 더욱 시끄러워 진다."[257] 또 "요즘 학문하는 사람들은 옛날과 아주 다르다. 요즘 사람들은 억지로 고원한 것을 탐구해 가려 할 뿐이지만, 옛사람들은 한 걸음씩 착실하게 해 나갔다"[258]라고 했습니다. 이것은 또한 빈말을 경계하고, 실천에 힘쓰라는 것이니, 주자 문하에서도 말학들의 폐단을 이미 깊이 경계했던 것입니다. 일찍이 황자계(黃慈溪: 黃震, 1213～1280)가 『논어』의 "힘이 남거든 문장을 배운다", "말을 함부로 하지 않는다"라는 두 장을 강의한 것을 읽었는데, 세 번이나 반복하면서 우러러 찬탄하지 않은 적이 없었습니다. 명나라 초기에 오강재(吳康齋: 吳與弼, 1391～1469)·호경재(胡敬齋: 胡居仁, 1434～1484) 등 여러 사람은 모두 언행을 삼가고 경의를 위주로 삼는 데 힘써 학술에 폐단이 없었습니다. 홍치(弘治, 1488～1505)·정덕(正德, 1506～1521) 이후로 천하의 선비들은 정상적인 것을 싫어하고 새로운 것만을 기뻐해서 기풍이 점점 얇아졌습니다. 왕양명은 세상에 없는 자질을 타고나 '심즉리(心卽理)'라는 새로운 학설을 만들어내 중국을 뒤흔들었습니다. 가정(嘉靖, 1522～1566) 이후로는 왕씨를 높이고 주자를 비방하는 이들이 비로소 세상에 잇달아 나타났습니다. 그의 후학들은 재전(再傳)에 이르러 안산농(顔山農: 顔鈞, 1504～1596)·하심은(何心隱 혹은 梁汝元, 1517～1579)·이탁오(李卓吾: 李贄, 1527

---

256 주희, 『회암선생주문공문집』 권43(『주자전서』 vol.22), 「答林澤之」, 1985～1986쪽.

257 주희, 『주자어류』 권8(『주자전서』 vol.14), 288쪽.

258 같은 책, 같은 곳.

~1602)가 되었으니, 다시 명교로 속박시킬 수 있는 것이 아니었습니다. 이에 선비들의 습관이 들끓고 인심이 무너지고 빠져들어 나라도 따라서 망했습니다. 아! 학술과 치란의 관계가 이와 같습니다.

우리나라에 이르러서 중기 이전의 학자들은 자못 실천에 전념하는 데 치우쳐 격물궁리를 등한시했습니다. 그러므로 퇴계·율곡 이후로 종종 뿌리가 되는 곳을 가리켜서 사람들에게 실천이 성명에 뿌리를 두고 있음을 알도록 했습니다. 세상을 구제하려는 마음이 매우 간절하고 리를 분석하는 주장이 매우 정밀했기에 후학들은 그들이 발명한 것으로 인해 실천을 바로잡았습니다. 천덕과 왕도 둘 다 이룰 수 있었습니다. 근자의 사류들에 이르러 텅 빈 것을 이어받고 그림자를 마주하고서 지엽적인 설명만을 덧붙입니다. 폭포 아래서 봉우리를 담론하는 격일 뿐, 결국 딛고설 땅이 없게 되었고, 심한 경우에는 같은 편은 감싸고 다른 쪽은 배척하는 것을 가져다 스승을 배척하고 현자를 모독하는 것으로 바꿨습니다. 예의와 겸양은 씻은 듯이 사라졌고, 풍속은 크게 무너졌습니다. 깊은 식견을 가지고 멀리 걱정하는 군자들이 서로 되돌리려고 했지만, 할 수 없었기에 한낮 걱정하면서 탄식할 따름이었습니다.

그러나 화서의 「아언」과 노사의 「외필」을 보았더니, 명백하게 율곡·우암 두 선생이 서로 전한 종지와 달라서 합쳐질 수 없었습니다. 그들의 후학들도 율곡·우암이 참된 것을 잃었다고 여기고 화서·노사를 으뜸으로 높이려고 했습니다. 그 말류의 폐해를 걱정하지 않을 수 없습니다. 그러므로 분수를 넘어서면서 스스로 헤아리지 못하고 「아언」에는 「의의」[259]를, 「납량사의」와 「외필」에는 변론하는 글을 지었습니다. 선각자를 만나 시정할 수 있다면, 후학들이 율곡·우암의 유지를 미루어 찾고, 민락(洛閩)의 바른길을 지향할 수 있도록 할 수 있을 터이니, 어쩌

---

259 「華西雅言疑義」를 가리킨다.

면 '보답할 수 없는 은혜에 보답하는 것'260이 될 수도 있을 것입니다.

이제 고명이 들었다는 심석장(心石丈)의 말에 '오늘날 천하가 거의 모두 이단의 학문을 하니 율곡·우암의 정론을 지킬 수 있는 이는 오직 그대의 스승과 우리 집안일뿐이다. 오늘날의 일을 어찌 평범하게 보면서 분별하고 논파하지 않아서야 되겠는가?'라고 했습니다. 나는 진실로 고루하고 천박한데 어찌 이런 책임을 감당하겠습니까? 다만 깊이 전전긍긍할 뿐입니다. 내 글 몇 편은 동생이 베껴서 가져갔습니다. 심석장에게 전달시켜서 수정한 의론을 들을 수 있겠습니까? 이렇게 된다면 어찌 못난 저 혼자만의 다행이라 하겠습니까? 이것은 공도(公道)이니 잘못이면 물리치고 옳은 것은 보존해서 정론을 이루는 것만이 괜찮을 것입니다. 명도선생은 "도의 소재를 터득한다면 현재와 미래, 나와 남에 구애받지 않는다"261라고 했는데, 읽을 때마다 깨닫지 못하는 사이에 깊은 뜻을 음미하고 마음이 넓어집니다.

---

260 원문은 '不報之報'인데, 벼슬길에 나아가 문제를 일으키는 것보다 차라리 벼슬을 하지 않는 것이 임금의 은혜에 보답하는 것이라는 뜻이다. 주희가 진량(陳亮, 1143~1194)에게 보내는 편지에서 "때를 만나지 못했을 때에는 홀로 그 몸을 선하게 하며, 천하에 대의를 밝혀 천하의 학자로 하여금 모두 우리 도가 올바른 줄 알게 하고, 그것을 지키면서 천자의 사령(使命)을 기다리면 이것이 바로 보답할 수 없는 은혜에 보답하는 것이니, 또 어찌 반드시 나아가서 세상을 다스려야만 하겠습니까?(就其不遇, 獨善其身, 以明大義於天下, 使天下之學者皆知吾道之正而守之以待上之使命, 是乃所以報不報之恩者, 亦豈必進爲而撫世哉!)"라고 한 구절에서 인용했다. 주희, 『회암선생주문공문집』 권36(『주자전서』 vol.22), 「答陳同甫」, 1595~1596쪽.

261 정호·정이, 『하남정씨유서』 권1(『이정집』 vol.1), 4쪽.

答宋性浩

壬寅

田愚

所論爲學次第, 甚善甚善. 竊念虞廷之言心, 成湯之言性, 皆以明吾道之有關於天下, 而時無異論, 故人自曉得. 孔子敎人, 主於仁敬忠恕, 而性命之理罕及焉. 至子思時, 始有異端亂正之說, 故將天命道敎中和費隱之屬, 精覈而辨別之, 孟子之言心性, 亦是如此, 蓋亦不得已也. 然戒懼愼獨, 持志養氣, 無非下學之方矣. 而宋儒葉適, 指思孟爲新說奇論, 而有害於道, 殊不知賢者但能正行而不究其本, 則遇異端之士, 不知其非, 和而同之, 此程子所以有識爲本行次之之論也. 漢以訓詁, 唐以詞章, 皆不足以入道, 故周程張子, 復發其精蘊以示人, 亦思孟之意也. 然朱子猶有腳跟高擡, 反不如漢儒依本分實下手之歎矣, 然陸氏謂讀書窮理爲俗學, 而不及夫性, 則朱子謂學而不論性, 更學何事? 楊子順憎人言西銘太極者之紛紛而曰, 此爲口耳之習, 吾欲求躬行之實云爾, 則朱子責之曰, 是惡人說河, 而甘自渴死, 豈不悞哉!

林擇之自謂, 聞人說性說命, 自覺羞媿, 則又警之曰, 此又矯枉過直之論, 如此則凡經典中說性命處, 皆可刪, 而程張著述, 皆可焚矣, 非小病也, 朱子之意, 又可以仰揣矣, 然其敎人, 又卻云, 只是實去做功夫, 議論多轉鬧了. 又曰, 今之學者, 直與古異, 今人只是强探向上去, 古人步步實做將去. 此又戒空言而務實踐, 則朱門末學之弊, 已深戒之矣. 嘗讀黃慈溪論語餘力學文, 言之不出兩章講義, 未嘗不三復而歎仰也. 明初吳康齋胡敬齋諸賢, 皆以謹言行主敬義爲務, 而學術無弊矣, 弘治正德以後, 天下之士, 厭常喜新, 風氣浸薄, 而王陽明以絶世之資, 創出心卽理之新說, 以鼓動海內. 嘉靖以後, 尊王氏而詆朱子者,始接踵於世矣. 其後再傳而爲顔山農·何心隱·李卓吾, 而非復名敎之所能羈絡矣. 於是士習蕩狂, 人心陷溺, 國隨而亡. 嗚呼! 學術之有關於治亂, 有如是夫.

至於本朝, 中葉以上諸賢, 頗有專踐履, 而少竆格之偏, 故自退栗以來, 往往指示本原處, 使人知所行之本於性命. 此其救世之心甚切, 析理之說甚精, 後學因其發明而正其踐履, 天德王道, 何所不成! 至於近年士流, 但能承虛接響, 添枝接葉, 徒有懸河之談鋒, 竟無點地之脚跟, 甚者借以黨同伐異, 轉以斥師侮賢, 禮讓掃地, 風俗大壞, 深識遠慮之君子, 相與挽回而不可得, 則徒切憂歎而已矣. 然竊嘗見華西之雅言, 蘆沙之猥筆, 顯與栗·尤二先生相傳宗旨, 殊別而不可合矣. 又其後進頗有視栗·尤爲失眞, 尊華·蘆爲得宗, 其流之弊, 不可以不慮, 故僭不自量而於雅言有疑義, 私議·猥筆有辨說. 庶幾遇先覺而得其是正, 使後來者, 得以推尋乎栗·尤之遺旨, 而向望乎洛閩之正路, 則或可爲不報之報也.

今承高明所聞心石丈之言曰, 今天下幾乎皆異學, 而能守栗尤正論者, 惟尊師與吾家而已. 近日之事, 何可泛視而不一辨破耶? 區區誠孤陋淺薄, 惡敢當是責? 但深兢惕而已. 鄙說數篇, 令弟有謄去者, 或可轉呈心石丈, 以冀聞其繩削之論否? 如此則豈惟鄙一人幸而已哉? 蓋此是公道, 非者去之, 是者存之, 以成正論可矣. 明道先生言, 但得道在, 不繫今與後己與人. 每一誦之, 不覺味之深而心之廣也.

명기문답

임인년(1902)

전우

이 글은 전우가 1902년에 쓴 것이다. 「외필」을 직접적으로 논하고 있지는 않지만, 이름을 밝히지 않은 노사학파의 인물이 자신을 '기를 밝히려는 이단의 학문[明氣之異學]'을 한다고 비판하자 여기에 변론하고 있다. 전우는 "나는 기를 밝히는 이단의 학문을 원할지언정, 기에 어두운 바른 학문[昏氣之正學]을 원치 않습니다"라고 말하고 있는데, 이것은 1904년의 「외필후변」에서 "나는 차라리 주기라고 배척을 당할지언정 4,000년 이래의 여러 성현을 배신해서 주리의 명칭을 거짓으로 뒤집어쓰지 않겠다"[262]라는 주장과 이어진다. 이런 점에서 외필논쟁의 연장선상에 있는 자료라고 할 수 있다. 『부벽록』 및 『간재집·전편』 권15에 실려 있다.

어떤 손님이 구산노생(臼山老生)에게 물었다. "그대는 명덕이 리가 아니라고 한다는데 어디에 근거한 것입니까?"

말했다. "주자에 근거한 것입니다."

"주자에 근거했다고 하는데, 근거했다는 것은 무엇을 말합니까?"

"주자는 '마음의 비고 신령한 것은 기의 밝은 것으로서 온갖 이치를 갖추어 모든 일에 호응하는 것'이라고 했습니다. 이것이 허령의 능력을 갖춘 곳입니다. 나는 그러므로 주자에 근거했다고 한 것입니다."

"호남의 아무개가 그대를 기를 밝히는 이단의 학문이라고 비난한다는 데, 그대는 어떻게 생각하십니까?"

"그 기를 밝히는 것이 이단의 학문이라면 기에 어두워야 바른 학문

262 田愚, 『艮齋集·前編』 권13(표점영인 한국문집총간 vol.333), 「猥筆後辨」, 86쪽.

일 것입니다. 그러나 나는 기를 밝히는 이단의 학문을 원할지언정, 기에 어두운 바른 학문을 원치 않습니다. 어째서 이렇게 말하는 것입니까? 성인의 가르침은 사람이 그 기의 어두움을 밝혀서 그 성의 선함을 밝히려는 것일 뿐이기 때문입니다. 이제 성을 회복하려 하면서 그 기를 어지럽힌다면, 성공할 이가 없을 것입니다. 이제 거칠게 말하자면 날이 저물어 사람이 피곤해지면 어두운 기가 쉽게 파고드는데 정신을 맑게 이끌지 못하게 하면,[263] 임금으로서의 마음은 어리석어지고 하늘로서의 성은 어두워질 것입니다. 그러므로 도산선생(陶山先生)은 진씨(陳氏: 陳柏)의 잠(箴: 「숙흥야매잠」)을 「성학십도」 가운데 하나로 넣어서 (선조에게) 올렸습니다. 게으르고 어두우면 마음이 바름을 얻지 못하기에 마음의 본체가 확립되지 못합니다. 그러므로 석담선생(石潭先生)은 뜻을 독실하게 해서 기운을 이끌며 정신을 가다듬으라는 말을 임금에게 간절하게 아뢰었습니다. 그는 이것을 모두 보지 못한 것입니까? 아니면 집안의 가르침에 물들어 두 선생의 말에 불만을 가지는 것입니까?

또한 정밀하게 말하자면 상채의 마음이 늘 깨어있는 것[常惺惺], 주자의 늘 이 마음을 불러 일깨우는 것[常喚醒]이 모두 유학의 핵심적인 방법입니다. 또 나아가 말하면 하늘의 명명(明命)을 주자는 "이 사물은 즉이 기다"[264]라고 했으니, 이것은 주자가 68세 이후의 말입니다. 그리고 『대학』의 주에서도 "늘 눈이 여기에 있으면 밝지 않은 때가 없을 것이다"[265]라고 했습니다. 그는 이것도 이단의 학문이라고 지목하려는 것입니까? 또한 넓혀서 말하자면 성현들이 말하는 '뜻과 기가 맑고 밝다', '텅 비고 밝은 기상', '기의 모양이 맑고 밝다', '신의 정채가 맑고 밝다'라고 한 것들을 그는 모두 이단의 학문에 귀결시켜버리고 우리 유학과는

263 날이…하면: 「숙흥야매잠」 참조.

264 주희, 『주자어류』 권16(『주자전서』 vol.14), 504쪽.

265 주희, 『대학장구』(『주자전서』 vol.6), 18쪽.

상관이 없게 만들려는 것입니까?

또한 내려서 말하자면 정자·주자 두 선생은 금수의 성을 논하면서 매번 '기가 어두워 미루어 나아갈 수 없다'라는 것으로 말했는데, 이제 그의 견해대로라면 하나같이 기의 어두움에 맡겨두고 밝히는 공부를 금지하고 하지 않는다는 것입니다. 그렇다면 졸음이 와도 상관치 말고, 술자리라도 상관치 않는다는 것이니 과연 성을 미루어 나가서 다른 사물들과 스스로 구별할 수 있겠습니까? 심합니다! 사람이 이기는 것을 좋아함이여! 스스로 이기려고만 하고 좋아하는 것만 좇는다면, 낙·민과 배치되어 금수와 같은 부류가 되는 것을 어쩌려는 것입니까? 그가 정말로 맑은 밤에 깊이 생각할 수 있다면, 또한 두렵고 놀라움에 후회하면서 옛 견해를 바꿀 것입니다. 나는 이것만을 바랄 뿐입니다. 설령 그가 기를 밝히지 않을 수 없음을 빨리 알았더라면 틀림없이 그의 선조가 감추려했던 글을 간행해서, 지금과 후대의 군자들에게 비난을 당하려 하지 않았을 것입니다. 그렇지 못한 것이 안타깝습니다!"

객이 말했다. "내가 본래 그의 말을 의심했는데, 이제 그대의 말을 듣고 보니 환하게 깨달았습니다."

구산노생은 그 문답을 기록해서 종유하는 선비들에게 보여주었다.

明氣問答

壬寅

田愚

客有問於白山老生曰，子以明德爲非理，烏據諸？曰，據朱子，何謂據？朱子曰，虛靈是氣之明處，具衆理應萬事，是虛靈之能處，吾故曰據朱子也．曰，湖南某人，譏吾子爲明氣之異學，子以爲如何？曰，明其氣者爲異學，則昏了氣者乃正學也，然吾願爲明氣之異學，不願爲昏氣之正學也．何以言之？聖人之敎，使人明其氣之昏而復其性之善而已．今欲復其性，而昏其氣，則未有能成者也．今且粗而言之，日暮人倦，昏氣易棄，而不使之振發精明，則心君昧而性天陰矣，故陶山先生取陳氏之箴，以充進御十圖之一，怠惰昏睡，則心不得正，而中體不立矣，故石潭先生以篤志帥氣抖擻精神之說，眷眷陳達於黈纊之下矣，彼皆未之見耶，抑習聞其家庭之敎，而不滿於二先生之說歟，

又精而言之，上蔡之常惺惺，朱子之常喚醒，皆聖門要法也，又進而言之，天之明命，朱子以爲這箇物事卽是氣，此爲朱子六十八歲以後語，而大學註，又以爲常目在之則無時不明矣，彼于此，亦將指爲異學歟，又廣而言之，凡聖賢所謂志氣淸明，虛明氣像，氣皃淸明，神彩淸明之屬，彼將一切歸之異學，而與吾儒無交涉耶，

又降而言之，程朱二夫子，論禽獸之性，每有氣昏推不得之說，今如彼之見，一任氣之昏，而禁不下明之之功，則瞌睡也不管，酩酊也不管，其于性果能推得去，而有以自別於庶物矣乎？甚矣！人之好己勝也．己勝縱好，其柰背馳洛閩而禽獸同科何哉？彼誠能淸夜思省，則亦惕然懼赧然悔而改其舊見矣．吾惟是之望焉爾！使其蚤有見於氣之不可不明焉，則必不印出其先所秘之書，以取譏於今與後之君子矣．惜乎

其未也! 客曰, 吾固疑彼之說, 今聞子之言, 而豁然悟矣. 白山老生, 記其答問, 以示從遊之士.

권중언—만희—에게 답함

정면규

이 글은 정면규가 권만희(權晩熙)[266]에게 보내는 답장이다. 저술 연도가 기록되어 있지는 않지만, 편지의 내용은 외필논쟁이 본격화된 지 얼마 지나지 않았고, 기정진 성리학에 대한 비난이 일어나는 즈음이라는 것을 짐작하게 한다. 1902년 후반기 무렵에 쓴 것으로 추정된다. 기정진의 성리학이 비판을 받고 있는 와중에 영남 노사학파 구성원들의 곤혹스러운 분위기가 담겨있다. 『농산집』 권4에 실려 있다.

편지를 받고 기분이 매우 시원했습니다. 무리 지어 의심하고 많은 이들이 등을 지는 지경에 완석(緩石)만이 홀로 옛 모습 그대로입니다. 이 일을 슬기롭게 탐구해 보면 스스로 이해할 수 있었기 때문입니다. 선사는 율옹에게 다른 마음이 없이 존경했고, 다만 「외필」 한 편이 있을 뿐입니다. 억지로 흠을 찾는 것이야 본시 이상할 것이 없습니다.

그러나 예를 들어 「이통설」, '리와 기에는 호발이 없다', '모든 정이 리에서 발원한다'[267], '움직이고 고요한 것은 기이고, 움직이고 고요하게 하는 것이 리다'라는 등의 주장은 깊이 율옹의 종지를 얻고서 필생의 명맥과 가계로 삼은 것입니다. 심지어 환성(喚醒)의 『문집』 서문에서는 율옹을 신원하려는 상소문이라는 이유로 '천지에 참여하고 성쇠에 연관된다'라고 했고, 또한 '만세에 흥망성쇠의 소식을 전했다'라고 했습

266 자는 중언(仲彦) 호는 완석(緩石)이고 본관은 안동(安東)이며 거주지는 의령(宜寧)이다.

267 이이, 『율곡전서』 권9(표점영인 문집총간 vol.44), 「答成浩原」, 195쪽 참조.

니다. 『격몽요결』을 논하면서는 『사자소학』에 비견했습니다. 그 밖에 말 한마디 뜻 하나일망정 일상생활에 받아들인 헤아릴 수 없이 많은 것들이 (율곡의) 전집에 실려 있으니, 속일 수 없습니다.

다만 "기틀이 저절로 그런 것이지 그렇게 시키는 것이 있지 않다"라는 한 구절에 계합하지 못했고, 율옹의 "누가 그 기틀을 주장하는가? 아! 태극이로다"268라고 한 구절 및 "리가 이와 같기에 기 또한 이와 같다"269라는 말과 서로 모순이 되었기에, 선사는 이것이 다만 유행이란 측면의 말이라고 여기시고 완곡하게 풀이해서 서로 소통시켰습니다. 그러나 요즘 사람들은 이내 종지를 버리고서, 그릇되게도 유행을 말한 것을 궁극적인 본원을 말한 것으로 바꿔서 이해했고, 점점 기가 리의 자리를 빼앗고 모든 일의 본령이 되게 한 다음에야 그치게 만들었습니다. 「외필」을 지은 것은 '요즘 사람'을 위해서인 것입니다. 요즘 사람들이 모두 유행이란 측면의 말이라고 보아서 율옹의 본뜻을 잃지 않았더라면, 「외필」은 결코 짓지 않았을 것임을 알 수 있습니다. 이런 까닭으로 「외필」의 첫 단락이 그 구절이 타당하지 않음을 말했을 뿐, 두 번째 단락 이하의 다섯 단락은 모두 요즘 사람들의 폐단을 통렬히 설파했으며, '말류의 폐단이 이에 이르렀다'라고 결론을 맺었으니, 전현에게는 '자세하게 생각하지 못한 점이 있다'라고 했을 뿐입니다. 저들은 선사가 율옹을 공격하고 배척했다고 하는데, 그 말이 타당합니까? 부당합니까? 선현을 존중하고 경외하며 의리를 강론하고 밝히는 것은 본래 둘 다 실천해도 서로 어긋나지 않습니다. 정자·주자 등이야 논할 것이 없으니 우선 율옹과 퇴도 사이를 논해보겠습니다. 율옹은 일찍 퇴도의 문하에 이르러서 선현으로 존중하고 경외했습니다. 문묘 배향을 논할 때

---

268 이이, 『율곡전서』 권1(표점영인 한국문집총간 vol.44), 「理一分殊賦」, 12쪽.
269 黃榦, 『勉齋集』 권3(경인문연각 사고전서 vol.1168), 「經說」, 39쪽.

는 정암(靜庵)과 배향시켰고, 석채를 거행할 때면 주자와 배향했습니다. 존경과 숭앙을 더한 것이 과연 어떻습니까? 그러나 이치를 강론할 즈음이 되어서는 한 글자도 지나치는 법이 없었습니다. 그래서 "퇴계의 실수는 성리에 있다"[270]라고 했고, 또한 '변설이 상세하지만 의리가 분명하지 않다'[271]라고도 했습니다. 나머지 어긋난 곳을 논한 것도 매우 많습니다. 도란 이치를 밝히는 데 달려 있기 때문에 그렇게 하지 않을 수 없었던 것입니다.

이것은 지금 「외필(猥筆)」의 '외(猥)'자가 이미 존중하고 경외한다는 뜻을 담고 있고, "두려운 생각에 직교(直敎)에게 부치지 못했다. 하물며 다른 사람들에게 보일 수 있겠는가?"라고 한 것은 바로 율옹이 '이 부분은 다른 사람에게 보이지 마십시오. 알지 못하는 이들은 제가 퇴계를 공격하고 배척했다고 할 것입니다'[272]라고 한 것입니다. "전현을 머리에 이고 확증을 삼으려고 하니, 다투면서 논쟁한들 좋은 결과라고는 없을 것이다"라고 한 것은 바로 율옹이 '(힘의) 강약으로 말한다면, 퇴계 한 사람이 열 명의 이 아무개를 이길 수 있을 것이다'[273]라고 한 것입니다. (선사의) 어투가 겸손하고 공손해야 할 곳에 어쩌다 지나치기는 했다지만, 이 때문에 율옹을 공격하고 배척했다고 한다면 어떻게 선사의 보잘것없는 하나라도 안다고 하겠습니까?

그렇지만 저들은 모함하고 비방하는 데 급급해하면서 스스로 이것을 더없는 사업이라고 여기니, 위에서 말한 사태도 이상할 것이 없습니다. 다른 생각을 할 겨를도 없이 불행하게도 옛사람들에게 없는 법문을

270 이이, 『율곡전서』 권10((표점영인 한국문집총간 vol.44), 「답성호원」, 204쪽.
271 이이, 『율곡전서』 권10((표점영인 한국문집총간 vol.44), 「답성호원」, 201쪽.
272 이이, 『율곡전서』 권10((표점영인 한국문집총간 vol.44), 「답성호원」, 204쪽.
273 이이, 『율곡전서』 권10((표점영인 한국문집총간 vol.44), 「답성호원」, 218쪽 참조.

만들어서 통문을 날리고 당원을 불러 모아 스스로 시기심과 승부욕을 드러낼 뿐입니다. 또한 불행하게도 큰 현자의 전체를 탐구하지 못하고 경솔한 편견을 거리낌 없이 내세워서 스스로의 무식함을 드러낼 뿐이니, 선사에게 무엇을 손상시키겠습니까? 대부분 헤아릴 줄을 모른다는 것을 드러낼 뿐입니다. 또한 (선사의 문집을) 간행하는 일의 처음과 끝까지 힘을 쏟은 이들 가운데 어떤 이는 아직도 사당에서 제사를 모시는 가까운 친척이고, 어떤 이는 성이 다르기는 하지만 한 집안과 같은 절친한 벗입니다. 설령 그들이 말하는 것처럼 정말로 논의할 만한 것이 있더라도, 글을 통해 서로 발명하되 한 번 두 번, 심지어는 세 번 네 번을 했는데도 귀담아듣지 않는다면 저술을 통해 주장을 세워 후대의 공정한 논의를 기다려야 할 것입니다. 이것이 이치를 밝히는 바른 법도요, 서로를 아끼는 지극한 뜻입니다. 어떻게 간행하는 일이 이미 완료되었는데, 저들이 하듯이 어둔 밤에 망치질을 하겠습니까?

아! 오늘날 인심이 칠흑처럼 어두우니, 책을 읽는다는 이들과 가까운 친척이자 절친한 벗들조차 모두들 이러한데 하물며 다른 이들에게 바랄 수 있겠습니까? 선사를 모함하는 것이 명백한지 그렇지 않은 지는 위대한 조화와 움직임을 함께할 것이니, 다만 세도를 깊이 근심할 뿐입니다. 벗도 없이 외로이 보내신 편지로 인해 조금이나마 속내를 토로하니 살펴주신다면 다행이겠습니다. 남에게는 보이지 마십시오. 면옹의 당당함은 해와 달과 같으니 떳떳한 본성을 갖춘 이라면 누군들 기꺼이 받들지 않겠습니까? 그러나 이 일이 한 번 있은 뒤로 떠나는 이가 절반이고, 찾아오는 이가 절반이니, 이것이 또한 놀랄 만한 일입니다.[274]

---

274 '이 일[此事]'이 구체적으로 무엇인지를 알 수 없지만, 이 편지가 1902년 후반기의 것이라면 최익현이 지리산을 유람했던 4월에서 8월 초 사이에 경상도 지역에서 기정진의 「신도비명」에 대한 논란에 시달린 것을 가리키는 것으로 추정된다.

계(契)를 만들자고 한 것은 명목이 좋아서 꼭 내가 물리칠 필요는 없을 것입니다. 그러나 돌아서 생각해 보면 좋게 끝나기는 힘들 것 같습니다. 헤아려 보는 것이 어떻겠습니까?

答權重彥 晩熙

鄭冕圭

得書深用慰豁. 以群疑衆畔之地, 緩石獨存舊顔也. 蓋此事恖求之, 自可理會. 先師之於栗翁無他, 尊服, 而只有猥筆一篇而已, 則吹覓之來, 固或無怪. 而如理通說也, 理氣無互發也, 萬情發於理也, 動靜氣而動之靜之理也, 此等諸說, 皆深得栗翁宗旨, 而爲畢生命脈家計, 以至洞喚醒文集序, 以伸救栗翁一疏, 謂之參天地關盛衰, 又曰爲萬世傳否泰消息, 至論擊蒙要訣, 以四子小學擬之. 其他一言一義, 日用受用, 不可枚擧, 有全集在, 不可誣也.

特以機自爾也非有使之一語, 有所未契, 而與栗翁孰主其機嗚呼太極, 及理如此故氣亦如此等說, 反自矛盾, 故先師以爲此特流行邊說話, 宛轉解之, 可以相通. 今人乃遺却宗旨, 誤以說流行者喚作窮源極本底說, 駸駸至氣奪理位爲萬事本領而後已, 猥筆之作, 蓋爲今人而發也. 今人若皆爲流行邊說話看過, 而不失栗翁本旨, 則猥筆決知其無作也. 是以猥筆第一條, 特語語句之未妥, 第二以下五條, 皆痛說今人之弊, 而結之以末弊之至斯, 前賢容有未之細思也云爾. 彼以先師爲攻斥栗翁, 其言果當乎? 不當乎?

尊畏先賢, 講明義理, 本自兩行而不悖. 程朱諸賢, 尙矣無論. 姑論栗翁之於退陶, 早歲及門, 旨訣相傳, 論陞廡而與靜菴拜, 擧行釋菜而與朱子配, 侑其尊仰, 果何如? 而至於講理之地, 一字不散放過, 有曰 "退溪之失, 在於性理." 有曰 "辨說雖詳, 義理不明." 其他論差處, 又甚多. 蓋道在明理, 不得不然.

此今猥筆之猥字, 已含尊畏底意, 而其曰惶恐不敢寄直敎, 況敢掛他人眼乎者，正栗翁所謂此紙勿掛他眼，不知者以我爲攻斥退溪者也. 其曰頭戴前賢，以爲確證，爭辨必無幸矣者，正栗翁所謂以强弱言之，一退溪能勝十李某者也. 而其辭氣之謙恭，又或過之，以此爲攻斥栗翁者，豈知先師之一毛半髭者哉?

雖然彼方急於誣毁，自以爲無上事業，則上項事理無怪. 其不遑暇思，而但不幸而出於古人所無之法門，飛文招黨，自取忮險之歸. 又不幸而出於不究大賢之全體，輕肆偏見，自取無識之歸，於先師何損焉? 多見其不知量也. 且致力刊事，始終賢勞者，或是爲廟毁未遠之至親，或是爲姓不同一室之切友. 借使眞有可議，如彼之所云，祇當書面相發，一之再之，至于三四，猶且不聽，則或著書立言，以俟百世公論. 此是明理之正法，相愛之至意，安有刊事已成，而黑夜出椎，如彼中所爲乎?

嗚呼! 目今人心如漆夜，所謂書籍邊人，所謂至親切友，已皆若是，況可望其佗乎? 師誣之白不白，當與大化同其屈伸，只切世道之憂而已. 孤立無朋，爲來書略訢苦衷，幸須覽會，而勿掛他眼也. 勉翁之堂堂日月，凡彝性中物，孰不欣戴，而一自此事以來，未免去者半，來者半，此又可駭. 修契云云，名目則好，不必自我退之，然旋恐其難於善終也，諒之如何?

이도사—현규—에게 답함

권명희

이 글은 권명희가 1902년 하반기 무렵에 이현규(李鉉奎)에게 보내는 편지로 추정된다. 영남 노론계 내부에서 이미 발간된 『노사집』의 훼판과 「외필」을 삭제하려는 노력이 결실을 맺지 못하는 상황을 답답해하고 있다. 기정진과 율곡의 관계를 육상산·왕양명과 공자·맹자의 관계에 비교해서 이단이라고 비난하고 있다. 『삼외재집』 권4에 실려 있다.

개령(開寧)[275]의 회의에는 당연히 참여했습니다. 형세에 이끌려 결론을 내지 못한 것이 한스럽습니다. 각지의 성토하는 글을 모두 보았습니다. 화를 내면 결국 진다는 것이 어찌 병법에서만 그러겠습니까? 모든 일이 그렇습니다. 화를 내면 마음이 급박해지고, 마음이 급박해지면 분명치 못하며, 분명치 못하면 쉽게 굴복하게 됩니다. 형세와 무리는 믿을 수 있는 것이 아닙니다. 오늘의 일은 사우들이 서로 알리면서 그 지향을 바로잡아야 합니다. 그러나 말이 어쩌다 명백하지 못하고, 안타까이 여기면서도 화내는 말을 하는 것은 이미 서로 일러주는 예모가 아니니, 누가 두려워하고 누가 따르겠습니까? 하물며 성내며 하는 말이 실제로 명백하지 못함에야 더 말할 나위가 있겠습니까? 잠수의 말과 논의가 지나치게 사특하다는 것은 『답문류편』을 보면 알 수 있습니다. 그렇다면 그가 평소에 말할 때마다 율곡을 일컬은 것도 맹자가 요순을

275 고려 시대 상주목(尙州牧)에 소속된 7개 군 가운데 하나의 명칭이다. 현재는 경상북도 상주시의 일부에 해당한다.

일컬었던 것과 같다지만, 마땅히 율곡을 등졌다는 꾸지람을 받아야 합니다. 하물며 「외필」이 있음에야 어떻겠습니까? 육상산·왕양명도 공·맹을 배웠다고 했고 그 배움도 모두 독실했지만, 선유들은 그들이 모두 공자·맹자에게 이단이라고 공격했습니다. 이로 본다면 잠수는 「외필」이 없다고 하더라도 우리들에게 육상산·왕양명처럼 배척을 받는 것이 필연적입니다. 제 생각은 이와 같은데 성토하는 글에는 이런 뜻이 없어서 속으로 번민하고 탄식합니다.

答李都事 鉉奎

權命熙

開寧會義, 當參矣, 勢牽未果, 可恨. 各處討文, 皆得見之, 憤則敗, 豈惟兵法爲然? 凡事皆然. 蓋憤則心迫, 心迫不明, 不明易屈, 其勢其衆, 非所恃也. 今日之事, 雖是士友相告, 正其趨向, 然其言或不明白, 惻隱出以憤言, 已非相告之體, 人誰畏之? 人誰從之? 況因憤之言, 實難明白耶潛叟言論大涉於邪, 考其答問類編 可以知矣. 然則其平日言必稱栗谷, 雖如孟子之於堯舜, 當受背栗谷之誚, 況有猥筆耶? 陸王亦學孔孟, 其學皆篤矣. 先儒皆謂皆於孔孟攻以異端. 由是觀之, 如潛叟, 雖無猥筆, 見排於吾人, 如陸王必矣. 愚意如此, 而討文無及此意, 竊爲之悶歎也.

변외필설

송병순

이 글은 송병순(宋秉珣, 1839~1912)이 1902년 8월에 쓴 「외필」을 변론한 글이다. 「변외필설」이라는 하나의 제목에 세 종류의 글이 포함되어 있다. 첫째 8월에 쓴 「변외필설」의 본문, 둘째 같은 해 12월 22일 동지에 쓴 본문에 덧붙여진 글, 그리고 저술 시기가 특정되지 않은 마지막 글이다. 송병순은 이해 4월 『노사집』 중간과 6월 권봉희가 주축이 된 「영유통문」의 발송에도 신중한 입장이었다. 그러나 이러한 와중에 노사학파에서 '기정진이 율곡을 존경하고 사모해서 「외필」을 지은 것'이라는 논리가 나타났다. 송병순은 이러한 경향이 자신이 이 글을 짓는 주요 동기라고 말하고 있지만, 이 글의 뒤에 덧붙여진 내용들은 비슷한 시기에 나타난 화서학파 인물들, 즉 김평묵의 「발문」과 최익현의 「신도비명」 등이 「외필」에 동조하는 경향 또한 적지 않은 영향을 끼쳤으리라는 점을 짐작하게 한다. 그는 기본적으로 「외필」을 율곡의 성리학설에 적대적인 텍스트로 받아들였기 때문에 「외필」이 "선현을 존신하는 마음이라고는 하나도 없었고, 그의 학문 또한 따로 일가를 세우려는" 의도에서 저술된 것이라고 비판했다. 『심석재집』 권13에 실려 있다.

기노사의 문인들은 「외필」이 율곡을 존경하고 사모해서 지은 것이라고 한다. 이것은 부자를 폄훼한 숙손무숙을 도리어 부자를 존경하고 사모했다고 여기는 격이다. 놀라서 탄식을 금치 못하면서 이 「변설」을 지어 동지들에게 보인다.[276]

276 "기노사가 「외필」 등의 글을 지어서 율옹의 기발이승일도설을 배척하면서 '리는 약하고 기는 강하다', '기가 리의 자리를 빼앗았다.'라고 했다. 문도들이 서로 그의 말을 조술하면서 율옹을 '주기의 학문'이라고 배척했다. 사람들의 눈과 귀를 더럽히면서 후학들을 오도했고 스승의 문집을 간행했다. 영남의 유림인 교리 권봉희·정구용·진사 권대환 등이 발문을 돌려 통렬하게 배척했다. 노

율곡선생이 우계선생에게 답하는 편지에서 이렇게 말했다. : 기가 발하면 이가 탄다[氣發而理乘]는 것은 무슨 뜻입니까? 음양의 움직임과 고요함은 기기(氣機)가 스스로 그러한 것이지 그렇게 시키는 것이 있지 않습니다. 양이 움직이면 리는 움직임에 타는 것이지 리가 움직인 것이 아니오, 음이 고요하면 리가 고요함에 타는 것이지 리가 고요한 것이 아닙니다. 그러므로 주자는 "태극은 본연의 묘리이고, 동정(動靜)은 이것이 타는 기기(氣機)이다"라고 말했습니다. 음이 고요하고 양이 움직이는 것은 기기가 스스로 그러한 것이고, 음이 고요하고 양이 움직이는 소이(所以)는 리입니다.[277]

기노사의 「외필」에서는 이렇게 말했다. : "음이 움직이고 양이 고요하다"라는 것을 바깥에서 언뜻 보면 스스로 움직이다가 스스로 멈추는 것 같지만, 그 실상을 깊이 탐구해 보면 한결같이 천명이 그렇게 시킨 것이다. 천명이 그런 까닭에 그렇게 하지 않을 수 없는데, 이것을 소이연(所以然)이라고 하니, 천명 밖에 따로 소이연이 있는 것이 아니다. 이제 '그 기틀이 저절로 그런 것이다[其機自爾]'[278]라고 말할 때, '스스로 그렇다[自爾]'는 것에 강요한다는 뜻이 없음을 말하니, 이미 자기에게서 말

사의 문도들은 그 스승의 학설을 위해 변론하고서 「변무문」이라고 이름을 붙였다. 선생이 그 글을 가져다 보고서 깜짝 놀라면서 탄식을 이기지 못하면서 '「외필」이 율옹을 존경하고 사모해서 지은 것이라고 하는 데, 이것은 부자를 모함하는 무숙이 도리어 부자를 존경하고 사모했다고 여기는 격이다'라고 하고서 마침내 「외필」을 변론했다.[奇蘆沙嘗作猥筆等文字, 斥栗翁氣發而理乘之論曰, 理弱氣强, 而氣奪理位, 其門徒互相祖述其言, 指斥栗翁曰, 主氣之學也. 塗人耳目, 以誤後生, 鋟刊其師集. 嶺儒權校理鳳熙, 及鄭九鎔·權進士大煥發文痛闢之, 其門徒爲辨其師說, 名之曰辨誣文. 先生取觀其文, 不勝駭歎. 曰猥筆尊慕栗翁而作云云, 此乃以毁夫子之武叔, 反爲尊慕夫子也. 遂辨之.]" 송병순, 『심석재집』 권35, 「연보」, 9전~9후면.

277 이이, 『율곡전서』 권10(표점영인 한국문집총간 vol.44), 「답성호원」, 211쪽.

278 같은 책, 같은 곳 참조.

미암는 것이지 다른데서 말미암지 않는다는 뜻을 내포한다.

또 말했다. : "한 번 음이 되고 한 번 양이 되는 것을 도라고 한다"라고 했으니, 하루라도 음양이 없으면 천명을 베풀어질 곳이 없고, "성실하지 않으면 사물이 없다"라고 했으니, 천명이 하루라도 멈추면 음양이란 없어진다. 가죽 같은 (천명이) 있지 않다면 (털 같은) 어떤 것인들 움직이고 고요할 수 있겠는가? '시키는 것이 있지 않다'라는 한 구절 속에서 천명이 이미 멈춰버렸다. 천명이 이미 멈추었는데, 음과 양이 그대로라는 말은 실로 들어보지 못했다. 천명은 모든 일의 본령이니, 이제 스스로 가고 스스로 멈추면서 천명에서 말미암지 않는다면, 천명의 밖에 또 하나의 본령이 있게 된다. 두 개의 본령이 각자 중심이 된다면 조화(造化)에는 이러한 일이 없을 뿐만 아니라 리는 약하고 기는 강하게 될 것이니, 기가 리의 자리를 빼앗을까 두렵다.—이것이 「외필」이 소리 높여 주장하는 것이다.—

나는 이렇게 생각한다. : 주자는 「태극도설해」에서 "태극에 동정이 있는 것이 천명의 유행이다. 움직임이 극에 달하면 고요해지고, 고요함이 극에 달하면 다시 움직이니, 한 번 움직이고 한 번 고요하면서 서로 그 뿌리가 되는 것이 명이 유행하면서 그치지 않는 이유다"라고 했다. 이 풀이를 보면 천명의 유행은 곧 태극의 움직임과 고요함에 보존된다는 것을 이해할 터이니, 다시 어떤 물건이 있어서 그렇게 시키는 것이겠는가? 노사의 설명대로라면 태극이 움직이고 고요한 바깥에 따로 하나의 태극이 있는 것이다. 주자는 "천하에 리가 없는 기란 없다. 또한 기가 없는 리란 없다"라고 했고, 또 이렇게 말했다. "한번 움직이고 한 번 고요함이 돌고 돌아 끝이 없다. 고요함이 없으면 움직일 수 없고, 움직임이 없으면 고요할 수 없다. 코로 숨쉬는 것에 비유하면 내쉬지 않을 때가 없고, 들이쉬지 않을 때가 없으니, 내쉬는 것이 끝나면 들이쉼이 생기고, 들이쉼이 다하면 내쉼이 생기니, 이치가 저절로 이와 같다."[279] ―"이치가 저절로 이와 같다"라는 것은 항상하는 이치가 이와 같음을 말한다.―

율옹의 '저절로 그런 것이다'라는 가르침은 실제 여기에 근원을 두고 있다. '기틀[機]'이란 즉 움직임과 고요함이니, (리가) 타는 기틀이다. 이미 '저절로 그렇다'라고 하고 또 '시키는 것이 있지 않다'라고 한 것은 이기의 유행이란 본시 저절로 그러할 뿐, 다른 물건이 그렇게 시키지 않는다는 의미를 깊이 밝힌 것이다. ―기가 발동하는 중에도 애초에 리를 떠나서 살필 수 없고, 리가 타는 중에도 또한 기를 버리고서 살필 수 없다. 이기는 저절로 서로에게 의존해서 운행하니, 이것이 곧 다른 물건의 부림을 받지 않는다는 것이다.―

그 본원을 말하자면 이기는 천지의 부모이고, 천지는 만물의 부모이다. 이기가 아니면 천지의 조화와 만물의 생성이 모두 사라질 것이다. 율옹은 이에 근원을 미루어 탐구해서 정녕스럽게 반복하면서 사람들이 쉽게 깨닫도록 했다. 그러므로 또 음을 고요하게 하고 양을 움직이게 하는 것이 리라고 뽑아내어 말한 것이다.―윗 문단의 '양의 움직임'은 리가 움직임을 탄 것이요, '음의 고요함'은 리가 고요함을 탄 것이니, 곧 (리가) 타는 기틀로 말한 것이다. 아래 문단에 '소이(所以)'라는 두 글자를 '음정양동(陰靜陽動)'에다 덧붙인 것은 본연의 오묘함을 미루어 말한 것이다.―

이 리는 태극의 본래 그러한 오묘함을 가리키니, 본래 그러한 오묘함 바깥에 다시 어떤 '소이연'이 있겠는가? 그가 말하는 "가죽 (같은 천명)이 없다면 무엇이 움직이고 고요하게 할 수 있겠는가?"라는 말은 한바탕 웃음거리도 못되고, 많은 변론을 할 필요도 없다. 그러나 '시키는 것이 있지 않다'라는 한 구절로 '천명이 이미 사라져 버렸다'라고 간주한 것은 매우 개탄스럽다. 어찌 태극의 동정이 곧 천명의 유행이요, 천명

279 주희, 『주자어류』 권94(『주자전서』 vol.17), 3124쪽.

의 유행이 곧 이기의 경유처[關由]인 줄을 알지 못하고 모순되고 위태로운 의견을 내놓은 것인가? 유행이 없다고 했다면 이처럼 반박하는 것도 어쩌면 괜찮을 것이다. 그러나 이미 그렇지 않다면 그의 논의는 멋대로 어긋난 것일 뿐이다. 또한 '두 개의 본원'이라고 말한 것은 율옹이 언제 '천명의 바깥에 또 하나의 본령'이라고 말한 적이 있길래 이처럼 배척하는 것인가?

리와 기를 짝지은 것을 두 본령이라고 여긴다면 말이 되지 않는다. 주자는 '리는 별개의 어떤 것이 아니라, 바로 기 가운데 존재한다. 기가 없으면 리가 붙어 있을 곳이 없다'[280]라고 했다. 또한 "'하늘이 명한 것을 일러 성이라 한다'라고 할 때의 '명'은 순수하게 리를 가지고 말한 것이다. 그러나 하늘이 명한 것은 결국 모두 기를 떠나지 않는다"[281]라고 했다. 이러한 주장도 모두 두 개의 본령에서 나왔단 말인가?— 짝지은 것을 반드시 두 개의 본령이라고 말한다면 하늘은 땅과 짝을 지을 수 없고, 아버지는 어머니와 짝을 지을 수 없으니, 이것이 어떻게 말이 되겠는가? — 노사는 율옹의 주장을 '겉모습만 언뜻 본 것'이라고 하고, 자신의 견해는 근원을 꿰뚫었다고 한다. 그러나 도리어 리와 기가 원래 떨어질 수 없다는 데 어두워 배척하면서 '기가 리의 자리를 빼앗았다'라고 하는데, 어째서인가? 기발이승(氣發理乘)이 먼저 기를 말하고 나중에 리를 말하기 때문에 그런 것인가? (그렇다면) 『중용장구』에서 "기가 형체를 이루고 리 또한 부여된다"라고 한 것도 자리를 빼앗았다는 손가락질에서 벗어나지 못하는 것인가?

그의 뜻은 천하 사물의 운용과 조작은 기가 하는 것이 아니요 리가 스스로 하는 것인데, 율옹은 기는 함이 있고 리는 함이 없다고 했기 때

---

280 주희, 『주자어류』 권1(『주자전서』 vol.14), 115쪽.

281 주희, 『주자어류』 권4(『주자전서』 vol.14), 208쪽.

문에 그러는 것인가? 그러나 율옹의 이 주장은 또한 하나하나 근거가 있다. 『주자어류』에서는 "리는 형체가 없다"[282]라고 했고, 또한 "기는 응결하고 조작할 수 있지만, 리는 오히려 감정이나 생각이 없고 조작이 없다"[283]라고 했다. 이기론은 주자의 글에 자세히 갖춰져 있고, 율옹은 매번 이를 받아들여 이용했기에 그의 의론은 따로 차이 나는 곳이 없다. 후학이 어쩌다 의혹이 있더라도 평이한 마음으로 사우에게 강론하고 질의하는 것이야 괜찮다지만, 갑자기 업신여기는 뜻과 장황하고 못된 주장으로 이처럼 부연한다면 이것이 어찌 선현을 존중하고 경외하는 도리이겠는가?

「외필」에서는 또 이렇게 말했다. : 귀인이 길을 나설 때 수레와 하인들이 없지 않지만, 그것을 본 사람들은 귀인이 길을 간다고만 하고 수레와 하인들이 간다고 말하지는 않는다. 이로써 본다면 태극·움직임과 고요함이란 본래 평이한 말이요, 주자가 후세 사람들을 위해 꼼꼼히 설명한 것이다…주해(註解) 안에서 '소승지기(所乘之機)'란 네 글자를 붙여 둔 것이다.[284]…요즘 사람[今人]은 — 율곡을 가리킨다. 어쩌면 배우는 선비를 가리킬 수도 있다.— '소승'이란 글자를 이와 다르게 본다. 태극이 아무런 주장이 없는 것 같다가 갑자기 말들이 앞에 있는 것을 보고서 — 기발(氣發)을 비유한 것이다.— 재빨리 올라타는 모양으로 본다 — 이발을 비유한 것이다—. 그렇다면 이때의 말이란 결국 변방의 늙은이가 (어느 날 갑자기) 얻은 것으로 자기가 본래 타던 말이 아니니, 올라탄 뒤의 일도 알 만하다. 형세상 이쪽저쪽으로 휘둘리면서 말 머리만을 쳐다보는 격이니, 아, 위태롭다!

또 말했다. : 그 이유를 궁구해보면 '탄다[乘]'는 말이 그 본뜻을 잃어

---

282 주희, 『주자어류』 권1(『주자전서』 vol.14), 115쪽.

283 같은 책, 같은 글, 116쪽.

284 주희, 『태극도설해』(『주자전서』 vol.13), 72쪽 참조.

번번이 리가 가벼워지고 기가 무거워지다가 곧바로 기가 리의 자리를 빼앗아 모든 일의 본령이 된 다음에야 그치게 된 것이다. 한 글자가 본뜻을 잃자, 그 재앙이 여기에 이르게 되었다.—그의 말은 매우 산만해서 다 인용할 수 없다.—

나는 이렇게 생각한다. : 『주자어류』에서 움직임과 고요함이 (리가) 타는 기틀인지를 묻자 (주자는) 이렇게 대답했다. "태극은 리다. 움직임과 고요함은 기다. 기가 유행하면 리도 역시 유행한다. 리와 기는 언제나 서로 의존하면서 분리되지 않는다. 비유하자면 태극은 사람, 움직임과 고요함은 말과 같다. 말은 사람을 태우는 것이요, 사람은 말을 탄다. 말이 한 번씩 드나들면 사람도 역시 말과 함께 한 번씩 드나든다. 움직임과 고요함이 반복적으로 전개되면 태극의 오묘함은 언제가 거기에 있는 것이다. 이것이 '(리가) 타는 기틀'이라고 하는 것이다."[285] —『어류』의 말은 여기까지다.—

율옹이 '기발이승'이라고 할 때의 '승'자는 실제 주자의 이 뜻을 이어받아 말한 것이다. 율옹 스스로 풀이해서 "기발이승이란 기가 리에 앞선다는 것이 아니다. 기에는 함이 있고 리에는 함이 없기 때문에 그 말이 어쩔 수 없이 그런 것이다"[286]라고 했으니, 환히 밝아서 의심할 것이 없다. 그런데 노사는 갑자기 이론을 만들어 '수레와 말, 하인들'로 주자 주해의 '승'자를 꾸짖고, 뒤에서는 '점점 재앙을 가져온다'라는 것으로 율옹이 '승'자를 이어받아 쓴 것을 배척했다. 율옹의 말을 읽어보면 처음부터 '재빨리 올라탄다'라는 뜻은 조금도 없었고, 또한 '승'자의 근원이 그 본뜻을 잃었다는 것을 결코 발견할 수 없는데, 그가 감히 이렇게까지 꾸짖는 데 이른 것은 그의 눈에는 율옹이 없을 뿐만 아니라, 또한

285 주희, 『주자어류』 권94(『주자전서』 vol.17), 3218~3219쪽.

286 이이, 『율곡전서』 권10(표점영인 한국문집총간 vol.44), 「답성호원」, 211쪽.

주자도 없다는 것인가? ―「외필」의 맥락을 살펴보면 '소승지기'로 재앙을 가져오는 근본을 삼고, 기발이승으로 (자리를) 빼앗는 폐단을 삼았으니, 이것이 그의 눈에 주·이 두 선생이 없어서가 아니겠는가?―

「외필」 가운데 횡설하고 수설하는 많은 내용은 웅변이라고 할 만하다. 하지만 마음에서 만들어 리를 해치는 것은 가라지가 벼 싹을 어지럽히고 자주색이 붉은색을 어지럽히는 것에서만 그치지 않을 것이다. '리'자를 허공에 홀로 있는 상태라고 하고, '기'자를 만고에 무용한 물건이라 하며, 온 세상 사람들이 모두 그 기를 검속해서 그 기의 본연을 회복하지 못하도록 만들었다. ― 율옹은 "성현의 수많은 말은 단지 사람들이 그 기를 검속해서 기의 본연을 회복하게 하려는 것이다"[287]라고 했으니, '기의 본연'이란 호연지기다.― 그렇다면 추성(鄒聖: 맹자)의 양기론(養氣論)은 경전에서 쓸데없는 문장이니, 그 해로움이 어찌 인의를 막아버리는데 그치겠는가? 조금이나마 성현의 글을 읽은 이라면 분별할 수 있을 터이니 내 천한 견해로 조목마다 분석할 수는 없다. 그러나 "기가 리의 자리를 빼앗아 만사의 본령이 되었다. 이와 같다면 천하에는 다시는 피사음둔이 없을 것이니, 전도되고 창피함이 무슨 일엔들 있지 않겠는가?"라는 말은 선현을 꾸짖으면서 돌아보거나 거리낌이 없었다고 할 것이다.

그는 어떤 이에게서 이기론을 배웠길래 율옹을 배척하는 것이 이렇게도 심한 것인가? 아! 안타깝다! 율옹은 우리 동방의 부자인데, 동방의 부자가 주장한 것을 피음사둔에 귀결시킨다면 낙민(洛閩)의 적전에는 어떠할 것이며, 또한 자기 자신의 이론(異論)에는 어떨 것인가? 우리 선조인 우옹(尤翁)은 시에서 "위로는 주자를, 아래로는 율옹을 위해, 폐단을 제거하려 마음을 다했다"[288]라고 했으니, 이와 같은 이론의 폐단

287 이이, 『율곡전서』 권10(표점영인 한국문집총간 vol.44), 「답성호원」, 211쪽.

이 우리 선조의 시대에 나왔더라면 얼마나 엄하게 배척당했겠는가? 옛날 유직(柳稷)의 무리들이 율옹을 무고하면서 이기론이 어긋났다고 아뢰자, 우암은 「변무소(辨誣疏)」[289]를 지어 배척했다. 이제 「외필」은 불행하게도 유직의 뒤를 따라 (귀신을) 놀라 달아나게 하는 것이 거꾸로 (유직보다) 더욱 심하니 글의 끝에서는 "질문할 만한 사람은 후현뿐이다. 질문해서 내가 의심한 내용이 망령된 것이라면 다행이지만, 혹 그렇지 않다면 동방의 이기를 어찌할 것인가?"라고 했다. 여기에서 그의 마음에는 선현을 존신하는 마음이라고는 하나도 없었고, 그의 학문 또한 따로 일가를 세우려는 것임을 잘 알 수 있다. 그의 「묘비명」— 면암(勉菴) 최태(崔台)가 지었다 — 에서 "이발과 기발, 호론과 낙론으로 천하의 도술이 분열되었다"라고 한 것도 돌이켜 보건대 이 때문일 것이다.

현익섭제격(玄黓攝提格: 1902) 중추(仲秋: 8월)에 심석병부(心石病夫)는 서암산방(西巖山房)에서 쓰다.

어떤 이가 내게 "「외필」에서 말하는 '지금 사람[今人]'은 배우는 선비인가? 아니면 당시 사람과 배우는 선비들을 폭넓게 가리키는 것인 아닌가?"라고 물었다. 나는 이렇게 대답했다. : 그대는 「외필」이란 제목을 생각해보지 못했는가? 그의 뜻은 특히 율옹의 기발이승이란 주장 때문에 함부로 글을 지어 폄훼하며 논했기에 「외필」이라고 지은 것이다. 「태극도설해」의 '승'자의 근원을 여러 차례 거론하면서 기발이승의 뜻을 배척했으니, 그가 가리키는 이가 율옹이 아니면 누구이겠는가? 위 문단의 '금왈(今曰)'이라고 할 때의 '왈(曰)'은 '지금 사람'이 말했다[今

288 송시열, 『송자대전』 권2(표점영인 한국문집총간 vol.108), 「耽羅道中寄示畏齋玄石」, 138쪽.

289 송시열, 『송자대전』 권21(표점영인 한국문집총간 vol.108), 「擬兩賢辨誣疏」, 476~488쪽 참조.

人之曰]는 뜻이다. 아래 문장의 '금인(今人)'이라고 할 때의 '인(人)'은 '지금 말하는' 사람[今日之人]이다. 위아래 문장의 어세와 맥락이 환하게 서로 이어져 있으니, 가리려고 한들 가능하겠는가? 이발(理發) 두 글자는 바로 율옹이 깊이 병폐로 여겼고, 우계선생과 글을 주고받으면 변론한 것도 누누한 것에만 그치지 않으니, 그가 말하는 '오늘날 학사들이 크게 금기하고 회피하는 것이다'라는 것도 또한 율옹을 가리켜 배척하기 위해 나온 것이 아니겠는가? ― 율곡이 과거에 합격했기 때문에 가리키면서 '학사'라고 한 것이다. '오늘날[今日]'이라고 한 것은 가탁하는 말이다. 그는 "우리 동방에서 이기를 말하는 것이 어찌 그리 막혔는가?"라고 했다. 그 말은 대략 다음과 같다. '혼륜한 한 덩어리 가부도 주장도 없는 것을 리로 여긴다. 그러므로 이발 두 글자는 오늘날 학사들이 크게 금기하고 회피하는 말이 되었다. 단락이 있고 변화를 운행하며, 조리를 이루는 것을 보면 곧 기라고 하고, 누가 이것을 주장하느냐고 물으면, 곧 기틀이 저절로 그러는 것이지 시키는 것이 있지 않다고 한다. 그렇다면 리는 어디에 있는가 하고 물으면 타고 있다고 한다.' 이것을 보면 그가 율옹을 가리켜 배척하려는 뜻이 분명해서 가리기 힘들 지경이다.―

"그렇다면 아래에서 '여기에서 말한 것이 선현을 간범했다'라고 말한 구절이 있는데, 여기에서 '선현'은 누구를 가리키는가?"

나는 말했다. : 그는 리와 기를 짝지은 것을 성인의 말이 아니라고 하면서 교묘하게 붓을 놀려 장황하게 배제하려고 했다. 그런데 또 생각해 보면 낙민 이후로 여러 사람의 의론이 리와 기를 함께 든 것이 많았다. 이에 어쩔 수 없이 '선현을 간범했다'라고 한 것이니, (자신이) 바르지 않은 줄을 너무 잘 안 것이다. 이것이 어찌 율옹만을 가리켜 배척하는 것이겠는가? 이 문단의 어세는 거만하게 자신의 견해가 홀로 선성이 세상에 드리운 가르침의 의미를 얻었고, 민락 이후의 리와 기를 짝지은 주장들을 모두 '두 가지 본령의 시작'이라고 간주한 것이다.― 그의 「외필」에서는 이렇게 말했다. "기를 리와 짝지어 이기(理氣)라고 부른 것은 언제 시작되었는가? 이것은 결코 성인의 말이 아니다. 리는 존귀하여 그에 짝할 것이 없거늘 기가 어떻게 리와 짝할 수 있겠는가? 본원을 말하는 것은 공자만한 이가 없고, 공자가 본원을 말한 것은 『주역』 만한 것이 없다. 『주역』에서 "한번 음이 되고 한번 양이 되는 것이 도"라고 하고, "태극이 음과 양 양의를 낳는다"라고 한 것이 이것이다. 설명이 매우 타당하여 물샐 틈이 없으니, 어찌 한 곳에서 대립 시켜 둘을 거론한 경우가 있었는가?…지금 사람들은 '리'자를 보자마자 반드시 기를 찾아 짝으로 만들려고 한다. 이 때문에 리의 유행이라는 한 가지 큰일이 모두 '기'자의 영역에 속하게 되고, 남은 것이라고는 혼륜하다, 충막하다는 말뿐이다. 이것이 두 가지 본령을 세운 시초이니, 아 슬프다!" ○『주역』의 형이상·형이하가 바로 짝지어 제시한 것이다. 그의 생각은 모두 앞뒤를 가로막고, 고금을 뛰어넘으려고 하기에 "리의 유행이라는 한 가지 큰 일이 모두 '기'자의 영역에 속하게 만들었다"라고 하니, 오히려 이것이 미친 듯한 말이요 다투고 변론하기에도 부족하다. 낙민의 여러 현자는 실제로 공자의 가르침을 이어서 이기를 밝게 드러내면서 모두 짝지어 말했으니, 이 글에서 말하는 '지금 사람'이란 또한 낙민 이래 여러 현자를 통틀어 가리키는 것이 아니겠는가?―

그가 돌연 이론을 세워 전현들을 능멸하면서 한결같이 여기에 이르렀으니, 눈이 있는 이라면 누군들 크게 놀라면서 통렬히 변론하지 않겠는가? 그러나 그의 병폐의 뿌리를 탐구해보면 실상은 도와 기를 나누지 않은 데서 나왔고 지키려는 것이 이미 무너졌으니, 또한 어찌 시끄럽게 서로 따지기에 충분하겠는가? 이해(1902) 동지(南至日)에 또 쓴다.

말하는 이들은 대부분 율옹의 글에서 "음이 고요하고 양이 움직이는 것은 기기가 저절로 그런 것이다"라는 말을 오로지 기에 속한다고 생각하고, "양이 움직이면 리는 움직임에 타고, 음이 고요하면 리는 고요함에 탄다"라는 말을 리에 소속시키려 한다. 그렇다면 위아래의 음양을 둘로 나누어 보는 것인데, 이렇게 되면 어떤 경우에는 리가 없는 음양이 있고, 어떤 경우에는 리가 있는 음양이 있게 된다. 이것이 어찌 율옹이 말하는 리와 기가 본래 합일되어 있다는 뜻이겠는가? "그 기틀이 저절로 그런 것이다"라는 것은 사실 동정이 (리가) 타는 기틀이라는 뜻이니, 양이 움직이고 음이 고요할 때, 기는 곧 리를 싣고 저절로 순환하기 때문에 "기틀이 저절로 그런 것이지 시키는 것이 있지 않다"라고 한 것이다. ― 율옹은 또 말했다. "'태극이 움직여 양을 낳고 고요해서 음을 낳는다.'라는 말은 그 미연(未然)을 근원하여 말한 것이요, '동정은 이것이 타는 기기이다'라는 말은 그 이연(已然)을 보고서 말한 것입니다. 움직임과 고요함이 시작이 없고 음과 양이 처음이 없으니, 이와 기의 유행이 모두 이연(已然)일 뿐입니다. 어찌 미연(未然)의 때가 있겠습니까."[290] 또한 「천도책(天道策)」에서는 말했다. "양이 빠르고 음이 더딘 것은 기요, 양이 빠른 소이와 음이 더딘 소이는 리입니다. 누가 그렇게 하는 것입니까? 저절로 그렇게 되는 것이라고 말할 수 있을 뿐입니다."[291] 이 두 가지 말에 근거하면 '기틀이 저절로 그러한 것' 가운데 리는 이미 올라타 있다는 것은 또한 명약관화하다.―

또한 '리가 움직임에 타고, 리가 고요함에 탄다'라고 한 것은 곧 위 문단의 뜻을 이어서 양이 움직이고 음이 고요할 때에 리는 (기를) 타고 있지만 그 움직임과 고요함은 기의 작용임을 밝힌 것이다. 그러므로 '리가 움직인 것이 아니요, 리가 고요한 것이 아니다'[292]라고 한 것이다. '기발이승'의 뜻은 혼합해서 보아야지, 앞뒤로 경계를 나누어 보아서는 안 된다. 기발을 말하자마자 리는 곧 그 가운데 타있는 것이니, 둘은 처음부터 서로 떨어지지 않는다. 이런 까닭에 율옹은 '리와 기는 본래 합일되어 있으니 둘로 나누려는 이는 도를 아는 이가 아니다'[293]라고

290 이이, 『율곡전서』 권10(표점영인 한국문집총간 vol.44), 「답성호원」, 211쪽.
291 이이, 『율곡전서』 권14(표점영인 한국문집총간 vol.44), 「천도책」, 310쪽 참조.
292 이이, 『율곡전서』 권10(표점영인 한국문집총간 vol.44), 「답성호원」, 211쪽.
293 이이, 『율곡전서』 권10(표점영인 한국문집총간 vol.44), 「답성호원」, 209쪽.

한 것이다. 기발의 뒤에 리가 탄다고 한다면 본래 기가 여기에 있지 않을 때 리는 저기에 있다는 것인가? 이렇게 본다면 또한 노사의 견해와 차이가 없다. 노사는 '기자이'가 오로지 기 한쪽에만 속하고 리를 경유하는 것이 없다고 보기 때문에 비난하는 의론을 내놓은 것이다. 이것은 변론해야 한다.—노사의 견해는 주리(主理)에 치우쳐서 기 바깥에서 리를 찾기 때문에 함부로 율옹의 취지를 비난한 것이다.—

말하는 이는 또 이렇게 말했다. : 앞 문단에서 이미 "리는 양의 움직임과 음의 고요함을 탄다"라고 하고서, 뒤 문단에서는 "음이 고요하고 양이 움직이게 하는 소이가 리이다"라고 했는데, 이것은 시렁 위에 시렁을 쌓는 중복이 아닌가?

나는 그를 위해 풀어 말했다. : 앞 문단은 '타고 있는 기틀'로 말했기 때문에 '움직임에 타고, 고요함에 탄다'라고 했으니, 곧 유행처에서 논한 것이요, 뒤 문단은 '본래 그러한 오묘함'으로 말했기 때문에 '소이(所以)' 두 글자를 더한 것이니, 곧 근본을 미루어 거듭 밝히려는 뜻이었다. 결코 의심할 것이 없는데, 노사는 문장의 뜻을 끊고 말의 맥락에도 어두워 '자이(自爾)'와 '소이'자를 병용하는 것을 위연과 양의가 서로 모순되는 것에 비유했으니, 그 꾸미는 말이 교묘하게 도의 참모습을 욕보이면서 이르지 못하는 곳이 없다고 할 것이다. 말세의 후학이 어쩌다 그 독에 걸렸는지 두렵기만 하다!

요사이 중암 김평묵이 「외필」의 뒤에 쓴 발문을 보았는데, 사람의 가슴이 떨리고 눈이 휘둥그레하게 만들었다. 이 노인이 이러한 의론을 할 줄 미처 생각지 못했다. 그 대략을 말하면 다음과 같다. : 은미한 말과 큰 의리가 수사·염민과 서로 일치하였고, 우리 화서선생과도 기약하지 않고도 서로 부합했다. 선생이 선생다운 까닭을 알 수 있었다. 후학들이 선정의 조금 실수한 것에 대해 숨기고 드러내지 않아야 하는데, 어떻게 세상에다 장황하게 떠들면서 사람이 입을 열지 못하게 만드는 것인가? 선정을 존중하고 경외한다는 것이 천하 후세에 그 과실을 들춰내는 것이다. 이것을 알면 선정을 존중한 이로 우리 기·이 두 선생만한 분이 없음을 알 것이다.…

내 생각으로 보자면 노사는 리와 기를 짝지어 제시하는 것을 성인의 말이 아니라고 배척하면서 '두 가지 본령의 시작'이라고 했지만, 수사·염민의 가르침의 취지와는 크게 어긋나는 점이 있다. 『주역』에서 말하는 '형이상·형이하'와 염옹(濂翁)이 말한 "무극의 진수와 이기·오행의 정수가 오묘하게 합쳐서 뭉친다"라는 것과 민옹(閩翁)이 말한 "이 기가 있으면 이 리가 있고, 이 기가 없으면 이 리도 없다"[294]라는 것은 모두 짝지어 제시한 것이다. 노사의 난삽함이란 향기와 악취가 서로를 용납하지 않는 것과 같은데 이제 (김평묵은) '합치된다'라고 하니, 이것은 스스로를 속이고 또 남도 속이는 것이요, 그 약점을 가리려는 것일 뿐이다. 그러나 이것은 가리는 것이 아니라 드러내기에 적당할 뿐이다. 율옹의 이기 논변은 실로 오의를 천명하고 이전 성인이 채 밝히지 못한 것을 밝힌 것이 많으니, 그의 평생의 큰 의론인 것이다. 이제 '제대로 살피지 못했다'라고 하고서 이것으로 천하와 후세에 잘못을 저질렀다고 하니 어찌 그 말이 망녕되고 어긋난 것인가? 아니면 또한 겉으로는 존중하면서 속으로는 배척하려는 뜻인가? 후학이라면 선정의 의론에 어쩌다 이해하기 어려운 것이 있더라도 스승이나 벗과 강론하고 질의하는 것이 본시 괜찮은 것이지, 잘못이 없는 글 가운데서 잘못이 있다고 천하 후세에 들춰내는 것이 과연 선정을 존중하는 도리인가? 그렇다면 무장(武臧)[295]과 굉계(紘繼)[296]도 모두 참으로 성현을 존중한 이일 것이다.

294 주희, 『회암선생주문공문집』 권59(『주자전서』 vol.23), 「答趙致道」, 2883쪽.

295 무장(武臧): 공자를 비방했다는 숙손무숙과 맹자를 비난했던 장창(臧倉)을 가리킨다.

296 굉계(紘繼): 호굉(胡紘, 1106~1161)과 심계조를 가리킨다. 두 사람 모두 주희

이런 주장들은 오히려 심술의 은미한 커다란 병폐 속에서 토로되어 나온 것이다. 나는 일찍이 이 노인이 한 사람의 독서하는 유자라고 생각했는데, 오늘에서야 비로소 그의 연원과 주고받은 내용이 문인들에게 주리의 종지를 열어주려는 데서 나온 것임을 알게 되었다. 우리 율옹의 가르침을 따르지 않으려는 것도 당연한 일이다. 그러나 또한 어찌 감히 이렇게 말하는 것인가? 아! 그 스승을 끌어당겨 학술을 분열시키는 구덩이로 내몰면서도 정말로 잘못인 줄 알지 못하니 또한 슬플 뿐이다.

를 위학(僞學)의 수괴로 비판하는 데 앞장선 인물들이다.

辨猥筆說

宋秉珣

奇蘆沙門徒言猥筆卽尊慕栗谷而作，此乃以毁父子之武叔反爲尊慕夫子也．不勝駴歎，爲此辨以示同志．

栗谷先生答牛溪先生書曰，氣發而理乘者，何謂也？陰靜陽動，機自爾也，非有使之者也．陽之動則理乘於動，非理動也；陰之靜則理乘於靜，非理靜也．故朱子曰“太極者，本然之妙也；動靜者，所乘之機也.”陰靜陽動，其機自爾，而其所以陰靜陽動者，理也．

奇蘆沙猥筆曰，陽動陰靜，驟看皮面，果似自行自止．若深原其實，則壹是天命使之然也．天命然也，故不得不然，此之謂所以然，非天命之外，別有所以然也．今曰，其機自爾，自爾雖不竢勉强之謂，而已含由己不他由之意．

又曰，陽動陰靜，驟看皮面，果似自行自止，若深原其實，則壹是天命使之然也，天命然也，故不得不然，此之謂所以然，非天命之外，別有所以然也，今曰其機自爾，自爾雖不竢勉強之謂，而已含由己不佗由之意，…又曰一陰一陽之謂道，一日無陰陽則天命無所施，不誠無物，天命一日或息則無陰陽矣，皮之不存，何物可以動靜也，非有使之一句內，天命旣息矣，天命息而陰陽因舊，實所未聞，天命爲萬事本領，今有自行自止，不關由天命者，則天命之外，又一本領也，兩箇本領，各自樞紐，則造化必無此事，又理弱氣強，吾懼夫氣奪理位也.— 此爲猥筆之大拍頭.—

愚按 ： 朱子太極註解曰，太極之有動靜，是天命之流行也．動極而靜，靜極復動．一動一靜，互爲其根，命之所以流行而不已也．觀此訓，可曉其天命之流行, 卽存乎太極之動靜也. 更有何物使之然耶? 若如蘆沙說, 則太極動靜之外, 別有一太極也. 朱子曰, 天下未有無理之氣, 亦未有無氣之理. 又曰, 一動一靜, 循環無端. 無靜不成動, 無動不成靜. 譬如鼻息, 無時不噓, 無時不吸; 噓盡則生吸, 吸盡則生噓, 理自如此.—理自如此, 謂常理之如此也.—

栗翁機自爾之指, 實原於此矣. 所謂機者, 卽動靜, 所乘之機也, 旣言自爾, 又言非有使之者, 蓋深明理氣之流行, 固自然而然, 非他箇物所使也.—氣發之中, 初不可離理看, 理乘之中, 亦不可捨氣看. 蓋理氣自相依附而行, 卽非他物所使者也.—

語其本原, 則理氣, 天地之父母也, 天地, 萬物之父母也. 非理氣, 則天地之化·萬物之生, 皆滅矣. 栗翁乃推本窮源, 反復丁寧, 使人易曉, 故又别說所以陰靜陽動者, 理也.—上段陽之動, 則理乘於動; 陰之靜, 則理乘於靜者, 卽以所乘之機而言也. 下段加所以二字於陰靜陽動者, 卽推本然之妙而言也.—

此理者, 卽指太極本然之妙也. 本然之妙外, 復有何所以然耶? 彼所謂皮之不存何物可以動靜者, 未滿一噱, 無足多辨, 以非有使之一句爲天命之旣息者, 極可駭歎? 何不察太極之動靜, 卽天命之流行, 天命之流行, 卽理氣之關由, 而乃發矛盾杭隉之論耶? 若無流行云爾, 則如是駁之, 或可也, 而旣不然, 則其論只妄乖而已. 又兩箇本領云者, 栗翁曷嘗有天命之外又一本領之語, 而乃斥之如是耶?

抑以理與氣對擧爲兩本領, 則合下不成說. 朱子嘗曰, 理非別爲一物, 卽存乎是氣之中, 無是氣則是理亦無掛搭處. 又曰天命謂性之命, 是純乎理言之, 然天之所命, 畢竟皆不離乎氣. 此說亦皆出於兩本領耶?—以其對擧必謂之兩本領, 則天不可與地對擧, 父不可與母對擧, 是豈成說乎?— 大抵蘆沙以栗翁之說爲驟看皮面, 以自家之見爲透了原頭, 然反暗於理氣之元不相離, 而斥之曰, 氣奪理位, 何也? 氣發理乘者, 先言氣而後言理, 故乃爾耶? 中庸章句, 氣以成形, 理亦賦焉者, 亦未免奪位之木歟?

彼意蓋曰, 凡天下之物事, 運用造作, 非氣之爲也, 理自爲之, 而栗翁乃謂氣有爲而理無爲故云爾耶? 然栗翁此說, 亦鑿鑿有據, 語類曰理無形. 又曰氣則能凝結造作, 理却無情意, 無計度, 無造作. 蓋理氣之論, 細備於朱子書, 而栗翁每每受用, 故其指義別無差異處. 在後學或有所疑惑, 則平心講質於師友固可矣, 而驀以侮慢之意, 贅妄之說, 恁地敷衍, 則此豈尊畏先賢之道乎?

猥筆又曰, 貴人之出, 非無車馬騶從, 而見之者但以爲貴人出, 未嘗言其車馬騶從出也, 由此言之, 太極動靜, 本是平坦語, 而朱子之爲後世慮周矣, …註解中, 著所乘之機四字云云, 今人 — 指栗谷也, 或稱學士.— 看所乘字與此異, 有若太極漫無主張, 忽見馬匹當前.— 以氣發喩之也.— 趫捷而騰上樣,—以理發喩之也.— 然則是馬也, 終是塞翁之得, 非自家元來所乘, 騰上後事, 又可知矣, 勢必之東之西, 惟馬首是瞻, 嗚呼危哉. 又曰, 究厥端由, 原於乘字失其本旨, 駸駸致得理輕而氣重, 直至氣奪理位, 爲萬事本領而後已, 一字之失其本旨, 其禍乃至於此乎.—其文甚蔓, 不能盡錄.—

愚按 : 語類問動靜者, 所乘之機. 答曰太極理也, 動靜氣也. 氣行則理亦行, 二者常相依而未嘗相離也. 太極猶人, 動靜猶馬; 馬所以載人, 人所以乘馬. 馬之一出一入, 人亦與之一出一入. 蓋一動一靜, 而太極之妙未嘗不在焉. 此所謂 '所乘之機'.— 語類說止此.— 栗翁氣發理乘之乘者, 實受朱子此意而言之也. 嘗曰釋曰氣發理乘者, 非氣先於理也. 氣有爲理無爲, 則其言不得不爾也. 此蓋渙然無可疑矣. 蘆沙突然立異, 先以車馬騶從譏朱子註解之乘字, 後以駸駸致禍斥栗翁受用之乘字. 竊讀栗翁之言, 初無絲毫趫捷騰上底意, 且絶未見乘字原頭之失其本旨, 彼乃敢詬斥之至於此耶? 眼中非但無栗翁, 亦無朱子乎?— 究猥筆語脈, 以所乘之機爲致禍之本, 以氣發理乘爲簒奪之弊. 此非眼中無朱李兩先生者乎?—

猥筆中許多橫竪, 可謂雄辯也. 然其作於心而害於理者, 不翅若莠之亂苗·紫之亂朱也. 把理字作懸空獨立之象, 以氣字爲萬古無用底物, 使天下之人, 都不檢束其氣, 以復其氣之本然—栗翁嘗曰, 聖賢天言萬言, 只使人檢束其氣, 以復其氣之本然, 氣之本然者, 浩然之氣也.— 然則鄒聖養氣之論, 爲經傳之衍文矣. 其爲害也, 奚止充塞仁義哉? 稍讀聖賢之書者, 可以辨得焉. 故愚之淺見, 不能條條剖破. 而至若氣奪理位萬事之本領, 若是則天下更無詖淫邪遁矣. 顚倒昌披, 何事不有等語, 呵叱先賢, 無所顧忌矣.

彼學得何樣人理氣, 而背馳栗翁, 若是其甚耶? 徼呼! 噫矣! 栗翁我東方夫子也, 以東方夫子之說, 歸之詖淫邪遁, 則其於洛閩嫡傳何? 又於自家異論何? 吾先祖尤翁嘗有詩云, 上爲閩翁下栗翁, 要除弊事罄愚衷, 若使此等異論之弊, 出於吾祖之時, 則其嚴斥當如何哉? 昔柳稷之徒, 詆誣栗翁, 肆然以理氣之論乖悖逞說, 吾先祖作辨誣疏以斥之. 今猥筆不幸踵稷而其所嚇走反有甚焉. 及其篇亂乃云所可質者後賢而已, 質之而吾所疑者妄, 則幸矣. 苟或不妄奈何東方理氣何? 於此益可見自家胸中無一個尊信底先賢, 而其爲學却是別立赤幟也. 其墓碑銘,—勉菴崔台所作.— 以理發氣發, 曰湖曰洛, 天下道術之分裂者, 顧以是歟!

玄黙攝提格, 仲秋, 心石病夫, 書于西巖山房.

或謂余曰, 猥筆所云今人, 曁學士? 抑非泛指時人學士耶?

余應曰, 子不思猥筆之題目乎? 其意特以栗翁氣發理乘之說, 猥作貶論, 故名曰猥筆也. 歷擧太極註解乘字原頭, 斥去氣發理乘之義, 則其所指非栗翁而誰? 上文今曰之曰, 卽今人之曰也. 下文今人之人, 卽今曰之人也. 上下文勢語脈, 昭著相接, 雖欲掩諱得乎? 理發二字, 卽栗翁之所嘗深病, 而與牛溪先生往復辨之者, 不翅縷縷, 則彼所謂爲今日學士家一大禁避者, 亦非指斥栗翁而發乎?—栗翁嘗登第, 故指稱曰學士. 今日云者, 假託之辭也. 彼說云我東邦說理說氣, 何其滯也. 其言大槩以渾淪一塊無適莫, 沒主張者爲理, 故理發二字爲今日學士家一大禁避語, 纔見有段落行變化成條里者, 則曰氣也. 問孰主張是, 則曰其機自爾, 非有使之者, 問所謂理者落在何方, 則曰乘之矣. 蓋觀於此則其指斥栗翁之意, 有昭然難揜矣.—

曰, 然則, 下段有曰 "凡此所言, 干犯先賢", 此先賢指誰耶? 曰, 彼以理與氣對擧爲非聖人之言, 巧作筆鋒張旺揮斥, 旣又思之, 則自洛閩以來諸賢之論, 並擧理氣者多矣, 乃不得已而曰干犯先賢, 極知不韙, 是豈但指斥栗翁而已哉? 蓋此段文勢, 偃然以自家之見, 獨得先聖垂世立敎之旨, 以洛閩以來理氣對擧之說, 皆作雙本領之履霜.—彼說云把氣與理對擧, 喚作理氣, 始於何時. 此必非聖人之言. 理之尊無對, 氣何可與之對偶? 說本原宜莫如孔子. 孔子之說本原, 宜莫如大易. 曰一陰一陽之謂道, 曰太極生兩儀, 是也. 十分停當, 罔有滲漏, 曷嘗見一處對峙, 而雙擧者乎? 今人纔見理字, 必覓氣來作對偶, 於是理之流行一大事, 盡被氣字帶去作家計. 所餘者, 秖混淪也, 冲漠也, 此雙本領之履霜也. 悲夫? ○按, 大易形而上·形而下, 卽是對擧也. 彼意都欲遮前揜後, 凌跨古今, 而乃謂理之流行一大事, 盡被氣字帶去作家計者, 矽是狂嚇之言, 不足爭辨也. 蓋洛閩諸賢, 實承孔子之指, 著明理氣, 皆對擧言之, 則此所謂今人, 亦非通指洛閩以來諸賢乎?— 其突然立異, 陵駕前賢, 一至於此, 具眼者, 孰不大駭而痛辨之, 然究厥病根, 實出於不分道器, 固守已殘也, 亦何足嘵嘵然相較哉? 是歲南至日再書.

說者多以栗翁書陰靜陽動機自爾, 專屬之氣, 以陽之動則理乘於動; 陰之靜則理乘於靜, 方屬之理. 然則以上下陰陽作兩截看, 或有無理之陰陽, 或有有理之陰陽者也. 是豈栗翁所謂理氣本合之義耶? 蓋機自爾之機, 實動靜所乘之機也, 陽動陰靜之時, 氣便載理而自然循環, 故曰機自爾, 非有使之者也.—栗翁又曰 所謂動而生陽, 靜而生陰者, 原於未然而言也; 動靜所乘之機者, 見其已然而言也. 動靜無端, 陰陽無始, 則理氣之流行, 皆已然而已, 安有未然之時乎? 又天道策曰 陽速陰遲者, 氣也; 陽之所以速, 陰之所以遲者, 理也, 孰使之然也? 不過曰自然而然爾. 據此兩說, 則機自爾之中, 理已乘載, 尤躍如矣.—

又理乘於動, 理乘於靜云者, 卽承上句之義, 以明陽動陰靜之時, 理雖乘載, 而其動其靜, 是氣之爲也. 故曰非理動·非理靜也. 大抵氣發理乘之義, 當混合看了, 不可以先後分界, 纔言氣發, 理理便該載其中, 二者初無相離也. 是以栗翁嘗說理氣本合, 欲二之者, 非知道者也. 若曰氣發後理乘之, 則固非氣在此而理在彼者耶? 如是看惻亦與蘆沙之見無異矣. 蘆沙以機自爾, 專屬氣一邊看, 不與理關由, 故所以發詆斥之論也, 此不可不辨也.—蓋蘆沙之見, 偏主理而求理於氣外, 故猥詆栗翁之指.—

說者又云 : 上段旣言理乘於陽動陰靜, 而末段復言其所以陰靜陽動者理也之義, 此非架疊乎? 余爲之解曰 : 上段以所乘之機言之, 故曰乘於動乘於靜, 卽就流行處論也. 末段以本然之妙而言之, 故可所以二者, 卽推本申明之意也. 決無可疑, 而蘆沙乃斷截文義, 黑昧語脈, 以自爾字所以字之幷用, 比之魏延楊儀之乖張, 其飾文巧詬道眞, 可謂無所不至矣. 竊懼夫叔季晩學謬中其毒也.

比見金重菴平黙書猥筆後之說, 極令人悖心駭目, 不謂此老乃作此論也. 其略曰 : 微言大義, 與洙泗濂閩, 脗然相合, 我華西先生, 不約而相符, 先生之所以爲先生, 可知矣. 後學於先正之少失照管者, 當諱之而不宣, 豈宜張皇於世, 使人不得開口乎, 所謂尊畏先輩者, 乃纍揚過失於天下後世也. 知此則尊先正者, 莫如我奇·李兩先生 云云.

竊以愚見觀之, 蘆沙以理與氣對擧爲非聖人之言, 乃詆斥之曰雙本領之履霜者, 大有違於洙泗濂閩諸訓之旨. 蓋大易所謂形而上·形而下, 濂翁所謂無極之眞·二五之精, 妙合而凝, 閩翁所謂有是氣則有是理; 無是氣則無是理者, 此皆對擧也. 蘆沙之所聱牙, 正如薰蕕之不相入, 而今謂脗然相合, 卽是自謾而謾人, 掩其疵耳. 然此非掩也, 適所以彰之也. 栗翁理氣之辨, 實闡明蘊奧, 發前聖所未發者多矣, 則乃其平生大論議也. 今曰失照管, 欲以此爲過失於天下後世, 何其言之妄悖也? 抑亦陽尊陰斥之意耶? 後學之於先正論議, 或有所難曉, 則與師友講質固可矣, 而文之以無過中有過, 暴揚天下後世者, 是果尊先正之道乎? 然則武臧紘繼, 皆眞尊聖賢者也, 此等立說, 卻從心術隱微之大病中吐發矣. 余曾以此老爲一讀書之儒, 今日始知其淵源師授, 乃出於開門人主理之宗旨也. 宜乎不遵我栗翁之訓, 然亦豈敢如是開口乎? 噫! 扳授其師, 騈置學術分裂之案, 而不自知其眞爲過失, 亦可哀也已.

변혹인설

송병순

이 글은 송병순이 익명의 질문자에게 반박하는 글이다. 「외필」을 둘러싼 논쟁은 연재학파, 노사학파, 간재학파의 공통적인 학문적 기초였던 율곡 성리학을 되돌아보는 계기가 되었고, 이로 인해 다양한 해석들이 나타나게 되었다. 이 글 또한 외필논쟁에 영향을 받아서 쓴 것이다. 이 글에 따르면 질문자는 이이의 '기자이'를 풀이하면서, 리와 기를 자연과 능연으로 나누어 이해한 것으로 보인다. 송병순은 율곡 성리학의 기본 전제인 이기불상리의 입장에서 이 주장을 반대하고 있다. 1902년 후반기 즈음의 저술로 추정되지만, 확실하지는 않다. 『심석재집』 권13에 실려 있다.

어떤 이가 율옹의 "음이 고요하고 양이 움직이는 것은 저절로 그런 것이다"라는 주장을 풀이하면서 이렇게 말했다. : 리와 기에는 자연(自然)과 능연(能然)의 구별이 있다. 자연은 본래 능연을 기다리지 않고도 저절로 그러하고, 능연 또한 자연을 빌리지 않고도 능히 그렇게 할 수 있다. 그 본래의 체단(體段)이 각각 저절로 이와 같다.

내 생각으로 보자면 이 논의는 리와 기를 둘로 나누는 병폐가 있는 것 같다. 리와 기는 혼연하게 뒤섞여 간격이 없지만, 리 홀로 그 자체로 리일 수 없고 기 홀로 그 자체로 기일 수 없다. 이제 '리가 기를 기다리지 않는다'라고 한다면 이것은 리가 한갓 허공에 매달려 기에 의지하지 않고도 스스로 움직이고 고요하다는 것이 아닌가? 또한 '기가 리를 빌리지 않는다'라고 한다면 이것은 기가 홀로 작용하면서 리와 (아무런) 관계가 없이 스스로 운행하고 그친다는 것이 아닌가? 그렇다면 리와 기를 상대시켜 둘로 나누고 혹은 떨어트리고 혹은 합치는 것이니, 이것이 어찌 율옹의 본뜻이겠는가? 체단으로 말하자면 리는 무형이고 기는 유형이며, 공용으로 말하자면 리와 기에는 본래 자연과 능연의 구별이 있다. 그러나 자연 가운데 또한 능연의 조화가 있고, 능연 가운데 또한 자연의 오묘함이 있다. 이 때문에 율옹은 "음이 고요하고 양이 움직이는 것은 저절로 그런 것이다"라고 한 것이다. 음이 고요하고 양이 움직이는 것이 저절로 그런 것이다는 것은 곧 이기가 유행하는 측면에서 말한 것이다. 기발의 때에 리가 이미 타고 있으니, 그 기틀이란 저절로 선후가 없고 — 정자는 말했다. "아직 반응하지 않았다고 해서 앞서는 것이 아니요, 반응했다고 해서 뒤서는 것도 아니다."[297] — 또한 떨어짐도 합침도 없다. — 주자는 "둘은 언제나 서로 의존하여 서로 떨어지지 않는다"[298]라고 했고, 율옹 또한 "이기는 본래 합일되어 있어 처음부터 합치는 때가 (따로) 있지 않다"[299]라고 했다. — 어떻게 이발이승의 뜻을 기발의 다음에 리가 비로소 올라타는 것이라고 간주할 수 있겠는가? — 우옹(尤翁)은 말했다. "태극(太極)이 타는 것이 기기(氣機)이고 움직인 때에 비로소 기기를 타는 것이 아니다. 움직이지 않았을 때 타는 것은 정기(靜機)로서 음에 속하고, 움직이려 할 때 타는 것은 동기(動機)로서 양(陽)에 속한다."[300] 이 풀이를 보면 환히 알 것이다. — '기(機)'란 기가 리를 싣는 관건[關棙]이요, '저절로 그렇다'라고 한 것과 「천도책」의 "누가 그렇게 시켜서 그런 것인가"라는 말은 저절로 그렇다는 뜻을 말한 것과 같을 뿐이다. 이제 기의 발현이 리의 자연을 빌리지 않고도 홀로 능히 그렇게 할 수 있다면 기발의 이전에 이 리는 어디에 타고 있다가 기발의 때가 되어서야 올라타는 것인가? 율

297 정호·정이, 『하남정씨유서』 권15(『이정집』 vol.1), 153쪽 참조.

298 주희, 『주자어류』 권94(『주자전서』17), 3128~3129쪽.

299 이이, 『율곡전서』 권10(표점영인 한국문집총간 vol.44), 「답성호원」, 209쪽.

300 송시열, 『송자대전』 권113(표점영인 한국문집총간 vol.112), 「答朴士元」, 81쪽.

옹이 말한 "리는 기의 주재이고 기는 리가 타는 것이니, 리가 아니면 기가 근거할 데가 없고 기가 아니면 리가 의지할 데가 없다"[301]라는 말을 어떤 뜻으로 보는 것인가? 내 생각에 기가 운행하면 리 또한 운행하니, 그 운행과 그침은 기의 소능(所能)이요, 운행하게 하고 그치게 하는 것은 리의 소이(所以)다.— 이것은 율옹의 "한 번 움직이고 한 번 고요한 것은 기요, 움직이게 하고 고요하게 하는 것은 리다"라는 뜻과 같다.— 그리고 소능과 소이는 모두 저절로 그러할 뿐이다. 음이 고요하고 양이 움직이는 것은 저절로 그런 것이다는 말의 뜻은 곧 이기의 관건을 합쳐서 말한 것이다. 그러므로 이미 '저절로 그렇다'라고 하고서, 또한 "그렇게 시키는 것이 있지 않다"라고 한 것이다. 리와 기의 위에 다시 어떤 것이 있어서 그렇게 시키는 것인가? 율옹의 「이일분수부」에서는 이렇게 말했다. "도는 기(器) 밖에 있는 것이 아니고, 리는 만물과 함께 존재하는구나. 누가 그 기틀을 주재하는가? 아, 저 태극이로다!"[302] 태극은 리다. 내가 '리와 기의 위에 다시 어떤 것이 있어서 그렇게 시키는 것인가?'라고 말하는 것은 실제로 없는 것을 지어낸 것이 아니다. 이에 뒤늦게 기록해서 박식하고 단아한 군자들에게 질정을 구한다.

---

301 이이, 『율곡전서』 권10(표점영인 한국문집총간 vol.44), 「답성호원」, 199쪽.
302 이이, 『율곡전서』 권1(표점영인 한국문집총간 vol.44), 「理一分殊賦」, 12쪽.

辨或人說

宋秉珣

或有解栗翁陰靜陽動機自爾之說曰 理氣有自然能然之別, 自然固不待乎能然而自然, 能然又不借乎自然而能然. 其本來體段, 各自如此. 竊以鄙見覰之, 此論恐有理氣二岐之病. 蓋理氣本混融無間, 理不成獨自理; 氣不成獨自氣. 今曰理不待於氣, 則此非理徒懸空不資乎氣而自動自靜者乎? 又曰氣不借於理, 則此非氣獨作用不關乎理而自行自止者乎? 然則理氣相對爲二岐, 或離或合也, 此豈栗翁本旨哉? 若以體段言之, 則理無形而氣有形; 以功用言之, 則理氣固有自然能然之別. 然自然之中, 亦有能然之造; 能然之中, 亦有自然之妙. 是以栗翁乃說陰靜陽動機自爾也. 夫陰靜陽動, 機自爾, 卽以理氣流行處言也. 氣發之時, 理已乘載其機, 而自無先後,—程子曰, 未應不是先, 已應不是後.— 又無離合—朱子曰, 二者相依, 而未嘗相離. 栗翁亦曰, 理氣本合, 非有始合之時.— 豈可以氣發理乘之義看作氣發後理始乘載耶?—尤翁嘗曰, 太極所乘者氣機也, 非於動時始乘氣機也, 未動而乘者靜機而屬之陰; 將動而乘者動機而屬之陽矣. 觀此訓可曉然矣.— 所謂機者, 卽氣載理之關捩也. 自爾云者與天道策孰使之然也, 不過曰自然而然之義同耳. 今謂氣之發不借乎理之自然而獨能然, 則氣發之前, 是理搭在那邊, 而乃乘於氣發之時耶? 栗翁所謂理者, 氣之主宰也, 氣者, 理之所乘也, 非理則氣無所根柢, 非氣則理無所依著者, 將作甚義看耶? 愚竊謂氣行則理亦行, 其行其止者, 氣之所能也, 其行之止之者, 理之所以也.—此與栗翁所謂一動一靜者, 氣也; 動之靜之者; 理也之義, 亦同.— 而其所能所以, 皆自然而已.

大抵陰靜陽動, 機自爾之義, 卽以理氣之關捩合而言之, 故旣曰自爾, 又曰非有使之者也. 蓋理氣之上, 復有何物, 使之然乎? 栗翁理一分殊歌有曰, 道非器外, 理與物俱, 敦化無窮, 川流不息, 孰尸其機, 嗚呼太極! 夫太極, 理也. 愚所謂理氣之上, 復有何物, 使之者, 實非杜撰也. 乃玆謾錄, 將就質于博雅之君子.

정대경—석채—에게 보냄

임인년(1902) 9월

권명희

이 글은 권명희가 1902년 9월 송병선의 문인인 정석채(鄭奭采, 1856~1925)[303]에게 보내는 편지이다. 율곡학파의 이기론에서 리가 무위라고 전제되기 때문에, 이황이 주장한 이발(理發)을 어떻게 이해할 것인가의 문제가 언제나 논란거리였다. 정대경은 전통적인 관점에서 이발을 부정했지만 권명희는 「외필」을 비롯한 기정진의 성리학적 사고를 비판하면서도 객락에 따른 이발이란 용어의 사용을 긍정한다. 『삼외재집』 권4에 실려 있다.

지난날 논한 것을 요즘 다시 생각해 보았습니다. 리(理) 자에 '발(發)'을 말하는 것은 지나치게 무겁다고 순순히 가르쳐 주셨습니다만 오히려 의심이 풀리지 않습니다. 율옹이 '리가 발동하고 기가 따른다'라는 것을 잘못이라고 한 것은 선후가 있다는 혐의 때문이었지, 리에 '발'을 말할 수 없다는 것이 아니었습니다. 그러므로 '기가 발동하고 리가 탄다'라는 것을 논하면서 "기가 리에 앞선다는 말이 아니다"라고 한 것입니다. 그 말의 뜻을 상세히 따져보면 아마도 '기는 리를 태우고 있으니, 태우는 것[乘]의 발동을 본다면, 곧 '타고 있는 것[乘之]'의 발동을 알 수 있다'라는 말인 것 같습니다. 이렇게 본다면 리에 발을 말하는 것도 크게 어긋나는 점은 없을 것 같습니다. 그러나 자신이 없으니, 가르침을

303 자는 대경(大卿), 호는 용재(庸齋), 본관은 연일(延日)이고, 오늘날 경상북도 김천군에 해당하는 금산(金山)에 거주했다. 18세에 연재 송병선의 문하에서 수학하기 시작했는데, 송병선의 숙부였던 송근수(宋近洙, 1818~1903)에게서도 수학했다. 『용재집(庸齋集)』 11권 5책이 초고본으로 전한다.

주시기를 삼가 바랍니다.

잠수(潛叟)는 논의하면서 '지나치거나 모자람 또한 리가 그렇게 시키는 것이다.'[304] '선은 본래의 그러함이지만, 악도 어쩔 수 없이 그래서 그런 것이다. 두 개의 '그렇다[然]'는 글자가 어느 것이 천리가 아니겠는가?'[305] '리를 말하는 것은 중을 말하는 것만 못하다. 중은 선하지 않음이 없다'[306]라는 말로 리가 순수하게 선하지 않는가라는 질문에 대답했습니다. 선하지 못한 기도 '리에서 명을 받는다'[307]라고 했고, '확충할 수도 꿰뚫지도 못한 것은 성 가운데 분수에 해당하는 곳을 말한다'[308]라고도 했습니다. 이런 주장이 많습니다. 본원이 이처럼 어긋났으니, 일에서 비롯되어 정사를 해친다는 것이야 말하지 않아도 알 것입니다. 설령 잠수가 늘 '율옹이 내 스승이다'라고 했더라도, 육상산·왕양명이 공자·맹자를 배웠다고 하는 것과 차이가 없습니다. 하물며 「외필」처럼 심한 것이 있는데 더 말할 나위가 있겠습니까? 호소하고 논변으로 물리침으로써 사람들의 지향을 바로잡는 것이 마땅할 것입니다. 그렇지만 저는 허물을 뉘우치느라 괴로우니, 어느 겨를에 자기를 바로잡듯이 남을 바로잡겠습니까? 성인의 말이 매우 많으니, 의지하고 실천할 뿐입니다. 그러나 성인의 말은 비유하자면 많은 약제와 같습니다. 약제가 병에 알맞지 않다면 거꾸로 사람을 해칩니다. 병에 맞는 좋은 약제를 써서 완인(完人)에 들게 하는 것이 어떻겠습니까?

---

304 기정진, 『노사집』 권12(표점영인 한국문집총간 vol.310), 「答鄭厚允· 鄭季方(義林)問目」, 274쪽.

305 출처가 분명치 않다.

306 기정진, 『노사집』 권12, 「答金景範問目」, 265쪽.

307 기정진, 『노사집』 권15, 「答景道」, 355쪽 참조.

308 기정진, 『노사집』 권16, 「납량사의」, 368쪽.

與鄭大卿 奭采

壬寅九月

權命熙

前日所論, 近更思之. 理下言發, 涉於太重, 教雖諄諄, 尚未釋疑. 栗翁所以非理發而氣隨之者, 嫌有先後也, 非謂理不可言發. 故論氣發而理乘之曰非謂氣先於理也. 詳其語意, 似謂氣者理之乘, 見乘之發, 則知乘之者之發也. 由此觀之, 言發於理, 恐無大悖, 不敢自信, 爲之俯教伏冀.

至於潛叟, 其論謂過不及亦理之使然. 謂善者其本然也, 惡者其不得不然而然, 兩箇然, 夫孰非天理. 以說理不如說中, 中則無不善, 答理不純善之問. 以不善之氣, 謂聽命於理, 以無以充不能貫謂性中分殊處, 此等說多矣. 其於本原, 醜差若是, 其作於事害於政, 不言可知. 設使潛叟恒言栗翁吾師, 無異陸王謂學孔孟, 況有猥筆之甚者耶? 胥告辭闢以正人趨向宜矣. 然若命熙, 困於悔尤, 奚暇正人如欲正己, 聖言甚多, 只可依而行之, 然聖言譬如衆劑, 劑不對病, 反或傷人, 爲下對病之良劑, 俾齒完人, 如何如何?

정대경에게

임인년(1902) 9월 11일

송병선

이 글은 송병선이 1902년 9월 11일 문인인 정석채에게 보내는 편지이다. 『면암집』 권7에 실린 「송연재에게 답함[答宋淵齋]」을 받은 뒤에 보낸 것으로 추정된다. 최익현의 답장에 불만을 표시하면서 베껴서 보낸 그의 답장을 남에게 보여주지 말라고 당부하고 있다. 『연재집』 권11에 실려 있다.

면태가 답한 편지는 며칠 전에 보았네, 그가 하는 말은 동문서답과 다를 것이 없었네. 또한 노사·화서 두 노인을 율옹·우암보다 위에 놓으려고 하면서 '남겨진 경서에서 전해지지 못한 것을 얻었다'라고 했네. 또한 "주리의 학문을 제창해서 한 시대의 운세를 담당하게 했다"라고 하니, 이것이 어찌 말이 되겠는가? 또한 '「외필」은 정말로 율옹을 존중한 것'이라고 하면서 '임금이 싫어하거나 노하더라도 직언하는 것과 벗을 사귀며 선을 권하는 것'으로 비유해서 말했네. 그렇다면 무숙(武叔: 숙손무숙)과 계조(繼祖: 沈繼祖)[309]의 무리도 정말로 공자와 주자를 존경한 것이라고 말할 수 있을 것이네. 「외필」이 율옹을 공격하고 배척하는 것을 군주의 호오와 상관이 없이 직언해서 충성을 다하고, 선으로 꾸짖으면서 벗의 도를 다하는 데다 귀결을 시키려 하니 이것이 어찌 도리

309 남송 영종(寧宗) 재위 기간인 경원(慶元) 연간에 감찰어사의 신분으로 주희를 위학(僞學)으로 탄핵해서 경원당금(慶元黨禁)을 가져온 주요 인물 가운데 한 사람이다.

이겠는가? 노사를 위해서야 지극하다 하겠지만, 율옹에게는 무엇이겠는가? 내가 질의하는 것은 진실로 안타까이 여기는 마음에서 나온 것인데, 도리어 불평을 품고서 한 조목도 대답한 것도 없이 이처럼 장황하게 말했을 뿐이니, 나로서는 가부를 알 수가 없네. 그의 답서를 베껴 달라는 부탁이 있었기에 한 통을 써서 보내니, 말없이 알 수 있을 것이네. 그러나 남들의 눈을 뜨여 더 어지럽게 만들 필요는 없을 것이네. 어떤가?

與鄭大卿

壬寅九月旬一日

宋秉璿

勉台答書, 數日前得見, 而其爲說, 無異問東答西也, 且以蘆, 華兩丈, 欲置於栗, 尤以上, 以爲得不傳於遺經, 又曰以倡主理之學, 當一治之運, 是豈成說乎, 又曰猥筆眞尊栗翁, 至以事君犯顔, 交友責善, 譬而言之, 然則武叔, 繼祖之徒, 可謂眞尊孔·朱也. 猥筆之攻斥栗翁, 歸之於犯顔盡忠責善盡道, 尤豈道理耶? 其爲蘆沙則至矣, 而柰於栗翁何? 愚之質疑, 誠出愛惜之心, 而反懷不平, 無一條所答, 只如此張皇說去者, 吾未知其可也. 其答旣有謄示之託, 故一通書呈覽, 可默會矣. 然不必煩人之眼, 以增紛紜, 如何?

권석오에게 올림

임인(1902) 9월 11일

권명희

이 글은 1902년 9월 11일 권명희가 권봉희에게 보내는 편지이다. 5월에 보냈던 편지에 담긴 비판에 대한 노사학파의 반론, 특히 정재규의 「모함을 변론하는 글을 동지들에게 보이다[辨誣文示諸同志]」를 접한 뒤에 재비판하는 내용을 담고 있다. 『삼외재집』 권3에 실려 있다.

남원에서 그가 통혼한 것은 어긋남이 극에 달했습니다.[310] 옛날 육상산과 왕양명도 공자·맹자를 성인으로 여기지 않았던 것은 아니었지만, 그들이 만든 의론이 공자·맹자와 일치하지 않았기에 선유들이 모두 이단으로 배척했습니다. 그들이 만든 의론을 살피지 않고 공자·맹자를 존중했다는 것으로만 따진다면, 결국 상산·양명이 공자·맹자를 등지지 않았다고 한들 안 될 것이 없을 뿐 아니라, 그 화가 사나운 홍수보다 더 심할 것입니다. 이제 (그들은) '우리 스승께서 율옹을 독실히 존중하고 믿었고, 리를 논하면서 이통기국(理通氣局)을 종지로 삼았으며, 성정을 논하면서는 '모든 정이 모두 리에서 발현한다'[311]는 것을 정확한 정론으로 여겼다. 율옹을 신원하는 (하락의) 상소문을 보고는 영원히 전할 홍망성쇠의 소식이라고 여겼고, 『격몽요결』을 외우거나 본받는 것을 보고는 사서에 비견된다고 논하셨다'라고 합니다. 그러나 노사가 만

310 구체적으로 무엇을 가리키는지 분명하지 않다.

311 이이, 『율곡전서』 권9(표점영인 문집총간 vol.44), 「答成浩原」, 195쪽 참조.

든 의론은 이와 크게 배치되는 것이 흑과 백의 차이에만 그치지 않습니다.

예를 들어 '선은 그 본연이요, 악도 그렇지 않을 수 없기에 그렇다. 두 연(然) 자가 어느 것이 천리가 아니겠는가?'[312]라고 합니다. 또한 '지나침과 모자람 또한 리가 그렇게 하는 것이다'라고도 합니다. 또한 "지나침과 모자람 또한 리에 반드시 있다"[313]라고도 합니다. 또한 그의 문인이 "리는 순선하지 않다.…공자가 '계선성성(繼善成性)'을 말하고, 맹자가 성선을 말할 때부터 누가 리가 순선하다고 말하지 않았는가? 내가 이 설을 만든 것은 내 의심을 다해서 질정을 구하려는 것이다"라고 묻자,[314] "리를 말하는 것은 중을 말하는 것만 못하다. 중은 선하지 않음이 없다"라고 대답했습니다.[315] 이 몇 가지 말을 상세히 살펴보면 그 뜻은 리와 성은 모두 순선하지 않고, 공자와 맹자가 말한 것은 그 선만을 발라내서 말했다는 것입니다. 이렇게 본다면 이통(理通)의 리는 율곡으로부터 말하면 순선한 리이지만, 노사로부터 말하자면 선악을 겸한 리입니다. '모든 정이 리에서 발현한다'라고 할 때의 리 또한 그렇습니다. 율옹을 존중한다는 말이 실제로는 육씨와 왕씨가 공자·맹자를 존중한다는 것과 다름이 없습니다. 하물며 그의 「외필」이 여지를 남기지 않을 정도로 율옹을 공격하고 배척하는 것이야 더 말할 나위가 있겠습니까?

율옹이 "음양의 고요함와 움직임은 기기(氣機)가 스스로 그러한 것이

---

312 출처가 분명치 않다.

313 기정진, 『노사집』 권15(표점영인 한국문집총간 vol.310), 「答景道」, 357쪽.

314 질문의 전체 내용은 김석구의 「사문문답(師門問答)에 실려 있다. 다만, 김석구 역시 자신이 인용하고 있는 '선유(先儒)'가 누구인지를 명시하지 않고 있어서 발언자가 누구인지를 알 수 없다. 김석구, 『대곡집』 권4, 「師門問答」, 3전면~4전면 참조.

315 기정진, 『노사집』 권12(표점영인 한국문집총간 vol.310), 「답김경범문목」, 265쪽.

지 그렇게 시키는 것이 있지 않다"[316]라고 한 것은 사람들이 리를 음양의 이전에 독립한 채로, 음을 고요하게 만들고 양을 움직이게 만드는 것으로 간주한다면 리와 기가 간격이 생기고, 묘합(妙合)의 취지를 크게 잃어버릴까 걱정해서 그런 것입니다. "저절로 그런 것이다"라고 하면 리와 기는 간격이 없고, 리는 무위이고 기는 유위라는 뜻이 드러납니다. 이 말을 이어서 "음이 고요하고 양이 움직이는 소이는 리다"[317]라고 한 것은 사람들이 리의 무위를 주재할 수 없음이라고 여기고, 기의 유위를 실제로 주재할 수 있음이라고 여겨, 리가 주재라는 취지를 크게 잃어버릴까 걱정했기 때문에 그런 것입니다. '소이가 리다'라고 말했다면 기가 '스스로 그러한' 것 같지만, 실제 리가 주재라는 뜻이 드러납니다. 말이 매우 정밀하고 조금의 빈틈도 없습니다. 그런데 이제 이것을 살피지 못하고 심지어 "'그렇게 시키는 것이 있지 않다'라는 한 구절 속에서 천명이 이미 멈춰버렸다"[318]라고 하고, "기가 리의 자리를 빼앗았다"[319]라고 하며, "두 개의 본령"[320]이라고 하고, "헛된 이름만 있고 실제의 사실은 없다"[321]라고까지 했으니, '아끼는 이는 무릎에 앉히려 하고, 미워하는 이는 못에 빠뜨리려고 한다'[322]라는 격입니다.

---

316 이이, 『율곡전서』 권10(표점영인 한국문집총간 vol.44), 「답성호원」, 211쪽.

317 같은 책, 같은 곳.

318 기정진, 『노사집』 권16(표점영인 한국문집총간 vol.310), 「외필」, 371쪽.

319 같은 책, 같은 곳.

320 같은 책, 같은 곳.

321 "虛名而無實事." 기정진, 『노사집』 권16(표점영인 한국문집총간 vol.310), 「猥筆」, 371쪽.

322 '연슬(淵膝)' 혹은 '아끼면 무릎에 앉히고 미우면 못에 떨어뜨린다[墜淵加膝]'라고도 한다. 『예기』 「단궁 하」에서 자사(子思)가 "오늘날의 위정자들은 아끼는 이를 등용할 때는 무릎에라도 앉힐 듯이 하고, 미워하는 이를 물리칠 때는 못에 떨어뜨릴 것처럼 한다[今之君子, 進人若將加諸膝, 退人若將墜諸淵.]"라고 한 말에서 유래했다.

주자는 왕씨(王氏: 왕안석)의 '하늘이 나에게 이것을 가지도록 했다'라고 한 말을 논하면서 "어떻게 정말로 그렇게 시키는 것이 있다고 여기겠는가?"[323]라고 했으니, 율곡의 말은 여기에 뿌리를 두고 있습니다. 그렇다면 율곡을 공격하는 것은 주자를 공격하는 것이 아니겠습니까? 또한 "세상에 다시는 '피음사둔'이 없을 것이니, 전도되고 창피함이 무슨 일엔들 있지 않겠는가? 전현의 의론이 지나치게 명쾌해서 그 말류의 폐해가 여기에 이를 줄 미처 자세히 생각지 못했던 것 같다"[324]라고도 했습니다. 이것은 율곡이 '피음사둔'의 발단이요 '어떤 일엔들 있지 않겠는가'라는 지경의 시작이라는 것이니, 선현을 무고하기로는 이보다 더 심한 것이 없습니다. 필부 한 사람이 사도에 들어 정도를 등져도 안타까움에 편히 두고 볼 수 없는데, 하물며 그 문도들이 날마다 달마다 늘어나는 지경이겠습니까? 이제 이번의 한 번 모임은 현자를 위한 것만이 아니요, 또한 세상을 위한 것이니, 쉽고 어려움을 돌아보지 말고 기약함이 사문에 다행일 것입니다.

---

323 주희, 『중용혹문』(『주자전서』 vol.6), 553쪽.

324 기정진, 『노사집』 권16(표점영인 한국문집총간 vol.310), 「외필」, 372~373쪽 참조.

上權石梧

壬寅九月十一日

權命熙

南原彼通其昏悖極矣. 昔陸象山王陽明非不以孔孟謂聖人, 其所自爲論, 不合于孔孟, 故先儒皆以異端斥之. 若不究其所自爲論, 徒以尊孔孟, 遂謂象山陽明不背孔孟, 非惟不可, 其禍有甚於洪猛. 今云吾師於栗翁篤信焉, 其論理則以理通氣局爲宗旨, 論性情則以萬般之情皆發於理爲確論, 見伸救栗翁疏則以爲爲萬世傳否泰消息, 見誦法擊蒙要訣則以論語孟子擬而議之. 然蘆沙之所自爲論, 大有相 背, 不翅白黑.

有曰善者其本然也惡者其不得不然而然, 兩箇然, 夫孰非天理? 有曰過不及亦理之使然. 有曰過不及亦理所必有. 又其門人問曰理不純善, 止 自孔子之言繼善成性, 孟子之言性善, 孰不曰理則純善, 而吾之爲此說者, 盡吾疑以求質焉. 答之曰說理不如說中, 中則無不善. 詳此數語, 其意謂理與性皆不純善, 而孔孟所言, 剔其善而言也. 以是觀之, 理通之理, 自栗谷言純善之理也; 自蘆沙言兼善惡之理也. 萬般之情皆發於理之理, 亦然矣. 其所尊栗谷之言, 實無異於陸王之尊孔孟, 況其猥筆攻斥栗翁不遺餘力耶?

栗谷曰, 陰靜陽動, 其機自爾, 非有使之者, 恐人以理看作獨立於陰陽之前, 使陰靜使陽動, 則理與氣有間, 大失於妙合之旨故也. 蓋曰機自爾, 則理氣無間, 而理無爲氣有爲之義見矣. 繼之曰所以陰靜陽動者理也者, 恐人以理無爲謂不能主之, 以氣有爲謂實能主之, 大失於理爲主宰之旨故也. 蓋曰所以者理, 則氣雖似自爾, 而理實爲主宰之義見矣. 其言極爲精密, 無少罅漏, 今乃不察, 至曰非有使之一句內天命息矣, 至曰氣奪理位, 至曰兩箇本領, 至曰有虛名無實事, 眞所謂愛欲膝而惡欲淵矣.

朱子論王氏天使我有之之語曰, 豈眞以爲有或使之者哉. 栗谷之言本於此. 然則攻栗谷, 豈非攻朱子耶? 又云天下更無詖淫邪遁, 顚倒猖披, 何事不有? 前賢之論, 發之太快, 末弊之至斯, 容有未之思也. 此謂栗谷啓詖淫邪遁, 啓何事不有, 誣賢莫此極矣. 一夫之入邪背正, 罔不可恬視, 況其徒日熾月盛耶? 今玆一會, 不獨爲賢, 亦且爲世, 不顧易艱, 期幸斯文.

최동민에게 답함

송병선

이 글은 송병선이 최동민(崔東敏)에게 보낸 편지이다. 임인(1902) 11월 17일 제자인 조종덕에게 보낸 편지에 이 글의 일부가 인용되어 있는 것을 참조하면 1902년 11월 17일 즈음에 쓴 편지로 단정할 수 있을 뿐이다. 다른 자료에서 찾아보기 힘든 특이한 내용이 한 가지 포함되어 있는데, 당시 일각에서 노사를 남인계열이라고 의심하는 의론이 있었는데, 송병선은 이를 단호하게 부정하고 있다. 현재 『연재집』에는 전문이 실려 있지 않다. 『부벽록』의 편집 순서에 의하면 「연재 송선생이 최면암에게 보내는 편지[淵齋宋先生與崔勉庵書]」와 「권명희에게 답함[答權命熙]」 사이에 실려 있다.

기장(奇丈)의 「외필」은 실제로 온당치 않네. 사론이 일제히 들고 일어났다는 소식을 듣고, 찬탄을 멈출 수 없었네. 그러나 율옹은 해나 달과 같으니 해칠 수가 없다네. 「외필」 같은 글이 아무리 많더라도 어떻게 율옹에게서 (무엇을) 더하거나 덜 수 있겠는가? 내 생각에 이 글은 한쪽에 제쳐두고 율옹의 이기설을 더욱 강론하고 밝히며, 사문을 지키는 것이 우리들이 오늘날 서로 권장해야 할 일이라네. 하필이면 시끄럽게 떠들면서 집마다 깨우쳐주고, 사람마다 밝혀 주겠는가? 오인(午人: 남인)들이 운운한 것은 정말이지 한 번 웃고 말 일이요, 노(蘆)가 그 당인이라는 말은 더욱 실소를 금치 못할 일이라네. 그러나 이 뒤로도 이것을 핑계로 삼는다면 어찌 문생 자제들의 잘못이 아니겠는가? 미호(渼湖: 金元行, 1702～1772)가 "첫 번째 불행에도 미치지 못한 것[一不幸者不逹]"[325]이라 한 것에 가까우니 무엇을 더 탄식하겠는가?

325 출처와 뜻이 분명치 않다.

答崔東敏

宋秉璿

奇丈猥筆，果是未安，而士論齊發，聞不勝欽歎也．然栗翁日月也，不可得而傷也．雖有千萬猥筆，有何損於栗翁也．愚意則置此說於一邊，凡於栗翁理氣之說，益自講明，興衛斯文，是吾輩今日所相勉者也．奚必呶呶然，家喩而人曉之也哉？午人云云，誠可一笑，而蘆是渠黨之說，尤極噴飯．然以來此口者，豈非門生子弟之過乎？渼湖所謂一不幸者不達，不幸近之，何歎何歎！

조성훈에게 답함

임인(1902) 11월 17일

송병선

이 글은 송병선이 1902년 제자인 조종덕(趙鍾悳, 1858~1927)에게 답하는 편지이다. 조종덕이 「외필」에 유화적인 논지의 편지를 보내면서 특히 영남 지역의 노론계 학자들이 『노사집』 중간에 반대하는 것에 그치지 않고, 중간 이후 통문의 발송 등을 통해 『노사집』의 훼판 및 「외필」의 삭제 등을 주장하는 일련의 움직임에 대한 의견을 물은 것으로 추정된다. 송병선은 "율옹의 주장을 존중하고 따르는 것뿐"이라는 전통적인 입장을 주장하면서 "영남 유생들의 일은 율옹을 존중하는 이들이라면 누가 감히 잘못이라고 하겠는가?"라고 함으로써 그들의 입장을 옹호하고 있다. 조종덕에게는 「외필」을 논한 「이기조변(理氣條辨)」이 따로 있다. 『연재집』 권14에 실려 있다.

요즘의 일은 사안이 사문(斯文)에 관련된 것이니, 어떻게 사론(士論)이 시끄럽지 않겠는가? 많은 편지는 정말이지 매우 개탄스럽네. '성리(性理)는 성리이고 「외필」은 「외필」입니다. 융통성 있게 보자면 율옹을 존중하고 경외하는 길이 그 안에 저절로 담겨 있습니다'라고 하니, 이게 무슨 말인가? 「외필」에서 말하는 것이 성리가 아니라면 무엇인가? 성리야 내가 평소에 알지 못하지만, '피음사둔', '전도되고 창피함', '동방의 이기를 어떻게 할 것인가' 등의 말에 어떤 융통성 있게 보는 방법이 있겠는가? 또한 '「외필」이라고 제목을 붙인 것에는 따로 뜻이 있다'라고 하는데, 이 또한 융통성 있게 볼 수 있겠는가? 내 생각에는 율옹의 주장을 존중하고 따르는 것뿐일세. 그러므로 벗들의 질문에 '율옹은 해와 달과 같아서, 흠을 낼 수 없다. 「외필」 같은 글이 아무리 많더라도 어떻게 더하거나 덜 수 있겠는가'라는 뜻으로 대답했다네. 그러나 그 불행이 극에 달했으니 이를 어찌하겠나? 영남 유생들의 일이야 율옹을 존중하는 이들이라면 누가 감히 잘못이라고 하겠는가?

答趙性薰

壬寅十一月十七日

宋秉璿

近日事, 事關斯文, 安得無士論之紛紛哉? 縷縷示諭, 誠極慨歎, 性理自性理, 猥筆自猥筆, 活看則尊畏栗翁之道, 自在其中, 是何說也? 猥筆所言, 果非性理而何? 性理, 愚素不知, 而如詖淫邪遁, 顚倒倡披, 奈東方理氣何等語, 有何活看之道耶? 且題以猥筆者, 意有所在, 是亦可活看耶, 愚則尊信栗翁之說而已, 故知舊有問, 輒以栗翁日月也, 不可得以傷也, 雖有千萬猥筆, 有何損益之意答之, 然其爲不幸極矣, 奈何? 大抵嶺儒之事, 尊栗翁者, 孰敢非之耶?

심보암에게 답함

박승동

이 글은 박승동(朴昇東, 1847~1922)[326]이 1902년에 심상덕(沈相悳, 1839~?)[327]에게 답하는 편지로 추정된다. 권봉희의 편지를 통해 「외필」이 율곡의 학설을 공격하고 배척한다는 내용을 전해 받은 뒤 반신반의하고 있던 박승동이 「외필」과 「납량사의」를 실제로 접한 뒤의 반응이 드러나 있다. 『미강집(渼江集)』 권3에 실려 있다.

지난번에 내가 의춘(宜春)의 학사(學士) 권봉희(權鳳熙)의 편지를 받았는데, '호남 기참판(奇參判)의 『노사집』을 간행하는 일이 진행되고 있습니다. 그의 문집에 「외필」이 있는데 이기를 논하면서 율곡선생을 훼손하고 배척하는 내용이 끝 가는 데 없이 많습니다'라고 했습니다. 그러나 「외필」을 저는 본 적이 없었기에 노사에게 이런 일이 있었을 리가 없다고 의심하면서도, 권학사는 식견이 곧고 바르니 또한 빈말을 하지 않았을 것이라고도 의심했습니다. 그래서 이 둘 사이에서 가만히 있은 지가 오래되었습니다. 마침 향리 사람이 와서 「외필」와 「납량사의」 두 책자를 전해주었는데 모두 노사가 지은 것이었습니다. 읽어보니 과연 권학사의 말대로 매우 외람되고 분에 넘치는 것이었습니다. 문의가 처음 읽을 때면 그럴듯하다가 두 번, 세 번 읽어보니 매우 화가 납니다.

---

326 자는 희초(羲初) 호는 미강(渼江)이고 본관은 순천(順天)이다. 대구 하빈면 출신으로 일제강점기에 경학원 학사를 지내 친일인명사전에 등재되었다.

327 자는 성대(聖大) 본관은 청송(靑松)이고 거주지는 선산(善山)이다.

答沈輔庵

朴昇東

眼余得見宜春權學士鳳熙書, 則曰湖南奇參判, 所謂蘆沙集, 刊役方張, 而其集有猥筆一篇, 所論理氣多毁斥栗谷先生, 罔有紀極云. 而所謂猥筆, 余未嘗讀之, 故疑以蘆沙必無是事, 而又疑權學士識見耿介, 亦不虛語. 以是而含默兩間者累矣. 適鄕人來示猥筆與納凉二冊子, 皆蘆沙作也. 讀之果如權學士言, 而猥濫則極矣. 其文義始讀則似然, 而再三讀之十分憤怒生.

심보암-상덕-에게 답함

박승동

이 글은 박승동이 1902년에 심상덕에게 답하는 편지로 추정된다. 「외필」이 주리(主理)만을 주장하고, 기의 측면을 무시하고 있다고 비판하고 있다. 『미강집(渼江集)』 권3에 실려 있다.

율곡선생이 우계선생에게 답하는 편지에서 말했습니다. : 기가 발현하면 리가 탄다는 것은 무슨 뜻입니까? 음이 고요하고 양이 움직이는 것은 기기(氣機)가 스스로 그러한 것이지 그렇게 시키는 것이 있지 않습니다.… 음이 고요하고 양이 움직이는 소이는 리입니다.[328]

노사 기정진이 지은 「외필」에서는 이렇게 말했습니다. : "음이 움직이고 양이 고요하다"라는 것을 바깥에서 언뜻 보면 스스로 움직이다가 스스로 멈추는 것 같지만, 그 실상을 깊이 탐구해 보면 한결같이 천명이 그렇게 시킨 것이다. 천명이 그런 까닭에 그렇게 하지 않을 수 없는데 이것을 소이연이라고 하니, 천명 밖에 따로 소이연이 있는 것이 아니다. 천명은 모든 일의 본령이니, 이제 스스로 가고 스스로 멈추면서 천명에서 말미암지 않는다면 천명의 밖에 또 하나의 본령이 있게 된다. 두 개의 본령이 각자 중심이 된다면 소이연 위에 다시 소이연을 덧붙이는 격이다. 또 말했습니다. "그렇게 시키는 것이 아니라면 무엇인가?"

328 이이, 『율곡전서』 권10(표점영인 한국문집총간 vol.44), 「답성호원」, 211쪽.

아! 『외필』에서 율옹의 학설을 비난하는 말이 수 천인데, 그 결론을 요약하자면 '자행자지(自行自止)' 네 글자로 구태여 남의 흠을 찾는 칼자루로 삼아서 '기틀이 저절로 그런 것이지 그렇게 시키는 것이 있지 않다'라는 두 구절을 공격하려는 것에 불과합니다. 나머지 여러 가지 주장은 이 두 구절의 주각으로, 이것을 유추 연역해서 주장하는 것일 뿐입니다. 참으로 분명하게 이해하고 설파해서 '기틀이 저절로 그런 것이지 그렇게 시키는 것이 있지 않다'라는 두 구절이 실제로 '자행자지'하는 데서 말미암지 않음을 밝힌다면 그 나머지 근거 없는 거짓 주장들은 저절로 얼음이 녹듯이 풀릴 것입니다.

태극은 음양 가운데 있으므로 움직임은 양의 리요, 고요함은 음의 리입니다. 음양이 한 번 움직이고 한 번 고요함은 모두 천리가 저절로 그런 것이기에 '저절로 그런 것이다'라고 하는 것입니다. 움직임 또한 태극의 움직임이요 고요함 또한 태극의 고요함이니 누가 그렇게 시키는 것이겠습니까? 그러므로 '그렇게 시키는 것이 있지 않다'라고 하는 것입니다. 태극은 음양 가운데 있으면서 만물의 뿌리가 되고 조화의 중심이 되는 것일 뿐입니다. 그러므로 '소이연'이라고 하는 것입니다. 이것은 내 생각이 아니요, 율옹의 생각입니다. 또한 율옹의 주장이 아니라 주자의 주장입니다. 이처럼 간파한다면 '기틀이 저절로 그런 것이지 그렇게 시키는 것이 있지 않다'라는 것은 실제로 (리를) 거치지 않고 스스로 운행하고 스스로 그치는 것이 아닙니다. 그가 말하는 '두 가지 본령'이란 실제로 두 가지가 아닙니다. 그가 말한 '소이연을 덧붙인다'라는 것은 실제로는 덧붙이는 것이 아닙니다. 어떻게 명백하고 직절하지 않습니까?

리와 기는 처음부터 떨어지지 않기에, 리가 없는 기란 없고 또한 기가 없는 리도 없습니다. 리가 아니면 기에는 주재하는 것이 없고, 기가 아니면 리는 놓일 곳이 없습니다. 그러므로 율옹은 리를 논하면서 기를 논하지 않은 적이 없었으니, 또한 정자가 '갖춰지지 않고 분명하지 않다'[329]라고 한 뜻이요, 이것은 진실로 바꿀 수 없는 의론입니다. 그렇다면 율옹이 언제 이일(理一)이 본령이 된다는 것을 알지 못했겠습니까? 노사의 학문은 주리일 뿐 기의 한 측면을 빠트리고 있어서 기를 고에 쓸모없는 물건으로 여깁니다. 그러므로 선현들이 기를 논한 것 모두를 비방하고 배척했습니다. 아! 노사는 제대로 살피지 못한 것입니다.

329 정이·정호, 『하남정씨유서』 권6(『이정집』 vol.1), 81쪽.

答沈輔庵 相悳

朴昇東

栗谷先生答牛溪先生書, 曰氣發而理乘者, 何謂也? 陰靜陽動, 機自爾也, 非有使之者也. 止其所以陰靜陽動者, 理也. 蘆沙奇正鎭所著猥筆, 曰陽動陰靜, 驟看皮面, 果似自行自止, 若深究其意, 則一是天命使之然也. 天命然也, 故不得不然, 此之謂所以然, 非天命之外, 別有所以然也. 天命爲萬事本領, 今有自行自止, 不關由於天命者, 又一本領也, 兩箇本領, 各自樞紐, 則架出所以然之上復有所以然也. 又曰非使之然而何?

噫! 猥筆一篇, 所以詆斥栗翁之說, 無慮數千言, 而要其歸趣, 則不過以自行自止四字爲吹毫洗垢之欛柄, 以攻機自爾非有使之兩句, 其餘諸般說, 只此兩句之註脚, 而推演爲說者也. 誠能分曉說破, 以明機自爾非有使之兩句, 實非自行自止之由, 則其餘譸張無稽之說, 自當氷釋矣.

蓋太極在陰陽之中, 動, 是陽之理也; 靜, 是陰之理也. 陰陽之一動一靜, 皆天理之自然, 故曰機自爾也. 動, 亦太極之動; 靜, 亦太極之靜, 夫孰使之然哉? 故曰非有使之也. 太極只在陰陽之中而爲品彙之根柢; 爲造化之樞紐, 故曰所以然者理也. 此非愚見也, 栗翁之見, 又非栗翁之說也, 乃是朱子之說也. 如是看破, 則機自爾非有使之者, 實非無所關由而自行自止也. 彼所謂兩箇本領者, 實非兩箇也. 彼所謂架出所以然者, 實非架出也. 豈不是明白直截耶? 理與氣, 初不相離, 未有無理之氣, 亦未有無氣之理. 非理則氣無所主宰, 非氣則理無所安頓, 故栗翁論理也未嘗不論氣, 亦程子所謂不備不明之義也. 此實不易之論也. 然則栗翁, 何嘗不知理一爲本領耶? 蘆沙之學, 只主理而遺却氣一邊, 而氣爲萬古無用之物, 故其於先賢論氣, 一切毁斥. 嗚呼! 蘆沙不察之甚者爾.

심보암에게 답함

박승동

이 글은 박승동이 1902년에 심상덕에게 답하는 편지로 추정된다. 앞 편지의 격한 어조와 달리 「외필」의 문제점을 "문장과 훈고의 사이에서 벗어나지 않고 있을 뿐 육상산·왕양명처럼 따로 도학의 종지를 세우려는 것은 아니다"라고 평가하고 있다. 『미강집(渼江集)』 권3에 실려 있다.

자세히 「외필」을 살펴보았더니 같고 다른 점이란 문장과 훈고의 사이에서 벗어나지 않고 있을 뿐 육상산·왕양명처럼 따로 도학의 종지를 세우려는 것은 아닙니다. 그러나 후학들이 그 풍조를 좋아하는 이들이라면 으레 율옹을 경시하고 노사의 학설을 중시하는 이가 많아질 것이니, 그 해로움은 이미 적지 않습니다. 하물며 이런 부류의 학자들이 끊이지 않고 점점 늘어난다면 육·왕 같은 이가 뒤따라 일어나지 않겠습니까? 저는 마음에 깊이 걱정되지만, 구제할 방도가 없습니다. 집사께서 이러한 폐단을 깊이 징치하시기를 바랄 뿐입니다. 작은 일이라고 간주하지 마시고 후학들이 문하에 오거든 절절하게 훈계해서 그들의 지향이 미혹되지 않도록 해주시는 것이 어떻겠습니까? 제가 이렇게 하는 것은 이전 성현들의 가르침이 막힐까 두려워서일 뿐입니다.

答沈輔庵

朴昇東

細考猥筆, 其所異同, 不出文律訓詁之間, 而非別立道學宗旨, 如陸王之爲也. 然後生之悅其風者, 類多輕栗翁而重蘆沙說, 其害已自不少. 況此箇種子, 滋蔓不絶, 安知無如陸王者踵之而起耶? 區區心切憂之, 而無方可救. 但冀執事深懲此弊. 勿看作小事, 凡遇後生及門, 切切告戒, 使之不迷於所趣如何. 吾爲此者, 懼閑先聖之道耳.

노사문도 통문

기우만

이 글은 1902년에 기우만이 노사학파의 구성원들에게 발송한 통문이다. 1902년 6월 권봉희를 비롯한 영남 유림 57인 명의의 「영유통문」에 대응해서 쓴 것이다. 그러나 이 글의 저자를 둘러싼 약간의 혼란이 있다. 김로수는 『부벽록』에서 이 글의 저자를 기우만으로 기록하고 있지만, 정작 『송사집』에는 이 글이 실려 있지 않다. 반면에 이승학(李承鶴, 1857~1928)의 『청고집(靑皐集)』 권2에는 「통문(通文)」이라는 제목으로 같은 내용의 글이 실려 있다. 여기에서는 잠정적으로 『부벽록』을 따라서 기우만의 글로 간주하지만, 좀 더 섬세한 고찰이 필요해 보인다.

아! 유직 무리들이 소인이 아니고, 그들이 말하는 '율곡이 퇴계를 공격하고 배척했으며, 주자를 공격하고 배척했다'라는 것이 심한 모함이 아니라고 한다면 저로서는 감히 알 수 없습니다. 소인의 실상과 현자를 모함한 속내가 율옹에게 본래 해를 끼칠 수 없었다는 것을 숨길 수 없었습니다. 이제 권봉희·최동민 무리가 '율곡을 공격하고 배척했으며, 퇴계와 우암을 공격하고 배척했다'라고 노사를 모함하니, 어찌 이렇게 교묘하고 비슷한 것입니까? 그들의 뱃속이 유직과 같기 때문이다. 유직이 율옹을 모함했던 식으로 노사를 모함하니, 또한 노사에 무슨 해를 끼치겠습니까? 그렇지만 노사의 글을 집집마다 갖추지 못하고, 사람들마다 읽지 못한다면 저들이 단장취의해서 끝없이 현혹시키고 쉽사리 의심하도록 만들 것이니, 이제 변론하지 않을 수 없습니다.

생각건대 노사선생에게 율곡선생은 가학이요 연원이니, 존경함이 지극했고 믿음이 독실했습니다. 이통기국은 율옹의 정론이므로, 미루어 밝히고 글을 지어 세유들의 착각을 물리쳤고, '모든 정이 리에서 발현한다'[330]라는 것이 율옹의 정확한 견해임을 잊어버린 후대 유학자들을 벗들과 의견을 주고받으며 개탄했습니다. 사단과 칠정이 두 가지 정이 아니고, 리와 기는 호발하지 않는다는 것 또한 선생의 의론이 의심의 여지없이 정확하다고 했습니다. 『격몽요결』은 손수 초록해서 높이 보관해두면서 경판과 같이 다루었습니다. 하환성(河喚醒: 하락)이 율옹을 신원한 상소문에 대해서는 "그 문장이 천지에 참여하고 성쇠에 관련되니, 만세에 흥망성쇠의 소식을 전한다"라고도 했습니다. 세속의 유자들처럼 입으로만 존중하는 것이 아니라 참으로 마음으로 기뻐하고 정성스레 심복했다고 할 수 있습니다.

근래의 주기설은 명철한 사람치고 현혹되지 않는 이가 없었고, 태극과 성명의 본체에 대해서도 가려진 채로 밝히지 못했습니다. 그러나 노사는 분명히 변론하면서 통렬히 물리쳤으니, 세속의 유자들은 율옹의 "기틀이 저절로 그런 것이지 그렇게 시키는 것이 있지 않다"라는 한 구절을 높이 받들면서 선현도 이렇게 말한 적이 있다고 할 뿐이었습니다. 이 한 구절을 노사는 유행이란 측면에서 말한 것이라고 간주했습니다. 율옹에게서 이통기국과 '모든 정이 리에서 발현한다'[331], '리와 기는 호발하지 않는다'라는 것을 종지로 삼아야지, 이 구절을 근원이란 측면에서 말한 것이라고 여겨서는 안 된다고 했습니다. 주기를 주장하는 요즘 사람들은 이 구절을 근원의 측면에서 말한 것이라고 잘못 보았기에, 이 말류의 폐단을 낳았다고 했습니다. 이에 「외필」 한 편으로 주기론자들이 높이 받드는 오류를 물리쳤습니다.

그 첫 번째 구절에서 "음이 움직이고 양이 고요하다는 것을 바깥에

330 이이, 『율곡전서』 권9(표점영인 문집총간 vol.44), 「답성호원」, 195쪽 참조.
331 같은 책, 같은 곳.

서 언뜻 보면 스스로 움직이다가 스스로 멈추는 것 같다"라고 한 것은 '저절로 그렇다'라는 것이 유행이란 측면을 좇아서 말한 것임을 밝힌 것입니다. 그 뒤에서 "그 실상을 깊이 탐구해 보면 한결같이 천명이 그렇게 시킨 것이다"라고 한 것은 '그렇게 시키는 것이 있지 않다'라고 할 때의 '아니다[非]'는 것이 근원을 좇아서 말한 것임을 밝힌 것입니다. 그러므로 나중에 "선현들의 어구를 침범하고 간섭했다"라고 했지, '선현의 종지를 침범하고 간섭했다'라고 하지 않았습니다. 종지에는 그 자체로 진전(眞詮)이 있지만, 어구(語句)는 융통성 있게 살펴야 합니다. 「외필」 가운데 '금왈(今曰)' 이하의 내용은 곧장 주기를 주장하는 요즘 사람들이 잘못 보는 폐단을 가리켰으니, '이와 같다면 이 폐단을 낳게 된다'라고 말한 것입니다.

'율곡왈(栗谷曰)'이라고 하지 않고, '금왈(今曰)'이라고 한 것에서 그 의도와 생각이 이미 분명합니다. 율옹의 말은 율옹이 주장하려는 뜻으로 보아야 율옹의 말이지, 주장하려는 뜻을 잃어버리고 잘못 풀이해서 본다면 '율옹의 말이 아니다'라고 하더라도 못할 말은 아닙니다. 이것은 증거가 없는 것이 아닙니다. "벼슬을 잃으면 빨리 가난해 져야 하고, 죽으면 빨리 썩도록 해야 한다"332라는 것은 부자께서 (그럴 만한) 까닭이 있어서 말한 것입니다. 그 당시에 어떤 이들이 평소의 말이라고 보았기에 유약(有若)은 "이것은 부자의 말이 아니다"333라고 했습니다. 노사 또한 요즘 사람들이 율옹이 주장하려는 뜻을 놓친 채로 기의 영역에 가져다 들이려고 하기 때문에 곧장 '금왈'이라는 두 글자를 앞에 두어서 그 폐단을 깊이 말한 것입니다. 그것은 '이처럼 본다면 기가 리의 자리를 빼앗고, 이처럼 본다면 두 개의 본령이 되고, 이처럼 본다면 헛된

332 『예기』, 「단궁 상」.

333 『예기』의 정확한 원문은 "是非君子之言也."이다. 같은 책, 같은 곳.

이름만 있고 실사는 없으며, 이처럼 본다면 큰 뜻을 이미 잃어버리고, 이렇게 본다면 살갗의 혹이나 천리마에 붙은 파리가 된다'라고 한 것입니다. 이런 말은 노사의 붓으로 율옹의 취지를 발휘하려는 것이었습니다. 율옹이 오늘날 태어나서 리를 해치는 주기론을 본다면 이통기국과 '모든 정이 리에서 발현한다'[334]라는 정확한 견해로 어찌 이런 말을 구제하려고 하지 않았겠습니까? 이와 같기 때문에 율옹이 이학의 조종인 것이요, 이와 같기 때문에 율옹은 가장 높은 존귀한 자리에 우뚝한 것입니다.

주자는 육경은 배와 같고 맹자는 뱃사공과 같다고 했습니다. 이렇게 개괄한다면 율옹은 배와 같고, 노사는 뱃사공과 같은 셈입니다. 아! 주기설이 세상에 횡행하면서 물결이 홍수처럼 하늘 가득 넘실대며 산을 넘고 언덕을 에워싸듯이 하니, 기울거나 무너지지 않는 담장 같은 리와 집과 같은 기는 그 얼마입니까? 노사선생은 한 손으로 광란을 막아내려고 했기에 그 부르짖음이 급하지 않을 수 없었고, 결국 구곡도가(九曲棹歌)로 근원에 평온하게 배를 댈 수 있었습니다. 그렇다면 율옹의 문호에 공이 있는 이로는 노사만한 이가 없습니다. 그런데 도리어 공격하고 배척했다며 모함하니, 이것은 참으로 어떤 마음입니까? 설령 선현에게 의심이나 이론이 있더라도 큰일로 간주해서는 안 됩니다. 후현은 선현에게 늘 부자가 자리에 앉아 있으면 안자·증자가 뒤선 것처럼 하고, 함장(函丈) 앞에서는 숨기는 것이 없이, 그 의심스러운 것을 다 아뢰어도 불가할 것이 없습니다. 하물며 의리란 공공연한 것입니다. 공공연한 것은 공공연한 것으로 보아 그 사이에 조금의 아부나 사사로움이 없어야 압니다. 식견이 이르렀다면 서로 장려해주고, 식견이 이르지 못했다면 질의해서 두 가지가 서로 지장을 주지 않습니다. 그러므로 부

---

334 이이, 『율곡전서』 권9(표점영인 문집총간 vol.44), 「답성호원」, 195쪽 참조.

자의 정명(正名)을 자로는 세상 물정에 어둡다고 여겼고, 맹자가 사양한 것을 진진(陳臻)은 잘못이라고 여겼지만, 이것이 (그들을) 넘보는 것은 아니었습니다. 정자·주자 이후로 율옹·우옹을 비롯한 우리나라의 선생들도 어쩌다 선현들이 잘못한 곳을 말하기도 했고, 어쩌다 그 스승의 주장에 이론을 제기하기도 했지만, 침범하지는 않았습니다. 후현 또한 선현의 마음으로 자신의 마음을 삼기 때문에 요즘 사람들이 잘못 보고 폐단을 낳은 곳에서 어쩔 수 없이 곧장 궁구해서 그 의심난 것을 물어, 선현에게 얻지 못한 것을 후현에게 얻으려는 것이었습니다. 여기에 또 안 될 것이 무엇이겠습니까?

저들은 이미 끝없이 모함을 하고도 오히려 부족하게 여겨서, 심지어는 '피음사둔'과 '전도창피'라는 여덟 글자로 요즘 사람들이 리를 해치고 주기를 주장함을 설명했는데, (이것을) '맹자와 주자로 자처하면서 선현을 고자·육씨에 견주는' 것이라고 하니, 거리낌 없는 말이 여기에까지 이른 것입니까? 저들이 노사에게 파헤칠 것이 없어지자 차마 이것을 율옹에게 뒤집어씌우려는 것입니까? 아! 피음사둔은 요즘 사람들의 주기를 가리키니, 주기는 고자요 리를 밝히려는 율옹은 진실로 맹자로 간주할 수 있습니다. 전도창피가 요즘의 주기론자들을 가리킨다면 주기는 육씨이니 리를 밝히는 율옹는 본래 주자로 간주할 수 있습니다. 이처럼 말한다면 그 자체로 평이하고 바른 말인데 도리어 그 말을 교묘하게 꾸며서 돌멩이를 던지고 연못에다 밀치려는 계책을 빚어내니 아! 또한 참혹하고 독합니다!

이렇게 참혹하고 독한 것은 소인의 마음이 아니라면 말하지 못할 것입이다. 군자의 마음이란 허물 가운데서도 허물이 없기를 추구하고, 소인의 마음은 허물이 없는 가운데서 허물을 찾으려고 합니다. 그들이 말하는 '박통(駁通)'이라는 것도 삼상(參商) 같은 큰 차이를 조금 알고서 스스로 변론을 세우는 것임을 알 수 있습니다. 「외필」에서 율옹에게 귀결되는 대목은 "전현이 지나치게 명쾌했다"라는 한 구절이 있을 뿐입니다. 저들은 어째서 이것을 잡고 우기지 않고, '요즘 사람의 폐단'만을 율옹에게 연루시켜서 말하는 것입니까? 그 말이 또한 구차합니다.

그렇지만 여기에는 또한 설명이 있으니, '지나치게 명쾌하다'라는 것은 율옹이 이 말을 한 것에서 그 좋은 점을 헤아려 보기만 하고, 그 좋지 않은 점을 헤아리지 않고 보게 되면, 잘못 보고서 머리에 질 얘기거리만을 가져오기 때문에 그 뒤에서 "말류의 폐해가 여기에 이를 줄 미처 자세히 생각지 못했던 것 같다"라고 했을 뿐입니다. 저들이 이것을 붙잡고 우기려고 하지만 말이 되지 않으니, 저들의 정상이 또한 불행하다 할 것입니다. 전현에게 아첨을 하려고 하지만 (성현은) 말주변이 뛰어난 것을 싫어해서 멀리했으니, 성현에게는 저절로 성법(成法)이 있었던 것입니다. 유직에게서 어리석은 행실을 본받으려 했으니 마음의 자취도 이미 드러났습니다. 그럼에도 또한 이렇게 하는 것은 후세에 향기를 남기지 못하고 악취를 남길 뿐이니, 또한 소인의 지극한 소원입니다. 저들에게 또 무엇을 꾸짖겠습니까? 듣기로는 저들 무리들이 여러 곳에 통문으로 알렸다기에 제 생각을 펼치는 것일 뿐이다. 살펴서 판단한다면 다행일 것입니다.

蘆沙門徒通文

奇宇萬

嗚乎! 向使柳稷輩非小人, 而其所謂栗谷攻斥退溪·攻斥朱子者, 非厚誣, 則我不敢知. 掩不得小人情狀誣賢腸肚, 則於栗翁固無損也. 見今權鳳熙·崔東敏輩, 誣蘆沙以攻斥栗谷, 攻斥退尤者, 何其巧似之也. 蓋其腸肚也, 稷情狀也. 稷以所誣於栗翁者誣蘆沙, 亦於蘆沙何損? 雖然蘆沙書不家家畜, 不人人讀, 彼所斷章摭句, 幻眩罔極者, 易致訝惑, 今不容無辨.

第念蘆沙先生於栗谷先生, 家學耳淵源耳. 尊之至, 信之篤. 蓋理通氣局, 栗翁定論, 而推明著說以斥世儒之錯認. 萬般之情發於理, 栗翁的見, 而往復知舊, 以慨後儒之昧, 却四七非兩情, 理氣無互發, 亦謂先生之論的然無疑, 至於擊蒙要訣, 手抄尊閣同於經子, 至於河喚醒伸救栗翁疏, 謂其文參天地關盛衰, 傳萬世否泰消息, 蓋非世儒口耳之尊, 眞可謂心悅誠服也.

挽近主氣之說, 靡哲不愚, 太極性命之體, 掩蔽而不明, 蘆沙明辨而痛斥之, 則世儒頭戴栗翁所言機自爾非有使之一句, 以爲前賢亦嘗云爾. 蓋此一句, 蘆沙所嘗以流行邊說話看者, 栗翁以理通氣局, 萬情發理, 理氣無互發爲宗旨, 不容以此作原頭說. 今人主氣者, 誤以原頭說看, 生此末弊. 於是以猥筆一篇, 斥主氣頭戴之誤.

其首句云陰靜陽動, 驟看皮面, 果似自行自止者, 明自爾之從流行邊說也. 其下云深原其實, 則一是天命使之然也者, 明非使之非從原頭說也. 故下文云干犯先賢語句, 而未嘗言干犯先賢宗旨. 蓋宗旨自有眞詮, 則語句容有活看也. 其今曰以下直指今人主氣者誤看之弊, 蓋曰如此則看生此弊也.

不曰栗谷曰, 而今曰者, 其意思已躍如矣. 蓋栗翁之語, 以栗翁主意看, 方是栗翁之言, 失其主意, 錯解看去, 則雖謂非栗翁之言, 未爲不可, 此非無徵. 喪欲速貧, 死欲速朽, 是夫子有爲而言也. 時或以雅言看, 故有若曰是非夫子之言也. 蘆沙亦以今人失栗翁主意 而援入於氣分, 故直以今曰二字冒頭, 而極言其弊. 蓋曰如此看, 則氣奪理位; 如此看, 則兩箇本領; 如此看, 則有虛名而無實事; 如此看, 則大旨已失; 如此看, 則肉疣騈蠅, 凡此所言, 蓋以蘆沙之筆發栗翁之旨, 使栗翁作於今日, 目見主氣之害理, 則以理通氣局, 萬情發理之的見, 安得不以此等語救之乎? 如是故栗翁爲理學宗祖, 如是故栗翁嵬然於太上尊座矣.

朱子曰六經如舟, 孟子如舟師, 以此槪之, 則栗翁如舟, 蘆沙如舟師. 嗚乎! 自主氣之說行于世, 黏天波浪, 如洪水懷襄, 理檣道柁, 幾何其不傾摧? 而蘆沙先生, 以隻手障狂瀾, 其號呼不得不急, 竟能以九曲棹歌, 達穩舟於原頭, 然則栗翁之門, 有功者 莫蘆沙如, 而反以攻斥誣之, 是誠何心哉? 設於先賢果有疑貳, 不可作大事看, 後賢之於先賢, 常如夫子在座, 顔曾先後, 函丈無隱之地, 達盡其疑, 無所不可. 况義理公物也, 以公物視公物, 不容有阿私於其間, 見到則爲相長, 見不到則爲質疑, 兩無所妨, 故夫子之正名, 子路以爲迂也. 孟子之辭, 受陳臻以爲非也而不爲僭. 程朱以下至我東先賢, 若栗尤諸先生, 或言先賢差處, 或貳其師說而不爲侵耳. 後賢亦以先賢之心爲心, 故其於今人誤看生弊處, 不得不直窮到底以質其疑, 以不得於先賢者得於後賢, 亦何不可之有?

彼旣誣之罔極, 且猶不足, 至以詖淫邪遁, 顚倒昌披, 說去今人主氣害理底八字, 謂以孟朱自處, 擬先賢於告陸, 言之無忌憚, 乃至於此乎? 於蘆沙彼宜無所顧, 而忍以此加於栗翁乎? 噫! 詖淫邪遁, 指今人主氣, 則主氣者爲告子, 而明理之栗翁, 固孟子處矣. 顚倒昌披, 指今人主氣, 則主氣者爲陸氏, 而明理之栗翁, 固朱子處矣. 如此說, 自是平正語, 而反巧險其說, 釀出擠淵, 下石之計, 吁! 亦慘毒矣. 似此慘毒, 非小人之腹, 不能說出, 大抵君子之心, 有過中求無過, 小人之心, 無過中求有過, 見其所謂駁通者, 粗叅商, 則自能立辨矣. 猥筆中歸宿栗翁者, 只有一句語, 曰前賢發之太快, 彼何不執拗於此, 而獨据說去今人之弊者, 連累於栗翁, 其爲說, 亦苟矣.

雖然, 此亦有說, 所謂太快者, 蓋謂栗翁之爲此言, 料其善看, 不料其不善看, 致得誤看, 頭戴之話欛, 故下文郎曰末弊之至斯, 容有未之細思乜云爾. 彼雖欲執拗於此, 而說不去處. 彼之情狀, 亦云戚矣. 欲納媚於前賢, 而惡利口遠佞人, 聖賢自有成法, 欲效尤於柳稷, 而心迹已綻露. 然且爲之者, 旣不得遺芳, 則遺臭於後世, 亦小人之至願, 於彼也何誅? 似聞彼輩通告列省, 故達此逼逼, 惟幸鑑裁.

해유통문

박창필 외

이 글은 박창필(朴昌弼)을 비롯한 138명이 1902년 12월 15일 해주 유림들에게 발송한 통문이다. 황해도 해주는 이이가 재직했던 황해도관찰사의 치소가 있던 곳임과 동시에 그가 생애 마지막을 보낸 고장이었다. 본문에서 "저희들은 율옹이 머물렀던 향리에서 율옹의 글을 읽고, 율옹의 도를 강론한지 이제 300여 년"이라고 말하는 것은 이런 이유 때문이었다. "노사 기정진이 호남에서 나와서 망령되이 자신의 견해를 세웠고, 「외필」 한 편을 지어 율옹의 이기론을 침범하는 것이 끝이 없었다"라는 전제에서 "「외필」은 결코 율옹의 『전서』와 함께 세상에 있어서는 안 된다"라고 주장하고 있다. 『부벽록』에 실려 있다.

아래의 글은 통문으로 고하려는 일입니다.

우리 율옹부자(栗翁夫子)는 자질이 지혜를 타고난 이에 가까웠고, 도는 통하지 않는 것이 없었습니다. 곧바로 자양(紫陽)의 정맥을 이어 리의 큰 근원을 통찰하셨습니다. "발현하는 것은 기요, 발현하는 소이는 리다. 기가 아니면 발현할 수 없고, 리가 아니면 발할 것이 없다"[335]라고 했으니, 이전 성현들이 밝히지 못했던 것을 밝히시려고 하신 것이었습니다. 마침내 동방 이학의 종사가 되었고, 학자들은 이것을 조술했으며, 이것을 본받았습니다. 그 사이에서 조금이라도 이설을 세우면 율곡과 배치된다는 죄목에서 벗어나지 못했고, 사람들이 모두 공격했으니, 유직과 같은 이들이 이런 경우입니다. 불행하게도 노사 기정진이 호남에서 나와서 망령되이 자신의 견해를 세웠고, 「외필」 한 편을 지어 율

335 이이, 『율곡전서』 권10(표점영인 한국문집총간 vol.44)), 「답성호원」, 200쪽.

옹의 이기론을 침범하는 것이 끝이 없었으니, 이것은 무슨 학설이고 무슨 변고입니까?

그는 '두 개의 본령'이라고 했고, 또한 "기가 리의 자리를 빼앗아 '승'이란 한 글자가 그 본뜻을 잃게 되자 그 재앙이 여기에 이르렀다"라고 했으며, 또한 "이와 같다면 세상에 다시는 피둔음사가 없고, 전도됨과 창피함이 무슨 일엔들 있지 않겠는가?"라고 했습니다. 그가 리와 기를 쌍으로 드는 것을 '두 가지 본령'이라고 여기고, 먼저 기발을 말하는 것을 '리의 자리를 빼앗았다'라고 여겼습니다. '그 재앙[其禍]'이라고 한 것은 (기가 리의 자리를) 빼앗았다는 것을 말합니다. 피음사둔은 곧 맹자가 고자를 물리치던 말입니다. 전도창피는 곧 주자가 육씨의 학문을 질타하는 말입니다. 그는 방자하게도 자신을 높여 맹자·주자라고 자처하면서 율곡을 고자·육씨라고 배척합니다. 이것은 대우(大禹)가 (온 세상을) 홍수에 잠기게 했다고 모함하는 격입니다. "기틀이 저절로 그런 것이지 그렇게 시키는 것이 있지 않다"라고 한 구절은 곧 우계선생과 음양의 움직임과 고요함을 문답한 말입니다. 그런데 그는 '요즘 사람[今人]'이라고 했으니 실제로는 율옹을 가리켜 배척하려고 하면서 또한 얼굴을 바꾼 것이 아니겠습니까? 글의 끝에서 "다른 사람들에게 보일 수 있겠는가?"라고 했으니, 또한 스스로도 옳지 못한 줄을 잘 알고 있었던 것인데, 그의 문도들은 악을 감추고 잘못을 숨기려는 겨를이 없이 감히 판각해서 널리 퍼트리려는 계획을 세웠으니, 스승을 제대로 높이지 못했다고 할 것입니다.

옛사람의 말에 "사람은 세 분 때문에 살게 마련이니, 그분들을 똑같이 섬겨야 한다"라고 했습니다. 저들이 그들의 스승을 섬기는 도리로 임금을 섬기고, 아버지를 섬긴다면 누가 충성스럽다 하고, 효성스럽다고 하겠습니까? 판각하려는 일이 채 절반이 못 되었는데도, 그들의 악은 세상에 더욱 널리 퍼지고 있습니다. 이것과 아버지가 양을 훔친 것을 증언한 것은 같은 행적이니, '너를 어찌 꾸짖겠느냐'는 탄식이 나옵니다. 이 외에서도 「납량사의」, 「형기질」 등의 글은 아직 보지는 못했지만, 한 모서리를 들면 (나머지) 세 귀퉁이가 어떻게 반응할지 충분히 (짐작할 수) 있습니다. 저희들은 율옹이 머물렀던 향리에서 율옹의 글을 읽고, 율옹의 도를 강론한지 이제 300여 년입니다. 유자의 옷을 입고 관을 쓴 사람이라면 누군들 율옹에게 끝없는 은혜를 입지 않았겠습니까? 「외필」이 횡설수설하는 것이 선현을 침범하지 않는 것이 없으니, 결코 율옹의 『전서』와 함께 세상에 있어서는 안 됩니다. 양주·묵적처럼 물리치고 노자·불교처럼 배척하며, 그들의 선비된 자라면 그들의 무리와는 어깨를 나란히 하지 않은 다음에야 사문의 부끄러움이 조금은 씻겨나갈 것입니다. 저희들이 함께 분노하는 뜻은 생각건대 틀림없이 호해(湖海)의 모든 이들도 똑 같이 기약하는 터이니, 같은 목소리로 함께 토벌해주심으로써 사문을 지켜주신다면 매우 다행이겠습니다.

임인(1902) 12월 15일 해주도회소 박창필 등 138명.

海儒通文

朴昌弼 外

右文通告事.

惟我栗翁夫子, 資近生知, 道無不通, 直接紫陽之正脈, 於理洞見大原. 嘗曰, 發之者 氣也; 所以發者 理也. 非氣則不能發; 非理則無所發. 蓋所以發前聖之未發者也. 遂爲東方理學之宗, 而學者祖述於斯; 憲章於斯, 雖一毫立異於其間, 則卽不免背馳之罪, 人人得而攻之, 如柳稷等者是已. 不幸有蘆沙奇正鎭者, 出於湖南, 妄立己見, 手著猥筆一篇, 侵斥栗翁理氣之論, 罔有紀極, 此何說也? 此何變也?

其曰兩箇本領, 又曰氣奪理位, 乘之一字, 失其本旨, 其禍乃至於此. 又曰若是則天下更無詖淫邪遁. 顚倒昌披, 何事不有? 蓋彼以理氣雙擧, 謂之兩本領. 以先言氣發謂之氣奪理位. 又其禍云者, 簒奪之謂也. 詖淫邪遁, 則孟子斥告子之語也. 顚倒昌披, 則朱子叱陸學之語也. 彼敢肆然爲高, 以孟朱自處, 而以告陸斥栗翁, 此可謂誣大禹以陻洪水也. 蓋其機自爾, 非有使之之句, 卽與牛溪先生陰陽動靜問答之語, 而彼乃曰今人云者, 實指斥栗翁, 而亦豈非換面做來乎? 篇終曰, 敢掛他人眼乎云, 則亦自知其不韙之極, 而爲門徒者當隱惡諱非之不暇, 而乃敢刊板廣布之計, 可謂不善尊師也.

古人曰民生於三, 事之如一. 彼以事其師之道事君事父, 則孰肯曰忠乎? 孝乎? 刊役未半, 其惡彌彰於一世, 此與證父攘羊者同一轍, 而堪發於汝何誅之歎矣. 外他納凉私議, 形氣質等書, 雖未得見, 而 足以一隅反三也. 鄙等世居栗翁杖屨之鄕, 讀栗翁之書, 講栗翁之道, 于今三百有餘年. 冠儒服儒者, 孰非受罔極之恩於栗翁乎? 猥筆之橫說竪說, 無非侵犯先賢, 則斷不與栗翁全書, 並行于世矣. 闢之如楊墨; 斥之如老佛, 倂與其徒, 不使比肩於士類然後, 斯文之耻, 庶可少雪. 吾儕共憤之義, 想必湖海一般, 期於齊聲共討以衛斯文, 幸甚.

壬寅十二月十五日, 海州 都會所, 朴昌弼等一百三十八員.

기행정력

이도복

이 글은 이도복의 「기행정력」 가운데 일부분을 발췌한 것이다. 신안정사를 유지하고 활동의 근거지로 삼았던 성주 이씨의 일원이었던 이도복이 안동 권씨의 일원인 권봉희 및 1902년 지리산 일대를 유람하고 기정진의 「신도비명」을 썼던 최익현, 스승이었던 송병선, 공주의 신전에 머물고 있던 전우 등과 「외필」을 둘러싸고 나누었던 토론 내용이 실려 있다. 기본적으로 영남 노론계의 입장에 치우친 이도복의 관점을 감안하더라도 당시 「외필」을 둘러싼 주요 인물들의 동향과 입장을 구체적으로 살펴볼 수 있는 자료다. 내용이 1902년에서 1903년까지 걸쳐 있기에 임시로 1902년의 마지막에 놓아두었다. 『후산집』 권20에 실려 있다.

임인년 봄 3월에 석오 권교리—봉희— 어르신이 와서 조문했다.[336] 밤중에 석장(石丈)이 정색을 하고서 말했다. "노사의 학문과 의론은 율곡과 같지 않으니, 우리의 무리가 아니다. 그의 문집을 주자·우암을 모신 영당에서 간행하는 것은 매우 안 될 일이다."

내가 말했다. "후진(後進)의 의론이 선진(先進)의 의론과 다른 것은 주자·율옹이라도 여기서 벗어나지 못할 것입니다. 정자의 『역전』과 주자의 『본의』, 퇴계와 율곡의 사칠론과 호발설도 모두 견해가 같지 않지만, 또한 무슨 지장이 있겠습니까?"

석장이 말했다. "노사의 「외필」은 사기(辭氣)가 지나치게 불손하다.

336 1900년 겨울 이도복의 어머니인 정씨(鄭氏)가 세상을 떠났기 때문에 이 즈음의 이도복은 3년상을 치루는 중이었다.

율옹과 견해가 다른 것이 아니라, 율옹을 물리치는 것이다."

석장의 이번 행차는 통문을 발송해서 노사를 물리치려는 일 때문에 진주에 내려온 것이었다.

여름 6월 면암선생이 와서 조문했다.

이 당시 선생은 교남(嶠南: 영남)의 산천과 인물을 구경하려고 했기 때문에 이번 행차에 길을 지나는 곳마다 와서 질문하면서 뒤를 따르는 이들이 수백 명이었다.

7월에 면옹(勉翁)이 해인사에서 돌아왔다는 소식을 듣고 도중에 가서 안부를 여쭐려고 삼산으로 갔는데, □선생이 이미 의춘(宜春)의 상정(上井)에 있는 조원교(曺元敎)의 서당에 행차했다. 이에 조씨의 서당에서 머물면서 선생을 배알했다.

선생이 저녁에 물었다. "신안의 간행소를 논한 통문의 일을 자네는 알고 있는가?"

"지난번 길에서 듣기로 문하(門下)께서는 노사 문인들을 일방적으로 신임하시기에, 사람들은 통문을 발송한 사람들과 그 주변의 선비들을 꾸짖고 물리칠까 두려워한다고 합니다. 정말로 그렇습니까?"

"그렇다. 후학들이 통문을 발송해서 선현을 물리친다는 것이 괜찮겠는가?"

"만일 그렇다면 『노사집』의 목판을 훼판하는 것은 권교리가 하려는 것이 아니라, 실제로는 문하께서 풍파를 일으키고 소란을 조장하는 것입니다."

"이것은 또 무슨 말인가?"

"오늘날 양측의 시비는 율옹과 노사를 짝지어 거론하면서 과장에 출제하는 격입니다. 만일 노사측에 자복하라고 한다면 하나 같이 저항할 것입니다. 율옹은 우리 당이 연원하는 시조입니다. 그리고 권교리는 당대의 청류입니다. 권교리가 연원한 시조를 머리에 이고 당대의 사대부들을 움직인다면 저는 문하께서 『노사집』을 훼판하는 것뿐만 아니라, 결국 연옹(淵翁)과 각을 세우게 될까 걱정됩니다."

"그렇다면 「외필」이 정말로 율곡을 물리치고 있다는 것인가?"

"율옹을 물리칠 뿐만 아니라, 정자·주자도 물리치고 있습니다. 율옹의 '음양의 동정은 그 기틀이 저절로 그런 것이지 그렇게 시키는 것이 있지 않다'라는 주장은 스스로 지어낸 말이 아니라, 실제로는 정자의 '태극의 동정은 기틀이 저절로 그런 것이지 그렇게 시키는 것이 있지 않다'라는 뜻에 뿌리를 두고 있습니다. 그런데 노사는 이를 물리치면서 "'그렇게 시키는 것이 있지 않다'라는 한 구절 안에서 천명이 영원히 끊겨 버렸다"라고 했습니다. '리에 편전이 없다'라는 것도 주자의 말입니다. 그런데 「납량사의」에서는 '이함만수(理涵分殊)'라는 말을 내세우면서 '본원의 측면에서도 리에는 편전이 있다'라고 하며 호락(湖洛)의 여러 학자를 비난하고 물리치며 이르지 못하는 곳이 없었습니다. 이것이 어찌 정자·주자를 물리치는 것이 아니겠습니까?"

면옹은 실의에 찬 듯 한참을 앉아있더니 말했다. "남쪽으로 온 지 몇 달 만에 내가 비로소 좋은 벗을 얻었구만." 이어서 권교리와의 화해를 청한 것도 이 말에서 말미암은 것이었다.

돌아와 뇌룡정에 머물면서 애산(艾山)에게 편지를 보내면서 말했다. "스승은 도를 이유로 존중하는 것이니, 옳은 것은 옳고, 그른 것은 그릅니다. 참으로 스승을 존경한다면 노옹의 「외필」은 율옹을 비방하고 훼손하고 있으니, 원집에서 이 글을 빼고 간행해서 후대의 시비를 대비하는 것이 괜찮겠습니다"라고 했지만, 애산은 편지를 받고서 회답이 없었다. 또 석오에게 편지를 보냈는데, 석오는 편지를 보고 크게 기뻐하면서 "양래(陽來)의 편지를 보니 면옹(勉翁)이 나를 저버리지 않았음을 알겠네"라고 했다.

8월에 석동정사(石東精舍)에 가서 애산을 만났다.

석동정사는 권응소(權應韶: 權鳳鉉)의 별업이다. 애산과 권응소는 남원 향교에서 면옹을 만나, 송사와 함께 모의해서 면옹을 권교리를 비롯한 이들을 공격하고 배척하려는 통문의 첫머리에 내세우려고 했다. 쌍계사에 머무르는 며칠 동안 면옹에게 강하게 자리에 나오도록 했지만, 면옹은 끝내 허락하지 않고 돌아갔다. 애장은 면옹의 반론으로 인해 내게 관심을 돌리고서 사람을 시켜 나를 불렀다. 나를 만나자 꾸짖으면서 말했다.

"그대가 평소에 선사를 존경하고 믿었는데 오늘날 갑자기 변했으니, 한희녕(韓希寧: 韓愉)의 영향을 받은 것이 아닌가?"

나는 대답했다. "제 생각과 한씨 친구의 견해는 계획하지 않고도 똑같은데 영향을 받을 필요가 있겠습니까? 지난날 노사를 존경했던 것은 노사를 존경한 것이 아니라 문하를 존경한 것이었습니다. 문하께서 평소에 율옹을 존경했기에 저 또한 문하를 존경했던 것입니다. 그런데 오늘 이에 반대되니, 차라리 문하를 저버릴지언정 율옹을 저버릴 수는 없습니다."

물러나면서 시 한 수를 지어 젊은이들에게 보이며 말했다.

잠담파엔 부전의 비밀 넘쳐나지만
천 년 연원 곧 자양이라네
원컨대 군은 곧장 집으로 갈 것이지
타향을 고향이라 여기지 말게

계묘년(1903) 봄 충청 지역의 장덕(長德)들을 찾아뵈었다

내가 이미 상복을 벗고 원계(遠溪)에 가서 선생을 뵈었다. 선생은 내가 삼년상을 지킨 절개를 위로하면서 물었다. "자네는 정재규가 지은 「변무문」을 보았는가? 『노사집』의 「외필」이 본래 모함하는 것이 아니

라면 '모함을 변론할' 무엇이 있다는 것인가? 「변무문」 가운데 노사를 물리치려는 이를 유직에 비유했는데, 그렇다면 율옹을 물리치려는 이는 어떤 사람에게 비유해야겠는가? 노사 문인들이 내게 편지를 보내서 '문하에서 무리를 불러 모으는 것을 자중해달라'라고 하니, 말이 불손한 것이 정말로 이와 같은 것인가?"

나는 말없이 한참을 있다 말했다. "애산이 노사에게 배웠습니다만 평생 존경하고 믿었던 것은 율곡이었습니다. 이제 이와 같으니 정말로 의심스럽습니다."

드디어 공주의 신전(薪田)으로 가서 간재(艮齋) 전장(田丈)을 뵈었는데, 전장이 말했다. "자네가 매운당(梅雲堂: 李兆年, 1269~1343)의 후손인가? 우리 선조 야은공(野隱公: 田祿生, 1318~1375)은 실로 자네 선조를 존경하고 사숙했으니, 세상사를 강론할 수 있겠네." 또 말했다. "내가 듣기로 자네와 한유가 이단의 학문이 끓어오르는 와중에 홀로 율옹이 전수한 법도를 지킨다고 하니, 참으로 호걸같은 선비일세."

다음날 전장이 선조의 묘소에서 제사를 지내기에 가서 보았는데, 제사에 쓰이는 품목들은 예법대로였지만 탕은 한 그릇만을 쓰고 있었다. 이상하게 여겨서 묻자 전장이 말했다. "『가례』에는 본래 탕을 쓴다는 말이 없고, 『격몽요결』에서는 풍속을 따라서 다섯 가지 탕을 쓴다고 했다네, 그러나 삶은 고기를 정(鼎) 하나에만 담고 (탕은) 다섯 가지 그릇에 나눠담는 것은 선유들이 잘못이라고 했기에 그릇 하나에 탕을 뒤섞는 것이라네."

장구동(長龜洞)에 가서 면암을 배알하자, 면옹이 말했다. "요즘 『노사집』을 둘러싼 시비는 조용해졌는가?" 내가 대답했다. "저는 시비의 숲 속에서 구제하려고 했지만, 도리어 노사 문하와 틈만 생기고 말았습니다. 또한 연문(淵門)의 한 두 사람이 노사의 비석 때문에 통문을 발송해서 문하를 공격 배척하려고 한다니 이것이 어떤 행실입니까?"

면옹이 말했다. “자네는 「신도비명」의 일을 알고 있는가?”

대답했다. “알고 있습니다. 제가 전에 애산을 뵈었는데, 애산이 문하께서 지으신 「비문」을 보여주면서 ‘이 노인은 우리 사문을 알지 못한다’라고 했습니다. 이로 인해 문하께 편지를 보내 고쳐달라고 했고, 문하께서는 ‘사문의 일과 행적은 내가 실제로 알지 못하니, 원한다면 나를 대신해서 글을 짓고 이름을 지워도 괜찮다’라고 대답했습니다. 이에 애산은 (문하를) 대신에 글을 지었고, 김현옥(金顯玉)을 시켜 문하에게 보내 이름을 지웠습니다. 그 일의 전말은 이와 같습니다.…”

紀行程曆

李道復

壬寅春三月石梧權校理丈 鳳熙 來弔

夜間石丈正色語之, 曰蘆沙之學問議論, 與栗谷不同, 非吾徒也. 彼文刊於朱宋影堂, 甚不可也. 某曰後進之議論, 異於先進, 朱子栗翁之所不免也. 程朱易傳本義退栗四七互發之說皆不同 亦何傷乎? 石丈曰蘆沙猥筆, 辭氣太不遜, 其於栗翁, 非異之也, 乃斥之也. 蓋石丈此行, 以發文斥蘆事下晉州者也.

夏六月勉庵先生來弔

時先生欲觀嶠南之山川人物, 故有是行, 而歷路致問從後者數百人.

七月聞勉翁自海印寺還次, 往候於中路, 馳往三山. □先生已行次于宜春之上井曺元敎書堂也. 於是抵泊曺氏書堂, 謁先生.

先生夜間問, 新安刊所通文事, 君知乎? 某答曰向於道中聞, 門下偏信盧門, 人恐喝拒絶通文人, 一帶士類, 信乎? 曰然以後進發文斥先進可乎? 曰若爾則蘆沙集破板, 非權校理爲之, 實門下之鼓風助瀾也. 曰惡是何言也? 曰今日兩邊是非, 以栗蘆對擧而爲出場者也. 若蘆邊自服, 則已一向抗拒, 栗翁吾黨淵源之祖也. 權校理是當世淸流也, 權若頭戴淵源之祖, 風動當世之士大夫, 吾恐門下不惟破板蘆集, 畢竟角立淵翁也. 曰然則猥筆果是斥栗谷乎? 曰非但斥栗翁也, 斥程朱也. 大抵栗翁之陽動陰靜其機自爾非有使之非自下說. 實本於程子太極動靜機自爾非使之之意, 而蘆沙斥之曰非有使之一句內天命永絶. 理無偏全, 乃朱子之語, 而納凉私議以理涵分殊立言, 曰本源上理有偏全, 詆斥湖洛諸賢, 無所不至, 是豈非斥程朱者乎? 勉翁憮然良久, 曰南來數月,始得我良友也. 因請權校理和解. 自此辭, 歸抵宿雷龍亭, 因致書于艾山曰師也者, 以道尊之, 是曰是, 非曰非, 眞尊其師, 蘆翁之猥筆, 果是貶損栗翁, 原集中拔此文而刊行, 以防千古之是非, 可也. 艾山見書不報, 又致書於石梧, 石梧見書大悅, 曰見陽來之書, 勉翁之不絶我, 可知矣. 云云

八月往見艾山於石東精舍. 舍卽權應韶之別業也. 艾山與權要勉翁於南原鄕校, 與松沙合謀, 欲推勉翁爲通頭, 攻斥權校理諸人, 而會留於雙溪寺數日, 强勉翁出座, 勉翁竟不許而還次. 艾丈以勉翁之反論, 致意於我, 而使人招之, 見余責之曰子平日尊信先師, 而今日卒變者, 無乃見化於韓希寧之執拗乎? 某答曰愚見與韓友, 不謀而同, 何必見化也? 大抵前日尊蘆沙, 非尊蘆沙也, 尊門下也. 門下平日尊栗翁, 故亦尊之也. 今日則反是, 寧負門下, 不敢負栗翁也. 退而作一詩以示少輩曰, 潭巴剩得不傳祕, 千載淵源卽紫陽, 願君直向吾家路, 莫把幷州作故鄕.

癸卯春謁湖中諸長德.

某旣免喪, 往遠溪謁先生, 先生慰我三年居喪之節, 因問曰君見鄭載圭所作辨誣文乎? 蘆沙集猥筆本非誣也, 有何辨誣? 其文中以斥蘆者, 比之柳稷, 則斥栗者, 比之何人也? 蘆門人又抵書於我曰 藉重門下招聚徒黨, 其言之不遜, 果若是乎? "某默然良久, 曰艾山雖學蘆沙, 平生尊信栗谷矣. 今若此者, 誠可疑也. 遂往公州之新田, 謁艮齋田丈. 田丈曰子是梅雲堂後孫乎? 吾先祖野隱公, 實尊先祖之私淑也, 足以講世矣. 又曰吾聞子與韓愉於異學波蕩之中, 獨守栗翁傳法, 眞豪傑之士也. 明日田丈行墓祭於其先人墳所, 往觀之, 祭品如儀, 而湯用一器, 怪問之. 田丈曰家禮本無用湯, 而要訣雖循俗用五湯, 然烹一鼎而分設五器, 先儒非之, 故用一器汩董湯也. 入長龜洞, 拜勉翁. 勉翁曰近日蘆沙集是非果淸淨耶? 對曰小子欲救門下於是非林中, 反致隙於蘆門也. 且淵門一兩人, 以蘆碑事方發文攻斥門下, 是何等擧措也? 勉翁曰

君知碑文事乎? 對曰知之也, 小子昔見艾山, 艾山出示門下所撰碑文, 曰此老不識吾師門矣. 因抵書門下請改定, 門下答以尊師門事行, 我實不知, 願爲我代撰, 而雖塡名可也. 於是艾山代撰, 而使金顯玉送之門下以塡名也. 其事之顚末如此云云.

猥筆論爭 1

제3부 1903

최계남—숙민—에게 보냄 與崔溪南 淑珉

이경박에게 답함 答李景博

권공립에게 답함 答權公立

전간재—우—의 답장 田艮齋愚

정애산—재규—에게 올림 上鄭艾山 載圭

송동옥에게 답함 答宋東玉

박문항에게 답함 答朴文恒

면암 최선생에게 올림 上勉菴崔先生

송심석에게 답함 答宋心石

송직부에게 답함 答宋直夫

최참봉—동민—에게 보내는 『노사집』을 논한 편지 與崔參奉—東敏—論盧沙集書

송동옥에게 답함 答宋東玉

조성훈에게 답함 答趙性薰

「답혹인」 절략 答或人書略

돈암서원의 유림들에게 보내는 통문 遯巖院儒通文

호남 유림들에게 보내는 통문 湖儒通文

전자명에게 답함 答田子明

최면암에게 與崔勉庵

기참봉—우만—에게 보냄 與起參奉 宇萬

기참봉에게 보냄 與起參奉

김동해—훈—선생에게 올림 上金東海先生 勳

하늘과 사람은 둘이 아니다 天人無二

송연재 선생에게 올림 上宋淵齋先生

우기 偶記

외필변변 猥筆辨辨

추록 追錄

전간재의 「외필변」을 변론함 辨田艮齋猥筆辨

정후윤에게 주다 與鄭厚允

율곡·우암의 종지 栗尤宗旨

연재 송선생에게 올림 上淵齋宋先生

이성중—승환—에게 답함 答李性中 升煥

최계남-숙민-에게 보냄

계묘년(1903) 정월

황병중

이 글은 전남 광양 출신으로 송병선의 문인인 황병중(黃炳中, 1871~1935)이 1903년 1월 최숙민에게 보내는 편지이다. 『고암집(鼓巖集)』 권2에 실려 있다.

지난가을 이후로 존체는 평안하시고, 영윤의 경서 공부는 날마다 진보하고 있습니까? 삼가 축하를 드립니다. 못난 저는 겨울에 정산(定山)[1]에 갔다가 계속해서 몇 달을 있었지만, 면옹(勉翁)을 배알하지는 못했습니다. 돌아오는 길에 글을 지어 입재선생(立齋先生: 宋近洙)[2]에게 곡했습니다. 평소에 정성껏 가르쳐주신 것을 돌이켜 보면 애통함이 너무 간절하기에, 소복(素服)과 소대(素帶)로 3개월 복을 입는 것으로 그 만분의 일이나마 보답하려 합니다. 이제 이 덕을 갖춘 현인들이 순서대로 세상을 떠나는 것이 마치 몸을 깨끗이 하려는 것만 같습니다. 그러나 어찌 한낱 조정의 불행이겠습니까? 또한 사림의 불운입니다.

---

1 정산: 충청도의 정산현을 가리킨다. 오늘날에는 청양현과 합쳐서 충청남도 청양군을 이루고 있다.

2 송근수: 자는 언술(彦述), 호는 입재(立齋)·남곡(南谷), 시호는 문헌(文獻), 본관은 은진(恩津)이다. 송시열(宋時烈)의 8대손으로 가학을 물려받았다. 1882년(고종19) 5월 정부의 조미수호통상조약 체결교섭에 반대하는 소를 올렸고, 1884년에 「청환수의제변개지령소(請還收衣制變改之令疏)」를 올리고 낙향하여 재상산림(宰相山林)이란 칭호를 얻었다. 저서로 『송자대전수차(宋子大全隨箚)』가 있다.

우러러 아뢸 내용이 있습니다. 원컨대 마음을 비우고 기운을 고르시고 공정히 들으시고 정밀히 살펴주십시오. 이기론은 나이 어린 이가 쉽게 말할 것이 아니지만, 내게 의심스러운 것을 스스로 숨기지 않고 물어서 가르침을 받는 것이 우리 유학의 법도가 아니겠습니까?

「외필」에서 '태극이 양의를 낳는다', '한 번 음이 되고 한 번 양이 되는 것을 도라고 한다'라는 말을 인용했는데, 누군들 옳지 않다고 하겠습니까? 다만 '사람이 도를 넓힐 수 있는 것이지 도가 사람을 넓히는 것이 아니다'라는 말은 공자의 말이 아닙니까? 하나를 잡고 하나를 버려서는 안 될 것입니다. 사람의 마음에 깨달음[覺]이 있는 것은 동정의 기틀이고, 도체(道體)가 무위(無爲)인 것은 저절로 그러한 오묘함[妙]입니다. 그런데도 '마음이 성을 다 할 수 있다'라고 할 수 있겠습니까? '성이 마음을 검속할 수 있다'라고 할 수 있겠습니까?

성인의 수많은 말은 사람들이 그들의 기운을 검속해서 기의 본래 모습을 회복하게 하려는 것일 뿐입니다. '놓친 마음을 찾으라', '붙잡으면 보존된다', '하루에 세 번 반성한다'라는 것들은 이루 다 말할 수도 없습니다. 리가 본래 선하다는 것만 주장하면서 그 기운이 내달리는 것을 검속할 줄 모른다면, '리'라고 하는 것은 과연 그 온전함을 보존할 수 있겠습니까? 그러므로 '한 번 음이 되고 한 번 양이 되는 것을 도라고 한다'라는 것과 '태극이 양의를 낳는다'라는 것은 근원을 미루어 말한 것이요, '음양이 움직이고 고요한 것은 그 기틀이 저절로 그런 것이지 그렇게 시키는 것이 있지 않다'라는 말은 유행을 가리켜 말한 것입니다.

예를 들어 사람이 말을 탄다는 비유의 경우, 동쪽으로 가고 서쪽으로 가는 것은 말이 스스로 그 발을 움직이지, 사람의 힘에 의존하지 않습니다. 그러나 결국 사람이 동쪽으로 가고 싶으면 동쪽으로 가고, 서쪽으로 가고 싶으면 서쪽으로 가니, 이것은 말이 사람의 뜻을 따르는 것입니다. 말이 스스로 그 발을 움직일 수 있다고 해서 '말이 사람의 자리를 빼앗았다'라고 할 수 있겠습니까?

원(元)·형(亨)·이(利)·정(貞)은 리가 절로 그러한 것이요, 생(生)·장(長)·수(收)·장(藏)은 기의 운행이 아니겠습니까? 그러나 리를 떠난 기란 없고, 또한 기를 떠난 리란 없다면, 생·장·수·장이 기이지만 리가 이미 타고 있으니, '저절로 그런 것이다'라고 하는 게 안 될 것이 무엇이겠습니까? 또한 "음양의 동정은 그 기틀이 저절로 그러하고, 음양이 동정하게 하는 소이가 리다"라는 것은 율곡의 말이 아닙니까? "누가 그 기틀을 주장하는가? 아! 태극이로다"[3]라고 한 것도 율옹의 말이 아닙니까?

이 두 구절을 보면 '기가 리의 자리를 빼앗았다'라고 지목해 말하는 것을 어찌 율옹이 원통하게 여기지 않겠습니까? 주자는 '리는 조작이 없다'라고 했습니다. 또한 '작용이 있자마자 곧 형이하이다'라고 했습니다. 움직임과 고요함이란 작용이기에 (율곡은) '저절로 그런 것이다'라고 한 것입니다. 공자는 "하늘이 물건을 낼 적에 심은 것은 북돋아 주고, 기운 것은 엎어버린다"[4]라고 했습니다. 맹자는 "하늘이 물건을 내면서 그 근본이 하나이게 했다"[5]라고 했습니다. 주자는 앞의 말에 대해서 이렇게 말했습니다. "이것은 그렇게 만드는 어떤 물건이 있는 것이 아니다. 다만 사물이 생겨날 때 저절로 마디마디가 커나가, 마치 사물이 있어 그것을 떠받들어 지탱하는 것 같고, 그것이 쇠할 때에 이르면 저절로 마디마디가 닳아서 없어지니, 마치 사물이 그것을 밀어서 넘어뜨린 것 같다. 이치가 저절로 이와 같다."[6] 뒷말에 대해서는 이렇게 말했습니다. "저절로 그러한 이치지만, 마치 하늘이 그렇게 시킨 것과

---

3 이이, 『율곡전서』 권1(표점영인 한국문집총간 vol.44), 「理一分殊賦」, 12쪽.

4 『중용』 17장 참조.

5 『맹자』, 「등문공 상」 5장.

6 주희, 『주자어류』 권63(『주자전서』 vol.16), 2092쪽 참조.

같다."[7] 이것은 사람들이 '사(使)'자를 '작용(作用)'의 뜻으로 오해할까 걱정했기에 특별히 '약(若)'·'흡사(恰似)'자를 써서 작용이 없다는 뜻을 보이려는 의도입니다.[8] (율곡이) "그렇게 시키는 것이 있지 않다"라고 한 것이 전해 받은 것이 없겠습니까?

존형의 선사께서도 스스로 "조직교(趙直敎: 趙性家)의 편지로 인해 단단히 마음을 먹고 이 글을 써놓기는 했지만, 직교에게도 부치지 못했다"라고 했습니다. 이것은 아마도 자신의 주장이 온당치 않다는 것을 알고서 보내지 않은 것일 겁니다. 이제 공공연하게 세상에 말하고 전하는 것이야말로 문하의 제자들이 삼가고 어려워해야 할 것이 아니겠습니까? 『석담일기(石潭日記)』는 수옹(遂翁: 權尙夏, 1641~1721)에게 이르러서야 세상에 나왔고, 농암(農巖: 金昌協, 1651~1708)의 사칠설(四七說)은 매산(梅山: 홍직필)에 이르러서야 비로소 세상에 드러났습니다. 이런 뜻으로 보자면, 문자를 전하고 지키는 데 삼가야 한다는 것이 또한 하나의 도리가 아니겠습니까? 어르신께서 굽어 헤아리신다면 다행이겠습니다.

예전에 신전(薪田)에서 간재(艮齋: 전우)를 모시고 있을 적에 언론이 공평했고 심사가 어질고 도타웠는데, 늘 우리 유학의 분열을 한스러워 했습니다. 헤어질 때가 되자 저에게 이렇게 말했습니다. "고향에 돌아가서 노사 문하의 충후한 사람을 만나거든 나를 위해 잘 말해 주게. 옛날 주자가 『남헌집(南軒集)』을 교정하면서 여남전(呂藍田: 呂大臨, 1046~1092)의 말을 물리치면서 매번 삭제했네. 또한 『주자대전』에도 목판이 비어 있는 구절[白板之句]이 많이 있고, 오늘날의 중국 판본조차 모두 그렇다네. 선현들이 흠을 씻어내려는 마음 씀씀이를 알 만할 것이네. 노

7 주희, 『맹자집주』(『주자전서』 vol.6), 319쪽.

8 이것은…것입니다: 이 구절은 전우의 「외필변」에서 이미 나타난 주장이다. 여기에 근거하면 황병중은 이미 「외필변」의 내용을 알고 있는 것으로 추정된다.

사 문하의 사람들이 이 말로 인해 스스로 반성한다면 이 또한 남에게 선으로 권유하는 방법일 것이네." 그리고 그 분의 처신에도 또한 마음에 감동을 주는 면이 있습니다. (간재의) 초고 가운데 이성원(李聲遠: 李鐸謨)에게 보내는 편지에서 김중암의 제문을 논했는데, 비교 검토하는 말이 있었습니다. 그래서 제가 의문스러운 점을 물어보았더니 간재는 마침내 (그 대목을) 삭제하고 다시 글을 엮었으니, (보통사람으로서는) 하기 힘든 일입니다! (간재는) 문장과 도학, 정밀한 의리와 세밀한 관찰로 한 시대의 모범에 가까웠으니, 이 작은 사람과 비교하자면, 저는 작은 한 톨의 씨앗보다도 못할 것입니다. 그럼에도 남의 말을 듣기를 이처럼 용감하였으니, 남과 선을 실천하려는 덕을 알 수 있습니다. 원컨대 좌하(座下)께서도 이것을 아울러 살펴주시기 바랍니다. 스스로 돌이켜보아도 망령되고 참람해서 황공하기 짝이 없습니다만, 어르신이 아니면 제가 이런 말을 할 리 없고, 제가 아니면 좌하께서도 이 말을 듣지 못했을 것입니다. 바다처럼 헤아려주시길 바랍니다.

與崔溪南 淑珉

癸卯 正月

黃炳中

客秋以來，尊體崇相，令胤研經，日進竿步否？伏祝．區區生客，冬向定山，留連數朔，未拜勉翁，歸路操文哭立齋先生．顧念其平日惓誨，哀痛殊切，擬以素服素帶持三月服，報其萬一也．今此賢人長德，次第辭去，有若潔身者，然豈徒朝家之不幸，亦士林之否運也．

竊有仰瀆者，願虛心平氣，公聽精察焉．理氣之論，雖非少年所敢容易，而區區所疑，不敢自隱，問而敎之，非吾儒之法耶？猥筆所引太極生兩儀一陰一陽之謂道，夫誰曰不然．但人能弘道非道弘人，獨非孔子之言乎？不可執一而棄一也．蓋人心有覺，動靜之機也；道體無爲，自然之妙也．謂之心能盡性，可乎？謂之性能檢心，可乎？聖人千言萬語，只是使人檢束其氣，以復氣之本然．如求放心·操則存·日三省之類，不一而足．苟主理之本善．而不檢其氣之橫逸．則所謂理者．果保其全耶？然則一陰一陽之謂道，太極生兩儀，推原而言；陰陽動靜，其機自爾，非有使之者，指流行而言．如人之乘馬，之東之西，是馬之自動其足，不賴人力．然畢竟人欲東而東，欲西而西，是馬順人意也．以馬之自行其足，謂之馬奪人位，可乎？夫元亨利貞，理之自然，而生長收藏，非氣之所行耶？然無離理之氣，又無離氣之理，則生長收藏者氣，而理已乘而機自爾，則有何不可耶？且夫陰陽動靜，其機自爾，而所以陰陽動靜者理，此非栗谷之言乎？孰尸其機，嗚呼太極，亦非栗翁之言乎？

觀此二節，則指謂氣奪理位者，豈非栗翁之所冤耶？朱子云理無造作，又言纔有作用便是形而下者，動靜者作用也，故曰機自爾也．孔子曰天之生物，栽者培之，傾者覆之．孟子曰天之生物，使之一本．而朱子於上言者，言此非有物使之然，但物之生時，自長將去，恰似有物扶持它，及其衰也，自消磨去，恰似箇物推倒它，理自如此．於下言者，言自然之理，若天使之然也．蓋恐人之錯認使字爲作用之意，故特下若字恰似字以見其無作用之意．非有使之者之云，不有所受乎？

大抵尊先師已自謂，因趙直敎書，銳意及此，而於直敎猶不敢寄云，則是或自知其說之未穩而不寄也．今乃公傳道世者．得非門弟子之所重難者乎？夫以石潭日記至遂翁而出世，農嵓四七說至梅山而始見于世之義觀之，則文字傳守之愼重，亦非一道理耶？幸長者俯諒焉．

向侍艮齋于薪田，其言論公平，心事仁厚，常恨吾儒之分裂，臨別謂炳中曰歸鄕，若見蘆門之忠厚者，爲我善說焉．昔朱子校南軒集，其斥呂藍田之言，則每每削去，又朱子大全亦多白板之句，至今唐板，歷歷皆然．先賢掃塵之心法，可知矣．若蘆門因此而自省，則是勸人以善之道也云云．而其自行處，亦又有感于心者，其草稿中，與李聲遠書論金重菴祭文，而有計較之語，故炳中微稟其疑，則艮齋遂刀割而絞繩，難乎難乎！以文章道學，精義密察，幾冠一世，視此藐生，曾一芥之不若，而其取言如此之勇，可見與人爲善之德也．願座下將此竝察．自顧妄僭，惶恐無地，而非長者則生不敢發此言．非生則座下亦不得聞此言．海恕伏望．

이경박에게 답함

계묘년(1903) 2월

송병선

이 글은 송병선이 1903년 2월 제자인 이종문(李種文)[9]에게 답하는 편지이다. 『연재집』 권12에 실려 있다.

기장(奇丈)의 「외필」 한 편은 명의(命義)가 매우 온당치 않네. 소견이 다르다면 (선현을) 존중 경외하는 마음을 가지고 말로 할 때는 질의하듯이 했더라면 괜찮을 것이었네. 그러나 '피음사둔이요, 전도되고 창피하다', '새옹의 말', '아! 가련하다! 동방의 이기를 어떻게 할 것인가'라는 등의 말은 말하는 것을 어려워하는 기색이 없이 지나치게 심하게 꾸짖는 것이네. 양명(陽明)·백사(白沙: 陳獻章, 1428~1500)가 주자를 침탈하고 모욕하는 지경에서 떠돌고 있으니, 이것이 어찌 사문의 일대 변괴가 아니겠는가? 사론이 준엄하게 일어나고 있고 매우 엄하게 성토하는 데도 저들은 도리어 '유직의 행태를 뒤쫓는다'라고 하니 거리낌이 없는 것이 어쩌다 이런 극단에 이르렀단 말인가? 사림으로서 누군들 분통하지 않겠는가? 하물며 선생을 계승하는 이들이겠는가?

선조의 진영을 정사에 함께 봉헌하는 것은 진실로 도리에 합당하네. 그러나 일에 연관된 것이 중차대하니 다시 깊이 헤아려 결정하는 것이 어떻겠는가?

---

9 이종문은 덕수 이씨로서 율곡 이이의 후손이다.

答李景博

癸卯二月

宋秉璿

奇丈猥筆一篇，命義大是未安．蓋所見不同，則當存尊畏之心，而言之如質疑者然，可也．乃以詖淫邪遁，顚倒猖披，塞翁之馬，嗚呼可憐，奈東方理氣何等語，無難說去，譏切太甚．有浮於陽明·白沙之侵侮朱子，是豈非斯文之一大變怪乎？士論峻發，聲討甚嚴，彼反謂踵柳椶之套習，其所無忌無憚，胡至此極也？凡在士林，孰不憤痛，而況爲先生之後承乎？先祖眞幀，配奉於精舍，允合道理，而事係重大，更加爛商爲定，如何？

권공립에게 답함

계묘년(1903) 2월

송병순

이 글은 1903년 2월 송병순이 권명희에게 보내는 편지이다. 『외필』이 이이의 '기자이'와 '비유사지'를 단서로 논의를 전개했기 때문에, 외필논쟁은 이이의 이 두 구절에 대한 관심을 환기시켰다. 면우학파의 송호곤을 비롯한 일각에서 이 두 구절이 리와 상관 없이 오로지 기만을 언급하는 것이라고 해석하는 경향이 나타났는데, 송병순은 이와 같은 견해가 기정진의 성리학과 같은 잘못을 범하고 있다고 비판하는 동시에 그 자신은 '이기불상리'라는 관점에서 리와 기의 종합으로 이해해야 한다고 주장했다. 『심석재집』 권7에 실려 있다.

잇달아 편지를 받았습니다. 누누이 말하신 것들은 내면에서 흘러나온 것들이니, 학문을 통해 힘을 얻은 것이 아니라면, 어떻게 이럴 수 있겠습니까? 깊이 감동하고 칭송했습니다. '저절로 그런 것이다'라고 할 때의 기틀[機]은 리가 타고 있는 기틀이라고 보아야, 뜻이 비로소 완비될 것입니다. 율옹의 「이기영」 첫 구절에서 "원기는 어디에서 비롯되었나? 무형은 유형에 있다네. 근원을 찾으면 본래 합쳐져 있는 줄 알고, 물갈래 따라가면 온갖 정을 볼 수 있네"[10]라고 했습니다. 또한 스스로 주에서 "리와 기는 본래 합쳐져 있지 비로소 합치는 때가 있지 않다. 리와 기를 둘로 나누려는 이는 모두 도를 아는 이가 아니다"[11]라고 했습니다. '저절로 그런 것이다'라는 것을 오로지 기 한쪽에만 소속시키고

10 이이, 『율곡전서』 권10(표점영인 한국문집총간 vol.44), 「답성호원」, 209쪽.
11 같은 책, 같은 곳.

리를 경유하지 않는 것이라고 한다면, 율옹의 본뜻을 크게 잃을 것이요, 노사의 견해와 차이가 없을 것입니다. 노사는 '리와 기를 짝지어 거론하는 것은 성인의 말이 아니다'라고 하면서 정·주 이후 여러 선현을 능멸하면서 조금의 거리낌도 없었으니, 마땅히 한쪽에 제쳐두고 함께 논쟁하는 말아야 할 것입니다.

答權公立

癸卯二月

宋秉珣

連承惠牘, 縷縷提諭, 輒從衷曲中出來, 非學問上得力, 烏能有此? 深感且頌. 機自爾之機, 以理乘之機見之, 意方完備. 栗翁理氣詠首句云元氣何端始, 無形在有形, 窮源知本合, 沿派見群精. 又自註曰理氣本合也, 非有始合之時, 欲以理氣二之者, 皆非知道者也. 若以機自爾專屬氣一邊, 而不與理關由, 則大失栗翁本旨, 而與蘆沙之見無異矣. 大抵蘆沙以理氣對擧爲非聖人之言, 陵駕洛閩以來諸先賢, 無少顧忌, 則只合置一邊, 不與之爭辨, 可也.

전간재-우-의 답장

전우

이 글은 전우가 황병중에게 보내는 답장이다. 저술 연도에 대한 표기는 없이 2월 27일이라고만 기록하고 있어 어느 해의 편지인지는 확정할 수 없다. 황병중이 1903년 정월에 최숙민에게 보내는 편지에서 이미 「외필」의 내용을 비판적으로 언급하고 있는데, 이 편지에서 전우가 처음 「외필」을 언급하는 듯한 어투를 감안하면 1902년에서 1903년 사이의 것으로 추정되기에 임시로 1903년에 둔다. 현재 『간재집』에는 실려 있지 않고, 『고암집』 권4 「사우서독(師友書牘)」에 실려 있다.

편지에서 우리 유학에 주자가 있는 것은 하늘에 해가 있고, 땅에는 물이 있어서, 빛을 받으면 반드시 비춰주고, 구덩이가 있으면 반드시 채워주는 것과 같다고 했습니다. 이것은 기록할 만한 좋은 말입니다. 나도 기뻐하면서 발을 구르며 '주자 문하에서 율옹을 얻은 것은 왕가에 훌륭한 신하가 있는 것과 같고, 명문가에 어진 후예가 있어서 옛 법도에 힘입어 더욱 밝히고, 큰 업적에 의지해서 집대성을 하는 것과 같다'라고 했습니다. 기수(氣數)는 점점 박해 지고 인심은 점점 치우쳐가며, 굽은 길이 열리고 이단의 말이 더욱 기승을 부리는 것을 어쩌겠습니까? 청나라 사람 가운데 주자 주석의 오류를 가리키면서 잘못을 개정한 책을 지어 비방한 이가 있었는데, 심조연(沈祖燕, 1866～?)이 판각해서 전파시켰습니다. 우리나라에서는 율옹의 의론이 잘못이라고 하면서 「외필」을 지어 비난하는 이가 있었는데, 김감역(金監役)이 발문을 지어 칭찬했으니, 그들이 사방의 눈과 귀를 더럽히고, 사람들이 길을 잃도록 만드는 술책이라는 점에서는 똑같습니다. 그러나 주자는 경서를 풀이하는데 가장 뛰어났고, 율옹은 도체(道體)에 밝았으니, 백 년을 기다려도 미혹되지 않을 것입니다. 학자들이 공자에 뜻을 두지 않는다면 그만이겠으나, 공자의 집을 가리켜 내가 돌아갈 곳이라고 한다면 이 두 선생을 버리고서 그 누가 당과 계단이 되겠습니까? 저들이 스스로 관계를 끊자고 한들 두 선생에게 무슨 해가 있겠습니까? 진실로 우리가 명덕에 힘써서 지선(至善)의 이치에 그치고, 기운을 검속해서 천명의 성을 따르며, 자기의 마음을 외물을 명하는 리라고 간주해서 태극이라고 높이지 않고, 이 기가 본래 밝은 것이라고 믿고서 기에 맡겨두고 자신은 종이 되려고 하지 않는다면, 수사(洙泗)의 문장은 가까울 것이요, 어지러운 이단은 물리치려 하지 않아도 저절로 쓸려버릴 것입니다. 2월 27일 전우는 삼가 아룁니다.

田艮齋愚

田愚

來書謂吾道之有朱子，猶天之有日；地之有水．容光必照；有科皆盈云云，此善言之可紀者．老拙喜而足之，曰朱門之得栗翁，猶王家之有良佐；名門之有賢胤．舊章賴而益明，大勳藉而可集．柰之何氣數寢薄，而人心愈偏，旁蹊漸開，而異言益熾．淸人有指朱子注釋之謬而著改錯之書，以呰毁之者，則沈祖燕刻而傳之．吾東有謂栗翁議論之誤，而作猥筆之篇以譏刺之者，則金監役跋而贊之，其欲以塗四海之耳目，使人趨於迷津之術，則一也．然朱子聖於解經，栗翁明於道體，可以竢百世而不惑矣．使學者而無意於孔子則已，如指孔子之室以爲己歸，則舍二先生，其孰能爲之堂階乎哉？彼雖欲自絶，亦何傷於二先生哉？苟得吾人務明德以止於至善之理，要檢氣以循乎天命之性，毋或自認己心爲命物之理而尊之爲太極，自恃此氣爲本明之物而任之爲僕隷焉，則洙泗之門墻可近，而異學之紛紛者不待闢而自廓如矣．二月廿七日，田愚謹復．

정애산—재규—에게 올림

이도복

이 글은 이도복이 1903년 초봄 즈음에 정재규에게 보낸 편지이다. 어머니의 3년상을 끝낸 이도복이 1903년 봄에 충청도 옥천의 원계로 송병선을 만나러 가기 직전에 보낸 것이다. 노사학파와 연재학파 및 영남 노론계와의 논쟁이 사림의 분열로 비화되는 것을 우려하고 있다. 『후산집(厚山集)』 권4에 실려 있다.

지난번에 용호(龍湖) 편에 편지를 보냈으니, 이미 도착했을 것으로 생각합니다. 사론이 분열되고 혼란스러운 것은 요즘 또 어떻습니까? 제가 문하를 위해 생각할 수 있는 것은 다른 방도라고는 없으니, 허물을 인정할 뿐이요, 변명을 하지 않는 것일 뿐입니다. 내가 옳고 저들을 그르다고 하며, 동쪽을 공격하고 서쪽을 붙잡으려고 설명하기를 그치지 않는다면 한 번씩 설명하는 족족 또한 한 층의 죄목을 더할 것이니, 이것은 이치와 형세의 필연입니다.

율옹도 동서 분당을 씻어내기 위해 조정에 이렇게 말한 적이 있었습니다. '서인이라고 모두 군자인 것이 아니고, 동인이라고 모두 소인인 것이 아니다. 잘못을 말한다면 모두가 잘못이지만 사람을 논한다면 모두 군자다. 서인이란 이유로 동인을 공격하는 것도 안 될 일이지만, 동인이란 이유로 서인을 공격하는 것도 또한 안 될 일이다.' 이 한 문단의 말이 오늘날 준칙으로 삼을만한 가르침이요, 명백하고 평탄하며 쉬운 것이 성인의 말과 비슷합니다. 이곳의 여러분들이 이것을 교훈삼지 않고, 제목이 어떤지, 일의 성격이 어떤지를 살피지 않고, 하나같이 자기를 옳다고 하는 이는 군자라 하고, 자기를 물리치는 이는 소인이라고 하며, 의론이 자기와 다르기만 하면 충심으로 알려주고 선하게 이끌려는 말조차 거꾸로 교묘하게 혀를 놀린다고 의심해서 그 화가 여기에 이르렀으니, 참으로 스스로를 돌아보며 크게 탄식할 일입니다.

또한 당초의 일으로 말하자면 「외필」을 노사의 문집에 넣은 것은 문하의 본뜻이 아니었고, 문집을 신안정사에서 간행한 것도 문하의 본뜻이 아니었습니다. 불행히도 이제 한두 사람이 있어서, 앞뒤로 그 사이에서 일을 만들어내서 문하에게 화가 전가된 것이었습니다. 그 사람 또한 벼슬을 그만두고 물러나서 한 말입니다. 이 일의 전말을 생각하면 사람의 모골이 송연해집니다. 아! 제 앞뒤의 말은 스스로 약석(藥石)이라고 여기는데, 문하께서 들으시고 오훼(烏喙)라고 여기시겠습니까? 군자가 마음을 쓰는 자취에는 소인의 생각으로 헤아릴 수 없는 것이 있을 것입니다. 보름 뒤에 충청을 다녀오려고 합니다. 돌아온 뒤에 뵙고 아뢰겠습니다.

上鄭艾山 載圭

李道復

前因龍湖便付書, 伏想已達矣. 士論紛紜, 近復何如? 愚意爲門下計, 更無他法. 只當引過而已, 只當無辨而已. 若欲是己非彼, 攻東扶西, 而分疏不置, 則一番分疏, 又增一層罪案矣, 此理勢之必然也. 栗翁嘗欲洗滌東西黨言于朝, 曰西人未必盡君子, 東人未必盡小人. 語其失則皆非也, 論其人, 則皆君子. 以西攻東, 不可也; 以東攻西, 亦不可也. 此一段語, 可謂今日準備之訓, 而明白坦易, 有似乎聖人之言也. 此間諸公, 不此之鑑, 不顧題目之如何, 事體之如何, 一以是己者謂君子, 斥己者謂小人, 其議論才異於己, 忠告善導之言, 反疑簧舌, 其禍乃至於此, 良足撫躬太息. 且以當初事言之, 猥筆入錄, 非門下之本意也. 文集鋟梓于新安, 亦非門下之本意也. 不幸今者有一二人, 前後生事於其間, 嫁禍於門下, 彼則奉身而退言, 念此事之顚末, 令人毛骨竦然. 噫! 道復前後之言, 自謂藥石, 而門下聽之以烏喙? 君子用心之迹, 有非小人之腹所能料度也. 望後欲作湖行, 反役後當面稟矣.

송동옥에게 답함

계묘(1903)

전우

이 글은 1903년 전우가 송병순에게 답하는 편지이다. 동옥(東玉)은 송병순의 자다. 이 편지에 대한 송병순의 답장이 이해 8월에 쓰였기 때문에, 그 이전에 쓴 것임을 알 수 있다. 「외필변」을 읽고, 송병순이 변론이 불철저하다는 편지를 보내오자, 전우가 답하고 있다. 결국 전우는 이 편지에서 언급한 것과 같은 주변의 지적을 수용해서 1904년 「외필후변」을 저술했다. 『간재집·전편』 권2에 실려 있다.

편지에서 '피음사둔과 전도되고 창피하다'라는 것을 현자를 모함하는 첫 번째 죄안이라고 했습니다. 제 못난 글이 우연히 이것을 언급하지 못했다고 하셨고, 드디어 주자를 인용해서 엄하고 용감하게 분석하셨습니다. 그리고 율·우 두 노옹이 계승한 것으로 가르쳐 주셨습니다. 여기에서 의기와 인심이 글에서 드러나는 것을 알 수 있었으니, 저는 우러러 찬탄을 그칠 수 없었습니다.

다만 제 생각으로 말하자면 「외필」의 마지막 단락에서 '선현(先賢)'이라고 한 것은 율옹을 가리키고, '요즘 사람들[今人]'은 율옹의 후학들을 두루 가리킵니다. 어떻게 그런 줄을 알겠습니까? 이미 주자를 인용해서 중시했다면—두 번째 단락에 보인다.— 주자를 아울러 범하는 것은 타당하지 않기 때문입니다. 또한 "전현의 의론이 지나치게 명쾌했다"라고 했으니 이것은 정확하게 율옹을 가리킵니다. 반드시 주자를 해당시키려고 한다면, 모르겠습니다만 노사가 말하는 주자의 어떤 말이 지나치게 명쾌해서 말류에 폐단이 되는 것입니까? 하물며 그 앞 단락에서는 또한 "그 이유를 궁구해보면 '탄다[乘]'는 말이 그 본뜻을 잃었기 때문이다"라고 했습니다. 이것을 가지고 살핀다면 보내신 편지에서 "그가 수레와 말이 추종한다고 한 것으로 주자가 주해한 '승'자를 비난했다"라고 한 것은 아마도 다시 생각해 보아야 할 것입니다. 우리 유학에서 붓을 들어 사람을 논하는 것은 '법가에서 법률을 따지는 것'과 같으니, 조금이라고 분에 넘치는 것이 있다면 어찌 그를 왜곡했다고 원망하지 않겠습니까? 이것은 반드시 끽긴(喫緊)하게 생각해야 합니다. 그것이 사람의 성명을 오도할까 두렵기 때문입니다. 그렇지만 설령 노사의 본뜻이 저와 같더라도, 제 소견은 오히려 이와 같으니, 이 또한 분명히 밝히는 방도가 아닙니다. 다시 헤아려 가르침을 주시기를 간절히 바랍니다.

노사 문하에서 말하는 '외필은 율옹을 존경하고 사모해서 지은 것'이라는 말은 제 생각에 노사가 「외필」을 지을 적의 본뜻이 아닌 것 같습니다. 또한 스승을 위해 리를 변별하는 의제도 절대 아닙니다. 그 뜻을 거의 이해할 수 없습니다. 집사께서 변별하고 밝히신 것은 표현과 의미가 엄하고 바르기에 사람의 마음을 송연하게 만듭니다. 그 사이에 한두 가지 철저하지 못한 곳이 있어서 대략 어리석은 생각을 아룁니다. 참람하고 경솔한 줄이야 잘 알고 있기에 가르침을 주시기만을 바랄 뿐입니다. 저 또한 몇 단락의 논변을 만든 적이 있지만 당신이 볼 것이라고 미처 생각지 못했습니다. 이제 살펴보신 것을 돌려받고 보니 자세히 살피지 못했다고 하셨습니다. 그러므로 (아래와 같이) 녹취해서 올립니다. 이것은 공도입니다. 다만 선본(善本)을 얻는다면 충분할 뿐, 나와 남에 달린 것이 아닙니다. 먹줄처럼 바로잡아 주신다면 다행이겠습니다.

주자는 "천리가 저절로 그렇다"라고 했고, 또 "리가 저절로 이와 같다"라고도 했다. 율옹의 "저절로 그런 것이다"라는 주장은 실로 여기에 뿌리를 두고 있다.

○ 주자의 두 말은 모두 '리가 저절로 그러함'을 말하니, 율옹이 뿌리를 둔 것은 아닌 것 같습니다. 반드시 『맹자집주』의 "이 기는 저절로 안에서 발생한다"거나 『주자어류』의 "굴신과 왕래가 이기(二氣)의 저절로 그러함이다"라는 것을 인용해야 합니다. 이렇게 한 다음에 율옹이 근원을 둔 곳과 노사가 의심을 한 것이 저절로 드러날 것입니다.

'그렇게 시키는 것이 있지 않다'라는 것은 이기의 유행이 저절로 이와 같음을 밝혔지, 그렇게 시키는 다른 물건이 아니다.

○ '그렇게 시킨다[使之]'라는 글자는 단독으로 기를 가리키는데 뿌리를 두고 있는데, 이제는 이기의 유행을 아울러 말하니 율옹의 본뜻이 아닌 것 같습니다. 음양의 움직임과 고요함은 리의 당연한 것이어서 그런 것일 뿐 실제로 그렇게 시키는 것이 있지 않기 때문입니다. 그러므로 주자는 『맹자집주』에서 또한 '천리의 당연함이 마치 그렇게 시키는 것 같다'라고 했습니다. '약(若)'이란 한 글자를 보면 그렇게 시키는 것이 있지 않다는 뜻이 이미 확실합니다. 이렇게 고치고 윤색한다면 아마도 더욱 정밀하고 확실할 것 같습니다. 어떻습니까?

천명의 유행은 곧 이기의 경유처이다.

○ 이 구절은 헤아려 보아야 할 것 같습니다.

노사는 수레와 말이 뒤따른다는 것으로 주자의 '승(乘)'자를 비난했다.

○ 노사는 이미 "주자가 후세 사람들을 위해 꼼꼼히 설명해서 마침내 '소승지기(所乘之機)'를 인용해서 증거로 삼았다"라고 했습니다. 아마도 폄훼하고 비난하는 말은 아닌 것 같습니다. 어떨지 모르겠습니다.

答宋東玉

癸卯

田愚

尊諭以猥筆詖淫邪遁，傎倒猖披，爲誣賢之第一罪案，而謂愚瞽說，偶不及此，遂引朱子剖判之嚴且勇，而爲栗·尤二老所宗述者以敎之．此見義氣仁心之發露於翰墨閒者，區區歎仰不已已．

第以愚見言之，其文末段先賢，正指栗翁，今人，偏指栗翁後羣賢．何以知其然也？蓋旣引朱子爲重，(見第二段) 則不應倂與朱子而犯之．又謂前賢發之太快，此的指栗翁，如必以朱子當之，未知蘆沙謂朱子何語，爲太快而有流弊乎？况其上段又曰，究厥端由，原於乘字失其本旨．執此以觀之，崇辨所謂彼以車馬騶從，譏朱註乘字者，似合商量．蓋儒門秉筆論人，正如法家勘律，纔有些子過分，豈不寃枉佗？此須喫緊思量，蓋懼其誤致人性命也．雖然，使蘆沙本意如彼，而愚之所見卻如此，此亦非明核之道，切望更賜裁敎．

奇門所謂猥筆，卽尊慕栗翁而作者，竊恐非蘆沙當日之本意，亦絶非爲師辨理之義諦，其意大不可曉也．執事所以辨明者，辭意峻正，使人竦然心目．閒有一二未徹處，略陳迷見，甚覺僭率，只望回敎．愚亦曾有數段立辨，不謂其已經崇視．而今承旋被覓去，不得細究之諭，故錄取呈上．此是公道．但得善本足矣，不繫己與人．幸須痛行繩正，

朱子曰天理之自然．又曰理自如此．栗翁機自爾之說，實原於此．

○ 朱子兩語，皆謂理之自然，恐非栗翁之所本，須引孟子集註此氣自然發生於中，語類屈伸往來是二氣自然，能如此然後，栗翁之所原，蘆沙之誤疑，自見矣．

非有使之者，申明理氣之流行，自然如此，非佗箇物所使也．

○ 使之之字, 原單指氣, 而今倂言理氣流行, 恐非栗翁本旨, 蓋陰陽動靜, 只是理所當然而然, 非實有使之者, 故朱子於孟子集註, 亦言天理當然, 若使之也, 觀一若字, 非有使之之意, 已躍如也, 以此修潤, 似更精確, 如何如何,

天命之流行, 卽理氣之關由.

○ 此句, 似合商量.

蘆沙先以車馬騶從, 譏朱子乘字.

○ 蘆沙旣曰, 朱子爲後世慮周矣, 遂引所乘之機以爲證, 則恐似非譏貶之辭, 未知如何?

박문항에게 답함

계묘년(1903) 4월 20일

권명희

이 글은 권명희가 1903년 4월 20일 박태형(朴泰亨, 1864~1925)[12]에게 보내는 편지이다. 자신의 이단론을 중심으로 동문인 박태형의 기정진 성리학에 대한 태도를 유화적이라고 비판하고 있다. 『삼외재집』 권6에 실려 있다.

'이단을 오로지 다스린다[攻異端]'[13]라고 할 때의 '공(攻)'자를 형은 '배워서 한다[學爲]'라는 뜻으로 보았는데, 제 생각과는 연나라와 월나라처럼 멀기만 합니다. 옥석을 다스리는 이는 다스릴 수 있는 것을 찾고, 다스릴 수 없는 것을 버리기 때문에 옥석을 이용할 수 있습니다. 가곡을 다스리는 이는 격률이 고상한 것을 찾고, 격률이 낮은 것을 버리기 때문에 가곡이 오묘할 수 있습니다. 스스로 수양하는 이는 자신을 버리고 예를 회복해야 어질다고 할 것입니다. 이런 까닭에 다스리는 일은 목석에 적용할 수도 있고 금옥에 적용할 수도 있으며, 가곡에 적용할 수도 있고 자기를 수양하는 데도 적용할 수 있습니다. 그러나 이단에 적용해서는 안 되고, 우리의 도에 적용해서도 안 됩니다. 우리의 도는 모두 옳은데 (그 가운데) 어느 것을 나 홀로 취하겠으며, 어느 것을 버

---

12 자는 윤상(允常)·문행(文幸) — 문항(文恒)으로도 불렸다.— 호는 간암(艮嵒) 본관은 함양(咸陽)이고 거주지는 진주(晋州)다. 송병선의 문인으로 1889년 10월 처음 배알했다.

13 『논어』 「위정」 16장의 '攻乎異端'에서 공(攻)의 의미를 주희는 범씨(范氏)의 말을 인용해서 '전치(專治)'의 의미로 풀이하고 있다.

릴 수 있겠습니까?

이단이란 성인의 도가 아니라 따로 일단(一端)이 된 것이니, 목석과 금옥처럼 사람에게 유용한 것이 아니요, 가곡처럼 사람을 조화롭게 하는 것도 아닙니다. 그 가운데 들어가는 것을 취사선택이라고 여기게 되면 깨닫지 못하는 사이에 미혹되고 틀림없이 변화되어 버립니다. 그러므로 '이단을 오로지 다스리면 이것은 해로울 뿐이다'라고 하는 것입니다. 또한 정자는 "음란한 음악과 아름다운 여색을 멀리하는 것처럼 해야 한다"[14]라고 했습니다. 이들은 모두 통렬하게 끊어버리는 말들입니다. '공(攻)'자를 배워서 한다는 뜻으로 본다면 이것은 '이단을 배워서 한다면 이것은 해롭다'라고 하는 것이라도 오히려 통렬하게 끊어버리려는 뜻이 모자랍니다. '배워서 하는, 이것이 해롭다'라고 하는 것은 오히려 취사선택을 인정한다는 것과 같으니, '취사선택해도 이것은 해롭다'라고 하는 격이기 때문입니다.

이단은 뜨거운 물처럼 멀리해야 합니다. 뜨거운 물은 가까이하지 않으면 사람을 해치지 않습니다. 저 이단은 사람을 미혹시킬 수 있기에 사람이 어쩔 수 없이 가까이하게 되니, 사람을 해치는 것이 뜨거운 물보다 더 합니다. 그러므로 이단을 다스리는 것을 난적을 토벌하는 것에 비유하고, 이단을 밝히고 성토하는 것을 난적을 성토하는 것처럼 엄하게 하는 것입니다. 이제 형은 그 말류가 아버지도 임금도 없는데 이른다고 하시지만, 정말로 아버지와 임금을 시해한 것과 조금도 경중과 완급의 차이가 없겠습니까? 생각이 미치지 못한 것 같습니다.

이단의 재앙과 난적의 재앙 사이에는 완급이 있습니다. 그러나 경중으로 논하자면 이단의 재앙이 오히려 더 무겁습니다. 임금과 아버지를 시해한 난적은 같은 하늘 아래 있을 수 없다는 것이야 혈기를 가진 이

---

14 정호·정이, 『하남정씨유서』 권2상(『이정집』 vol.1), 25쪽.

들은 도두 알고 있기에, 이를 범하는 자들도 드무니 도에 밝은 이들이 드물게 말하더라도 괜찮습니다. 그러나 이단은 (그 귀결이) 아버지도 없고 임금도 없는데 이른다는 점이 천천히 매우 은밀하게 (알려지기에) 밝은이가 아니라면 알 수가 없습니다. 그러므로 미혹되는 이들이 많아서 마침내 난적들이 잇달아 나타나는 것입니다. 난적의 재앙은 국가의 일시적인 재앙일 뿐이지만, 이단의 재앙은 천하의 후세에 (영향을 끼치는) 재앙입니다. 도리어 더 무겁지 않겠습니까? 도에 밝은 이라면 크게 물리치면서 여력을 남기지 말아야 합니다. 그러나 난적은 그 악행이 이미 드러나서 급하기에 토벌해서 죽이지만, 이단의 재앙은 아직 이뤄지지 않았기 우선 생겨났다고 하더라도 바른 도로 되돌아오기를 기다리는 것입니다. 그렇지만 그들의 재앙이 점진적이라는 것을 군자가 이미 알았다면 어째서 엄하게 토벌하지 않겠습니까?

그러므로 양주·묵적을 맹자는 용서하지 않았고, 육씨를 주자는 끊어버렸습니다. 이와 같이하는 것은 그들의 재앙이 아직 이뤄지지 않았기 때문이지, 그들의 재앙이 난적보다 가벼워서가 아닙니다. 경중과 완급의 차이가 없다고 말한다면 옳겠지만, 이것이 저것보다 가볍기 때문에 느슨하게 한다는 것은 잘못입니다. 저것이 급하고 이것이 느슨하기에 느슨하게 한다는 것은 말이 온당치 않은 것 같습니다. 또한 이미 이단을 오로지 다스리는 것을 난적을 토벌하는 것에 비교했다면 다스리고 토벌한다는 점에서는 이미 똑같은데, 지금 경중과 완급을 나누는 것은 사람들이 도검을 두려워하도록 하면서 의리를 두려워하지 않도록 만드는 것이요, 살갗은 삼가도록 하면서 학문에는 삼가지 않도록 만드는 것입니다.

그 해로움을 말하자면 또한 이루 다 말할 수 없습니다. 유학과 불교야 정자·주자 이후로 시비가 이미 분명해서 조금이라도 아는 이라면 그들에게 들어가려고 하지 않습니다. 또한 우리나라의 역대 조정에서도 방침이 확고해서, 머리를 깎은 이들은 사람으로 대우하지 않았기에 도에 밝은 이라고 한들 하필이면 입을 수고롭게 해가면서 공격하고 배척했겠습니까? 전쟁터에서는 소나 말이라도 가져다 쓸 수 있는데, 이제 조중봉(趙重峯: 趙憲, 1544~1592)이 영규(靈圭, ?~1592)와 함께 전투에 참여한 것을 꾸짖으려 하니 의심스럽습니다. 중봉의 시대에는 유학과 불교의 시비가 크게 분명해서 미혹되는 이들이 드물었습니다. 게다가 그는 자신의 몸을 잊고 순절하려는 뜻을 갖고 있었으니 머리를 깎았다고 한들 군주가 없다는 죄목을 씻을 만했기에 함께 일했던 것입니다. 이단이 가까이할 만하기 때문이 아니었습니다. 그런데 이제 어째서 '그 가운데 생각해 볼만한 것이 있다'라고 하는 것입니까? 저들이 사람을 미혹시키는 것은 음란한 음악과 아름다운 얼굴보다 심해서 통렬하게 끊어버리려 해도 오히려 중이 되는 이들이 있습니다. 또한 중이 되지 않았다고 해도 거기에 빠진 이들도 있습니다. 이제 '생각해 볼만한 것이 있다'라고 하시니, 이것은 사람들이 그것을 가까이해도 된다고 인정하시는 것입니까? 이미 그것에 가까워졌다면 미워하는 마음은 가볍고, 본받으려는 마음은 더 무거워 결국에는 틀림없이 천하를 바꿔버리고 말 것입니다. 또한 우리 도에는 모든 이치가 다 갖추어져 천지가 크다고 한들 여기에서 벗어날 수는 없고, 티끌이 작다고 해도 여기에서 빠져나갈 수는 없습니다. 저들에게 과연 취할 만한 것이 있습니까? 있다고 해도 또한 반드시 여기에도 있는 것인데, 어째서 이것을 버리고 저들에게서 찾는 것입니까? 『주역』에서 "너의 신령스런 거북을 버리고 나를 보고서 턱을 늘어뜨리니 흉하다"[15]라고 한 것은 이것을 말하는 것입니다.

음과 양, 흑과 백의 논변은 반드시 일도양단하듯 해야 검은 것에 물

15 『주역』, 이괘(頤卦) 초구(初九) 효사(爻辭).

들지 않을 수 있습니다. 조금이라도 미적거리면 결국 음이 되고 흑이 되고 맙니다. 이런 의리를 저는 정자·주자에게서 들었습니다. 보내신 편지에서는 '이정이 처음에 노자와 불교에 들어갔다'라는 것으로 그 가운데 또한 생각해 볼 만한 것이 있다는 증거로 삼으셨습니다. 이것은 이정이 육경에서 학문의 요체를 터득한 것이 노자와 불교에 드나들었던 덕택이라는 말입니다. 그렇다면 노자·불교가 우리에게 유익한 것이 육경의 아래가 아니라는 뜻이니, 사람들에게 그것을 먼저 배우라고 해도 될 것입니다. 어째서 '음란한 음악과 아름다운 여색처럼 멀리해야 한다'라고 하는 것입니까? 지금 형의 말은 정자·주자와 크게 다릅니다. 정자·주자가 저들을 엄하게 성토한 것을 의심하는 것입니까? 형이 어떻게 그러겠습니까? 우연히 말을 잘못한 것이겠지만 실언을 한 이유는 다른 것에 있지 않고 이단의 재앙을 소홀히 본 데 있을 것입니다.

주자는 이단과 난적을 비교해서 말했는데 이제 형은 '우리의 학문이 이단과 비교할 수 있는 것은 아니다'라고 합니다. 이단을 전적으로 다스리면 이것은 해롭기만 하다라는 가르침과 우리 학문의 폐단을 같은 말과 같은 뜻으로 간주하니, 이단의 재앙을 소홀히 보는 것이 심하지 않습니까? 도사류를 가까이해서는 안 된다는 것은 사람들이 모두 알고 있습니다. 그러나 노사의 학설을 따라서는 안 된다는 것은 사람들이 아무도 모릅니다. 그러므로 도사류의 학문을 하는 이는 모두 관계를 끊어버리지만, 노사가 학문을 말한 것은 모두 으뜸으로 여깁니다. 사람들이 아는 것이라면 재앙을 배태할 수 없지만 사람들이 모르는 것은 그 재앙이 틀림없이 숨어있으니, 마지막에는 홍수나 맹수보다 심해질 것입니다. 이제 형은 사람들이 끊을 수 있는 것은 끊지만, 사람들이 알지 못하는 것은 비호합니다. 이것은 얼음을 두려워하면서 서리를 겁내지 않는 격이니, 싹 트기 전에 새기 전에 막으라는 가르침에 비춰 큰 흠이 있는 듯합니다.

『춘추』에서는 '조돈(趙盾)이 군주를 시해했다'[16]라고 썼고, 또 '허세자(許世子)가 군주를 시해했다'[17]라고 썼습니다. 이것이 성인이 쓴 것이 아니었다면 형은 틀림없이 '너무 심하다'라고 할 것입니다. 소구(蕭遘, ?~887)는 위조(僞朝)[18]에서 행적이 물든 적이 없었고, 또한 재상에 임명하려는 것을 극구 사양했습니다. 그러나 『통감강목』에서는 '위조의 재상 소구[僞相蕭遘]'라고 썼습니다. 이것으로 본다면 이단을 엄하게 성토하지 않고 '나는 그 무리가 아니다'라고만 한다면 도리어 이단의 무리라고 성토당하는 데서 벗어나지 못합니다.

저는 어리석은 후학인데 정사를 어떻게 분명히 변론하겠습니까? 그러나 마음속에 있는 것을 고명께 묻습니다. 옛날에는 고자의 '타고난 것을 성이라 한다'라는 주장을 이단이라고 했고, 순자의 '성이 악하다'라는 주장을 이단이라고 했으며, 양자의 '성은 선과 악이 뒤섞였다'라는 주장을 이단이라고 했습니다. 육상산이 덕성을 높일 줄만 알고 학문에서 말미암지 않는 것을 이단이라고 했고 왕양명이 '마음이 리이다'라고 한 주장을 이단이라고 했습니다.

그러므로 맹자가 성이 선하다고 한 것은 그 공적이 우(禹)의 아래에 있지 않다고 생각했고, 장자가 기질의 성을 말한 것은 (맹자가) 성이 선하다고 말한 것과 공적이 같다고 생각했으며, 또한 율곡은 이통기국을 말해서 이전 성현들이 밝히지 못한 것을 밝혔다고 생각했습니다.

성리는 매우 미묘해서 일이나 행실과 비교하면 더욱 멀기만 합니다. 그러나 성현들이 여기에서 향풀과 잡초, 물과 불처럼 깊이 분별한 것은

---

16 『춘추좌전』, 선공(宣公) 2년, 9월 을축(乙丑) 참조.

17 『춘추좌전』, 소공(昭公) 19년, 5월 무진(戊辰) 참조.

18 위조(僞朝): 거짓 조정이라는 뜻으로 886년 주매(朱玫)에 의해 황제로 옹립된 양왕(襄王)의 재위 기간을 가리킨다. 연호는 건정(建貞)으로 886년 1년 동안만 유지되었다.

어째서입니까? 성리는 학문의 본원이니, 본원이 어긋난다면 말류의 잘못이란 천 리에만 그치지 않는다는 것은 필연의 이치입니다. 그러므로 "그 마음에서 나와 그 일에 해를 끼치며, 그 일에서 나와 정사에 해를 끼친다"[19]라고 하고, 그러므로 성리를 말하면서 어긋나면 그 피해는 끝이 없다고 하며, 그러므로 순자·양웅은 성리에서 어긋났을 뿐이지만, 그 말류의 폐단은 마침내 진나라 때의 분서갱유에 이르렀고, 왕망(王莽)의 신나라에서 대부가 되는데 이른 것입니다. 성리설의 차이는 결코 평범하게 보아서는 안 됩니다.

노사의 학설을 본 적이 있었는데 이렇게 말했습니다. "지나침과 모자람도 리가 그렇게 시키는 것이다."[20] 이것은 기의 지나침과 모자람을 리에 귀속시키려는 것이요, 리가 기를 부리는데 지나치거나 모자라면 악이 된다는 것입니다. 이것은 리가 순수하게 선하지 못하다는 의론이 아닙니까? 기의 악이 '리에게 명령을 받는다'라고 하니 이것은 리에 허물을 돌리고 기에 허물을 돌리지 않으려는 것입니다. 이것이 과연 정자·장자·주자 이후 여러 철인의 의론입니까? 비유하자면 리는 임금이고 기는 신하입니다. 임금이 명령하면 신하가 실행합니다. 그런데 이제 "선은 그 본래 모습이지만 악 또한 어쩔 수 없이 그런 것이다. 두 가지 그렇다[然]는 게 어떤 것이 천리가 아니겠는가?"라고 합니다. 이것은 '기의 선함은 리가 시킨 것이니, 리가 선하기 때문에 기도 선하다. 기의 악함은 리가 시킨 것이니 리가 불선하기에 기 또한 어쩔 수 없이 악하다'라는 말입니다. 그렇다면 기가 리 때문에 악해진다면, 이 리는 걸주와 같은 임금이라는 것인데, 예로부터 성현들은 어째서 주리(主理)를 주장했단 말입니까? 그럼에도 오히려 '리는 존귀해서 짝할 것이 없다'라

19 『맹자』, 「등문공 하」 9장.

20 기정진, 『노사집』 권12(표점영인 한국문집총간 vol.310), 「答鄭厚允·鄭季方(義林)問目」, 274쪽 참조.

고 하니, 리를 존중한다는 것이 과연 진실입니까? 거짓입니까?

또한 '그 본체를 채울 수 없다면 그 전체를 꿰뚫을 수 없다'라는 것을 논하면서 "채울 수 없고, 꿰뚫을 수 없는 것은 그 본성의 영역 가운데 분수에 해당한다"[21]라고 했습니다. 이것은 주자가 이미 기를 말했는데, 노사는 성리를 채울 수 없고 꿰뚫을 수 없는 것은 금수만이 그럴 뿐 아니라, 사람 또한 그러는 이가 많다고 간주했습니다. 이것을 성리라고 한다면 맹자는 어째서 성이 선하다고 말한 것입니까? 무엇 때문에 "사람은 모두 요순과 같이 될 수 있다"라고 했겠습니까? 맹자의 성선, 장자의 기질의 성, 율곡의 이통기국은 모두 막대한 공적이었는데, 여기에 이르러서 땅으로 떨어지고 말았습니다. 무극과 태극을 논한 것은 주자가 힘을 기울인 것인데, 노사는 '태극에는 움직임과 고요함이 있으나, 무극에는 원래 움직임과 고요함이 있은 적이 없다"[22]라고 했습니다. 이것은 무극과 태극을 나누어 둘로 만든 것이니 주자의 의론과 일치하는 것입니까? 태극의 위에 무극을 덧붙여 둘을 만드는 것은 장주(莊周)가 말하는 무극이지, 염계가 말한 무극이 아닙니다.

「외필」은 변론하는 이들이 많은데 제가 무엇을 더 말하겠습니까? 그러나 대략이나마 제 생각을 아뢰어 질정을 바랍니다. 리는 무위이고 기는 유위라는 것을 음양의 움직임과 고요함으로 말하면, 기가 하는 것이지 리가 하는 것이 아니기에 '저절로 그런 것이다'라고 한 것입니다. 음양의 움직임과 고요함이 리가 하는 것이라면 어째서 '저절로 그런 것이다'라고 했겠습니까? '저절로 그런 것이다'라는 것으로 리는 무위이고 기는 유위임을 밝히려는 것이었습니다. 그러나 리는 무위이지만 주재

21 기정진, 『노사집』 권16(표점영인 한국문집총간 vol.310), 「납량사의」, 368쪽 참조.

22 기정진, 『노사집』 권5(표점영인 한국문집총간 vol.310), 「答李容壽」, 118쪽 참조.

가 되는 신묘함이 있고, 기는 유위이지만 주재가 되는 존귀함이 없습니다. 그러므로 이어서 "음양이 움직이고 고요한 소이가 리이다"라고 해서, 리는 무위이지만 유위로서의 기의 주재가 되고, 기는 유위이지만 무위로서의 리의 그릇[器]이 됨을 밝힌 것입니다. 노사는 이것을 공격하는데 힘을 다 기울여 심지어는 '피음사둔'이라 하고 '어느 일엔들 있지 않겠는가'라고 했으니, 그의 생각은 리가 유위이기 때문에 기도 유위이므로 '저절로 그런 것이다'라고 말해서는 안 된다는 것입니다. '리가 유위'라는 말이 정·주의 학설에 과연 있었습니까? 연재선생은 "율옹은 해나 달과 같으니, 천 가지 만 가지 「외필」이 있다고 한들 해와 달을 어떻게 상하게 하겠는가?"라고 했습니다.

율옹으로부터 말하자면 율옹의 도는 세속의 말 때문에 밝아지거나 밝아지지 않는 것이 아닙니다. 아마도 형은 연재선생이 가리키는 뜻을 살피지 못한 것 같습니다. 율옹의 도가 세속에서 밝아지거나 밝아지지 않는 것으로 말하자면 양묵의 학설이 유행하면 공자의 도는 거의 그쳐버렸을 것이요, 상산의 학설이 유행하면 회보(晦父)의 도는 유행하지 못했을 것입니다. 노사의 학설이 유행하면 율옹의 도가 어떻게 그쳐버리지 않겠습니까? 그런데도 '이것을 두려워할 것이 없다'라고 한다면 '불붙은 건물의 제비를 보고도 얼굴빛이 변하지 않는다'라는 격입니다. 원기(元氣)가 이미 끊겼는데 병이 어떻게 나을 수 있겠습니까? 율옹의 도가 이미 그쳐버렸다면 이적을 어떻게 물리치겠습니까? 사직이 위태로운데도 변방에서 공을 세울 수 있는 경우란 없으니, 율옹의 도가 그쳤는데도 이적을 물리칠 수 있는 경우란 없습니다. 또한 '나는 변방에서 공을 세우겠다'라고 하면서 사직의 위태로움을 안정시키지 못하는 것은 사직의 위태로움을 좋아하는 자입니다. '내가 이적을 물리치겠다'라고 하면서 율옹의 도를 부지하지 않는 것은 율옹의 도를 그치게 하려는 이입니다. 또한 산림의 서생이 어떤 도로 이적을 물리치기에 율옹의 도를 부지할 겨를이 없는 것입니까? 주자 시대에 이적의 재앙이 어땠길래, 주자가 이적을 물리치는데 지극했으면서도 오히려 육상산을 배척할 겨를이 있었습니까? 우옹의 시대에 이적에게 당한 수치가 어땠길래, 우옹이 이적을 물리치는 데 지극했으면서도 오히려 휴(鑴: 尹鑴, 1617～1680)를 공격할 겨를이 있었습니까? 오늘날 이적의 변고는 기록에 없었던 것이어서, 선비된 이들은 마땅히 그들을 물리쳐야 하지만, 빈말로나마 율옹의 도를 부지하는 데 겨를이 없지는 않을 것입니다. 서로 우애가 깊어 참람하고 망령됨을 피하지 않고 아는 대로 말했습니다. 헤아려 주시기 바랍니다.

答朴文恒

癸卯四月二十日

權命熙

攻異端之攻字，兄看作學爲之意，與鄙見若燕越．蓋攻玉石者，求其可，去其不可，故玉石乃可用．攻歌曲者，摸其格之高，舍其格之卑，故其歌曲乃爲妙．自修者，如攻玉石，去其己復其禮乃是仁，以故攻之之事，施於木石可；施於金玉可；施於歌曲可；施於自修可．施於異端則不可；施於吾道則不可．吾道皆是，何者獨取之？何者可去之？

蓋異端，非聖人之道而別爲一端，非如木石金玉有可於人；非如歌曲有和於人．若入其中，以爲取舍，不知不覺爲其所惑必易矣，故曰攻乎異端斯害也已．又程子曰當如淫聲美色以遠之，此皆痛絕之謂也．若以攻字看作學爲之意，則是雖謂學爲異端則斯害也，然却欠於痛絕之義．謂學爲之斯害也，是猶許其取舍，謂取舍之斯害也．蓋遠異端，若湯水．湯水不近之，不害人．彼異端能惑人，使人不得不近，其害人，不翅如湯水，故以攻異端，比之討亂賊；以明討異端，如討亂賊之嚴．今兄謂其流至於無父無君，與眞爲弑父與君，小無輕重緩急之差乎？恐未致思也．

異端之禍，亂賊之禍，雖有緩急，然以輕重論之，異端之禍反重．弑君父之賊，不可共戴天．凡有血氣者，皆知之，故犯者少，明道者雖罕言，可也．至於異端，其無父無君之漸至微，非明者不能見，故被惑者衆，遂使亂賊接跡而起．亂賊之禍，止爲家國一時之禍，異端之禍，爲天下後世之禍，顧不反重耶？宜明道者，廓闢不遺餘力，然亂賊其惡已成而急，故誅討之，異端之禍，姑未成，故姑生之待其反經．雖然其禍漸，君子已見之，何不嚴討之？故楊墨孟子不貸，陸氏朱子絕之，如是而已者, 以其禍姑未成, 非以其禍輕於亂賊. 若謂無輕重緩急之差乎則是, 謂此輕於彼, 故緩之也非, 謂彼急而此緩, 故緩之也, 語恐未穩. 且旣以攻異端比之討亂賊, 其攻討也已均, 今苟分輕重緩急, 是使人畏刀劍, 而不畏義理, 愼肌膚而不愼學問.

若言其害, 亦不可勝言. 至於儒佛, 程朱以後, 是非已明, 小知猶不入于彼. 又自我列聖朝來, 處分大定, 頭禿者, 不敢齒人, 明道者, 又何必苦口 攻斥耶? 至於戰, 馬牛猶可用, 今以趙重峯之許靈圭共戰爲詰, 可疑. 重峯時儒佛之是非大明, 惑之者鮮. 又彼有忘身殉節之義, 頭雖禿, 可贖其無君之罪, 故與之共事, 非以異端爲可近, 今何謂就中亦有可商量也? 彼之惑人, 果甚於淫聲美色, 雖絶之痛, 爲僧者猶有之, 雖不爲僧, 溺其中者, 亦或有之. 今曰有可商量, 是許人近彼矣? 旣近於彼, 惡之之心輕, 效之之心重, 終必易天下矣. 且吾道之中, 萬理畢該, 天地之大, 無溢于此, 埃塵之細, 無遺於此, 彼中果有可取者耶? 若有之, 亦必此之所有, 何可舍此而求於彼? 易曰舍爾靈龜, 觀我朶頤, 凶, 此之謂也.

蓋陰陽黑白之辨, 須如刀兩段, 可免其緇涅. 若一毫依違, 終爲陰與黑, 是義弟得聞於程子朱子也. 來諭以二程始焉, 出入於老佛, 爲就中亦有可商量之證. 是謂二程之得要於六經, 以出入老佛之力. 然則老佛之益吾人, 無下於六經, 敎人以先彼可也. 何乃曰當如淫聲美色以遠之耶? 今兄言大異程朱, 倘以程朱討彼之嚴爲疑耶? 兄豈然乎? 恐於言偶然失之, 失言之由, 恐非在他. 在於歇看異端之禍. 朱子以異端亂賊比以言之, 今兄雖云科學非異端之可比, 然以攻異端斯害之訓, 科學弊之論看作同一語意, 歇看異端之禍, 非甚耶? 若夫道流之不可近, 人皆知之, 蘆沙說之不可從, 人皆未知. 故道流學問者, 皆絶之, 蘆沙說學問者, 皆宗之. 人之所知, 其禍莫胎, 人所不知, 其禍必伏, 其究竟將甚於洪猛. 今兄絶人之所能絶, 護人之所未知, 是畏氷而不畏霜, 其於防微杜漸, 似大欠也.

春秋書趙盾弑君, 又書許世子弑君. 此若非聖人所爲, 兄必謂之已甚. 蕭遘於僞朝, 未嘗染跡, 又力辭其拜相, 綱目書以僞相蕭遘. 以此觀之, 若於異端不加嚴討, 秖云我非其徒, 則反以異端之徒. 見討不可免矣. 弟蔑裂蔑裂末學, 其於邪正, 豈能明辨? 中心所藏, 請質於高明. 昔告子以生之謂性爲異端, 荀子以性惡爲異端, 揚子以性善惡混爲異端, 陸象山以尊德性而不道問學爲異端, 王陽明以心理爲異端. 故謂孟子之道性善, 功不在禹下. 謂張子之說氣質性, 如道性善之功, 又謂栗谷說理通氣局, 發前聖所未發也. 性理甚微, 較於事行甚迂遠矣. 然聖賢異端於此焉, 如薰蕕氷炭, 遂甚分別, 何也? 性理學問本原, 本原有差, 末流之繆, 不翅千里, 此必然之理也. 故曰"作於其心, 害於其事, 作於其事, 害於其政." 故說性說理而有差, 其害無窮, 故荀揚之差, 雖在於性理, 其末弊遂至秦政之時, 焚書坑儒, 新莽之朝, 爲其大夫. 性理說之差. 甚不可泛看.

嘗看蘆沙說有曰過不及亦理之使然, 此以氣之過不及歸之於理, 理使氣, 過不及而爲惡, 此非理不純善之論耶? 以氣之惡, 謂聽命於理, 是歸咎於理, 而不歸咎於氣, 此果程張朱以來諸哲之論耶? 理譬則君也; 氣譬則臣也. 君命之, 臣行之. 今曰善者其本然也, 惡者其不得不然而然, 兩箇然, 夫孰非天理? 此謂氣之善者, 理之使也, 理善故氣亦善; 氣之惡者, 理之使也, 理不善, 故氣亦不得不惡. 然則氣以理而惡, 斯理也, 桀紂之君, 從古聖賢, 何故主理乎? 然猶曰理尊無對, 其尊之也, 果誠耶? 僞耶? 又論無以充其本體, 不能貫其全體, 曰無以充不能貫, 性中分殊處也. 是則朱子旣云氣, 蘆沙乃看作性理無以充不能貫, 非惟禽獸爲然, 人亦爾者衆, 若以是謂之性理, 孟子何以道性善? 何以云人皆可以爲堯舜? 孟子之性善, 張子之氣質性, 栗谷之理通氣局, 皆莫大之功, 至是而被極貶矣. 無極太極之論, 朱子所致力, 蘆沙曰太極有動靜, 無極原未嘗有動靜, 是以無極太極分而爲二也, 與朱子論合耶? 加無極於太極之上二之, 乃莊周所謂無極, 非濂溪所云無極也.

至於猥筆, 辨者衆, 弟何復言? 然略貢愚見以求質焉. 蓋理無爲氣有爲, 以陰陽動靜言之, 氣之爲, 非理之爲, 故曰機自爾也. 若陰陽動靜, 是理之爲, 則奚曰機自爾耶? 機自爾, 以明理無爲而氣有爲也. 然理無爲而有爲主之妙, 氣有爲而無爲主之尊, 故繼之曰所以陰靜陽動者理也, 以明理雖無爲而爲有爲之氣之主; 氣雖有爲而爲無爲之理之器. 蘆沙乃攻之盡力, 至謂詖淫邪遁, 何事不有, 其意謂理有爲, 故氣有爲, 不可云機自爾也. 謂理有爲, 於程朱之說果有之乎? 師門之言栗翁日月也, 雖有千萬猥筆, 其何傷於日月也.

自栗翁而言, 非以栗翁之道明不明於世言也. 恐兄未察師門所指也. 若以栗翁之道明不明於世言之, 楊墨之說行, 孔子之道幾乎息. 象山之說行, 晦父之道莫售. 若蘆沙之說行, 則栗翁之道, 安得不息耶? 然而曰不足畏此, 所謂火堂之燕, 不變顔色也. 元氣已絶, 則疾病何以愈? 栗翁之道已息, 則夷狄何以攘? 社稷危而能收邊鄙之功者, 未之有也. 栗翁之道息, 而能攘夷狄者, 未之有也. 且謂我將收功於邊鄙, 不安社稷之危, 是噆社稷之危者也. 謂我將攘夷狄, 不扶栗翁之道, 是息栗翁之道者也. 又林下書生攘夷狄以何道, 莫暇扶栗翁之道耶? 朱子時, 夷狄之禍何如, 朱子之攘夷狄至矣, 猶暇斥陸? 尤翁時, 夷狄之羞何如, 尤翁之攘夷狄至矣. 猶暇攻鑴? 今日夷狄之變, 雖書契所無, 然爲士者, 惟當攘之, 以空言其扶栗翁之道, 不無暇也. 相愛之深, 不避僭妄, 知無不言, 倘賜恕諒.

면암 최선생에게 올림

계묘년(1903)

한유

이 글은 한유가 1903년 2월 즈음에 최익현에게 보내는 편지이다. 한유는 1902년 외필논쟁이 본격화되면서 주변에 교유하던 노사학파의 인물로부터 '벗들을 끌어모아 통문을 돌리고 (노사의) 죄를 성토한다'라는 비난에 시달린 것으로 추정된다. 최익현에게 자신의 입장을 변론하고 있다. 『우산집』 권5에 실려 있다.

중춘의 날씨가 오히려 차갑습니다. 한가히 지내시는데 도체는 신령이 보우하사 강령하시기를 우러러 바랍니다. 저는 올해도 집안에 질병이 이어져 늙은이와 어린이 수십 명이 한 사람조차 요행으로 벗어나지 못하는 지경이고 어린애들 가운데는 죽은 이들까지 있습니다. 세상에서 잘못을 저지른 사람이 있으면 유명에서 반드시 귀신의 꾸짖음이 있는 법입니다. 지금은 다행히 조금 평온하게 그쳤습니다만, 이 뒤로 다른 일이 없을지는 또 모르겠습니다. 제가 행실도 못났고 말하는 것도 거칠고 경솔하지만, 그래도 지각은 있습니다. 산과 같고 집채 같은 애매한 비방을 얻었지만, 지난해와 같은 낭패는 없습니다. 그 귀결을 살펴보면 어찌 스스로 불러온 것이 아니겠습니까? 눈앞에서 칭찬하고 뒤에서 미워하는 것 또한 다투어 해치려는 사람 때문일 뿐입니다.[23]

23 "백성이 받는 재앙, 하늘이 내린 것 아니로다. 면전에서 칭찬하고 뒤에서 미워함은 오로지 다투어 해치는 사람 때문이로다.[下民之孽, 匪降自天, 噂沓背憎, 職競由人.]" 『시경』, 「十月之交」.

문하(門下)는 밝은 지혜가 은미한 것을 살필 수 있고, 도량은 거친 것을 포용하기에 충분하니, 제 못난 행실이야 이미 꿰뚫듯이 밝게 비춰보시는 가운데 들어 있을 것입니다. 기장(奇丈)의 「외필」은 제가 알기에 충분치 못하지만 그 말과 뜻 가운데 지나친 면이 있는 줄은 알았기에 평소에 강론할 때 그 글에 의문을 가지지 않은 적이 없었습니다. 그러나 벗들을 불러 모으고 통문을 날리며 (노사의) 죄를 성토하는 짓을 저는 하지 않았습니다. 제가 매우 부박하다지만, 또한 어떻게 이런 일을 차마 했겠습니까? 하물며 하고 싶으면 스스로 하고, 하고 싶지 않다면 스스로 하지 않을 것이지, 또 어떻게 남을 부추기는 한유(韓愈)가 있겠습니까? 이런 까닭에 (남들이) 운운한 것들을 저는 모두 웃으며 대꾸했습니다만, 문하께서는 틀림없이 이런 일이 없으셨을 줄 아실 것입니다.

도리를 변론하는 것은 당에 오른 이가 아니라면 누가 그 곡절을 변별할 수 있겠습니까? 그러나 마음가짐이 공평치 못해서 남을 헤아릴 수 없는 지경에 빠트리는 것은 제가 알기로는 본원이 병들었기 때문입니다. 본원이 병들었다면 도리라고 하는 것은 과연 어디에 있겠습니까? 이 일이 있은 뒤로 귀에 들리는 것을 일일이 다 변론했더라면 또한 날이 부족했을 것입니다. 그러므로 당시에 (문하를) 곁에서 모실 때도 저는 말 한마디 하지 않고 지금까지 조용히 있었습니다만, 돌이켜 생각해 보니 입을 열고 큰 소리로 다 논변하지 못한 것이 한스럽습니다. 문하께서는 리를 분명히 파악하셨을 것이니 그 도가 아닌 것으로 속이기도 힘들 뿐만 아니라, 그 방도로도 속이지 못할 것이니, 제가 여기서 말하는 것도 또한 쓸데없는 것입니다. 복의(濮議)[24]의 시비를 우선 버려

24 송(宋)나라 영종(英宗)의 아버지는 조윤양(趙允讓, 995~1059)으로, 태종의 넷째 아들인 조원빈(趙元份)의 셋째 아들이었다. 그는 복안의왕(濮安懿王)으로 불렸는데, 후사가 없었던 인종은 그의 열셋째 아들인 조종실(趙宗實)을 황자로 세우고 이름을 조서(趙曙)로 바꿨는데 그가 곧 영종이다. 영종이 제위에 오른 뒤

두더라도, 구양공(歐陽公)이 옳은 주장을 하지 않았다는 것은 이미 분명합니다.[25] 사람들이 많은 말을 하지만 또한 무엇을 해치겠습니까? 마침 양래(陽來: 이도복)의 행차로 인해 바쁜 탓에 할 말을 다하지 못했고, 말도 제대로 다듬지를 못했으니, 송구스러움을 이기지 못하겠습니다. 다시 축원하오니 도체가 강령하셔서 우러르는 마음을 위로해 주시기 바랍니다.

에 조윤양의 호칭 문제를 둘러싼 논란을 벌어졌다. 즉, 구양수(歐陽脩)·증공량(曾公良)·한기(韓琦) 등은 친부라는 이유로 '황고(皇考)'라고 불러야 한다고 주장했고, 범순인(范純仁)·사마광(司馬光)·여해(呂海)·왕규(王珪) 등은 황제의 후사가 되었으므로 '황백(皇伯)'이라고 불러야 한다고 주장했다.

25 복의(濮議)는 구양수 등이 주장한 남의 후사가 된 사람도 친부에게는 '황고(皇考)'라고 불러야 한다는 주장을 채택함으로써 일단락되었다. 이 과정에서 정호(程顥)의 장인인 팽사영(彭思永)도 자신의 견해를 밝혔는데, 공교롭게도 정작 그 글을 쓴 사람은 정호의 동생인 정이(程頤)였다. 그리고 이 글에서 정이는 남의 후사가 된 사람은 친부를 황백(皇伯)이라고 불러야 한다고 주장했고, 조선의 성리학자들은 관행적으로 정이의 견해를 옳은 것을 받아들였다. 이 때문에 한유는 본문에서처럼 말한 것이다. 정호·정이, 『하남정씨문집』 권5(『이정집』 vol.1), 「代彭思永上英宗皇帝論濮王典禮疏」, 515~518쪽 참조.

上勉菴崔先生

癸卯

韓愈

伏惟仲春猶寒，燕中道體候神護康寧，區區瞻仰，愉入今年來，家中疾病因仍，老幼數十口，殆無一人幸免，而幼者或有死亡之禍. 明而有人非，則幽必有鬼責，今幸稍向寧息，未知自此可無佗否？愉操身無狀，言語狂率，自有知覺，得非情之謗，如山如屋，未有如前年之良貝. 考其歸，則何莫非滄浪之自取，而噂沓背憎，亦未嘗不職競由人也.

竊想門下明有以察微；量足以包荒，則愉之無狀，已洞然於明鑑之中矣. 蓋奇丈猥筆之書，愉雖不足以知之，然見其語意之間，或涉過重，故平日講論，未嘗不致疑於其中，而至於招朋呼侶，飛章聲罪者，愉之所不爲也. 愉雖自待甚薄，亦豈忍爲此乎？況爲則自爲，不爲則自不爲，又豈有嗾人之韓愉哉？然爲此說者，旣誣愉於門下，則亦豈不以門下所無之言，誑之於愉乎？是以凡所云云，愉皆笑而應之，而吾知門下之必不有是矣.

夫道理爭辨，自非堂上人，孰能辨其曲直哉？然而其用心不平，陷人於不測之地者，則吾知其本原之受病矣. 本原受病，則所謂道理者，果安在哉？蓋自此事以來，凡所聽聞，若欲一一盡辨，則日亦不足，故當時執御之日，愉不得一言，從容而至今，追思却恨不大開口極論辨也. 竊念門下燭理旣明，不惟難罔以非其道，而亦不可可欺以其方，則凡此所言，亦已贅矣. 濮議之是非姑舍，而歐陽公之不主張是，則已較然矣. 人之多言，亦何傷之有也？適因陽來行，悤悤不及盡底，言不知裁，不任惶恐. 更祝道體康寧，以慰瞻仰.

송심석에게 답함

송호곤

이 글은 송호곤(宋鎬坤, 1865~1929)[26]이 1903년 늦가을에서 초겨울 사이에 송병순에게 보내는 편지이다. 아래에 실린 송병순의 답장이 이해 동지에 쓴 것이라는 점으로 추측할 수 있다. 「외필」은 그 자체의 내용도 논란의 대상이었지만, 이이의 진술이었던 '기자이'와 '비유사지'라는 두 구절을 논의의 단서로 제시함으로써, 이이의 성리학적 진술에 대한 재논의를 불러일으키는 효과를 가져왔다. 여기에서 송호곤 또한 '기자이'란 구절을 기발(氣發)의 측면에서 이해할 수 있다고 주장하고 있다. 『정산집(靖山集)』 권2에 실려 있다.

가을에 편지 몇 폭을 받았습니다. 정녕스러운 뜻을 보여주신 것은 귀에다 (직접) 말하신 것만 같아서 기뻤습니다. 대도(大道)와 함께 하려는 것이 아니라면 어떻게 이와 같을 수 있겠습니까? '저절로 그런 것이다는 것이 리와 기를 합쳐서 그렇게 말한 것이다'라는 주장에는 근거로 삼을 것이 많다고 하셨는데, 정말이지 이해하기 어렵습니다. 글을 보는 방법이란 주자의 글은 주자의 뜻으로 보고, 율옹의 글은 율옹의 뜻으로 보아야지, (억지로) 끌어다 합쳐서는 안 됩니다. 율옹의 글로 말하자면 우계에게 답하는 편지를 이렇게 풀이하고, 「영이기음」 또한 여기에 의

26 초명은 덕병(德炳)이고, 자는 직부(直夫), 호(號)는 정산(靖山), 본관은 은진(恩津)이다. 송근용(宋根龍)의 아들이며, 곽종석(郭鍾錫)의 문인으로, 성리학과 의례(儀禮)에 몰두하여 많은 저술(著述)을 남겼다. 족형(族兄)인 송호완(宋鎬完)과 함께 성리학(性理學)의 대가로 손꼽히고, 윤주하(尹冑夏)·최익현·장석영(張錫英)·전우·정면규·조병규(趙昺奎) 등과 교유하였다. 경상남도 합천군 대병면 병목리에 거주했다.

거해서 풀이한다면 거의 본뜻을 얻을 것입니다. 이 편지는 본래 기발(氣發)이란 한 가지만을 위해 말한 것입니다. 그러므로 '기틀이 저절로 그러하고 그렇게 시키는 것이 있지 않다'라고 했는데, 어떻게 '리와 기를 합쳐서 말한다'라는 뜻이 있겠습니까? 또한 "양이 움직이면 리는 움직임에 타는 것이지 리가 움직인 것이 아니요, 음이 고요하면 리가 고요함에 타는 것이지 리가 고요한 것이 아니다"[27]라고 했습니다. 이와 같다면 리와는 상관이 없고 주동하는 것은 기에 귀결됩니다. 움직임과 고요함을 주동[主]하는 것은 리가 아니라 저 기이고, 고요함과 움직임을 주재[宰]하는 것도 이 기이지 리가 아닙니다. 이것은 앞 문단에서 "리는 기의 주재이고, 기는 리가 타고 있는 것"이라는 뜻과는 다릅니다. 이것은 당신의 논변에서 인용한 염옹의 '음을 낳고 양을 낳는다'라는 것과 우옹의 '음이 되게 하고 양이 되게 한다'라는 설명과는 어긋나는 것 같습니다. 어떻게 생각하십니까?

27 이이, 『율곡전서』 권10(표점영인 한국문집총간 vol.44), 「답성호원」, 211쪽.

答宋心石

宋鎬坤

秋間伏蒙下書累幅, 開示丁寧, 怳若提命, 匪欲偕之大道, 曷能如是, 機自爾合理氣之說, 引據多端, 令人誠難領要. 大抵看文之法, 朱子書, 以朱子意看, 栗翁書以栗翁意看, 不可牽合. 且以栗翁書言之, 答牛溪書, 當以此解, 詠理氣詩, 亦依此解, 庶得本旨. 此書本爲氣發一路而言者也, 故曰機自爾, 非有使者, 安有合理氣之意乎? 其曰陽之動則理乘於動, 非理動也; 陰之靜則理乘於靜, 非理靜也. 如此則無關於理, 而歸主於氣, 主靜主動者, 非理伊氣; 宰靜宰動者, 是氣非理. 與上段理者氣之主宰, 氣者理之所乘之旨, 不同. 不寧惟是恐違於盛辨, 所引濂翁生陰生陽, 尤翁 使陰使陽之說, 未知如何?

송직부에게 답함

송병순

이 글은 송병순이 1903년 동지(冬至)에 송호곤에게 답하는 편지이다. 송호곤이 이이의 '기자이'와 '비유사지'를 기발의 측면에서 해석할 수 있다는 주장을 제시하자, 송병순은 그러한 견해가 '리와 기의 분리를 전제하는 관점에서 기 바깥에서 리를 찾으려는 것'이며, 이것이 바로 기정진의 성리학적 의도와 같은 것이라고 비판하고 있다. 「외필」에 대한 논란이 이이 성리학의 이해 문제로 번지고, 다시 그것이 기정진의 성리학적 입장을 끌어들이는 양상을 보여주고 있다. 외필논쟁의 직접적인 자료라고 할 수 없지만, 외필논쟁의 영역이 넓어지고 있다는 것을 증명하는 간접적 자료라고 할 수 있다. 『심석재집』 권10에 실려 있다.

누누이 말한 내용은 노사와 같은 뜻을 조금 가지고 있는 듯하니, 어찌 이리 잘못입니까? "발현하는 것은 기요, 발현하는 소이는 리다. 기가 아니면 발현할 수 없고, 리가 아니면 발할 것이 없다."[28] 이 22자는 율옹이 우계에게 답하는 편지의 커다란 핵심이 되는 말입니다. 율옹은 스스로 주를 달아서 "성현이 다시 태어나도 이 말은 바꿀 수 없다"라고 했고, 또한 "천하에 어떻게 리 바깥의 기가 있겠는가?"라고 했습니다. 이제 리와 기가 서로 떨어졌다는 관점에서 기 바깥에서 리를 찾으려고 하는 것은 곧 노사의 의도입니다. 당신이 이것을 살피지 못하고 율옹의 본뜻을 찾으려고 한다면 아마도 금가루로 눈을 흐리는 데서 벗어나지 못할 듯합니다.

28 이이, 『율곡전서』 권10(표점영인 한국문집총간 vol.44)), 「답성호원」, 200쪽.

편지 가운데 "주자의 글은 주자의 뜻으로 보고, 율옹의 글은 율옹의 뜻으로 보아야지, (억지로) 끌어다 합쳐서는 안 된다"라고 한 말은 더욱 이해할 수 없습니다. 심과 성, 리와 기는 학문의 큰 강론 주제로서, 율옹의 취지는 공자·주자의 취지와 정확히 일치합니다. 『주역』에서 "한 번 음이 되고 한 번 양이 되는 것을 일러 도라고 한다"라는 말이 곧 (우옹의) '음이 되게 하고 양이 되게 한다'라는 뜻이요, 주자가 말한 '리의 주재가 움직이고 고요하게 한다'라는 것 또한 『주역』의 뜻입니다. 율옹이 말한 "한 번 움직이고 한 번 고요한 것은 기이고, 움직이고 고요하게 하는 것은 리이다"라는 것 또한 주자의 뜻입니다. 앞뒤가 하나의 기준이요, 밝은 가르침이 중천의 해와 달과 같은데, 공자는 그 자체로 공자의 뜻이 있고, 주자에게는 주자의 뜻이 있으며, 율옹에게는 율옹의 뜻이 있다면 이것은 곧 각자 논의를 세웠다는 뜻입니다. 그렇다면 도통이 전수했다는 심법은 진실로 어디에 있는 것입니까?

'음양의 움직임과 고요함은 저절로 그런 것이다'라는 논의에서 말하는 음양은 기이지만, '움직이는 소이와 고요한 소이'는 리가 아닙니까? '기틀'이라고 하는 것이 기이지만, 리가 타고 있는 것이 아닙니까? '저절로 그렇다'라는 것은 이기의 유행이니, 저절로 그러해서 그런 것입니다. 그런데 기가 홀로 스스로 주재하는 것이라고 한다면 이것은 리 바깥의 기가 아닙니까? 어리석은 내 생각은 이처럼 굳세고, 스스로 생각하기에도 율옹의 본뜻에서 거의 어긋나지 않으니, 수많은 사람들이 웅변을 하더라도 끝내 바꿀 수 없습니다. 다시 시끄럽게 많은 변론을 하고 싶지는 않습니다.

答宋直夫

宋秉珣

縷縷所諭, 有些帶來蘆沙意, 何其誤也? 蓋發者, 氣也; 所以發者, 理也. 非氣則不能發; 非理則無所發. 此二十二字, 栗翁答牛溪書中大斸語, 而嘗自註曰, 聖賢復起, 不易斯言. 又曰天下安有理外之氣, 今欲以理與氣相離看求理於氣外者, 卽蘆沙意也. 賢者乃不察此, 而欲求栗翁本旨, 恐未免金屑之翳也.

所諭中朱子書, 以朱子意看得, 栗翁書以栗翁意看得, 不可牽合云云之說, 尤所未曉. 大抵心性理氣, 學問上大講論也. 栗翁之旨, 與孔朱之旨, 脗然相合. 大易一陰一陽之謂道者, 卽使陰使陽之意也. 朱子所謂理之主宰, 使動使靜者, 亦大易之意也. 栗翁所謂一動一靜者, 氣也; 動之靜之者, 理也, 卽亦朱子之意也. 前後一揆, 明訓如日月于中天, 若曰孔子自孔子之意, 朱子自朱子之意, 栗翁自栗翁之意, 則便是各立論議也. 道統傳授之心法, 固安在哉?

陰陽動靜機自爾之論之陰陽, 雖氣也, 而所以動所以靜者, 非理乎? 機云者, 雖氣也, 而非理之所乘者乎? 自爾云者, 理氣之流行, 卽自然而然爾. 若曰氣獨自主, 則此非理外之氣乎? 愚之瞽見, 斷斷若是, 而自謂庶亦無悖於栗翁本旨. 雖千百雄辯之口, 終不可以回焉. 更不欲呶呶多辨耳.

최참봉—동민—에게 보내는 『노사집』을 논한 편지

계묘년(1903)

권도용

이 글은 권도용(權道溶, 1877~1963)[29]이 1903년에 최동민에게 보내는 편지이다. 권봉희와 함께 최동민은 『노사집』의 간행 이후 「외필」의 삭제와 『노사집』을 훼판하라는 통문을 발송하는 데 주도적인 역할을 했다. 권도용은 이러한 행동을 자제하라고 권하고 있다. 『추범문원원집(秋帆文苑原集)』 권6에 실려 있다.

작년에 아드님의 행차로 인해 갑작스런 가운데 인사를 드리는 바람에 겨우 그리는 마음을 조금 말했을 뿐입니다. 어느덧 해가 바뀌어 봄 장막에 장수를 축원하고, 하늘이 도우사 만복을 받으시고 기운은 부드러우시니 신년을 맞아 모든 일이 평안하십니까? 그리는 마음 저는 이기지 못하겠습니다. 저는 세상일에 이끌리고 다시 외가에 머물고 있기에 옛 마을에서 문을 걸어 잠그고 엎드려 있느라 바깥소식은 듣지 못했습니다. 풍문을 듣고 안부를 묻는 것 또한 어찌 쉽겠습니까?

가만히 아뢰고 싶은 것이 있습니다. 요즘 『노사집』의 사업은 이미 소식을 들었습니다. 또한 통문을 보았더니 우리 어르신[吾丈]과 권교리(權校理)가 주창했는데, 메아리처럼 호응이 있었고, 북소리처럼 재빨라서, 기세가 깨트릴 수 없이 굳세었습니다. 이 소식을 들은 뒤로 제 마음은

29 곽종석(郭鍾錫, 1864~1919)의 문인으로 자는 호중(浩仲) 호는 추범(秋帆) 본관은 안동(安東) 거주지는 함양(咸陽)이다.

매우 놀랐습니다. 아! 시대는 점점 쇠퇴하고 습속이 더욱 구차해진데다 이 치우친 고장은 풍기가 중주(中州)와 다르니, 이 천지 사이에 공정한 시비가 다시 나타날 방도가 없어졌으니, 저 또한 지나치다고 생각합니다. 어째서입니까?

옛날 사마온공(司馬溫公)은 「의맹(疑孟)」을 지었는데, 주자는 이것을 변론했습니다.[30] 그들은 각각 자신들의 견해를 고집해서 심지어 배치되는 말도 있었지만 온공이 이것 때문에 아성(亞聖)에게 죄를 지었다는 말은 듣지 못했고, 주자도 이것 때문에 온공에게 누를 끼쳤다는 말을 듣지 못했습니다. 그런데 이제 어째서 (노옹을) 이단이라고 지목하면서 그의 책을 불태우려고 하는 것입니까? 노옹이 율곡에게 배치되는 말이 있다고 하더라도, 주자가 온공에게 그랬던 것처럼 글을 지어 변석하면서 자신의 견해를 다 표현하면 될 것입니다. 어찌 반드시 이와 같은 야료를 부린 다음에야 통쾌하겠습니까? 또한 통문이란 어느 시대에 시작되었습니까? 송나라 때에 선유들이 각축을 벌인 게 많았다지만 통문을 발송하는 경우란 없었고, 우리나라의 융성기에도 그랬습니다. 그러나 요즈음 이러한 풍조가 드디어 성행하더니 숨겨진 일에서 드러난 일까지, 작은 일을 쌓아서 큰일을 만들며, 줄지어 모여드는 곳에서는 마음속을 온통 가득 채운 채로 눈을 부라리며 마침내 원수 사이를 만들고서야 그치니, 이것은 쇠태한 시대의 일입니다.

어떤 이는 또한 "'외필'이란 제목이 이미 얕잡아 보는 뜻이 있다"라고

---

30 『회암선생주문공문집』 권73에 실린 「독여은지존맹변(讀余隱之尊孟辨)」을 가리킨다. 사마광의 「의맹」, 이구(李覯, 1009~1059)의 「상어」, 정후(鄭厚)의 「절충」을 여윤문(余允文)이 「존맹변(尊孟辨)」을 통해 변론했는데, 주희가 재변론한 것이다. 「존맹변」의 순서를 따라 「온공의맹(상)」·「온공의맹(하)」·「이공상어(상)」·「이공상어(하)」·「정공예포절충」으로 구성되어 있으며, 사마광·이구·정후의 견해를 먼저 서술하고 여윤문의 비판과 자신의 재비판을 수록하고 있다.

합니다. 저는 이렇게 대답했습니다. "어찌 그렇겠는가? '외람되다[猥]'라고 한 것은 스스로를 폄훼하면서 신중한 뜻을 담아 둔 것이니 증거로 삼을 만한 사례가 있다. 당나라 두목(杜牧, 803~852?) 당시 정치의 잘잘못에 화가 나서 글을 지어 통렬히 논변하면서 '죄언(罪言)'이라고 제목을 붙였으니 그의 의도 또한 이와 같았을 뿐이다. 이것을 오히려 조정을 얕보았다고 하겠는가?" 송도사(宋都事: 송병순) 어르신은 도리어 노옹을 변론하는 글[31]에서 "(「외필」에서) 요즘 사람[今人]이라고 한 것을 곧장 율곡에 해당시켰다"라고 했고, 심지어 "안중에 주·이 두 선생조차 없다"라고도 했습니다. 이 말 또한 너무 통쾌한 데서 잘못되었으니 차마 똑바로 쳐다볼 수 없습니다. 「외필」은 말류의 폐해를 물리치려고 지은 것입니다. 그 글 가운데 반박할 만한 것이 있겠지만, 자질구레한 데서 잘못을 찾아내려고 한다면 아성 이하라고 한들 여기에서 벗어날 이가 몇이겠습니까? 마음을 가라앉힌 채로 천천히 탐구해서 감히 이것을 논했습니다. 저를 깊이 알아주시기에 우러러 곡절과 진심을 진달했을 뿐, 감히 많은 말들 가운데서 다투면서 스스로 신원하고 첫머리에 내세우는 사이에 두려는 것은 아닙니다. 바라건대 헤아려 주시고, 보잘것없는 말이라는 이유로 살피지 않겠다고는 말아주십시오.

31 「변외필설」을 가리킨다.

與崔參奉—東敏—論蘆沙集書

癸卯

權道溶

往年因令胤行，悤遽中修候，聊以暴慕用之私而已．伏惟歲忽再翻，春幃壽韻，天相茂福，愉中體氣，迓新萬培，遙溯不任卑悃．道溶牽於世故，復寓渭陽，故里杜門跧伏，不省外間爻象，因風修候，亦豈易易哉？

竊有所仰陳者．近日蘆沙集事業，已聞之．及見通文，乃吾丈與權校理倡之，而應者如響，捷於桴鼓，而牢不可破．自得此報，私心甚訝．嗚呼！世級漸降，習俗益偸，又此偏邦，風氣異於中州，自是天地間公是非，不得復見，道也竊以爲過矣．何者？

昔司馬溫公嘗作疑孟論，朱子又就而辨之，則各執所見，容有背馳之說，而溫公之於亞聖，未聞以此而得罪．朱子之於溫公，亦未聞以此而獲戾．曷嘗有目以異端，欲火其書耶？蘆翁之於栗谷，設有背馳之說，但可著論辨析，以盡己見，如朱子之於溫公而已．豈必如是惹鬧，而後爲恔哉？且通文昉於何時？宋朝先儒角立者雖多，未嘗有發通之事，我朝盛際亦然．而邇來此風遂盛，因徵至著，積小成大，所在坌集，撑腸努目，終爲仇怨而止，蓋衰世事也．

或者又謂猥筆題目，已涉輕藐之意，道應之曰奚爲其然，猥之云者，自貶而寓愼重之意，爰有可證者．唐杜牧之嘗憤時政闕失，著書痛論，名曰罪言，其意亦如此而已，還可以爲輕藐朝廷耶？至於宋都事丈，反辨文於蘆翁，所謂今人者，直以栗谷當之，至謂眼中無末李二先生．此言亦傷於太快，不忍正視也．大抵此編，痛斥末流之弊而作，則其於行文雖或未免有可駁處，若吹毛洗垢，則亞聖以下，免乎此者能幾人哉？平心徐究，敢論及此，蓋有受知之深，可以仰陳衷曲故耳．非敢以偏頗之見, 齗齗於說林中, 而自附於申救頭戴之間也. 伏惟萬賜恕諒, 無以瞽說而不垂察焉.

송동옥에게 답함

전우

이 글은 1903년 연말에서 1904년 연초에 전우가 송병순에게 답하는 편지로 추정된다. '눈이 병상을 뒤덮었다'라는 편지의 첫 구절에서 겨울임을 알 수 있는데 해가 바뀌었다는 인사말이 없는 것으로 미루어 보면 1903년 연말일 확률이 높다. 또 『간재집』에는 이 편지의 저술 년도를 표기하지 않았지만, 1903년에 송병순에게 보내는 편지의 뒤에 편집하고 있으며, 『심석재집』에는 이 편지에 대한 송병순의 1904년 8월 29일자 답장이 실려 있다. 『간재집·전편』 권2에 실려 있다.

눈이 병상을 덮었습니다. 편지를 읽고 보니 도를 강론하는 말이 간절했고, 이단을 물리치려는 의리가 꼿꼿하기만 했습니다. 음미하면서 풀이해 보니 마치 눈앞에서 가르침을 받는 것만 같았습니다. 무엇이 이처럼 감격스럽겠습니까? 저는 요즘 지난날 강론한 것이 마음으로 말없이 깨달은 것이 아님을 느꼈습니다. 몸에 돌이켜 실천해보려고 해도 으레 한 때의 견해일 뿐이었습니다. 이 때문에 곁가지는 무성하지만 뿌리와 열매는 적었고, 빈틈으로 새어 나오면서도 정치한 핵심은 드물었습니다. 이것이 제 글에 부끄럼을 느끼지 않기가 어려운 까닭이었습니다. 이래서 주선생조차 '식견이 이르른 곳에서 말할 수 없고, 주장이 있어도 옮기기가 힘들다'라고 탄식하신 것입니다. 그래서 제 글을 가져다 다시 살펴보았습니다. 스스로 식견이 정밀하지 못해서 고쳐야 할 곳들이 종종 있었습니다. 그런데 마침 제 잘못을 지적하셨으니, 얼마나 다행스러운 일입니까?

이제 다시 자세하게 생각을 더하고 파헤쳐서 실제로 그런 줄을 징험한 뒤에 다시 정리해 나아가도 늦지 않을 것입니다. 식견이 투철하지 못한데도 말은 늘어지고, 실체에 적확하지 못하면서도 헛된 말을 하는 것은 모두 성인의 문하에서 크게 금지하는 것을 어기는 짓이기 때문입니다. 그러나 어떻게 고쳐야 말은 간략해도 뜻이 갖춰질 것이며, 문장은 간단해도 의리는 바르게 될지 모르겠습니다. 저는 궁벽한 곳에서 번민하고 있으니, 바라건대 집사께서도 다시 한 걸음을 내디뎌 겹겹의 관문을 꿰뚫고서 그 지결(指訣)을 분명히 보여주십시오.

노사는 겨우 한쪽만을 보고서 곧장 붓을 들어 제 주장을 세워 마침내 오뚝하니 스스로를 성인으로 여기는 데 이르러, 다시 전현을 존중하지 않았습니다. 이 또한 이러한 잠심과 사색의 노력이 없었기 때문입니다. 이제 우리가 위도(衛道)와 벽이단(闢異端)의 가르침에 종사하려면 어찌 깊이 경계하고 걱정하지 않고서 도리어 그를 본받아야 되겠습니까? 제 생각은 이러한데, 당신은 어떻게 여기실지 모르겠습니다. 요즘 다시 율옹이 우계에게 답한 편지를 읽어보고서 조금이나마 얻은 것이 있어서 이제 아래에 실어 두었습니다. 바깥으로 돌아다니기를 원치 않아 별지에 써 두었습니다. 살펴보시고 바로잡아주신다면 피차 사이에 보탬이 없지 않을 것입니다.

당신의 변론 제1조. 저는 '기'자를 본래 리로 간주하는 것이 불합리하다고 여겼기에, '리가 저절로 이와 같다'라는 것이 기틀이 저절로 이러한 것의 근본이 아니라고 의심한 것이지, 율옹의 다른 말과 논의가 주자와 서로 어긋나는 점이 있다고 한 것은 아니었습니다.

제2조. '그렇게 시킨다[使之]'라고 할 때의 '지(之)'자는 단독으로 기를 가리키는 것이지만, 어떻게 리가 없을까 걱정하겠습니까? 예를 들자면 주자가 '굴신과 왕래는 두 기가 저절로 이와 같다'[32]라고 했지만, 이 또한 단독으로 기를 말했음에도 리가 없을까 하는 걱정은 없는 것과 같

습니다.

제3조. 천명은 리이고, 유행은 기입니다. 그런데 이제 '천명의 유행은 즉 이기의 경유처다'라고 한다면 아마도 리나 기보다 앞에 다시 경유해야 하는 천명이 있다는 것과 비슷합니다. 그러므로 제 생각에 다시 생각해 보는 것이 마땅하다는 것이지, 리와 기를 아울러 말하는 것을 의심하는 것은 아닙니다.

제4조. 노사의 「외필」을 보면 "한 번 리라고 명명하면 곧 (리가) 타는 것[所乘]이 있게 된다"라고 했고, 또 "원래부터 타고 있다"라는 등의 말이 있습니다. 그도 '탄다'라는 글자를 병폐로 여기지 않았음을 알 수 있습니다.

별지

『주자어류』 정단몽의 기록에서 "(「태극도설해」에서) '움직이고 고요한 것은 타는 기틀이다'라고 했는데, 기틀은 기의 기틀[氣機]을 말한다"[33]라고 했습니다. 이 조목의 주에서 "(나의) 시에 '나고 들 때 기의 기틀을 탄다"[34]라고 했습니다. 이것이 분명한 증거가 아닙니까? 또한 마음이 기틀을 타고 드나드는 것으로 말했다면 어떻게 마음이 탄다는 이유로, 곧장 심기(心氣)의 기틀이라고 할 수 있겠습니까? 이것은 다시 생각해서 가르쳐 주십시오.

우계에게 답하는 편지에서 '저절로 그렇다[自爾]'라고 한 것은 단독으로 음양을 이어서 말했습니다. 「천도책」의 '저절로 그렇다[自然]'라고 한 것은 리와 기를 아울러 이어서 말했습니다. 말이 서로 비슷하지만 가리키는 것에는 편전의 차이가 있습니다. 이 말이 옳은지 그렇지 않은지

---

32 주희, 『주자어류』 권63(『주자전서』 vol.16), 2089쪽.

33 주희, 『주자어류』 권94(『주자전서』 vol.17), 3129쪽.

34 주희, 『회암선생주문공문집』 권4(『주자전서』 vol.20), 「齋居感興二十首」, 360쪽.

모르겠습니다.

당신의 「변설」에서 “기발이승은 선후를 나눌 수 없다. 기발을 말하자마자 리는 이미 타고 있다. 둘은 서로 떨어질 수 없다”라고 했습니다. 이 몇 구절은 설명이 친절해서 파고들 틈이 없는 것 같습니다. 다만, 위아래 문장으로 보자면, 아마도 조금이나마 기틀을 기에 소속시키고, 기가 앞서고 리가 뒤따른다고 인식하는 경우가 있을 듯합니다. 리와 기가 서로 떨어진다는 병폐 때문에 그런 것 같습니다. 이것은 다시 생각해 보아야 합니다. 저 「외필」에도 참으로 이런 의심이 있습니다. 다른 사람의 견해는 어떤지 모르겠으나, 제 생각은 매우 옳지 않은 점이 있습니다. 어째서입니까? ‘음양의 움직임과 고요함은 저절로 그런 것이다’라는 것은 다만 기발(氣發)의 각주일 뿐, 기 홀로 저절로 운행하거나 그친다는 말이 아닙니다. 리가 움직임에 타고, 리가 고요함에 탄다는 것도 이승(理乘)의 각주일 뿐, 리가 재빨리 위에 올라탄다고 말하는 것이 아닙니다. “그렇게 시키는 것이 있지 않다”라는 것은 기가 저절로 운용할 수 있음을 말하고, “리가 움직이거나 고요한 것이 아니다”라는 것은 리에 본래 작위가 없음을 말합니다. 어떻게 위와 아래, 음과 양, 리가 있거나 없는 혐의가 있어서 그가 말하는 것처럼 천명을 경유하지 않는다고 의심하겠습니까?

김감역(金監役: 김평묵)의 「외필」 발문을 물리친 것은 의론이 매우 엄정해서, 흠앙함을 이길 수 없었습니다. 저는 노사의 신도비가 나왔을 때, ‘김(金: 김평묵)과 유(柳: 유치명)가 있었더라면 최태(崔台: 최익현)는 화서(華西: 이항로)에게 누가 되었다는 꾸짖음에서 벗어나지 못했을 것’이라고 생각했습니다. 그런데 지금 보자면 비문은 김평묵의 「발문」의 취지를 표현한 것일 뿐입니다. 시험 삼아 살펴보겠습니다. 율옹은 마음을 기라고 지목하고, 리는 무위(無爲)라고 여겼으며, 도심을 가리켜 본연의 기라고 했고, 명덕 또한 곧바로 리라고 여기지 않았습니다. 그 뒤로 많은 현자가 받들어 성문의 적전으로 삼지 않은 이가 없었습니다.

노사·화서 두 사람의 학설은 분명히 이와 다릅니다. 그러므로 화서 문하의 사람들은 노사를 정말로 학업을 익힌 스승처럼 추존했고, 「외필」이 율옹을 모욕했음에도 정론으로 간주하고 표장했습니다. 율옹을 모욕한 것을 김씨는 수사·염민과 일치한다고 여겼고, 최태는 도리가 정미하고, 두 사람 모두 염민의 옛것을 회복했다고 여겼습니다. 그렇다면 율옹은 공자·주자와 비교해서 (그들의 학설과 다른) 새로운 것을 주장했고, 그들과 배치된다는 평가에서 벗어날 수 있겠습니까? 이미 김씨는 (노사는) 화서와 약속하지 않고도 서로 부합한다고 여겼고, 최태는 "다행이 동덕(同德)이 있어 화산이 우뚝 솟았다"라고 했습니다. 그렇다면 노사·화서와 율옹은 어떻게 서로 다른 학설을 주장해서 대치한다는 혐의에서 벗어날 수 있겠습니까? 이에 노사·화서 두 사람이 엄연히 공자·주자를 위해 율옹을 물리친 대현이요, 율옹의 이론을 조술한 율옹 이후의 여러 현자는 모두 그들이 배척한 분 아래에 놓이게 되었습니다. 그렇다면 (최태가) 말한 "선정을 존경한 이로는 우리 기·이 두 선생만한 이가 없다"라는 것과 노옹(蘆翁)의 '「외필」은 참으로 율옹을 존경하는 것'이라는 주장은 모르겠으나, 정말로 거짓이 없는 순수한 마음에서 나온 것이란 말입니까? 성리의 근원에서부터 공자·주자와 어긋나면서 오히려 다시 존경하고 사모한다니 또 어떻게 된 일입니까? 속으로는 배제하면서 겉으로는 존경한다는 술책임을 확실히 알 수 있습니다. 이것을 마음을 지키는 도리에 비춰 과연 주리(主理)라고 하겠습니까? 율옹이 그 기운을 검속하라고 한 가르침을 깊이 유의하지도 않으며 도리어 기운에 영향을 받아 어둡고 흔들려서 그런 것이 아닙니까? 아니면 거짓으로 스스로의 마음을 리라고 믿고, 자신의 행동을 도라고 잘못 인식해서 그러는 것입니까? 주리의 학문을 하려면 반드시 이 마음에서 참된 도리를 궁구하고 공경하면서 받들어 지키며, 참으로 성을 존중하려는 노력에 능숙해져야 할 것입니다. 그렇다면 처음에는 어두운 기를 정밀하게 밝히려고 노력하고, 제 멋대인 기에 검속하려는 노력을 기울이여 리를 궁구하고 도를 체득하려는 데 피해를 주지 않았어야 괜찮았을 것입니다. 이렇지 못하다면 리는 살아있고 기는 죽었다[理活氣死]는 학설을 믿고, 주인이 가려는 방향으로 종이 따른다는 주장이나 지킬 뿐이면서, 하나같이 그 마음이 저절로 법도를 넘지 않도록 맡겨 두고, 그 기가 저절로 궤도를 따르기만을 기다린다면, 영원토록 이러한 이치란 없을 것입니다. 저는 어쩔 수 없이 마음을 성으로 여기는 (이단의 가르침과) 길을 달리할 뿐 귀결은 마찬가지일 것이라고 생각합니다.

"옛날 선조 때 사관(四館)[35]에서 율옹을 구하려는 유생(儒生)을 정거(停擧)로 벌을 주려고 했는데, 선조께서는 사관의 관련자들을 장형에 처하고 유배를 시켰습니다. 이제는 도리어 율옹을 높이는 유생을 처벌하려고 하니, 일의 형세가 어떻게 이렇게 달라졌단 말입니까? 이 또한 윤가(尹家)에서 듣고 싶어 하는 말이 아닐 것입니다."[36] 이 말은 『우암집』의 현석(玄石: 朴世采)에게 답하는 편지에서 발견됩니다. 옛날 유직이 율곡·우계 두 분을 모함하는 상소를 올렸을 때, 우옹은 태학생들을 대신해서 상소문을 지어 변론하고 밝히면서 물리쳤습니다. 이제 김감역이 율옹을 나무라고 모욕하는 기씨를 매우 찬양하면서 심지어 수사·염민과 일치한다고까지 했습니다. 율옹의 학설을 '숨기면서 드러내지 말아야 한다'라고 하니 어찌 우옹과 다른 것입니까? 이와 같으면서도 때로는 스스로 율곡·우옹에게 기대려고 하니, 더욱 이해할 수 없습니다.

35 사관: 성균관·예문관·승문원·교서관을 가르킨다.

36 송시열, 『송자대전』 권689(표점영인 한국문집총간 vol.110), 「與朴和叔」, 321쪽.

答宋東玉

田愚

雪屋病榻, 擎讀尊函, 懇懇乎講道之辭, 諤諤乎闢異之義. 玩而繹之, 如承面誨, 何感如之? 愚比覺舊時講論, 未曾入心默會. 反身實履, 而例出於一時意見, 故未免支蔓多而根實少, 罅漏出而精核罕矣. 此命辭無差之所以難, 而朱先生猶嘗有見得到處說不出, 說得到處寫不得之歎也. 因取鄙稿再看, 自見得未精而當改處, 往往焉, 又適得指示其差誤, 何幸何幸! 今且更細加紬繹, 而有以驗其實然, 然後復與整理過, 未晩也. 蓋見未透而謾言, 體未的而空言, 皆犯聖門大禁也. 不知何修而可以辭約而意備, 文簡而義正, 區區悶塞之餘, 欲望執事, 亦須更進竿步, 透得重關, 而明示其訣焉爾.

彼纔見得一偏, 便奮筆立論, 遂至巍然自聖, 而不復尊畏前賢者, 亦正坐無此深潛紬繹之功. 今吾們方從事於衛闢之訓, 何可不深加戒謹, 乃反尤而效之乎? 鄙見似此, 未審尊意以爲如何? 比者再讀栗翁答牛溪書, 而有略加疏釋者, 今於眷與之下, 不欲自外, 用別牋寫內. 乞賜頫察而訂教之, 恐於彼此, 或不無所補矣.

盛辨第一條. 愚於機字, 本不合理看, 故竊疑理自如此, 非機自爾之所本而已, 非謂栗翁佗日言論, 有與朱子相左者耳.

第二條. 使之之字, 雖單指氣, 亦何患其無理? 如朱子說屈伸往來二氣自如此, 此亦單言氣而無無理之慮也.

第三條. 天命是理, 流行是氣. 而今曰天命流行, 卽理氣所關由, 似於理氣之先, 復有所關由之天命者然. 故妄意其更合商量, 非疑其併言理氣耳.

第四條. 觀蘆筆一名爲理, 便有所乘, 及元來所乘等語. 其不以乘字爲病, 可知也.

別紙

語類端蒙錄, 動靜者, 所乘之機, 機言氣機也. 本註詩云: 出入乘氣機, 此非分明證佐歟? 且以心之出入乘機言, 則豈可以心乘之故, 而直謂合心氣之機耶? 以此更思而敎之也.

答牛溪書自爾, 單承陰陽而言, 天道策自然, 倂承理氣而言. 言雖相似, 而指有偏全. 未知此不然否?

尊辨氣發理乘, 不可分先後, 纔說氣發, 理已乘載, 二者不相離. 此數句說得親切, 無可間然. 但據上下文觀之, 似微有認得指機屬氣, 爲氣先理後, 彼此相離之病者然, 此則更合商量. 蓋彼猥筆, 則誠有此疑. 佗人之見, 亦未知其如何, 而至於鄙見, 則煞有不然者, 何也? 陰陽動靜, 機自爾也, 只是氣發之註脚, 非氣獨自行自止之謂也; 理乘於動, 理乘於靜, 又是理乘之註脚, 非理乃趫捷騰上之謂也. 非有使之者, 言氣自能運用也; 非理動理靜者, 言理本無作爲也, 惡有上下陰陽無理有理之嫌, 而如彼所謂不關由天命之疑者耶?

所斥金監役猥筆後題, 義極嚴正, 不勝欽仰. 愚於蘆碑之出, 竊謂金柳而在者, 崔台難免帶累華西之誚矣. 自今觀之, 碑文卽金跋之傳神者耳. 試嘗考之, 栗翁之於心, 目之爲氣, 而理則以爲無爲, 指道心爲本然之氣, 而明德亦不直名爲理, 而後來羣賢, 無不奉爲聖門的傳矣. 蘆·華二說, 則分明與此不同, 故華門諸人, 推尊蘆沙, 眞若親師, 而猥筆之侮罵栗翁, 視爲正論而表章之. 夫侮罵栗翁者, 金氏以爲合於洙泗濂閩, 崔台以爲道理精微, 皆復濂閩之舊, 然則栗翁之於孔朱, 惡得免粉新背馳之科乎? 旣而金氏以爲華西不約而相符, 崔台以爲幸有同德, 華山屹屹, 然則蘆, 華之與栗翁, 惡得避立異對壘之嫌乎? 於是乎蘆·華二公, 儼然爲據孔·朱以距栗翁底大賢, 而栗翁以後羣賢之祖述其論者，擧在其麾斥之下矣，然則其所謂尊先正者，莫如我奇·李二先生，及蘆翁猥筆眞慕栗翁者，不知果出於純一無僞之心歟？則方且以性理源頭戾於孔朱，而卻復尊之慕之，又何爲也？決知其爲陰擠陽尊之術也，此於處心之道，果可謂主理者耶？無乃于栗翁檢束其氣之訓，不甚留意，反爲氣之所昏擾而然歟？抑或謾信自心之爲理，誤認自用之爲道而然歟？如欲爲主理之學，須去此心上窮究得眞箇道理，而恭敬奉持，以致眞能尊性之功．然其始則於氣之昏者，施精明之功，氣之肆者，用檢束之力，使不害於窮理體道之地，乃可耳．若不如此，只恃理活氣死之說，主向僕往之說，而一任其心之自不踰矩，一聽其氣之自然循軌焉爾，則千秋萬歲，永無此理，而下梢不得不與認心爲性者殊塗而同歸矣．

昔在宣廟時，有四館停罰救栗翁儒生，宣廟杖流其四館矣，今反欲加刑於尊尙栗翁之儒生，何其異也，恐非尹家之所願聞也．此見尤菴集答玄石書矣．昔柳㮨疏誣栗，牛兩賢，尤翁代太學生製疏，辨明而排闢之，今金監役，乃於譏侮栗翁之奇氏，極意贊揚，至謂與洙泗濂閩合，而栗翁說則謂當諱之不宣，何其與尤翁異也，如此而猶時欲自附於栗·尤，尤所未曉也．

조성훈에게 답함

계묘(1903) 5월

송병순

이 글은 송병순이 1903년 5월 조종덕에게 보내는 편지이다. 조종덕이 기정진의 학설에 우호적인 것을 비판하면서, 재고해 볼 것을 권하고 있다. 『부벽록』에는 첫머리가 생략된 채 "竊覵世人" 이하의 내용만이 실려 있고, 『심석재집』 권8에 전문이 실려 있다.

지난 가을의 편지야 고맙습니다만, 누누하게 말하신 내용은 또한 정부자(程夫子)가 "바른 이치에 일치하지 않는다면 바로 사심이다"[37]라는 것에서 벗어나지 못했습니다. (답장으로) 사례를 하고자 했으나, 쓸데없이 다투고 변론하게 될까 걱정되고 서로 강습하는 데도 보탬이 없을 듯해서 말없이 지금까지 이르렀습니다. 이윽고 다시 생각해보니, 고명의 주장은 미혹된 것이었습니다. 바른길을 버리려는 것은 아니었지만, 풀숲에 빠지거나 다른 사잇길로 가려는 것입니다. 이제 내 생각을 말하니, 헤아려 살펴준다면 다행이겠습니다.

살펴보면 세상 사람들은 모두 노사를 문장에 뛰어난 선비라고 하면서 고상하고 기이하며 신선하고 오묘했으며, 늘 평이하고 소박한 데에 발을 붙이지 말라고 주장했다고 합니다. 그러나 고명은 우뚝한 한 명의 대유(大儒)라고 일컬으면서 '도를 지키는 데 용감했고, 간사한 것을 물리치는데 엄격했으며, 리를 밝힌 공이 있으니, 천지에 참여하고 성쇠와 연관된다'라고 했습니다. 그 비교하는 내용이 (서로) 걸맞지 않아서 듣

37 정이, 『주역정씨전』(『이정집』 vol.2), 822쪽.

는 이로서는 귀가 멀고 가슴이 두근거립니다. 제사지내는 일을 시폐라고 하고 갑자기 예속이 점점 무너지는 길을 열어주었는데, 이것을 '도를 지키는데 용감했다'라고 할 수 있습니까? 학자들이 문장만 숭상하고, 실사를 탐구하는 일은 없이 방종함을 즐기면서 검속함을 싫어하도록 만들었는데, 이것을 '간사한 것을 물리치는데 엄격했다'라고 하겠습니까? 낙민(洛閩) 이후 리와 기를 짝지어 거론하는 학설을 성인의 가르침이 아니라고 하면서 피음사둔에 귀결시키려고 하니, 이것을 '리를 밝힌 공'이라고 하겠습니까? 도와 기를 구분하지 않고 단번에 배척하면서 우리 도의 적전(嫡傳)과 단서를 땅에 떨어뜨리고 다시는 일어나지 못하도록 했는데, 이것을 '천지에 참여하고 성쇠와 연관된다'라고 하겠습니까? 그렇다면 고명이 말하신 내용은 식견있는 이들의 비웃음을 살 것이요, 노사의 잘못을 드러내기에나 충분할 뿐입니다. 노사의 「외필」은 천착하고, 견강부회하는 기교에서 나와서 이전 현자들을 능멸하며, 따로 문호를 세우려는 것이기 때문입니다. 그의 학설이 영남·호남 지역에서 자못 횡행하면서 현자들의 식견을 손상시키고, 어리석은 이들의 혼미함을 더할 뿐입니다. 뜻밖에도 고명이 또한 중독에서 벗어나지 못한 것 같습니다. 탄식을 금할 수 없습니다. 그렇지만 바라는 것은 지금 이후라도 따로 그 학설의 시비득실을 탐구하신다면 이전 견해의 잘못을 스스로 깨달을 것입니다. 다시 말없이 이해해 보는 것이 어떻겠습니까?

答趙性薰

癸卯五月

宋秉珣

昨秋惠札, 非不感荷, 縷縷所諭, 亦未免程夫子所謂不合正理, 則乃私心者也. 謝之則恐徒爲競辨, 而無補於麗澤, 故含默至此矣. 旋復思之, 高明之說, 乃惑也. 非欲捨正路, 而取落草由徑也. 玆陳瞽見, 幸財照焉. 竊覸世人皆謂蘆沙是文章之士, 高奇新妙, 主常不着脚於平易慤實之地. 而高明乃以傑然一大儒稱之, 曰衛道之用, 斥邪之嚴, 明理之功, 可謂參天地關盛衰. 其儗比之不稱, 當便使人心悖也. 夫以籩豆之事爲時弊, 輒啓禮俗壞敗之漸, 是可曰衛道之勇乎? 使學者, 惟文之尙, 無實之求, 樂放縱而惡檢束, 是可曰斥邪之嚴乎? 把洛閩以來理氣對擧之說, 爲非聖人之旨, 而歸之詖淫邪遁者, 是可曰明理之功乎? 不分道器, 一筆揮斥, 欲使吾道之嫡傳緖餘, 墜地不振者, 是可曰參天地關盛衰乎? 然則高明所諭, 恐爲識者之所譏笑, 適足以彰蘆沙之過耳. 蓋蘆沙猥筆, 寔出於穿鑿傅會之巧, 而陵駕前賢, 別立門庭者也. 其說頗行於嶺湖間損賢者之識[38], 益愚者之迷闇. 不料高明亦未免中其毒. 竊不勝慨咄然. 惟願今而後, 另究其說之是非得失, 則庶覺其前見之誤矣. 更加默會如何?

38 賢者之識: 『심석재집』에는 "賢之者識"으로 썼다. 『부벽록』에 근거해서 고쳤다.

「답혹인」 절략

송병순

이 글은 송병순이 익명의 인물에게 보내는 편지를 절략한 것이다. 본문의 내용을 참조하면 1902년 혹은 1903년 무렵의 글로 추정된다. 권명희와 송호곤에게 보내는 편지와 마찬가지로 송병순은 '기자이'와 '비유사지'라는 두 구절을 리와 상관이 없이 기에만 소속시켜 이해하는 경향을 반대하고 있다. 『심석재집』에서는 발견되지 않고, 『부벽록』에 근거했다.

말하는 이들은 모두 "음양의 움직임과 고요함은 기틀이 저절로 그런 것이다"라는 말을 기라는 한 측면에만 소속시켜서 보는데, 내 생각에는 그렇지 않습니다. "음양의 고요함과 움직임은 기틀이 저절로 그런 것이다"라는 말이 기의 측면에서 말한 것이기는 하지만 리는 이미 타고 있습니다. 기발이승(氣發理乘)은 (리와 기를) 합쳐서 보아야 하기 때문입니다. 기발(氣發)만을 말하더라도 리는 곧 타서 실려 있고, 이승(理乘)만을 말하더라도 기는 곧 싣고 운행하고 있습니다. 기발 이후에 리가 거기에 탄다면 이것은 기가 스스로 움직이고 스스로 고요한 것이고, 리는 오히려 갑자기 다가와서 탄다는 뜻입니다. 율옹의 본뜻은 아닐 것입니다. 율옹은 또 "리와 기는 본래 합쳐졌으니 처음 합쳐지는 때가 있는 것이 아니다. 리와 기를 둘로 나누려는 이는 모두 도를 아는 이가 아니다"[39] 라고 했습니다. 여기에서 리는 기와 처음부터 서로 떨어지는 때가 없음을 더욱 알 수 있습니다.

---

39 이이, 『율곡전서』 권10(표점영인 한국문집총간 vol.44), 「답성호원」, 209쪽.

答或人書略

宋秉珣

說者皆以陽動陰靜，機自爾，專屬氣一邊看，而愚意則不然．陽動陰靜，機自爾，卽以氣言之者也．然理已乘矣．蓋氣發而理乘者，當合而看之，雖或單言氣發，而理便乘載，雖或單言理乘，氣便載行，若以氣發後．理乃乘之，則是氣之自動自靜，而理却忽然來乘也．恐非栗翁本旨矣．栗翁又說"理氣本合也，非有始合之時，欲以理氣二之者，皆非知道者也．"於此益可見理者[40]氣初無相離時也．

40 者: 문맥상 '與'자의 오자로 보인다.

돈암서원의 유림들에게 보내는 통문

송치수 외

이 글은 송치수(宋致洙)를 비롯한 8인이 1903년 5월 돈암서원의 유생들에게 발송한 통문이다. 1902년 「영유통문」이 나온 뒤, 그에 대한 노사학파의 반론이 이어지자 송치수를 중심으로 노사학파를 재반박하는 통문이다. 「영유통문」 및 「해유통문」과 동일한 입장에서 기정진의 성리학적 경향을 반율곡적이라고 비판하면서 「외필」을 불태울 것을 주장하고 있다. 『부벽록』에 근거했다.

아래는 공경히 통문으로 고하는 일입니다.

우리 율곡선생은 해동의 부자(夫子)입니다. 옛 성인을 이어받은 적통이요, 후학들을 계도하는 밝은 가르침으로서, 우주처럼 위대하고 해와 달처럼 밝다고 할 것입니다. 옛날 흉도(凶徒)인 유직이 선생을 비방하고 배척하면서 기발이승를 '주기(主氣)'라고 논했는데, 조금의 거리낌도 없이 모함했습니다. 우암선생이 태학생을 대신해서 변무소를 지어 엄하게 물리쳤고, 이에 동방의 이기설이 더욱 정확하고 명백해져, 뒤바꿀 수 없게 되었습니다.

아! 저 기정진은 호남 유림의 거두로서 멋대로 이설을 세우고, 망령스럽게 「외필」 한 편을 지어 유직보다 심하게 율옹의 이기론을 비방하고 배척했습니다. 갑자기 '두 개의 본령'이라고 했다가, 또한 "기가 리의 자리를 빼앗아, 한 글자가 본뜻을 잃은 것이 그 재앙이 여기에 이르렀다"라고 했으며, 또한 "이와 같다면 천하에 다시 피음사둔이 없을 것이니, 전도되고 창피함이 무슨 일엔들 있지 않겠는가?"라고도 했습니다.

글의 끝에서는 "질문할 만한 이들은 후현들 뿐이다. 질문해서 내가 의심한 것이 망녕된 것으로 판명난다면 다행이지만, 그렇지 않다면 동방의 이기를 어찌할 것인가?"라고 했습니다. 그의 뜻은 리와 기를 쌍으로 드는 것을 '두 가지 본령'이라고 여기는 것이요, 먼저 기발을 말하는 것을 '리의 자리를 빼앗았다'라고 여기는 것입니다. '그 재앙'이라고 한 것은 빼앗는다는 것을 말합니다. '피음사둔'은 곧 맹자가 고자를 물리치는 말이요, '전도창피'는 곧 주자가 육학을 질타하는 말입니다. 그는 거만하게도 맹자·주자라고 자처하면서 율곡을 고자·육씨라고 배척합니다. 이것이 사문의 일대 변괴가 아니겠습니까? 글의 마지막에서 말한 것은 그 의도가 율옹의 의론과는 별도로 (자신의) 문호를 만들겠다는 것입니다. 여기에서 그의 마음속에는 도무지 존경하고 믿는 선현이라고는 없고, 바라는 것이라고는 유직의 의론을 후세에 다시 내놓아, 스스로 멋대로 부르짖은 것을 추인받으려는 것임을 잘 알 수 있습니다.

아! 안타깝습니다. 기(奇)가 배운 것은 어떤 학문입니까? 또한 율옹이 배척했던 외유내선(外儒內禪)의 학이 아닙니까? 영남의 유림들이 통문을 발송해서 성토한 것도 실로 사문을 지키고 정론을 무너뜨리지 않으려는 데서 나왔습니다. 저 기의 문도들은 생각지 못하고, 스승을 위해 악행을 감추고 잘못을 숨기려고 하며, 감히 잘잘못을 따지고 대꾸하면서 '「외필」은 율옹을 존경하고 사모해서 지은 것'이라고 합니다. 또한 성토하는 유학자의 논의를 유직의 악습에 귀결시키면서, 대응하는 통문을 돌리면서 거리낌이 없습니다. 이것은 진실로 변괴 위에 또 변괴를 더하는 짓입니다.

참으로 저 무리들의 말대로라면 부자를 폄훼했던 숙손무숙은 바로 부자를 존경하고 사모한 이요, 부자를 존경하고 사모하는 이는 도리어 숙손무숙이 될 것입니다. 참으로 귀를 막고 종을 훔치면서 스스로 속이는 줄을 깨닫지 못한다는 격이 아니겠습니까? 이러한 무리들은 바로 오당의 반졸(叛卒)이니, 사류로 대우해서는 안 될 것이요, 사람들마다 공격해도 괜찮다고 할 것입니다. 저들이 말하는 「외필」은 불태워도 괜찮을 것입니다. 설령 불태우지 않는다고 하더라도 요사스러운 글이니, 우리 유학을 하는 이라면 침을 뱉고 멀리하더라도 또한 괜찮지 않겠습니까?

천지의 기수(氣數)가 순일(純一)할 수 없다면, 음과 양, 사와 정은 늘 함께합니다. 이런 까닭에 노장의 문장과 육왕의 학설이 공맹 및 정주 등 여러 성현의 책과 세상에 함께 전해지면서, 한 귀퉁이에서 사라지지 않았습니다. 이는 마치 해 곁의 요기와 같고, 새싹 가운데 강아지풀과 같으니, 오늘날 「외필」 또한 그렇습니다. 율옹의 정론에 무슨 해가 있겠습니까? 그렇지만 사특하고 치우친 학설은 반드시 엄히 물리친 다음에야 정론이 다시 밝아질 것입니다. 저희들은 한 목소리로 삼가 아룁니다. 돈암서원은 호남의 가장 모범이 되는 곳입니다. 선악을 변별하고, 향배를 구분하는 데 반드시 용감하고 엄해야 할 것입니다. 외유내선의 학술을 학교에 들이지 마시고, 또한 통문으로 한 도의 열읍들을 깨우쳐, 「외필」이 횡행하는 것을 금지시키시고, 그 무리들이 잇달아 일어나지 않도록 하신다면 사문에 매우 다행일 것입니다.

계묘(1903) 5월 모일 유학(幼學) 송치수(宋致洙) 등 8인.

遯巖院儒通文

宋致洙 外

右敬通告事.

惟我栗谷先生, 海東朱子也. 其繼往聖之嫡統, 牖後學之明訓, 可亘宇宙而光日月矣. 昔有凶徒柳稷者, 詆斥先生氣發理乘, 論曰主氣, 其所誣毁, 無少忌憚. 尤庵先生, 代太學生作辨誣疏, 嚴斥之. 於是乎, 東方理氣之說, 益的確明白, 顚撲不破. 噫! 彼奇正鎭, 以湖南儒林之巨擘, 肆然立異, 妄著猥筆一篇, 詬斥栗翁理氣之論, 尤有甚於柳稷. 輒曰兩箇本領, 又曰氣奪理位, 乘之一字, 失其本旨, 其禍乃至於此. 又曰若是則天下更無詖淫邪遁. 顚倒昌披, 何事不有? 卒篇又曰, 所可質者, 後賢而已. 質之而吾所疑者妄, 則幸矣. 苟或不妄, 奈東方理氣何? 蓋彼意以理氣雙擧, 謂之兩本領也. 以先言氣發謂之奪理位也. 其禍云者, 簒奪之謂也. 詖淫邪遁, 則孟子斥告子之語也. 顚倒昌披, 則朱子叱陸學之言也. 此非斯文之一大變怪乎? 卒篇所云者, 其意蓋欲與栗翁之論, 各立門戶也. 於此尤可見, 其胸中都無尊信底先賢, 而所可望者, 只柳稷之論復出於後世, 推引自家之胡喚叫也.

嗚乎! 噫矣. 奇之所學, 是何學歟? 抑亦非栗翁所斥外儒內禪之學耶? 嶺南章甫之發通聲討, 實出於衛翼斯文, 不墜正論. 而彼奇之門徒不思, 爲其師隱惡諱非, 乃敢爭衡抗, 言曰, 猥筆是尊慕栗翁而作. 又以聲討之儒論, 歸之柳稷套習, 對擧輪通, 無所顧忌. 此固變上加變也.

苟如彼徒之言, 則毁夫子之武叔, 便是尊慕夫子, 而尊慕夫子者反爲武叔也. 眞所謂掩耳盜鍾, 不覺自誣者, 非耶? 如此輩流, 乃吾黨叛卒也. 不宜以士流待之, 雖人人得而討, 可也. 彼所謂猥筆火之, 亦可也.

假或不火, 卽是文之妖也. 凡爲吾儒之學者, 唾而遠之, 不亦可乎?

蓋天地之氣數, 不能純乎一, 則陰陽邪正, 常有雙立, 是以老莊之文·陸王之說, 與孔孟程朱諸聖賢之書, 並傳于世, 一隅不滅, 如日傍之祲, 苗中之莠, 今猥筆亦然矣. 有何損於栗翁正論也哉? 雖然邪僻之說, 必嚴闢之然後, 正論庶復明矣. 故鄙等齊聲敬告. 竊惟貴校湖南首善之地也. 其於辨淑慝分向背, 必勇且嚴, 不以外儒內禪之徒納諸校宮, 又通喩于一道列邑, 禁絶猥筆之肆行, 使其徒黨不得接踵而起, 則斯文幸甚.

癸卯五月日 幼學 宋致洙等八員.

호남 유림들에게 보내는 통문

이설 외

이 글은 이설(李偰, 1850~1906)을 비롯한 19명이 1903년 5월에 호남 유림들에게 발송한 통문이다. 기정진의 성리학설을 문제 삼으면서, 기정진을 높이 평가하는 최익현의 「신도비명」을 함께 비판하고 있다. 『부벽록』에 근거했다.

아래의 글은 선정(先正)이 욕을 당하는 것을 애통해하고, 사설이 횡행하는 것을 개탄하면서 두루 동지들에게 사문을 지켜달라고 고하는 일입니다.

이기 심성의 학설은 영원한 도학의 종지입니다. 여기에 밝은 이는 우리 유학자들이요, 여기에 어긋난 이는 이단입니다. 여기에 밝고 무리 중에 뛰어나서 지나간 학문을 이어 미래를 열어주는 사람은 성인이요, 이것을 어기고서 도적을 자식으로 인식하고, 부처를 욕하고 조사를 꾸짖는 부류는 난적입니다. 이런 까닭에 공자는 성인 되었고, 남화(南華: 장자)와 같은 제멋대로의 무리들은 난적이 되었습니다. 주자는 성인이었고 양명 같은 멋대로 구는 무리들은 난적이 되었으니, 성인 또한 앞뒤로 한 가지 법도였고, 난적 또한 고금을 통틀어 같은 행적이었으니 탄식을 이길 수 있겠습니까?

아! 우리 율곡선생은 우리 동방의 성인입니다. 자질은 지혜를 타고난 이에 가까웠고, 학문은 지극한 곳에 이르러 사승에서 유래하지 않았음에도 큰 근원을 통찰했기에 우계선생은 '삼대의 인물'이라고 찬미했고,

우암선생은 주자·정자·장자·주자를 합쳐서 비교했습니다. 우리 정묘(正廟)에 이르러서는 조정에서 특별히 좌해부자(左海夫子)로 일컬으면서 존경했습니다. 유학의 도가 동쪽으로 온 이후로 선생보다 더 융성했던 이는 없었기 때문입니다. 저희들은 어리석고 못나서 심성과 이기의 가르침을 강명한 적이 없습니다만, 선생이 성인이라는 것은 의심의 여지 없이 잘 알고 있습니다.

참판 기정진의 『노사집』이 요즘 세상에 유행하는 것을 살펴보았는데, 「납량사의」 및 「외필」 등을 차마 똑바로 볼 수 없었습니다. 평생 동안 계획한 것이라고는 오로지 선정을 능멸하고, 자신의 문호를 세우려는 것이었습니다. 리(理)와 분(分)이 서로 떨어지지 않는다는 하나의 화두로 구결을 만들어 주리의 학문으로 자처하면서 이단·주기라는 제목으로 우리 선정을 배척했습니다. '기가 리의 자리를 빼앗았다'라고 했고, '기자의 영역'이라고 했으며, "승' 한 글자가 그 본뜻을 잃어 그 재앙이 여기에 이르렀다'라고 했고, '헛된 이름만 있고 실사가 없다'라고 했으며, '우리 동방의 이기를 어떻게 할 것인가?'라고 했고, '이와 같다면 천하에 다시 피음사둔이란 없고, 전도되고 창피함이 무슨 일엔들 있지 않겠는가?'라고 했으며, '살갗의 혹이요, 천리마에 붙은 파리'라고 했고, '아! 가련하고 위태로우니, 슬프다!'라고 했으며, '이 늙은이는 기질 두 글자의 본뜻을 모를 뿐 아니라 마음이 무엇인지도 모른다'[41]라고 했고, '마음을 기질에서 찾는 이들은 미혹된 것이니, 계방(季方)은 그들을 닮지 말길 바라네'[42]라고도 했습니다. 계방은 그의 문도인 정의림(鄭義林)입니다. 나머지 어긋나고 모욕하며, 윤리를 벗어난 말들은 한두 가지가 아닙니다. 아! 옛날 난적들은 근거를 대고 거기에 일치시키려고 계획들

41 기정진, 『노사집』 권16(『표점영인 한국문집총간 vo 310), 「形質氣質說贈鄭季方」, 373쪽.

42 같은 책, 같은 글, 374쪽.

을 했지만, 오늘날의 난적은 곧바로 돌파해서 넘어서려고 합니다. 옛날의 난적들은 오히려 돌아보고 의지하려는 뜻을 갖고 있었지만, 오늘날의 난적은 다시 여지를 남기지 않으니, 애통함을 이길 수 있겠습니까? 이제 그가 남긴 글을 안목을 갖춘 이들이 모두 보기만 하면 토벌할 것인지, 그렇지 않을 것인지는 저절로 공론이 있을 터이니, 어찌 저희들의 말을 기다리겠습니까?

게다가 더욱 개탄스러운 것이 있습니다. 참판 최익현은 벽산(檗山)의 문도로서 자못 요즘의 인망을 받고 있었습니다. 그런데 그의 소견은 어긋난 것이 하나같이 여기에 이른 것입니까? 처음 그의 신도비명을 지을 때, 비록 망발하는 것에 맡겨두었다 하지만 그 뒤에 그 손자의 편지에 대답한 글에서 참으로 거리낌이 없었습니다. "성현을 스승과 벗으로 삼고, 남의 방에 창을 잡고 들어갔다", "효성도 극진 공손도 극진했고, 간사함 물리치고 이치를 밝혔다", "정자가 아니고 주자가 아니었다면 우리는 귀의할 곳이 없었다", "다행히 동덕이 있어 화산이 우뚝 솟았다"라는 등의 말은 그 사람을 추존해서 낙건(洛建)의 위로 올려 두었습니다. 이에 사론이 준엄하게 들끓어 비문을 환수하지 않을 수 없었습니다. 그럼에도 감히 '생민 이래로 사람이 많아서 하늘을 이긴지 오래다', '사론은 제목이 정중하고 남들을 제어하기에도 넉넉하지만, 나는 책상의 책들도 적적하기만 하고 스스로 밝히려 하지만 방법이 없다[士論則題目鄭重, 禦人有餘, 在我則床書寂寂, 自明無階.]', '녹권으로 능멸하고 짓밟았다[鹿拳陵踏]', '하늘까지 넘실대는 물결[滔天波浪]', '화나 복에 흔들린 것이 아니라, 스스로 벗어나려는 계책으로 삼으려는 것이다[非動於禍福, 而爲自脫之計也.]'[43]라고 했습니다. 가만히 그의 의도와 표현들을 살펴보면

43 사론은…삼았다: 이상의 인용문은 출처를 알 수 없어서 맥락을 이해하기 곤란하다. 최익현의 말로 보이지만, 현재 『면암집』에는 이런 내용이 포함된 편지나 저술이 발견되지 않는다.

오늘날의 사론을 거만하게 세상의 재앙으로 몰아대고, 자기의 처신을 하늘이 정하신 날을 기다리는 것이라고 하지만, 가릴 수가 없습니다. 아! 우리나라의 선정들이 과연 모두 이단의 학문을 했고, 기·최 두 사람만이 오히려 우리 유학의 종사라고 할 수 있단 말입니까? 그것이 옳겠습니까? 어떻게 옳겠습니까? 이것은 인간 세상 모든 일이 참으로 불가한 것이 없다는 격입니다.

또한 벽산의 심설(心說)을 생각해보면, 스스로 자기 견해를 주장하는 데서 벗어나지 못했습니다. 그럼에도 율곡을 오히려 '자(子)'라고 일컬으며 존경했습니다. 그런데 이제 기(奇)를 존경하는데 급급해서 스스로 그 스승을 모함한다는 것을 깨닫지 못하고 있습니다. 아! 또한 슬픕니다. 이것은 『춘추』의 법도에서 먼저 다스려야 한다는 조항에서 벗어나기 힘들 것입니다. 한때의 명망을 저버리는 것을 아깝게 여기다 영원한 척사의 큰 법도를 무너뜨려서는 안 될 것입니다. 엎드려 바라건대 모든 분이 힘을 합쳐 함께 토벌해서 정경(正經)으로 되돌리고, 사문이 거의 끊어지려는 명백을 부지하며, 선정들의 끝없는 은혜에 보답한다면 천만다행이겠습니다.

계묘(1903) 5월 일 통문을 보냅니다.

전승지 이설·김복한(金福漢, 1860~1924)·이정직(李貞稙, 1853~?) 등 19명

湖儒通文

李偰 外

右文爲慟先正之受辱, 慨邪說之肆行, 遍告同志, 用爲斯文事.

伏以理氣心性之說爲萬世道學之宗旨, 明乎此者爲吾儒; 悖乎此者爲異端, 明乎此而出類拔萃·繼往開來之人爲聖人; 悖乎此而認賊爲子·呵佛罵祖之類爲亂賊. 是以孔子爲聖人, 而如南華放肆之徒爲亂賊; 朱子爲聖人, 而如陽明猖狂之輩爲亂賊. 聖亦前後一揆; 賊亦古今一轍, 可勝歎哉!

嗚乎! 惟我栗谷先生, 卽我東方之聖人也. 資近生知, 學到至處, 不由師承, 洞見大原. 是故牛溪先生, 則以三代上人而贊之, 尤菴先生則合周程張朱而比之, 至我正廟聖朝, 特稱爲左海夫子以尊之彦. 蓋自道東以來, 未有盛於先生者也. 嗚乎! 愚等鹵莽蔑學, 心性理氣之訓, 雖未嘗講明, 然先生之爲聖人, 則決知其無疑矣.

竊見奇參判正鎭之蘆沙集, 近行于世, 而有所謂納凉私議及猥筆等篇, 不忍正視, 其一生家計, 惟在乎陵駕先正, 自立門戶. 蓋以理分不相離之一副話頭作爲口訣, 自處以主理之學, 而以異端主氣之目斥我先生, 有曰氣奪理位, 曰氣字家計, 曰乘之一字, 失其本旨, 其禍乃至於此, 曰有虛名而無實事, 曰奈東方理氣何, 曰若是則天下更無詖淫邪遁. 顚倒昌披, 何事不有? 曰肉疣贅蠅, 曰嗚乎可憐! 危哉! 悲夫! 曰此老不但不知氣質二字本旨, 並不識心是何物. 曰求心於氣質者蓋惑也, 願季方勿似之也. 季方者, 其徒鄭義林也. 其他悖辱無倫之說, 不一而足, 嗚乎! 古之亂賊, 猶有所挾合之計, 今之亂賊, 直欲突過, 古之亂賊, 猶有所顧藉之意, 今之亂賊, 無復餘地, 可勝痛哉! 今其遺書,具眼皆見, 則當討不討, 自有公論, 何待於愚等之言乎?

尤有所慨惋者, 崔參判益鉉, 嘗以檗山之門徒, 頗有近日之人望, 而其所見之乖剌, 一至於是耶? 始撰其人之碑, 雖或諉之妄發, 而後答其孫之書, 眞無忌憚者也. 旣以師友聖賢, 操戈入室, 盡孝盡弟, 斥邪明理, 非程非朱, 我無歸處, 幸有同德, 華山屹屹等語, 推尊其人, 躋之洛建之上, 及其士論之峻,發 而所謂碑文不得不還收, 則乃敢曰生民以來, 人衆勝天久矣, 曰士論則題目鄭重, 禦人有餘, 在我則床書寂寂, 自明無階, 曰鹿拳陵踏, 曰滔天波浪, 曰非動於禍福, 而爲自脫之計也. 竊覸其命意措辭, 則以今日之士論, 偃然歧之於世禍, 而自處則以待天定之日, 掩不得矣. 噫! 我東諸先正, 果皆異端之學, 而奇崔兩人, 獨可謂吾儒之宗耶? 其然乎? 其豈然乎? 此所謂人間萬事, 眞無所不可者也.

且念檗山心說, 未免自主己見, 然至於栗谷, 則猶稱子以尊之, 今急於尊奇, 而不覺自誣其師, 吁! 亦可哀也已. 此在春秋之法, 難面先治之律, 有不可以以一時負望之可惜, 廢萬古斥邪之大防也. 伏願僉君子, 齊力共討, 以反正經, 扶斯文幾絶之脈, 報先正罔極之恩, 千萬幸甚.

癸卯五月日 發文.

前承旨 李偰·金福漢·李貞稙等十九員.

전자명에게 답함

계묘(1903) 8월

송병순

이 글은 송병순이 1903년 8월 전우에게 보내는 편지이다. 세 부분으로 이루어져 있다. 첫째 총론 부분에서는 이이와 송시열의 사상적 동질성을 강조하고 있다. 둘째 전우의 「외필변」의 내용이 불철저하다고 조목별로 비판하고 있다. 셋째 자신의 「변외필설」에 전우가 이의를 제기한 부분에 대해 토론하고 있다. 송병순과 같은 주변 인물들의 비판에 영향을 받은 전우는 1904년 「외필후변」을 저술했다. 『심석재집』 권6에 실려 있다.

변설(辨說) 한 책은 얼굴을 씻고 반복해서 보았습니다. 널리 근거를 대면서 자세히 분석한 데다 큰 틀이 당당한 정론에서 나왔으니, 바르지 못한 이들의 미혹을 깨트리기에 충분합니다. 지난번에 보낸 내 글은 이기를 다투려는 것이 아니었습니다. 선현이 모함을 받는 것을 아파한 때문이었습니다. 내가 「외필」을 지목한 지는 오래되었지만, 문장과 어투가 본래 비뚤어진 채로 이 비방하는 의론을 내놓았기에 본래 변론을 다툴 만하지 못하다고 여겨 제쳐두고 언급하지 않았습니다. 요즘 저들은 한쪽이 주장을 내세우면 다른 이들이 화답하면서 「외필」이 참으로 율곡을 존중해서 지은 것이라고 합니다. 이 말을 듣고서 가슴은 두근거리고 몸은 새파랗게 질렸습니다. 그들의 말대로라면 태백(泰伯: 李覯, 1009～1059)의 『상어(常語)』와 예포(藝圃: 鄭厚, 1100～1160)의 『절충(折衷)』[44] 또한 모두 맹자를 존중하고 경외한 것이란 말입니까? 이 때

44 『예포절충(藝圃折衷)』을 가리킨다.

문에 결국 주·이 두 선생의 가르침과 취지를 가져다 변론한 것입니다. 변론하지 않았으면 그만이겠지만, 이미 변론을 했다면 어떻게 그 죄상을 지적하지 않을 수 있겠습니까?

보내신 편지에서 '법가에서 법률을 따지는 것'이 분수를 넘어선 것으로 비유해서 가르침을 주셨는데, 어진 사람의 관대한 덕과 기량을 알 수 있었습니다만 잘못 헤아린 데서 벗어나지는 못했습니다. 벌률로 논하자면 사람이 범죄를 저지른 것이 가볍지 않고 모은 증거가 이미 갖춰졌다면 입이 있고 귀가 있는 이들이 다함께 죽여야 한다고 하는데, 법률가의 무리들이 도리어 그들을 조금 너그럽게 보아주려고 한다면, 이것이 바로 사심입니다. 성인이 형벌을 교화의 보조 수단으로 삼았던 뜻은 어디에 있겠습니까? 저들이 편견과 왜곡된 말로 선현을 모함하면서 거리끼는 것이 없는데, 내가 감춰준다고 해도 '사승이 없는 학문은 그 폐단이 이와 같으니, 결국 명교의 죄인이 된다는 것'은 또 저들을 말하는 것이 아니겠습니까? 편지에서 또한 저들이 말하는 "전현의 의론이 지나치게 명쾌했다"라는 말만이 율옹을 가리킬 뿐이라고 했는데, 모르겠거니와 율옹의 어떤 말이 과연 '의론이 지나치게 명쾌해서' 이런 비난을 받아야 하는 것입니까? 저들은 본래 주자의 '승(乘)'자를 근원적인 병폐라고 여기고, 율옹의 여러 말을 말류의 폐단으로 여깁니다. "글자 하나가 본뜻을 잃어 기가 리의 자리를 빼앗는 데에 이르렀고, 피음사둔과 전도되고 창피한 어떤 일엔들 있지 않겠는가?"라는 등의 말은 그들이 가리키는 것을 감출 수 없습니다. 아! 안타깝습니다. 드러내놓고 주자를 배척하지는 않았지만, 율옹의 가르침이 바로 주자의 뜻이니 율옹을 가리키며 배척하는 것은 또한 주자를 침범하는 것입니다. 어떻게 주자를 존경하면서 율곡을 배척하는 것을 그 실정에 근원 한다고 하겠습니까? 보내주신 편지로 인해 속내를 펼치게 되었으니 매우 두렵습니다. 몇 가지 질정할 것을 또한 뒤에 말해 두었으니, 헤아려 살펴준다면 다행이겠습니다.

말하신 ‘마음은 리로 말하는 경우도 있고, 기로 말하는 경우도 있다’라는 뜻에 대해서는 우리 선자(先子: 송시열)께서 『주서차의』에서 상세히 풀이해서 이렇게 말했습니다. “리를 마음과 상대하여 말하면, 리는 리가 되고 마음은 기(氣)가 된다. 마음으로 형(形)을 상대하여 말하면, 마음은 리가 되고 형(形)은 기(氣)가 된다. 마음이 이 기(氣)이나 이 리를 담고 있다. 그러므로 혹 ‘리’라고 이르고, 혹 ‘기’라고도 한다.”[45] 학자들의 심설(心說)을 차례로 탐구해보면, 이처럼 명백한 가르침이 없습니다. 벽문(檗門)에서 리로만 마음을 말하는 것은 치우친 견해입니다. 양명의 ‘마음이 곧 리’라는 학설과 무엇이 다르겠습니까? 양명은 사물들이 마음에 해를 끼치는 것을 싫어해서 이 학설을 만들어내었지만, 퇴옹이 이미 엄하게 변별했습니다. 다시 의심할 필요는 없을 듯합니다.

사람들은 대부분 “기틀이 저절로 그런 것이지 그렇게 시키는 것이 있지 않다”라는 말의 뜻을 오로지 기에만 속하는 것으로 간주합니다. 그 학설이 분분하기에 외람되이 변론을 하나 지어 풀이했습니다.[46] 이제 보내신 내용을 받고 보니 또한 ‘단독으로 기를 가리킨다’라고 했습니다. 마침내 자세히 생각해 보았지만, 이전 견해를 되돌리기는 힘들었습니다. 감히 ‘스스로가 옳다’라고는 못하겠기에 이전 가르침을 깊게 믿었습니다. 주자는 움직임과 고요함이 타는 기틀을 묻자 “한 번 움직이고 한 번 고요한데, 태극의 오묘함이 있지 않은 적이 없다. 이것이 ‘타

---

45 이 구절은 『주자대전』 권52, 「답오백풍(答吳伯豐)」에 나오는 “‘이 마음이 있으면 이 형체를 갖추어 생겨난다’라고 한 것은 이치가 있은 이후에 기(氣)가 있다는 것을 말한 것입니다.[‘有是心, 斯具是形以生’, 謂有理而後有氣也.]”라는 구절을 풀이하는 부분이다. 송시열 편집, 『朱子大全箚疑』(서울: 보경문화사 영인본, 1984), 369쪽.

46 「변혹인설(辨或人說)」을 가리킨다.

는 기틀'이고, 무극과 음양·오행이 '오묘하게 합하여 엉기었다'라는 것이다"[47]라고 대답했습니다. 리가 기 가운데 있다는 뜻은 여기에서 분명히 드러납니다. 율옹은 "리가 아니면 기는 근거할 곳이 없고, 기가 아니면 리는 의지할 곳이 없다"[48]라고 했고, 또한 「천도책」에서는 "양이 빠르고 음이 더딘 것은 기요, 빠르고 더딘 소이는 리입니다. 누가 그렇게 하는 것입니까? 저절로 그렇게 되는 것이라고 말할 수 있을 뿐입니다"[49]라고 했습니다. 우리 선자께서도 "한 번 음이 되고 한 번 양이 되는 것은 기이고, 음이 되게 하고 양이 되게 하는 것은 리다"[50]라고 했습니다. 차례로 이전 가르침들을 뽑아 보아도 어느 하나 리를 떠나 기를 말한 곳이 없었습니다. 이제 여기에서 '오로기 기에 속한다'라는 것으로 간주한다면 율옹의 본뜻이 아닌 것 같습니다. 리가 어떻게 기를 버리고 독립한 때가 있고, 기가 어떻게 리를 떠나 스스로 발현하는 기틀이 있겠습니까? 그렇지 않다면 율옹이 말한 '기가 아니면 리는 의지할 것이 없다'라는 뜻은 어디로 귀결될 것이며, 우리 선자께서 '음이 되게 하고 양이 되게 하는 것이 리'라는 뜻은 어떻게 된 견해입니까? '기만을 말한다'라고 한다면 발현하는 것은 기이고, 발현하게 하는 것은 리입니다. 리와 기를 함께 말하면 기는 리를 싣고, 리는 기를 탑니다. 움직임과 고요함의 사이에서 서로 의지하면서 저절로 순환합니다. 그러므로 '기틀이 저절로 그런 것이지 그렇게 시키는 것이 있지 않다'라고 하는 것입니다. 이처럼 본 다음에야 율옹의 가르침과 우리 선자의 의도가 모두 (같은) 취지가 될 것입니다. 고명은 어떻게 생각할지 모르겠습니다.

---

47 주희, 『주자어류』 권94(『주자전서』 vol.17), 3128~3129쪽 참조.

48 이이, 『율곡전서』 권10(표점영인 한국문집총간 vol.44), 「답성호원」, 199쪽.

49 이이, 『율곡전서』 권14(표점영인 한국문집총간 vol.44), 「천도책」, 310쪽 참조.

50 송시열, 『송자대전』 권136(표점영인 한국문집총간 vol.112), 「一陰一陽之謂道」, 513쪽.

당신의 「외필변」 가운데 제 생각에 의심스러운 것이 있어서 감히 이 것을 묻습니다.

"사람이 도를 넓힐 수 있다"라는 것은 기틀이 저절로 그러한 것이요, "도가 사람을 넓히는 것이 아니다"라는 것은 그렇게 시키는 것이 있지 않다는 것이다.

○ 살피건대, "사람이 도를 넓힐 수 있다"라는 것은 곧 기의 유위입니다. "도가 사람을 넓히는 것이 아니다"라는 것은 리의 무위입니다. 율옹의 취지는 본래 이와 같습니다. 이제 '기틀이 저절로 그런 것이지 그렇게 시키는 것이 있지 않다'라는 뜻으로 가르쳐 주신 것은 타당치 않은 것 같습니다.

시키지 않으면서 시키는 것은 여전히 이 리다.

○ 살피건대, '시키지 않으면서 시킨다'라는 말과 뜻이 제대로 펼쳐지지 못한 것 같습니다.

노사는 말했다. "움직이고 고요한 것은 기이고, 움직이게 하고 고요하게 하는 것은 리다. 움직이게 하고 고요하게 한다는 것이 소이연이 아니고 무엇이겠는가?"

○ 살피건대, '움직이고 고요한 것은 기이고, 움직이게 하고 고요하게 하는 것은 리'라는 것은 율옹의 말입니다. 노사가 율옹의 말을 들어서 거꾸로 '기틀이 저절로 그런 것이지 그렇게 시키는 것이 있지 않다'라는 취지를 배척한 것입니다. 「외필변」에서 이 말을 기를 리로 인식하는 것이라고 귀결시킨 것은 아마도 제대로 살피지 못한 것 같습니다. 사람의 글을 보면서 먼저 그 주된 뜻의 명맥을 탐구한 다음에 그 시비를 논해야 비로소 괜찮을 것입니다.

주자가 "리에 움직임과 고요함이 있다. 그러므로 기에도 움직임과 고요함이 있다"[51]라고 한 구절에 고명께서 주를 달아 '하나는 리에 속하고

하나는 기에 속하는 것이 아니다'라고 했습니다.[52]

○ 살피건대, "리에 움직임과 고요함이 있다"라는 것은 근본을 미루어 본 뜻이고, "기에도 움직임과 고요함이 있다"라는 것은 유행을 따르는 뜻입니다. 이제 주석을 하면서 기에만 소속된다고 하는 것은 옳지 않은 것 같습니다. 주자는 또 말했습니다. "리에 움직임과 고요함이 없다면 기가 무엇에 근거하여 움직이고 고요하겠는가? 우선 눈앞의 것을 가지고 논해 보면, 인(仁)은 곧 움직임이요 의(義)는 곧 고요함이다." 이 가르침을 본다면 아마도 기에만 속하는 것으로 보는 것은 타당치 않은 것 같습니다.

'이발' 두 글자가 오늘날 크게 금기시되고 회피되는 말이 되어버렸다.

○ 살피건대, 「외필」에는 '금일(今日)' 뒤에 '학사가(學士家)' 세 글자가 있습니다. '금일'이라고 한 것은 빌려 쓴 표현이요, '학사'는 율옹을 가리킵니다. — 율옹이 과거에 급제했기 때문에 '학사'로 지칭한 것입니다. 이것은 하서를 '학사'로 부르는 것과 같은 어투입니다.— 그 뒤의 문답하는 말을 살펴보면 분명합니다. 「외필변」에서는 '학사가' 세 글자를 빠트렸으니, 박절하게 넘보고 핍박하려는 것을 감춰주려는 것이 아닙니까?

---

51 "리에 동정이 있기 때문에 기(氣)에 동정이 있는 것이니, 만일 리에 동정이 없다면 기가 무엇에 근거하여 동정이 있겠습니까? 우선 눈앞의 것을 가지고 논해 보면, 인(仁)은 곧 동(動)이요 의(義)는 곧 정(靜)이니, 이것들이 또 어찌 기와 관계가 있겠습니까?[理有動靜, 故氣有動靜. 若理無動靜, 則氣何自而有動靜乎? 且以目前論之, 仁便是動, 義便是靜, 此又何關於氣乎?]" 주희, 『회암선생주문공문집』 권56(『주자전서』 vol.23), 「答鄭子上」, 2687쪽.

52 현재 이 구절은 문집총간본 『간재집』에 실린 「외필변」에는 누락되어 있다. 1903년 정재규가 지은 「외필변변」에는 누락된 구절의 내용이 다음과 같이 수록되어 있다. "此朱子所謂理有動靜 (謂理有此氣動靜之理, 非謂理先自有動靜也. 此句, 前後讀者, 多不察而領會也.) 故氣有動靜者也.(上下兩動靜, 皆指氣言, 非一屬理一屬氣, 而有兩箇動靜也.)"

기발이라고 하더라도 또한 이발이라고 할 수 있다.

○ 살피건대, 율옹은 이발이란 말을 병폐로 여겼기에, 늘 성정을 말할 때면 '기발이승일도'라고 했을 뿐이었습니다. 이제 이발을 함께 말하는 것은 율옹이 주장한 것의 본뜻을 잃은 것 같습니다.

제 「변설」에 논변해 주신 것을 이제 다시 질정합니다.

주자는 말했다. "천리는 저절로 그렇다." 또 말했다. "리가 저절로 이와 같다."

○ 살피건대, 이 두 '리'자는 통상적인 리가 이와 같음을 일반적으로 가리킨 것이지, 기와 대대(對待)한다는 측면에서 말하는 것이 아닙니다. 그러나 앞 단락에서 인용한 '움직임과 고요함은 서로 대대한다'라는 설명은 타당치 않은 것 같습니다. 그러므로 주자의 다른 가르침 가운데 '천하에 리가 없는 기는 없고, 또한 기가 없는 리는 없다'라는 열다섯 자로 고쳤습니다. 노사의 병폐는 리와 기를 서로 떨어진 것으로 본다는 데 있으니, 그 증상에 따라 약을 쓰려면 리와 기가 혼합되어 있다는 것보다 나은 게 없습니다. 그러므로 이 가르침을 인용해서 변론한 것입니다. 이제 율옹이 근본한 것이 아니라는 가르침을 받고 보니 모르겠습니다만 율옹의 본래 뜻이 언제 주자의 가르침과 서로 어긋난 곳이 있었습니까? 주자는 "리가 있으면 곧 기가 유행하여 (만물을) 길러 준다"[53]라고 했고, 율옹의 "동정은 이것이 타는 기틀이다"라는 말은 그 이미 그러함[已然]을 보고서 말한 것입니다. 움직임과 고요함은 단서가 없고, 음과 양은 시작이 없으니, 리와 기의 유행이 모두 이미 그러한 것일 뿐입니다. 어찌 아직 그렇지 않은[未然] 때가 있겠습니까"[54]라고 했습니다. 두 선생이 가르친 것이 부절을 합친 듯한데 어째서 고명은 이를 살피

53 주희, 『주자어류』 권1(『주자전서』 vol.14), 114쪽.

54 이이, 『율곡전서』 권10(표점영인 한국문집총간 vol.44), 「답성호원」, 211쪽.

지 못하고 이렇게 말하는 것입니까?

이기의 유행은 저절로 그런 것이지 다른 물건이 그렇게 시키는 것이 아니다.

○ 보내신 편지에서는 '그렇게 시키는 것이 있지 않다는 뜻은 단독으로 기를 가리키고, 이기의 유행을 아울러 말하는 것은 율옹의 본뜻이 아닌 것 같다'라고 했습니다. 가르쳐주신 내용대로라면 이 기는 곧 리가 없는 기입니다. 또한 어떻게 율옹의 본뜻이겠습니까? 하물며 이기의 유행은 이미 율옹의 정확한 가르침이 있으니, 인용이 또한 마땅하지 않겠습니까? '저절로 그런 것이다'라고 할 때의 기틀이란 리가 타는 것입니다. 그 기틀이 저절로 순환하기에 '저절로 그렇다'라고 하는 것입니다. '그렇게 시키는 것이 있지 않다'라는 한 구절은 '저절로 그렇다'라는 뜻을 이어받아서 풀이한 것입니다. 어리석은 제 생각으로 보기에는 다른 뜻이 없는 것 같습니다.

천명의 유행은 곧 이기의 경유처이다.

○ 보내신 편지는 이 구절을 '마땅히 더 생각해보아야 한다'라고 했습니다. 이것은 또한 이기를 아울러 말하는 것을 병폐라고 여겨서 그러는 것입니까?

노사는 마차가 뒤따른다는 것으로 주자의 '승(乘)'자를 비난했다.

○ 노사는 오로지 '승'자를 병폐로 여기기 때문에 마차가 뒤따른다는 비유를 만들어서 "태극·움직임과 고요함이란 본래 평이한 말이요, 주자는 주해(註解) 안에 '소승지기(所乘之機)'란 네 글자를 붙여두었다"라고 했습니다. '귀인이 길을 나선다'라는 것은 태극의 움직임과 고요함을 비유한 것이요, '마차가 뒤따른다'라는 것은 소승지기를 비유한 것입니다. 이것이 폄훼하고 꾸짖는다는 뜻이 아닙니까? 심지어 그 뒤의 문장에서는 주자를 가리켜서 배척하지 못하고 다만 "그 이유를 궁구해보면 '탄다'라는 말이 그 본뜻을 잃었다"라고만 했을 뿐이니, 이 또한 몰래 주자

를 비난하려는 뜻입니다. “번번이 리가 가벼워지고 기가 무거워지다가 곧바로 기가 리의 자리를 빼앗았다”라고 한 것은 드러내놓고 율옹의 기발이승이란 뜻을 배척한 것입니다. “한 글자가 본뜻을 잃자, 그 재앙이 여기에 이르게 되었다”라고 한 것도 두 선생의 ‘승’자의 가르침을 통틀어 배척한 것입니다. 명명한 의도와 맥락이 환해서 감출 수 없는데, 당신의 편지에서는 이것을 폄훼하고 꾸짖는 말이 아니라고 하시니, 진실로 깊이 미혹된 것입니다.

答田子明

癸卯 八月

宋秉珣

辨說一冊, 盥手讀回, 博據細析, 槩出於堂堂正論, 足破了蠹淫之衆惑也. 向進鄙說, 非欲以理氣爭也. 痛先賢之受誣也. 愚於猥筆目之雖久, 而文章口習, 本自喝邪了, 發此觝毁之論, 固無足爭辨, 置之不道矣. 近日彼邊之雄唱雌和者, 乃以猥筆眞尊栗谷而作. 聞來不覺心悸身青. 假如其言, 泰伯之常語·藝圃之折衷, 亦皆尊畏孟子者耶? 遂竊取朱·李兩先生訓旨以辨之. 不辨則已, 辨則豈可無核其罪乎?

尊踰[55]以法家勘律之過分, 比而爲敎, 可見仁人之寬大德量, 亦未免失之恕也. 以律論之, 人之負犯不輕, 招證已具, 爲有喙有耳者之所共誅, 而法家者流反欲縱, 舍之則便是私也, 聖人以刑弼敎之意, 安在哉? 盖彼以偏見曲說, 詆誣先賢, 無所忌憚, 則余隱之, 所謂學無師承, 其蔽也如此, 卒爲名敎之罪人者, 亦非彼人之謂耶? 尊諭又以彼所謂發之太快, 爲但指栗翁, 未知栗翁何語, 果爲發之太快, 而受此非詆耶? 彼固以朱子乘字爲源頭之病, 以栗翁諸說爲末流之弊. 盖觀於一字之失其本旨, 以至氣奪理位, 詖淫邪遁矣. 顚倒昌披, 何事不有等語, 則難掩其所指也. 噫嘻, 痛矣! 雖不顯斥朱子, 而栗翁之訓, 乃朱子之旨也, 則詆斥栗翁, 便亦侵犯朱子也. 何可以尊朱斥栗, 原其情乎? 敢因來敎仰暴, 甚悚甚悚. 多少可質者, 又在夾陳, 幸賜亮察焉.

所詢心有以理言者; 以氣言者之義, 吾先子嘗詳釋於朱書箚疑, 曰 "以理對心而言則理爲理而心爲氣; 以心對形而言則心爲理而形爲氣

55 踰: 문맥상으로 보면 '諭'의 오자로 보인다.

'蓋心雖是氣而該貯此理; 故或謂理或謂氣." 歷究諸家心說, 無如此訓之明白. 檗門之專以理謂心者, 乃偏見也. 與陽明心卽理也之說, 何異耶? 陽明厭事物之爲心害, 創爲此說, 退翁之辨斥, 已嚴矣, 不必更疑也.

人多以機自爾非有使之之義, 專屬氣看, 其說頗紛紜, 故猥有一辨解矣. 今承尊諭, 亦以爲單指氣, 遂更思繹, 難回前見, 非敢曰自是也, 乃深信前訓也. 朱子答動靜乘機之問, 曰 "一動一靜, 而太極之妙未嘗不在焉. 此所謂 '所乘之機', 無極·二五所以 '妙合而凝' 也." 蓋理在氣中之指, 於斯躍如矣. 栗翁曰 "非理則氣無所根柢, 非氣則理無所依著." 於天道策曰 '陽速陰遲者, 氣也, 所以速所以遲者則理也, 孰使之然也, 不過曰自然而然爾.' 吾先子曰 "一陰一陽者氣也, 而使陰使陽者理也," 歷選前訓, 無一處離理說氣. 今於此訓, 專屬氣看, 則恐非栗翁本旨, 理豈有捨氣獨立之時? 氣豈有離理自發之機乎? 若曰不然, 則栗翁所謂非氣則理無所依著之指, 將何以歸宿? 吾先子所謂使陰使陽之義, 將何以見解耶? 若單言氣, 則發者, 氣也; 使之發者, 理也. 並言理氣, 則氣載理; 理乘氣, 動靜之間, 常相依而自然循環, 故曰機自爾非有使之者也. 如是看之, 而後栗翁之旨·吾先子之意, 皆可得歸趣矣. 未知高明以爲如何?

盛辨中有瞽見之可疑者, 敢此奉質.

人能弘道, 機自爾也; 非道弘人, 非有使之也.

○ 按, 人能弘道, 卽氣有爲也; 非道弘人, 卽理無爲也. 栗翁之旨, 固如是矣. 今以機自爾非有使之之意諭之者, 恐未襯當.

不使之使, 則依舊是理也.

○ 按, 不使之使, 語意未暢.

蘆沙曰 "動者靜者, 氣也, 動之靜之者, 理也, 動之靜之, 非所以[56]

56 所以: 「외필」 및 「외필변」의 원문에 의하면 '使之'로 써야 한다.

然而何?"

○ 按, 一動一靜者, 氣也, 動之靜之者, 理也, 卽栗翁雪也. 蘆沙擧栗翁說, 反斥機自爾, 非有使之之旨也. 盛論以此語歸之認氣爲理者, 恐失照勘. 大抵看人文子, 先究其主意命脈, 而後辨其是非始得.

朱子所謂理有動靜下, 高明註以非一屬理一屬氣.

○ 按, 理有動靜者, 推本之義也; 氣有動靜者, 沿流之義也. 今註釋專屬於氣, 恐未然. 朱子又曰"若理無動靜, 氣何自而有動靜乎?"以目前論之, 仁便是動; 義便是靜. 觀此則恐不當專屬氣看.

理發二字, 爲今日一大禁避語.

○ 按, 猥筆"今日"下有"學士家"三字. "今日"云者, 假託之辭, 學士, 卽指栗翁也.—栗翁嘗登第, 故乃利學士指稱. 此與稱河西以學士同一語套也.— 觀其下文問答之辭, 則可昭然矣, 而盛辨去學士家三字者, 無乃俾掩其迫切侵逼之意歟?

雖氣發, 亦可謂之理發.

○ 按, 栗翁以理發之語病之, 故每說性情之閒, 有氣發理乘一道而已. 今兼言理發, 恐失栗翁立論之本旨也.

鄙辨中蒙鐵論者, 敢此更質.

朱子曰天理之自然. 又曰理自如此.

○ 按, 此兩理字, 泛指商理之如此, 非與氣對待之謂也. 然上段所引動靜相爲對待之說, 似不襯當, 故以朱子他訓中'天下未有無理之氣, 亦未有無氣之理'十五字換改. 蓋蘆似之病在理氣相離看, 則其對證投劑, 莫如理氣混合之要, 故輒引此訓辨之, 而今承非栗翁所本之諭. 未地栗翁本旨, 曷嘗有與朱訓相左處乎? 朱子曰"有理便有氣, 流行發育."栗翁又曰 動靜所乘之機者, 見其已然而言也. 動靜無端, 陰陽無始, 則理氣流行, 皆已然而已. 安有未然之時乎? 兩先生所訓, 如合符契, 豈高明未及照管而有此諭耶?

理氣之流行, 固自然而然, 非他箇物所使也.

○ 盛諭以非有使之之意爲單指氣, 而以並言理氣爲非栗翁本旨. 若如所諭, 則是氣也, 便無理之氣也. 亦豈栗翁本旨耶? 況理氣流行, 旣有栗翁的訓, 則引用不亦宜乎? 蓋機自爾之機, 卽理所乘也. 其機自然循環, 故曰自爾也. 非有使之一句, 卽承自爾之義而釋之也. 以瞽見觀之, 恐無他義.

天命之流行, 卽理氣之關由.

○ 盛諭以此句爲合商量, 抑亦以幷言理氣爲病而然歟?

蘆沙先以車馬騶從, 譏朱子乘字.

○ 蓋蘆沙專以乘字爲病, 故假設車馬騶從之譬, 而曰太極動靜, 本是平坦語, 而朱子於註解中著所乘之機四字云云, 所謂貴人出, 卽以太極動靜譬之也. 車馬騶從, 卽以所乘之機譬之者也. 此非貶譏之意耶? 至於下文不敢指斥朱子, 而但云究厥端由, 原於乘字失其本旨, 此亦隱譏朱子之意耶. 駸駸致得理輕而氣重, 直至氣奪理位云云者, 顯斥栗翁氣發理乘之義也. 又一字之失其本旨, 其禍乃至於此云云者, 通斥兩先生乘字之指也, 其命意語脈, 昭昭難揜, 而盛諭以此爲非貶譏之辭者, 實所訝惑之甚也.

최면암에게

계묘년(1903) 9월

유인석

이 글은 유인석(柳麟錫, 1842~1915)[57]이 1903년 9월 최익현에게 보내는 편지이다. 1902년 「노사집」의 중간을 계기로 본격화된 외필논쟁을 바라보는 화서학파 내부 인물의 한 입장을 보여주고 있다. 그의 기본 입장은 「외필」이 '의리를 강론해서 밝히는 데 지나치게 서두르느라 깨닫지 못하는 사이에 선현을 존중 경외하는 체제를 잃어버렸다'는 것이다. 반면에 기정진의 학술적 위상 자체는 "문장과 기절이 우뚝했고, 척사와 양이의 공을 겸했으니 뒷사람이라면 마땅히 그의 문장과 말의 실수를 헤아려 주고, 선배로서 공경할 만한 반열에 두어야 할 것"이라고 평가하고 있다. 『의암집(毅菴集)』 권6에 실려 있다.

9월입니다. 몸은 건강하시고, 나라와 도를 걱정하는 마음가짐은 어떠십니까? 저는 죽지도 못한 채로 늘 병에 시달리지만, 쓸데없는 나라 걱정일망정 간절하기만 합니다. 고향으로 돌아가느라 여정이 바쁜 탓에 아쉬운 점이 많습니다. 중간에 사우들을 따라서 청성묘(淸聖廟)·대로사(大老祠)[58]에서 강론을 했고, 향음주례를 세상을 떠난 가정(柯亭: 柳重教, 1832~1893) 종숙(從叔)의 유실(遺室)에서 올렸는데, 슬픔을 누를 수 없었습니다. 모이는 사람들은 매번 300여 명이었는데, 의관을 갖춰 입었다지만, 세상의 삿된 것에 대항하는 데야 일조를 하기에 충분하겠습

57 자는 여성(汝聖), 호는 의암(毅菴) 본관은 고흥(高興)으로, 강원도 춘천 출신으로 이항로의 문인이다.

58 송시열(宋時烈)의 사당이다. 1785년(정조9) 9월에 왕명으로 영릉(寧陵) 즉 효종(孝宗)의 능이 있는 여주(驪州)에 세웠다. 정조가 편액(扁額)의 글씨를 직접 써서 사액(賜額)했다.

니까? 『중암집(重菴集)』을 간행하는 일은 제가 서쪽에서 시작해서 어느 정도 진행했습니다. 지난번에 통장(通狀)으로 거듭 명하신 것을 받았습니다. 계산해보니 겨울 즈음에 일을 시작해야겠기에, 돌아오는 여정이 촉박했던 것은 이 때문이었습니다. 운담(雲潭)의 유택(遺宅)[59]은 홍봉곡(洪鳳谷: 洪鍾善)이 지성으로 힘을 쓰고 있으니, 오래도록 (보존하면서) 다른 사람의 것이 되지 않도록 한다면 매우 다행스러운 일일 것입니다. 화옹(華翁)이 남긴 많은 일들은 태집사께서 계사를 만들자고 주장해서, 끝내 이뤄내실 것을 기약했으니, 이것은 어떤 큰 성의와 큰 역량입니까? 탄복하고 탄복합니다! 다만 원하는 것은 세상일 사이에서 틈을 내고 겨를을 내어 빨리 죽기 전에 완성을 보는 것일 뿐입니다.

남쪽 지방이 시끄러운 것은 끝나지 않았다고 들었습니다. 시비와 득실이야 제쳐 두더라도 이적과 사설들이 끝없이 횡행하는 가운데 피폐한 유문(儒門)이 자질구레한 것까지 서로 공격해대느라 다시 격식이라고는 찾아볼 수 없고 보존할 가망도 없으니, 이것이 어떤 시절입니까? 통탄하고 통탄합니다. 태집사께서 「신도비명」을 지어서 풍파를 일으킨 데다 (이마저도) 환수하는 지경에 이르렀으니, 매우 불행한 일입니다. 글을 지어 보내서 두 측에 모두 잘못이 없게 해야만 체면을 세울 수 있을 것입니다. 이미 지난 일을 잘못했으니 나중에라도 오히려 뒤쫓으시겠습니까? 아끼고 걱정하는 마음에 이렇게 아뢲니다.

저는 치우친 한 지역에 지내느라 양쪽의 글을 자세히 보지는 못하고, 다만 노사의 「외필」 한 두 단락을 절록한 것을 보았을 뿐입니다. 그 시비를 개괄적으로 논하자면 의리를 강명하고 선현을 존중 경외하는 것은 주자의 가르침이요, 주자가 이미 실천한 것입니다. 후학들은 정자가 이 두 가지를 어긋나지 않게 실천한 방법을 본받아야 합니다. 그런데

59 김평묵이 만년에 지낸 동음(洞陰)의 운담(雲潭)에 있는 집을 가리킨다.

지금 「외필」은 의리를 강명하면서 선현을 존중 경외하는 체제를 결여하고 있으니, 이것이 사람들이 놀라고 시끄러운 일이 나타나게 된 발단입니다. 농암(農巖)과 지촌(芝村: 李喜朝, 1655~1724)도 율곡선생의 가르침을 의심하고 동이를 논한 것이 매우 많았지만, 시끄러운 적이 없었던 것은 존중 경외하는 체제를 유지했던 것은 지금이라고 그 까닭을 모르겠습니까? 노사의 문인이라고 한들 이런 뜻을 알아야 할 것입니다.

또한 노사는 평생 독서했으니, 어찌 세교에 보탬이 되는 한 두 가지가 없겠습니까? 그러나 학문의 전체라면 어떻게 갑자기 퇴·율 선생 등이 곧장 정·주의 대통을 이은 것과 같은 반열에 두겠습니까? 그러나 노선생(老先生: 이이)이 "박문과 약례를 병행해서, 하나로 모아 대성해서"[60] 우리 동방의 성인이 되셨다는 것은 사람들이 모두 알고 있습니다. 우리나라 서인(西人)의 학문이 연원과 조종으로 여기지 않는 이가 없습니다. 노사는 서인으로서 또한 연원과 조종으로 생각한다면, 존중하고 사모하는 마음이 어찌 사람들이 모두 알고 있는 것의 밖에서 나왔을 것이며, 바깥으로 나타난 그의 문장 또한 어떻게 존경하고 사모하는 마음이 없겠습니까? 그렇지 않다면 이것은 상리가 아닙니다. 노사 또한 어떻게 전혀 상리가 없었겠습니까? 이제 「외필」이 강론하고 밝히는 것을 지나치게 서두르느라 깨닫지 못하는 사이에 존중 경외하는 체제를 잃고 큰 잘못을 저지르게 된 것 같습니다.

또한 노사의 문장과 기절이 우뚝했고 척사(斥邪)와 양이(攘夷)의 공을 겸했으니, 뒷사람이라면 마땅히 그의 문장과 말의 실수를 헤아려 주고, 선배로서 공경할 만한 반열에 두어야 할 것입니다. 우리나라의 아름다운 풍속은 선배를 귀하게 공경합니다. 예를 들어 회재는 보망장(補亡章)

60 송시열, 『송자대전』 권171(표점영인 문집총간 vol113), 「紫雲書院廟庭碑銘(竝序)」, 580쪽.

을 빼버리고 주자와 이설을 세우고 『대학』의 종지에 어긋나는 점이 있었습니다다. 그러나 퇴계 이후의 학자들이 그의 잘못을 논하기는 했지만 또한 매우 공경했습니다. 이제 노사라고 해서 홀로 그의 장점을 택하고 그의 단점을 헤아려 줄 수 없겠습니까? 하물며 오늘날은 어떤 날입니까? 인군은 욕을 당하고 정비는 시해를 당했습니다. 한 나라의 신민으로서 애통함과 원통함이 끝이 없고 또한 피와 골육에 원한이 사무침도 끝이 없는데, 아직 원한을 씻지도 못하고 있습니다. 중화의 맥과 성현의 전통이 우리나라에 깃들어 있는 것을 선정들이 지성으로 보존한 것이 천하에 예의를 갖춘 나라가 된 까닭이었습니다. 이제 이런 것들이 흔적도 없이 무너지는 데도 지탱하지 못하고, 조종들의 올바른 나라가 이적이 되어가고 또한 망해가는 데도 구원하지 못하며, 부모가 주신 몸이 짐승이 되고 또한 죽어가는 데도 계책을 마련하지 못하고 있습니다. 과거에 만난 적이 없었던 매우 혼란한 시대를 만났고, 과거에 만나지 못했던 매우 혼란한 일들을 만났습니다. 우리 인류와 학생을 아끼는 이라면 서로 구원하기를 (남북으로 떨어진) 호나라·월나라 사람이 한배에 타고서 풍우를 만난 것처럼 서둘러야 함에도, 어째서 서로를 해치고 다치게 하는 것입니까? 형세를 스스로 고립시키고, 그 재앙을 앞당기며 구휼하지 않으니 참으로 괴이한 일이요 알 수 없는 일입니다. 마치 노선생이 동서 분당을 조정하면서 했던 것처럼 공정한 마음과 큰 역량을 갖춘 이가 나타나 구제하지 않는다면 결국 어찌되겠습니까? 노선생이 오늘날의 시대 오늘날의 형세에 태어나셨더라면 틀림없이 무언가를 하셨을 것이지만 아마도 오늘날과 같은 시끄러운 일을 하지는 않았을 것입니다. 저는 궁벽한 시골로 돌아가서, 그 소란스러움과는 상관이 없습니다만 걱정하는 마음에 애가 탈 뿐입니다.

이 밖에도 아뢰고 싶은 것이 있습니다. 태집사께서는 지위와 명망이 높으십니다. 여러 집안에서 행장류의 글을 청하는 글이 많이 몰려들 것입니다. 반드시 허락하는 데 신중하고, 표현을 삼가셔서 글을 원하는 이들의 마음을 기쁘게 하려는 일이 없기를 바랍니다. 다른 사람들은 이 때문에 의심하는 경우가 있을 수 있기 때문이니, 더욱 맹렬히 살피시기를 바랍니다. 봉곡(鳳谷)이 태집사를 찾아간다고 해서 노상에서 이것을 토론하다 편지를 쓰느라 바쁜 탓에 제대로 갖추지 못했습니다. 살펴 주십시오.

與崔勉庵

癸卯九月

柳麟錫

伏惟霜令, 台體萬安, 憂國憂道, 作如何心, 麟錫恒病不死, 㳄室無益之憂, 不能不切. 作故鄕行, 行期偬遽, 多情缺處, 間隨士友, 行講於淸聖廟·大老祠, 行飮禮於柯亭先從叔遺室, 不勝感愴. 會員每爲三數百, 衣冠成儀, 足爲抗世邪之一助耶? 重翁集刊印事, 自麟錫西爲初, 有所經營, 向來承通狀重命, 計於冬間始役, 行期偬遽, 爲是故也. 雲潭遺宅, 洪鳳谷至誠宣力, 不永作他人物, 極是幸事. 華翁後事許多者, 台執事主張設禊, 期終有爲, 此何等大誠意大力量? 欽服欽服! 只願世故容隙借暇, 須臾無死而得見完就也.

南中紛紜, 聞不停息, 是非得失且置, 當此夷獸淫邪懷襄罔極之中, 至殘儒門, 自相攻擊片片破碎, 無復形樣, 無望保存, 此何氣候? 痛歎痛歎! 台執事有作墓銘, 惹生風波, 至於還收之境, 極是不幸. 竊觀銘語, 果是做錯不少, 容致人言, 而若其還收, 亦恐未當, 愚意人言來時, 卽謝其做錯, 改爲適當措辭而送之, 俱無失於兩邊, 乃成體面. 雖失旣往, 後尙可追耶? 相愛相憂之極, 有此奉告. 愚僻在一隅, 未得詳見兩邊文字, 只看蘆沙猥筆一二段節錄者, 槩論其是非, 則講明義理, 尊畏先賢, 是朱子之訓, 而朱子已行之, 程子則後學宜法其並行不悖之道矣. 今猥筆因講明而欠尊畏之體, 殊使人不能無駭然而有致紛紜之苗脈也. 農巖·芝村於栗谷老先生之訓, 存疑而異同者甚多, 而曾無紛紜, 以其存尊畏之體也, 今可不知其故耶? 雖蘆沙門人, 宜會此意也.

且蘆沙平生讀書, 豈無一二有助世敎者, 至於學問全體, 豈可遽班之退栗諸先生之直承程朱大統耶, 然老先生之博約齊頭, 集而大成, 爲我東之聖人, 人皆知之矣. 我東西人學問, 莫不淵源祖宗之矣. 蘆沙爲西人而亦淵源祖宗焉, 則其尊慕之心, 豈出於人皆知之外? 外他文字, 豈其無致尊慕之心者耶? 不然則非常理也, 蘆沙豈亦全無常理耶? 今猥筆似亦出於講明太急, 而不覺其爲欠尊畏而致大何也.

且蘆沙文章氣節卓行, 兼有斥邪攘夷之功, 後人宜亦恕其文過語失而置之前輩可敬之列也. 我東美俗, 貴敬前輩, 如晦齋脫去補亡章, 立異朱子, 有違大學宗旨, 而退溪以下雖論其失而亦極敬之. 今於蘆沙, 獨不可取其長而恕其短乎? 况今日何日, 辱君弑妃, 一國臣民, 哀痛憤寃, 罔極又罔極之血怨骨讎, 莫之報雪. 華脈聖緖, 寄寓我東, 先王先正, 至誠保存, 所以爲天下禮義之邦者. 今將壞滅無痕而莫之扶持, 祖宗正邦, 將爲夷且亡而莫之有救, 父母遺身, 將爲獸且死而莫之爲計, 當萬古天下所不當之萬極時節, 遭萬古天下所不遭之萬極境界, 哀我人類學生, 急急相救, 當如胡越人之遇風同舟, 奈之何自相殘害, 自孤其勢, 自速其禍而莫之恤也, 誠亦異矣, 不可知也. 無大公心大力量人出而調劑, 如老先生調停東西分黨之爲, 則末如之何矣? 使老先生在今時處今境, 則必有所爲, 而恐不暇爲今日之紛紜也. 麟錫將歸處一隅, 無關於其紛紜, 而惟憂心則耿耿也.

又有所仰告者, 台執事位高望重, 人家狀德文字必多至, 須宜重其諾謹其辭, 無或取悅其求者之情也. 人或有以此疑之者, 乞加猛省焉. 鳳谷將就門屛, 路上討此有書, 倥傯不備, 伏惟尊照.

기참봉—우만—에게 보냄

계묘(1903)

김훈

이 글은 김훈(金勳, 1836~1910)[61]이 1903년 기우만에게 보낸 편지이다. 김훈의 성리학은 한편으로는 송내희와 임헌회를, 다른 측면에서는 기정진의 영향을 받았기에 노사학파 내부의 다른 문인들과 달리 「외필」에 비판적이었다. 본문에서도 김훈은 「외필」의 두 단락을 비판하고 있는데, 이것은 한창 외필논쟁이 격화되고 있던 1903년 노사학파 주변에서 「외필」의 내용을 둘러싼 이해가 일치하지 않았다는 것을 보여주는 증거 가운데 하나이다. 『동해집(東海集)』 권2에 실려 있다.

이 소란이 있은 뒤로 마음이 타는 듯해서 잠자리에 들거나 음식을 먹거나 앉아있거나 누워 있거나 조금도 풀리질 않았습니다. 요사이 비로소 율옹의 본래 편지를 구해서 자세히 음미해보니, 그 편지는 결코 천명을 알지 못한 것이 아닙니다. 움직이다 고요하고, 고요하다 움직일 때 태극이 이미 갖추어졌으니, 이미 움직임과 고요함의 경계에 이르렀다면 움직임 또한 태극의 움직임이요, 고요함 또한 태극의 고요입니다. 그 움직임과 고요함은 모두 태극이 저절로 그런 것이지 따로 그렇게 시키는 다른 것이 있지 않습니다. "리가 움직임에 탄다"라고 하고, "리가 고요함에 탄다"라고 한 것도 태극에서 그 타고 있는 것을 말한 것입니다. "태극은 본래의 오묘함이다." "움직임과 고요함은 타는 기틀이다"

61 전남 함평(咸平) 출신으로 본관은 광산(光山), 자는 자원(子元) 호는 지장재(智藏齋), 혹은 동해(東海)이다. 원래 송래희(宋來熙, 1791~1867)에게 성리학을 익혔으나, 나중에는 기정진과 임헌회 등에게서도 수학했다.

라고 하고 이어서 그 뒤에서는 "음이 고요하고 양이 움직이는 소이가 리이다"라고 했으니, 여기에 이르러서야 태극이 그렇게 시킨다는 것이 모두를 포괄할 수 있습니다. 그리고 '태극이 움직여 양을 낳고, 고요해서 음을 낳는다'라는 등의 여러 가지 말로 이리저리 설명한 것들이 서로 스며들었으니 그 편지가 평범하게 '저절로 그러함'을 말한 것 같지만, '저절로 그런 것이지 따로 시키지 않는다'라는 가운데 천명은 거기에 자재(自在)하지 않은 적이 없습니다.

어떤 이는 그 편지에 '천명'이란 글자가 없다고 하는데, 이것을 고집해서 말하는 것도 오히려 안 될 일입니다. 「태극도설」에도 이 글자는 없지만, 주자의 주에서는 "태극에 움직임과 고요함이 있는 것은 천명의 유행이다." "'한 번 움직이고 한 번 고요함이 서로 그 뿌리가 된다'라는 것은 천명이 유행하면서 그치지 않는 것이다"[62]라고 했습니다. 이것은 「태극도설」에 '천명'이란 글자가 없지만, '움직임과 고요함[動靜]'이란 글자가 이미 천명의 의미를 포함하고 있다는 뜻입니다. 이 편지에서 '음이 고요하고 양이 움직인다'라고 해서, 이미 '움직임과 고요함'이란 글자를 말했으니, 아마도 같은 사례일 것입니다. 천 번 만 번을 생각해 보아도 (「외필」에서 그런 것처럼) '그렇게 시키는 것이 있지 않다는 구절에서 천명이 이미 그쳐 버렸다'라고 말할 수 없다는 것이 분명합니다.

또 한 가지 증거가 있습니다. 『근사록』에는 "천지 만물의 리는 홀로인 것이 없고 반드시 짝이 있는데, 이것은 모두 저절로 그런 것이지 (누군가) 안배한 것이 아니다"라는 말이 있습니다.[63] 이 조목과 작은 차이도 없는 것 같습니다. '저절로 그래서 그렇다[自然而然]'라는 것은 곧 '저

62 주희, 『태극도설해』(『주자전서』 vol.13), 72쪽.

63 이 구절은 『근사록』 권1, 「도체(道體)」에 실려 있는데, 『하남정씨유서』 권11, 46 조목을 인용한 것이다.

절로 그렇다[自爾]'라는 뜻입니다. '안배한 것이 아니다[非有安排]'라는 것은 '그렇게 시키는 것이 있지 않다[非有使之]'라는 뜻입니다. 몇십 년을 스승으로 섬겼는데[64], 조금이라도 공정치 못한 말로 침범하고 넘보겠습니까? 모시고 있을 때 질문하지 못한 것이 한스러울 뿐입니다. 선생의 탁월함은 남들이 엿볼 수 있는 것을 제외하면 그때 나이 80이었습니다. 정신이 흐리고 몸이 쇠약해져 과거의 역량은 아련하게 꿈속의 얘기인양 했습니다. 이 때문에 여기에 이르게 된 것 같습니다. '기를 리와 짝지어 제시해서 이기(理氣)라고 부른 것은 결코 성인의 말이 아니다'라는 한 단락은 더욱 선생의 정론[宿見]이 아닌 것 같습니다. 이기를 함께 말하는 것은 예를 들어 "사람이 태어나면서 기를 품부받으니 리에 선과 악이 있다"[65]라는 것은 명도의 말입니다. 주자는 '기로 형체를 이루고 리 또한 부여된다'[66], '리와 기에 대해서는 이천의 설명이 좋다'[67]라고 했습니다. 이와 같은 종류들은 일일이 말하기도 힘듭니다. '틀림없이 성인의 말이 아니다'라는 한 단락에서 나머지 단락을 미루어 징험할 수 있습니다.

존형의 풍부한 식견으로 일찍부터 알고 계셨을 터인데 어째서 법도가 있을 만하다고 여기십니까? 옛날 온공은 맹자를 믿지 않았기에 『의맹(疑孟)』을 지었습니다. 그러나 아들인 공휴(公休: 司馬康)는 철종에게 '『맹자』는 가장 순정하다'라고 아뢰었고 심지어는 『맹자절해(孟子節解)』

64 박임상의 편지에서도 "노사 문하의 고족으로서 몇 십년을 섬겼다"라고 했음에도 불구하고, 오늘날 『노사선생연원록』에는 김훈의 이름이 발견되지 않는다. 「외필」과 기정진의 성리학에 대한 김훈의 태도 때문은 아닌지 하는 의심이 든다.

65 정호·정이, 『하남정씨유서』 권1(『이정집』 vol.1), 10쪽 참조.

66 주희, 『중용장구』 제1장 참조.

67 주희, 『주자어류』 권1(『주자전서』 vol.14), 114쪽.

를 지어 올렸습니다. 매산(梅山: 洪直弼)은 이 일을 논하면서 '진실로 그 올바름을 얻었다면 구차하게 아버지와 스승을 따르지 않아야 한다. 이와 같아야 영원한 법도가 될 수 있을 것이다. 요즘 사람들은 아버지와 스승에게서 나온 것이라면 시비와 득실을 논하지 않고 오직 이어받아 서술하는 데만 힘쓴다'[68]라고 했습니다. 사람들 가운데 충고하는 이들도 이렇게 말합니다. "보잘것없는 한 가지 일로도 시원하게 깨달을 수 있는 곳이 있다. 남녀의 합궁(合宮)인들 음이 고요하고 양이 움직이는 것이 아니겠는가? 합궁할 때에 이르러서 남자를 불러 그에게 '너가 움직여야 한다'라고 말하지 않고, 여자를 불러서 '너는 고요하게 있어야 한다'라고 말하지 않아도, 움직이고 고요한 것은 모두 저절로 그렇다. 그러나 그 근본을 거슬러 가보면 움직임과 고요함이 유래하는 것은 원래 천명으로부터 흘러나온 것이다. 주자는 '남녀가 하나의 태극이다'라고 했으니, 이미 남녀가 있다면 태극을 말하지 않아도 태극은 저절로 그러할 뿐이다." 이와 같은 말들은 상스럽고 속되지만, 또한 두루 통하는 데도 지장이 없을 것입니다.

삼가 바라건대, 너그러이 받아들여 주시고 남의 말이라고 가벼이 내치지 마시고, 자기의 견해라고 홀로 고집하지 않으며, 세 귀퉁이가 하나에 반응하고, 한 칼날로 두 동강을 내는 데만 그치지 않기를 간절히 바랍니다.

68 洪直弼, 『梅山集』 권52(표점영인 한국문집총간 vol.296), 「雜錄」, 579쪽.

與起參奉 字萬

癸卯

金勳

自有此鬧以來, 心焉如燬, 寢食坐臥, 暫未有釋. 頃始得栗翁本書, 仔細玩究, 其書絶非不知天命者. 蓋動而陽靜而陰時, 太極已具. 旣至動靜之境, 則動亦太極之動, 靜亦太極之靜. 其動其靜, 莫非太極之自爾, 非有他物所使. 其曰理乘於動·理乘於靜, 言其所乘於太極者也. 曰太極者, 本然之妙也. 曰動靜者, 所乘之機也. 繼其下曰所以陰靜陽動者理也, 到此太極所使可以都包矣. 而以太極動而生陽靜而生陰諸般說, 說來說去, 無有滲漏, 則其書雖若泛言自爾, 而自爾非使之中, 天命未嘗不自在裡許也.

或以其書無天命字, 以此執言, 則却又不可. 圖說亦無, 至朱子註, 乃曰太極之有動靜, 是天命之流行也. 一動一靜, 互爲其根, 命之所以流行而不已也. 是則圖說無天命, 而動靜字已含其意. 此書陰靜陽動, 旣言動靜者, 恐亦其例也. 千思萬思, 不可謂天命之已息於非使句內也, 明矣.

又有一證, 近思錄 天地萬物之理無獨, 必有對, 皆自然而然, 非有安排語. 與此條恐無小異. 自然而然, 卽自爾意也; 非有安排, 卽非有使之義也. 幾十年師事之地, 毫分以不公語有干犯哉? 所可恨者, 不能講質於摳衣之日也. 先生卓越, 除非餘人可窺, 而其時八十耳, 昏耗澌削, 舊時力量, 渺若說夢, 恐以是致此也. 至把氣與理對擧, 喚作理氣, 必非聖人言一段, 尤恐非先生宿見也. 理氣互言, 如人生氣稟, 理有善惡, 是明道語. 朱子語如氣以成形, 理亦賦焉. 理與氣, 伊川說得好. 如此者, 類難枚陳, 必非聖人言一段, 推驗他段也. 以若尊兄之富識, 恐有曾理會, 何以則爲可在? 昔溫公不信孟子, 有疑孟之作, 至子公休爲哲宗言, 孟子爲書最醇正, 至爲著孟子節解以進. 梅山論此事, 謂苟其得正, 不苟循父師如是, 方可爲永世法也. 今人爲出於父師, 不計其是非得失, 惟紹述是務云矣.

人有警者, 曰以一淺事有快覺處. 男女合宮, 非陰靜陽動耶? 到其合也, 非呼男而使之曰汝動之, 呼女而使之曰汝靜之, 動之靜之皆自爾, 而溯其本初, 動之靜之之由, 則元自天命流出來. 朱子謂男女一太極, 卽旣有男女, 不言太極, 而太極自爾者如此. 語似俚褻, 亦恐不害其旁通也. 竊望另加寬納, 不以人言而輕斥, 不以己見而獨信, 不徒三隅以反, 一釰兩段, 至祝至祝!

기참봉에게 보냄

김훈

이 글은 김훈(金勳, 1836~1910)이 1903년 기우만에게 보낸 편지로 추정된다. 『동해집』 권2의 편집 체제로 보아도 1903년에 기우만에게 보낸 편지에 뒤이어 편집되어 있고, 본문의 첫머리에서 별 다른 언급이 없이 '두 통의 편지에 답신이 없다'라고 말하고 있는 것으로 미루어 아직 해가 바뀌지 않았음을 짐작할 수 있다. 앞 편지에서 「외필」에 대한 비판을 제기한 이후 김훈은 노사학파의 다른 인물들로부터 많은 비판을 받고 있음을 토로하면서, 『노사집』에서 「외필」을 삭제하더라도 무방하다는 견해를 피력하고 있다. 『동해집』 권2에 실려 있다.

두 통의 편지에 모두 답신이 없어서 마음이 답답하기만 합니다. 부르짖고 울면서 간언하는 이와 남의 집 불구경하듯이 하는 이가 과연 같겠습니까? 임금과 아버지가 뜻밖에 구덩이에 빠졌는데, 신하와 자식으로서 수수방관할 수 있겠습니까? 스승을 저버릴 수 있다면, 임금도 아버지도 저버릴 수 있습니다. 봉(鳳)이 나온 우리나라[69]에 이런 묘성(猫姓)의 남은 종자들이 있다는 것입니까? 편지를 보낸 뒤로 전해오는 말들이 귓가에 시끄럽습니다. 남도 사람들은 편지로 모두 저더러 '반졸(反卒)'이라고 하지 않는 이가 없고, 저더러 '난적(亂賊)'이라고 물어뜯습니다. 제향을 드리는 날에는 시끄러운 소리가 더욱 심해져 동쪽에서 모두 '김훈이 어쩌고'라고 하는데, 서쪽에서도 모두 '김훈이 어쩌고'라고 합니

69 『爾雅註疏』, 「釋鳥」 제17에 '봉(鳳)은…동쪽 군자의 나라에서 나온다'라고 한 데서 유래했다.

다. 얼굴을 마주해서도 그 말이요, 머리를 맞대고도 그 말입니다. 심지어는 '이 오랑캐 같은 놈을 왜 때려죽이지 않는가'라고도 합니다.

아! 스승을 섬기다가 정말로 죽는다고 한다면, 제게도 또한 영광일 것입니다. 선생이 살아계셨을 때 좋은 문장이 많았고, 성과 천도를 말한 것도 많은데 『문집』에 실려 있습니다. 「외필」을 삭제하는 것은 경중을 따지기에 부족할 듯합니다. 요즘 심석이 변론한 글을 비로소 보았고[70], 또한 간재에게도 변론이 있다고 들었는데 아직 보지는 못했습니다.[71] 세상의 담론하는 이들은 걸핏하면 '백세의 공론'을 말하는데, 현재에도 이와 같다면 멋 훗날도 짐작할 수 있을 것입니다. 정자(程子)의 말을 살펴보면 '많은 이들의 공론은 반드시 천리에 부합한다'[72]라고 했습니다. 또한 "많은 이들이 옳다고 하는 것은 매우 합당한 이치다"[73]라고도 했습니다. 이런 말들에서 미루어본다면 나라 안의 많은 의론을 모두 잘못이라고 할 수는 없을 것입니다.

바라건대 형께서는 빨리 율옹의 본래 편지를 가져다 한결같이 공정한 눈으로 마음을 비우고 기운을 가라앉히고서 읽어 보신다면, 몇 번 보지 않아도 맑은 하늘처럼 시원하게 알 수 있을 것입니다. 맑은 하늘을 이미 시원하게 보았다면 못된 구름이야 다 쓸려갔을 터이니, 빚을 지운 이와 원망하는 집안을 다시 논할 필요는 없을 것입니다. 돌이켜 보건대 저는 선생에게 얼마나 은혜를 입었으며, 형에게는 얼마나 가까웠습니까? 조금이라도 이치에 벗어난 말로 더럽히겠습니까? 이치란 천하의 지극히 공정한 것입니다. 천하의 지극히 공정한 것을 어떻게 저와 형이 사사로이 가질 수 있겠습니까? 내심을 꺼내 말하려니

70 송병순의 『심석재집』 권13에 실린 「辨猥筆說」을 가리킨다.
71 전우의 『간재집·전편 권13에 실린 「猥筆辨」을 가리킨다.
72 정이, 『주역정씨전』(『이정집』 vol.2), 911쪽 참조.
73 같은 책, 같은 글, 914쪽 참조.

눈물이 다하고 핏물이 잇는다는 격입니다. 형께서 헤아려 받아들여 주시고, 말 때문에 사람을 비난하면서 영원히 내치지 않는다면 천만다행이겠습니다.

與起參奉

金勳

再書幷無答, 何鬱如之! 號泣隨諫者, 其與越視秦瘠者, 果同耶? 設若君父陷不測坑坎, 爲臣子者當袖手傍觀耶? 師可背也, 君其可背, 父其可背. 鳳出吾東, 有此猫姓遺種耶? 自書後, 所傳雷耳. 南眼一幅, 罔不目金勳爲反卒, 齧金勳爲亂賊. 以迄壇享日, 耳雷尤轟, 東邊皆曰金勳, 西邊皆曰金勳. 對面焉其語, 聚首焉其語. 甚至語此獠何不搏殺.

噫! 爲師事眞若致殺, 所謂金勳其亦光輝也. 以先生生, 許多好文章也, 許多言性與天道也, 於全稿備焉. 猥筆雖删, 不足爲輕重矣. 近始見心石所辨, 又聞艮齋有辨, 姑未見矣. 世之談者, 動言百世公論, 而當世如此, 百世可知. 按程子說, 衆人之公論, 必合天[74]理. 又說衆人所是理之至當, 推於此 通國衆論, 恐不皆非.

願兄急把栗翁本書, 一以至公之眼虛心平氣而讀書, 不過幾巡, 靑天快覩矣. 靑天旣已快覩, 魔雲盡掃, 債主寃家, 不須更論矣. 顧勳於先生, 何等受恩也. 於兄何等托契也. 毫分以理外語仰浼? 夫理也者, 天下之至公也. 天下之至公, 豈勳與兄所得私, 言出衷曲, 可謂淚盡繼血者. 兄其千萬諒納, 不以言非其人而永拒也.

---

74 天: 『주역정씨전』의 원문에 의하면 '正'이 되어야 한다.

김동해-훈-선생에게 올림

박임상

이 글은 박임상(朴琳相, 1864~1944)[75]이 김훈에게 보내는 편지이다. 김훈이 기우만에게 「외필」에 비판적인 내용의 편지를 보낸 것이 1903년이고, 이 편지의 본문에서 '양복(陽復)'을 언급하는 것을 감안하면, 1903년 11월 무렵의 편지로 추정된다. 김훈은 기정진에게 수학을 했지만, 이미 홍직필-임헌회 계열의 성리학적 영향을 받았기 때문에 「외필」에 비판적이었는데, 박임상은 화서학파의 인물들과 기정진의 손자였던 기우만의 영향을 받아 이러한 김훈의 견해를 비판한다. 『민재유고(敏齋遺稿)』 권2에 실려 있다.

헤어진 뒤로 이렇듯 오래입니다. 광풍제월(光風霽月)의 기상 생각하노라면 마음만 더욱 간절합니다. 삼가 살펴보지 못했습니다만, 11월인데 지내시는 데 다복하십니까? 저는 근년 이래로 어버이의 우환은 오랜 동안 낫지 않고 있는데 그사이 저도 병치레를 했습니다. 찾아뵌 지 오래되었고 들려오는 소식은 드물기만 하니 게으른 죄야 실로 용서받기 어려울 것입니다.

현재 수군거리는 내용들은 주변의 무리들이 거리낌 없이 모욕하는 말들입니다. 위로는 노사 문하에까지 이르렀으니 그 재앙이 홍수나 맹수보다 가혹합니다. 이는 진실로 사문의 큰 변고입니다. 선생께서는 노사 문하의 고족으로서 몇십 년을 스승으로 모셨으니, 학문과 덕업은 주자 문하의 백풍(伯豐: 吳必大)[76]과 마찬가지입니다. 한때 학업을 배우고

75 전라남도 무안 출신으로 본관은 무안(務安), 자는 유옥(孺玉), 호는 민재(敏齋). 김평묵(金平默)·최익현(崔益鉉)·기우만(奇宇萬)의 문하에 출입했다.

가르침을 청했던 이들과는 비교할 수 없습니다. 이런 까닭에 평소 집안에서 지내거나, 혹은 벗들을 대할 때에 반드시 노사의 말과 행실, 문장과 도덕, 심성과 이기의 학설에 걸맞게 하셨을 것입니다. 이제 사방에서 비난하는 목소리들이 일어나는 즈음이니, 진실로 대의를 발명해서 맹자가 양주·묵적에게 했던 것처럼 물리치며, 주자가 소식·육구연에게 했던 것처럼 변론하는 것이 선생의 공명정대한 본분이라고 할 것입니다. 그런데 도리어 삼산(三山: 기우만)[77]에게 편지를 보내 (「외필」이) '80 노옹의 정신없는 말'이라고 했습니다. 그렇다면 중옹(重翁: 김평묵)의 발문 또한 잘못입니까? 「외필」이 율옹을 모욕하고 거슬렀다면, 중옹이 70년 동안 독서한 군자로서 항배의 가부를 변론하지 않고 발문을 썼겠습니까? 듣기로는 삼산의 벗들과 문인들 가운데 떠들어대는 말을 하는 이들이 '권(權)·최(崔) 무리의 당인'이라고 일컫기도 하고, 혹은 '유직(柳稷)이나 하던 짓[套習]'이라고 이름을 붙인다고 합니다.

바라건대 선생께서는 그 자취를 돌이켜, 바른길을 회복하십시오. 먼저 몸소 편지를 보내 송옹(宋翁)에게 기왕의 잘못을 사죄해서 논쟁의 단서를 멈추게 하십시오. 다시는 이 일을 말이나 서찰에서 언급하지 않으신다면, 만년의 진덕(進德)에 어찌 보탬이 없겠습니까? 저 같은 이야 공부가 지리멸렬하고 역량은 보잘것없어서, 자기를 수양하고 허물을 메꾸는 일도 제대로 해내지 못하는데, 하물며 이기(理氣) 두 글자야 어

---

76 신양현(陽新縣) 홍국군(興國軍) 사람으로 백풍(伯豐)은 그의 자(字)다. 『송원학안』 69권에 의하면, 오필대는 젊었을 때 장식(張栻)과 여조겸(呂祖謙)에게 배웠고, 만년에는 주자에게 배웠다. 길수현(江西吉水縣)의 승(丞)이 되었다가, 1196년 위학(僞學)의 금이 엄해지자 관직을 그만두었다. 『주자대전』 권52에 모두 24통의 편지가 실려 있다.

77 말년의 기우만이 전라남도 장성의 삼성산(三聖山) 삼산재(三山齋)라는 초막에 은거했기 때문에, 이렇게 말한 것이다.

떻게 감히 입에 올리겠습니까? 설령 '강론이 성숙하고, 지견이 분명해야지 누구나 의론해서 도달할 수 있는 것이 아니다'라고 하더라도 조금의 차이가 천 리나 되는 잘못으로 귀결된다는 가르침을 경계하지 않을 수 있겠습니까? 어찌 엄하지 않겠습니까?

의리가 달려 있는 곳이라 존장(尊丈)을 넘보는 잘못과 윗사람에게 아첨한다는 꾸짖음을 회피하지 않고 말했습니다. 이렇게 넘보고 어긋난 점은 천만번 살펴보시고 헤아려주시기 바랍니다.

上金東海先生 勳

朴琳相

拜違許久, 光霽之思, 彌切私衷. 伏未審陽復, 道候茂納百福. 琳相自近年以來, 親患彌留, 身疾間作, 拜候久闕, 音問稀疎, 逋慢之罪, 實難容貸矣.

見今翩翩, 以隣之輩無忌侮辱之說, 上及蘆門, 其禍酷於洪水猛獸, 實斯文之大變也. 惟我先生, 以蘆門高足, 數十年服事, 學問德業, 埒於朱門之伯豐, 不止一時執業請益者之比而已. 是故平日家居, 或對知舊, 必稱蘆沙之言行動靜, 文章道德, 心性理氣, 則今於羣吠四起之日, 固當發明大義, 闢之如孟子之於楊墨, 辨之如朱子之於蘇陸, 足爲先生正大之本分, 而反及以蘆翁八十耄荒之言, 致書於三山云. 若然則重翁之跋, 亦非耶? 若其猥筆, 有侮逆栗翁, 則以重翁七十年讀書君子, 不辨其向背之可否, 而乃爲之跋乎? 竊聽三山知舊門徒中之喧言, 則或以權崔輩之黨類稱之, 或以柳稷之套習名之.

願先生回其途轍, 復其門路, 親自發軸與松翁, 謝其已往之失以息爭端, 不復以此事發於言語書札之間, 則其於老年進德, 豈無所助者乎? 如琳相者, 工夫滅裂, 力量淺狹, 修己補過, 猶不能自給, 況理氣二字, 豈敢容喙乎? 借曰講之熟, 知之明, 非人人之所敢議到者也. 毫釐千里之喩, 可不戒哉? 豈不嚴乎?

義理所在, 不避瀆尊之咎, 援上之誚. 監此犯違, 千萬鑑亮.

하늘과 사람은 둘이 아니다

전우

이 글은 전우가 자신의 「외필변」을 비판하는 노사학파의 주장에 반론하는 것이다. 「외필변」을 본 기정진의 문인들이 '노사는 천도를 논했는데, 간재는 인도의 측면에서 비판한다'라고 하는 내용을 재비판하고 있다. 1902년 후반이거나 1903년 무렵으로 추정된다. 『간재집·전편』 권15에 실려 있다.

내가 생각하기에 하늘과 사람에게 두 가지 도가 없으니, 또한 두 가지 기도 없다. 그런데 이제 듣기로 노사의 문인들이 내 「외필변」을 보고서 '우리 선생께서는 천도를 말했는데, 변론하는 이는 어째서 인도에 근거해서 비난하는가?'라고 했다고 한다. 「외필변」에서 인용한 "사람이 도를 넓히는 것이지 도가 사람을 넓히지 않는다"[78]라는 말을 가리켜서 말한 것 같다.

나는 이 말을 듣고 말했다. : 이상하다. 노사 문하생들이 학문을 하는 것이여! 천도 바깥에서 따로 인도를 찾아서 밝히고 실행한다는 것인가? 아니면 인도가 충분치 못해서 반드시 천도를 찾아서 보충해야 한다는 것인가? 사람이 학문을 한다는 것은 본래 사람의 마음을 천지의 조화와 일치시키는 것이다. 다만 사의에 의해 간격이 벌어지면, 크거나 작거나 치우치고 바른 차이가 있게 될 뿐이다. 이제 의리를 강명하면서 기운의 습관을 검속하려면 곧 천지와 비슷하지 못한 것을 물리쳐야 할

78 『논어』, 「위령공」 28장.

뿐 다른 방법이란 없다. 「계사전」에서는 "한 번 음이 되고 한 번 양이 되는 것을 도라고 한다"라고 했고, 『논어』에서는 "사람이 도를 넓히지 도가 사람을 넓히지 않는다"라고 했다. 이 두 마디 말은 서로 어긋나는 것 같지만 실은 서로의 의미를 발명하고 있다. 이제 한 사람이 있어서 '한 번 고요하고 한 번 감동하는 것을 성이라 한다'라고 하고, 또한 '하늘이 도를 쓸 수 있지 도가 하늘을 쓰지는 못한다'라고 한다면, 누가 이런 이치가 없다고 잘못이라고 하겠는가? 이것이 주자가 '하늘이 사람이 되지 않은 적이 없고, 사람이 하늘이 되지 않은 적이 없다'라고 한 까닭이다. 지난번에 내가 '하늘과 사람에게 두 가지 도가 없고 두 가지 기도 없다'라고 한 것이 어찌 근거가 없는 망언이겠는가? — '사람의 마음은 천지의 조화와 하나이다.' '학문을 강론하면서 천지와 비슷하지 못한 것을 물리쳐야 한다'라는 두 마디 말은 『주자어류』 36권 36판 기손(夔孫)의 기록에 보인다.[79] ○ "천지의 조화는 우리 마음의 발현이니, 천지의 조화에 만약 리에서 나온 조화[理化]와 기에서 나온 조화[氣化]가 있다면, 우리 마음 또한 이발(理發)과 기발(氣發)이 있겠지만 천지에 이미 리에서 나온 조화와 기에서 나온 조화의 구별이 없으니, 우리 마음에 어찌 이발과 기발의 구별이 있겠습니까. 만약 우리의 마음이 천지의 조화와 다르다고 말한다면, 이것은 제가 아는 바가 아닙니다." 이 말은 『율곡전서』 10권 5판에 보인다.—[80]

이제 시험 삼아 주자의 말 몇 마디를 들고 내 설명을 덧붙여서 사람과 하늘이 둘이 아니라는 이치를 밝히고자 하니, 살펴본 이들의 시정을 바란다. 주자는 말했다. "하늘—상제라는 측면에서 말했다—이 음양과 오행으로 만물을 변화 생성한다. 기로 형체를 이루는데 리 또한 부여된다."[81] 이제 사람을 심군(心君)으로 말하자면 '음양과 오행으로 모든 변

79 주희, 『주자어류』 권36(『주자전서』 vol.15), 1357쪽 참조.

80 이이, 『율곡전서』 권10(표점영인 한국문집총간 vol.44), 「답성호원」, 200~201쪽.

화에 수작하면서, 기로 일을 이루는데 리 또한 (거기에) 있다'라고 할 것이다. 주자는 말했다. "굴신과 왕래는 두 기가 저절로 이와 같을 수 있다. 한 번 움직이고 한 번 고요하면, 한 번 기울었다 한 번 차오르는 것은 (음양) 두 기가 하는 것이다."[82] 이제 '드나들고, 가고 멈추는 것은 (음양) 두 기의 저절로 그러함이 이와 같고, 한 번 들이마시고 한 번은 뱉어내며, 한 번 말하고 한 번 말없는 것도 모두 음양이 하는 것이다'라고 할 것이다. 주자는 '기는 응결 조작할 수 있지만, 리는 정의도 계탁도 조작도 없다'라고 했는데, 이제 '기질은 준동하고 운용할 수 있지만 성은 오히려 자각도 의식도 사려도 영위함도 없다'라고 할 것이다. 주자는 '음양의 동정은 모두 형이하이다. 그러나 움직임 또한 태극의 움직임이요, 고요함 또한 태극의 고요함이다. 다만 움직임과 고요함은 태극이 아닐 뿐이다'라고 했는데, 이제 '적감과 음양은 모두 형이하이다. 그러나 적(寂)은 성의 적이요, 감(感) 또한 성의 감이다. 다만 적과 감은 성이 아닐 뿐이다'라고 할 것이다. 주자는 '인심에는 자각이 있지만 도체는 함이 없다'라고 했는데, 이제는 '천심에는 지각이 있으나 태극은 능력이 없다'라고 할 것이다. 아마 이것들을 번갈아 가며 이리저리 살펴본다면 저절로 '하늘과 사람이 둘이 아니다'라는 실질을 알 것이다.

다시 주자의 말에서 곧장 '하늘과 사람이 둘이 아니다'라고 한 몇 곳을 들어보니, 보는 이들이 마음을 비우고 체득해서 탐구하기를 바란다. 어떤 이가 「태극도」를 묻자 주자는 말했다. "사람의 몸으로 말하자면 호흡하는 기운은 곧 음양이다. 몸뚱이의 피와 살은 오행이고, 그 성이 바로 리다."[83] 또 말했다. "'그 본체는 역'이라는 것은 사람에게서는 마음이요, '그 리는 도'라는 것은, 사람에게서는 성이다. '그 작용은 신'이라

81 주희, 『중용장구』(『주자전서』 vol.6), 32쪽.
82 주희, 『초사집주』 권3(『주자전서』 vol.19), 65쪽.
83 주희, 『주자어류』 권94(『주자전서』 vol.17), 3131쪽.

는 것은 사람에게서는 정이다."[84] 또 말했다. "하늘과 사람은 본래 하나의 리이다. 이런 뜻을 이해한다면 하늘이라고 어찌 위대할 것이며, 사람이라고 어찌 작을 것인가?"[85] 또한 '공자께서 물가에 계셨다'라는 장을 설명하면서 문인에게 물었다. "이제 내 마음과 천지의 조화가 두 가지 사물인지 한 가지 사물인지 알 수 없으니, 그대도 생각해 보게나" 한참 후에 다시 말했다. "이 도리는 내 몸도 또한 여기에 있으며 만물도 또한 여기에 있으며 천지도 또한 여기에 있다. 통괄하여 하나의 사물이기 때문에 막힘도 없고 가림도 없다. 나의 마음은 곧 천지의 마음이다."[86] 선생의 말 가운데 이와 비슷한 곳이 매우 많아서 다 인용할 수 없다. 이제 다만 이 몇 단락을 잘 살펴보고 묵묵히 이해한다면, 어찌 리를 명명하거나 자취에 밝은 것에만 그치겠는가? 일상생활에서의 존양성찰 공부에도 또한 장차 의지하고 편안한 곳이 있을 것이다.

이 뜻은 깊이 체득해야지 지나쳐서는 안 된다.

"천지의 조화를 논하는 것보다는 가까이 자신의 몸에서 취하는 것이 더 절실한 것이다"[87] 이것은 노사가 권신원에게 답하는 편지에서 한 말이다. 모르겠으나 그의 문인들은 어째서 이 묘결을 저버리고 천도만을 말하려 할 뿐 인도를 말하기를 싫어하는 것인가?

---

84 주희, 『주자어류』 권95(『주자전서』 vol.17), 3187쪽.
85 주희, 『주자어류』 권17(『주자전서』 vol.14), 589쪽.
86 주희, 『주자어류』 권36(『주자전서』 vol.15), 1357쪽.
87 기정진, 『노사집』 권4(표점영인 한국문집총간 vol.310), 「答權信元」, 96쪽.

天人無二

田愚

余竊意天人無二道, 亦無兩氣. 今聞蘆門人見余猥筆辨曰, 吾師言天道, 而辨者何爲據人道以難之, 蓋辨中引人能弘道, 非道弘人語故云爾, 余聞之曰, 異哉, 蘆門諸子之爲學也, 將於天道之外, 別求人道而明之行之歟, 抑人道未足, 而必求天道以補之歟, 夫人之爲學, 本以人之心與天地之化, 一也, 只被私意隔礙, 而有大小偏正之異耳, 今講明理義, 撿束氣習者, 正要去得與天地不相似處而已, 更無佗道也, 繫辭曰, 一陰一陽之謂道, 論語曰, 人能弘道, 非道弘人, 此兩語者, 似相戾而實相發也, 今有人言一寂一感之謂性, 又言天能用道, 非道用天, 則誰能以無此理而非之歟, 此朱子所謂天未始不爲人, 人未始不爲天者也, 曩吾所謂天人無二道, 亦無兩氣者, 豈無稽之妄言哉, —人之心, 天地之化一, 及講學, 便要去得與天地不相似處, 兩語, 見語類卅六卷卅六板夔孫錄, ○天地之化, 卽吾心之發, 天地旣無理化氣化, 則吾心安得有理發氣發, 若曰吾心異於天地之化, 則非愚之所知也. 此見栗谷全書十卷五板.—

今試擧朱子語數段, 而附以己說, 以明天人無二之理, 請觀者之是正. 朱子曰, 天—以上帝言—以陰陽五行, 化生萬物, 氣以成形, 而理亦賦焉. 今曰人以心君言, 以陰陽五行, 酬酢萬變, 氣以成事, 而理亦在焉. 朱子曰, 屈伸往來, 是二氣自然, 能如此, 一動一靜一晦一朔, 皆陰陽之所爲. 今曰出入行止, 是二氣自然, 能如此, 一呼一吸一語一默, 皆陰陽之所爲. 朱子曰, 氣則能凝聚造作, 理卻無情意無計度無造作, 今曰氣質則能蠢動運用, 性卻無覺識無思慮無營爲. 朱子曰, 動靜陰陽, 皆只是形而下者, 然動亦太極之動, 靜亦太極之靜, 但動靜非太極耳, 今曰寂感陰陽, 皆只是形而下者, 然寂亦性之寂, 感亦性之感, 但寂感非性耳. 朱子曰, 人心有覺, 道體無爲, 今曰天心有知, 太極無能, 似此交互看, 看來看去, 自見所謂天人無二之實矣.

更擧朱子語中直言天人無二處數段, 請觀者之虛心體究焉. 或問太極圖之說, 朱子曰, 以人身言之, 呼吸之氣, 便是陰陽, 軀殼血肉, 便是五行, 其性便是理. 又曰, 其體則謂之易, 在人則心也, 其理則謂之道, 在人則性也, 其用之謂之神, 在人則情也. 又曰, 天人本一理, 若理會得此意, 則天何嘗大, 人何嘗小也. 又因說子在川上章, 問於門人曰, 今不知吾之心與天地之化, 是兩箇物事, 是一箇物事, 公且思量, 良久乃曰, 這箇道理, 吾身也在裏面, 萬物亦在裏面, 天地亦在裏面, 通同只是一箇物事, 無障蔽, 無遮礙, 吾之心, 卽天地之心. 先生說中, 似此處甚衆, 不能悉引. 今且只將此數段, 善觀而默會焉, 則豈惟名理曉徹而已, 其於日閒存省功夫, 亦將有依靠安頓去處.

此意極要體會, 不可放過.

就天地造化論, 不如近取身爲親切. 此爲蘆沙答權信元書中語. 未知其門人, 何爲捨此妙訣, 欲專說天道而惡言人道也?

송연재 선생에게 올림

계묘년(1903)

이직현

이 글은 이직현(李直鉉, 1850~1928)[88]이 1903년 송병선에게 보내는 편지이다. 1902년 『노사집』이 중간된 이후 일부에서 나타난 문집을 훼판과 외필을 삭제하라는 일각의 극렬한 움직임을 송병선이 조정해 줄 것을 청하고 있다. 노사학파의 다른 제자들이 기정진과 이이 사이의 철학적 연속성을 강조하는 것과 대조적으로 이직현은 「외필」의 내용 자체보다는 그로 인한 논란이 일어나는 당시를 '우리 무리는 초췌하고 사학을 들끓어 오르는 시기'라고 가정하고, 학계의 분열을 더욱 우려하고 있다. 『시암문집』 권2에 실려 있다.

저는 식견은 낮고 말은 가벼워 사람들의 뜻에 들지 않는 줄이야 잘 알고 있습니다. 다만 선대로부터 연원이 있는 까닭에 외람되이 못남을 무릅쓰고 (선생의 문하에) 출입하면서, 어렵고 의심스러운 것을 문답한 것이 한둘이 아니었습니다.[89] 대강의 내용은 주리(主理)을 종지로 삼고

88 본관(本貫)은 강양(江陽: 陜川)이고, 자는 필서(弼瑞), 호는 시암(是庵)이며, 거주지는 경상도 초계군(草溪郡) 양동면(良洞面) 상대촌(上臺村: 경상남도 합천군 초계면(草溪面) 무릉(武陵))이다. 1876년 4월 27세의 나이로 79세의 기정진을 방문해서 만년의 제자 가운데 한 사람이 되었다. 경남지역 노사학파의 주요 인물 가운데 한 사람으로 『노사선생연원록』에 의하면 그는 고향에서의 강학 활동을 통해 52명의 제자군을 배출했다.

89 기정진은 5대조인 기정익이 송시열의 제자였던 것과 비슷하게 이직현의 5대조인 이동교(李東喬, 1712~1767)는 이재(李縡, 1680~1746)와 윤봉구(尹鳳九, 1683~1767)의 문인이었다. 이 때문에 이직현은 아래에서 기정진이 '원래의 가학[原來家學]'에 힘썼다고 표현하고 있다.

스승의 학설을 참작했기에 매우 거리가 멀지 않는 것을 홀로 다행이라며 기뻐했습니다. 사문(師門)에서 들은 내용을 (선생께) 아뢰지 않은 것이 없었습니다만, 「외필」의 논의만은 언급할 겨를이 없었으니 숨기려던 것이 아니었습니다. 이 글이 (선사의) 만년에 나왔고, 문하의 제자들 가운데 일찍부터 이 내용을 듣고서 익숙하게 강론한 이가 드물었기 때문이었을 뿐입니다.[90]

생각건대 선사의 이 글이 어떻게 구차하게 선현과 다른 이론을 세우려는 것이었겠습니까? 선현의 심오한 뜻을 발명하고 후학의 폐해를 구제하려는 것일 뿐이었습니다. 율곡이 우계에게 답하는 편지에서 "갖가지로 고르지 않은 것이 기가 하는 것이라고 하더라도 반드시 주재가 되는 리가 있다. 그렇다면 갖가지로 다른 것 또한 리가 마땅히 이와 같은 것이지, 리가 이와 같지 않은 데 기 홀로 이와 같은 것이 아니다"[91]라고 했으니, 이것이 정확한 정론입니다. 또한 '리는 통하고 기는 국한된다'라고도 했고, "누가 그 기틀을 주재하는가? 아! 태극이로다"[92]라고도 했으며, "모든 정이 리에서 발현한다"[93]라고도 했습니다. 이것은 어

---

90 「외필」은 1878년 가을에서 겨울 사이에 저술되었고, 그 내용이 김석구·정재규·정의림과 같은 소수의 주변인들에게만 알려진 것이 1879년 1월이었다. 「외필」의 존재와 그 내용은 초창기에는 노사학파의 내부 인물들 가운데서도 소수만이 인지하고 있었다. 『노사집』은 1881년과 1898년 담대헌에서 두 번 간행이 되었고, 신안정사에서 세 번째 판본이 1902년에 간행되었다. 그런데 이직현은 경자년(1900) 1월 정면규(鄭冕圭, 1850～1916)에게 보내는 편지에서 "선사의 문집이 언제쯤 도착할 것인지[先師文集何日到?]"를 묻고 있다. 이 『노사집』은 아마도 1898년의 중간본일 것이다. 그렇다면 이즈음이 되어서야 이직현은 『노사집』을 손에 넣고서 그 내용을 전체적으로 파악했을 것이고, 이것은 「외필」에 대해서도 마찬가지라고 추정할 수 있다. 李直鉉, 『是菴先生文集』 권3, 「答鄭周允」, 23전면.

91 이이, 『율곡전서』 권10(표점영인 한국문집총간 vol.44), 「답성호원」, 199쪽.

92 이이, 『율곡전서』 권1(표점영인 한국문집총간 vol.44), 「理一分殊賦」, 12쪽.

느 것 하나 리가 주재임을 발명하지 않은 것이 없습니다.

그러므로 선사께서도 그 도를 존중하고 믿으면서 원래의 가학에 힘썼습니다. 오직 "기틀이 저절로 그런 것이지 그렇게 시키는 것이 있지 않다"라는 한 구절에 이해하지 못하는 점이 있었기에 늘 맥락을 살려서 보고 소통시키려고 하면서, '이 구절은 유행이란 측면에서 말한 것일 뿐인데 세상의 학자들이 말을 붙잡고 뜻에 미혹되었기에 드디어 율옹의 정론에 세상에 밝아지지 못하고, 점점 기가 리의 지위를 빼앗은 지경에 이르렀음에도 깨닫지 못하고 있다. 말류의 폐단이 여기에 이른 것이 어떻게 선현이 미리 예상할 수 있었겠는가'라고 생각했습니다. 이런 까닭에 선사께서는 이것을 개탄하면서 애타는 마음을 가지고서 실제로 질정을 받고자 하는 바람이 있었지만, 이미 어쩔 수 없었기에 반복해서 저술하고 논하면서 후현에게 질정하기를 기다렸습니다. 이것이 바로 주자가 말한 '선현을 존중 경외하고, 도리를 강론하고 밝히는 것 두 가지를 함께 실천하면서도 서로 어긋나지 않는다'라는 것이었습니다. '요즘 사람들[今人]'의 잘못을 논하면서는 그들을 바로잡고 구제하려는 데 급했기에 말이 어쩔 수 없이 단도직입적이었습니다. 그런데 거꾸로 요즘 사람들의 눈에는 (선사께서) 돌발적으로 어지러이 화를 내면서 잘못을 선현에게 덮어씌우고, 선현을 폄훼하고 반박했으며, 허구를 날조한 것으로 보였습니다. 이 때문에 그들은 노사가 율곡을 공격 배척했다고 여깁니다. 이처럼 통문을 날려 세력을 끌어모아 평지풍파를 일으키니 그들의 마음가짐이란 과연 어떠한 것입니까? 종지를 강론해서 밝히려는 이를 '공격하고 배척했다'라고 하고, 어구를 붙잡고 뜻에 어두운 자를 과연 존경하고 사모했다고 하겠습니까?

도리란 공공연한 것입니다. 설사 논의에 일치하지 않는 것이 있더라

93 이이, 『율곡전서』 권9(표점영인 문집총간 vol.44), 「답성호원」, 195쪽.

도 토론하고 확정해서 각자의 견해를 유지한다면 누군들 안 된다고 하겠습니까? 그러나 이렇게 하지 않고 헛되이 허장성세를 부리면서 마치 성을 사이에 두고 대적하면서 다투듯이 한다면, 제 생각에 이것은 요즘 사람들의 잘못입니다. 오늘날은 또 어떤 날입니까? 해외의 사특한 학술은 밤낮으로 들끓는데 우리 무리들은 두려워 떨기만 하니, 마치 같은 배에 타고서 풍랑을 맞이했는데도 게으르게도 마음과 같이하고 힘을 합쳐서 존왕양이의 의리를 강론해서 밝힐 줄은 모르고 한 마디 차이를 이유로 갑자기 다투고 떠들어 댈 뿐입니다. 말이 분열되면 리는 약해지고, 안이 텅 비면 사특한 것이 기회를 틈타게 됩니다. 말과 생각이 여기에 이르니 어찌 놀라움과 한탄을 이길 수 있겠습니까?

문하(門下)께서는 선철의 계통을 이으시고 이 시대를 책임지고 계시니, 강좌를 여신다면 거의 의심하는 이들의 지침[龜卜]이 될 것이요, 미혹한 이들의 나침반이 될 것입니다. (선사께서 후학을) '기다렸다 질정하겠다'라고 한 말이 오늘에 달려 있지 않는 줄을 어찌 알겠습니까? 옳고 그름이란 많은 이들이 살피기를 기다려야 할 것이니, 제가 올리는 말인들 오로지 (그 뜻이) 여기에 있지 않겠습니까? 다그치는 걱정과 근심은 같은 집안끼리 싸우는 것이기에 싸움을 말리려는 것 또한 문하께 바라지 않을 수 없습니다. 평이한 마음으로 살펴주시기 바랍니다. 장황하게 넘본 것은 삼가 엄한 꾸짖음을 기다릴 뿐입니다.

上宋淵齋先生

癸卯

李直鉉

直鉉識淺言輕，自分不槪於人人者，而秖以先世淵源之故，猥蒙不鄙，出入覿德，難疑答問，不一而止，而大略主理宗旨，參以師說，無甚逕庭，私竊喜幸. 凡有聞於師門者，靡不奉告，而惟猥筆一段論議，未暇及焉，非敢隱也. 蓋是書出於晚年，門弟子鮮有能早聞而熟講之故也.

竊念先師此說，豈苟爲立異於先賢也？只欲發先賢之奧，而捄後學之弊也. 栗翁之答牛溪書，有曰參差不齊者，雖曰氣之所爲，而必有理爲之主宰，則其所以參差不齊者，亦是理當如此，非理不如此而氣獨如此也. 此爲的確定論，而其曰理通氣局，曰孰尸其機，嗚呼太極! 曰萬般之情，發於理云云. 無一非發明理之爲主宰，故先師尊信其道，辨作原來家學，而獨機自爾，非有使之一句語，有所未契，而每欲活看以通之，以爲此特流行邊說，而世學執言迷旨，遂使栗翁定論，不明於世，駸駸入於氣奪理位之科，而莫之悟也. 其末幣之至斯，豈先賢之所可豫料者哉？是以先師嘗慨然於此，耿耿一念，實有奉質之願，而旣不可得，則反覆著論，以俟質於後賢，正朱子所謂尊畏先賢，講明道理，竝行而不悖者也. 至論今人之失，急於匡救，言之不得不直截也，反爲今人眼棘機心火然，其所差過，冒之先賢，其所貶駁，移之先賢，構虛捏無，以爲蘆沙而攻斥栗谷. 敢若是飛文招援，惹起白地熱閙，不知其設心果何如也？講明宗旨者，謂之攻斥，而執言迷旨者，果爲尊慕乎？

夫道理公物也，藉使所論有不合者，屋下商確，各存所見，孰曰不可，而此之不爲，徒事噓張氣勢，有若爭壘對敵之爲者，竊以爲今人之過也. 今日又何日？海外邪學，日夕沸騰，吾徒惴惴，恰似同舟遇風，而漫不知協諧心膂, 以講明尊攘之義, 而秖以一言異同, 遽加鬩墻勃谿. 蓋辭分則理弱; 內虛則邪乘, 言念及此, 曷勝駭歎?

伏惟門下, 承先哲之緖, 任斯世之責, 講座高開, 庶乎爲疑者之龜卜, 迷者之車指. 所謂俟而質之, 安知不在於今日也? 是是非非, 恭俟公鑑, 而區區獻言, 亦不專在於此也? 迫切憂慮, 在於同室之鬪, 而纓冠之捄, 不能無望於門下. 惟平心垂察焉. 張皇干瀆, 伏俟嚴誅.

우기

양재경

이 글은 화서학파에 속하는 양재경(梁在慶, 1859~1918)[94]이 「외필」을 논한 글이다. 정재규의 「모함을 변론하는 글을 동지들에게 보이다[辨誣文示諸同志]」의 내용을 다수 반복하고 있는 것으로 미루어 보면 정재규의 글을 읽은 이후에 자신의 견해를 보충해서 서술하는 글임을 알 수 있다. 1903년 후반기 정도의 글로 추정된다. 『희암유고(希庵遺稿)』 권6에 실려 있다.

음양이 움직이고 고요한 것은 유행의 측면에서 보자면 양이 스스로 움직이고 음이 스스로 고요하며, 그 기틀이 발용(發用)하는 오묘함은 안배나 조작을 기다리지 않는다. 이것이 (율옹이) '기틀이 저절로 그런 것이지 그렇게 시키는 것이 있지 않다'라는 말의 뜻이다. 율곡선생이 음양이 유행하는 기틀을 밝힌 것이 극히 간단하고 분명하다. 훗날의 학자들이 주된 뜻이 있는 곳을 놓치지 않고, 그 본뜻을 탐구했더라면 음양의 실상이란 '저절로 그렇다'라고 말했을지라도 (이 모든 것이) 태극의 실제 작용이 아님이 없고, '그렇게 시키는 것이 있지 않다'라고 했을지라도 모두 태극이 시킨 것임을 알 수 있었을 것이다. 아! 저절로 그런 것이지만 저절로 그렇지 못한 측면이 있고, 그렇게 시키는 것이 있지 않지만 실제로는 시키는 것이 있다는 이곳이 바로 제대로 파악해야 할

94 김평묵·최익현의 문인으로, 자는 여정(汝正), 호는 희암(希庵), 본관은 제주(齊州), 거주지는 전남 보성군 미력면(彌力面)이다.

곳이다. 노사선생이 처음부터 유행이란 한 측면에서 간파한다면 '지장이 없다'라고 한 것이 바로 이것이다. 그러나 훗날의 학자들은 이런 뜻을 알아차리지 못하고 점점 어긋나게 되어 그 본뜻을 잃어버렸다. 마침내 유행이란 측면의 말을 본체의 측면으로 옮겨다 말하게 되었으니, 음양이란 과연 스스로 움직이고 고요한 데서 벗어나지 못하고, 천명에서 말미암지 않게 되며, 천명의 바깥에 또한 따로 하나의 지도리가 있게 되었다. 이와 같이 보는 것은 율곡의 말로 도리어 율곡의 도를 해치는 것이다.

율곡선생은 "누가 그 기틀을 주재하는가? 아! 태극이로다!"[95]라고 하지 않았는가? 이 말이 과연 저절로 그러할 뿐 시키는 것이 없다는 것인가? 또한 "모든 정이 어느 것인들 리에서 발현하지 않겠습니까?"[96]라고 하지 않았는가? 이 말이 과연 저절로 그러할 뿐 시키는 것이 없다는 것인가? 노사의 말은 바로 이 이치를 밝히려는 것이었고, 율곡의 말로 율곡의 도를 밝히려는 것이었다. 중암(重庵)이 "율곡을 존경한 이로 기·이 두 선생만 한 분이 없다"라고 한 것이 참으로 명언이다. 후세 사람들이 살피지 못하고 마침내 「외필」 가운데 '요즘 사람들의 병폐'라고 한 것을 모두 율옹에게 귀결시켰으니, 대부분 헤아릴 줄 모른다는 것을 드러낼 뿐 노옹(蘆翁)에게 무엇이 병폐이겠는가? 또한 생각건대 주자는 주자·정자·장자에게 존경하고 사모한 것이 어떠했는가? 그럼에도 『이천역전』을 변론 논파하면서 곧장 "정자는 어긋난 곳이 매우 많다"라고 했다. 주자(周子)의 글을 논하면서는 곧장 "그 말이 노장과 비슷하다"[97]고 했으며, 장자의 경우에는 곧장 "불교에 가깝다"라고 했다.[98] 이것이

95 이이, 『율곡전서』 권1(표점영인 한국문집총간 vol.44), 「理一分殊賦」, 12쪽 참조.
96 이이, 『율곡전서』 권9(표점영인 문집총간 vol.44), 「답성호원」, 195쪽.
97 주희, 『주자어류』 권94(『주자전서』 vol.16), 3173쪽.
98 주희, 『주자어류』 권99(『주자전서』 vol.16), 3333쪽.

모두 선현을 존경, 경외하고, 의리를 강론하고 밝히는 두 가지를 병행하면서 (어느 것 하나) 어긋나지 않았다는 것이다. 남헌(南軒)은 직접 오봉(五峰)에게 배웠지만, (오봉이) 어긋난 곳을 숨기지 않았고, 면재(勉齋)는 고정(考亭)을 잇고 익혔지만 (주자의) 정설을 어기기도 했다. 이것을 이유로 모두를 아울러 선현을 공격하고 배척했으며, 스승을 등졌다고 손가락질한다면 괜찮겠는가? 우리나라의 경우 회재는 『대학장구』를 개정했고, 율곡은 퇴도(退陶)의 사칠설을 변론하고 반박했으니 이들도 모두 공격하고 배척했으며, 등졌다고 지목할 수 있겠는가? 선현이 가졌던 마음을 자기의 마음으로 삼고 어쩌다 살피지 못한 것을 밝히는 것이야말로 십분 정당한 도리이니, 이것을 이유로 통문을 돌리면서 비난하고 이 무리들처럼 거리낌 없이 멋대로 악습을 자행하는 것은 들어본 적이 없다.

偶記

梁在慶

陽動陰靜, 以流行看, 則陽自動陰自靜, 其機發用之妙, 不待安排造作, 此所謂機自爾, 非有使之也. 栗谷先生發明陰陽流行之機爲至簡至明, 後之學者, 不失其主意所在, 究得其本志, 則可以得陰陽之實, 雖曰自爾, 而莫非太極之實用, 雖曰非有使之, 而亦莫非太極之所使也. 噫! 自爾而有不自爾者, 非有使之而實有使之者, 此處正好看. 蘆沙先生初以流行一邊看去, 則謂之無妨者, 此也. 後之學者不知此意, 轉輾差誤, 失其本旨, 遂以流行邊說移言于本體, 則陰陽果不免自動自靜, 不關由天命, 而天命之外, 又有一箇樞紐, 如此看則栗谷之言反害栗谷之道也.

栗谷先生不云乎孰尸其機, 嗚呼太極. 此果自爾而無使之者乎? 又不云乎萬般之情, 孰非發於理, 此果自爾而無使之者乎? 蘆沙之言, 正所以發明此理, 以栗谷之言明栗谷之道, 重庵所謂尊栗谷者, 莫如奇李先生, 眞名言也. 後人不察, 遂擧猥筆中言今人之病者, 一切歸之栗翁, 多見其不知量. 於蘆沙翁何病矣. 且念朱子於周程張子, 尊慕之爲何如, 而於易傳辨破, 直曰程子差處甚多. 論周子之文, 直曰其言似莊老, 張子則直曰近釋氏. 此蓋尊畏先賢, 講明義理, 竝行而不悖者也. 南軒親學於五峰, 而不諱其差處, 勉齋傳習於考亭, 而或違其定說. 以此而幷目之以攻斥先賢, 背馳其師, 可乎? 吾東晦齋改正大學, 栗谷辨駁退陶四七說, 皆可以攻斥背馳目之乎? 心先賢之心, 而發明其或失照管者, 是乃十分亭當底道理, 未聞以此而投通詆毁, 肆其惡習有如此輩之無忌憚也.

외필변변

정재규

이 글은 정재규가 1903년 5월 무렵 전우의 「외필변(猥筆辨)」을 비판한 것이다.[99] 「외필」을 비판하는 「외필변」의 출현 이후, 노사학파에서 간재학파의 공식적 비판에 대응하는 재비판의 내용을 담은 것들 가운데 가장 대표적인 글이라고 할 수 있다. 「외필변」의 내용을 조목별로 인용한 후 자신의 비평을 덧붙였다. 『노백헌집』 권29에 실려 있다.

「외필변」 : 주자는 평소에 '리는 조작이 없다'라고 했다. 그러나 움직임과 고요함은 조작이기에 (율곡은) "저절로 그런 것이다"라고 말했던 것이다. 주자는 또 '작용이 있자마자 곧 형이하이다'라고 했으니, 움직임과 고요함이란 작용이다. 그래서 (율곡은) '저절로 그런 것이다'라고 한 것이다.

정재규 : 리는 본시 조작이 없다. 그러나 기가 이 리에 의거해서 운행한다면 조작의 준칙은 이미 리에 갖추어진 것이다. 작용도 본시 기이다. 그러나 리에는 그 자체로 오묘한 작용[妙用]이 있기 때문에 작용의 절도와 제도는 그 자체로 리에 있다. 또 움직임과 고요함은 저절로 그러한 것으로, 기의 힘을 조금이나마 침범하는 글자가 아니다. 조작이란 정의(情意)와 영위(營爲)가 있다는 뜻이니 기력을 매우 소모하는 글자다.

99 "40년 계묘, 선생 61세…여름에 간재 전우의 「양의기의(凉議記疑)」 및 「외필변(猥筆辨)」을 변론했다.[四十年癸卯, 先生六十一歲.…夏辨田艮齋愚凉議記疑及猥筆辨.]" 정재규, 『노백헌집·부록』 권2, 「연보」, 88쪽.

동정을 곧장 조작이라 바꿔 부르는 것도 어째서 그런지 알 수 없다. 주자는 "움직임 또한 태극의 움직임이요, 고요함 또한 태극의 고요함이다"[100]라고 했다. 또 '본체로 말하면 태극은 동정을 포함하고, 유행으로 말하면 태극에는 동정이 있다'라고 했다.[101] 또한 『통서(通書)』에서는 "'움직이되 움직임이 없고, 고요하되 고요함이 없다, 이것은 움직이지 않는 것도 고요하지 않는 것도 아니다'라고 했는데 이것은 형이상의 리를 말한다"[102]라고 했다. 또 "리의 동정을 말하면 고요함 가운데 움직임이 있고, 움직임 가운데 고요함이 있는 것은 그 본체[體]요, 고요하면서 능히 움직이고, 움직이면서 능히 고요한 것이 그 작용[用]이다"[103]라고 했다. 이런 종류는 아주 많아서 일일이 다 손꼽을 수가 없다. 이로써 말하자면 동정이 본시 기로 말한 경우도 있다지만, 또한 리에 대해서도 말할 수 있는 것이니, 조작·작용 등의 글자를 오로지 기라는 측면에서만 설명할 수 있는 것은 아니다.

「외필변」: 공자는 분명히 "하늘이 사물을 낳으면서 심은 것은 북돋아 주고 기운 것은 엎어버린다"라고 했는데, 주자는 도리어 "이것은 어떤 사물이 있어 그렇게 시키는 것이 아니다, 다만 사물이 생길 때에 저절로 자라 나가는 것이 마치 붙잡아 주는 어떤 사물이 있는 것만 같고, 시들 때에는 저절로 사라져 가는데 마치 어떤 사물이 밀어서 엎어버리는 것과 같으니 저 이치가 스스로 이와 같음을 말한다"라고 했다. 맹자는 분명하게 "하늘이 사물을 낳으면서 근본이 하나이도록 했다"라고 했는데, 주자는 도리어 "저절로 그러한 이치는 마치 하늘이 그렇게 만드

100 주희, 『주자어류』 권94(『주자전서』 vol.17), 3120쪽.

101 주희, 『회암선생주문공문집』 권45(『주자전서』 vol.22), 「答楊子直(方)」, 2072쪽 참조.

102 주희, 『주자어류』 권94(『주자전서』 vol.17), 3160쪽 참조.

103 같은 책, 같은 곳.

는 것 같다"라고 했다. 이윤(伊尹)은 분명하게 '하늘이 백성을 낳으면서 먼저 안 사람이 나중에 안 사람을 깨우치게 했다'라고 했는데, 주자는 오히려 '천리의 당연함은 마치 그렇게 시키는 것 같다'라고 했다. (주자가 이렇게 말한 것은) 어떤 이유 때문인가? 단지, 사람들이 '사(使)'란 글자를 작용의 뜻으로 착각하면 도를 크게 해칠 것으로 걱정했기 때문일 뿐이다. 그래서 따로 '약(若)'자, '흡사(恰似)'자, '비유물사지연(非有物使之然)'자를 써서 그렇게 만드는 작용이 없다는 것을 드러낸 것이다. 그러므로 '그렇게 시키는 것은 없다[非有使之]'라고 하는 것이다.

정재규 : 공자·맹자·이윤은 분명하게 '그렇게 시킨다[使之]'라고 했는데, 주자는 도리어 사람들이 잘못 보고 작용의 뜻으로 인식할까 걱정해서 '약(若)'자와 '흡사(恰似)'자를 썼고, 율옹은 또 주자의 뜻으로 인해서 곧장 '그렇게 시키는 것이 있지 않다[非有使之]'라고 했다. 이와 같다면 그들이 말한 것은 다르지만, 그들의 뜻은 모두 리를 밝히려는 것이다. 후세의 학자들이 가까운 것에 가리고 먼 곳에 어두워 그들의 말을 스승으로 삼을 뿐 그들의 뜻을 스승으로 삼지 않았다. 마침내 정말로 그렇게 시키는 것이 없다고 생각하고는 천지의 조화와 생성을 '기(氣)'라는 글자 하나로 뒤덮어 '리'라고 부르는 것이 주재의 권한을 잃어버렸으니 또한 크게 도를 해치지 않았는가? 이에 (「외필」에서는) 따로 천명에는 실제로 그렇게 시키는 오묘함이 있다고 말함으로써 성현들의 은미한 말을 밝히고, 천리의 본래 모습을 되돌리려고 했으니, 말은 비록 다르지만 뜻은 또한 똑같이 리를 밝히는 데로 귀결된다 할 것이다. 그러므로 저 말을 잡고서 뜻에 어두운 자들은 율옹에게 누가 되기에 충분할 뿐이다. 이 의심을 다 궁구해서 밝게 변론한 사람이야말로 율옹의 온축을 발명했다고 할 것이다.

「외필변」 : 예를 들어 "사람이 도를 넓힐 수 있다"라는 것은 '저절로 그런 것이다'라는 것이요, "도가 사람을 넓힐 수 없다"라는 것은 '그렇게 시키는 것이 있지 않다'라는 것이다. 사람의 마음에 깨달음이 있는 것은 음양 동정의 기틀이다. 도의 본체가 함이 없는 것[道體無爲]은 태극의 저절로 그러한 오묘함이다.

정재규 : 이제 '인(人)'자를 '기(氣)'자로, '홍(弘)'자를 '사(使)'자로 만들고서 "기가 리를 부릴 수 있는 것이지 리가 기를 부리는 것이 아니다"라고 한다면 이것은 과연 말이 되는가? 마음이란 기를 좇아 말하면 '사람의 마음에 깨달음이 있다'라는 것은 본래 음양과 동정의 기틀이다. 통합해서 말한다면 반드시 본성과 정의 전체와 대용(大用)을 합치고 한 몸의 주재가 되며, 모든 일의 강령이 되는 것이라고 말해야 한다. 이 '심(心)'이란 글자의 본뜻이 어떻게 하나의 '기(氣)'자가 감당할 수 있는 것이겠는가? '도를 넓힌다'라고 하는 것은 이 마음의 본체가 판단의 기준과 준칙으로써 단서의 발현을 따라서 주재하며, 이를 넓히고 채우면 그 극치에 이르러 천지의 화육에 참여하는 것이니, 이것이 어찌 이 마음이 타는 기틀이 저절로 그럴 수 있는 것이겠는가?

주자가 가장 분명하게 설명한 대목이 있으니, 주자는 "원형이정은 본성이요, 생장수장(生長收藏)은 정이다. 원으로 생겨나고, 형으로 자라며, 리(利)로 수확하고, 정(貞)으로 감추는 것은 마음이다"[104]라고 했으니 이것은 천지의 마음이 온갖 변화를 주재하는 이유를 말한 것이다. 또 주자는 "인의예지는 본성이요, 측은·수오·사양·시비는 정이다. 인으로 사랑하고, 의로 미워하며, 예로 양보하고 지로 아는 것은 마음이다"[105]라고 했으니 이것은 사람의 마음이 온갖 일을 주재하는 이유를 말한 것이다. 오직 그 주재의 실체와 오묘한 작용이 있기 때문에 도를 넓힐 수 있고, 본성을 단속할 수 있다. 이제 음양 동정의 기틀을 논하면서 이것

---

104 주희, 『회암선생주문공문집』 권67(『주자전서』 vol.23), 「元亨利貞說」, 3254쪽.

105 같은 책, 같은 곳.

을 끌어다 기가 리를 부리는 물건이라는 증거를 삼으면서도 거꾸로 리가 기의 주재가 된다고 하면 사람들이 믿겠는가?

「외필변」: 만물의 생성은 '스스로 자라고 스스로 사라진다'라고 하지만, 스스로 자라고 스스로 사라지는 것도 필경 이 리가 저절로 이와 같은 것이다. 음양의 기틀도 스스로 움직이고 스스로 고요하다고 하지만 스스로 움직이고 스스로 고요한 것은 또한 리가 이와 같기 때문이다. 이것이 어찌 깨닫기 어려운 이치겠는가? 어떤 이는 이렇게 말한다. "주자는 스스로 자라고 스스로 사라진다는 구절 아래에 '리가 저절로 이와 같다'[106]라는 말을 이어 붙였다. 그러나 율옹은 한마디도 하지 않았다. 이 때문에 노사의 의심을 불러온 것이다." 이것 또한 그렇지 않다. 주자는 이렇게 말한 적이 있다. "일기(一氣)가 유행하면 모든 것들이 스스로 생기고, 스스로 자라며, 스스로 형체화되고, 스스로 색을 갖는다. 이것이 어찌 하나하나 분 바르듯이 가꾸고서야 이렇게 되는 것이겠는가?" 어떻게 하나하나 분 바르듯이 가꾸고서야 이렇게 되겠는가라고 한 것이 바로 율옹이 '그렇게 시키는 것이 있지 않다'라는 말이기에 다시 '리가 저절로 이와 같다'라고 말하지 않은 것이다.

정재규 : 기의 기틀이 한 번 움직이고 한 번 고요한 것은 또한 리가 응당 이와 같기 때문이다. 이것이 바로 정자가 말한 '드러난 것과 감춰진 것이 간격이 없다'[107]라는 것이요, 주자가 '형체가 있기 이전에 이미 갖추었다[未形已具]'라고 말한 뜻이다.[108] 율옹도 일찍이 "갖가지로 고르

---

106 "此亦非是有物使之然. 但物之生時自節節長將去, 恰似有物扶持它, 及其衰也, 則自節節消磨將去, 恰似箇物推倒它. 理自如此." 주희, 『주자어류』 권63(『주자전서』 vol.16), 2092쪽.

107 정이, 『주역정씨전』(『이정집』 vol.2), 「易傳序」, 689쪽.

108 형체가…갖추었다: 정이가 "텅 비고 아득하여 아무런 조짐도 없지만, 모든 형상이 빽빽이 이미 갖추어져 있다[冲漠無朕 萬象森然已具]"라고 말한 적이 있는

지 않은 것이 기가 하는 것이라고 하더라도 반드시 주재가 되는 리가 있다. 그렇다면 갖가지로 다른 것 또한 리가 마땅히 이와 같은 것이지, 리가 이와 같지 않은 데 기 홀로 이와 같은 것이 아니다"[109]라고 했으니, 이것은 근본과 말단을 다 들었고, 위아래를 모두 갖춘 것으로 뒤엎을 수 없는 설명이다. 율옹의 바른 견해가 이와 같기 때문에 선사(先師)께서도 '(기틀이) 저절로 그렇다', '(따로) 시키지 않는다'라는 말을 유행이란 측면에서의 설명이라고 단언하셨다. 도리의 근원을 아는 사람이 보면 진실로 이해하기 어려운 이치가 없지만, 스스로 어두운 사람으로 말한다면 날마다 쓰면서도 알지 못하고, 살피지도 못하기 때문에 간혹 근본을 버리고 말단을 들며, 아래를 말하면서 위를 버리니, 후대의 말이나 따라가며 뜻을 풀이하고, 말에 집착해서 뜻에 어두운 자들이 어떻게 가리지 않겠는가? 그러므로 선사께서 또 '말하는 것이 지나치게 명쾌해서 말단의 폐단이 여기에 이르렀으니, 자세하게 생각하지 않은 탓이다'라고 한 말이 바로 이것이다. 주자가 '일기가 유행한다'라고 말한 앞 문장에는 '천지시(天祗是)'라는 세 글자가 있고, '어떻게 이것이 하나하나 분바르듯이 가꾸고서야 얻은 것인가'란 구절의 뒤에는 "단지 (하나의) 큰 근본과 근원에서 나왔다[只是(一箇)大本大原裏(發)出]"라는 구절이 있다.[110] 그러므로 하늘이 단지 일기의 유행이라면 일기의 유행은 바로 하늘이다. 일기의 유행 이외에 따로 '천'자를 토론할 곳이 없다. "어떻게

데, 여기에 대해 『近思錄』에서는 "'텅 비고 아득하여 아직 형체화 되지 않았지만 모든 이치가 다 갖추어진 것'은 '무극이면서 태극'을 가리킨다"라고 풀이하고 있고, 주희 자신은 이 구절을 '사물이 아직 없을 때에도 그 이치는 이미 구비되었다'라고 풀이하고 있다. 즉 원문인 '未形已具'는 정이의 말에 대한 『근사록』과 주희의 풀이를 축약한 것이다.

109 이이, 『율곡전서』 권10(표점영인 한국문집총간 vol.44), 「답성호원」, 199쪽.

110 주희, 『주자어류』 권45(『주자전서』 vol.15), 1585쪽.

이것이 하나하나 분 바르듯이 가꾸고서야 얻은 것인가"라고 했으니, 하늘과 만물의 관계는 화공이 (그림을) 장식하는 것과는 다른 것이다. 그래서 "단지 큰 근본과 근원에서 나왔다"라고 한 것이다. 또 단지 큰 근원에서 나온 것이라면 비록 사물마다 분 바르듯이 가꾸지 않더라도 사물이 스스로 형상화되고 스스로 색을 갖는 것은 실제로는 이 리에서 나온 것이니, 이것이 바로 '리가 저절로 이와 같다'라는 것이다. 이제 앞뒤를 떼어내 버리고 구절만을 뽑아다 리가 기를 부리지 못한다는 증거로 삼으려고 하면서 '다시 리가 스스로 이와 같은 것이 없다'라고 말하려 하니, 모르겠으나 견해가 거칠고 빠진 것이 있어서 그런 것인가? 아니면 자신의 주장을 펴려고 앞 사람의 말을 자기 견해에 가져다 붙이는 것인가? 후세 사람들의 눈이 모두 다 장님일 수 없을 터인데 어떻게 하려는 것인가? 주자의 이 말은 바로 하늘이 사물을 각각 사물에 붙이는 곳에서 리가 사물마다 분 바르듯이 가꾸지 않지만 사물마다 스스로 이와 같은 것은, 바로 이 리의 시키지 않는 시킴[不使之使], 함이 없는 함[無爲之爲]이 일기가 유행하는 윗면에 앞서서 갖추어졌고, 스스로 형상화 되고 스스로 색을 갖는 가운데 각각 바르게 한다는 말인 것이다.

「외필변」: 움직임과 고요함[動者靜者]은 기다. 움직이게 하고 고요하게 하는 것[動之者靜之者]은 리다. 움직이고 고요하게 하는 것이 그렇게 시키는 것이 아니라면 무엇인가? 생각해 보면 '리가 그렇게 시킨다'라고 말한 것은 뿌리를 말하는 것일 뿐 '기에 감정과 의지가 있다'라는 것과 같은 말이 아니다. 그러므로 우옹(尤翁)은 심명중(沈明仲)이 '움직이게 만들고 고요하게 만드는 것이 어떻게 조작이 아닙니까'라는 질문에 대해 '이것은 저절로 그렇다는 말에 불과한 것이지, 음양과 오행의 운용과 비슷한 것이 아니다'라고 대답했다. 이제 노사의 견해는 바로 심씨와 같은 것인데, 그의 말에 '움직이고 고요하게 하는 것이 리다'라고 하고 (그 말이) 또 율옹의 '발현하는 것은 기다'라는 말과 똑같은 어세를 갖고 있으니 어찌 기를 리라 여기는 데로 귀결되지 않겠는가?

정재규 : "움직임과 고요함은 기이고, 움직이게 하고 고요하게 하는 것은 리다"라는 이 두 구절은 율옹이 말한 것인데—「천도책」 및 「역수책」에 보인다.[111] —이와 같이 꾸짖는 것은 어째서인가? 이는 참으로 '그 사람이 입각한 것에 따라 공격하는 것일 뿐 무슨 정론이 있겠는가?'[112]라고 하는 격이다. 주자는 '기는 리에 뿌리를 두고 생긴다'라고 했으니[113], 생기는 것은 기이다. 공자는 '태극이 양의를 낳는다'라고 했으니, 생기게 하는 것은 태극이다. 움직이게 하고 고요하게 한다는 말은 곧 '생기게 한다[生之]'는 것을 말한다. 기의 기틀이 이미 저절로 움직이고 고요하고 태극이 그 생기게 하는 것과 함께 없다고 한다면 이것은 바로 퇴계가 말한 "단지 본체에 아무런 작위가 없다는 것만을 알고 신묘한 작용이 드러나 실현될 수 있다는 것을 몰랐다. 이것은 거의 리를 죽은 물건[死物]으로 여기는 것이니 어떻게 온갖 변화의 뿌리가 되겠는가"라는 것이다.[114] 그러므로 그가 말하는 '단지 뿌리일 뿐이다'라는

---

111 이이, 『율곡전서』 권14(표점영인 한국문집총간 vol.44), 「역수책」, 306쪽·같은 책, 「천도책」, 310쪽.

112 주희가 광남서로 안무사인 첨의지(詹儀之)에게 보낸 편지의 일부분을 축약한 것이다. 주희, 『회암선생주문공문집』 권27(『주자전서』 vol.21), 「答詹帥書」, 1201쪽 참조.

113 기는…생긴다: 주희가 직접 이 말은 했다는 기록은 찾을 수 없다. 그러나 동일한 취지의 내용이 『주자어류』에 실려 있다. "용지(用之)가 물었다. '이치에 뿌리를 두고 나날이 생기는 것은 아득히 무한하다고 하는데, 이것은 천지의 기가 변화한다고 할 때의 기입니까?' 대답했다. '이 기는 단지 같을 뿐이다. [問 根於理而日生者浩然而無窮 此是說天地氣化之氣否 曰 此氣只一般]'" 주희, 『주자어류』 권3(『주자전서』 vol.14), 172쪽.

114 단지…되겠는가: 李滉, 『退溪集(Ⅰ)』 권18(표점영인 한국문집총간, vol.29), 「답기명언·별지」, 467쪽.

말은 바로 지나가 버린 헛소리일 뿐이다. 심명중은 움직이게 만들고 고요하게 만드는 것에 저절로 그러한 오묘함이 있는 줄을 모르고 리에 조작이 있는 것으로 의심했다. 이 때문에 우옹은 '시킨다'라는 것은 저절로 그렇게 시키는 것이지 음양오행의 운용 조작과는 같지 않다고 대답했고, 그 아래에서 곧장 "이 음양오행이 운용 조작할 수 있는 까닭이 어떻게 리가 아니란 말인가"라고 했다.[115] 또 주자가 말한 "리에 움직임과 고요함이 없다면 기가 무엇으로부터 움직이고 고요할 것인가"라는 말을 인용해서 기의 움직이고 고요함은 실제로 리가 그렇게 시키는 것임을 밝혔다.[116] 또 "하늘이 음양오행으로 만물을 변화 생성시킨다"[117]라는 말을 인용해서 "하늘이란 또한 리일 뿐이다"[118]라고 말했다. 이것으로 변화 생성하는 것이 그렇게 시켜서 그러는 것이 아니란 말인가? 리에 운용 조작하는 일이 없다지만, 그 운용 조작의 오묘함은 리가 실제로 갖고 있다. 이것이 움직이게 만들고 고요하게 만드는데 저절로 그러한 오묘함이 있다는 것이다.

이제 '사(使)'자를 '조작'이라 여긴다면 이것은 다시 심씨의 잘못을 뒤쫓는 격이요, 우옹의 설명을 (리가) 시키지 않는다는 증거로 여기는 것은 도리어 우옹을 너무 모함하는 것이 되지 않겠는가? 심지어 '발현하는 것은 기이다'라는 말에서 기는 발현하는 기틀을 가리켜 말하는 것이요, '발현하는 까닭은 리이다'에서 리는 발현하는 주인을 가리켜 말한 것이다. 발현하는 것 위에 이미 저절로 발현하는 까닭이 있으니, 발현하는 까닭이 어떻게 발현하는 것의 뿌리와 지도리가 아닐 것이며, 발현하는 것이 명을 받는 것이 아니겠는가? '움직이게 하고 고요하게 한다'

115 송시열, 『송자대전』 권105(표점영인 한국문집총간 vol.111), 「답심명중」, 494쪽.
116 주희, 『회암선생주문공문집』 권56(『주자전서』 vol.23), 「답정자상」, 2687쪽.
117 주희, 『중용장구』(『주자전서』 vol.6), 32쪽.
118 송시열, 『송자대전』 권105(표점영인 한국문집총간 vol.111), 「답심명중」, 496쪽.

라는 것은 바로 '움직임과 고요함의 까닭'을 말한다. 기를 마주하고 리를 말하면 '발현하는 것은 기이다'라고 하니, 이것은 발현이란 이 리를 얻어 나오는 것임을 말함으로써 발현하는 것이 기에 탄다는 것임을 밝혔다. 리에 뿌리를 두고 기를 말하면 '움직이게 하고 고요하게 하는 것은 리이다'라고 하니, 이것은 동정이란 이 기의 유행을 얻은 것임을 말함으로써 그 움직이고 고요한 것이 리에게서 명을 받는다는 것을 밝혔다. 두 설명은 가로 세로의 차이만 있을 뿐 실제로는 서로가 서로의 뜻을 밝히는 것이다. 진북계(陳北溪: 陳淳, 1153~1217)가 리에는 능연·필연·당연·자연이 있다고 하면서 '예를 들어 움직이고 고요한 것은 기이고, 움직이고 고요하게 할 수 있는 까닭은 리이다'라고 말하자 주자는 '이 뜻이 매우 완비되었다'라고 대답했으니,[119] '움직이고 고요하게 할 수 있는 까닭'이란 움직이게 하고 고요하게 하는 것을 말하지 않는단 말인가? 주자의 문하에서 주고받은 뜻이 또한 기를 리로 여기는 것으로 귀결된단 말인가?

「외필변」: 또 이를테면 말하거나 침묵하는 것은 입이요, 말하게 하고 침묵하게 하는 것은 성이다. 나는 성이란 말하거나 침묵하는 리이고, 입과 혀는 따라서 말하거나 침묵한다고 들었으니, 이것이 주자가 "리에 움직임과 고요함이 있다.—리에 이 기가 움직이고 고요한 리가 있다는 말은 리가 앞서서 그 자체로 움직이고 고요하다는 말이 아니다. 이 구절에 대해서는 앞서거나 뒤서거나 읽는 사람들이 대부분 살피고 이해하지 못했다.— 그러므로 기에도 움직임과 고요함이 있다—위아래 두 구절의 '동정'은 모두 기를 가리켜 말한 것이지, 하나는 리에 속하고 하나는 기에 속해서, 두 가지 동정이 있다는 것이 아니다.—"라고 말한 것이다. 이 성이 스스로 말하고 침묵할 수 있다고는 듣지 못했다. 이런 까닭에 고자·불교의

119 주희, 『회암선생주문공문집』 권57(『주자전서』 vol.23), 「답진안경, 2736쪽 참조.

'지각 작용이 곧 성이다'라는 주장, 양명이 '저 보고 듣는 것이 바로 천리다'라는 주장은 모두 기를 리로 인식하는 데로 귀결되니, 우리 성인과는 다른 것이다. 주자의 「호계수(胡季隨: 胡大時)에게 답하는 편지」에 '자신의 마음을 스스로 살핀다'라는 말이 있다. 이것이 어찌 살피는 리가 성에서 나오지만, 살필 수 있는 것은 마음이지 성이 아니라는 것을 몰라서 이렇게 말한 것이겠는가?

정재규 : 말하거나 말하지 않는 것은 입이다. 말해야 하고 말하지 말아야 하는 것은 리다. 말할 수 있고 말하지 않을 수 있는 것도 리다. 말해야 하고 말하지 말아야 하는 리가 있기 때문에 사물이 다가오면 곧장 말할 수도 말하지 않을 수도 있다. 또한 입도 따라서 말하기도 하고 말하지 않기도 한다. 이 말에 저 사람은 반드시 깜짝 놀랄 것이다. 그러나 주자는 '태극은 바로 움직이고 고요할 수 있다'[120]라고 말했고, 또 '본성이란 이처럼 할 수 있는 리다'[121]라고 했다. 이것이 내가 근본으로 삼는 것이다. 본성이 말하게 만들고 말하지 않도록 만드는 리가 아니라면, 입은 무엇에 근거해서 말하거나 말하지 않을 수 있단 말인가? 인용한 '리에 움직임과 고요함이 있기 때문에, 기에도 움직임과 고요함이 있다'라는 말은 주자의 본래 말에는 이 구절만이 있을 뿐인데, 이처럼 자세하게 주해를 하는 것은 오히려 사람을 속이는 방도를 만들려는 것이다. 그러나 (주자가 원래 문장의) 아래에 쓴 몇 구절에서는 "리에 움

---

120 주희에게는 이런 직접적인 언급이 없다. 다만, 『성리대전』 권49, 「태극」에 주희의 말로 다음과 같은 구절이 실려 있을 뿐이다. "태극은 리이고, 동정은 기다. 기가 운행하면 리 또한 운행한다. 이 둘은 늘 서로 의지해서 떨어진 적이라고는 없다. 애초에 하나의 사물도 없었을 때라면 이 리만이 있을 뿐이다. 이 리가 있으면 곧 움직여 양을 낳고, 고요해서 음을 낳을 수 있다.[太極, 理也, 動靜, 氣也. 氣行則理亦行, 二者常相依, 而未嘗相離也. 當初元無一物, 只有此理. 有此理, 便會動而生陽, 靜而生陰.]"

121 주희, 『주자어류』 권5(『주자전서』 vol.14), 225쪽.

직임과 고요함이 없다면 기(氣)가 무엇에 근거하여 움직임과 고요함이 있겠습니까? 우선 눈앞의 것을 가지고 논해 보면, 인(仁)은 곧 움직이요 의(義)는 곧 고요함이니, 이것들이 또 어찌 기와 관계가 있겠습니까"[122]라고 했다. 이것이 리에 스스로 움직임과 고요함이 있다는 것이 아니겠는가? 진북계가 이 움직임의 리와 고요함의 리가 앞서 있는지 물으면서 이미 음양을 낳으면 리는 또 음의 고요함과 양의 움직임 속에 있다고 하자 주자는 옳다고 했다.[123] 이것도 기를 리라고 여기는 데로 귀결되는가?

"이전 시대나 그 이후에나 읽는 사람들이 대부분 (제대로) 살피지 못한다"라고 한 것은 스스로는 자신이 홀로 얻은 견해가 이전이나 이후의 사람들을 뛰어넘는다고 여기는 것이다. 그러나 이전 시대에는 순자와 양웅이 본성을 논했고, 그 이후의 시대에 육상산과 왕양명이 마음을 말하면서 어찌 홀로 얻은 견해라고 자처하지 않았단 말인가? 두렵고 한탄스러운 일이다.

지각이 형기에서 생기는 것은 본시 본성이라고 말할 수 없다. 그 본연의 지각은 지(智)의 덕이 되고, 처음과 끝을 이룬다. 그렇다고 지의 작용이 시비를 구별하는 것도 본성이라 말할 수 없단 말인가? 참되다거나 망령되다고 구분하지 못하는 작용은 본시 본성이라고 말할 수 없다. 그러나 리에 근본해서 절도에 알맞은 것도 또한 본성이라 할 수 없단 말인가? 리와 욕망이 구별되지 않는 보고 듣고, 말하고 움직이는 것은 본시 본성이라고 말할 수 없다. 그러나 총명하며 공손함을 따르는 것도 본성이라 말할 수 없단 말인가? 정자는 "보고 듣고 생각하고 행동하는 것은 모두 하늘이다. 사람은 그 가운데서 참과 거짓을 식별해야

---

122 주희, 『회암선생주문공문집』 권56(『주자전서』 vol.23), 「答鄭子上」, 2687쪽.

123 주희, 『주자어류』 권94(『주자전서』 vol.17), 3125~3126쪽 참조.

할 뿐이다"[124]라고 했다.— 주자는 "보고 듣고 생각하고 행동하는 것은 모두 천리이다. 순순히 발출해 나와서 당연의 리가 아님이 없는 것은 즉 참된 것이다. 그 거짓된 것은 천리에 반대되는 것이다"라고 했다.[125] —

참과 거짓을 구분하지 않고 개괄적으로 본성이 아니라고 말한다면, 지각과 운용 보고 듣고 말하고 행동하는 것은 모두 본성 바깥의 사물일 것이요 본성이란 것도 모든 선의 벼리가 되지 못하게 되어 공허하고 적막한 데[空寂]로 빠져들 것이다. 개괄적으로 본성이라고 부르는 것과의 거리가 가깝다고 할 수는 없을 것이다. 주자는 이백간(李伯諫: 李宗思)에게 "'하늘이 명한 것을 일러 본성이라고 한다'라는 구절에 대해 그대는 공(空)이나 무(無)와 같은 법(法)이라고 여기는가? (아니면) 온갖 이치가 다 갖추어졌다고 여기는가?"[126]라고 물었는데, 나도 이를 들어 묻고 싶다.

주자는 진위도(陳衛道: 陳鞏)에게 답하는 편지에서 유학과 불교의 차이를 자세하게 구분하면서 이렇게 말했다. "본성과 천명의 리는 단지 일상적인 쓰임 속에 있을 뿐입니다. 다만 매사에 하나의 옳은 곳을 찾는다면 그것이 바로 이 리의 실제입니다. 선가(禪家)에서 본 것이 다만 애매모호한 데에 있는 것과는 비교할 수 없습니다. 석씨는 여섯 가지 작용[六用]이 행해지지 않을 수 있게 되면 본성(本性)은 저절로 드러난다는 것이라고 했는데, 그 점이 바로 잘못된 부분입니다. 여섯 가지 작용이 어찌 성(性)이 아니겠습니까? 행해지지 않게 되어야 성이 드러난다고 한다면, 그것은 바로 성이 여섯 가지 작용의 밖에서 따로 하나의 사물로 존재한다는 것이 됩니다."[127] 이제 보고 듣고 행동하는 것을 버리

124 정호·정이, 『하남정씨유서』 권11(『이정집』 vol.1), 131쪽.
125 주희, 『주자어류』 권95(『주자전서』 vol.17), 3223쪽.
126 주희, 『회암선생주문공문집』 권31(『주자전서』 vol.21), 「답장경부」, 1331쪽.
127 주희, 『회암선생주문공문집』 권59(『주자전서』 vol.23), 「答陳衛道」, 2844

고서 본성을 말한다면 본성이란 과연 일상적 쓰임의 바깥에 따로 있는 하나의 사물이 되어서 우리 성인의 가르침과는 다르게 될 것입니다. '자기 마음을 스스로 살핀다'라는 말은 주자가 본래 '경(敬)'자를 한 물건으로 만들고, 또 한 마음을 지키려 한다는 것 때문에 말했을 뿐이었으니, 스스로 주재가 된다는 말이었다. '자기의 마음을 스스로 살핀다'라는 말 아래에 "당체(當體)가 바로 이것이다[當體便是]"라는 구절로 말을 이었으니, 마음이 바로 이 경임을 말한다. 이것이 어떻게 기가 스스로 자신을 살핀다는 말이겠는가? 이를 인용해서 '저절로 그런 것이다'라는 증거를 삼으려 하는 것은 또한 어긋나지 않는가? 마음은 화(火)에 속하고, 경은 예(禮)이니, 예(禮)는 화(火)의 신(神)이요 마음의 덕이 되는 것이기 때문에 마음이 곧 경이고, 경이 곧 마음인 것이다. 마음과 본성이 처음에 두 갈래가 아니었음을 여기에서 알 수 있다.

이제 마음을 오로지 기로만 보려 하면서 본성과 판이하게 다른 두 물건으로 만들려 하는데, 어찌 주자의 뜻이겠는가? 주자는 "마음은 주재하는 것"이라고 했으니, '주재하는 것'이란 즉 리다. 마음 밖에 따로 하나의 리가 있는 것이 아니고, 리 바깥에 따로 하나의 마음이 있는 것이 아니다. 만일 어떤 사람이 저 사람이 말한 내용을 가지고 주자에게 묻는다면 주자는 빙그레 웃으려 하겠는가? 그렇지 않겠는가? 어떤 사람이 '만일 이렇다면 리로 리를 갖추고, 리로 리를 신묘하게 한다는 혐의가 없겠는가'라고 묻는다면, 리로 리를 신묘하게 한다는 것에는 애초부터 혐의가 없다. 리는 주재가 늘 일정한 것으로 말하는 경우가 있으니, 하늘에 있는 것을 제(帝)라 하고, 사람에게 있는 것을 마음이라 하는 것이다.— 주자는 '인(人)'자는 천(天)자와 비슷하고, 심(心)자는 제(帝)자와 비슷하다고 말했다.[128] — 또한 발출(發出)이 다르다는 것으로 말하는 경

쪽 참조.

우가 있다. 이 경우에는 하늘에 있는 것을 원형이정이라 하고, 사람에게 있는 것을 인의예지라 한다. 그러나 주재는 언제나 일정하니, 저 발출(發出)이 다른 것도 또한 이것과 저것이 (따로) 있지 않다. 그러므로 성이 발출한 것에 대해 인을 의라고 해서도 안 되고, 의를 인이라고 해서도 안 된다. (이미 발출한 것은) 오로지 한 가지 일만을 전담하기 때문이다. 그러나 어떤 정(情)을 막론하고 새어 나오듯이 발출하는 것은 인이요, 빛나듯이 환히 드러나는 것은 예이며, 끊는 듯이 가르고 제어하는 것은 의이며, 밝게 안에다 감추고 있는 것은 지이다. 이것이 하나의 정이 각각 넷을 갖추고 있다는 뜻이다. 인은 네 덕을 포함하고 지는 시작하고 끝을 맺을 수 있다. 사물이 다가오면 지는 옳고 그름을 아는데, 이미 알고 나면 곧 나머지 셋을 서로 나누고, 또 다시 재빠르게 수렴하기 때문에 인과 지가 교제하는 것이 모든 변화의 기축(機軸)이라고 하는 것이다. 이것이 마음이 온갖 리를 오묘하게 쓰고 주재하는 곳이다.

리의 큰 작용으로 말하자면 '오묘하다[妙]'라고 하는데, 오묘하다는 것은 주재하는 것이요, 리의 전체로 말하자면 '갖추었다[具]'라고 하는데, 갖추었다는 것은 온갖 나뉨이 하나의 실제 가운데 갖추어졌다는 것이다. 그러므로 본성은 태극의 혼연한 본체이며, 그 가운데 온갖 리를 담아서 갖춘다고 하는 것이다. 오직 그것을 갖추었기 때문에 오묘하게 쓰이는 것이다. 눈금 없는 저울과 길이 없는 자가 어떻게 경중을 잴 것이며, 장단을 따지겠는가?

「외필변」: "이 말은 변방 늙은이가 얻은 말과 같아서, 원래 타고 있던 것이 아니요, 이 뒤에 형세가 틀림없이 이리저리 쏠릴 때에 오직 말머리만을 보는 격이다"라고 하니, 이 말 또한 자세히 다뤄야지 소홀하게 지나쳐서는 안 된다. 사람은 모두 태극을 갖고 있지만, 기품이 이미

128 주희, 『주자어류』 권1(『주자전서』 vol.14), 117쪽.

다르기에 욕심이 움직이고 감정이 날뛰며 이해가 서로 공 ㅊ4ㄷㄱㅇ5 격하는 근심이 종종 있게 된다. 이때 원래 말을 타고 있는 주인이 이미 조종하는 힘을 가지고 있다면 또한 가부가 없지 않을 것이다. —'조종한다[操縱]'와 '가부[適莫]'은 모두 「외필」에 있는 말이다— 어떻게 이렇게 동쪽으로 서쪽으로 쏠리는 것이 오직 말의 잘못이겠는가? 이 또한 분명히 밝혀서 살피고 논파해야 한다. 그렇지 않다면 '주인이 지향하는 것을 종복이 어떻게 가지 않겠는가'라고 하는 것도 사람들은 믿지 않을 것이니, 오호라! 위태롭구나!

정재규 : 주인이 향하는 곳으로 종이 가지 않음이 없는 것은 항상함이요, 본래 그런 것이다. 말이 궤도를 따르지 않고 때로 멋대로 내달리는 것은 (일시적으로) 변한 것이요 말단의 폐단이다. 그 일시적인 변화로 그 항상함을 힐난하고, 말단의 폐단을 들어 본래 그러한 것을 의심한다면 고대 성현들의 말부터 시작해서 한 마디도 믿을 것이 없게 된다. 하늘의 도가 심은 자는 북돋아 주고 기운 자는 엎어버리며, 큰 덕을 가진 이는 반드시 작록와 지위를 받는 것은 항구적인 이치이다.[129] 기수(氣數)에 의한 변화, 안연(顔淵)이 요절하고 도척(盜跖)이 장수하는 등 (수명이) 이 고르지 않은 것, 공자 맹자가 궁벽하게 지내며 영달하지 못한 것 때문에 자사(子思)의 말을 장차 믿지 못한단 말인가?

사람의 본성은 똑같이 선해서 모두 요순이 될 수 있는 것은 본래 그러하기 때문이다. 기질에 가리워, 그 본성을 본성대로 발휘해서 요순이 되는 것이 천명 만명 가운데 한두 사람조차 힘들다고 해서 맹자의 말을 믿지 못한단 말인가? 기수가 변하더라도 천도에 항상함이 있는 것을 알고, 기질이 비록 다르더라도 사람의 본성이 본래 같다는 것을 알며, 기의 기틀이 비록 위태롭더라도 이 리가 주재가 됨을 안다면, 항상

129 『중용』 17장 참조.

함에 근거해서 변화에 응대하고, 근본을 돌이켜 말단을 구하며, 리가 주재로서 기를 통솔할 것이니, 이것이 군자가 계신공구(戒愼恐懼)하면서 잠시라도 소홀히 하지 않는 이유이다.

위아래의 구분을 분명히 하고 주인과 종의 분별을 엄격히 하며, 이렇게 대비하더라도 오히려 서로 다투는 근심이 있는데, 하물며 처음부터 리가 주재가 된다는 것을 알지 못하고 권세와 호령 일체를 기의 기틀에 맡겨 버린다면 어떻게 위태롭지 않겠는가?

가·불가, 조종 등의 말은 모두 인간사의 감정과 의지와 연관된 글자를 빌려서 천리(天理)의 소리도 없고 그침도 없는 오묘함을 밝힌 것이다. 이 잡듯이 트집을 잡으려는 마음으로는 말을 고집하면서 꾸짖는 것이 이상할 것도 없다. 가·불가는 이 리가 반드시 그러한 오묘함을 말한 것이다. 뿔 달린 것은 언제나 뿔이 나고, 수염 난 것은 언제나 수염이 나는 것이 바로 '가[適]'라고 말하는 곳이다. 겨울에는 갈옷을 입지 않고, 여름에는 갖옷을 입지 않는 것이 '불가[莫]'라고 말하는 곳이다. 이들은 모두 반드시 그러해서 바꿀 수 없는 것들이다. 조종하는 힘이 있지 않다라는 것으로 말할 것 같으면, 본래 있지 않다는 것을 말하려는 것이었다. 선사(先師)께서는 예전에 '리에는 반드시 그러한 오묘함이 있지만 능히 그렇게 할 수 있는 힘은 없다'[130]라고 말씀하셨다. 능히 그렇게 할 수 있는 힘조차 오히려 없다고 말하는데, 하물며 조종하는 힘이겠는가? 그러므로 본래 있지 않다고 말한 것이다. '없다[無]'라고 하지 않고 '있지 않다[非有]'라고 한 것에서 또한 알 수 있을 것이다. 주자는 분명하게 '리에는 능연(能然)이 있다'라고 했으니, 어떻게 '능연이 없다'라고 하겠는가? '조종한다[操縱]'는 말도 또한 그렇다. 어떻게 그 힘이 있지

130 기정진, 『노사집』 권16(표점영인 한국문집총간 vol.310), 「答人問」 제3, 360쪽 참조.

않다고 해서 마침내 그 오묘함이 없다고 하겠는가?

리가 처음에는 선하지 않음이 없다가 간혹 기에 의해 구애되고, 욕망에 가리워 곧게 이뤄지지 못하고 악에 흘러가는 것은 본시 그런 경우가 있다. 그러나 선한 것은 끝내 이뤄지고, 악한 것은 끝내 이뤄지지 못하는 것이다. 나라의 치란과 사람의 화복이 늦거나 빠르고, 오래거나 가까운 차이는 있지만 그 마지막을 궁구해서 살펴본다면 부절을 합치듯이 기대할 수 있을 것이다. 이것이 리가 조종하는 곳이 아니란 말인가? 저절로 그러한 오묘함이 있을 뿐 작위하는 힘이 있지 않을 뿐이다.

「외필변」: (『외필』에서는 이렇게 말했다.) '이발' 두 글자가 오늘날의 학자들에게 크게 금기시되고 회피되는 말이 되어버렸다. 그래서 단락이 있거나, 변화를 일으키거나 조리를 이루는 것을 보았다 하면 '기'라고 말하게 된 것이다. "누가 이 기를 주장하는가?"라고 물으면 '그 기틀이 저절로 그런 것이지 시키는 것이 있지 않다'라고 한다. '리는 어디에 떨어져 있는가?'라고 물으면 '(기를) 타고 있다'라고 한다. 애초에 이미 그렇게 되도록 시키는 신묘함이 없고 결국 조종하는 힘도 없으니, 의지하고 붙어서 탈 뿐 무슨 일을 할 수 있겠는가? (그러한 이치란) 있어도 도움이 되는 것이 없고, 없어도 부족할 게 없어서, 살에 붙어있는 혹이나 천리마에 붙어있는 파리에 불과하니, 아! 가련하다! 그 이유를 궁구해 보면 '탄다[乘]'라는 말이 그 본뜻을 잃어 점점 리가 가벼워지고 기가 무거워지다가 곧바로 기가 리의 자리를 빼앗아 모든 일의 본령이 된 다음에야 그치게 된 것이다. 한 글자가 본뜻을 잃자, 그 재앙이 여기에 이르게 되었다.

내 생각에 율옹 또한 "누가 그 기틀을 주장하는가? 아! 태극이로다"[131]라고 했다. 이것이 어떻게 기를 온갖 일의 본령이라고 간주한 적

131 이이, 『율곡전서』 권1(표점영인 한국문집총간 vol.44), 「理一分殊賦」, 12쪽.

이 있었다는 것인가? 또한 '성이 발현해서 정이 된다'[132]고 했으니, 「외필」에서 운운한 것은 율옹이 이미 환하게 알고 있었던 것이다. 다만, 이발을 잘못이라고 한 것은 오히려 곡절이 있으니, 사실은 이기호발설 때문에 (그렇게) 말한 것일 뿐이다. 리가 뿌리가 된다는 면을 따라서 말하자면 기는 리의 작용이다. 그러므로 기발이라고 하더라도 또한 이발이라고 할 수 있다. 이것은 마치 가는 것은 말이지만 주인은 사람인 것과 같기 때문에 통틀어 말할 때는 '사람이 간다'라고 하는 것이다. 기가 작용할 수 있다는 측면에 근거하자면 리는 실제로 감정도 의지도 없기 때문에 선한 정이라고 해도 '기발'이라고 말할 수 있을 뿐이다. 이것은 마치 탄 것은 사람이지만 가는 것은 말이기에 변별해서 밝히면서 '말이 간다'라고 하는 것과 같다. 모두 리를 위주로 하더라도 일에 작용하는 측면[用事處]에 이르러서 또한 '기발'이란 말을 쓰지 말아야 한다고 금지한다면 실정에 어긋날 것이다. 비유하자면 신하가 군주의 명령을 시행하는 것과 같으니, 시행해야 하는 것이야 본래 군주에게서 나왔지만 그것을 시행하는 것은 결국 신하이지 군주가 아닌 것이다. 반드시 시행해야 하는 것이 군주의 명이라고 해서 신하가 시행하는 것을 가리켜 군주가 시행한다고 한다면 명목이 올바르지 않고, 말이 순조롭지 못할 것이다. 하물며 갑자기 '신하가 행한다[臣行]'이라는 두 글자를 신하가 군주의 자리를 빼앗은 것이라고 여겨 죽인다면 이것이 어떻게 법리에서 나올 것이겠는가?

정자규 : '태극이 기의 기틀을 주재한다'거나 '성이 발현해서 정이 된다'[133]라는 말 뿐이 아니다. 이 두 구절뿐만 아니라 '온갖 정들이 어느 것인들 리에서 발현하는 것이 아니겠는가'라는 말까지 「외필」에서 하

132 이이, 『율곡전서』 권10(표점영인 문집총간 vol.44), 「답성호원」, 201쪽 참조.
133 같은 책, 같은 곳.

는 말들은 율옹이 이미 환히 알고 있던 것들이다. 선사께서도 '온갖 정이 리에서 발현한다'라는 것은 적확한 정론이라고 여기셨고, 또 이것으로 제자들을 가르치시면서 훗날의 유학자들이 정론을 망각한 것에 대해 탄식하셨다. 훗날의 유학자들이 정론의 소재를 고찰하지 않고 오로지 '(기)자이' '비(유)사(지)'라는 말만을 주장하면서 이를 과장해서 리에 본래 그러한 오묘함이 없고, 기를 (리의) 자리나 빼앗는 물건으로 만들어 버렸기 때문이다. 이것이 「외필」을 지은 이유인 것이다. '이발(理發)'이라는 글자가 금지어가 되어버렸다고 말한 것은 분명하게 '오늘날의 학자 선비들'이라고 했음에도 이제 율옹에게 그 말을 뒤집어 씌우고서, 견해의 차이를 가지고 화내면서 상대하려는 마음을 갖고 힘을 낭비하며 흠을 찾으려 하니, 본시 마음을 가라앉히고 다른 사람이 말한 뜻을 다 받아들일 수 없는 것이다. 어떻게 뜻이 이처럼 심할 수 있단 말인가? 율옹의 뜻을 논한 것은 본시 옳다. 다만 앞 문단의 '리에 움직이게 하고 고요하게 하는 것이 없다'라는 말과 본성은 말할 수도 말하지 않을 수도 없다는 가르침으로 보면 오히려 사람이 말을 부리지 못하고, 임금이 신하를 명령하지 못하는 격이다. 여기에서 '사람이 간다'라고 하고, '임금이 명령한다'라고 하니, 그 견해를 이렇게 조금씩 바꾸는 것은 어째서인가? 리가 본시 이와 같아서 끝내 어길 수 없기 때문인가?

「외필변」: 「외필」에서 인용한 "한 번 음이 되고 한 번 양이 되는 것을 도라고 한다", "태극이 양의를 낳는다"라는 두 구절은 누군들 그렇게 말하지 않겠는가? "사람이 도를 넓히지 도가 사람을 넓히지 않는다"라고 한 것은 오직 공자의 말이 아니겠는가? 하나를 고집하면서 하나를 버릴 필요는 없을 것이다. 생각건대 시골사람으로부터 성인과 현인에 이르기까지 어찌 천지의 조화를 빼앗은 것이 아니겠는가? 공부란 마음에 보존된다 하더라도 그 본원은 하나 같이 성에서 나온다. 그런즉 도가 사람을 넓힐 수 있다고 하는 것이 또한 어떻게 불가할 것인가? 그러나 성인의 말이 이와 같은 것은 또한 그 까닭을 깊이 생각해 보아야 한다. 도란 지극히 존귀한 실재요 만물의 주재가 되는 것이다. 그것을 끌어내려 작용하는 것과 같은 것으로 취급한다면 도와 기, 위와 아래의 구분이 어지러워질 것이요, 이 마음이 (성을) 넘보는 맹아를 막을 수 없을 것이다. 아! 성인의 가리킴이 은미하도다! —이것으로 마음을 지키려 해도 후세에 오히려 이 마음이란 큰 이치가 작은 이치를 갖추었다고 자칭하는 경우가 있을 것이다.—

또 생각해 보면 마음이 일에 능해서 덕성을 공경하고 존중하며, 의리로 세교를 유지하고, 평범한 이를 성인으로 만들며, 보잘것없는 사람이 하늘에 참여하는 데 이르게 하니, (마음이) 사람에게 공을 세운 것이 그 얼마인가? (마음이) 형상의 이름을 빌렸다지만 여기에 안타까이 여길 만한 점이라고는 없는데 성인은 무슨 까닭에 마음을 도와 나란한 것이라고 말하려고 하지 않았던 것인가? 불교는 리가 도인 줄을 모르고, 천상천하에 유아독존이라고 하니, (그들이 말하는) 나란 마음 스스로가 (주장하는) 나[心自我]이다. 마음이란 지극하게 정세하게 연마한다고 해도 충막무짐한 도와 비교하면 결국 은미하다고는 해도 자취가 있으니, 신령함[靈]과 참됨[眞]은 원래 저절로 분별이 있어서 그런 것이다. 성인은 마음을 가리켜 도라고 여기고 싶지 않았으니, 근엄한 뜻이 어찌 이 때문이 아니겠는가? 이것이 우리 유학의 첫째 도리요, 또한 가장 먼저 유의해야 할 것이다. 옛 철인에게 묻고 싶지만 이미 할 수 없으니, 또한 이 시대와 후세의 현자들과 함께 바로잡기를 원하는 것이다.

정재규 : 기가 도의와 짝한다는 말은 들어 보았으나, '기가 도를 넓힐 수 있다[氣能弘道]'는 말은 들어보지 못했다. 호연지기[浩氣]가 도의에서 생겨나, 성대하게 길러지기 때문에 '도와 짝한다'라고 말할 수는 있지만, 사람의 마음이 타는 기틀의 경우 품수한 청탁에 따라 선악이 한결같지 않다.—율옹은 '선은 맑은 기의 발현이요 악은 탁한 기의 발현'이라고

했다.[134] — 개괄적으로 명명해서 '도와 짝한다'라고 하는 것에도 오히려 불가한 점이 있는데, 하물며 '도를 넓힌다'라고 말할 수 있겠는가? 짝한다[配]는 말은 돕는다[助之]는 뜻이다. '돕는다'라고 말한다면 도는 본시 주재가 된다. 넓힌다[弘]는 말은 '크게 만든다[大之]'는 뜻이다. 크게 만든다고 한다면 크게 만드는 것이 스스로 주재가 된다. 기가 도의 주재가 된다는 말은 들어보지 못했다.

주자는 '주재가 항상 일정한 것이 마음이다. 발출(發出)이 서로 다른 것은 본성'이라고 했다. 주재가 항상 일정한 것이 발출이 서로 다른 것을 검속한다. 이 때문에 넓힐 수 있는 것이다. 이제 주재가 항상 일정한 본체와 묘용을 논하지 않고, 타고 있는 기틀로 담당하려는 것은 정말이지 이해할 수 없다. '도의 본체는 함이 없다[道體無爲]'라고 하는데, '없다'라는 것은 다만 그 자취가 없다는 말일 뿐이다. 그 '함의 오묘함[爲之之妙]'이란 바로 본래부터 있는 것이다. 스스로 공손한 태도로 남쪽을 바라보고 아무 것도 하지 않지만, 9관(九官)과 12목(十二牧)에게는 이미 명을 내렸고, 전례(典禮)·전락(典樂)·장병(掌兵)의 직책에 각각 적임자를 두어 예악과 정벌이 천자로부터 나오니, 이것이 지극히 존귀한 실재가 되는 이유요, 이것이 온갖 외물의 주재가 되는 이유이다. 막연히 아무런 주장도 없이 오직 기의 기틀만을 바라본다면 이는 바로 한나라 헌제의 헛된 칭호를 옹호하는 격이니, 어찌 주나라 평왕(平王)이 당을 내려와 제후를 만나 보는 격이 되지 않겠는가? 위아래의 구분은 여기에서 어지러워지는 것이다. 과연 이 마음이 넘보는 싹을 막을 수 있겠는가? 이제 기의 기틀을 마음에 해당하고, 위태롭게 엿보는 싹이 이와 같은데, 거꾸로 도를 넓히는 물건이라고 하는 것은 어찌된 영문인가?

'마음이 큰 이치가 작은 이치를 갖추었다고 자칭한다'라는 구절 이하

134 이이, 『율곡전서』 권14(표점영인 한국문집총간 vol.44), 「人心道心圖說」, 285쪽.

의 내용은 벽산(蘗山: 이항로)·중암(重菴: 김평묵)의 주장을 비판한 것이다. 마음이란 이름을 얻게 된 것은 몸을 주재하기 때문에 그렇게 말한 것이다. 그 당체(當體)는 기의 정상(精爽)이요 화(火)에 속하는 장기이며, 정신과 혼백은 마음의 운용(運用)이다. 이들은 (마음 가운데서) 추려내어 이름 붙일 수 있는 성과는 다르다. 주자가 (마음은) 성에 비해 미세하지만 자취가 있다고 풀이한 것도 이 때문이다.[135] 그러나 하늘의 본체와 묘용을 얻은 것으로 말하자면 성과 감정 이외에 따로 마음이 있는 것이 아니다. 때문에 맹자는 인의예지를 마음이라고 여겼고, 또 측은·수오·사양·시비의 단서를 마음이라고 여겼다. 정자(程子)는 '마음, 성, 하늘은 하나의 이치'라고 했다.[136] 장자(張子)는 "마음이 성과 감정을 통합한다[心統性情]"라고 했는데, 주자는 이것을 매우 칭찬했다. "'마음이 성과 감정을 통합한다'라고 하는 것은 '마음은 성과 감정을 통합하는 이름'이라고 하는 것만 못하다"[137]라고 한 것은 또 채서산(蔡西山: 蔡元定, 1135~1198)의 설명을 택한 것이다. '마음은 태극'[138]이라고 한 것은 또

135 주자가…풀이한 것: "물었다. '그렇다면 마음의 리는 곧 형이상학적인 것입니까?' 대답하셨다. '마음을 성에 비하면 조금 자취가 있고, 기에 비하면 자연히 또한 신령하다.'[問心之理, 乃是形而上否? 曰心比性則微有迹, 比氣則自然又靈]" 주희, 『주자어류』 권5(『주자전서』 vol.14), 221쪽.

136 "맹자는 '그 마음을 다하는 이는 그 성을 알 수 있고, 그 성을 알면 하늘을 안다'고 했다. 마음과 성, 하늘은 다르지 않기 때문이다."[孟子曰: "盡其心者知其性也, 知其性則知天矣." 心也, 性也, 天也, 非有異也.]" 정호·정이, 『하남정씨유서』 권25(『이정집』 vol.1), 321쪽.

137 주희, 『주자어류』 권98(『주자전서』 vol.17), 3306쪽.

138 "어떤 이가 물었다. : 소강절이 '도는 태극이다'라고 하고, 또 '마음은 태극이다'라고 했는데, 도는 천지만물의 저절로 그러한 리를 가리켜 말한 것이고, 마음은 사람이 이 리를 얻어서 한 몸의 주재로 삼은 것으로 말한 것입니까? (선생이) 말했다 : 진실로 옳다. 다만 태극은 하나일 뿐 상대되는 것이 없다.[或問 : 康節云道爲太極. 又云心爲太極. 道, 指天地萬物自然之理而言; 心, 指人得是理以

소자(邵子: 邵雍, 1011~1077)의 설명을 인용한 것이다. 또 '원형이정은 천지가 만물을 낳는 마음인데, 사람이 이를 얻어서 마음을 삼는다. 미발의 때에는 네 가지 덕이 갖추어졌고, 이발의 때에는 네 가지 단서가 드러난다'[139]라고 했다. 또 '사람은 천지의 중(中)을 받아 하나의 마음을 가질 뿐이다'[140]라고 했고, 또 "마음은 천리가 사람에게 있는 전체"[141]라고 했으며, 또 '마음은 주재하는 것이니, 주재하는 것은 곧 이 리다"[142]라고 했으며, 또 "오직 마음은 짝이 없다"[143]라고 했으니, 이들은 모두 리로 마음을 말한 것이다.

『맹자』라는 책은 마음을 가장 자세히 말했지만 기로 말한 곳은 한

爲一身之主而言? 曰: 固是. 但太極只是箇一而無對者.]" 주희, 『주자어류』 권100(『주자전서』 vol.17), 3306쪽.

139 이 구절은 서로 다른 두 가지 진술을 뒤섞은 것으로 보인다. 주희는 「원형이정설」에서 "원형이정은 성(性)이요, 낳고·기르고·거두고·간직하는 것은 정(情)이다. 원으로 낳고, 형으로 기르며, 이로 거두고, 정으로 간직하는 것은 마음이다.…또 (정자는) '하늘과 땅이 사물을 낳는 것을 마음으로 삼는다'라고 하였으니, 또한 이것을 일컫는다"라고 했다. 한편 「극재기」에서는 "인(仁)이란 천지가 사물을 낳는 마음이며, 사람과 사물이 얻어서 마음으로 삼는 것이다. 천지가 사물을 낳는 그 마음을 얻어서 자기의 마음으로 삼을 뿐이다. 그러므로 미발의 때에는 네 가지 덕이 갖추어져 있고, 그것을 인의예지라고 하며 인이 나머지를 총괄한다. 이발의 때에는 네 가지 단서가 드러나니 그것은 측은지심·수오지심·사양지심·시비지심 등이며 측은지심이 나머지를 관통한다." 주희, 『회암선생주문공문집』 권67(『주자전서』 vol.23), 「元亨利貞說」, 3254쪽·『회암선생주문공문집』 권77(『주자전서』 vol.24), 「克齋記」, 3709쪽.

140 "사람은 천지의 중을 받아서 하나의 편안하게 움직이지 않는 마음과 성을 가질 뿐이다. 감정은 사물로 인해서 느끼게 된다.[人受天地之中 只有箇心性安然不動 情則因物而感]" 주희, 『주자어류』 권98(『주자전서』 vol.17), 3304쪽.

141 주희, 『주자어류』 권60(『주자전서』 vol.16), 1946쪽.

142 마음은 진실로 주재한다는 뜻이다. 그러나 '주재'란 바로 리다.[心固是主宰底意, 然所謂主宰者, 卽是理也.]" 주희, 『주자어류』 권1(『주자전서』 vol.14), 117쪽.

143 주희, 『주자어류』 권5(『주자전서』 vol.14), 218쪽.

곳도 없다. 그렇지만 기에 상대시켜 말한 곳은 있는데 "지(志)는 기(氣)의 장수다"[144]라고 했고, 또 '야기(夜氣)가 인의의 마음을 보존하기에 부족하다'[145]라고 했다. 정자는 "반드시 인의의 마음이 있은 뒤라야 인의의 기가 있다"[146]라고 했고, 주자는 유씨(游氏: 游酢, 1053~1123)의 '마음은 기에 합치되고, 기는 신(神)에 합치된다'라는 말을 유학자의 말이 아니라고 하면서 "마음은 형체가 없지만 기는 사물[物]이 있다"[147]라고 했다. 또 마음이란 '몸의 정치하고 신령한 부분[精靈底物事]인가'라는 물음에 대해 '리가 진실로 이와 같다'라고 했다.[148] 정자는 여여숙(呂與叔: 呂大臨, 1040~1092)이 기를 기르는 것[養氣]은 마음을 기르는 것[養心]에 보탬이 된다는 주장을 옳지 않다고 하면서 '마음을 기르는 것은 단지

---

144 『맹자』, 「공손추 상」, 제2장.

145 『맹자』 「고자 상」 18장의 본문에는 이런 표현이 없다. "낮에 하는 소행이 이것을 곡망(梏亡)하니, 곡망(梏亡)하기를 반복하면 야기(夜氣)가 족히 보존될 수 없고, 야기(夜氣)가 보존될 수 없으면 금수(禽獸)와 거리가 멀지 않게 된다."라고 말하고 있을 뿐이다. 『맹자집주』에서 주희는 "낮에 하는 행위가 이미 밤에 자라는 바를 해치고, 밤에 자라는 바가 또 낮에 하는 바의 나쁜 행위를 이기지 못한다. 이 때문에 전전(展轉)하여 서로 해쳐서 야기(夜氣)가 생겨나는 것이 날로 점점 박(薄)해져서 인의(仁義)의 양심(良心)을 보존할 수 없는 데에 이르면, 평단(平旦)의 기운도 또한 맑지 못하여, 좋아하고 싫어하는 바가 끝내 남들과 거리가 멀어지게 되는 것이다"라고 풀이하고 있다. 따라서 정재규가 맹자의 말인 것처럼 인용하고 있지만 실제로는 주자의 해석이라고 보는 것이 타당하다. 주희, 『맹자집주』(『주자전서』 vol.6), 402쪽.

146 『이정집』에 따르면 이 문장의 말미에는 정호(程顥)의 말임을 뜻하는 '명도(明道)'라는 표기가 있다. 그러나 주자는 「답장경부문목」에서 정이의 말로 인용하고 있다. 정호·정이, 『하남정씨유서』 권4(『이정집』 vol.1), 70쪽·주희, 『회암선생주문공문집』 권32(『주자전서』 vol.21), 「答張敬夫問目」, 1399쪽 참조.

147 주희, 『중용혹문』(『주자전서』 vol.6), 597쪽 참조.

148 주희, 『주자대전·속집』 권10(『주자전서』 vol.25), 「答李孝述繼善問目」, 4804~4805쪽 참조.

마음을 기르는 것일 뿐인데 또 무슨 도움이 필요하겠는가?'[149]라고 했고. 주자는 "기를 기르면 기는 비록 길러지겠지만 마음을 기르는 것은 아니다"라고 했다.[150] 또 "오장 가운데 하나로서의 '심장[心]'은 마음이 아니다. 심장은 마음의 신명이 오르내리는 장소일 뿐이다"[151]라고 했으니 이들은 모두 마음과 기를 분별하고 마음이 기가 아님을 밝힌 것이다. 이로써 본다면 기에 나아가 마음을 말하는 것은 (기를) 올라탄 채로 운용하는 (마음)을 그가 기대고 보조하는 것으로 여겨서 말하는 것일 뿐이다. 언제 기로만 마음을 논했는가? 이에 그 말투를 뒤집고 날카로운 끝을 갈아 없애며 힘을 기울여 학설을 세워 무한한 함축을 갖추었기에 이처럼 깊고 절실한 감회를 느끼게 하는 것이다.

율옹이 '마음은 기'라고 주장한 것은 기의 기틀이 움직이고 고요한 측면에 나아가 말했기 때문이니, 또한 주자의 '(마음은 기의) 정상'이라는 주장과 같다. 그러나 통합해서 말한 곳에서는 반드시 성과 감정, 본체와 작용을 합쳤으니 마음과 성을 둘로 나눌 수 없다는 것으로 말한 것이다.—「인심도심설」에서는 "성은 마음의 본체요, 감정은 마음의 작용이다. 마음은 미발과 이발의 총체적인 이름[總名]이기 때문에 마음이 본성과 감정을 통합한다"[152]라고 했다. 「극기복례설」에서는 인을 '본심(本心)의 온전한 덕[全德]'[153]이라고 했고, 「잡기」에서는 '오늘날의 학자들이 마음과 본성을 둘로 나누어 보는 것이 큰 잘못이다'[154]라고 했다.— 이제 마음과 본성을 반드시 두 가지 물건으로 여기고자 해서, 오로지 기의 기틀[氣機]만을 마

---

149 주희, 『주자어류』 권97(『주자전서』 vol.17), 3267쪽.

150 같은 책, 같은 곳.

151 주희, 『주자어류』 권5(『주자전서』 vol.14), 221쪽.

152 이이, 『율곡전서』 권14(표점영인 한국문집총간 vol.44), 「人心道心說」, 284쪽.

153 이이, 『율곡전서』 권14(표점영인 한국문집총간 vol.44), 「克己復禮說」, 285쪽 참조.

154 이이, 『율곡전서』 권14(표점영인 한국문집총간 vol.44), 「雜記」, 299쪽 참조.

음의 본체[心體]에 배당시키고, (마음을) 리로 말하는 이들을 보면 그 기운이 이렇게 솟구쳐 오르는 것은 또 어째서인가?

벽산 문하의 학설은 또 예전에 대략 들은 적이 있다. 그들은 마음의 전체와 묘용을 리라고 여길 뿐이다. 그러나 움직이고 고요한 기틀이란 이 마음이 올라탄 채로 운용하는 것인데, 어떻게 아울러 리라고 할 수 있단 말인가? 그들은 마음이 진실로 리이지만 '태우는 것[所乘者]'은 기라고 말한다. 마음을 리라고 여기면서, 기에 구애되고 욕망에 가리는 것을 묻지 않으니 그 해로움은 진실로 말로 다 할 수 없다. 마음을 가리켜 기라고 하면서 천명의 주재를 알지 못한다면 그 리 또한 밝지 못할 것이다. 마음을 리라고 여기면서 기와 욕망이 가로막는 폐해를 따지지 않는 것은 바로 육상산·왕양명의 학설이다. 그리고 마음을 가리켜 기라고 하면서 천명의 주재를 알지 못하는 것이야말로 오늘날 (「외필」이) 과거의 철인과 후대의 현자에게 물으려는 것이 아니겠는가? 과거 철인들의 풀이는 위에 자세함에도, 그것을 취해 살피지 않고 스스로 옳다고 여긴다면 훗날 현자가 나와서 바로잡으려 하더라도 어떻게 자신의 의견을 버리고 그것을 좇으려 하겠는가?

'천상천하에 오직 나만이 존귀하다'라는 말에서 '나[我]'는 정말이지 마음이 스스로 (주장하는) 나이다. 불교는 이미 리를 장애라고 여겼으니 불교에서 말하는 '나'란 흐리멍텅한 지경에서 그림자를 보았을 뿐 그 안에 드리는 보지 못한 것이다. 주자는 "불교가 비록 오직 한 마음을 밝힌다고 말했지만 그러나 사실은 마음의 본체를 몰랐고, 마음 밖에 따로 법이 있는 것이 아니기 때문에 천하의 큰 근본을 세우지 못했다. 성인의 문하에서 말하는 마음은 천서(天敍)·천질(天秩)·천명(天命)·천토(天討)[155], 측은·수오·시비·사양을 갖추지 않음이 없고 마음을 벗어난 법

155 『상서』, 「고요모」 6장 참조.

은 없다"[156]라고 했다. 또 유학과 불교의 차이는 바로 "우리들은 마음과 리를 하나로 간주하는데, 저들은 마음과 리를 둘로 간주한다"[157]라고 했다. 그러므로 '오직 나만이 존귀하다'라는 말과 '리와 둘이 된다'는 주장은 성인의 문하에서 말하는 마음이 아니다.

이제 성인 문하에서 말하는 마음을 마음이라 여기지 않고, 도리어 마음과 리가 하나라는 학설이 불교의 견해에 귀결된다고 꾸짖는데, 이런 의론은 참으로 일곱 분의 성인 모두 길을 잃고 헤맸다[七聖皆迷]는 상황과 같은 것이다.[158] 또 주자는 성과 감정의 덕과 중과 조화의 오묘함[中和之妙]을 논하면서 반드시 마음을 위주로 했고(「답장흠부」),[159] 또 마음은 성과 감정을 포함하는데, '심(心)'이 자모(字母)이기 때문에 '성(性)'과 '정(情)'은 모두 '심(心)'을 부수로 삼는다고 했다.[160] 또 "'하늘이 명령한

156 주희, 『회암선생주문공문집』 권30(『주자전서』 vol.21), 「答張欽夫」, 1317~1318쪽 참조.

157 주희, 『주자어류』 권126(『주자전서』 vol.18), 3934쪽.

158 '일곱 분의 성인'은 황제(黃帝)·방명(方明)·창우(昌寓)·장약(張若)·습붕(謵朋)·곤혼(昆閽)·활계(滑稽)를 가리킨다. 『장자』 「서무귀」에 황제가 대괴(大隗: 천지)를 만나기 위해 구자산(具茨山)을 가려고 방명(方明) 등 여섯 사람과 함께 길을 떠났는데, 양성(襄城) 들판에 이르러 길을 잃고 헤매다 말을 치는 동자에게 길을 물었다는 고사가 실려 있다.

159 주자는…위주로 했고: "여러 학설은 모두 인가를 받았고 미발의 뜻은 또 그것의 핵심인데 이미 서로 이론이 없으니 큰 위안이 되었습니다. … 다시 몸소 살펴보고 나서야 이러한 이치는 모름지기 심을 위주로 하여 논의해야 성정의 덕과 중화의 묘함이 모두 조리 있고 어지럽지 않다는 것을 알게 되었습니다.[諸說例蒙印可 而未發之旨又其樞要 旣無異論 何慰如之 … 復體察得見此理須以心爲主而論之 則性情之德 中和之妙皆有條而不紊矣]" 주희, 『회암선생주문공문집』 권32(『주자전서』 vol.21), 「답장흠부」, 1418~1419쪽.

160 마음은…했다: "인의예지는 마음에 뿌리를 두고 있다는 것은 본성으로부터 마음을 파악한 것이다. 마음은 본성과 감정을 포함하니, 본성은 본체이고 감정은 작용이다. '마음[心]'이란 글자는 단지 자모(字母)이기 때문에 '본성[性]'과 '감

것을 성이라 한다'라는 것은 반드시 하늘이 그 마음에 명령한 뒤에야 비로소 성이 된다"라고도 했다.[161] 이제 성을 떠나서 마음을 말하고, 성을 높이고 마음을 낮춰보는데, 이미 불교가 말하는 마음을 마음이라고 여겼기에 비하하는 것도 마땅하다 할 것이다. 그러나 그것은 또한 주자의 가르침과는 모순이 될 것이다. 예전에 의춘(宜春)의 전생(田生)으로 인해 「구산잡저(臼山雜著)」[162]를 얻어 살펴본 적이 있는데 '신(神)'자를 오로지 '기(氣)'자로만 보려고 했으니, 이것이 기로 마음을 말하는 근본 원인이다. 기로 신을 말한 곳은 진실로 많다. 예를 들어 「역대전(易大傳)」에서 "음양의 측량할 수 없는 것을 신(神)이라 한다"[163]라고 한 것과, "신은 만물에 오묘하게 작용한다"[164]라는 말에서 '신(神)'자가 공통적으로 기를 말한다고 한다면 '기(氣)'라는 글자 하나로 온 세상의 도를 뒤엎고, 한 몸의 주재에 배당하며, 모든 일의 벼리로 여기는 것도 이상할 것이 없다. 그 책이 사방으로 간행되면 스스로는 반드시 영원히 흔들리지 않을 정론이라고 여길 것이다. 그러나 과거의 철인들에게 물어보면 진실로 옳지 않은 점이 있으니, 여기에 대해 간략하게 말하고자 한다.

주자(周子)가 말한 "움직이되 움직임이 없고 고요하되 고요함이 없는

정[情]'은 모두 '마음[心]'을 부수로 삼는다.[仁義禮智根於心 此是性上見得心 蓋心便是包得那性情 性是體 情是用 心字只一箇字母 故性情字皆從心]" 주희, 『주자어류』 권5(『주자전서』 vol.14), 226쪽.

161 같은 책, 같은 곳.

162 「구산잡저(臼山雜著)」: 구산(臼山)은 전우(田愚)의 호 가운데 하나이다. 이 외에도 추담(秋潭) 혹은 간재(艮齋)라는 호를 쓰기도 했다. 「구산잡저」는 전우의 저술들 가운데 하나로 추정될 뿐, 구체적이 내용은 알 수 없다.

163 『주역』, 「계사 상」 5장.

164 "사물의 경우는 통하지 못하지만 신은 만물에 오묘하게 통한다.[物則不通, 神妙萬物.]" 周敦頤, 『通書』, 「動靜」 제16.

것은 신이다. 신은 만물에 오묘하게 작용한다."[165] 정자가 말한 "오묘한 작용[妙用]을 신이라 한다."[166] 장자가 말한 "하나이기 때문에 신(神)이요, 둘이 있기 때문에 측량할 수 없다"[167]라는 말은 모두 리를 위주로 말한 것이다. 주자의 말은 또 더욱 상세하니 "리라면 신비하고 측량할 수 없다"라고 했다.— 주자(周子)의 말을 풀이하면서 '이것은 형이상의 리를 말한다. 리라면 신비하고[神] 측량할 수 없다'[168]라고 했고, 또 "음양의 측량할 수 없는 것을 신이라 한다. 예를 들어 낮의 움직임에도 신은 그와 함께 움직이지 않고, 밤의 고요함에도 신은 그와 함께 고요하지 않다. 신은 또 자체로 신이다. 신은 오히려 낮과 밤을 변화시킬 수 있지만, 낮과 밤은 오히려 신을 변화시킬 수 없다. 신은 만물에 오묘하게 작용한다"라고 했다.[169] — 또 "신은 그 자체로 형기의 표면을 초연히 벗어났다"라고 했다.—"신이란 것은 그 자체로 형기의 표면을 초연히 벗어났고, 움직임과 고요함을 관통해서 말하니, 그 본체를 말하면 언제나 이와 같다."[170] — 또 "신이란 곧 리다"라고도 했다.— "잘 호응하면서 측량할 수 없는 것이야말로 진실한 리의 작용이다. 신이란 곧 리다."[171]— 또 "오묘한 작용이란 그 리를 말한다"라고 했다.—

165 같은 책, 같은 곳.

166 "나눠 말하자면 형체의 측면에서는 하늘[天]이라 하고, 주재의 측면에서는 제(帝)라 하며, 공용의 측면에서는 귀신이라 하고, 오묘한 작용의 측면에서는 신이라 하며, 본성과 감정의 측면에서는 건(乾)이라 한다.[分而言之 則以形體謂之天 以主宰謂之帝 以功用謂之鬼神 以妙用謂之神 以性情謂之乾]" 정이, 『주역정씨전』(『이정집』 vol.2), 695쪽.

167 "하나의 물건이면서 두 가지 본체를 가지는 것이 기다. 하나이기 때문에 신이다(둘이 있기 때문에 측량할 수 없다). 둘이기 때문에 변화한다(하나에서 미루어 운행한다). 이것이 천지가 셋이 되는 이유이다.[一物兩體氣也 一故神(兩在故不測) 兩故化(推行於一) 此天之所以參也]" 장재, 『장재집』, 『橫渠易說』 권3, 「說卦」, 233쪽.

168 주희, 『주자어류』 권94(『주자전서』 vol.17), 3160쪽 참조.

169 같은 책, 3161쪽.

170 위의 책, 같은 곳.

정자의 말을 풀이하면서 말했다. "오묘한 작용이란 그 리를 말한다. 오묘한 작용은 자취가 없는 것이다."[172] — 또 "오묘한 작용은 많은 도리를 포괄한다"라고 했다.— 장자의 말을 풀이하면서 '측량할 수 없다는 것은 오묘한 작용이 많은 도리를 포괄한다는 것이다. 횡거의 설명이 극히 훌륭하다'라고 말했다.[173] — 이들은 천도와 음양의 신을 논한 것이니, 사람의 본성과 오행의 신이 명백할 뿐만이 아니다.

정자는 '하늘의 작용은 소리도 없고 쉬지도 않는다. 그 명령이 사람에게 있으면 성이라고 한다. 그 끝없는 작용을 신이라고 한다. 이들은 하나일 뿐이다'[174]라고 했다. 주자는 "기의 뛰어난[精英] 것이 신이다. 금·목·수·화·토는 신이 아니다. 금·목·수·화·토가 되는 소이가 신이다. 사람에게서는 인의예지신이 이것이다"[175]라고 했다. 또 "오행의 신

171 『통서』의 "감하여 마침내 통하는 것은 신이다[感而遂通者神也]"라는 구절에 대한 주자의 풀이에 "잘 응하면서 측량할 수 없는 것이야말로 진실한 리의 작용이다[善應而不測者 實理之用]"라는 구절이 있을 뿐, '신은 즉 리다'라는 구절은 보이지 않는다. 주돈이 지음, 주희 주석, 『통서해』, 권정안·김상래 역주(청계, 2000), 108쪽 참조.

172 주희는 "공용은 자취가 있는 것이다. 오묘한 작용은 자취가 없는 것이다. 오묘한 작용은 그 소이연이다[功用是有迹底 妙用是無迹底 妙用是其所以然者]"라고 말했을 뿐이다. 그러나 이미 『근사록』의 주에서부터 "공용은 그 기를 말하고 오묘한 작용은 그 리를 말한다[功用, 言其氣也; 妙用, 言其理也.]"라는 표현이 주희의 말로 인용되고 있는 것을 발견할 수 있다. 주희, 『주자어류』 권68(『주자전서』 vol.16), 1359쪽·주희·여조겸 편저, 엽채 집해, 『근사록집해』 Ⅰ, 이광호 역주(아카넷, 2004), 93쪽 참조.

173 『주자어류』에 다음과 같은 문답이 있을 뿐 '횡거의 설명이 극히 훌륭하다'라는 말은 없다. "물었다. 음양의 측량할 수 없는 측면을 신이라 하는데, 이것은 오묘하게 작용하는 측면[妙用處]입니까? 대답했다. 이것이 곧 수많은 도리를 포괄한다.[問陰陽不測之謂神 便是妙用處 曰便是包括許多道理]" 주희, 『주자어류』 권74(『주자전서』 vol.16), 2530쪽.

174 정호·정이, 『河南程氏粹言』 권1(『이정집』 vol.2), 1170쪽 참조.

175 주희, 『주자어류』 권1(『주자전서』 vol.14), 123쪽 참조.

은 리의 발용이요, 기를 타고 드나드는 것이다"[176]라고 했다. 이전의 철인들이 신을 리라고 여겼던 것은 해나 별처럼 환하다. 뛰어난 사람이라면 어째서 강론하고 꿰뚫지 않았겠는가? 어 째서 그 말들을 생각해 보지도 않았겠는가? 단 한 사람의 고상한 견해가 천고의 철인들보다 뛰어나다고는 믿을 수 없으니, 어찌 소인배의 식견으로 측량할 수 있는 것이겠는가?

'신령함[靈]'과 '참됨[眞]'에도 진실로 분별이 있다. 주자는 "기에는 저절로 신령한 것이 있다"[177]라고 했다. 형체와 기가 엉기고 모이면 곧 정신과 혼백은 이 마음의 운용이 되니, 즉 '신령한 것[靈底物事]'이라고 부르는 것이다. 신령함[靈]은 기의 영역 안의 일이다[氣分事]. 그러나 본래 형질을 가지는 확정적인 글자가 아니기에 또한 리의 오묘함을 형상할 수 있다. 그러므로 주자(周子)는 「태극도설」에서 '무극의 참됨[無極之眞]'을 말했고, 인극(人極)에 대해서는 '가장 신령하다[最靈]'라고 했는데, 주자는 '순수하고 지극히 선한 성'[178]이라고 여겼다. 『통서』「이성명(理性命)」에서는 또 "신령함이 아니면 밝혀지지 않는다[匪靈弗瑩]"라고 했는데, 주자는 또 '이것은 리를 말한다. 사람의 마음과 태극의 지극한 신령함이 아니라면 누가 능히 밝힐 수 있겠는가'[179]라고 했다. 또 '(마음의) 텅 비고 신령하며 어둡지 않은 것은 기인가?'라는 물음에 대해 '기가 아니다'라고 했다.[180] 이것은 리를 말하는 곳에서 또한 '신령하다[靈]'는 낱말

---

176 주희, 『회암선생주문공문집』 권62(『주자전서』 vol.23), 「答杜仁仲」, 3002쪽 참조.

177 주희, 『주자어류』 권5(『주자전서』 vol.14), 221쪽.

178 "(「태극도설」에서) '오직 사람만이 그 빼어난 것을 얻어 가장 신령하다'라고 했는데, '가장 신령하다'라는 것은 순수하고 지극히 선한 본성이니, 이것이 태극이라는 것이다.[自唯人也得其秀而最靈, 所謂最靈, 純粹至善之性也, 是所謂太極也.]" 주희, 『주자어류』 권94(『주자전서』 vol.16), 3140쪽.

179 주희, 『通書注』(『주자전서』 vol.13), 117쪽 참조.

을 사용하기 때문이니, 신령함[靈]이란 낱말조차 기(氣)자로 간주할 수 없는데 하물며 '신(神)'이란 낱말이야 더 말할 나위 있겠는가? 이 리는 실체로 말하자면 '성(誠)'이라 하고, 오묘한 작용으로 말하자면 '신(神)'이라 한다. 그러므로 주자(周子)는 "'고요하여 움직이지 않는 것'은 성(誠)이요, '감하여 마침내 통하는 것'은 신(神)이다"[181]라고 했다. 성(誠)은 신의 본체요, 신은 성의 작용이다. 한 번 음하고 한 번 양하는데 이를 계승하는 것은 신이 하는 것이요, 한 번 움직이고 한 번 고요한데, 그 기미가 되는 것도 신이 하는 것이다. 한 번 열리고 한 번 닫히는데 그 변화도 역시 신이 하는 것이다. 리이면서 신이 없으면 리가 될 수 없다. 오직 신이기 때문에 사물이 오면 호응하는 것이요, 빠르게 하지 않아도 신속하고, 행하지 않아도 이르는 것이다. 이것이 마음이 신명의 이름이 되는 까닭이요, 기와 떨어지지도 않고 기와 뒤섞이지도 않는 이유이다.

본시 리가 발현하고 기가 운용하며, 기를 타고 유행하되 리가 주재가 되어 제어한다. 이것이 신명의 덕이 한 몸의 주인이 되고 온갖 일의 벼리가 되는 이유이다. 텅 비고 신령함[虛靈] 같은 것은 신명의 정상(情狀)이다. 기를 좇아 말한다면 정상(精爽)이 모인 것이요, 리를 좇아 말한다면 오묘한 작용이 드러난 것이다. 이런 까닭에 마음, 신, 신령함은 기를 좇아 말하는 경우도 있고, 리를 좇아 말하는 경우도 있으니, 각각 가리키는 것이 어떠한지를 따를 뿐이다. 그러므로 우옹(尤翁)의 말에 "마음은 리로 말하는 경우도 있고, 기로 말하는 경우도 있다"[182]라고 했으니, 이것이 맥락을 따라 마음을 논하는 사례요 진전(眞詮)이다. 그러나 리는

180 이 문답은 출처가 분명하지 않다.

181 주돈이, 『통서』, 「聖蘊」 제4.

182 송시열, 『송자대전』 권130(표점영인 한국문집총간 vol.112), 「浩然章質疑」, 408쪽.

위이고 기는 아래이며, 리는 공통적이고 기는 제한되며, 리는 주인이 되고 기는 종이 되니, 그 나뉨은 또한 조금이라고 소홀하거나 어지러워서는 안 된다. 이제 기의 기틀로만 마음을 명명하고서, 그것을 '천군(天君)'으로 떠받들어 온 몸[百體]이 명령을 따라야 한다고 하니 위태롭고 위태롭다.

「외필변」 : 정자는 "천지 만물의 리는 홀로인 것이 없고 반드시 짝이 있다"라고 했다. 그런데 어떤 이가 주자에게 태극은 무엇과 짝이 되는가라고 하자 "태극은 음양과 짝이 된다"라고 했다. 「외필」의 다섯 번째 단락은 이 뜻을 논하면서 기를 리와 짝지은 것을 들어 "이것은 성인의 말이 아니다. 요즘 사람들은 '리'자를 보자마자 반드시 기를 찾아서 짝으로 만들려고 한다. 이 때문에 이치가 유행하며 만들어 내는 큰일들이 모두 기에 의해 겸하여 계산된다. 그 나머지는 혼륜함이요, 고요함으로 이것이 두 가지 본령의 시작이니 슬프도다"라고 했다. 내 생각에 노사의 뜻은 리를 높이려는 것이었기에 이렇게 말한 것이다. 그러나 말하는 투가 지나치게 짓밟고 깔아뭉개려고 해서, 성현을 경외하는 체모를 크게 손상시켰다. 이것이 어찌 기운이 리를 잃어버린 곳이 아니겠는가? 하물며 주자가 언제 성인을 비난했는가? 언제 본령이 하나가 아니라고 했는가? 그런데도 음양과 태극을 짝지었다. 이 또한 리가 유행하는 큰일을 빼앗아 기자와 두 본령이 되는 시작이라고 해서 노사의 슬픈 탄식을 받아야겠는가?

정재규 : 횡간(橫看)하면 천지 만물의 리는 홀로일 수가 없으니, 반드시 짝할 것이 있다. 수간(竪看)하면 천지 만물의 리는 진실로 최고여서 짝할 것이 없다. 태극과 음양을 서로 짝지은 것은 횡간해서 하는 말이다. 그러므로 주자는 여기에서 형상(形上)·형하(形下)로 설명하면서도 '오히려 수평적으로 서로 짝지은 것이다'[183]라고 말했으니, 도는 진실로 짝이 없다는 말이 유독 주자의 말이 아니란 말인가? 이것은 도의 본체

가 혼연하게 갖추지 않은 것이 없고, 정미하고 분명하며 순수한 것으로 말한 것이니, 수간의 측면에서 하는 말이다. 또 횡간과 수간을 합쳐서 말한 곳이 하나 있는데, "천하 사물의 리는 정당(停當)하고 균등하여 상대가 없는 것이 없으나 도(道)만은 상대가 없다"[184]라고 했다. 그러므로 언제 서로 짝지을 것이 있다는 학설만을 편파적으로 주장하느라 서로 짝지을 것이 없는 리를 저버렸다고 할 수 있겠는가?

『외필』에서 처음에 '리의 존귀함은 짝지을 것이 없다'라고 한 것은 수간의 측면에서 말한 것이다. 그 아래에서 위와 아래, 도와 기로 정확하게 상대시킨 것은 또한 '수평적으로 서로 짝지은 것'이다. '서로 짝지을 것이 있다'거나, '서로 짝지을 것이 없다'거나 모두 주자의 뜻이다. 요즘 사람[今人]이 기를 리와 서로 짝지은 한 곳만을 고집하면서, 성인이 리를 위주로 기를 거느린다는 뜻과 크게 어긋났기 때문에 '이것은 성인의 말이 아니다'라고 했던 것이다. 이제 도리어 태극과 음양이 서로 짝이 된다는 학설을 인용해서 '이 문단이 바로 이 뜻을 논한 것이다'라고 한다. '주자가 언제 성인을 비난했는가? 언제 하나의 본령이 아니라고 했는가?'라고 하면서 억지로 죄목을 만들어 붓을 들고 길게 써내려가면서 사람들을 몰아가는 이야기꺼리를 찾으려 골몰하니, 참으로 수고롭고 교묘한 짓이다. 홀로 지금이나 훗날 그 내막을 들여다볼 사람을 두려워하지 않는단 말인가? '바로 이 뜻을 논한다[正論此義]'는 네 글자가 바로 사람을 농락하는 수단이니, 바로 이 뜻을 논한다고 하더라도

183 "이것이 '형이상의 것을 도라 하고, 형이하의 것을 기라 한다'라는 것이니, 이 또한 짝지은 것이지만, 오히려 수평적으로 짝을 지웠다.[此是形而上者謂之道, 形而下者謂之器, 便對過, 卻是橫對了.]" 주희, 『주자어류』 권95(『주자전서』 vol.17), 320쪽.

184 주희, 『회암선생주문공문집』 권42(『주자전서』 vol.22), 「答胡廣仲」, 1904쪽 참조.

큰 죄는 아닌 것이다.

정백자(程伯子: 程顥)는 '마음은 있다가 없고, 들기도 나기도 한다라고 하는 것은 성인의 말이 아니다'라고 했다.[185] '붙잡으면 보존되고, 놓으면 없어지며, 드나듦에 일정한 때가 없다'라는 것이 공자의 말이요, 맹자가 책에 쓴 것이다. 그런데 정자가 이처럼 말한 것은 리에 근거해서 말한 것일 뿐이니, 이는 마치 유자(有子)가 공자가 말하지 않은 뜻을 말한 것과 같다. 성현들이 구차하게 똑 같고자 하지 않는 것이 이와 같으니, 또한 이것을 정자의 죄라고 여겨 '공맹이 어찌 일찍이 성인이 아니었으며, 어찌 일찍이 마음을 몰랐겠는가'라고 말할 수 있겠는가? 아! 정자가 지금 세상에 태어나지 않은 것이 다행스런 일이다.

「외필변」: (「외필」에서는) "성인들은 유행하고 발현하며 변화가 환히 드러나는 것이 모두 이 도가 하는 것[此道之爲]임을 분명히 알았다"라고 했다. '모두가 이 도가 하는 것[此道之爲]'이란 네 글자는 잘 헤아려 보아야 할 것이다. 주자는 『논어집주』에서 이미 "도체는 함이 없다"라고 했고, 우옹은 어떤 이에게 보내는 편지에서 "이 리는 그 본체는 정의와 조작이 없지만, 작용에 이르러서는 정의와 조작이 있다고 말하는 것이 아니다"라고 했다. 두 선생이 어찌 도의 유행 발현을 알지 못해서 그 말이 이와 같겠는가? 이것은 다시 생각해 보아야 할 것이다.—"이 도가 하는 것이 아님이 없다[莫非此道之爲]"라는 구절에 몇 글자를 덧붙여서 "이 도가 뿌리와 지도리가 되지 않음이 없다[莫非此道爲之根柢樞紐]"라고 한다면 아마도 더욱 상세하고 분명할 듯한데, 어떨지 모르겠다.—

정재규 : 주자는 "일음일양이 비록 형기에 속하지만, 한번 음(陰)하고

185 "명도선생이 말했다. "'잡으면 보존되고 놓으면 잃어버려서, 드나듦에 일정한 때가 없다'라는 것은 성인의 말이 아니다. 마음에 어떻게 드나듦이 있겠는가?[明道先生曰, 操則存, 舍則亡, 出入無時, 非聖人之言也. 心安得有出入乎?]" 정호·정이, 『하남정씨외서』 권12(『이정집』 vol.2), 425쪽.

한번 양(陽)하게 하는 것은 도체(道體)가 하는 것이다(「답육자정」)"[186]라고 말했다. 또 말했다. "하나의 사물 가운데 처음부터 끝까지 모두 진실한 리가 하는 것이다"[187] 또 말했다. "세상의 일은 사람이 하는 것 같지만, 그렇게 할 수 있는 소이는 하늘이 하는 것이 아님이 없다."(『중용혹문』)[188] 주자의 이 설명도 또한 다시 생각해보아야 하는 것이란 말인가? 정자는 '노자는 '함이 없음[無爲]'을 말했지만, 성인은 『역』을 지으면서 '함이 없음'을 말한 적이 없었다. 오직 '생각함이 없고 함도 없다[無思也無爲也]'라고 말했을 뿐이다. 이것은 작위함을 경계한 것이다'[189]라고 말했다. '도의 본체가 함이 없다'라는 말은 작위함이 없음을 말한다. '도의 본체가 하는 것'이라는 말도 어떻게 작위로서의 함[作爲之爲]이겠는가? 그렇게 하는 오묘함의 이유와 당연히 해야 하는 법칙 때문인 것이다. '함이 없다[無爲]'는 글자만을 꼭 지키면서 '한다[爲]'는 낱말을 사용하는 곳이면, 모두 다 조작에 귀결시킨다면 이것은 도의 본체가 공(公)과 무(無)에 빠지는 것이니, 노자의 무위에 가깝지 않겠는가? 그렇다면 '뿌리이자 지도리'라는 말도 결국은 오유선생(烏有先生)(처럼 무의미한 말)이 되고 말 것이다.[190]

리란 지극히 없으면서도 지극히 있는 것이다. 인용한 우옹의 말을 살

---

186 주희, 『회암선생주문공문집』 권36(『주자전서』 vol.21), 「答陸子靜」, 1568쪽 참조.

187 주희, 『중용혹문』(『주자전서』 vol.6), 598쪽.

188 같은 책, 같은 글, 596쪽.

189 정호·정이, 『하남정씨유서』 권5(『이정집』 vol.1), 76쪽.

190 오유선생(烏有先生): 가공의 인물로서 무의미하다는 뜻이다. 사마상여(司馬相如)의 「자허부(子虛賦)」가 자허(子虛)와 망시공(亡是公) 및 오유선생(烏有先生)이라는 세 명의 가공의 인물들 간의 문답으로 되어 있는 데서 유래했다. 세 사람의 이름은 각각 '헛 것[子虛]', '이런 것은 없다[亡是公]', '어디 있는가[烏有]'라는 뜻을 가진다.

펴보면 또한 알 수 있다. 본체에 조작이 없다는 것은 '고요함에도 또한 고요하다[靜亦靜]'는 것이다.[191] 작용에도 조작이 없다는 것은 '움직임에도 또한 고요하다[動亦靜]'는 것이다.[192] 고요하면 본체가 서되, 고요함이란 (가만히 있는) 흙덩어리 같은 것이 아니니, '고요함 속에 어떤 것이 있다[靜中有物]'는 말이 이것을 의미한다.[193] 움직여 작용하고 운행하되, 움직임이란 (애벌레가) 꿈틀대는 것과 같은 것이 아니니, '하늘로서 움직인다[動以天]'는 말이 이것을 의미한다.[194] 주자는 여기에서 두 마디

---

191 고요하면…고요하다: '靜亦靜'과 아래에 나오는 '動亦靜'은 원래 '靜亦定'과 '動亦定'을 바꾼 것으로 『이정수언(二程粹言)』에 실린 장재와 정호의 대화에 나오는 원문을 변형한 표현이다. 『수언』에 의하면 장재가 정호에게 '본성을 안정시키려 해도 마음이 움직이지 않을 수 없어서, 오히려 외물에 영향을 받는데 어떻게 해야 합니까'라고 묻자 정호가 "안정[定]이란 움직임에도 안정되고[動亦靜] 고요함에도 안정된 것이니[靜亦定], 뒤따라가거나 맞이함이 없고, 안과 바깥의 구별도 없습니다"라고 대답했다고 한다. 정호의 대답과 달리 '정(定)'자가 '정(靜)'으로 바뀐 계기에 대해 이상정(李象靖, 1711~1781)은 이학보(李學甫)에게 보내는 편지에서 "『정성서(定性書)』에서는 정(定)으로 썼는데 지금은 고요함과 경[靜敬]의 의미를 말하기 위해 정(靜)으로 고친다"라고 설명하고 있다. 이로 미루어 보아 조선시대 성리학자들은 편의에 따라 '정(定)'자와 '정(靜)'자를 일상적으로 서로 바꿔 썼던 것으로 추정된다. 정호·정이, 「하남정씨수언」 권2(『이정집』 vol.2), 1262~1263쪽·李象靖, 『大山集』 권21(표점영인 한국문집총간 vol.226), 「答李學甫(論敬靜合一)」, 426쪽 참조.

192 같은 책, 같은 곳.

193 "어떤 이가 말했다. : 선생님은 희로애락이 발동하기 이전을 움직임이라고 보십니까? 고요함이라고 보십니까? 말했다. : 고요함이라고 하면 괜찮겠지만, 고요함 가운데 반드시 어떤 것이 있다고 해야 할 것이니 여기가 가장 어려운 곳이다. 학자는 먼저 공경함을 이해하는 것이 제일 좋다. 공경할 수 있다면 저절로 이것을 알 것이다.[或曰: "先生於喜怒哀樂未發之前下動字, 下靜字?" 曰: "謂之靜則可, 然靜中須有物始得, 這裏便是難處. 學者莫若且先理會得敬, 能敬則自知此矣."]" 정호·정이 『하남정씨유서』 권18(『이정집』 vol.1), 201~202쪽.

194 하늘로써 움직인다: "천둥[震]은 움직임이다. 하늘로써 움직이면 망령됨이 없지만, 인욕으로 움직이면 망령된다[震, 動也, 動以天爲无妄, 動以人欲則妄矣.]"

표현 모두 써서 학설을 세우면서 '도의 본체는 함이 없다'라고 하고, 또 '도의 본체가 하는 것'이라고도 했다. 모르는 자는 반드시 좌우에 칼을 찬 것 같다고 의심할 것이요, 아는 자는 틀림없이 본체는 곧 함이 없지만 작용은 함이 있다고 여길 것이다. 그러나 우옹의 뜻은 그렇지 않아서, 없으면 본체와 작용이 모두 없고, 있으면 본체와 작용에 모두 있다고 여겼으니 한 번 뒤집어서 본 것이라 할 수 있다. 이것이 바로 진정한 주자의 뜻이다. 이렇게 해서 체용일원(體用一原)과 현미무간(顯微無間)의 실상을 보았으니, 성은 본체이고 기는 작용이며, 본체는 같고 작용은 다르다는 견해와는 같지 않은 것이다.

내가 이미 「납량사의기의변」을 쓰고서, 또 「외필변」을 구해서 보았더니, 『외필』에서 논한 '요즘 사람들의 폐단'을 모두 율옹에게 귀착시켰고, 혹은 주자에게도 귀착시켰다. 남의 잘못을 들춰내며 꾸짖고 물리치느라 온 마음을 허비하는 것이 「기의」와 비교해서 몇 배에만 그치는 것이 아니었다. 더불어 말하기가 어려운 지경이었다. 그러나 그는 스스로 죄의 증거[眞臟]를 얻어서 사방에 전파한다고 여길 것이다. 뒤에 태어나는 후학들이 이전 철인들이 명리(名理)에 대한 의논을 두루 포괄하지 못하고, 문사(文辭)에 현혹되어 명성에 굴복한다면 지각이 좀먹지 않을 자 드물 것이다. 밝은 하늘이 다시 돌아오지 못할까 하는 근심이 없을 수 없을 것이다. 이에 비루함을 떨쳐버리고 위와 같이 조목별로 변석을 해서 동지들에게 고하는 것이다. 옛 풀이를 인용한 것이 번거롭고 간결하지 못해서 비록 지루하기는 하지만 형세상 어쩔 수 없었으니 보는 사람들이 자세히 살피기 바란다.

계묘년(1903) 5월에 쓰다.

정이, 『주역정씨전』(『이정집』 vol.2), 822쪽.

猥筆辨辨

鄭載圭

朱子雅言, 理無造作. 動靜者, 造作也, 故曰機自爾也. 朱子又言[195], 纔有作用, 便是形而下者. 動靜者, 作用也, 故曰機自爾也.

理固無造作, 然氣依傍這理行, 則造作之準則, 已具於理也. 作用固是氣, 然理自有妙用, 則作用之節制, 自在於理也. 且動靜是自然而然, 非有絲毫犯氣力底字, 造作是有情意營爲, 而煞費氣力底字. 以動靜直喚做造作, 未知其如何也. 朱子曰動亦太極之動, 靜亦太極之靜. 又曰以本體言則太極涵動靜, 以流行言則太極有動靜. 又論通書動而無動靜而無靜, 非不動不靜, 而曰此言形而上之理也. 又曰言理之動靜, 則靜中有動, 動中有靜, 其體也, 靜而能動, 動而能靜, 其用也. 此類甚多, 不可枚擧. 以此言之, 動靜固有以氣言者, 而亦可以言之於理. 非若造作作用等字之專做氣邊說者也.

孔子分明說, 天之生物, 栽者培之, 傾者覆之. 而朱子卻言, 此非有物使之然, 但物之生時, 自長將去, 恰似有物扶持佗. 及其衰也, 自消磨去, 恰似箇物推倒佗. 理自如此. 孟子分明說, 天之生物, 使之一本. 而朱子卻言自然之理, 若天使之然也. 伊尹分明說, 天之生民使先知覺後知. 而朱子卻言, 天理當然, 若使之也. 此何以故. 只是恐人錯認使字爲作用之意, 則害道大矣. 故另下若字恰似字非有物使之然字, 以見其無作用之使也, 故曰非有使之也.

孔子孟子伊尹, 分明言使之, 而朱子却怕人誤看認爲作用之意, 而下

195 현재 『간재집』에 실린 「외필변」에는 "理無造作…朱子又言"까지의 원문이 없다.

若字恰似字. 栗翁又因朱子之意, 而直曰非有使之. 若是則立言雖殊, 而其意則皆爲明理也. 而後之學者, 蔽於近而昧於遠, 師其言而不師其意. 遂眞以爲非有使之者, 而天地間造化生成, 以一氣字冒之. 所謂理者, 失主宰之柄, 其害道也, 不亦大矣乎. 於是另言天命實有使之然之妙, 以明聖賢之微言, 以還天理之本面. 其言雖異, 其意亦同歸於明理者也. 然則彼執言而迷旨者, 適足爲栗翁之累. 此致疑而明辨者, 乃所以發栗翁之蘊也.

且如人能弘道, 機自爾也. 非道弘人, 非有使之也. 蓋人心有覺, 是陰陽動靜之機也. 道體無爲, 是太極自然之妙也.

今以人字作氣字, 弘字作使字, 曰氣能使理, 非理使氣, 則是果成說乎. 心從氣而言, 則人心有覺, 固亦陰陽動靜之機也. 若統言心, 則必須合性情之全體大用, 而爲一身之主宰, 萬事之綱領者言之方是. 心字本旨, 是豈一氣字所能了當者乎. 所謂弘道者, 只是以此心本體之權度準則, 隨其端緖之發而宰制, 而擴充之極. 其盛則至於參天地贊化育, 是豈此心所乘之機所能自爾者乎. 有朱子說最分曉者, 曰元亨利貞性也, 生長收藏情也, 以元生, 以亨長, 以利收, 以貞藏者, 心也. 此言天地之心, 所以爲主宰萬化也. 曰 仁義禮智性也, 惻隱羞惡辭讓是非情也. 以仁愛, 以義惡, 以禮讓, 以智知者, 心也. 此言人之心所以主宰萬事也. 惟其有主宰之實體妙用, 故乃能弘道, 乃能檢性. 今論陰陽動靜之機, 而引此爲援證, 認氣爲使理之物, 而猶曰理爲氣主, 則人將信之矣乎.

物之生, 雖曰自長自消, 而其自長自消, 究是理自如此. 陰陽之機, 雖曰自動自靜, 而其自動自靜, 亦是理當如此. 此豈難曉之理乎. 或言朱子於自長自消下, 繼以理自如此, 而栗翁無此一轉語, 所以來蘆沙之疑. 此又不然. 朱子嘗言, 一氣流行, 萬物自生自長自形自色, 豈是逐一粧點得如此. 卽栗翁非有使之之謂, 而更無理自如此之云云云.

氣機之一動一靜, 亦是理當如此, 此卽程子顯微無間, 朱子未形已具之意, 而栗翁亦嘗言之, 有曰參差不齊者, 雖曰氣之所爲, 而必有理爲之主宰, 則其所以參差不齊者, 亦是理當如此, 非理不如此而氣獨如此也. 此本末兼擧, 上下俱盡, 顚撲不破之說也. 栗翁之正見如此, 故先師以自爾非使一語, 斷然謂流行邊說話也. 蓋道理源頭, 自知者見之, 則固無難曉之理, 而自昧者言之, 日用而不知, 習焉而不察, 故或舍本而擧末, 語下而遺上, 則後人之隨語生解, 執言迷旨者, 安得無蔽乎. 故先師又疑發之太快, 而末弊之至斯, 未及細思者, 此也. 朱子言一氣流行, 上文有天祇是三字, 豈是逐一糙點得, 下文有紙是大原大本中流出一句, 曰天紙是一氣流行, 則一氣流行乃 天也, 一氣流行之外, 更無別討箇天字處, 曰豈是逐一糙點得如此, 則天之於物, 非若畫工之糙點, 而曰秖是大原中流出, 則雖不物物糙點, 而物之自形自色, 實從此理中出, 乃理自如此者也. 今截去首尾, 摘取句語, 以爲理不使氣之證, 而謂更無理自如此之云, 未知其看得疎脫而然耶, 抑欲伸己見而驅率前言以從己者耶. 柰天下後世之目必不盡盲何. 朱子此言, 乃天之物各付物處, 理未嘗物物糙點, 而物物自如此, 正是此理不使之使無爲之爲也, 先具於一氣流行上面, 而各正於自形自色之中矣.

動者靜者, 氣也, 動之靜之者, 理也. 動之靜之, 非使之然而何. 竊謂理使云者, 只是根柢之謂, 非如氣之有情意者. 故尤翁於沈明仲使動使靜豈無造作之問, 曰此不過曰自然而已, 不似二五之運用也. 今蘆沙之見, 正與沈氏同, 則豈不歸於認氣爲理乎?

動者靜者, 氣也, 動之靜之者, 理也. 此二句是誦栗翁之語, (見天道及易數策) 而若是譏斥, 何也? 眞所謂視其人之所在而攻之耳, 何嘗有定論者也? 朱子曰, 氣根於理而生, 是生者氣也. 孔子曰, 太極生兩儀, 是生之者, 太極也. 動之靜之, 卽生之之謂也. 氣機, 旣自能動靜, 而所謂太極者, 竝與其生之者而無之, 則正退溪所謂但見其本體之無爲, 而不知妙用之能顯行, 殆認理爲死物, 何以爲萬化之根柢者也. 然則彼所謂只是根柢者, 卽是過去之虛說也. 沈明仲不知使動使靜有自然之妙, 而疑理有造作, 故尤翁答以使 是自然之使, 不如陰陽五行之運用造作, 而其下直曰此陰陽五行之所以能運用造作者, 豈非理乎? 又引朱子若理無動靜氣何自而有動靜乎之說, 以明氣之動靜, 實理之使然. 又引天以陰陽五行化生萬物之說, 而曰所謂天者理而已矣. 以之而化生者, 非使之然者乎. 蓋謂理無運用造作之事, 而其運用造作之妙, 則理實有之, 此是使動使靜, 有自然之妙也. 今認使字以造作, 則是復踵沈氏之錯看, 而以尤翁之說爲非使之證, 則反不爲厚誣尤翁乎. 至若發之者氣, 指所發之機而言也. 所以發者理, 指所發之主而言也. 發之者上頭, 已自有所以發者, 所以發者, 豈非發之之根柢, 而發之者之所受命處乎. 其曰動之靜之者, 卽所以動靜之謂也. 蓋卽氣而言理, 則曰發之者氣也, 言發得此理出來, 以明其所發之乘於氣也. 本理而言氣, 則曰動之靜之者理也, 言動靜得此氣流行, 以明其動靜者之受命於理也. 二說但有橫竪之分, 而實互相發也. 陳北溪問理有能然必然當然自然, 而曰如動靜者氣也, 所以能動靜者理也. 朱子答曰, 此義甚備. 其所以能動靜, 非動之靜之之謂乎. 朱門授受之旨, 亦同歸於認氣爲理之科乎?

且如語者默者, 口也, 語之默之者, 性也. 吾聞性爲語默之理, 而口舌從而語默, 此朱子所謂理有動靜 — 謂理有此氣動靜之理, 非謂理先自有動靜也. 此句, 前後讀者, 多不察而領會也.— 故氣有動靜者也.—上下兩動靜, 皆指氣言, 非一屬理一屬氣, 而有兩箇動靜也.—[196] 未聞此性自會語默也. 是故告子·釋氏之知覺作用是性, 陽明之良能, 視聽言動便是天理, 皆歸於認氣爲理, 而與吾聖人異矣.朱子答胡季隨書, 有自心自省語, 豈不知省之之理出於性, 而其能省之者心而非性, 故立語如此.

語者默者, 口也, 當語當默者, 理也. 會語會默者, 亦理也. 有當語當

---

196 此朱子…動靜也: 원문의 이 구절은 문집총간본 『간재집』에는 실려 있지 않다. 전우, 『간재집』 권13(표점영인 한국문집총간 vol.333), 「외필변」, 80쪽 참조.

默之理, 故事物之來, 便能會語會默, 而口從而語之默之. 此語彼必大駭. 然朱子曰, 太極便會動靜, 又曰性便是會恁地做底理, 此吾之所本也. 性若無會做語默底理, 則口也何自而有語默也. 所引理有動靜故氣有動靜者, 朱子本語, 只有此句而已, 則如此曲爲註解猶或爲可欺之方, 而却有下數句語, 曰若理無動靜則氣何自而有動靜乎. 且以目前論之, 仁便是動, 義便是靜, 又何關於氣乎. 是果非理自有動靜者乎? 陳北溪問, 先有這動之理靜之理, 旣生陰陽, 則理又在陰靜陽動之中, 朱子是之. 是亦歸於認氣爲理之科乎? 謂前後讀者, 多不察, 自以爲獨得之見, 超出前後, 然前而荀揚之論性, 後而陸王之言心, 何嘗不自許以獨得之見乎. 可懼可歎! 知覺之生於形氣者, 固不可謂性. 其本然之知覺爲智之德, 成終始, 智之用, 別是非者, 亦不得謂性乎. 作用之不分眞妄者, 固不可謂性. 其本於理而中節者, 亦不得謂性乎. 視聽言動之不分理欲者, 固不可謂性. 其聰明從恭, 亦不得謂性乎. 程子曰, 視聽思慮動作皆天也, 但於中要識得眞與妄耳.—朱子曰, 視聽思慮動作, 皆是天理. 其順發出來, 無非當然之理, 卽所謂眞. 其妄者, 却是反乎天理者也.— 不分眞妄, 而槪謂之非性, 則凡知覺運用視聽言動皆性外之物, 所謂性者, 不得爲萬善之綱, 而淪於空寂. 其與槪以謂性者, 其相去恐不能以寸. 朱子問李伯諫曰, 天命之謂性, 公以此句爲空無一法耶, 爲萬理畢具耶. 吾亦欲擧而問焉. 朱子答陳衛道書, 辨儒釋之分甚詳. 曰性命之理, 只在日用間, 但每事尋得一箇是處, 卽是此理之實, 不比禪家見處, 只在儱侗恍惚之間也. 釋氏六用不行, 則本性自見, 只此便是差處. 六用豈不是性. 若待其不行然後性見, 則是性在六用之外別爲一物矣. 今離了視聽動作而言性, 則性果在日用之外而別爲一物, 正與吾聖人異矣. 自心自省之語, 朱子本爲將敬字作一物, 而又以一心守之者而言耳. 卽自作主宰之謂也. 自心自省之下, 卽繼以當體便是一句, 卽心便是敬之謂也. 是豈氣能自省之謂耶? 引以爲其機自爾之證, 不亦乖當乎? 蓋心屬火, 敬是禮, 禮是火之神, 而爲心之德, 故心卽敬, 敬卽心,心性初非二歧，於此亦可見矣．今以心專做氣看，而與性判以爲二物，是豈朱子之意？朱子曰，心是主宰底，所謂主宰者，卽此理也．不是心外別有箇理，理外別有箇心．如有人以彼所云云奉質於朱子，則其肯莞爾否乎？或曰若是則得無以理具理以理妙理之嫌乎？曰以理妙理，初無所嫌．理有以主宰常定底言者，在天曰帝，在人曰心．—朱子曰，人字似天字，心字似帝字．— 有以發出不同底言者，在天曰元亨利貞，在人曰仁義禮智．然主宰常定底，卽是那發出不同底，亦非有彼此也．故性之發也仁作義不得，義作仁不得，各專一事．然無論某情，藹然發出者，仁也，粲然宣著者，禮也，截 然斷制者，義也，炯然含藏者，智也．是一情又各具四者也．仁包四德，而智能終始，凡事物之來，智便知得是非而知了，便交付三者，又更收斂得快，故曰仁智交際乃萬化之機軸，此心之所以妙衆理而主宰處也．蓋自理之大用而言，則曰妙，妙便是主宰底．自理之全體而言，則曰具，具萬分於一實之中，故曰性是太極渾然之體，其中含具萬理，惟其具之所以妙之也．無星之秤，無寸之尺，安能稱輕重而度長短乎？

是馬爲塞翁之得，非元來所乘．此後勢必之東之西，惟馬首是瞻，此亦須消詳，未可草草打過．蓋人皆有太極而氣稟旣異，則欲動情勝，利害相攻之患，往往而有．是時所謂元來乘馬之主人，旣有操縱之力，而亦非無適莫者，—縱適莫，皆猥筆中語．— 柰何有此東西惟馬之失也．此宜明核而勘破，不然，則其曰主之所向，僕焉有不往者，人將不之信矣．嗚呼殆哉！

主之所向，僕無不往常也，本然也．馬不循軌，有時橫走，變也，末弊也．以其變者而詰其常，擧其末弊而疑其本然，則從上聖賢之言，無一可信者矣．天道栽培傾覆，而大德必得祿位，常理也．氣數所變，顏跖之壽夭不齊，孔孟之窮而不達，子思之言，亦將不之信矣乎．人性均善，而皆可爲堯舜，本然也．氣質所蔽，能性其性，而爲堯舜者，千萬難獲一二，孟子之言亦將不之信矣乎．氣數雖變，知天道之有常，氣質雖異, 知人性之本同. 氣機雖危, 知此理之爲主, 則可以據常而應變, 反本而捄末, 主理而帥氣. 此君子所以戒愼恐懼, 須臾之不敢忽者也. 明上下之分, 嚴主僕之辨, 以此爲防. 猶有相攻之患, 況初不知理之爲主宰, 而權勢號令一切, 委之於氣機, 則豈不殆哉. 豈不殆哉. 適莫操縱, 皆借用人事有情意底字, 以明天理無聲臭之妙, 以若洗索之心, 無怪其執言以譏之也. 蓋適莫言此理必然之妙也. 角者常角, 鬣者常鬣, 此是適處. 冬不衣葛, 夏不衣裘, 此是莫處. 皆必然而不可易者, 乃若非有操縱之力, 則蓋言其本來非有也. 先師嘗曰, 理有必然之妙, 無能然之力. 能然之力, 猶曰無之, 況於操縱之力乎. 故曰言其本來非有也. 不曰無而曰非有, 亦可見矣. 朱子分明言理有能然, 豈可曰無能然乎. 但無其力耳. 操縱亦然, 豈可以非有其力而遂謂無其妙耶. 理之始無有不善, 而或爲氣所拘欲所蔽, 不能直遂, 而流於惡者, 固亦有之. 然善者, 其終也必遂, 惡者, 其終也必不遂. 國之治亂, 人之禍福, 雖或遲速久近之不同, 究其終而觀之, 可執契而待之, 此非理之操縱處耶. 但有自然之妙, 而非有作爲之力耳.

理發二字, 爲今日一大禁避語. 而纔見行變化成條理者, 則曰氣也. 問孰主張是, 則曰其機自爾, 非有使之者. 問所謂理者落在何處, 則曰乘之矣. 始旣無使之然之妙, 末又非有操縱之力. 寄寓來乘, 做得甚事. 有之無所補, 無之靡所闕, 嗚呼可憐矣. 究其端由, 原於乘字失其本旨, 駸駸致得理輕氣重, 直至氣奪理位, 爲萬事本領而後已. 一字之失, 其禍乃至此乎. 愚按栗翁亦嘗言孰尸其機, 嗚呼太極. 此何嘗以氣爲萬事本領乎. 又言性發爲情, 則猥筆云云, 栗翁已見之昭陵也. 但其以理發爲非者, 却有曲折. 實由理氣互發而云爾. 蓋從理爲根柢上說, 則氣爲理之用, 故雖氣發, 亦可謂之理發. 如行者雖馬, 而主者是人, 故統而言之曰人行也. 若據氣能作用上說, 則理實無情意, 故雖善情, 但可謂之氣發, 如乘者雖人, 而行者是馬, 故辨而明之曰馬行也. 若都欲以理爲主, 而至於用事處, 亦禁不下氣發字, 非其情實也. 譬如君令臣行,其所行固出於君, 然其行之, 畢竟是臣而非君, 如必以所行是君命, 指臣行爲君行, 則名不正而言不順矣. 況遽指臣行二字, 爲臣奪君位而誅之, 則豈法理之所當出乎?

太極尸氣機, 性發爲情, 非惟此二句. 又有萬般之情, 夫孰非發於理乎之語. 猥筆中云云, 在栗翁果是己見之昭陵也. 先師嘗以萬情發理爲的確定論, 以諭門人, 因歎後儒之遺却定論, 蓋後儒不考究定論之攸在, 而專主自爾非使之語而張大之, 使理無本然之妙, 氣爲專擅之物. 此猥筆之所以作也. 理發字禁避云者, 蓋以今之儒者, 只據氣發一語, 而若有言理發者, 則以爲貳於栗翁, 輒加攻斥, 使人不敢發口故也. 分明言今日學士家, 而今反移之於栗翁, 以知見之異挾念懟之心, 費力吹覓, 其不能平心以盡人言之意固也, 豈意若是之甚乎. 其所論栗翁之意, 則固得之矣. 但以上段理無動之靜之之說, 及性不會語默之諭看之, 却是人不能使馬, 君不能今臣也. 於此 乃曰人行, 曰君令, 少變其見, 何歟. 理固如此, 終有不得諱者耶?

猥筆所擧一陰一陽之謂道, 太極生兩儀兩句, 誰曰不然, 但人能弘道, 非道弘人, 獨非孔子之言乎. 恐不必執一而棄一也. 竊嘗思之, 自鄉人而至於 爲聖爲賢, 豈非奪天地之造化者乎. 其功夫雖存乎心, 而其本源一出於性. 然則謂之道能弘人, 亦何不可, 而聖人之言如此, 此宜深思其故. 夫道是 至尊之實, 而爲萬物之主者. 乃降而與有作用者同科焉, 則道器上下之分亂, 而無以杜此心覬覦之萌矣. 嗚呼. 聖人之指微矣哉.—以此防心, 後世猶有此心自稱大理具小理者.— 抑又思之, 心之能事, 至於敬尊德性, 義扶世敎. 鑄凡作聖, 竪人參天, 其有功於人, 如何哉. 雖假以形上之名, 宜若無可惜者, 而聖人之於心, 乃不肯與道齊頭竝脚, 是又何故. 釋氏不知理之爲道, 而天上天下惟我獨尊, 我是心自我. 心雖磨鍊得極精細, 比之沖漠無眹之道, 畢竟微有迹. 蓋靈之與眞, 原自有辨而然也. 聖人不欲指心以爲道, 其謹嚴之意, 豈不以是歟. 此是吾儒第一義理, 亦第一防閑, 欲以奉質於曩哲, 而旣未可得,亦願竝世與後來之賢者，與之是正．

氣配道義，蓋嘗聞之矣，氣能弘道，未之聞也．浩氣生於道義，而養得盛大，故可以配道．乃若人心所乘之機，則隨所稟之淸濁而善惡不一，—栗翁言，善者，淸氣之發，惡者，濁氣之發.— 槪以命之曰配道．猶爲不可，況可曰弘道乎．配，助之也．曰助之，則道固爲主也．弘，大之也．曰大之，則大之者自爲主也．氣爲道主，亦未之聞也．朱子曰，主宰常定者，心也，發出不同者，性也．以主宰常定者檢其發出不同者，是以能弘之．今不論主宰常定之本體妙用，而欲以所乘之機當之，誠不可曉也．道體無爲，所謂無者，特無其迹耳．其爲之之妙，則乃其固有者也．恭己正南面無爲，而九官十二牧則早已命之，典禮典樂掌兵各有其人，而禮樂征伐自天子出，此所以爲至尊之實，此所以爲萬物之主．若漠然都沒主張，而惟氣機是視，則直是漢獻之徒擁虛號，幾何不爲周平之下堂見侯乎．上下之分，於是乎亂矣．果可以杜此心覬覦之萌乎．今以氣機當心體，危厥覬覦之萌如此，而反以爲弘道之物，何哉?

此心自稱大理具小理以下云云，譏斥蘗山重菴之說也．蓋心之得名，以主乎身而言也．其當體，則氣之精爽，而屬於火，臟精神魂魄爲其運用，非若性之可以挑出而名者也．朱子比性微有迹之訓，以此．然言其得於天之本體妙用，則性情之外，更別無心，故孟子以仁義禮智爲心，又以惻隱羞惡辭讓是非之 端爲心．程子曰，心也性也天也，一理也．張子曰，心統性情，而朱子亟稱之．心統性情，不若言心者性情之統名，又取蔡西山之說．心爲太極，又引邵子之說．又曰元亨利貞，天地生物之心，而人得之爲心．未發而四德具，已發而四端著．又曰人受天地之中，只有箇心．又曰心者天理在人之全體，又曰心是主宰底．主宰者，卽此理也．又曰惟心無對．此皆以理言心也．

孟子一書，言心最詳，而未有一處以氣言者．對氣言處，則却有之．曰志，氣之帥也．又曰夜氣，不足以存仁義之心．程子曰，必有仁義之心，然後有仁義之氣．朱子以游氏心合於氣氣合於神爲非儒者之言，而曰心無形而氣有物，有問心是身上精靈底物事，曰理固如此．程子以呂與叔養氣可以爲養心之助爲不然，而曰養心只是養心，又何必助．朱子曰，才養氣則氣雖得養，却不是養心了．又曰五臟之心，非心也，乃心之神明升降之舍也．此皆分別心與氣，而明心之非氣也．以此觀之，則其就氣言心處，以其乘載運用爲佗資助而言耳．何嘗專以氣論心？而乃翻倒其口氣，磨礪其鋒穎，努力立說，含蓄無限，感慨如此之深且切也．栗翁有心是氣之說，是就氣機動靜上言 故云然，亦朱子精爽之說也．然其統論處，則必合性情體用，而深以心性之不可二歧言之矣．— 人心道心說曰，性是心之體，情是心之用，心是未發已發之總名，故曰心統性情．克己復禮說，以仁爲本心之全德．雜記，以今之學者分心性爲二歧爲大差．— 今必欲以心性爲二物，專以氣機當心體，見人以理言者，則氣聳如此者，抑何歟？

蘗門之說，亦嘗聞其大略矣．蓋以心之全體妙用爲理耳．至於動靜之機爲此心乘載運用者，則曷嘗幷謂之理哉．其言曰心固理也，而所乘者氣也，認心爲理，而不問氣欲之拘蔽，則其害固不可勝言．指心謂氣，而不知天命之主宰，則其理亦有所不明矣．認心爲理，不問氣欲之拘蔽者，正是陸王之說，而指心謂氣，不知天命之主宰者，豈非今日欲以奉質於曩哲與後賢者耶？曩哲之訓，消詳如右，而旣不取考而自正焉，則後雖有賢者，是正之，豈肯舍己而從之乎？天上天下，惟我獨尊，我果是心自我也．釋氏旣以理爲障，則其所謂我者，只是儱侗怳惚之間，見其影子，而未見其裏面道理者耳．朱子曰，釋氏雖自言惟明一心，實不識心體，而心外有法，不足以立天下之大本．若聖門所謂心，則天敍天秩天命天討，惻隱羞惡辭讓是非，無不該備，而無心外之法．又曰儒釋之異，正爲吾以心與理爲一，彼以心與理爲二．然則所謂惟我獨尊者與理爲二，而非聖門所謂心也．今不以聖門所謂心者爲心，而反譏心理爲一之說歸之天竺之見，似此議論眞七聖皆迷之地．且朱子論性情之德中和之妙，而必以心爲主．(答張敬夫書) 又言心包性情，心是字母，故性情皆從心. 又言天命之謂性, 要須天命箇心, 方是性, 而今離性而言心, 尊性而卑心, 旣以釋氏之所謂心者謂心, 則卑之宜矣. 而其亦矛盾於朱子之旨矣. 嘗因宜春田生, 得見其所謂白山雜著而觀之, 以神字專做氣字看, 此其以氣言心之根由也. 蓋以氣言神處, 固亦多矣. 若易大傳陰陽不測之謂神與神妙萬物, 此等神字通謂之氣, 則無怪其以一氣字冒天下之道, 而以當一身之主萬事之綱也. 其書印布四方, 是必自以爲俟百不惑. 然質諸往哲, 則實有不然者, 請略言之. 周子所謂動而無動, 靜而無靜, 神也, 神妙萬物. 程子所謂妙用謂之神. 張子所謂一故神, 兩在故不測, 皆主理而言, 而朱子之言又加詳焉. 曰理則神而不測, —解周子之言, 曰此言形而上之理也, 理則神而不測. 又曰陰陽不測之神, 如晝動, 神不與之俱動, 夜靜, 神不與之俱靜, 神又自是神, 神却變得晝夜, 晝夜却不變得神, 神妙萬物.— 曰神自是超然於形氣之表,—神之爲物, 自是超然於形氣之表, 貫動靜, 而言其體常如是矣.— 曰神者卽理也, —善應而不測, 實理之用, 神者卽理也.— 曰妙用言其理, —解程子之言, 曰妙用言其理, 妙用是無迹底.— 曰妙用包得許多道理.—解張子之言, 曰不測便是妙用, 包得許多道理, 橫渠說得極好.— 此論天道陰陽之神, 而至若人性五行之神, 則又不啻明白. 程子曰, 上天之載, 無聲無臭. 其命在人謂之性, 其用無窮謂之神, 一而已矣. 朱子曰, 氣之精英者爲神, 金木水火土, 非神, 所以爲金木水火土者爲神. 在人則仁義禮智信, 是也. 又曰五行之神, 理之發用而乘氣出入者也. 前哲之以神爲理, 昭如日星. 以若高明俊傑, 豈不講貫? 豈不入思議? 然且不信獨見之高, 可謂超出千古矣. 豈淺腹之所能測哉? 靈之與眞, 固亦有辨. 朱子曰, 氣中自有箇靈底物事. 蓋形氣凝聚, 便有精神魂魄爲此心之運用, 卽所謂靈底物事. 大抵靈是氣分事, 然本非有形質確定底字, 亦可以狀理之妙, 故周子圖說, 始言無極之眞, 至於人極, 則言最靈. 朱子以爲純粹至善之性也. 通書又言, 匪靈弗瑩. 朱子又以爲此言理也. 非人心太極之至靈, 孰能明之. 又有問虛靈不昧是氣. 曰不是氣. 是則言理處亦使靈字, 靈亦不可硬做氣邊看, 況神乎? 蓋是理也, 以實體而言則曰誠, 以妙用而言則曰神, 故周子曰, 寂然不動者, 誠也, 感而遂通者, 神也. 誠爲神之體, 神爲誠之用. 一陰一陽而繼之者, 神之爲也. 一動一靜而幾焉者, 神之爲也. 一闔一闢而變焉者, 神之爲也. 理而無神, 不成爲理, 惟神也, 故物來而應也, 不疾而速, 不行而至, 此心之所以有神明之名, 不離乎氣, 而不雜乎氣者也. 本理發見, 而氣爲之運用, 乘氣流行, 而理爲之宰制, 此神明之德, 所以爲一身之主, 而萬事之綱也. 乃若虛靈則神明之情狀也, 從氣而言, 則精爽之會也, 從理而言, 則妙用之著也. 是以心也神也靈也, 有從氣而言者, 有從理而言者, 當各隨所指之如何耳. 故尤翁之言, 曰心有以理言者, 有以氣言者, 此論心之活例也, 眞詮也. 然理上而氣下, 理通而氣局, 理主而氣役, 其分又不可有毫忽紊者矣. 今專以氣機名心, 奉以爲天君, 而使百體從令, 殆而殆而.

程子曰, 天地萬物之理, 無獨必有對. 有問於朱子曰, 太極便對甚底. 曰太極便與陰陽相對. 猥筆第五段, 正論此義云, 把氣與理對擧, 此非聖人之言. 今人纔見理字, 必覓氣來作對偶, 於是理之流行一大事, 盡被氣字帶去作家計, 所餘者, 只混淪也, 沖漠也, 此雙本領之履霜也. 悲夫. 愚按蘆沙意欲尊理而有此云云. 然辭氣之間, 陵轢過越, 大損尊畏聖賢之體, 此豈非氣之失理處乎. 況朱子何嘗非聖人, 何嘗非一本領, 然而把陰陽太極做對. 此亦謂奪卻理之流行一大事, 以與氣字而爲雙本領之履霜, 而受蘆沙悲夫之歎者耶?

橫看, 則天地萬物之理, 無獨必有對. 竪看, 則天地萬物之理, 亦固有無對最尊者, 太極與陰陽相對, 橫看說也, 故朱子於此, 以形上形下爲說. 而曰却是橫對了, 道固無對, 獨非朱子之言乎? 此以道體之渾然, 無所不具精明純粹者而言, 竪看說也. 又有合橫竪而一處言之者, 曰天下事物之理, 亭當均平, 無無對者, 惟道爲無對, 然則何嘗偏主有對之說, 而廢無對之理乎. 猥筆中始言理之尊無對, 竪說也, 其下文, 又以上下道器爲的對, 亦所謂橫對了也. 無對有對, 一是皆朱子之意也. 今人之把氣對理一處對峙, 大違聖人主理帥氣之意, 故曰此非聖人之言. 今却引太極陰陽相對之說, 謂此段正論此義, 而曰朱子何嘗非聖人, 何嘗非一本領, 勒做罪案, 奮筆張皇, 深深覓得禦人之話柄, 誠勞矣巧矣, 獨不畏今與後之窺其中者乎? 正論此義四字, 直闔闢手段也, 藉使正論此義, 亦非大罪.

程伯子曰, 心有存亡出入, 非聖人之言, 操存舍亡, 出入無時, 是孔子之言, 孟子筆之書者, 而程子云然者, 但據理而言, 如有子言非夫子之言之意也. 聖賢之不苟同也如此, 亦將以此爲程子之罪, 而謂孔孟何嘗不是聖人, 亦何嘗不識心者耶? 噫! 程子幸而不出於今之世也.

聖人的見流行發見, 變化昭著, 莫非此道之爲云云. 此道之爲四字, 恐合商量. 朱子於論語集註, 旣云道體無爲, 尤翁之答人書, 又云非此理其體則無情意造作, 而至於用則有情意造作也. 二先生豈不知道之流行發見, 而其言如此耶. 此宜再入思議看也.—莫非此道之爲, 若添數字云, 莫非此道爲之根柢樞紐, 則似更詳明, 未知如何.—

朱子曰, 一陰一陽, 雖屬形氣, 然其所以一陰一陽者, 是乃道體之所爲也.(答陸子靜) 又曰一物之中, 自始至終, 皆實理之所爲也. 又曰凡天下之事, 雖若人之所爲, 其所以爲之者, 莫非天地之所爲也.(中庸或問) 朱子此說, 亦宜再入思議看者耶. 程子曰, 老子言無爲, 聖人作易, 未嘗言無爲. 惟曰無思也, 無爲也, 此戒夫作爲也. 所謂道體無爲, 是無作爲之謂也. 其曰道體之所爲者, 亦豈作爲之爲乎? 以其所以爲之妙與夫所當爲之則也. 膠守無爲字, 凡說著爲字處, 一切歸之於造作, 則是道體淪於空無也, 不幾於老子之無爲乎. 然則所謂根柢樞紐者, 畢竟爲烏有先生矣. 蓋理也者, 至無而至有者也. 觀於所引尤翁之言, 亦可見矣. 體無造作者, 所謂靜亦靜. 用無造作者, 所謂動亦靜. 靜而體立, 靜非塊然, 所謂靜中有物. 動而用行, 動非蠢然, 所謂動以天. 朱子於此兩下立說, 曰道體無爲, 又曰道體之所爲. 不知者, 必疑其有似乎左右佩劍, 其知之者, 必謂體則無爲, 用則有爲. 而乃若尤翁之意,則不然, 以爲無則體用皆無, 有則體用皆有, 可以一翻看矣. 斯乃爲眞知朱子之意也. 于以見體用顯微一原無間之實, 非若性體氣用體同用異之見也.

余旣爲記疑辨, 又得其所謂猥筆辨者而看之. 猥筆中, 所論今人之弊者, 一切歸之於栗翁, 又或歸之於朱子. 吹洗譏斥, 費盡心機, 比記疑不啻幾層矣. 蓋難與言也. 然彼自以爲捉得眞贓而傳播四出, 後生少輩, 於往哲名理之論, 或包羅不周, 而眩於文辭, 屈於聲名, 則知覺之不見蝕者鮮矣, 皓天 不復之憂, 不容無也. 乃忘陋條辨如右, 以告同志, 其援引古訓繁而不殺, 雖涉支離, 蓋其勢不得不爾. 覽者詳之. 癸卯仲夏謾筆.

추록

정재규

이 글은 정재규가 「외필변변」을 쓴 다음에 덧붙인 것이다. 김낙현(金洛鉉, 1817~1892)과 전우 사이에 있었던 인(仁)과 마음의 관계를 둘러싼 논변을 본 다음에 추가한 내용으로 추정된다. 따라서 저술 시기는 1903년 5월 이후로 추정할 뿐 구체적으로 언제 이 글을 덧붙였는지는 알 수 없다. 『노백헌집』의 체제를 따라서 「외필변변」의 뒤에 놓아둘 뿐이다. 『노백헌집』 권29에 실려 있다.

전우 : 성인께서 안자를 일컬으면서 '인이 마음을 어기지 않도록 했다'라고 하지 않았다. '그의 마음이 인을 어기지 않았다'라고 했을 뿐이다. 이것은 어기지 않은 소이연이 성에서 나왔지만, 어기지 않은 기틀은 오히려 마음에 있기 때문이 아닌가? 만일 노사의 주장대로라면 인을 어길 때에 또 어긴 줄을 깨닫고서 인에 의거하는 것을 '스스로의 마음이 스스로 깨닫고 스스로 의거한다'라고 말해야 할 것이니 이것이 괜찮겠는가? 아니면 '리라고 하는 것은 이 마음이 의거하고 어기는 사이에 가·불가의 뜻이 있어 조종하는 것이 이와 같다'라고 말해야 할 것이니 이것도 괜찮겠는가? 이렇게 반복해서 추측하고 탐구해 보면 그 주장에 잘못이 없을 수 없다는 것을 알 수 있겠는가?[197]

정재규 : 인이란 마음의 덕이다. 마음이 인에 뿌리를 두고 있음에도

197 이 문단은 『노백헌집』에 의하면 한 줄을 내려서 썼고, 다음 구절부터 줄을 올려서 썼다. 즉, 줄을 내린 부분은 전우의 말이고, 줄을 올려 쓴 부분은 정재규의 발언이라는 뜻이다.

인하지 못한 것은 사욕이 끼어들었기 때문이다. 인을 어기지 않는다는 것은 사욕이 없고 덕이 있다는 뜻이다. 덕이 있다는 것은 사욕이 없어진 다음에 비로소 덕이 있다는 말이 아니라, 본래부터 갖추고 있는 덕이라는 뜻이다. 이것을 본심이라고 하니 이것이 모든 변화를 발휘하는 주체다. 사욕이 끼어들었다는 것은 기가 스스로 일에 작용하면서 리를 따르지 않았다는 뜻이다. 이제 기의 기틀을 심체(心體)에 배당하고, 인을 어기지 않는 기틀이라고 하는 것은 또한 이상하지 않는가?

그러나 마음이 인을 어기지 않은 것을 언뜻 겉면만 보면 한 마음이 저 하나의 인을 어기지 않는 것 같다. 그러므로 주자의 문하에서도 이미 두루 가르치면서 묻고 변론했다. 후세에 살펴보도록 채록한 것도 뚜렷하다. 인은 마음의 온전한 덕이요, 의·예·지가 그 가운데 있다. 어기자마자 곧 깨달으니, 앎이 사단의 첫머리인 까닭이다. 깨닫자마자 곧 어기지 않으니, 공경함이 한 마음을 주재하는 까닭이다. 앎이란 지혜의 작용이요, 공경함이란 예의 발동이다. 지혜로 시작하고, 예로 지키니, 이것이 인을 어기지 않는 까닭이다. 공경함이 주재가 된다는 것으로부터 말한다면 '스스로 깨닫고 스스로 의거한다'라고 하는 것도 괜찮다. 앎이 옳고 그름을 구별하는 것으로부터 말한다면 '가·불가'가 있다고 하는 것도 가능하다. 공경함이 주재가 되고, 앎이 시비를 구별하는 것은 모두 리의 묘용이요, 인이 덕이 되는 까닭이다.

리는 하늘에서는 원형이정이요, 사람에게서는 인의예지이다. 하나의 리일 뿐이지만 그 조리와 실체를 말하면 성이라 하고, 주재와 묘용을 말하면 마음이라 한다. 이런 까닭에 인의예지는 모두 마음을 따라서 이름을 얻게 된 것이다. 이것은 맹자·주자의 가르침을 보면 알 수 있다. 맹자는 사단을 말하면서 측은지심·수오지심·공경지심·시비지심이라고 했다. 주자는 사덕을 풀이하면서 인은 마음의 덕이라고 했고, 의는 마음의 절제라고 했다. 그는 마음과 인을 두 가지로 보고, 마음에서 따로 소이연을 토론하면서, 마음과 인의 한 층 위에서 별도의 소이연을 토론하니, 그렇다면 그가 말하는 소이연이란 자리 없는 진인[無位眞人]에 가깝지 않는가?

전우 : 『주자어류』에서 선생은 “어떤 것이 마음인가? 어떤 것이 인인가?”라고 하고 “마음은 지각하는 것이요 인은 리다”[198]라고 했다. 선생은 또 “귀는 듣지 못하는 것이 없고, 눈은 밝게 보지 않음이 없으며, 마음에는 인이 아닌 것이 없다. 그러나 귀는 때로 듣지 못하고, 눈은 때로 보지 못하며, 마음은 때로 인하지 못하다”[199]라고 했다. 또한 “마음과 리는 합쳐서 하나입니까?”라고 묻자, “합쳐진 것이 아니다. 하지만 마음은 저절로 인하다”[200]라고 했다. 또한 “인은 곧 이 마음이요, 마음은 거울과 같고, 인은 바로 거울의 밝음이니, 거울을 예로부터 저절로 밝았다”[201]라고 했다. ○ 또 말했다. “인자는 리가 곧 마음이요, 마음이 곧 리다.”[202] ○ ‘석 달 동안 인을 어기지 않았다’라는 구절을 묻자 말했다. “인과 마음은 본래 한 가지이다. 사욕이 한 번 떼어놓으면 마음은 곧 인을 어기게 되고, 오히려 둘이 된다. 사욕이 이미 없다면 마음과 인은 서로 어긋나지 않게 된다. 마음은 거울과 같고, 인은 거울의 밝음과 같다. 거울은 본래 밝지만 때가 한 번 가리면 드디어 밝지 않게 된다. 때를 제거하면 거울은 (다시) 밝아진다.”[203]

정재규 : 전우는 김계운(金溪雲: 김낙현)이 보여준 한 단락의 반박하는 말로 인해서 매우 많은 것을 인용했는데, 모두 이미 답습한 것이요, 다

198 주희, 『주자어류』 권31(『주자전서』 vol.15), 1113쪽.
199 같은 책, 같은 곳.
200 위의 책, 위의 곳.
201 주희, 『주자어류』 권31(『주자전서』 vol.15), 1116쪽.
202 주희, 『주자어류』 권37(『주자전서』 vol.15), 1372쪽.
203 주희, 『주자어류』 권31(『주자전서』 vol.15), 1109쪽.

시 변론할 것이라고는 없다. 그는 안자의 마음이 인을 어기지 않았다는 구절을 인용해서 리가 기를 부릴 수 없다는 증거를 삼았다. 변론이 없을 수 없기에 이에 뒤따라 (「외필변변」의) 뒤에 기록해 둔다.

追錄

鄭載圭

聖人之稱顔子, 不曰仁使心不違, 而但曰其心不違仁. 此無乃不違之所以然, 則雖出於性, 而其不 違之機, 卻只在於心故歟? 若如蘆沙之說, 則其違仁之時, 又其覺違而依仁也, 謂自心自覺而自依之, 可乎? 抑謂之所謂理者, 於此心依違之間, 有有適有莫之意, 而操縱之如是云爾, 可乎? 以此反覆推究, 見其說之不能無失也耶?

仁者心之德也. 心本仁而其有不仁者, 私欲間之也. 其不違仁者, 無私欲而有其德也. 所謂有其德者, 非謂無私欲而後, 始有其德也, 乃其固有之德也, 是之謂本心, 而爲發揮萬變之主也. 若私欲間之者, 氣自用事而不循乎理也. 今乃以氣機當心體, 而爲不違仁之機者, 不亦異乎?

然心不違仁, 驟看外面, 則有若以一箇心不違那一箇仁者然, 故自朱門已有叩竭而問辨者矣. 采錄于後覽之可以犁然矣. 蓋仁是心之全德, 而義禮智在其中, 才違便覺, 知之所以始四端也. 才覺便不違, 敬之所以主一心也. 知是智之用, 而敬是禮之發也. 智以始之, 禮以守之, 此仁之所以不違也. 自敬之爲主宰者言之, 則謂之自覺自依可也, 自知之別是非者言之, 則謂之有適有莫亦可也. 敬之爲主宰, 知之別是非, 皆理之妙用, 而仁之所以爲德也.

所謂理者, 在天元亨利貞而已矣, 在人仁義禮智而已矣. 只此一理, 言其條理實體, 則曰性, 言其主宰妙用則曰心. 是以仁義禮智, 皆從心而得名也. 觀於孟朱之訓可見矣. 孟子言四端曰, 惻隱之心·羞惡之心·恭敬之心·是非之心. 朱子釋四德, 仁曰心之德, 義曰心之制, 彼以心與仁爲二物, 而別討所以然於心仁之上一層地頭, 然則其所謂所以然者, 不幾於無位眞人耶?

語類先生曰, 如何是心? 如何是仁? 曰心是知覺底, 仁是理. 先生曰, 耳無有不聰; 目無有不明; 心無有不仁, 然耳有時不聰; 目有時不明; 心有時不仁. 問莫是心與理合而爲一? 曰不是合. 心自是仁. 又曰仁卽是心, 心如鏡, 仁便是鏡之明, 鏡從來自明. ○ 又曰, 仁者, 理卽是心, 心卽是理. ○ 問三月不違仁曰, 仁與心本是一物, 被私欲一隔, 心便違仁去. 却爲二物. 若私欲旣無, 則心與仁便不相違. 心猶鏡, 仁猶鏡之明, 鏡本來明, 被塵垢一蔽, 遂不明, 若塵垢一去, 則鏡明矣.

田又因金溪雲所示有一段辨駁語, 而所引甚多, 皆不過已踏之蹊, 無用更辨. 其引顏子心不違仁, 而以爲理不能使氣之證, 則不容無辨, 玆追錄于下.

전간재의 「외필변」을 변론함

박로술

이 글은 광주 출신으로 기정진의 직전제자인 박로술(朴魯述, 1851~1917)[204]이 전우의 「외필변」을 변론한 것이다. 정확한 저술 연대는 알 수 없지만, 「외필변」이 1902년에 나타났고 「외필후변」이 1904년에 나타났으며, 이 글이 「외필변」만을 반박하고 있는 것으로 미루어 아직 「외필후변」의 존재를 모른 상태로 쓴 것임을 추측할 수 있다. 그렇다면 아마도 1902년 하반기에서 1903년 후반기 사이에 쓴 것일 것이다. 이 때문에 정재규의 「외필변변」 및 「추록」의 뒤에 두었다. 「변전간재납량사의의목(辨田艮齋納凉私議疑目)」[205]

---

204 자는 공선(公善), 호는 석음(石陰)이고 본관은 평양(平陽: 순천)이다. 1851년 9월 13일 광주(光州) 안청리(安淸里)에서 박양동(朴陽東, 1829~1905)과 장흥고씨(長興高氏, 1827~1914) 사이에서 태어나, 1917년 6월 23일에 향년 67세로 세상을 떠났다. 그의 할아버지는 박제방(朴濟邦, 1808~1886)으로 자는 순문(舜聞)이고 호는 안호(安湖)이며, 『노사선생연원록』에는 박제방에서 박노술에 이르기까지 할아버지부터 손자 3대가 모두 문인으로 수록되어 있다.

205 전우는 「납량사의의목(納凉私議疑目)」이라는 같은 제목을 가진 두 편의 글을 남겼는데, 이들은 『간재집·전편』 권14에 실려 있다. 첫 번째 글에는 '임인년(壬寅, 1902)'이라는 추가 설명이 붙어 있고, 두 번째 글에는 '초본에 있던 6조목을 뒤따라 기록한다[初本六條, 追錄.]'라는 내용이 덧붙여져 있다. 이에 따르면 전우는 원래 「납량사의」를 변론하는 초고를 작성한 다음, 거기에서 6조목을 빼고 「납량사의의목」이란 제목을 붙였다. 그다음 애초의 초고에서 누락시켰던 6조목을 따로 묶어서 똑같이 「납량사의의목」이란 제목을 붙여둔 것이다. 즉 첫 번째 글이 분량 면에서나 내용 면에서 본론에 해당하고, 「납량사의의목추록」이라고 부르는 두 번째 글은 분량도 6조목에 불과한 부록 정도에 해당한다고 평가할 수 있다. 박로술의 「변전간재납량사의의목」은 「납량사의의목추록」의 6조목을 반박하는 글이다. 田愚, 『艮齋集·前編』 권14(표점영인 한국문집총간 vol.333), 「納凉私議疑目(壬寅)」, 127쪽·「納凉私議疑目-初本六條, 追錄.-」, 132쪽 참조.

과 함께 『석음유고(石陰遺稿)』 권6에 실려 있다.

도리란 공공연한 것이다. 남이 쓴 글을 보고서 의심이 들거나 통하지 않는 부분이 있으면, 학자는 공평한 마음으로 공정하게 말하면서 강론하고 밝히는 데 힘써야 할 뿐이다. 자신의 견해와 조금 차이가 있다고 해서 자기의 견해만을 옳다고 여기고 지난날의 말을 굳이 고집하며, 심지어 견강부회하면서 억지로 흠을 찾고 성을 내면서 헐뜯는다면 자기에게 도움이 되지 않을 뿐만 아니라 오히려 스스로를 해친다. 옛사람의 자신을 위한 공부는 이와 같지 않았을 것이다.

전우가 쓴 「외필변」을 살펴보면 서로의 주된 뜻은 크게 동떨어진 것도 아닌데, 그의 마음가짐이 본래 따지고 이리저리 재는 데에서 나와 배척하려는 의도를 벗어나지 못했고, 이치를 강론해서 밝혀 도를 찾으려는 뜻을 찾아볼 수 없다. 그의 말이 모두 정당하다 할지라도 옛사람들의 자신을 위한 공부와는 이미 하늘과 땅처럼 멀 뿐이다. 더욱이 그 어느 것 하나 헤아릴 수 없이 뒤집힌 것임에야 더 말할 나위가 있겠는가? 글을 쓴 것도 무익하고, 한갓 후세의 말을 아는 이에게 비웃음을 당할 뿐이니, 안타까운 일이다.

살피건대, 염계의 「태극도설」은 "태극이 움직여 양을 낳고 고요하여 음을 낳는다"라고 했다. 염계의 뜻은 태극이 기기(氣機)를 기다리지 않고 스스로 움직이고 고요하다는 것이 아니었다. 소승지기(所乘之氣) 때문에 (태극이) 움직이고 고요하기 때문이었다. 그래서 곧바로 '태극이 움직여 (양을) 낳고, 고요해서 (음을) 낳는다'라고 했으니, 이 한 구절에 본체와 작용이 모두 갖추어졌다. 이런 뜻을 아는 이와 말하면 '태극에 움직임과 고요함 있다'라고 할지라도 본체의 측면에 해로움이 없고, 모르는 이와 말하게 되면 '음양이 스스로 움직이고 고요하다'라고 한들 작용의 측면에도 해롭지 않다. 그러나 본체는 은미하여 알기 어렵고 운행과 작용은 드러나 쉽게 알 수 있다.

율옹이 후학을 위해 주장을 세우면서 이런 점을 지나치게 명쾌하게 밝히려 했기에 그처럼 말하지 않을 수 없었을 뿐, 염계의 뜻을 율옹이 어떻게 (후학들이) 알지 못하게 하려는 것이었겠는가? 율옹이 리를 논하면서 리를 위주로 한 것이 한두 번이 아니라는 것은 참으로 그가 말한 것과 같다. 그러나 세상의 기를 중시하는 이들은 이러한 점을 살펴보지 못한 채, 다만 "(그 기틀이 저절로 그러하지) 그렇게 시키는 것이 있지 않다"라는 두 구절만을 최고의 것으로 삼고, 유행의 측면에서 말한 것을 근원의 측면으로 잘못 인식한 나머지, '율곡도 일찍이 기를 중시해서 말했다'라고 해서, 차츰차츰 그 본지를 잃어버림으로써 태극·천명의 본체가 가려지고 밝지 못하게 되었다. 그리하여 선생은 이런 세태를 걱정하고 탄식하면서 이 글을 지어 율곡이 썼던 말에 폐단이 없을 수 없다는 점을 밝히고, 「외필」이라 명명한 것이다. '외람되다[猥]'는 말은 이미 스스로 겸손해하는 말이자 마음이 편치 못하다는 말인데, 이를 '욕하고[罵]' '배척한다[斥]'고 하는 것이 사리에 타당한 일인가? 잘못된 일인가?

내가 『논어집주』를 읽어보았는데, 공자의 말은 영원히 전해도 폐단이 없지만, 성인보다 한 등급 아래의 사람들은 좋은 말이라고 해도 간혹 폐단이 없지 않았다. 주자 또한 이러한 점을 밝힌 적이 있었으니, 그렇다면 이것도 욕하고 배척했다고 할 수 있겠는가?

간재는 "움직임과 고요함은 조작이다"[206]라고 했고 또 "움직임과 고

206 현재 『간재집』에 실린 「외필변」에는 "動靜者, 作用也."라고 되어 있을 뿐 '動靜者, 造作也.'라고 한 구절이 없다. 그러나 정의림의 「변외필변」에서는 「외필변」의 내용을 인용하면서 "朱子雅言, 理無造作. 動靜者, 造作也, 故曰機自爾也."라고 말하고 있다. 이것은 정의림과 박로술이 참조한 「외필변」의 원고가 『간재

요함은 작용이다"라고도 했다. 움직임과 고요함을 조작 또는 작용이라 말하는 것은 그럴 수 있다. 그러나 움직이게 하고, 고요하게 하는 것을 조작과 작용이라고 한다면, "태극이 움직여 양을 낳고 고요해서 음을 낳는다"라는 것은 무엇을 말하는 것인가? 태극이 어떻게 조작하고 작용하는 물건이겠는가? 타당치 못한 것 같다. 나라면 '움직이게 하고 고요하게 하는 것이 바로 조작과 작용의 오묘함 지점'이라고 하겠다.

공자는 "하늘이 만물을 낳으면서…심어진 이는 북돋아 주고 기울어진 이는 엎어버린다"[207]라고 했고, 맹자는 "하늘이 만물을 낳으면서 근본이 하나이도록 했다"[208]라고 했으며, 정자는 '하늘이 백성을 낳으면서 먼저 아는 이가 나중에 아는 이를 깨우치게 했다'[209]라고 했다. 이것은 사람과 만물이 태어남이 천명이 그렇게 시키지 않은 것이 없다는 뜻이다. 주자는 이들을 풀이하면서 말했다. '흡사 어떤 사물이 그것을 붙잡아주는 것 같고, 흡사 어떤 사물이 그것을 밀쳐 넘어뜨리는 것 같지만, 리가 저절로 이와 같다.'[210], "저절로 그러한 이치이지만 마치 하늘이 그처럼 시키는 것과 같다."[211] "천리의 당연함이 마치 그렇게 시키는 것 같다."[212] 이들은 모두 사람과 만물의 탄생을 천명에 중점을 두어 말한 것이다. 이 몇몇 단락은 간재의 「외필변」에서 인용해서 증거로 삼은 것들이다. 하지만 이들을 살펴보면 천명이 그렇게 시킨다는 것이 더욱 분

집』에 실린 원고보다 초고에 가깝고, 거기에는 이 구절이 포함되어 있었다는 것을 가르쳐 준다.

207 『중용』 17장.

208 『맹자』, 「등문공 상」 5장.

209 이 구절은 『맹자』, 「만장 상」 7장에 인용된 이윤의 말을 『하남정씨유서』 권14, 18조목에서 재인용한 것이다. 즉, 이 말의 발언자는 정자가 아니라 이윤이다.

210 주희, 『주자어류』 권63(『주자전서』 vol.6), 2092쪽 참조.

211 주희, 『맹자집주』(『주자전서』 vol.6), 319쪽.

212 주희, 『맹자집주』(『주자전서』 vol.6), 378쪽.

명해서 의심의 여지가 없다. 이제 「외필변」에서 이것들을 들어 「외필」을 반박하는 것은 또 어째서인가? 이것은 실리라 할 수 있는 것이 있기는 하지만, 볼 수 있는 형체와 자취는 없기 때문이다. 그래서 특별히 '약(若)', '흡사(恰似)' 등의 글자를 쓴 것이다. 그럼에도 「외필변」에서 '사람들이 '사'자를 작용의 뜻으로 착각할까 걱정했다'라고 하니, 이것은 하나의 웃음거리일 뿐이다.

모든 일이 스스로 작용하는 것이라면 어떤 '시키는[使]' 것이 있겠는가? 스스로 작용하지 않지만 그 일을 주재함을 말할 뿐이다. '사'자가 작용의 뜻이 될 수 없다는 것은 말을 배우는 어린아이라도 당연히 알 수 있는 뜻인데, 어찌하여 이 점을 지나치게 염려하는 것인가?

이제 이런 많은 선성들의 가르침을 율옹은 전수받았다. 여기에서 아는 이들과 그 본체의 오묘한 부분을 말하면 또한 일찍이 이처럼 말하지 않을 수 없었을 것이다. "누가 그 기틀을 주재하는가? 아! 태극이로다"213라는 말이 바로 이런 사례이다. 그러나 큰 역량과 큰 안목을 갖춘 이가 아니라면 어느 누가 이처럼 뚜렷이 볼 수 있으며 참되게 알 수 있었겠는가? 우선 그 아랫면에 나아가 기를 마주해서 밝히는 것이 더 나았을 것이다. "그 기틀이 저절로 그러하지 그렇게 시키는 것이 있지 않다"라는 말이 바로 이런 사례이다.

"누가 그 기틀을 주재하는가"라는 말과 "그 기틀이 저절로 그러하다"라는 말은 서로 어긋나는 것 같지만 사실은 서로 어긋나지 않고, 하나로 꿰뚫린 말이다. 어째서인가? 정자는 "본체와 작용은 근원을 같이하고 드러난 것과 은미한 것은 간격이 없다"214라고 했다. 주자는 이를 풀이하면서 '본체를 마주해도 작용이 그 안에 있고, 드러난 것을 마주해

213 이이, 『율곡전서』 권1(표점영인 한국문집총간 vol.44), 「理一分殊賦」, 12쪽.
214 정이, 『주역정씨전』(『이정집』 vol.2), 「易傳序」, 689쪽.

도 은미한 것이 벗어날 수 없다'[215]라고 했으며, 율옹은 전수받은 것을 체득해서 명확하게 '하나이면서 둘이고, 둘이면서 하나이다'[216]라고 말했다. 그 실상을 깊이 탐구하면 '태극이 주재한다'라고 하고, 모든 형기에 나아가면 '그 기틀이 저절로 그러하다'라고 하는 것이다. 그 어디를 가든지 근원을 만날 수 있고 모든 말들이 옳지 않은 게 없다. 그러나 성인은 세상을 떠난 지 오래고, 말의 뜻은 밝혀지지 못함에 따라 폐단이 없지 않게 되었다. 마침내 오늘날 기를 중시하는 이들은 윗면에 한 본원의 오묘함이 있다는 사실을 깨닫지 못하고, 형기 한 측면의 주장만을 최고로 높이 받들고 믿게 되었다. 이에 주인과 종의 지위가 바뀌었고, 도와 기가 뒤집혔다. 율옹이 전수받은 성인들의 심법도 어두운 채 밝혀지지 못했으니, 어찌 개탄하지 않을 수 있겠는가? 선생은 이를 바로잡고 구제하고자 지극히 더 발명했고, 이를 계기로 그 폐단이 생겨난 유래를 말하게 된 것이다. 선생의 이 말은 율옹의 도를 더욱 빛내주는 것이다. 부질없이 서로 욕하고 험담하는 이는 스스로 율옹을 존중하고 믿는다고 하지만 도리어 그 도를 해치는 것이 아니겠는가?

하늘이 만물을 낳고 백성을 낳는다는 것은 천명에 뿌리를 둔 것이다. 그러나 "그 기틀이 저절로 그렇다"라고 말한 것은 형기만을 가리켜 말한 것이니, 그 뿌리와 끝이 전혀 다르고 위와 아래가 동떨어진 것이다. 논변하는 말들은 억지로 뿌리를 끝과 나란히 하려하고, 위를 끌어내려 아래와 똑같이 하려고 하는 것이니, 내가 생각하기에는 모난 구멍에 둥근 자루를 넣으려는 것과 같아서 끝내 일치할 수 없을 것이다. 이와 같이 변론한들 그 누가 믿어주겠는가?

"사람이 도를 넓히는 것이지, 도가 사람을 넓히는 것이 아니다."[217]

---

215 주희, 『회암선생주문공문집』 권30(『주자전서』 vol.21), 「答汪尙書」, 2307쪽 참조.
216 이이, 『율곡집』 권10(『표점영인 한국문집총간』 vol.44), 「답성호원」, 199쪽.
217 『논어』, 「위령공」 28장.

세상의 기를 중시하는 이들은 대부분 이 말에 집착하여 '도에는 넓힐 이치가 없다. 사람이 아무리 넓히려고 한들 되겠는가?'라고 한다. 나는 '넓힐 수 있느냐는 사람에게 달려 있지만, 넓힐 것은 도에 달려 있다'라고 생각한다. 깊이 탐구해 보면 그 경중이 분명할 것이다.

성이 검속할 줄을 모르지만, 검속해야 할 것은 성에서 나온다고 하면 천명이 그치는 것인가? 마음이 다할 수 있다지만 다해야 할 것은 성에 있다고 한다면, 본령이 둘이 되는가? 벼리를 벗어난 의론은 굳이 더 이상 논변할 것이 없다.

주자는 기를 마주하고 말할 적에 '자(自)'자를 쓰는 경우가 간혹 있었다. 그러나 성현은 안목이 원활하고 위아래를 꿰뚫고 대의를 분명하게 봄으로써 말 한마디, 일 한 가지 때문에 어느 한 부분에 집착한 적이 없었다. 그러므로 어느 곳에서나 만나는 상황을 따라 말한다 할지라도 그 말이 적절하지 않은 것이 없었고, 부합하지 않는 의리가 없었다. 따라서 '스스로 생기고, 스스로 소멸하며', '스스로 발생하고 스스로 성장한다'라고 하더라도 안 될 것이 없는 것이다.

율옹은 훗날의 주자로서, 주자의 견해를 따라 주자의 말을 말했기에 또한 이와 같았던 것이다. 오늘날 율옹을 배우는 이들은 안목이 원활하지 못해 그 바깥을 보았을 뿐, 그 내면을 보지 못하고, 그 끝만을 보았을 뿐 그 뿌리를 보지 못하고서 한 부분을 가리키며 '전현의 말이 이와 같았다'라고 한다. 대체로 이런 곳에서는 참으로 말하기 어렵다. 자신의 견해가 편협하고 막혔음을 알지 못한 채, 우물 속에 앉아 별을 헤아리고 그것을 하늘의 전체인 양 여기려 하니 이를 어떻게 할 것인가? 그 잘못된 근원을 막고 그 폐단을 바로잡지 않을 수 없다. 바로 이것이 선생이 간절히 세상의 도의를 걱정한 이유이다.

심명중(沈明仲: 沈世熙)이 "움직이게 하고 고요하게도 한다'라고 하니, 어떻게 조작이 없다고 하겠습니까?'라고 물었던 것은 우리 선생도 배척한 적이 있었다. 그럼에도 간재는 '(심명중의) 견해와 똑같다'라고 하니 이것은 의심스럽다. 우리 선생이 언제 이렇게 말한 적이 있었는가?

또한 (선생이) "움직이게 하고 고요하게 하는 것은 리다"라고 한 것은 율옹의 "발하는 것은 기다"라는 구절과 맥락이 같은데, "어찌 '기를 리로 인식하는' 데로 귀결되지 않겠는가?"라고 하는 것인가? 이 단락은 더욱 의심스럽다. "움직이고 고요한 것은 기이고, 움직이게 하고 고요하게 하는 것은 리다"라는 구절은 평이하고 순탄해서 이해하기에 그다지 어렵지 않다. 조금이라도 문리가 통한 사람이라면 바로 이해할 수 있을 것이다. 이치를 달관한 자로 자처하면서 어찌 이것을 알지 못하는 것인가? 이에 부질없이 온갖 곁가지와 마디들을 만들어내서 반대되는 말로 억지 해석을 하고 있다. 이것은 사람의 눈과 귀를 현혹하려는 것이니, 이것이 진정 무슨 마음가짐인가? 장자가 '자신을 속이고, 남을 속인다'라고 한 것이 아니겠는가? 만약에 실제로 몰라서 그런 것이라면 다시 자세히 살펴보기를 바란다.

'지(之)'자는 깊이 살피면 (나름의) 의미가 있지만, 가볍게 보면 어조사일 뿐이다. 그 경중은 읽는 이가 스스로 판단하면 될 것이다. 율곡이 '발(發)'을 말하면서 그 앞에 '소이(所以)' 두 글자를 더한 것은 그 리를 밝히려는 것이었으니 '발지(發之)'의 '지'자는 어조사일 뿐이다. 읽는 이들이 가볍게 (어조사의 뜻으로) 봐야 할 것이다. 선생의 말은 '동정' 두 글자만을 가리켜 이로서 그 기를 말하고, 특별히 두 '지'자를 써서 그 리를 밝히고 있으니, '지'자에 (나름의) 의미가 있다. 이것은 율옹이 말한 '소이' 두 글자와 같은 뜻이다. 이처럼 살펴보면 그 뜻이 일치되어 털끝만한 차이가 없다. 이것이 과연 '기를 리라고 잘못 인식한' 것인가? 우리 선생을 무고하고 헐뜯으려다가 도리어 그 자신의 도를 해친다는 것이 바로 이런 경우다.

(간재가) "욕심이 움직이고 감정이 날뛰며 이해가 서로 공격한다"라고

한 것은 말이 날뛸 때에 말을 타고 있는 주인이 이미 조종하는 힘을 상실함으로써 가부를 결정하지 못하는 것과 같다. 어떻게 이리저리 휘둘리는 근심에서 벗어날 수 있겠는가? 리가 그 지위를 잃고 기가 주인이 되면, 주인이 가고자 하는 곳을 종이 따르지 않는 것은 참으로 당연한 일이다. 맹자는 "넘어지거나 내달리는 것은 기다"[218]라고 한 것은 이 때문이 아니겠는가?

「외필」에서 말한 것은 모두 율옹이 이미 가리켜 말했던 것으로, 진정 타당한 논지이다. 선생은 일찍이 주자를 종사로 삼았고, 주자를 독실하게 신봉한 분으로는 또한 율옹만한 분이 없다. 그렇다면 선생께서 말씀하신 부분은 율옹이 이미 알았던 것이 아니겠는가? 다만 세상의 기를 중시하는 이들이 모두 율곡이 말한 본지를 잃었던 것이니, 선생이 율옹에게 이것을 묻고자 했던 것이다.

임금이 신하에게 명령을 시행하도록 한 것을 '임금이 그 명령을 시행했다'라고 하면 과연 명분이 바르지 못하고 말이 순조롭지 못한 것인가? 내 생각에 신하가 임금의 명령을 시행하는 것을 '신하가 그 명령을 시행했다'라고 하는 것은 지나치게 천자의 권력을 끼고서 마음대로 권력을 휘두르고 방자한 행동을 하는 것이다. 이것이야말로 명분이 바르지 못하고 말이 순조롭지 못한 것이다.

사람이 말에 올라타 길을 가는데 '사람이 간다'라고 하지 않고 '말이 간다'라고 한다면, 이것은 말이 멋대로 날뛰는 것이다 임금이 명령하고 신하가 시행하는 것을 '임금이 시행한다'라고 하지 않고 '신하가 시행한다'라고 한다면 이 또한 참람한 신하가 아니고 무엇이겠는가?

기는 이 리가 유행하는 데 (필요한) 손발과 같다. 사람이 발로 걸어가는 것을 보면 '사람이 걸어간다'라고 하지 않고 '발이 걸어간다'라고 하

218 『맹자』, 「공손추 상」 2장 참조.

는 것이 옳겠는가? 말하고 침묵하는 것에 비유하자면 「외필변」에서는 "성이란 말하고 침묵하는 리이고, 입과 혀는 따라서 말하거나 침묵한다"라고 했다. 이것은 주자가 "리에 움직임과 고요함이 있기 때문에 기에 움직임과 고요함이 있다"라고 한 것이다. 「외필변」에서 "이 성이 스스로 말하고 침묵할 줄 안다는 말은 들어본 적이 없다"라고 한 것은 이치에 가까운 것 같지만, 이 성에 (그렇게) 할 수 있는 리가 없다면 (그렇게) 하는 것은 누구인가? (간재는) 이것을 알지 못한다.

"리에는 정의와 조작이 없다"라는 말은 누가 그렇지 않다고 말하겠는가? 하지만 어떻게 '소이연으로서의 까닭'이 없겠는가? 이처럼 소이연으로서의 까닭이 있음에도 운용과 조작은 오로지 기에 달려있다고 한다면 이것은 '말이 가고' '다리가 걸어간다'라는 격이니, 기를 리로 잘못 인식하는 실마리는 실제 여기에 뿌리를 둔다. 이것이 율옹의 본뜻을 상실했다는 것이다.

"한 번 음이 되고 한 번 양이 되는 것을 도라 한다", "태극이 양의를 낳는다"라고 했다. 리로 말하면 반드시 리가 기를 거느리지만, 기로 말하면 곧 기에 나아가서 리를 밝힌다. "사람이 도를 넓히지, 도가 사람을 넓히지 않는다"라는 것도 어찌 기에 나아가 리를 밝힌 것이 아니겠는가? "부자의 도는 하나로 꿰뚫는다"라는 것을 이제 둘로 나누어 「외필변」에서는 "하나를 고집하면서 하나를 버릴 필요는 없을 것이다"라고 했는데, 이 단락은 말이 되지 않는 것 같다.

마음을 가리켜 도로 여기려고 하면서, 도와 나란히 하려고 하는 것이 가능하겠는가? 근엄해서 이처럼 할 수 없다는 것이 아니라, 형세가 이렇게 될 수 없다. 이것을 안다면, 기가 리와 대적하면서 스스로 작용하는 권한이 없음을 알기에 어렵지 않다. "기가 리를 따라 발동한다면 기발이 곧 이발이다." 이것은 선생이 말씀하신 것이다. 리를 따르지 않고 발동하는 것을 어쩌면 '기발'이라고 말할 수도 있을 것이다. 그러나 "선과 악이 모두 천리이다"라는 말로 살펴보면 리가 그처럼 되지 않을 수 없었던 이유가 있기 때문이다. 이것을 '이발'이라고 하는 것이 또한 어찌 옳지 않다고 할 수 있겠는가? '이기호발(理氣互發)' 네 글자는 율옹이 옳지 않다고 했지만, '이발위비(理發爲非)' 네 글자는 틀림없이 요즘 사람의 입에서 나온 말이다. 율옹은 운용의 측면에 근거하여 그 기만을 가리켜 '기발'이라고 했지만, 발동하게 하는 소이는 곧 리로서 참으로 그 위에 실려 있다. 이 때문에 '리가 타고 있다'라고 말했던 것이지, 어떻게 '이발은 잘못이다'라고 말할 수 있겠는가? 요즘 학자들은 잘못 자신의 견해에 집착해서 '기가 주재다'라고 인식한 나머지, 결국 거짓으로 선현을 빙자해서 천하 사람의 입을 막으려고 든다. 이는 참으로 고질적인 폐단이다.

선생은 어느 사람의 물음에 대해서 말했다. "근원의 측면에서 논하면 하나의 리가 갖추어진 초기에 만유(萬有)도 이미 갖추어지니, 마치 종자가 땅에 닿으면 생겨나지 않을 수 없는 것과 같으므로 만유의 기가 이로 말미암아 생겨난다. 유행의 측면에서 보면 하나의 사물이 있어야 바야흐로 하나의 리가 있고, 만 가지 형상이 있어야 바야흐로 만 가지 리가 있어, 마치 기를 타고 변화하여 끊임없이 생성해 내는 듯하다."[219] 이것은 율옹이 말했던 '리는 하나일 뿐이지만, 기에 타게 되면 그 분수는 만 가지로 달라진다'라는 것이다. 다만 '만유의 기가 이로 말미암아 생겨난다'라는 것은 율옹의 말에 숨은 뜻으로, 선생을 이 점을 유추해서 밝혔고 지극히 말한 것이다. 이것은 요임금의 (윤집궐중이라는) 한 구절이 지극하고 극진함에도, 순임금이 다시 여기에다 (인심은 위태롭고 도심은 은미하니 정밀하게 선택해서 한결같이 지켜야 한다는) 세 구절을 덧붙여서 요임금의 한 구절의 뜻은 반드시 이처럼 해야만 거의 가까울

219 기정진, 『노사집』 권16(『표점영인 한국문집총간』 vol.310), 「答人問」 제2, 360쪽.

것이라는 점을 밝혀준 것과 매우 비슷하다. 또한 그 말의 뒤를 이어서 말했다. "잘 관찰하는 사람은 그것이 유행하는 측면에서 말한 것임을 알고 말에 얽매어 뜻을 그르치지 않는다면 괜찮다. 그 뜻을 그르쳐서 '리는 본래 준칙이 없어 동서남북을 정할 때에 기만 따라갈 뿐이다'라고 한다면, 이는 리가 기의 주재가 되지 못하고 또한 명령을 듣는 셈이니, 또한 잘못되지 않았는가?"[220] 이것은 오늘날 학자들의 병폐 때문에 그 본뜻을 잃었음을 말한 것이다.

리와 기 두 글자는 이치를 아는 사람의 입에서 나오면 그 발동과 그 운행이 '기가 하는 것[氣爲]'이라고 해도 옳지 않을 것이 없다. 그러나 요즘 사람의 입에 한 번 올라가면 도리어 병폐가 되는 것은 소견이 옛사람을 따라가지 못한 때문이다. '그 기틀이 저절로 그러하지 그렇게 시키는 것이 있지 않다'라는 말도 율옹이 말할 당시에는 가리키는 것이 분명해서 사람들에게 매우 명쾌했다. 그러나 후세 사람들은 이를 본받아 외우기만 하느라 돌고 돌아 잘못된 것이다. 무엇 때문인가? 그들의 의견은 자신들의 주장에 집착되고 막혀서 외적인 측면만을 주장하기 때문이다. 선생은 이것을 풀이하면서 '이것은 근원의 측면에서 논한 것이 아니라 바로 유행의 측면에서 말한 것이다'라고 했다. 그 말씀이 명백하고 직절한데 그들이 한 번 잘못 들어가 버리는 바람에 함께 논쟁하기 어렵게 된 것이다. 이 때문에 어쩔 수 없이 "이 두 구절만은 내 옅은 식견으로 이해할 수가 없다"라고 하신 것이다. 이는 한 시대를 구제하고자 하는 급박한 마음이며, 도학을 걱정하신 간절한 마음이 지면에 넘쳐나고 있음에도 「외필변」에서는 "말하는 투가 지나치게 짓밟고 깔아뭉개려고 해서, 성현을 경외하는 체모를 크게 손상시켰다"라고 하여 욕하고 헐뜯는 것마저 부족해서 또다시 비웃으면서 모욕했다. 그의

220 같은 책, 같은 곳.

마음과 생각이 위험하다는 것은 후세의 공정한 이를 기다릴 필요조차 없이 먼저 그 스스로 드러나고 있다. 그가 아무리 백방으로 욕하고 헐뜯으며, 비웃고 모욕한들 선생에게 그 무슨 손상이 있겠는가?

태극과 음양을 상대시킨 주자의 말을 선생께서 어찌 몰랐겠는가? 형이상·형이하라는 부분의 핵심은 '상하' 두 글자에 있다. 상하는 분명 상대적인 말이다. 이것이 태극을 음양과 짝지어 말한 논지이다. 그러나 주자는 태극으로 음양을 상대하여 말했을 뿐, 일찍이 기와 리를 짝으로 들어 이기를 말하지는 않았다. 정의와 조작은 '유위의 행위[有爲之爲]'이며, 변화가 환하게 드러나는 것은 무위의 행위[無爲之爲]다. '무위지위(無爲之爲)'에서 '지위(之爲)' 두 글자는 '무위'라는 글자와 굳이 서로 장애될 게 없으며, 주자와 선생의 논지에 부절을 합한 듯이 일치하는데, 어디에 '곁가지와 마디'라고 말할 것이 있는가?

辨田艮齋猥筆辨

朴魯述

道理是公共底物事, 看人著書, 若有疑礙者, 則學者但當平心而公言之, 務要講明而已. 若於己見毫髮有差, 則自是己見, 而堅執前言, 甚至於牽强吹覓, 作氣沮毁, 則無益於己, 反以自害. 古人爲己工夫, 恐不如是. 田子明鼓門高弟, 多聞博識, 足以講明道理, 見前賢見成說話, 有的當之論, 則豈不知其此外更無他道理耶? 今見其所草猥筆辨主意, 則不甚相遠, 而但其立心本出於計較思量, 不越乎牴斥, 未見其有講明求道底意. 設使其言十分停當於古人爲己工夫, 已若天淵. 而况乎一箇半箇, 七顚八倒者乎? 著書無益, 徒取後世知言者之嗤笑, 可惜可惜.

謹按, 濂溪圖說, 太極動而生陽, 靜而生陰. 濂溪之意, 非太極不待氣機而自動自靜也. 以其所乘之機動靜故也. 故直言之曰, 太極動而生, 靜而生. 此一句體用皆備, 與知者言, 雖曰太極有動靜, 不害爲本體, 與不知者言, 雖曰陰陽自動靜, 不害爲運用. 然而本體微而難見, 運用著而易知. 栗翁爲後學立言, 欲發之太快, 而其言不得不爾. 濂溪之意, 栗翁期其不知耶? 栗翁論理處, 以理爲主者, 不一而足. 誠如其喩, 而世之主氣者, 不自省察, 只以非有使之兩句爲頭載, 以流行說誤作源頭看曰, 栗翁亦嘗主氣而言云, 駸駸然入於失其本領, 而太極天命之體, 掩蔽而不明, 故先生憂歎而作此書, 以明其指語之或不容無弊, 名之曰猥筆. 猥字, 已是自謙之稱, 未安之辭. 曰罵曰斥, 於理當乎否乎?

余嘗讀論語集註, 夫子之言, 萬世無弊, 而下聖人一等, 則言雖善言, 弊或不無者. 朱子亦嘗發明之, 此亦可利曰罵曰斥云耶?

其言曰, 動靜者, 造作也. 又曰, 動靜者, 作用也. 動靜, 謂之造作作用可也. 動之靜之, 直謂之造作作用, 則太極動而生靜而生, 是何謂耶? 太極豈是造作作用之物耶? 恐未的當. 愚則曰動之靜之, 乃造作作用之妙處.

孔子曰, 天之生物, 栽者培之, 傾者覆之. 孟子曰, 天之生物, 使之一本. 程子曰, 天之生民, 使先知覺後知. 此民物之生, 莫非天命使之然. 朱子解之曰, 恰似有物扶持佗. 恰似箇物推倒佗, 理自如此. 又曰, 自然之理, 若天使之然. 又曰, 天理當然, 若使之也. 亦莫不以民物之生, 歸重於天命而言之. 此數段則田書之所援引立證者, 而觀於此則天命使之然者, 益確然無疑. 今乃擧此而反駁之, 抑何哉? 此蓋有實理之可言, 而無形迹之可見, 故另下若字恰似字, 而今曰恐人錯認使字爲作用故也. 此爲一笑.

凡事自作自用者, 何使之有? 不自爲作用, 而但主張其事之謂. 使字之不爲作用, 學語童子, 亦應知之, 豈有此過慮也?

今此諸般先聖訓詁, 栗翁嘗有所受. 於此與知者言其本體, 則亦未嘗不如此言之. 孰尸其機, 嗚呼太極, 是也. 然非大力量大眼目, 則人孰能的見而眞知之耶? 不如姑就其下面, 卽氣而明之, 其機自爾, 非有使之, 是也.

曰孰尸其機, 曰其機自爾, 語意相戾, 而其實非相戾也, 乃一串語也, 何者? 程子曰, 體用一源, 顯微無間. 朱子解之曰, 卽體而用在其中, 卽顯而微不能外. 栗翁體其所受而明言之曰, 一而二, 二而一者也. 故深原其實, 則云太極尸之. 就諸形器, 則云其機自爾. 左右逢原, 言無不可, 而聖遠言湮, 不能無弊, 遂使今之主氣者, 昧却上面有一原之妙, 只以形器上一段說頭載而尊信之. 於是乎, 主僕易位, 道器顚錯. 栗翁傳受羣聖心法, 晦而不明, 寧不慨? 然先生竊欲撟捄, 而極加發明, 因言其爲弊之由. 先生此言, 於栗翁道益光矣, 而妄相詆毁者, 雖自謂尊信栗翁, 不亦反害其道耶?

天之生物生民, 本諸天命而立言. 其機自爾, 只是單指刑器而爲說.

其本末懸殊, 上下遼絶, 而其所辨說, 强欲推本而齊末, 援上而比下. 吾恐其鑿枘, 而終不可合也. 辨之如此, 人誰信之?

人能弘道, 非道弘人. 世之主氣者, 多以此執言, 而道無所弘之理, 人雖欲弘之, 得乎? 愚則曰, 能弘在人, 所弘在道, 深究之, 輕重判然.

性不知檢, 所當檢者出於性, 則天命息耶? 心能盡之, 而所當盡者在於性, 則雙本領, 可乎? 不經之論, 不須多辨.

朱子卽氣而言下自字者, 或有之. 而大抵聖賢眼目圓滑, 徹上徹下, 洞見大義, 未嘗以一言一事滯於一隅, 故頭頭處處, 觸類而發言, 則言無不宜, 義無不合, 雖曰自生自消, 自生自長, 未爲不可.

栗翁卽後朱子, 以朱子之見言朱子之言, 亦當如此, 而今之學栗翁者, 眼目不得圓滑, 見其外而未見其內, 見其末而未見其本, 指一隅而言曰, 前賢之言嘗如此云爾, 則大抵此處, 難言難言. 不識己見之偏滯, 而欲利井中之數星, 廢蓋天之全圖, 奈何奈何? 不得不防其源而捄其弊, 此先生之所以憂世道也, 切矣.

沈明仲使動靜豈無造作之問, 此吾先生之所嘗斥言者, 而今曰正與相同, 是可疑也. 我先生何嘗以此言之耶? 又曰, 動之靜之者理, 又與栗翁發之者氣同一語勢, 則豈不歸於認氣爲理乎? 此段尤可疑也. 動者靜者, 氣也, 動之靜之者, 理也. 此句平順, 不甚難曉, 粗通文理者, 便可意會, 而自處以達理者, 豈不知此耶? 妄生枝節, 反辭而勒解之, 欲眩人視聽, 是誠何心? 張子所謂自誣而誣人者, 非耶? 如其實未知也. 請更詳之.

之字深看之有力, 輕看則助語而已. 其輕其重, 讀者自當領會, 可也. 栗翁之言, 發字上加所以字, 以明其理, 而發之之之, 助語而已. 讀者必輕看之. 先生之言, 單指動靜字以說其氣, 而特下兩之字以明其理. 之字有力與栗翁所言所以者一般. 看來看去, 意趣符合, 無毫髮之異. 此果認氣爲理耶? 欲誣毁我先生, 而反以自害其道者, 此也.

欲動情勝, 利害相攻, 是馬之奔逸時, 乘馬主人, 旣失操縱之力, 無所適莫, 安得免之東之西之患耶? 理失其位, 氣爲之主, 則主之所向, 僕之不往, 固其宜矣. 孟子所謂蹶者趨者氣也, 非是之故耶?

猥筆所言, 皆栗翁已見之昭陵, 果是的當之論. 先生蓋嘗宗師朱子而篤信, 朱子又莫如栗翁, 則先生所言, 栗翁豈不已見之耶? 但世之主氣者, 皆失栗翁之本旨. 先生所願質於栗翁, 此也.

人君使臣子行令, 謂之君行. 其令果名不正而言不順乎? 愚意則臣子行君之令, 而謂之臣行其令, 太涉於扶天子而擅權恣行, 是其名不正而言不順者歟.

人乘馬行, 不曰人行而曰馬行, 則是馬之橫逸者. 君令臣行, 不曰君行而曰臣行, 則是亦非臣之僭竊者而何?

氣者此理流行之手脚也. 見人之以脚行之, 不曰人行而謂之脚行, 可乎? 譬諸語嘿, 則其言曰性爲語嘿之理, 而口舌從而語嘿, 此朱子所謂理有動靜, 故氣有動靜者也. 未聞此性自會語嘿, 此說近之, 而但未知此性無所會之理, 則會之者誰耶?

理之無情意造作, 夫雖曰不然, 而亦豈無所以然之故也? 有所以然之故, 而運用造作, 專在於氣云, 則是馬行脚行之論, 認氣爲理之苗脈, 實本於此. 此失栗翁之本旨者也.

一陰一陽之謂道, 太極生兩儀. 言理則必理以率氣, 說氣則便卽氣而明理. 人能弘道, 非道弘人, 亦豈非卽氣而明理乎? 夫子之道, 一以貫之. 今乃分而二之, 曰恐不必執一而棄一, 此段竊恐不成說.

欲指心以爲道, 與道齊頭並脚, 得乎? 非謹嚴而不, 爲勢不行也. 知此則氣之不可與理對敵, 自有作用之權, 不難知矣. 氣之順理而發者, 氣發卽理發. 此先生所言, 而不循理而發, 則或可謂之氣發, 然以善惡皆天理之語觀之, 乃此不得不然之故, 謂之理發, 亦何不可之有? 理氣互發四字, 栗翁嘗非之, 而理發爲非四字, 此必出於今人之口者也. 栗翁據運用上, 單指其氣而言, 曰氣發而其所以發者, 則理固乘在其上, 故曰理乘, 何嘗以理發爲非言之耶? 今之學者, 誤執己見, 認氣爲主,而畢竟則僞藉先賢, 欲鉗天下之口, 痼弊痼弊.

先生答人問, 有曰若從源頭論, 一理之初, 萬有已足, 如種著土, 不得不生, 故萬有之氣, 由此而生, 若就流行看, 有一物方有一理, 有萬象方有萬理, 有若乘氣變化而旋旋生出. 此卽萬有之氣, 由此而生, 是栗翁言外之意, 而先生推明, 而極言之, 殆近於堯之一言, 至矣盡矣, 而舜復益之以三言, 明堯之一言. 必如是而後, 可庶幾者也. 又繼之曰, 善觀者知其爲流行邊說話, 不執言迷旨, 則可矣. 若迷厥旨, 以爲理本無準, 則東西南北, 惟氣之從, 是理不爲氣之主, 而反聽命焉. 不亦左乎? 爲今日學者之弊, 失其本旨而言之也.

大抵理氣字, 出於識理者之口, 則其發其行, 雖曰氣爲而未爲不可. 一涉今人口吻, 則却爲病敗, 所見未及故耳. 自爾非使, 栗翁說着時, 所指眞的, 令人太快, 而後來誦法轉輒差謬, 何故焉? 意見偏滯 所主, 主其皮膜上耳. 先生解之曰, 此非源頭論, 乃流行邊說也. 其言明白直截, 而彼之所入一蹉, 難與爭辨, 故不得不曰此兩句, 賤見已不可曉. 捄時之急, 憂道之切, 溢於紙面, 而今日辭氣陵轢, 大損尊畏聖人之體, 詆毁之不足, 又嘲侮之. 其心志之危險, 不待後世之公眼, 而先自綻露, 彼雖百爾詆毁, 而嘲侮之, 於先生何損哉?

太極對陰陽, 朱子之言, 先生夙豈不知耶? 形而上下, 此節眼在上下字, 上下, 乃的對也. 太極對陰陽之論也. 然而朱子但言太極對陰陽, 未嘗把氣與理對擧喚作理氣也. 情意造作, 有爲之爲也. 變化昭著, 無爲之爲也. 之爲字與無爲字, 不必相礙, 而於二先生之論, 若合符節, 有何枝節之可言耶?

정후윤에게 주다

정시림

이 글은 정시림(鄭時臨, 1839~1912)이 1903년 후반기 즈음에 정재규에게 보내는 편지이다. 정재규는 이 해에 「납량사의기의」와 「외필변변」을 지어 전우가 기정진의 성리학을 비판한 것을 재반박했는데, 이를 격려하고 있는 것으로 보아 1903년 후반기의 글로 추정할 수 있다. 『월파집(月波集)』 권2에 실려 있다.

사문(師門)의 「납량사의」와 「외필」을 전우가 변론했습니다. 형은 혈기에 영향을 받지도 않고, 흔들림 없는 얼굴로 깊이 음미하고 사색하셨으며, 자세히 살피고 정밀히 탐구해서 더 이상 논의의 여지가 없도록 하셨습니다. 보는 이들도 환하게 알고서 (더 이상) 의심할 것이 없어졌습니다. 이는 우리의 도를 지킨 것이요 남에게 자랑하고 과시하려는 폐단도 없으니 정도를 붙드는 데 공적이 크다 하겠습니다. 끝없이 찬양하고 하례를 드립니다.

與鄭厚允

鄭時臨

師門納·猥之爲田錄辨說者, 兄其不作於氣, 不動於色, 潛玩而深思, 細察而精究, 爛商無餘, 使見之者, 昭然見得而無所疑, 則其衛吾道, 無眩鸞之蔽, 其於扶正之功大矣. 爲之贊賀無已.

율곡·우암의 종지

계묘(1903)

전우

이 글은 전우가 1903년에 이이와 송시열의 이기론적 관점에서 기정진과 이항로의 성리학설을 비판한 것이다. 외필논쟁에서 노사학파와 화서학파의 근친성은 이미 초기에 나타났는데, 이 때문에 논쟁이 진행되면서 노사학파와 화서학파 대 간재학파와 연재학파라는 이론적 대립이 나타났다. 이 글은 내용이 짤막함에도 외필논쟁의 외연이 「외필」이라는 단일한 텍스트에서 기정진과 이항로의 성리학 일반으로 나아가고 있음을 보여준다. 이런 논점의 연장선상에서 이듬해인 1904년 전우는 「노사와 화서의 동이를 변론함[蘆華異同辨]」을 쓰기도 했다. 『간재집·전편』 권15에 실려 있다.

기가 반드시 맑게 한 다음에야 밝아진다면, 기를 다스려야 한다는 것은 분명하다. 마음이 반드시 붙잡은 다음에야 보존된다면 마음이 리가 아니라는 것도 분명하다. 이것이 율옹이 '성현은 그 기를 검속해서 그 본래 모습을 회복하게 할 뿐이다'[221]라고 한 것이니, 이 말은 유학에서 성을 존중하는 도리이다. 이것이 우로(尤老: 송시열)가 '불교는 리에 타당하지의 여부를 묻지 않고 (행동거지가) 오직 마음에서 나올 뿐이다'[222]

221 이이, 『율곡전서』 권10(표점영인 한국문집총간 vol.44), 「답성호원」, 211쪽 참조.

222 "주선생은 '성인은 하늘에 뿌리를 두고 석씨는 마음에 뿌리를 둔다'라고 했다. 하늘에 뿌리를 두기에 행동거지가 모두 천리의 공정함에서 나온다. 마음에 뿌리를 두기 때문에 물을 길고 섶을 나르는 것을 도라고 여기면서 옮겨야 하는지 말아야 하는지, 날라야 하는지 말아야 하는 지를 묻지 않고, (행동거지가) 오직 마음에서 나올 뿐이다. 이것이 유학과 불교가 나뉘는 이유다.[朱先生嘗曰,

라고 한 것이니, 이단의 본심(本心)이 오류임을 경계한 것이다. 『노사집』의 경우에는 '기는 원래 뚜렷이 드러난 것이니 기를 밝히는 노력을 할 필요가 없다'[223]라고 했으니, 나는 성의 발현이 때로 강약의 형세에 얽매여 도체가 밝아지지 못할까 걱정된다. 화서는 '마음이 태극이요 주재'[224]라고 하면서 만물을 명령하는 리로 들어 올리니, 나는 마음의 사려가 다시 의리의 공정함에 뿌리를 두지 못하고, 덕성이 그 존귀함을 잃어버리게 됨을 알겠다.

聖人本天, 釋氏本心. 蓋本天, 故動靜語嘿, 一出於天理之公. 本心, 故以運水搬柴爲道, 而不問其當運與不當運, 當搬與不當搬. 而惟心之所出, 此儒釋之所以分.]" 송시열, 『송자대전』 권49(표점영인 한국문집총간 vol.109), 「與李季周」, 485쪽 참조.

223 "옛사람이 밝힌 것은 도였는데, 지금 학자들이 밝히려는 것은 기다. 기는 원래 뚜렷이 드러난 것인데 어찌 사람을 기다려 밝히겠는가?[古之人所明者道, 今之學者所明者氣. 氣是原來顯著底, 豈待人明之耶?]" 기정진, 『노사집』 권16(표점영인 한국문집총간 vol.310), 「書贈或人」, 381쪽.

224 "마음은 성과 정을 통합하고, 태극은 음과 양을 포함한다. 마음은 태극이요, 성은 음과 고요함이며, 감정은 양이요 움직임이다.[心統性情, 太極含陰陽. 心是太極, 性是陰靜, 情是陽動.]" 이항로, 『화서집·부록』 권3(표점영인 한국문집총간 vol.305), 「語錄」, 394쪽 참조.

栗尤宗旨

癸卯

田愚

氣必待澄而後明，則氣之當治的矣；心必待操而後存，則心之非理明矣．此栗翁所謂聖賢只要人撿束其氣而使復其本然者，所以爲儒門尊性之道也．尤老所謂釋氏不問其當理與否而惟心之所出者，所以砭異端本心之誤也．若如蘆集，而謂氣是元來顯著底，不必用明氣之功，則性之發見也，吾懼夫有時拘於強弱之勢而道體不得明矣．如華雅，而謂心是太極主宰者，擡之爲命物之理，則心之思慮也，吾知其不復本於理義之正而德性失其尊矣．

연재 송선생에게 올림

계묘년(1903)

권명희

이 글은 1903년 권명희가 송병선에게 보내는 편지이다. 「외필」이 나타난 이후 화서학파에 속하는 이인구와 김평묵의 발문 및 최익현의 「신도비명」이 공통적으로 기정진과 이항로의 주리적 입장을 동일시하려는 시각을 나타냈기 때문에, 이런 글들이 알려지고 난 후 「외필」에 비판적이었던 연재학파와 간재학파에서는 이항로의 성리학을 문제 삼는 경향이 나타나기 시작했다. 이 편지에서 기정진과 「외필」이 등장하지 않는 반면 여전히 「외필」이 문제 삼았던 '기자이 비유사지'라는 구절과 함께 이항로의 리에 대한 이해가 반복해서 비판적으로 검토되고 있는 것은 이 때문이다. 단적으로 이항로가 오징(吳澄)의 태극설을 문제 삼는 것의 이면에는 이이의 '기자이'를 비판하려는 의도가 담겨있다는 인식이 표출되고 있다. 결국 외필논쟁이 율곡학파 내부에서 화서학파의 성리학적 입장에 대한 토론으로 확장되고 있는 증거라고 할 수 있다. 같은 경향성이 전우가 같은 해에 쓴 「율곡·우암의 종지[栗尤宗旨]」 및 이듬해의 저술인 「노사와 화서의 동이를 변론함[蘆華異同辨]」에서도 발견된다. 『삼외재집』 권3에 실려 있다.

화서(華西) 이공(李公)의 문자는 후미진 곳에 있느라 살펴보지 못했습니다. 지난번 문하에서 언뜻 몇 대목을 보았는데, 그의 논설에 의심스러운 것들이 있어 이에 감히 질문을 아룁니다. 사물이 사물이 되는 까닭은 이 리가 있기 때문입니다. 이 리가 없다면 사물이 어떻게 사물이 되겠습니까? 그러므로 그 리를 가리켜서 '소이연'이라고 하니, 이 리는 곧 주재로서의 리요, 리를 말하면서 주재에 이르렀다면 궁극적인 본원이어서 다시 (따로) 본원이랄 것이 없습니다. 그런데 이제 이공의 논설을 보았더니 '소이연이란 리의 작용이니, 반드시 주재[主]를 전제해야 할 것이다'[225]라고 했습니다. 그렇다면 소이연의 위에 다시 주재로서의 리가 있다는 뜻인데, 이것이 과연 무엇입니까? 양이 움직이고 음이 고요한 소이연은 곧 태극입니다. 태극의 위에 다시 주재로 삼을 무엇이 있다는 것입니까? 그 극치로부터 말하기에 태극이라고 하고, 그 '까닭[以]'으로 말하기에 '소이연'이라고 하는 것이지, 소이연 밖에 다시 태극이 있다는 말이 아닙니다. 마음은 기이고, 인의예지는 리입니다. 마음이 없으면 리는 의지할 곳이 없고, 리가 없으면 마음은 준칙으로 삼을 것이 없습니다. 그러므로 주자는 '마음은 인으로 사랑하고, 의로 마땅히 행동하면, 예로 공경하고, 지혜로 분별한다'[226]라고 했으니, 이것은 기가 리를 운용하면서 기가 주재가 된다는 말이 아닙니다. 마음이 사랑하는 것은 인이 있기 때문이고, 마음에 마땅함은 의가 있기 때문임을 말하는 것입니다.

이공은 마침내 이 '이(以)'자를 붙잡고서 소이연이 리의 작용임을 증명하려 했습니다. 그렇다면 그의 의도란 인의예지를 소이연으로 여기고, 마음을 소이연 위의 주재로 간주하려는 것입니다. 주자의 뜻이 정말 이와 같았을까요? 율옹(栗翁)이 "양의 움직임은 리가 움직임에 탄 것이지 리가 움직이는 것이 아니다. 음의 고요함은 리가 고요함에 타는 것이지 리가 고요한 것이 아니다"라고 한 것은 어째서입니까? 이것은 움직임과 고요함이 기가 하는 일이요, 리는 거기에 타고서 하는 일이 없음을 말합니다. 그렇다면 율옹이 "기틀이 저절로 그런 것이지 그렇게

225 "사람들이 입버릇처럼 하는 말이 모두 소이연이 리라고 하는데, 이것은 '이(以)'자를 '용(用)'자를 말한다고 여기는 것이다. 반드시 하나의 주재를 가정한 다음에야 비로소 '용(用)'이네 '불용(不用)'이네 말할 수 있을 것이다.[人有恒言, 皆曰所以然者理也, 以之爲言用也, 須有一箇做主而言然後, 始言其用與不用矣.]" 이항로, 『화서집』 권24(표점영인 한국문집총간 vol.305), 「以字說」, 150쪽.

226 "인으로써 사랑하고 의로써 미워하며, 예로써 바루며, 지혜로써 아는 것은 마음이다.[以仁愛, 以義惡, 以禮義, 以智知者, 心也.]" 주희, 『회암선생주문공문집』 권67(『주자전서』 vol.23), 「元亨利貞說」, 3254쪽.

시키는 것이 있지 않다"라고 한 것은 어째서입니까? 기가 하는 일이 있다는 뜻입니다. 그 하는 일이란 기 스스로 하는 것입니다. 리에 하는 일이 있지 않기 때문에 기가 (리를) 따라서 일하는 것입니다. 이것은 그릇에 크고 작음이 있는데, 그릇이 그 자체로 크거나 작은 것이지 물이 그릇의 크고 작음을 조절하는 것이 아닌 것과 비슷합니다. 율옹이 "양이 움직이고 음이 고요한 소이가 리이다"라고 한 것은 어째서입니까? 리는 함이 없지만, 주재의 신묘함을 갖고 있고, 기는 함이 있지만 주재의 존귀함이 없습니다. 이것은 물은 그릇의 (크기를) 조절하지 못하지만, 그릇에 크고 작음이 있는 것은 실제로는 물에서 말미암기에 (그릇을) 크게 하거나 작게 할 수 있는 신묘함이 있는 것과 같습니다.

그러나 이공의 의도는 리에도 함이 있다고 하는 것이기에 임천(臨川) 오씨(吳氏: 吳澄)의 '태극에는 움직임과 고요함이 없다'라는 논설을 공격했지만, 그 실상은 율옹의 '기틀이 저절로 그런 것이다'라는 주장을 공박하려는 것입니다. 그렇지 않다면 어째서 오씨를 공격하면서 장황하게 '기틀이 저절로 그런 것이다'라는 주장을 말하는 것입니까? 율옹이 '리가 움직이는 것이 아니고, 리가 고요한 것이 아니다'라는 것은 일로 말한 것이지, 그 신묘함으로 말한 것이 아니라는 것을 살피지 못한 것 같습니다. 리에 움직임과 고요함의 신묘함이 있다고 하는 것은 괜찮겠지만, 리에 움직임과 고요함의 일이 있다고 한다면 이것은 아마도 주자가 리는 함이 없다고 말했던 뜻은 아닐 것입니다. 이 나라에 머물면서 그 대부를 비난하지 않는 것은 상도로 말한 것입니다. 사문(斯文)의 불행이 이미 이러한 극치에 이르렀는데, 상도를 지키면서 변통을 알지 못한다면 이것은 사문이 대부보다 가볍다는 것이니 어찌 괜찮겠습니까? 오늘날 이적의 변고는 기록에 없었던 일이요, 통분함이 뼈에 스미니 어찌 다른 것에 미칠 겨를이 있겠습니까? 그러나 이적의 변고는 오히려 일시적인 것입니다. 사문의 경우에는 일시적인 쇠퇴일망정 영원한 걱정꺼리입니다. 그런데도 오랑캐를 물리치는 데는 급급해 하면서, 정도를 지키는 것을 평범하게 여기니 또한 어떡해야겠습니까? 이에 감히 질문을 올리니, 바라건대 자세한 가르침을 주십시오.

上淵齋宋先生

癸卯

權命熙

華西李公文字, 居在僻陋, 不得看閱. 向於門下乍看數板, 其論說竊有可疑, 玆敢仰稟. 物之所以爲物, 以有是理. 若無是理, 物何以爲物, 故指其理曰所以然, 斯理也, 卽主宰之理, 說理到主宰, 則原之極而無復可原. 今見李公說有曰, 所以然, 理之用也, 須有做主可. 然則所以然上更有理爲之主, 是果何如? 陽之動陰之靜之所以然, 卽太極. 太極上有何又做主也? 自其極而言故曰太極; 自其以而言故曰所以然, 非謂所以然外復有太極也. 心, 氣也; 仁義禮智, 理也. 無心理無依靠; 無理心無準則, 故朱子曰, 心以仁愛; 以義宜; 以禮恭; 以智別. 此非謂氣運用理而氣爲主也. 蓋謂心之愛以有仁; 心之宜以有義也.

李公遂把此以字證其所以然理之用, 然則其意以仁義禮智爲所以然, 以心爲所以然上做主者. 朱子之意, 果如是耶? 栗翁曰, 陽之動, 則理乘於動而非理動也; 陰之靜, 則理乘於靜而非理靜, 何也? 此之謂動靜卽氣之事爲也, 夫理乘之而無事爲也. 栗翁曰, 機自爾, 非有使之, 何也? 夫氣有事爲者也. 其事爲, 氣自爲也, 非理有事爲, 故氣隨有事爲也. 猶器之大小, 器自大小也, 非水制器大小也. 栗翁曰, 所以陽動陰靜者理, 何也? 理雖無爲, 有主宰之妙; 氣雖有爲, 無主宰之尊. 猶水不自制其器, 然器之大小, 實由於水, 有可大可小之妙也.

而李公之意, 謂理亦有爲, 故攻臨川吳氏太極無動靜之說, 而其實論駁栗翁之機自爾也. 不然, 何攻吳氏而張皇說機自爾也耶? 恐未察栗翁之云非理動非理靜, 以事言也, 不以其妙言也. 謂理有動靜之妙可; 若謂理有動靜之事, 似非朱子謂理無爲之意也. 居是邦, 不非其大夫,以常道言也. 斯文不幸, 已至此極, 若守常而不知變, 是斯文輕於大夫, 豈可耶? 見今夷狄之變, 書契所無, 痛憤浹骨, 奚暇及他? 然夷狄之變, 猶屬一時, 至於斯文, 一時晦塞, 百世之患. 急於攘夷, 泛於衛正, 又未知如何? 玆敢仰稟, 伏乞詳敎.

이성중—승환—에게 답함

계묘년(1903)

전우

이 글은 전우가 1903년 제자인 이승환(李升煥)에게 보내는 답장이다. 「외필」에서 출발한 논쟁은 전우를 거치면서 최익현의 「신도비명」을 둘러싼 논쟁으로, 기정진과 이항로 및 기정진과 이진상의 성리학적 사유의 동이 논쟁으로 확산되었다. 이 글은 「외필」과 「신도비명」을 둘러싼 논란에 대한 간재학파 내부의 견해를 보여준다. 『간재집·전편』 권3에 실려 있다.

[문] 노사의 「외필」이 나오고서 유림의 의론이 일치하지 않으니 걱정됩니다. 율곡선생이 말한 것은 바로 정자·주자의 뜻입니다. 그런데 어떤 이들은 '소이연은 리다. 음이 고요하고 양이 움직이는 것은 리 때문에 그런 것이다[以理而然]. 그런데 '저절로 그렇다[自爾]'라고 하는 것은 과연 무엇인가?'라고 합니다. 못난 저는 분명하게 변론할 수 없으니, 어떻게 대답해야 저들의 미혹을 풀 수 있겠습니까?

[답] 이 질문에 대답하는 것이 무엇이 어렵겠는가? 『주자어류』에서는 "굽히고 펼치며 가고 오는 것은 두 기가 저절로 이와 같을 수 있다"[227]라고 했다. 또한 "두 기는 서로 서로 삐걱거리기도 하고 취하기도 하며, 서로 합치하기도 하는데 저절로 선과 악이 있다"[228]라고도 했다. 이제 이것을 들어 저들에게 따지면서 '소이연이 리이고, 기의 굽히고

227 주희, 『주자어류』 권63(『주자전서』 vol.16), 2089쪽.
228 주희, 『주자어류』 권4(『주자전서』 vol.13), 197쪽.

펼치며 가고 오는 것에 선이 있고 악이 있는 것은 리 때문에 그런 것이다. 그런데도 이제 주자가 저절로 그렇다고 했으니, 이것은 마땅히 어떻게 풀이하겠는가?'라고 하고 저들이 이것을 깨닫는다면 곧 다른 일이라고는 없을 것이다. 그러나 그들이 '주자에게 이 말이 있는 것은 주리라고 하는데 지장이 없지만, 율옹에게 이 말이 있는 것은 두 개의 본령이 된다'라고 한다면 이것은 또한 함께 의논하기에 부족할 것이다.

[문] 오는 이를 막지 않고, 가는 이를 쫓지 않는 것이 유학의 바른 법도입니다. 계도하고 쉽게 깨우치는 방법이 있다면 저들이 잘못을 버리고 올바른 데로 돌아오도록 하는 것이 또 어찌 우리 유학이 사람을 사랑하는 인이 아니겠습니까?

[답] 이 뜻이 매우 좋다. 황자계(黃慈溪: 黃震, 1212~1280)의 「일초(日鈔)」[229]를 본 적이 있었는데, '공자의 시대에도 도는 매우 밝지 못했지만, 순순하게 사람들을 잘 이끌면서, 양극단을 두드려 다 가르쳐 주었기에, 화내고 질시하는 마음을 가지는 이들이 없었다. 맹자가 학자들과 변론하면서 하나하나 인도해주면서 그 실상을 다 밝힌 다음에 천천히 그들의 잘못을 물리쳤기에, 천 년이 지난 뒤에 사람들이 (직접) 자기 눈으로 본 것처럼 환하게 되었다. 이것이 우리의 도가 다시 밝아진 이유이니, 쳐다보고 배척하면서 그들의 말하는 것이 옳은 지 그른 지를 파헤치지 않은 적이 없었기 때문이다. 이제 상산(象山)은 다른 유학자들이 독서하고 강론하는 까닭을 대략이라도 설명하지도 않고, 싸잡아서 잘못되었고 제멋대로이며 속이고 기만한다고 여기고, 이단이요 사설이라고만 했으니 후학들은 어디에서 고찰해야 한다는 것인가? 또한 강학을 위선적인 관습이라고 했기에 오래지 않아 한탁주(韓侂冑)와 하담(何澹)의 무리들이 결국 위학(僞學)이란 명목을 내세워 유학에 해를 끼치게

229 황진의 『황씨일초(黃氏日抄)』 97권을 가리킨다.

되었다. 아! 집안이란 반드시 스스로 무너뜨린 다음에야 남이 무너뜨리는 것이니, 슬프다!'[230]라고 했다. 나는 이 글을 읽고서 탄식하면서 크게 한숨을 내쉬었다. 지난번에 『노사집』의 「납량사의」와 「외필」을 보고서 일일이 조목별로 변석을 하지 않을 수 없었으니, 후대 사람들이 이것을 보고서 생각하고 깨닫도록 하려는 것이었다. 그 가운데 이치에 합당치 않는 곳들은 또한 여러분들이 함께 헤아려 정정한다면 피차 사이에 서로 도움이 되기를 바란 것이니, 이것이 우리의 도가 광명을 회복하는 방법일 것이다. 세상의 어질고 현명한 선비들은 또한 어떻게 생각할지 모르겠다.

[문] 말로만 '율옹은 우리 동방의 부자(夫子)이니, 노사야 등질 수 있다지만, 율옹은 등질 수 없다'라고 하면, 저들 또한 '율옹은 등질 수 있지만, 화옹(化翁)은 등질 수 없다'라고 할 것입니다.

[답] 주자는 공자 이후의 단 한 사람임에도 66세의 정론에서 이렇게 말했다. "한 번 움직이고 한 번 고요하며, 한 번 어두워졌다 한 번 밝아지는 것은 모두 음양이 하는 것이지 시키는 것이 있지 않다."—『초사집주』에 보인다.[231]— 율옹의 "기틀이 저절로 그런 것이지 그렇게 시키는 것이 있지 않다"라는 가르침은 이것과 일치해서, 조금의 차이도 찾아볼 수 없다. 이것은 바로 조화옹이 하는 일을 형용해 낸 것이니, 어떻게 '율옹은 등질 수 있지만 화옹은 등질 수 없다'라고 의심하겠는가? 「외필」에서 노사 스스로 "선현을 넘보고 침범했다"라고 했기 때문에 '노사는 등질 수 있지만 율옹은 등질 수 없다'라고 하는 것이다. 저들이 주자도 등질 수 있다고 한다면, 나로서도 끝내 어쩔 도리가 없다.

[문] 소이(所以)와 자이(自爾)라는 네 글자의 뜻.

---

230 黃震, 『黃氏日抄』 권42(문연각 사고전서 vol.708), 217쪽 참조.

231 주희, 『초사집주』 권3(『주자전서』 vol.19), 65쪽.

[답] 「외필」은 '자이(自爾)'와 '소이연'을 대립시키면서 '스스로 그렇다[自爾]는 것이 주가 되면 소이연의 의미가 위축되지 않을 수 없다'라고 했다. 이와 같다면 주자가 '두 기가 저절로 그렇다', '하나도 아니요 둘도 아니다'라고 한 것 또한 어찌 소이연의 위축을 염두에 두지 않고 말한 것이겠는가? 굽혔다 펴고, 움직이고 고요함은 작용이라는 측면을 따라서 말하자면 '저절로 그렇다'라고 하지만, 본원이라는 측면을 따라서 말하자면 '소이연'이라고 하는 것이다. 관찰사가 아무개에게 금덩어리 몇 개를 상으로 주고, 아무개에게는 장 몇 대를 처벌한 것에 비유하자면, 이것은 그가 '저절로 그렇게' 처리한 것이다. 그렇다고 언제 그가 임금과 대립한 적이 있었는가? 그러나 상을 주고 처벌하는 것의 뿌리를 파고들면 임금의 명에서 나온 것과 마찬가지다. —또 다른 거친 비유가 있으니, 사람이 말을 타고 길을 나서면 네 발굽이 앞으로 나아갔다 물러서는 것은 모두 말이 저절로 그런 것이다. 그러나 한 번 앞으로 갔다 한 번 뒤로 가면서 길을 가게 되는 까닭은 사람에게서 나온다. 사람이 말이 길을 가는 근본이지만, 네 발굽이 나아갔다 물러서는 것이 언제 사람이 스스로 그렇게 한 적이 있었는가?— '저절로 그렇다'라고 하지만, 여전히 소이연에 근본을 두고 있으니, '소이연'이라고 하지만 또한 기가 저절로 그러한 것을 금지한 적이 있었는가? 이 네 글자의 뜻을 분명히 꿰뚫는다면 「외필」의 여섯 단락 1,700여자는 모두 논파할 수 있을 것이다.

答李性中 升煥

癸卯

田愚

蘆沙猥筆出, 儒論不一, 可畏. 栗谷先生云云, 乃程朱之意也. 或者曰, 所以然是理也, 陰之靜陽之動, 以理而然, 其曰自爾者, 果何如? 淺拙未能明辨, 何以答之, 可以解彼惑也.

於是答乎, 何有? 語類曰, 屈伸往來, 是二氣自然能如此. 又曰, 二氣相軋相取, 自然有善有惡. 今擧以詰彼曰, 所以然是理也, 氣之屈伸往來, 有善有惡, 以理而然, 今朱子以爲自然, 此宜如何解得? 使彼曉此, 便沒事. 若曰朱子有此說, 則不害爲主理, 而栗翁有此說, 乃爲雙本領云爾, 則是又未足與議也.

夫來者不拒, 去者不追, 雖儒門正法, 若有開喩易曉之道, 則使彼棄其誤而反乎正, 亦豈非吾儒愛人之仁乎?

此意甚善甚善. 曾見黃慈溪日鈔言, "孔子之世, 道之不明甚矣, 而循循然善誘人, 叩其兩端而竭焉, 未嘗有忿疾之心. 孟子之與諸家辨, 一一引之, 盡其情然後徐而折其非, 千載之下, 人人昭然如見. 此斯道之所以復明也, 未嘗望而斥之, 不究其所言之爲是爲非也. 今象山於諸儒之讀書講學, 略不言其故, 槩以爲謬妄欺誑, 異端邪說, 則後學將安所考, 且以講學爲僞習, 未幾韓侂胄何澹輩, 竟立僞學之目, 以禍諸儒, 嗚呼, 家必自毁而後人毁之, 悲夫!" 僕嘗讀此篇, 慨然發太息也. 曩見蘆沙凉議猥筆, 未嘗不一一條析, 使其後人, 得而思繹開悟. 其未中理處, 亦望諸公共商訂之, 庶幾彼此互益, 斯道復明之術也. 未審幷世仁賢之士, 又以爲如何也?

但以筆舌示之曰, 栗翁我東方夫子, 蘆沙可負, 栗翁不可負, 則彼亦曰，栗翁可負，化翁不可負也云云.

朱子，孔子後一人，而六十六歲定論曰，一動一靜，一晦一朔，皆陰陽之所爲，非有爲之者，見楚辭集註，栗翁機自爾非有使之之教，與此脗合，不見毫髮之差爽，而正是形容得造化翁所爲之事出來，安有栗翁可負，化翁不可負之疑耶，至於猥筆，自謂干犯先賢，故云蘆沙可負，栗翁不可負也. 若彼於朱子，亦云可負，則吾又末如之何也已矣.

所以·自爾，四字之義.

猥筆以自爾，與所以然爲對敵，而曰自爾爲主，則所以然不得不退縮，如此則凡朱子之言二氣自然者，不一不二，亦豈不念所以然之退縮而云爾乎？ 夫屈伸動靜，從其能作用上說則曰自爾，從其爲本原上說則曰所以然，譬如觀察使賞某幾金，罰某幾杖，此其自爾處，然何嘗與君對敵，原其所以賞罰，則出於君命，—又有一麤喩，人乘馬而行，四蹄之前卻，皆馬之自爾，然其一前一卻而成行之故，出於人也. 人雖是馬行之本，而其四蹄前卻，何嘗是人所自爲者乎?— 雖曰自爾，依舊是本於所以然，雖曰所以然，又何嘗禁其氣之自爾乎？ 只此四字之義明得徹，則凡猥筆六段一千七百餘字，皆可以破的矣.

| 찾아보기 |

ㄱ

ㄴ

ㄷ

ㄹ

ㅁ

ㅂ

ㅅ

ㅇ

ㅈ

ㅊ